眉山年鉴

2017

MEISHANNIANJIAN

眉山市人民政府　主办
眉山市地方志工作办公室　编

方志出版社
Pubishing House of Local Records

图书在版编目（CIP）数据

眉山年鉴. 2017 / 眉山市地方志工作办公室编. --
北京 ：方志出版社，2017.12
ISBN 978 - 7 - 5144 - 2910 - 7

Ⅰ. ①眉… Ⅱ. ①眉… Ⅲ. ①眉山—2017—年鉴
Ⅳ. ① Z527.13

中国版本图书馆 CIP 数据核字（2017）第 321964 号

眉山年鉴（2017）

编　　者： 眉山市地方志工作办公室
责任编辑： 罗　滔

出 版 人： 冀祥德
出 版 者： 方志出版社
地址　北京市朝阳区潘家园东里 9 号（国家方志馆 4 层）
邮编　100021
网址　http://www.fzph.org
发　　行： 方志出版社图书经销中心
电话（010）67110500
装帧设计： 成都益舟文化传播有限公司
经　　销： 各地新华书店
印　　刷： 成都金雅迪彩色印刷有限公司

开　　本： 889×1194　1/16
印　　张： 31
字　　数： 947 千字
版　　次： 2017 年 12 月第 1 版　　2017 年 12 月第 1 次印刷
印　　刷： 001 ～ 850 册

ISBN 978 - 7 - 5144 - 2910 - 7　　　**定价：** 280.00 元

领导活动

2017年7月27日，市委书记慕新海（前排左二）一行在彭山区青龙镇联合利华项目调研

2017年11月14日，市委副书记、市政府市长罗佳明（左三）走访彭山狮子村联系户

2017 年 6 月 13 日，市人大常委会主任刘十庆（左三）视察东坡区法院基本解决执行难问题

2017 年 5 月 2 日，市政协主席王影聪（左二）赴青神县结合五必送五必访开展农业供给侧结构性改革调研

2017 年 5 月 11 日，市委副书记黄剑东（左二）在青神县调研农业农村工作

2017 年 5 月 4 日，市委常委、常务副市长祝云（左二）督导调研仁寿县鸭池乡白村脱贫攻坚工作

2017 年 11 月 10 日，市委常委、市政府副市长李兴乾（前排左二）带领相关部门前往洪雅县瓦屋山调研景区项目建设

2016 年 9 月 29 日，市委常委、统战部部长王光彩（左三）在丹棱县张场镇廖店村督查推进脱贫攻坚工作

2017 年 5 月 17 日，市委常委、政法委书记周孝平（前排左二）在武警支队检查指导工作

2017 年 9 月 20 日，市委常委、组织部部长黄传龙（左三）督导调研丹棱县脱贫攻坚工作

2016 年 12 月 22 日，市委常委、市纪委书记汪宏（左二）调研洪雅县将军乡村社换届工作

2017 年 1 月 22 日，市委常委、宣传部部长付庆一（左二）调研三苏研究院、三苏博物馆、眉山电视台

2017 年 5 月 4 日，市委常委、市委秘书长汪树槐（前排左二）在仁寿县方家镇哨楼村指导产业扶贫工作

2017 年 4 月 20 日，市委常委、市政府副市长陈晶（左二）调研洪雅县高庙镇丛林村调研脱贫攻坚

党的建设

眉山市弘扬三苏好家风“五个一”活动启动

丹棱县庆祝中国共产党成立 96 周年表扬大会暨“永远跟党走”歌咏比赛

老党员成了村里的义务理发师

党员先锋队上门服务

党员干部深入贴近群众，真心服务群众

党员干部争做清河先锋

经济建设

2017 年 3 月 21 日，眉山市交通及社会事业建设项目（PPP 模式）签约仪式

2017 年 1 月 12 日，伊藤眉山店开业

洪雅工业园区创捷通信有限公司有序赶制订单

青神县青城机械车间

四川启明星铝业在“华丽蜕变”后全力稳定生产

青神县环龙集团生产线

洪雅峨眉雪芽茶业有限公司茶叶装盒现场

眉山经济开发区富生电器有限责任公司生产线

铁塔上的音符

大美西环线

成都经济区环线简蒲高速公路简阳至仁寿段通车

新农村建设

仁寿县藕塘乡玫瑰花开引客来

辣椒丰收，乐村民

茉莉花飘香 村民采摘忙

秸秆粉碎还田

丹棱县乡村环境

青菜丰收了

高庙腊月场

希望田野春耕忙

文化建设

洪雅台会

“瓦屋山杯”中国国际友好城市青少年足球邀请赛开幕式现场

眉山市樱花季万人健生长跑

通过邮票，学生们了解中国航天发展史

彭山区鹏利小学学生自制的家训家风文化墙

眉师附小“首届创科文化节”亮相

“圆梦心愿”情暖农村留守儿童

东坡故里荷兰交换生感受中国文化

传承与保护——谢家竹琴(道琴)

文化景观，彭山街头一角

送福到万家

四川工商学院2014年建成，有在校生上万人

社会民生

第三次全国农业普查入户登记

国际消费者权益日，现场受理消费者投诉

开展专项检查，护航食药安全

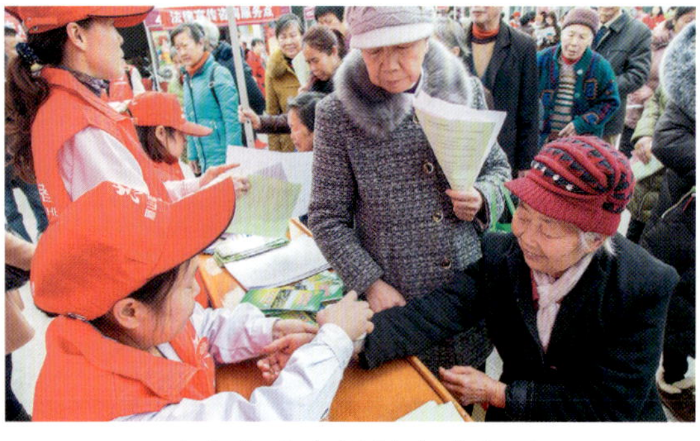

医疗志愿者提供身体检测

送卫生下基层，普及血防知识

坚守岗位的劳动者

普及医保政策 落实民生工程

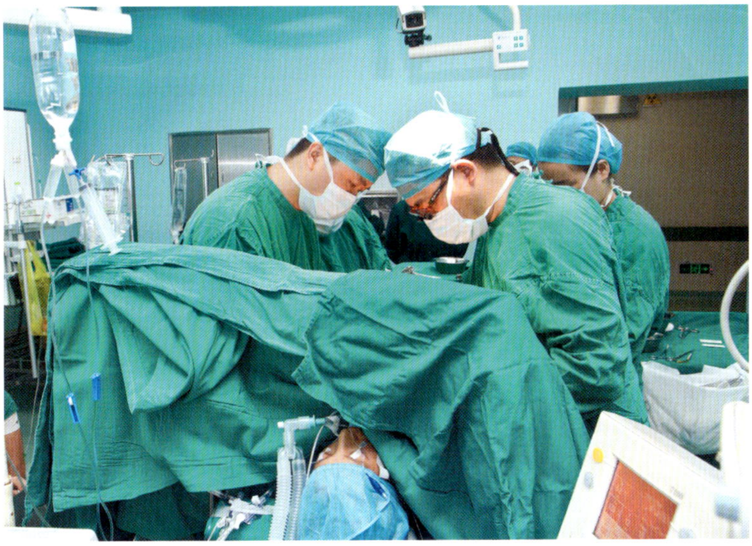

2016年6月7日，眉山市人民医院与郑州大学附属洛阳中心医院合作，成功为一位重症先天性心脏病患者实施了“深低温体外循环下房间隔缺损修补三尖瓣成形心外膜脏起搏器植入术”

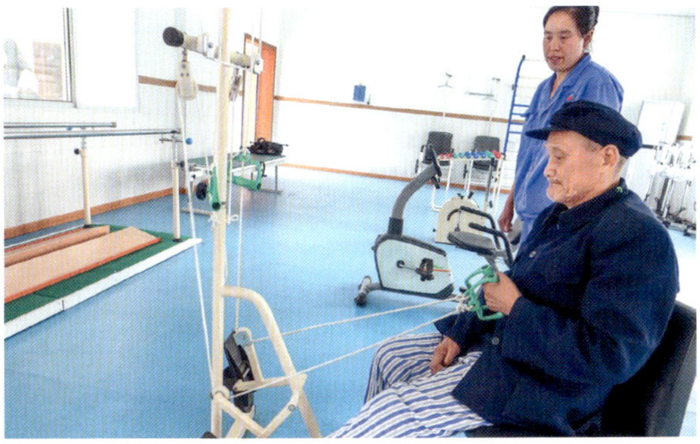

失能特困人员集中供养

公共自行车受欢迎，骑车出行成风尚

老人迷路求助城管，热心帮忙助其回家

孵化园·造梦空间

桃林深处放歌声

骑游爱好者

传递幸福

生态文明

彭山区龚家堰水库

绿满山乡

西南“千岛湖”黑龙滩水库

樱花园

天蓝水绿，大美眉山

绿海明珠

雅女湖

玉屏夜色

编辑说明

一、《眉山年鉴》坚持以马列主义、毛泽东思想、邓小平理论、“三个代表”重要思想、科学发展观和习近平新时代中国特色社会主义思想为指导，紧紧围绕全市发展战略和市委、市政府中心目标，全面、系统、翔实地记录眉山年度经济社会发展现状及取得的成就和经验，为社会各界人士了解眉山、认知眉山提供可靠的基本市情资料，为各级、各部门决策与研究提供重要的参考依据。《眉山年鉴》于2003年创刊，每年一鉴，至2017年已编纂出版14册。

二、《眉山年鉴》是由眉山市人民政府主办，眉山市地方志工作办公室主编，全市各区县，各单位、部门共同参与编纂出版的大型资料性工具书，具有政府公报性、年史性、地方综合性、权威性特点。

三、《眉山年鉴（2017）》收录资料时限原则为2016年1月1日至2016年12月31日，部分史实适当上溯。彩色图片、特载未受此限。收录的先进集体和个人为2016年度及2015年未收录的获市委、市政府及以上表彰的先进集体和个人。

四、《眉山年鉴（2017）》采用分类编辑法，在部类下设类目、分目、条目。条目为记述的基本单位，标题用黑体加“【】”表示。共设特载、大事记、眉山概况、政治、经济、文化、社会、人物、区县概况、特载、附录等12个部类。

五、《眉山年鉴（2017）》的基本数据以市统计局提供数据为准。市统计局无法提供的数据，以各区县，各单位、部门提供的数据为准。全书除按原文登载的报告、文件及个别行业外，均使用国家法定计量单位。

六、《眉山年鉴（2017）》所用稿件均由各区县，各单位、部门提供，并经单位主要负责人签发后提供给《眉山年鉴》编辑部。收入本书时除对各单位提供的文稿按年鉴规范作相关技术处理外，基本事实和数据不予改动。本书编纂完成后，由市地方志编纂委员会审核和市政府批准，国家正规出版社公开出版，面向社会公开发行。

七、《眉山年鉴（2017）》在组稿、编纂、印刷、发行过程中，得到各级领导、有关部门和社会各界的大力支持，在此谨表谢意。由于编者编纂水平有限，难免出现错误，敬请各级各部门和社会各界批评指正。希望通过我们的共同努力，使《眉山年鉴》越办越好。

《眉山年鉴》编辑部

2017年9月

目 录

Catalog

特 载

保持定力继续前进 决战决胜“两个率先”为建设天府新区增长极大都市区新高地而努力奋斗
中共眉山市委书记 李 静 …… 1
政府工作报告
眉山市人民政府市长 罗佳明 …… 6
眉山市人民代表大会常务委员会工作报告
眉山市人大常委会主任 刘十庆 …… 13
不忘初心 主动作为 为助推建设天府新区增长极大都市区新高地而努力奋斗
眉山市政协主席 王影聪 …… 18

大事记

2016年眉山大事记 …… 22

眉山概况

地 理 …… 35
地理位置 …… 35
交通水运 …… 35
地 质 …… 35
概况 …… 35
地层岩性 …… 35
地质构造 …… 38
构造运动 …… 39
主要地质灾害 …… 39
地 貌 …… 39
概况 …… 39
构造地貌 …… 40
构造侵蚀溶蚀地貌 …… 40
构造剥蚀地貌 …… 40
侵蚀堆积地貌 …… 40
地 形 …… 40
概况 …… 40
山地 …… 40
丘陵 …… 40
平原 …… 40
行政区划 …… 40
建置沿革 …… 40
政区变化 …… 41
自然环境 …… 42
土地 …… 42
植被 …… 42
矿产资源 …… 42
植物资源 …… 42
动物资源 …… 42
水资源和水能资源 …… 43
气候状况 …… 43
概况 …… 43
气候特点 …… 43
国民经济和社会发展 …… 44
概况 …… 44
农业 …… 44
工业和建筑业 …… 45

固定资产投资和房地产开发 …… 47
国内贸易、对外经济和旅游 …… 47
交通、通信和邮电 …… 47
财政、金融和保险 …… 47
科技、教育、文化、体育、卫生 …… 47
人民生活、社会保障 …… 48
资源和安全生产 …… 48

中国共产党眉山市委员会

重大决策和重要决定 …… 49
决胜“两个率先”实现“五个先行”奋力建设天府新区增长极大都市区新高地的决定 …… 49
推进创新驱动转型发展奋力冲刺任期目标的决定 …… 49
推进绿色发展建设美丽眉山的决定 …… 49
进一步抓落实促改革 …… 50
进一步加快竹编产业发展 …… 50
制定眉山市法治宣传教育第七个五年规划（2016—2020 年） …… 50
重要决定 …… 50
重要会议 …… 51
中国共产党眉山市第三届代表大会第七次会议 …… 51
中国共产党眉山市第四次代表大会 …… 51
全委（扩大）会议 …… 51
常规工作会议 …… 51
其他会议 …… 51
重点项目开竣工仪式 …… 52
市委中心组（扩大）学习会议 …… 52
市委办公室工作 …… 53
综合协调 …… 53
信息调研与文件起草工作 …… 53
督查目标工作 …… 53
联系服务群众 …… 53
后勤保障 …… 54
政法委工作 …… 54
维护稳定 …… 54
综治工作 …… 54
司法改革 …… 54
队伍建设 …… 54
组织工作 …… 55
“两学一做”学习教育 …… 55
市县领导班子换届 …… 55
乡镇领导班子换届 …… 55
村（社区）党组织换届 …… 55
脱贫攻坚 …… 55
换届监督 …… 56
制度建设 …… 56
领导班子和队伍建设 …… 56
干部教育培训 …… 56
援藏干部管理 …… 56
干部监管 …… 56
公务员、事业人员管理 …… 57
人才队伍建设 …… 57
党代表任期制 …… 57
基层组织建设 …… 57
“两新”组织党建 …… 57
产业园区党建 …… 57
党员教育 …… 58
自身建设 …… 58
宣传工作 …… 58
理论工作 …… 58
新闻宣传和网络宣传与监督 …… 58
文化产业和文艺工作 …… 58
精神文明建设 …… 59
部机关建设 …… 59
机构编制 …… 59
编制管理 …… 59
事业单位分类改革 …… 59
政府职能转变 …… 59
责任清单调整优化 …… 59
机构编制实名制统计及网上名称管理 …… 59
事业单位登记管理 …… 60
监督检查 …… 60
便民服务 …… 60
统战工作 …… 60
党外干部管理 …… 60
民主党派、知联会自身建设 …… 60

党外知识分子和新的社会阶层人士工作 …… 60
民主协商 …… 60
服务发展改善民生 …… 61
民族宗教工作 …… 61
经济统战工作 …… 61
港澳台及海外联络 …… 61
自身建设 …… 61
民族宗教工作 …… 62
民族项目 …… 62
宗教事务 …… 62
安全维稳 …… 62
政策研究 …… 62
概况 …… 62
深化改革 …… 62
推进依法治市 …… 62
经济社会发展重大问题研究 …… 63
起草重要文件 …… 63
代拟领导讲话稿 …… 63
保密工作 …… 63
保密管理 …… 63
保密宣传 …… 63
保密技术 …… 63
保密检查 …… 64
市直机关党建工作 …… 64
贫困村脱贫攻坚 …… 64
“四支队伍” …… 64
直接联系服务群众 …… 64
“法律进机关”活动 …… 64
机关思想文化建设 …… 64
城乡环境综合治理“进机关” …… 64
机关基层党组织建设 …… 64
机关作风和反腐倡廉建设 …… 65
群众与信访工作 …… 65
概况 …… 65
制度建设 …… 65
群众来信来访办理 …… 65
信访积案化解 …… 66
信访事项复查复核 …… 66
市领导接访 …… 66
老干部工作 …… 66
领导关心 …… 66
完善工作机制 …… 66
落实两项待遇 …… 66
服务社会 …… 66
纪念红军长征胜利80周年 …… 66
活动中心建设 …… 66
参与中心工作 …… 67
党校工作 …… 67
概况 …… 67
培训教育 …… 67
科研活动 …… 67
机关管理 …… 67
队伍建设 …… 67
业务指导 …… 67
党史研究 …… 67
党史征编、研究 …… 67
党史资政 …… 67
党史宣传教育 …… 67
区县党史 …… 67

眉山市人民代表大会常务委员会

市人民代表大会会议 …… 68
市人大常委会会议 …… 68
主任会议 …… 69
立法工作 …… 69
地方立法 …… 69
备案审查 …… 69
监督工作 …… 69
听取和审议专项工作报告 …… 69
计划预算监督 …… 69
执法检查 …… 69
专题询问 …… 69
组织代表视察 …… 69
重大事项决定与人事任免 …… 69
决议决定 …… 69
人事任免 …… 69
代表工作 …… 70
建议、批评和意见办理 …… 70

代表履职 …… 70
常委会及机关自身建设 …… 70
思想政治建设 …… 70
作风建设 …… 70
履职能力建设 …… 70

眉山市人民政府

重大决策 …… 71
供给侧结构性改革 …… 71
大众创业万众创新 …… 72
慈善表彰 …… 72
水污染防治 …… 72
表彰见义勇为 …… 73
发展体育产业促进体育消费 …… 73
推进新型工业化 …… 73
推进学前教育 …… 73
完善城乡义务教育 …… 73
市级政府投资工程建设项目管理 …… 74
事中事后监管 …… 74
城市规划管理 …… 74
被征地农民社会保障管理 …… 74
质量强市 …… 74
民营企业建立现代企业制度 …… 74
“十三五”脱贫攻坚规划 …… 75
行政机关负责人出庭应诉 …… 75
“十三五”防灾减灾规划 …… 75
重大行政决策责任追究 …… 75
重要会议 …… 76
市政府全体会议 …… 76
市政府常务会 …… 76
全市性会议 …… 76
专题会议 …… 76
市政府办公室工作 …… 77
文会办理 …… 77
信息调研 …… 77
督查督办 …… 77
民生工程 …… 77
“放管服”改革 …… 78
政务公开 …… 78
天府新区服务 …… 78
网站建设 …… 78
联系服务群众 …… 79
后勤保障 …… 79
应急管理 …… 79
基层规范化建设 …… 79
应急预案管理 …… 79
预警监测 …… 79
隐患排查 …… 79
应急队伍建设 …… 79
物资储备保障 …… 79
宣传教育 …… 80
政府值班 …… 80
信息报送与处置 …… 80
政务服务 …… 80
服务事项办理 …… 80
服务窗口设置 …… 80
行政权力运行 …… 80
行政审批制度改革 …… 80
党群服务 …… 80
中心硬件设施建设 …… 80
党务政务服务体系建设 …… 80
基层便民专业化服务 …… 80
热线办理 …… 81
党务政务服务热线 …… 81
市委、市政府接待工作 …… 81
接待任务 …… 81
接待管理 …… 81
外事、侨务、台湾、港澳事务工作 …… 81
概况 …… 81
招商引资 …… 81
外事友协 …… 81
侨务侨联 …… 81
对台工作 …… 82
恢复重建 …… 82
捐资助学 …… 82
民政工作 …… 82
防灾减灾 …… 82
救灾救济 …… 82

双拥工作 …… 82
社会福利 …… 83
慈善工作 …… 83
优待抚恤 …… 83
军休安置 …… 83
村民自治 …… 84
社区建设 …… 84
基层民主建设 …… 84
行政区划调整 …… 84
地名管理 …… 84
行政区域界线管理 …… 84
民间组织管理 …… 84

人力资源管理 …… 84
创业工作 …… 84
就业工作 …… 84
技能培训 …… 85
引智工作 …… 85
专家管理 …… 85
军转安置 …… 85
公务员职务与职级并行制度 …… 85
公务员招录考用 …… 85
事业单位考核招聘 …… 85
人事考试 …… 85
司勤人员安置 …… 85

机关事务管理 …… 85
服务管理 …… 85
安全保卫 …… 85
市公车管理中心、市会议中心和市体育馆管理 …… 86

扶贫移民工作 …… 86
概况 …… 86
资金争取 …… 86
精准扶贫 …… 86
社会扶贫 …… 86
移民后扶 …… 87
重点工程 …… 87
劳务培训 …… 87
信访稳定 …… 87

防震减灾工作 …… 87
重点工程建设 …… 87
地震监测预报 …… 87
地震群测群防 …… 87
震害防御 …… 87
示范基地建设 …… 87
应急准备 …… 87
地震应急演练 …… 87
科普宣传 …… 87

气象服务 …… 88
概况 …… 88
春运气象服务 …… 88
灾害性天气预警服务 …… 88
重大活动气象保障服务 …… 88
环境气象服务 …… 88
农业气象服务 …… 88
人工影响天气 …… 88
森林防火气象服务 …… 88
气象现代化建设 …… 88
气象法制建设与依法行政 …… 89

中国人民政治协商会议眉山市委员会

重要会议 …… 90
全体会议 …… 90
常委会议 …… 90
主席会议 …… 91

政治协商 …… 92
全体会议协商 …… 92
常委会议协商 …… 92
重点协商 …… 92
委员座谈协商 …… 93
对口协商 …… 93

民主监督 …… 93
重点监督 …… 93
日常监督 …… 93
提案办理 …… 93
提案督办 …… 93

参政议政 …… 93
上级调研视察 …… 93
本级调研视察 …… 94

其他工作 …… 94
民生工作 …… 94
自身建设 …… 94
宣传工作 …… 95
交流学习 …… 95

纪检监察

概　述 …… 96
正风肃纪 …… 96
监督检查 …… 96
执纪审查 …… 97
惩防体系建设 …… 97
自身建设 …… 97
巡察 …… 97
机构 …… 97
巡察工作 …… 97

国防建设

眉山军分区 …… 99
思想政治建设 …… 99
战备训练 …… 99
国防后备力量建设 …… 99
后勤建设 …… 99
党管武装和参建参治 …… 100
开训动员 …… 100
战备拉动演练 …… 100
民兵综合应急营骨干集训 …… 100
首长视察 …… 100
学习交流 …… 100
征兵工作 …… 101
兵役服务 …… 101
精准扶贫 …… 101
武警眉山支队 …… 102
概况 …… 102
思想政治建设 …… 102
正规化管理 …… 102
军事训练 …… 102
规范执勤 …… 102
新兵野营拉练 …… 103
基层建设 …… 103
后勤保障 …… 103
眉山市公安消防支队 …… 103
概况 …… 103
火灾防控 …… 103
救援 …… 104
班子建设 …… 104
廉政建设 …… 104
培训演练 …… 104
综合治理 …… 104
提质升级 …… 104
消防宣传与教育 …… 105
人民防空 …… 105
人防工程建设 …… 105
指挥通信建设 …… 105
民防应急 …… 105
宣传教育 …… 105
行政审批 …… 105

民主党派

中国民主同盟眉山市委员会 …… 107
概况 …… 107
思想建设 …… 107
组织建设 …… 107
队伍建设 …… 107
参政议政 …… 107
调查研究 …… 107
社会服务 …… 108
信息宣传 …… 108
中国民主建国会眉山市委员会 …… 108
概况 …… 108
思想建设 …… 108
组织建设 …… 109
参政议政 …… 109
社会服务 …… 109

信息宣传……109
中国民主促进会眉山市委员会……109
概况……109
自身建设……110
组织建设……110
参政议政……110
社会服务……110
中国农工民主党四川省委员会眉山市总支委员会……111
组织建设……111
项目争取……111
参政议政……111
社会服务……111
思想宣传……111
九三学社眉山市委筹备组……111
概况……111
思想建设……111
组织建设……111
参政议政……112
调查研究……112
社会服务……112
信息宣传……112
眉山市无党派知识分子联谊会……112
组织机构……112
思想建设……112
组织建设……112
参政议政……113
社会服务……113
信息与对外联络……113
理事风采……113
中国国民党革命委员会四川省委员会直属眉山市总支委员会……113
机构……113
政治理论学习……113
两个文明建设……113
自身建设……114

群众团体

眉山市总工会……115
组织建设……115
劳动竞赛……115
创新创业……115
劳模管理……115
工资集体协商……115
劳动纠纷调解……115
文体宣教……115
互助互济……115
困难职工帮扶……116
厂务公开民主管理……116
职工工资支付保障……116
自身建设……116
共青团眉山市委……116
概况……116
主题教育……116
“新媒体”引领……116
先进典型选树……117
就业创业……117
脱贫攻坚……117
社会治理创新……117
志愿服务……117
关爱重点青少年……117
联系服务青年……117
队伍建设……117
眉山市妇女联合会……117
救助贫困母亲……117
关爱农村留守儿童……118
志愿服务……118
信访维权……118
家庭建设……118
家庭教育……118
基层阵地建设……118
队伍建设……118
眉山市科学技术协会……118
科普宣传活动……118
基层科普行动计划……119
青少年科普……119
金桥工程……119
银会合作……119
学术交流……119

眉山市残疾人联合会 …… 120
残疾人民生项目 …… 120
普及智慧量服 …… 120
政策兜底完善保障 …… 120
残疾人创业就业 …… 120
残疾人康复 …… 120
残疾人文化体育事业 …… 120
眉山市文学艺术界联合会 …… 120
文艺创作 …… 120
文艺惠民 …… 122
品牌建设 …… 123
文艺人才 …… 123
文联建设 …… 123
眉山市社会科学界联合会 …… 124
规划评奖 …… 124
社科研究 …… 124
学术活动 …… 124
社科普及 …… 124
信息宣传 …… 124
眉山市红十字会 …… 124
概况 …… 124
项目建设 …… 124
募捐救助 …… 124
防病减灾宣传 …… 124
眉山市工商业联合会 …… 124
机构 …… 124
参政议政 …… 124
招商引资 …… 124
百企联百村和扶贫攻坚 …… 124
企业培训 …… 125
维权 …… 125
组织建设 …… 125

法 治

政府法制 …… 126
机构变化 …… 126
法治政府建设 …… 126
复议应诉 …… 126
合法性审查 …… 126
依法行政示范创建 …… 126
规范性文件管理 …… 126
执法监督 …… 126
行政审批制度改革 …… 127
行政权力清单 …… 127
公共资源交易管理 …… 127
行政调解 …… 127
立法工作 …… 127
法律顾问 …… 127
仲裁工作 …… 127
公 安 …… 127
概况 …… 127
维护稳定 …… 128
防暴反恐 …… 128
敌对势力防范 …… 128
侦查破案 …… 128
治安案件查处 …… 129
食品药品安全管理 …… 129
出入境管理 …… 129
户政管理 …… 129
流动暂住人口管理 …… 129
“一标三实采集”与运用 …… 130
社会治安防控体系建设 …… 130
行业管理 …… 130
禁黄禁赌 …… 130
信息化建设 …… 130
网络舆情导控 …… 130
警卫保卫 …… 130
公安宣传 …… 130
便民利民服务 …… 130
规范化执法建设 …… 131
“打黑除恶”专项行动 …… 131
“灭枪”行动 …… 131
打拐专项行动 …… 131
打击犯罪专项行动 …… 131
网上追逃 …… 132
交通安全综合整治 …… 132
农村道路交通管理 …… 132
道路交通安全宣传 …… 132

公安交管信息化建设 …… 132
交通秩序管理 …… 132
机动车检测 …… 132
驾驶人管理 …… 132
交管执法 …… 133
检 察 …… 133
打击刑事犯罪 …… 133
社会治理 …… 133
查办职务犯罪 …… 134
预防职务犯罪 …… 134
刑事诉讼监督 …… 134
民事、行政诉讼监督 …… 134
行政执法监督 …… 134
接受外部监督 …… 134
改革创新 …… 135
队伍建设 …… 135
审 判 …… 135
概况 …… 135
刑事审判 …… 135
民事审判 …… 135
行政审判 …… 135
执行工作 …… 135
立案工作 …… 135
诉非衔接 …… 136
诉讼辅导 …… 136
司法惠民 …… 136
司法公开 …… 136
公正提速 …… 136
队伍建设 …… 136
司法行政 …… 136
概况 …… 136
普法工作 …… 137
律师工作 …… 137
公证与司法鉴定 …… 137
法律援助 …… 137
法制工作与司法考试 …… 137
人民调解 …… 137
基层法律服务 …… 138
社区矫正 …… 138
安置帮教 …… 138
队伍建设 …… 138
眉州监狱 …… 138
概况 …… 138
安全稳定 …… 138
依法治监 …… 138
信息建设 …… 138
队伍建设 …… 138
廉政建设 …… 138

经济管理

综 述 …… 139
发展改革管理 …… 139
项目投资 …… 139
资金争取 …… 139
PPP 工作 …… 139
规划编制 …… 139
社会事业发展 …… 139
园区建设 …… 139
信用体系建设 …… 139
安全生产监管 …… 139
行政审批 …… 139
改革创新 …… 140
易地扶贫 …… 140
环境资源 …… 140
体制改革 …… 140
综合交通建设 …… 140
招投标管理 …… 140
项目稽察 …… 140
政务服务 …… 140
区域合作 …… 140
县域经济 …… 140
区域发展 …… 140
工商行政管理 …… 141
工商登记制度改革 …… 141
信用约束 …… 141
民营经济扶持 …… 141
商标品牌管理 …… 141
非公党建 …… 141

消费维权 …… 141
执法监管 …… 141
安全生产监督管理 …… 142
概况 …… 142
责任覆盖 …… 142
履职考核 …… 142
安全生产体制机制建设 …… 142
新安法宣传贯彻 …… 142
“安全生产月”活动 …… 142
安全培训 …… 142
隐患排查整治 …… 143
安全生产大检查 …… 143
打非治违 …… 143
矿山管理 …… 143
危险化学品和烟花爆竹安全整治 …… 143
建筑施工和特种设备 …… 143
交通安全和学校安全 …… 143
消防安全 …… 143
职业健康 …… 144
安全社区建设 …… 144
安信工程 …… 144
应急救援能力建设 …… 144
审 计 …… 144
审计成果 …… 144
国家重大政策措施贯彻落实跟踪审计 …… 144
财政审计 …… 144
经济责任审计 …… 144
金融审计 …… 144
固定资产投资审计 …… 144
民生资金（项目）审计 …… 144
外资运用审计 …… 144
企业审计 …… 145
资金审计 …… 145
信息化建设 …… 145
统 计 …… 145
概况 …… 145
统计服务 …… 145
统计改革创新 …… 145
“四大工程”建设 …… 145
统计法制建设 …… 145
第三次全国农业普查 …… 145
统计调查 …… 145
调查业务 …… 145
专项调查 …… 146
法制建设 …… 146
价格管理 …… 146
价格改革 …… 146
价格调控 …… 146
要素价格政策 …… 146
惠民价格政策 …… 146
价格与收费专项检查 …… 146
旅游市场专项检查 …… 146
涉企收费专项检查 …… 146
商品房销售明码标价专项检查 …… 146
药品价格专项检查 …… 146
重点时段市场价格监管 …… 146
价格举报 …… 147
收费改革 …… 147
收费管理 …… 147
价格认定 …… 147
质量技术监督 …… 147
质量强市建设 …… 147
标准强市建设 …… 147
品牌强市建设 …… 147
特种设备安全监管 …… 147
重点产品质量监管 …… 147
行政执法 …… 148
计量与认证工作 …… 148
检验检测 …… 148
行政许可 …… 148
食品药品监督管理 …… 148
食品药品监管体系建设 …… 148
食品药品监管能力建设 …… 148
食品综合协调监督 …… 148
食品生产经营监管 …… 148
药械生产流通监管 …… 149
风险监测与应急管理 …… 149
食品药品专项整治 …… 149
规范行政权力 …… 149
服务食品医药产业发展 …… 149

宣传引导社会共治 …… 149
国有资产管理 …… 149
国有经济发展 …… 149
国企监管 …… 149
国企改革 …… 150
行政事业单位资产监管 …… 150
投融资 …… 150
招商引资 …… 150
国企党建 …… 150
眉山发展（控股）有限责任公司 …… 150
概况 …… 150
拓展经营新领域 …… 150
项目融资 …… 150
城市建设 …… 150
支持区域经济新增长 …… 151
内部管理 …… 151
国土资源管理 …… 151
“三个模范”建设 …… 151
耕地保护 …… 151
“耕地保护六个平台”建设 …… 151
土地利用 …… 151
信访维稳 …… 151
土地审批 …… 152
土地出让 …… 152
土地利用总体规划 …… 152
土地综合整治 …… 152
地灾防治 …… 152
不动产登记 …… 152
建设用地增减挂钩 …… 152
废弃地复垦利用 …… 152
行政许可 …… 152
矿产资源管理 …… 152
党风廉政建设 …… 153
信息化建设 …… 153
投资与招商 …… 153
概况 …… 153
招强引优 …… 153
创新驱动 …… 153
邀请招商 …… 153
平台搭建 …… 153
驻外招商 …… 153
招商考核 …… 153
经济贸易 …… 153
招商引资 …… 153
服务企业 …… 153
经贸活动 …… 154
经贸信息 …… 154
原产地签证 …… 154
商事调解 …… 154
经贸摩擦处置 …… 154
业务培训 …… 154
眉山国际商会 …… 154
公共资源交易 …… 154
概况 …… 154
人事管理 …… 154
财务管理 …… 154
制度建设 …… 154
改革创新 …… 155
住房公积金管理 …… 155
住房公积金缴存 …… 155
住房公积金使用 …… 155
住房公积金管理 …… 155
住房公积金新政 …… 155

工 业

概 况 …… 156
工业经济与信息化管理 …… 156
工业运行情况 …… 156
企业培育 …… 156
工业投资 …… 156
能源要素 …… 156
产业发展 …… 156
园区建设 …… 156
技术创新 …… 157
淘汰落后产能 …… 157
信息化建设 …… 157
优惠政策 …… 157
无线电管理 …… 157

供　电……157
概况……157
人力资源……157
安全生产……157
经营管理……157
电网建设与发展……158
优质服务……158
改革创新……158
国网仁寿县供电分公司……158
国网眉山市彭山供电公司……158
国网洪雅县供电公司……159
国网丹棱县供电公司……159
国网青神县供电公司……159
金象化工产业园区……159
概况……159
项目推进……159
招商引资……159
要素保障……159
安全工作……160
环保治理……160
国土管理……160
征地拆迁安置……160
社会事业……160
甘眉（铝硅）园区……160
经济运行……160
产业发展……161
招商引资……161
园区升级及资金争取……161
安全、环境保护、信访稳定……161
党建工作……161
中车眉山车辆有限公司……161
概况……161
规划发展……162
改革改制……162
经营管理……162
科技创新……162
市场营销……162
人力资源管理……162
质量管理……163
党群工作……163
眉山中车制动科技股份有限公司……163
眉山中车紧固件科技有限公司……164
眉山中车物流装备有限公司……164
眉山现代工业新城办公室……164
总部经济区建设……164
经济建设……164
重点项目……164
转型升级……164
园区扩区调位……164
岷东新区……164
概况……164
党群工作……165
投资管理……165
征地拆迁安置……165
信访维稳……165
教育文化……165
社会保障……165
精准扶贫……165
人防工作……165
纪检监察……165
审计……166
财税收入……166
财政管理……166
安全生产……166
国土资源管理……166
民生工程……166
城乡规划……166
城乡建设……167
公安工作……167
城管执法……167
穆家沟水库管理处……168
眉山岷东开发投资有限公司……168
四川岷东房地产开发有限公司……168
眉山市岷东城市发展投资管理有限公司……168
富牛镇……168

农　业

综　述……170

种植业 …… 170
概况 …… 170
“东坡味道”千亿产业 …… 171
泡菜产业 …… 171
现代农业发展 …… 171
粮油生产 …… 172
农业信息化 …… 172
农业机械化 …… 172
农村经营管理 …… 172
农产品质量安全 …… 172
农业行政执法 …… 172
农业产业扶贫 …… 173
林 业 …… 173
绿海明珠 …… 173
第九届中国竹文化节 …… 173
青神竹编产业发展 …… 173
现代林业产业基地 …… 173
林业生态旅游 …… 173
天然林保护工程 …… 173
退耕还林工程 …… 174
血防工程造林 …… 174
集体林权制度改革 …… 174
大熊猫国家公园建设 …… 174
国有林场改革 …… 174
森林防火 …… 174
林业有害生物防治 …… 174
森林公安 …… 174
水 利 …… 174
概况 …… 174
骨干水利工程 …… 174
千湖之城建设 …… 174
农田水利基本建设 …… 174
水利民生工程 …… 174
防汛 …… 175
水资源管理 …… 175
水利脱贫攻坚 …… 175
水务综合执法 …… 175
四川省都江堰黑龙滩灌区管理 …… 175
概况 …… 175
蓄水保水用水 …… 176
项目建设 …… 176
水源保护 …… 176
安全管理 …… 176
通济堰灌区管理 …… 176
防汛抗旱 …… 176
春灌用水 …… 176
生态环保供水 …… 176
工程建设 …… 176
畜牧业 …… 176
生产情况 …… 176
奶产业 …… 176
生猪 …… 177
肉兔 …… 177
家禽 …… 177
肉牛 …… 177
肉羊 …… 177
标准化建设 …… 177
机制创新 …… 177
项目建设 …… 177
疫病防控 …… 177
畜产品安全 …… 177
脱贫攻坚 …… 177
眉山岷江现代农业示范园 …… 177
概况 …… 177
培育业主经营 …… 177
园区建设 …… 178
信托土地流转 …… 178
农村金融 …… 178
农业保险 …… 178
农民货币安置 …… 178

旅游业

综 述 …… 179
规划编制 …… 179
招商引资 …… 179
项目建设 …… 179
品牌创建 …… 179
乡村旅游 …… 180

旅游营销……180
队伍建设……180
行业管理……180

商 贸

国内贸易……181
招商引资……181
电商物流……181
美食餐饮……181
供销工作……181
对外贸易……181
利用外资……181
外贸进出口……181
商贸管理……182
社会消费……182
行政审批……182
特种行业管理……182
农村专合组织……182
安全稳定……182
粮食商业……182
粮食调控……182
重点项目建设……182
“东坡味道”千亿粮油产业……182
国企效益……183
放心粮油体系建设……183
民生工程……183
石油商业……183
销售……183
网点建设……183
油气回收改造……183
规范化管理……183
信息智能化工作……183
安全环保……184
风险防控……184
员工队伍……184
烟草专卖专营……184
概况……184
经营效益……184
专卖管理……184
公益事业……184
盐 业……184
概况……184
运销业务……184
盐政市场管理……184
盐政执法……184

财政・税务

财 政……185
全市预算执行情况……185
市级预算执行情况……185
民生工程……185
政府采购监管……185
保障性安居工程……185
政府向社会力量购买服务……185
国库集中支付……185
公务卡改革……186
三公经费监管……186
支持教育发展……186
文化投入……186
科技投入……186
农业投入……186
财政投资管理……186
财政投资评审……186
交通投入……186
工业投入……186
社会保障投入……187
会计管理……187
财政内部控制体系建设……187
城乡医疗救助资金专项检查……187
非税收入收缴情况专项检查……187
严肃财经纪律和私设“小金库”专项检查……188
会计监督检查……188
预决算公开检查……188
扶贫专项资金检查……188
农村义务教育薄弱学校改造专项检查……188
财政资金安全检查……188

绩效监督检查 …… 188
滥发奖金津补贴和财务收支检查 …… 188
财政票据检查 …… 188
内控管理 …… 188
国家税务 …… 188
税收收入 …… 188
税收优惠 …… 188
税收改革 …… 188
税收征管 …… 189
纳税服务 …… 189
依法治税 …… 189
队伍建设 …… 189
党风廉政 …… 190
地方税务 …… 190
税收收入 …… 190
依法治税 …… 190
税收改革 …… 190
国税地税合作 …… 190
税收征管 …… 191
税收信息化建设 …… 191
纳税服务 …… 192
税收宣传 …… 192
税收优惠 …… 192
税务稽查 …… 192
队伍建设 …… 192

金融·保险

金融协调管理 …… 193
信贷投放 …… 193
银政企对接项目 …… 193
信用社改制 …… 193
企业融资 …… 193
债券 …… 193
企业上市 …… 193
保险 …… 193
小额贷款 …… 193
融资性担保机构监管 …… 193
处非宣传 …… 193
互联网金融风险排查 …… 194
预防非法集资 …… 194
信息报送与通报 …… 194
金融精准扶贫 …… 194
金融安全防控 …… 194
银行业 …… 194
概况 …… 194
资产业务 …… 194
负债业务 …… 194
金融改革 …… 194
中国人民银行眉山市中心支行 …… 194
概况 …… 194
货币信贷政策 …… 194
支付结算 …… 194
经理国库 …… 195
人民币发行与管理 …… 195
反洗钱 …… 195
外汇管理 …… 195
存款保险 …… 195
金融综合管理 …… 195
金融消费权益保护 …… 195
维护金融稳定 …… 196
信用体系建设 …… 196
服务群众与扶贫攻坚 …… 196
中国银行业监督管理委员会眉山监管分局 …… 196
概况 …… 196
市场准入管理 …… 196
现场检查 …… 196
非现场监管 …… 196
金融服务 …… 196
风险处置 …… 197
银行业改革创新 …… 197
眉山市农村信用社 …… 197
概况 …… 197
支持实体经济 …… 197
金融精准扶贫 …… 197
支付结算 …… 198
案件防控 …… 198
深化改革 …… 198

中国工商银行股份有限公司眉山分行 …… 198
概况 …… 198
存贷款业务 …… 198
资产质量 …… 198
主要业务发展 …… 198
经营管理改革 …… 198
内控案防 …… 199
服务工作 …… 199
中国农业银行股份有限公司眉山分行 …… 199
概况 …… 199
经营指标 …… 199
内部管理 …… 199
中国农业发展银行眉山市分行 …… 199
概况 …… 199
业务范围 …… 199
经营情况 …… 200
粮油收购信贷 …… 200
金融扶贫 …… 200
支持农业农村基础设施项目建设 …… 200
重点建设基金 …… 200
中间业务 …… 200
风险管理 …… 200
中国建设银行股份有限公司眉山分行 …… 200
主要业务指标 …… 200
支持地方经济 …… 201
安全保卫 …… 201
风险防控 …… 201
中国邮政储蓄银行股份有限公司眉山市分行 …… 201
概况 …… 201
普惠金融 …… 201
服务创新 …… 201
风险防控 …… 201
社会责任 …… 201
中国人民财产保险股份有限公司眉山市分公司 …… 202
概况 …… 202
“95518”服务专线电话 …… 202
规范经营 …… 202
客户服务 …… 202
服务“三农” …… 202

交通运输

概　述 …… 203
高速公路建设 …… 203
成都经济区环线高速公路简阳至仁寿古佛段 …… 203
仁沐新高速公路仁寿段 …… 204
成乐高速公路青龙场至眉山试验段扩容 …… 204
岷东大道遂资眉高速公路永寿连接线以北段 …… 204
干线公路建设 …… 204
滨江大道东坡至彭山段 …… 204
工业大道建设 …… 204
天府仁寿大道 …… 205
大峨眉国际旅游西环线洪雅止戈至柳江段 …… 205
重点项目前期工作 …… 205
太和大道 …… 205
岷黑快速通道 …… 206
天府大道与岷东大道连接线 …… 206
天府大道仁寿连接线 …… 206
岷江一桥改建工程 …… 206
项目规划 …… 206
民生工程 …… 207
“四好农村路”创建 …… 207
彭山机养中心建设 …… 207
交通脱贫攻坚 …… 207
公路安保工程 …… 208
超限超载治理 …… 208
安全维稳 …… 208
交通行政执法 …… 209
汽车维修检测 …… 209
公共交通 …… 209

邮政·信息业

邮政管理 …… 211
概况 …… 211

基础建设 211
机构组建 211
普遍服务 211
市场监管 212
寄递物流清理整顿 213
宣传教育 213
中国电信眉山分公司 213
概述 213
市场经营 213
网络建设 213
网络运营维护 214
信息化服务 214
中国移动通信集团四川有限公司眉山分公司 214
概况 214
4G 无线网建设 214
家宽电视有线网建设 214
智慧城市建设 214
企业管理 214
中国联合网络通信有限公司眉山市公司 214
市场经营 214
网络运营 214
数字眉山建设 214
客户服务 215
中国铁塔股份有限公司眉山市分公司 215
概况 215
业务运营 215
企业管理 215

城乡建设与环境保护

城乡规划 216
概述 216
城市总规修编 216
城市规划 216
乡镇景区规划 216
园区新区规划 216
国家历史文化名城创建 216
完善规划管理法规 216
依法行政 217
审查审批 217
测绘 217
规划监督 217
执法监管 217
规划核实 217
城乡建设 217
新型城镇化建设 217
房地产业 217
棚户区改造 218
市政项目建设 218
村镇建设 218
建筑业 218
城市管理 219
概况 219
执法检查 219
园林管理 219
环卫工作 219
市政管理 219
路灯管理 219
城乡环境综合治理 219
概况 219
农村生活垃圾治理 219
农村污水治理 220
“五乱”“三线”治理 220
宣传教育 220
机制建设 220
村（居）民自治 220
环境保护 220
环评审批 220
大气污染防治 220
水污染防治 221
土壤污染防治 221
生态文明建设 221
核与辐射安全监管 222
环保宣传 222
环境监察执法 222
环境监测 222
环境应急管理 222

教育·体育

综　述 …… 224
教育体育综合改革 …… 224
招生考试制度改革 …… 224
人才培养模式改革 …… 224
体育公共服务供给方式改革 …… 224
教育扶贫攻坚 …… 224
教育和能力扶贫 …… 224
对口帮扶 …… 225
教育重大项目建设 …… 225
资金争取 …… 225
项目建设 …… 225
跟踪引进高校建设 …… 225
基础教育 …… 225
学前教育 …… 225
义务教育 …… 225
普通高中教育 …… 225
特殊教育 …… 225
德育工作 …… 225
体卫艺国防教育 …… 225
中等职业教育 …… 226
中职招生就业 …… 226
职业教育基础 …… 226
“9+3”免费教育 …… 226
成人教育 …… 226
民办教育 …… 226
体育工作 …… 226
群众体育 …… 226
竞技体育 …… 226
体育产业 …… 227
教育民生 …… 227
队伍建设 …… 227
队伍管理 …… 227
教师培训 …… 227
先进表彰 …… 227
教师职称评审 …… 227
对口支教 …… 227
教师资格认定 …… 227
招生自考 …… 227
普通高校招生 …… 227
成人高校招生 …… 227
高等教育自学考试 …… 228
非学历证书考试 …… 228
教育科研 …… 228
科研课题立项与成果推广 …… 228
教学研究 …… 228
教育装备与信息化 …… 228
教育装备 …… 228
教育信息化工作 …… 228
两项考试 …… 228
教育督导 …… 228
机构和队伍建设 …… 228
督政工作 …… 228
督学工作 …… 228
党风廉政建设 …… 228
党风廉政建设 …… 228
政风行风建设 …… 229
法治建设 …… 229
依法行政 …… 229
依法治校 …… 229
学校安全 …… 229
语言文字 …… 229
眉山职业技术学院 …… 229
概况 …… 229
扶贫工作 …… 230
队伍建设 …… 230
省级示范性高职校建设 …… 230
内涵建设 …… 230
招生就业 …… 230
学生工作 …… 230
科研工作和社会服务 …… 231
人事制度改革 …… 231
依法治校 …… 231
服务保障 …… 231
四川大学锦江学院 …… 231
概况 …… 231
党团工作 …… 232

统战工作 …… 232
教学改革 …… 232
队伍建设 …… 232
制度建设 …… 232
学生管理 …… 232
素质培养 …… 232
创新创业教育 …… 232
就业考研 …… 233
信息化建设 …… 233
后勤服务 …… 233
校园安全 …… 233
校园建设 …… 233
教育交流与合作 …… 233
大型活动 …… 233
十周年校庆 …… 233

科学技术

概　述 …… 234
平台建设 …… 234
科技项目 …… 234
科技成果 …… 234
科技金融 …… 234
科普活动 …… 234
农业科技 …… 234
知识产权 …… 235

传　媒

广播电视 …… 236
主题宣传 …… 236
对外宣传 …… 236
媒体活动 …… 236
新媒体建设 …… 236
新闻作品奖 …… 236
创新工作 …… 236
电影放映 …… 236
广播电视户户通工程 …… 236
广播电视安全 …… 237
广播电视宣传管理 …… 237
新闻出版 …… 237
公共服务 …… 237
印刷业 …… 237
发行业 …… 237
眉山日报社 …… 237
宣传工作 …… 237
网站建设 …… 237
经营管理 …… 237
事业发展 …… 237
党风廉政建设 …… 238
组织建设 …… 238

文　化

综　述 …… 239
文艺创作与文化活动 …… 239
文艺创作 …… 239
群众文化活动 …… 240
图书馆活动 …… 240
文化馆活动 …… 240
美术馆活动 …… 241
文化阵地建设 …… 241
队伍和图书馆建设 …… 241
文化基础建设 …… 241
文化市场监管 …… 241
日常管理 …… 241
扫黄打非 …… 241
文化市场综合执法 …… 242
文化产业 …… 242
概况 …… 242
文化旅游业 …… 242
文化传媒业 …… 242
文化娱乐业 …… 242
文物保护 …… 242
国家历史文化名城创建 …… 242
可移动文物 …… 242
不可移动文物 …… 242

考古发掘 242
打击文物犯罪 242
非物质文化遗产保护认定 243
非物质文化遗产 243
非遗数据库建设 243
文化遗产日活动 243
保护工作 243
三苏祠博物馆 243
灾后保护维修 243
东坡宋城建设管理 243
宣传营销 243
文物保护 243
文化产业 243
教育研究 243
档案工作 244
数字档案馆（室）建设 244
档案接收征集 244
档案查阅利用 244
档案馆舍建设 244
档案法治建设 244
项目档案工作 244
民生档案工作 244
精准扶贫档案工作 244
规范化管理 244
档案安全 244
档案宣传和档案文化建设 244
档案队伍建设 244
地方志工作 244
依法治志 244
修志工作 244
年鉴工作 245
旧志抢救整理 245
地情开发 245
课题研究 245

卫 生

卫生事业管理 246
概况 246
卫生改革 246
分级诊疗 246
基本药物和药械采购 246
健康服务业 246
社会办医 246
卫生项目建设 246
卫生监督与食品安全 247
行政审批 247
基本公共卫生服务 247
医政药政管理 247
医疗质量管理 247
纠纷处理机制 247
城乡对口支援 247
中医事业 248
卫生应急 248
基层卫生 248
人事管理与教育科研 248
规划统计 249
信息化建设 249
无偿献血 249
爱国卫生 249
概况 249
卫生单位创建 249
病媒生物防制 249
健康教育和控烟 249
城乡环境整洁行动和农村改厕 249
人口与计划生育 249
目标绩效管理 249
流动人口管理 249
计生宣传教育 249
计生文化建设 249
政策法规 249
疾病预防控制 250
传染病发病率 250
预防控制 250
艾滋病防治 250
血吸虫病防治 250
结核病防治 250
狂犬病防治 250
地方病和慢病防治及健康体检 250

霍乱、不明原因肺炎等传染病防控 …………… 250
寄生虫病防治 ………………………………… 251
其他病防治 …………………………………… 251
疫情和传染病管理 …………………………… 251
突发公共卫生事件应急处置 ………………… 251
免疫规划 ……………………………………… 251
食品安全风险监测 …………………………… 251
卫生检验 ……………………………………… 252
妇幼保健 …………………………………… 252
孕产妇管理 …………………………………… 252
婴幼儿管理 …………………………………… 252
新生儿管理 …………………………………… 252
妇幼保健卫生 ………………………………… 252
妇幼保健 ……………………………………… 253
眉山市人民医院 …………………………… 253
“三甲”医院创建 …………………………… 253
公立医院改革 ………………………………… 253
医疗服务 ……………………………………… 253
医疗质量管理 ………………………………… 253
科研教学 ……………………………………… 253
人才队伍建设 ………………………………… 253
健康扶贫 ……………………………………… 253
业务数据 ……………………………………… 253
眉山市妇幼保健院 ………………………… 254
概况 …………………………………………… 254
业务数据 ……………………………………… 254
妇幼管理 ……………………………………… 254
学科建设 ……………………………………… 254
科研带教和对口支援 ………………………… 254
人才队伍建设 ………………………………… 254
公立医院改革 ………………………………… 254
眉山市中心血站 …………………………… 254
采供血 ………………………………………… 254
无偿献血宣传招募 …………………………… 254
稀有血型献血管理 …………………………… 254
质量管理 ……………………………………… 255
教育培训 ……………………………………… 255
临床输血质控中心管理 ……………………… 255

人民生活与社会保障

主要商品价格 ……………………………… 256
成品油 ………………………………………… 256
建材 …………………………………………… 256
水电气 ………………………………………… 256
化肥 …………………………………………… 256
生猪、仔猪 …………………………………… 256
玉米 …………………………………………… 257
农药 …………………………………………… 257
农膜 …………………………………………… 257
油菜籽 ………………………………………… 257
桑蚕茧 ………………………………………… 257
居民服务 ……………………………………… 257
粮食 …………………………………………… 258
肉类 …………………………………………… 258
淡水鱼 ………………………………………… 258
食用植物油 …………………………………… 258
鸡蛋 …………………………………………… 258
蔬菜 …………………………………………… 258
其它主副食品 ………………………………… 258
社会事务 …………………………………… 259
殡葬管理 ……………………………………… 259
未成年人保护 ………………………………… 259
救助管理 ……………………………………… 259
婚姻登记 ……………………………………… 259
收养登记 ……………………………………… 260
社会保险与保障 …………………………… 260
五险统征 ……………………………………… 260
机关事业单位养老保险 ……………………… 260
医疗保险 ……………………………………… 260
建档立卡贫困人口医疗保障 ………………… 260
医保智能审核 ………………………………… 260
异地就医即时结算 …………………………… 260
大病保险 ……………………………………… 260
工伤保险 ……………………………………… 260
稳岗补贴 ……………………………………… 260
基层平台建设 ………………………………… 260

信息网络、咨询平台建设 …… 260
劳动保障监察 …… 260
劳动人事争议调解仲裁 …… 260
依法行政 …… 260
行政权力清理 …… 260
行政审批 …… 260
老龄工作 …… 260
老龄工作机制建设 …… 260
老年优待 …… 260
主题教育活动 …… 261
老龄问题调研 …… 261
老年组织建设 …… 261
创新工作 …… 261
眉山市老年大学 …… 261
概况 …… 261
教学管理 …… 261
对外宣传 …… 261
拓展教学 …… 261
社会福利 …… 261
城乡居民最低生活保障 …… 261
低保兜底扶贫 …… 262
困难补贴 …… 262
城乡医疗救助 …… 262
特困人员供养 …… 262

区县概况

东坡区 …… 263
概况 …… 263
农业经济 …… 263
工业经济 …… 263
民营经济 …… 263
商贸旅游和对外经济 …… 264
财税、金融、保险 …… 264
基础设施建设 …… 264
环境整治 …… 264
社会事业 …… 264
人民生活 …… 265
彭山区 …… 266
概况 …… 266
工业经济 …… 267
固定资产投资 …… 267
国内贸易和对外经济 …… 267
农村经济 …… 267
农村体制改革 …… 268
第三产业 …… 268
建筑和房产业 …… 268
交通运输和信息业 …… 269
财政金融保险 …… 269
城乡建设 …… 269
社会事业 …… 269
仁寿县 …… 274
概况 …… 274
农业 …… 274
工业和建筑业 …… 274
固定资产投资 …… 274
交通、邮电和旅游业 …… 274
商贸服务业 …… 274
财政金融 …… 274
科教、卫生和体育事业 …… 275
城市建设和环境保护 …… 275
人口和人民生活 …… 275
洪雅县 …… 278
概况 …… 278
工业、农业和旅游业 …… 279
固定资产投资和建筑业 …… 279
招商引资 …… 279
生态建设 …… 279
城市建设 …… 279
脱贫攻坚 …… 279
人民生活 …… 279
对外影响 …… 280
丹棱县 …… 283
概况 …… 283
工业 …… 283
农业 …… 283
第三产业 …… 284
项目工作 …… 284
民生 …… 284

城市建设 …… 284
青神县 …… 285
概况 …… 285
工业经济 …… 286
特色农业 …… 286
中国竹文化节 …… 286
创新创业 …… 287
依法治县 …… 287

人 物

2016 年眉山市市级各部门领导干部名录 …… 289
2016 年眉山市各区县领导干部名录 …… 297
获全国性表彰的先进个人一览表 …… 299
获省委、省政府表彰的先进个人一览表 …… 300
获省厅级表彰的先进个人一览表 …… 301
市委、市政府表彰的先进个人 …… 310
市委表彰的先进个人 …… 340
市政府表彰的先进个人 …… 342

附 录

获全国性表彰的先进集体 …… 352
获省委、省政府表彰的先进集体 …… 354
获省厅级表彰的先进集体 …… 355
市委、市政府表彰的先进集体 …… 367
市委表彰的先进集体 …… 377
市政府表彰的先进集体 …… 378
2016 年市委重要文件目录 …… 384
2016 年市政府重要文件目录 …… 384
统计数据 …… 386
服务指南 …… 395

索 引

A—Z …… 411

Catalog

Special load

Keep the force ahead Make a decisive battle with " two lead" for construction Set up Tianfu new area to increase the new highland of the metropolis area and strive for

Party secretary of the CPC Meishan municipal Party committee Li Jing …… 1

Report on government work

Mayor of the people´s Government of Meishan Luo Jiaming …… 6

Report on the work of the Standing Committee of the Meishan people´s Congress

Director of the Standing Committee of the Meishan Municipal People´s Congress Liu shiqing …… 13

Remain true to our original aspiration Active as To boost the growth of Tianfu New Area Striving for the new highlands of the great metropolitan area

Chairman of the Meishan Municipal Political Consultative Conference Wang Yingcong …… 18

Memorabilia

Meishan memorabilia in 2016 …… 22

The general situation of Meishan

Geography …… 35

Geographical position …… 35

Traffic transportation …… 35

Geology …… 35

Survey …… 35

Stratigraphic lithology …… 35

Geological structure …… 38

Tectonic movement …… 39

Major geological hazards …… 39

Landform …… 39

Survey …… 39

Tectonic geomorphology …… 40

Tectonic erosion landform …… 40

Structural erosion geomorphology …… 40

Erosion and accumulation geomorphology …… 40

Terrain …… 40

Survey …… 40

mountains …… 40

Hill …… 40

Plain …… 40

Administrative division …… 40

Construction and evolution …… 40

Political district change …… 41

Natural environment …… 42

Land …… 42

Vegetation …… 42

Mineral resources ········· 42
Plant resources ········· 42
Animal resources ········· 42
Water resources and hydropower resources ········· 43
Climate condition ········· 43
Survey ········· 43
Climatic characteristics ········· 43
National economy and social development ········· 44
Survey ········· 44
Agriculture ········· 44
Industry and construction ········· 45
Lnvestment in fixed assets and development of real estate ········· 47
Domestic trade, foreign economy and tourism ········· 47
Traffic, communications and post and telecommunications ········· 47
Finance, finance and insurance ········· 47
Science, technology, education, culture, sports and health ········· 47
People´s life and social security ········· 48
Resources and safety production ········· 48

Meishan Committee of the Communist Party of China

Major decisions and important decisions ········· 49
Determination of " two pioneered" and " five pioneered" efforts to build up the new highland in the urban area of Tianfu New Area ········· 49
Push forward innovation to drive transformation and development to push forward the goal of tenure ········· 49
The decision to promote green development and build a beautiful Meishan ········· 49
Further carrying out the reform and promoting the reform ········· 50
To further accelerate the development of bamboo industry ········· 50
The formulation of Seventh Five Year Plan for the publicity and education of the rule of law in Meishan (2016 - 2020) ········· 50
Lmportant decision ········· 50
Important meeting ········· 51
The seventh meeting of the Third Congress of the Meishan municipal committee of the communist party of China ········· 51
The Fourth Congress of the Communist Party of China, Meishan ········· 51
Plenary Committee (enlargement) meeting ········· 51
Regular working conference ········· 51
Other meetings ········· 51
Key project opening ceremony ········· 52
CPC Central Committee (expansion) Study Conference ········· 52
Work of the Municipal Office of the municipal Party committee ········· 53
Comprehensive coordination ········· 53
Information research and document drafting ········· 53
Inspecting target work ········· 53
Contact the service people ········· 53
logistic service ········· 54
Politics and law committee work ········· 54
Maintaining stabiliy ········· 54
Comprehensive control work ········· 54
Judicial reform ········· 54
Team construction ········· 54
Organizational work ········· 55
" Two studies and one action" study education ········· 55
City and County Leading Group change ········· 55
The township leading group change ········· 55
Village (community) party organization change ········· 55
Poverty alleviation ········· 55
General supervision ········· 56
System construction ········· 56
Leading group and team building ········· 56
Tibetan cadres management ········· 56
Cadre supervision and management ········· 56
Management of civil servants and staff ········· 57
Construction of talent team ········· 57
The tenure system of the party representative ········· 57

Construction of grass-roots organization ············ 57

The party building of the " two new" organization ··· ·· 57

Party building in Industrial Park ···················· 57

Education of Party members ························ 58

Self construction ···································· 58

Propaganda work ································ 58

Theoretical work ···································· 58

News propaganda, network propaganda and supervision ··· 58

Cultural industry, literature and art work ········· 58

The construction of spiritual civilization ··········· 59

Construction of ministry organs ···················· 59

Establishment of institutions ···················· 59

Compilation and management ······················· 59

Classification reform of institutions ··············· 59

Transformation of government functions ············ 59

Adjustment and optimization of responsibility list ······ ·· 59

Establishment of real name system statistics and network name management ······················· 59

Registration management of institutions ··········· 60

Supervision and inspection ························· 60

Civilian service ····································· 60

United Front Work ································ 60

Management of non Party cadres ··················· 60

The self construction of the Democratic Party and the association of knowledge ····················· 60

The work of the non Party Intellectuals and the new social strata ·· 60

Democratic consultations ··························· 60

Service development and improvement of the people's livelihood ·· 61

Ethnic and religious work ·························· 61

Economic United Front Work ······················· 61

Hong Kong, Macao, Taiwan and overseas liaison ··· ·· 61

Self construction ···································· 61

National religious work ························· 62

National project ····································· 62

Religious affairs ····································· 62

Safety and stability ································· 62

Policy Research ··································· 62

Survey ·· 62

Deepening the reform ································ 62

Promote the administration of the city according to law ·· 62

Research on the major problems of economic and social development ································ 63

Drafting important documents ······················ 63

On behalf of leadership speech ····················· 63

Secrecy ·· 63

Secrecy management ································· 63

Secrecy propaganda ·································· 63

Secrecy technology ·································· 63

Confidentiality inspection ·························· 64

Party construction work of municipal authorities ··· 64

Poverty alleviation and poverty alleviation ········ 64

" Four teams" ·· 64

Direct contact with the service people ············· 64

" Law into agency" activities ······················· 64

The ideological and cultural construction of the organs ·· 64

Comprehensive governance of urban and rural environment ·· 64

The construction of Party organization at the grass-roots level of the organ ······················ 64

Work style and anti corruption and building a clean government ·· 65

The masses and the work of letters and visits ······ 65

Survey ·· 65

System construction ································· 65

A letter from the masses to visit ·················· 65

Resolve pending petition ··························· 66

Review and review of letters and visits ············ 66

City leaders liberating ······························ 66

Work of old cadres ······························· 66

Leadership care ······································ 66

Perfect the working mechanism ····················· 66

Implementation of the two treatment ······ 66
Service society ······ 66
Commemoration of the victory of the Red Army's Long March 80th Anniversary ······ 66
Construction of activity center ······ 66
Participation in the center ······ 67
Work of the Party School ······ 67
Survey ······ 67
Training and education ······ 67
Scientific research activities ······ 67
Organ management ······ 67
Team building ······ 67
Business guidance ······ 67
Study on the history of the party ······ 67
The compilation and study of the party's history ······ 67
Specifically speaking ······ 67
Propaganda and education of the history of the party ······ 67
Party history in district and county ······ 67

Standing Committee of the Meishan people's Congress

Meeting of the Municipal People's Congress ······ 68
Meeting of the Standing Committee of the Municipal People's Congress ······ 68
Meeting of directors ······ 69
Legislative work ······ 69
local legislation ······ 69
Record review ······ 69
Supervision work ······ 69
Hearing and reviewing special work report ······ 69
Planned budget supervision ······ 69
Law enforcement inspection ······ 69
Thematic inquiries ······ 69
Organization representative inspection ······ 69
Decision of major matters and appointment and removal of personnel ······ 69
Resolution decision ······ 69
Appointment and removal of personnel ······ 69
Representative work ······ 70
Advice, criticism and advice ······ 70
Deputies ······ 70
The construction of the Standing Committee and its own organs ······ 70
Ideological and political construction ······ 70
Work style construction ······ 70
Capacity building ······ 70

The people's Government of Meishan

Major decision ······ 71
The structural reform of supply-side ······ 71
Innovation of mass Entrepreneurship ······ 72
Charitable commendation ······ 72
Prevention and control of water pollution ······ 72
Commendation of courage and courage ······ 73
Developing sports industry and promoting sports consumption ······ 73
Promote the new type of industrialization ······ 73
Advance preschool education ······ 73
Improving the compulsory education in urban and rural areas ······ 73
Construction project management of municipal government investment project ······ 74
Post supervision after the event ······ 74
Urban planning management ······ 74
Social security management of land expropriated farmers ······ 74
Strong city quality ······ 74
The establishment of modern enterprise system by private enterprises ······ 74
" 13th Five-Year" poverty alleviation planning ······ 75
The person in charge of the administrative office should appear in court ······ 75
" 13th Five-Year" disaster prevention and mitigation planning ······ 75

Major administrative decision responsibility investigation ········ 75
Important meeting ········ 76
Plenary meeting of the municipal government ······ 76
Executive meeting of the municipal government ··· 76
City Conference ········ 76
Thematic meeting ········ 76
Office work of the municipal government ········ 77
Meeting documents ········ 77
Information research ········ 77
Supervision and supervision ········ 77
People´s livelihood project ········ 77
Reform of " tube clothes" ········ 78
Open government affairs ········ 78
Tianfu New Area Service ········ 78
Website construction ········ 78
Contact the service people ········ 79
logistic service ········ 79
Contingency management ········ 79
Standardized construction of grass-roots level ······ 79
Emergency plan management ········ 79
Early warning monitoring ········ 79
Hidden trouble investigation ········ 79
Emergency team construction ········ 79
Material reserve guarantee ········ 79
Publicity and education ········ 80
Government duty ········ 80
Information delivery and disposal ········ 80
Government service ········ 80
Service matters handling ········ 80
Service window settings ········ 80
Operation of administrative power ········ 80
Reform of the administrative examination and approval system ········ 80
The service of the party and the masses ········ 80
Construction of central hardware facilities ········ 80
The construction of the party affairs government service system ········ 80
Professional service for grass-roots convenience ··· 80
Hotline ········ 81
Party Affairs Service Hotline ········ 81
Reception work of municipal Party committee and municipal government ········ 81
Reception task ········ 81
Reception management ········ 81
Foreign affairs, overseas Chinese Affairs, Taiwan, Hong Kong and Macao Affairs ········ 81
Survey ········ 81
Attract investment ········ 81
Foreign Friendship Association ········ 81
Overseas Chinese Federation of overseas Chinese ········ 81
Work to the platform ········ 82
Restoration and reconstruction ········ 82
Make financial donations to help develop education ········ 82
Civil affairs work ········ 82
Disaster prevention and mitigation ········ 82
Relief relief ········ 82
" Double support" work ········ 82
Social welfare ········ 83
Charitable work ········ 83
Materials work ········ 83
Resettlement ········ 83
Villager autonomy ········ 84
Community construction ········ 84
Democratic construction at the grass-roots level ··· 84
Adjustment of administrative division ········ 84
Place name management ········ 84
Administrative regional boundary management ······ 84
Civil organization management ········ 84
Human resource management ········ 84
Entrepreneurial work ········ 84
Employment work ········ 84
Skill training ········ 85
Talent recruitment work ········ 85
Expert management ········ 85
Resettlement ········ 85
Civil service duties and rank parallel system ······ 85
Civil servant recruitment examination ········ 85

Examination and recruitment of institutions ········ 85
Personnel examination ···························· 85
Staff resettlement ································ 85
Administration of agency affairs ················· 85
Service management ······························· 85
Security ·· 85
City bus management center, city conference center and City Gymnasium Management ················· 86
Emigration work for poverty alleviation ··········· 86
Survey ·· 86
Capital struggle ·································· 86
Targeted poverty alleviation ······················ 86
Social poverty alleviation ························ 86
Immigration suppore ······························· 87
Key project ······································· 87
Labor training ···································· 87
Stability of letters and visits ··················· 87
Earthquake prevention and disaster reduction work ······························· 87
Key project construction ·························· 87
Earthquake monitoring and prediction ·············· 87
Earthquake swarm optimization ····················· 87
Earthquake damage defense ························· 87
Demonstration base construction ··················· 87
Emergency preparedness ···························· 87
Earthquake emergency rehearsal ···················· 87
Popular science propaganda ························ 87
Meteorological Service ·························· 88
Survey ·· 88
Meteorological service for spring transportation ····· 88
Disaster weather warning service ·················· 88
Meteorological security services for major activities ··· ··· 88
Environmental Weather Service ····················· 88
Agrometeorological Service ························ 88
Artificial weather ································ 88
Forest fire prevention meteorological service ······· 88
Meteorological modernization construction ·········· 88
The construction of meteorological legal system and administration by law ························ 89

Meishan Municipal Committee of the Chinese people's Political Consultative Conference

Important meeting ······························ 90
Plenary meeting ·································· 90
Meeting of the Standing Committee ················· 90
Chairperson's meeting ····························· 91
Political consultation ·························· 92
Consultations of the plenary meeting ·············· 92
Consultations at the meeting of the Standing Committee ····································· 92
Key consultations ································· 92
Committee consultations ··························· 93
Counterpart negotiation ··························· 93
Democratic supervision ·························· 93
Key supervision ··································· 93
Daily supervision ································· 93
Proposal ·· 93
Proposal supervision ······························ 93
Participate in political and political affairs ······· 93
Superior survey ··································· 93
Research inspection at the present level ··········· 94
Other work ······································ 94
The work of the people's livelihood ··············· 94
Self construction ································· 94
Propaganda work ··································· 95
Communication learning ···························· 95

Discipline inspection and supervision

Summary ·· 96
Positive wind and Neogene ······················· 96
Supervision and inspection ······················ 96
Discipline review ······························· 97
The construction of the system of punishment and Prevention ····································· 97
Self construction ······························· 97

Inspection tour …… 97
Mechanism guarantee …… 97
Inspection work …… 97

National defense construction

Meishan Army division …… 99
Ideological and political construction …… 99
Combat readiness training …… 99
Construction of reserve forces for national defense …… 99
Logistics construction …… 99
The Party tube armed and participation gorernance …… 100
Open training and mobilizing …… 100
Combat readiness drills …… 100
The mainstay of the militia comprehensive emergency camp …… 100
Head inspection …… 100
Exchange of learning …… 100
Conscription work …… 101
Military service …… 101
Targeted poverty alleviation …… 101
Meishan branch of Armed Police Force …… 102
Survey …… 102
Ideological and political construction …… 102
Regularization management …… 102
Military training …… 102
Standard duty …… 102
Boot camp …… 103
The construction of the basic unit …… 103
logistic service …… 103
Meishan public security fire brigade …… 103
Survey …… 103
Fire prevention and control …… 103
Rescue capacity building …… 104
Construction of the group …… 104
Efforts to uphold integrity …… 104
Training rehearsal …… 104
Comprehensive control …… 104
Upgrading upgrading …… 104
Fire propaganda and education …… 105
Civil air defense …… 105
Construction of civil air defense engineering …… 105
Command and communication construction …… 105
Civil defense emergency …… 105
Publicity and education …… 105
Administrative examination and approval …… 105

Democratic parties

Meishan Municipal Committee of the Chinese Democratic League …… 107
Survey …… 107
Ideological construction …… 107
Organization construction …… 107
Team building …… 107
Participate in political and political affairs …… 107
Investigation and research …… 107
Social service …… 108
Information publicity …… 108
Meishan Municipal Committee of the China Democratic Republic of China …… 108
Survey …… 108
Ideological construction …… 108
Organization construction …… 109
Participate in political and political affairs …… 109
Social service …… 109
Information publicity …… 109
Meishan Municipal Committee for the China Council for the promotion of democracy …… 109
Survey …… 109
Self construction …… 110
Organization construction …… 110
Participate in political and political affairs …… 110
Social service …… 110
The general branch committee of the Sichuan Provincial Committee of the Chinese peasant

workers´ Democratic Party, Meishan ············ 111
Organization construction ··············· 111
Project strive for ··············· 111
Participate in political and political affairs ········ 111
Social service ··············· 111
Ideological propaganda ··············· 111
Meishan municipal preparatory group of the Jiusan sociey ··············· 111
Survey ··············· 111
Ideological construction ··············· 111
Organization construction ··············· 111
Participate in political and political affairs ········ 112
Investigation and research ··············· 112
Social service ··············· 112
Information publicity ··············· 112
Meishan non party intellectual Association ······ 112
Organization ··············· 112
Ideological construction ··············· 112
Organization construction ··············· 112
Participate in political and political affairs ········ 113
Social service ··············· 113
Information and foreign liaison ··············· 113
Director´s elegant demeanor ··············· 113
The Committee of the Sichuan Provincial Committee of the Chinese Kuomintang Revolutionary Committee directly subordinate to the general branch of Meishan ··············· 113
Mechanism ··············· 113
Study of political theory ··············· 113
The construction of two civilizations ··············· 113
Self construction ··············· 114

Mass organizations

Meishan general trade union ··············· 115
Organization construction ··············· 115
Labor competition ··············· 115
Innovation and Entrepreneurship ··············· 115
Model management ··············· 115
Collective wage consultation ··············· 115
Mediation of labor disputes ··············· 115
Stylistic propaganda and education ··············· 115
Helping each other ··············· 115
Difficult workers help ··············· 116
Democratic management of factory affairs ········ 116
Salary and payment guarantee for staff and workers ··············· 116
Self construction ··············· 116
Meishan municipal Party committee of the Communist Youth League ··············· 116
Survey ··············· 116
Theme education ··············· 116
" New media" leads ··············· 116
Advanced typical tree selection ··············· 117
Employment and Entrepreneurship ··············· 117
Poverty alleviation ··············· 117
Innovation of social governance ··············· 117
Volunteer service ··············· 117
Focus on key adolescents ··············· 117
Liaison with young people ··············· 117
Team building ··············· 117
Meishan women´s Federation ··············· 117
Help the poor mother ··············· 117
Care for the left behind children in rural areas ··············· 118
Volunteer service ··············· 118
Petition for rights ··············· 118
Family construction ··············· 118
Home education ··············· 118
Construction of grass–roots position ··············· 118
Team building ··············· 118
Meishan Municipal Science and Technology Association ··············· 118
Popular science publicity activities ··············· 118
Grass–roots science popularization action plan ··· 119
Youth Popular Science ··············· 119
Golden Bridge Project ··············· 119
Cooperation with silver ··············· 119
Academic exchange ··············· 119

Meishan Federation of disabled persons ············ 120
People's livelihood project for the disabled ······ 120
Uniforms of universal wisdom ······················ 120
The policy fallback guarantee ······················ 120
The disabled employment of the disabled ········ 120
Rehabilitation of the disabled ······················ 120
Cultural and sports undertakings for the disabled ······ ······ 120
Meishan Federation of literary and artistic circles ······ 120
Literary and artistic creation ······················ 120
Literature and art benefiting people ·············· 122
Brand building ······································ 123
Literary and artistic talents ························ 123
The construction of the Literary Federation ········ 123
Meishan Federation of Social Sciences ··········· 124
Planning Award ······································ 124
Social Science Research ···························· 124
Academic activities ·································· 124
Social Science Popularization ······················ 124
Information publicity ································ 124
Meishan Red Cross Society ······················ 124
Survey ·· 124
Project construction ································· 124
Fundraising assistance ······························ 124
Prevention and reduction of disease and disaster prevention ······ 124
Meishan Federation of industry and Commerce ······ 124
Survey ·· 124
Participate in political and political affairs ········ 124
Attract investment ·································· 124
Hundreds of enterprises and a hundred villages and poverty alleviation ······ 124
Enterprise training ·································· 125
Rights ·· 125
Organization construction ·························· 125

Rule by law

Government legal system ···························· 126
Institutional change ································· 126
Construction of government under the rule of law ······ ······ 126
Reconsideration ····································· 126
Review of legality ··································· 126
Demonstration and establishment of administration according to law ······ 126
Normative document management ················· 126
Supervision of law enforcement ··················· 126
Reform of the administrative examination and approval system ······ 127
List of administrative powers ······················ 127
Management of public resource transaction ········ 127
Administrative mediation ·························· 127
Legislative work ···································· 127
Legal adviser ·· 127
Arbitration work ···································· 127
Public Security ····································· 127
Survey ·· 127
Maintain stability ··································· 128
Anti riot and counter-terrorism ··················· 128
The prevention of hostile forces ··················· 128
Investigation and breach of case ·················· 128
Investigation and investigation of public security cases ······ 129
Safety management of food and drug ············· 129
Entry and exit management ························ 129
Household management ···························· 129
Floating population management ·················· 129
One standard, three neal and using ·············· 129
Construction of social security prevention and control system ······ 130
Industry management ······························ 130
Ban eroticism and ban bet ························· 130
Information construction ··························· 130

Network public opinion guidance and control …… 130
Guard …… 130
Public security propaganda …… 130
Conrenience of service for people …… 130
Standardizing the construction of law enforcement …… 131
Crime crackdown special action …… 131
" Gun-out" action …… 131
Special action crackdown …… 131
Special action against crime …… 131
Online pursuit …… 132
Comprehensive regulation of traffic safety …… 132
Rural road traffic management …… 132
Road traffic safety publicity …… 132
Construction of information management of public security management …… 132
Traffic order management …… 132
" Double super" regulation …… 132
Motor vehicle detection …… 132
Driver management …… 132
Hand over the law …… 133
Procuratorial …… 133
Combating criminal offences …… 133
Social governance …… 133
Investigate office crime …… 133
Prevention of duty crime …… 134
Supervision of criminal procedure …… 134
Civil and administrative litigation supervision …… 134
Supervision of administrative law enforcement …… 134
Accept external supervision …… 134
Reform and innovation …… 135
Team building …… 135
Trial …… 135
Survey …… 135
Criminal trial …… 135
Civil trial …… 135
Administrative trial …… 135
Execution work …… 135
Filing work …… 135
Non cohesion of litigation …… 136
Litigation guidance …… 136
Judiciary benefiting people …… 136
Judicial openness …… 136
Equitable increase in speed …… 136
Team building …… 136
Judicial administration …… 136
Survey …… 136
Prussian work …… 137
Lawyers work …… 137
Notarization and judicial identification …… 137
Legal aid …… 137
Legal work and judicial examination …… 137
People´s mediation …… 137
Grass-roots legal services …… 138
Community correction …… 138
Resettlement …… 138
Team building …… 138
Meizhou prison …… 138
Survey …… 138
Safety and stability …… 138
Supervision according to the law …… 138
Information construction …… 138
Team building …… 138
Efforts to uphold integrity …… 138

Economic management

Overview …… 139
Development and reform management …… 139
Project investment …… 139
Capital struggle …… 139
PPP work …… 139
Planning and compilation …… 139
Development of social undertakings …… 139
Park Construction …… 139
Construction of credit system …… 139
Safety production supervision …… 139
Administrative municipal approval …… 139
Reform and innovation …… 140

Easy poverty alleviation 140
Environmental resource 140
Structural reform 140
Comprehensive transportation construction 140
Bidding management 140
Project inspection 140
Government service 140
Regional cooperation 140
County Economy 140
Regional development 140
Administration of industry and Commerce 141
The reform of the industrial and commercial registration system 141
Credit constraint 141
Private economic support 141
Brand brand management 141
Non public Party Construction 141
Consumer rights protection 141
Law enforcement supervision 141
Supervision and management of safety production 142
Survey 142
Liability coverage 142
Performance assessment 142
Construction of safety production system and mechanism 142
Publicity and implementation of Xin´an law 142
" Safe production month" action 142
Safety training 142
Hidden trouble investigation and regulation 143
Large inspection of safety production 143
Fight against violation 143
Mine management 143
Safety regulation of dangerous chemicals and fireworks and firecrackers 143
Construction and special equipment 143
Traffic safety and school safety 143
Fire safety 143
Occupational health 144
Construction of safe community 144
Anxin Engineering 144
Capacity building for emergency rescue 144
Audit 144
Audit results 144
National major policy and measures to carry out the tracking audit 144
Financial audit 144
Economic responsibility audit 144
Financial audit 144
Investment audit of fixed assets 144
People´s livelihood Fund (project) audit 144
Audit of the use of foreign capital 144
Enterprise audit 145
Capital audit 145
Information construction 145
Statistics 145
Survey 145
Statistical service 145
Innovation and innovation of Statistics 145
Construction of " four major projects" 145
Construction of statistical legal system 145
The third national agricultural census 145
Investigation 145
Investigation business 145
Special investigation 146
Construction of legal system 146
Price management 146
Price reform 146
Price regulation 146
Factor price policy 146
Huimin price policy 146
Special inspection of price and charge 146
Special inspection of the tourism market 146
Special inspection charges related enterprises 146
Special inspection of sale price of commodity house 146
Special inspection of drug price 146
Market price regulation in key time period 146
Price report 147
Charge reform 147

Charge management ······ 147
Price determination ······ 147
Quality technical supervision ······ 147
Construction of strong city quality ······ 147
Construction of standard strong city ······ 147
Construction of strong brand city ······ 147
Safety supervision of special equipment ······ 147
Quality supervision of key products ······ 147
Administrative law enforcement ······ 148
Measurement and certification work ······ 148
Inspection and testing ······ 148
Administrative licensing ······ 148
Supervision and administration of food and drug ······ 148
Construction of food and drug supervision system ······ 148
Construction of food and drug supervision capacity ······ 148
Comprehensive coordination and supervision of food ······ 148
Food production and management supervision ······ 148
Drug production and circulation regulation ······ 149
Risk monitoring and emergency management ······ 149
Special regulation of food and drug ······ 149
Standardizing administrative power ······ 149
The development of service food and medicine industry ······ 149
Publicity and guidance of social co governance ······ 149
Management of state owned assets ······ 149
The development of state owned economy ······ 149
State enterprise supervision ······ 149
Reform of state-owned enterprises ······ 150
Management of assets of administrative institutions ······ 150
Investment and financing ······ 150
Attract investment ······ 150
Party building of state-owned enterprises ······ 150
Meishan development (holding) limited liability company ······ 150
Survey ······ 150
Expand the new field of management ······ 150
Project financing ······ 150
Urban construction ······ 150
Support the new growth of regional economy ······ 151
Internal management ······ 151
Land and resources management ······ 151
Construction of " three models" ······ 151
Cultivated land protection ······ 151
Construction of " six platforms of cultivated land protection" ······ 151
Land utilization ······ 151
Stability and stability ······ 151
Land report to the city ······ 152
Land transfer ······ 152
Overall land use planning ······ 152
Comprehensive land renovation ······ 152
Prevention and control of land disaster ······ 152
Real estate registration ······ 152
Construction land increase or decrease hook ······ 152
Reclamation and utilization of abandoned land ······ 152
Administrative licensing ······ 152
Mineral resources management ······ 152
Party style and clean government construction ······ 153
Information construction ······ 153
Investment ······ 153
Survey ······ 153
Strong attraction ······ 153
Innovation driven ······ 153
Inviting investment ······ 153
Platform building ······ 153
Foreign investment ······ 153
Investment assessment ······ 153
Economic trade ······ 153
Attract investment ······ 153
Service enterprise ······ 153
Economic and trade activities ······ 154
Economic and trade information ······ 154
Country of origin visa ······ 154
Commercial mediation ······ 154

Economic and trade friction disposal ··············· 154
Business training ······································ 154
Meishan International Chamber of Commerce ······ 154
Public resource transaction ··························· 154
Survey ··· 154
Personnel management ································ 154
Financial management ································· 154
System construction ·································· 154
Reform and innovation ································ 155
Housing Provident Fund Management ············ 155
Payment of housing provident fund ··················· 155
Use of housing provident fund ························· 155
Housing accumulation fund management ············ 155
Housing Provident Fund Management ················ 155

Industry

Survey ·· 156
Industrial economy and information management ··································· 156
Industrial operation ···································· 156
Enterprise cultivation ································· 156
Industrial investment ·································· 156
Energy elements ······································· 156
Industrial Development ································ 156
Park Construction ······································ 156
Technological innovation ······························ 157
Eliminate backward production capacity ············ 157
Information construction ······························ 157
Favoured policy ·· 157
Radio management ···································· 157
Power supply ··· 157
Survey ··· 157
Human resources ······································ 157
Safety production ······································ 157
Management and management ························ 157
Power grid construction and development ·········· 158
Good service ··· 158
Reform and innovation ································ 158
Power supply branch of Renshou County of national network ··································· 158
Meishan city Pengshan power supply company ··· 158
The national network of Hongya county power supply company ································ 159
The national network of Danleng county power supply company ································ 159
The national network of Qingshen county power supply company ································ 159
Jinxiang Chemical Industrial Park ················· 159
Survey ··· 159
Project promotion ····································· 159
Attract investment ····································· 159
Factor guarantee ······································· 159
Safety work ··· 160
Environmental protection management ·············· 160
Land management ···································· 160
Land expropriation and resettlement ················ 160
Social undertakings ··································· 160
Ganmei (aluminum silicon) park ·················· 160
Economical operation ································· 160
Industrial Development ······························· 161
Attract investment ···································· 161
Park upgrading and funding ························· 161
Security, environmental protection, stability of letters and visits ·································· 161
Party building work ··································· 161
Meishan Zhongche Vehicle Co. Ltd. ··············· 161
Survey ··· 161
Planning and development ··························· 162
Reform and Reform ··································· 162
Management and management ······················· 162
Technological innovation ····························· 162
Marketing Management ······························· 162
Human resource management ························ 162
Quality Assurance ···································· 163
The work of the party and the masses ·············· 163
Meishan Zhongche brake Polytron Technologies Inc ································· 163
Meishan Zhongche fastener Technology

Co. Ltd. ··· 164
Meishan Zhongche logistics equipment
Co., Ltd. ··· 164
Meishan modern industrial new Town Office ··· 164
Construction of the headquarters
Economic Zone ··· 164
Economic construction ··· 164
Key project ··· 164
Transformation and upgrading ··· 164
Park expansion ··· 164
Min Dong New District ··· 164
Survey ··· 164
The work of the party and the masses ··· 165
Investment management ··· 165
Land expropriation and resettlement ··· 165
Stability and stability ··· 165
Education Culture ··· 165
Social security ··· 165
Targeted poverty alleviation ··· 165
Civil air defense work ··· 165
Discipline inspection and supervision ··· 165
Audit ··· 166
Financial and tax revenue ··· 166
Financial management ··· 166
Safety production ··· 166
Land and resources management ··· 166
People´s livelihood project ··· 166
Urban and rural planning ··· 166
Urban and rural construction ··· 167
Public security work ··· 167
Chengguan law enforcement ··· 167
Mu Jia Gou Reservoir Management Office ··· 168
Meishan Min Dong Development Investment
Limited Co. Ltd ··· 168
Sichuan Min Dong Real Estate Development
Co. Ltd. ··· 168
Meishan city Min Dong Urben Development investment
managment Co. LTD
Capital Ltd ··· 168
Fu´niu town ··· 168

Agriculture

Overview ··· 170
Planting ··· 170
Survey ··· 170
" Donypo taste" hundreds of billions of
industries ··· 171
Kimchi industry ··· 171
Development of modern agriculture ··· 171
Grain and oil production ··· 172
Agricultural informatization ··· 172
Agricultural Mechanization ··· 172
Management of rural management ··· 172
Quality and safety of agricultural products ··· 172
Agricultural administrative law enforcement ··· 172
Poverty alleviation in agricultural industry ··· 173
Forestry ··· 173
" Pearl in the green sea" ··· 173
The Ninth Chinese Bamboo Culture Festival ··· 173
Qingshen bamboo industry development ··· 173
Modern forestry industrial base ··· 173
Forestry Ecotourism ··· 173
Natural forest protection project ··· 173
The project of returning farmland to forest ··· 174
Schistosomiasis control project of afforestation ··· 174
Reform of the system of collective forest rights ··· 174
The construction of the giant panda National Park ··· 174
Reform of state-owned forest farm ··· 174
Forest fire prevention ··· 174
Pest control in forestry ··· 174
Forest Public Security ··· 174
Water conservancy ··· 174
Survey ··· 174
Key water conservancy project ··· 174
The construction of the city of the thousand lakes ··· 174
Basic construction of farmland water conservancy ··· 174

Water conservancy and people′s livelihood project ··· 174
flood prevention ··· 175
Water resources management ··· 175
Water conservancy and poverty alleviation ··· 175
Comprehensive law enforcement of water affairs ··· 175
The management of the black dragon beach irrigation area in Dujiangyan, Sichuan ··· 175
Survey ··· 175
Water storage and water conservation ··· 176
Project construction ··· 176
Water source protection ··· 176
Security management ··· 176
Tongji irrigation management ··· 176
Flood control and drought resistance ··· 176
Spring water ··· 176
Ecological and environmental water supply ··· 176
Engineering construction ··· 176
Animal Husbandry ··· 176
Production situation ··· 176
Milk industry ··· 176
Pig ··· 177
Rabbit ··· 177
Poultry ··· 177
Beef cattle ··· 177
Sheep ··· 177
Standardization construction ··· 177
Mechanism innovation ··· 177
Project construction ··· 177
Prevention and control of epidemic disease ··· 177
Safety of animal products ··· 177
Poverty alleviation ··· 177
Meishan Minjiang modern agricultural demonstration garden ··· 177
Survey ··· 177
Cultivate owners′ management ··· 178
Park Construction ··· 178
Trust Land Circulation ··· 178
Rural finance ··· 178
Agricultural insurance ··· 178
Farmers′ monetary settlement ··· 178

Tourism

Overview ··· 179
Planning and compilation ··· 179
Attract investment ··· 179
Project construction ··· 179
Brand creation ··· 179
Rural tourism ··· 180
Tourism marketing ··· 180
Team building ··· 180
Industry management ··· 180

Trade

Domestic trade ··· 181
Attract investment ··· 181
E-commerce logistics ··· 181
Gourmet food and beverage ··· 181
Supply and marketing work ··· 181
Foreign trade ··· 181
Use of foreign capital ··· 181
Import and export of foreign trade ··· 181
Business management ··· 182
Social consumption ··· 182
Administrative examination and approval ··· 182
Special industry management ··· 182
Rural cooperative organization ··· 182
Safety and stability ··· 182
Grain commerce ··· 182
Grain control ··· 182
Key project construction ··· 182
" Donypo taste" hundreds of billions of grain and oil industries ··· 182
Benefit of state-owned enterprises ··· 183
Rest assured of the construction of grain and oil

system ······ 183
People´s livelihood project ······ 183
Oil business ······ 183
Sale ······ 183
Network construction ······ 183
Recovery and transformation of oil and gas ······ 183
Standardized management ······ 183
Information intellectualization work ······ 183
Safety and environmental protection ······ 184
Risk prevention and control ······ 184
Staff team ······ 184
Tobacco monopoly franchise ······ 184
Survey ······ 184
Operating benefit ······ 184
Monopoly management ······ 184
Public welfare undertakings ······ 184
Salt industry ······ 184
Survey ······ 184
Transport and marketing business ······ 184
Salt Market Management ······ 184
Salt law enforcement ······ 184

Finance and taxation

Finance ······ 185
Implementation of the city´s budget ······ 185
Implementation of the municipal budget ······ 185
People´s livelihood project ······ 185
Government procurement supervision ······ 185
Secure housing project ······ 185
The government buys services to social forces ······ 185
Treasury Centralized Payment ······ 185
Reform of public service card ······ 186
Supervision of three public funds ······ 186
Support the development of Education ······ 186
Cultural input ······ 186
Investment in science and technology ······ 186
Agricultural input ······ 186
Financial investment management ······ 186
Financial Investment Review ······ 186
Traffic input ······ 186
Industrial input ······ 186
Social security input ······ 187
Accounting management ······ 187
Construction of internal financial control system ······ 187
Special examination of funds for medical assistance in urban and rural areas ······ 187
Special inspection of the collection and collection of non tax income ······ 187
The special inspection of the serious financial discipline and little Treasuries ······ 188
Accounting supervision and inspection ······ 188
Public inspection of final accounts ······ 188
Inspection of special funds for poverty alleviation ······ 188
Special examination for the reform of the weak schools in rural compulsory education ······ 188
Security check of financial funds ······ 188
Performance supervision and inspection ······ 188
Spamming bonus allowance and financial balance check ······ 188
Inspection of financial instruments ······ 188
Internal control management ······ 188
Accounting supervision and inspection ······ 188
National Tax ······ 188
Tax revenue ······ 188
Tax incentives ······ 188
Tax reform ······ 189
Tax administration ······ 189
Tax service ······ 189
The tax law ······ 189
Team building ······ 189
The Party style and the clean government ······ 190
Local tax ······ 190
Tax revenue ······ 190
The tax law ······ 190
Tax reform ······ 190
The cooperation of state tax and land tax ······ 190

Tax administration ································· 191
Construction of tax information ····················· 191
Tax service ·· 192
Tax publicity ······································ 192
Tax incentives ····································· 192
Tax inspection ····································· 192
Team building ····································· 192

Finance and insurance

Financial coordination management ··············· 193
Credit delivery ···································· 193
Silver government and enterprise docking project ······
··· 193
Reform of credit cooperatives ······················· 193
Enterprise financing ································ 193
Bond ··· 193
Enterprise listing ·································· 193
Insurance ··· 193
Microfinance ······································ 193
Supervision of financing guarantee institutions ··· 193
Non propaganda ···································· 193
Internet financial risk investigation ················· 194
Prevention of illegal fund-raising ·················· 194
Information reporting and notification ·············· 194
Accurate financial poverty alleviation ··············· 194
Financial security prevention and control ·········· 194
Banking ·· 194
Survey ·· 194
Asset business ····································· 194
Debt business ····································· 194
Financial reform ··································· 194
Meishan Central Branch of the people´s Bank of China ··· 194
Survey ·· 194
Monetary and credit policy ·························· 194
Payment and settlement ····························· 194
The Treasury of the manager ························ 195
The circulation and management of RMB ········· 195
Anti money laundering ····························· 195
Exchange control ·································· 195
Deposit insurance ································· 195
Comprehensive financial management ·············· 195
Protection of the rights and interests of financial consumption ··························· 195
Maintaining financial stability ······················ 196
Construction of credit system ······················· 196
Service to the masses and poverty alleviation ······ 196
Meishan regulatory branch of the China Banking Regulatory Commission ··························· 196
Survey ·· 196
Market access management ·························· 196
Field inspection ··································· 196
Off-site supervision ································ 196
Financial service ·································· 196
Risk disposal ······································ 197
Reform and innovation of banking industry ········ 197
Meishan rural credit cooperatives ················· 197
Survey ·· 197
Support the real economy ·························· 197
Accurate financial poverty alleviation ·············· 197
Payment and settlement ···························· 198
Swindle prevention control ························· 198
Deepening the reform ······························ 198
Industrial Commercial Bank of China Ltd Meishan branch ···································· 198
Survey ·· 198
Deposit and loan business ·························· 198
Asset quality ······································ 198
Major business development ························ 198
Reform of management and management ··········· 198
Internal control case prevention ···················· 199
Service work ······································ 199
Agricultural Bank of China Limited by Share Ltd Meishan branch ······························ 199
Survey ·· 199
Operating indicators ······························· 199
Internal management ······························· 199
Meishan branch of China Agricultural

Development Bank ······ 199
Survey ······ 199
Scope of business ······ 199
Operation situation ······ 200
Purchase of credit for grain and oil ······ 200
Financial poverty alleviation ······ 200
Supporting the construction of agricultural and rural infrastructure projects ······ 200
Key construction fund ······ 200
Intermediary business ······ 200
Risk management ······ 200
China Co truction Bank Corp Meishan branch ······ 200
Major business indicators ······ 200
Support the local economy ······ 201
Security ······ 201
Risk prevention and control ······ 201
China Postal Savings Bank Limited by Share Ltd Meishan branch ······ 201
Survey ······ 201
Inclusive finance ······ 201
Service Innovation ······ 201
Risk prevention and control ······ 201
Social responsibility ······ 201
Peoples Insurance Company of China Meishan branch ······ 202
Survey ······ 202
" 95518" service line telephone ······ 202
Standardized operation ······ 202
Customer service ······ 202
Service " three rural" ······ 202

Transportation

Summary ······ 203
expressway construction ······ 203
Chengdu Economic Zone Jianyang Ring Expressway to Jenshou Gufo section ······ 203
Benevolent new highway benevolence and longevity section ······ 204
Qinglong Expressway to Meishan field test section expansion ······ 204
Min Dong Avenue, Suizi highway connecting Yongshou to the north line of eyebrow ······ 204
Trunk highway construction ······ 204
The east slope of Binjiang avenue to the Pengshan section ······ 204
Construction of Industrial Boulevard ······ 204
Tianfu benevolence and longevity Avenue ······ 205
The big Emei international tourism West Link Hongya to the Liujiang River section of GE ······ 205
Pre work of key projects ······ 205
Taihe Avenue ······ 205
Min black fast channel ······ 206
Tianfu Avenue and min East Avenue connecting line ······ 206
Tianfu Avenue benevolence and longevity connection line ······ 206
The Minjiang River Bridge Reconstruction Project ······ 206
Project planning ······ 206
People´s livelihood project ······ 207
The creation of " four good rural road" ······ 207
Construction of Pengshan machine center ······ 207
Transportation and poverty alleviation ······ 207
Highway security project ······ 208
Overloading and overloading management ······ 208
Security stability ······ 208
Traffic administration law enforcement ······ 209
Inspection of automobile maintenance ······ 209
Public transportation ······ 209

Postal Information Industry

Postal Administration ······ 211
Survey ······ 211
Infrastructure construction ······ 211
Organization formation ······ 211

Universal service ········ 211
Market regulation ········ 212
Logistics delivery rectification ········ 213
Publicity and education ········ 213

China Telecom Meishan branch ········ 213
Summary ········ 213
Market operation ········ 213
Network construction ········ 213
Network operation and maintenance ········ 214
Information service ········ 214

China Mobile Communications Group Sichuan Co., Ltd. Meishan branch ········ 214
Survey ········ 214
Construction of 4G wireless network ········ 214
Home wide TV cable network construction ········ 214
The construction of Intelligent City ········ 214
Business management ········ 214

China United Network Communications Corp Meishan city company ········ 214
Market operation ········ 214
Network operation ········ 214
Construction of digital Meishan ········ 214
Customer service ········ 215

China iron tower Limited by Share Ltd Meishan branch ········ 215
Survey ········ 215
Business operation ········ 215
Business management ········ 215

Urban and rural construction and environmental protection

Urban and rural planning ········ 216
Summary ········ 216
Urban general rules and regulations ········ 216
City planning ········ 216
Planning of village and township scenic spots ········ 216
Park New Area Planning ········ 216
The creation of a famous national historical and cultural city ········ 216
Perfecting the regulations of planning and management ········ 216
Administration according to law ········ 217
Review and approval ········ 217
Mapping ········ 217
Planning supervision ········ 217
Law enforcement supervision ········ 217
Planning verification ········ 217

Urban and rural construction ········ 217
New urbanization construction ········ 217
Estate ········ 217
Renovation of shanty towns ········ 218
Municipal project construction ········ 218
Village and town construction ········ 218
Construction business ········ 218

City management ········ 219
Survey ········ 219
Law enforcement inspection ········ 219
Garden Management ········ 219
Sanitation work ········ 219
Municipal Administration ········ 219
Street lamp management ········ 219

Comprehensive environmental governance in urban and rural areas ········ 219
Survey ········ 219
Rural domestic waste management ········ 219
Rural sewage treatment ········ 220
" Five disorder" and " three line" governance ········ 220
Publicity and education ········ 220
Mechanism construction ········ 220
Village (residence) people´s autonomy ········ 220

Environmental protection ········ 220
Review and approval of EIA ········ 220
Prevention and control of air pollution ········ 220
Prevention and control of water pollution ········ 221
Prevention and control of soil pollution ········ 221
Construction of ecological civilization ········ 221
Nuclear and radiation safety supervision ········ 222
Environmental publicity ········ 222

Environmental supervision and law enforcement ······ 222
Environmental monitoring ······ 222
Environmental emergency management ······ 222

Education and sports

Overview ······ 224
Comprehensive reform of education and sports ······ 224
The reform of the enrollment examination system ······ 224
Reform of talent training mode ······ 224
Reform of the supply mode of sports public service ······ 224
Education and poverty alleviation ······ 224
Education and ability to help the poor ······ 224
Counterpart ······ 225
Construction of major educational projects ······ 225
Capital struggle ······ 225
Project construction ······ 225
Follow up the construction of colleges and Universities ······ 225
Elementary education ······ 225
Preschool education ······ 225
Compulsory education ······ 225
General high school education ······ 225
Special education ······ 225
Moral education ······ 225
Physical education and defense education ······ 225
Secondary vocational education ······ 226
Recruitment and employment in secondary vocational school ······ 226
The foundation of Vocational Education ······ 226
" 9+3" free education ······ 226
Adult Education ······ 226
Private education ······ 226
Sports work ······ 226
Mass sports ······ 226
Competitive sports ······ 226
Sport industry ······ 227
Education for the people's livelihood ······ 227
Team building ······ 227
Team management ······ 227
Teacher training ······ 227
Advanced commendation ······ 227
Evaluation of teachers' title ······ 227
Counterpart Education ······ 227
The qualification of Teachers ······ 227
Self-examination of enrolment ······ 227
Enrolment of colleges and Universities ······ 227
Adult college admissions ······ 227
Self-study Higher Education Examination ······ 228
Non diploma examination ······ 228
Education and scientific research ······ 228
Promotion of scientific research projects and promotion of achievements ······ 228
Teaching and research ······ 228
Educational equipment and information ······ 228
Educational equipment ······ 228
Education information work ······ 228
Two exams ······ 228
Educational supervision ······ 228
Construction of institutions and teams ······ 228
Administrative work ······ 228
The work of inspectors ······ 228
Party style and clean government construction ······ 228
Party style and clean government construction ······ 228
The political popularity of wind construction ······ 229
Construction of the rule of law ······ 229
Administration according to law ······ 229
Rule the school by law ······ 229
School safety ······ 229
Languages ······ 229
Meishan vocational and technical college ······ 229
Survey ······ 229
Poverty alleviation work ······ 230
Team building ······ 230

The construction of provincial Demonstration Higher Vocational School …… 230
Connotation construction …… 230
Enrolment and employment …… 230
Student work …… 230
Scientific research and social services …… 231
Reform of the personnel system …… 231
Rule the school by law …… 231
Service guarantee …… 231
Sichuan University Jinjiang College …… 231
Survey …… 231
The work of the Party group …… 232
United Front Work …… 232
Reform in Education …… 232
Team building …… 232
System construction …… 232
Student management …… 232
Quality training …… 232
Innovation and Entrepreneurship Education …… 232
Employment examination …… 233
Information construction …… 233
Logistical services …… 233
Campus safety …… 233
Campus construction …… 233
Educational exchange and cooperation …… 233
Large activity …… 233
10th anniversary school celebrations …… 233

Science and technology

Summary …… 234
Platform construction …… 234
Science and technology project …… 234
Scientific and technological achievements …… 234
Science and Technology Finance …… 234
Popular science activities …… 234
Agricultural science and technology …… 234
Intellectual property right …… 235

Media

Radio and television …… 236
Thematic publicity …… 236
Foreign publicity …… 236
Media activities …… 236
New media construction …… 236
News Work Award …… 236
Innovation work …… 236
Film screenings …… 236
Household radio and Television Engineering …… 236
Radio and television security …… 237
Broadcasting and television propaganda and management …… 237
Press and Publications …… 237
Public service …… 237
Printing business …… 237
Hair industry …… 237
Meishan daily …… 237
Propaganda work …… 237
Website construction …… 237
Management and management …… 237
Career development …… 237
Party style and clean government construction …… 238
Organization construction …… 238

Culture

Overview …… 239
Literary and artistic creation and cultural activities …… 239
Literary and artistic creation …… 239
Mass cultural activities …… 240
Library activities …… 240
Cultural Museum activities …… 240
Art Museum activities …… 241
Cultural position construction …… 241

Team and Library Construction ······ 241
Cultural infrastructure construction ······ 241
Supervision of cultural market ······ 241
Daily management ······ 241
Wipe out the Yellow River ······ 241
Comprehensive law enforcement in cultural market ······ 242
Culture industry ······ 242
Survey ······ 242
Cultural tourism ······ 242
Cultural media industry ······ 242
Culture and entertainment industry ······ 242
Protection of cultural relics ······ 242
The creation of a famous national historical and cultural city ······ 242
Movable Historical Relics ······ 242
Immovable Historical Relics ······ 242
Archaeological excavation ······ 242
Combating the crime of cultural relics ······ 242
Identification of the protection of intangible cultural heritage ······ 243
Intangible cultural heritage ······ 243
Non legacy database construction ······ 243
Cultural Heritage Day activities ······ 243
Protection work item ······ 243
Su Temple Museum ······ 243
Post disaster maintenance and maintenance ······ 243
Songcheng construction management in Dongpo ······ 243
Publicity and marketing ······ 243
Protection of cultural relics ······ 243
Culture industry ······ 243
Education Research ······ 243
Archives work ······ 244
Construction of Digital Archives (room) ······ 244
Collection and collection of Archives ······ 244
File access and utilization ······ 244
The construction of Archives ······ 244
The construction of the rule of law in Archives ······ 244
Project archival work ······ 244
People′s livelihood archives work ······ 244
Accurate poverty alleviation archives work ······ 244
Standardized management ······ 244
Archival security ······ 244
Archives propaganda and the construction of Archives Culture ······ 244
Construction of archival team ······ 244
Work of Local Chronicles ······ 244
Rule by law ······ 244
Revision work ······ 245
Yearbook Work ······ 245
Salvage arrangement of old Chronicles ······ 245
Development of land situation ······ 245
Research on the subject ······ 245

Hygiene

Health service management ······ 246
Survey ······ 246
Health reform ······ 246
Grading diagnosis and treatment ······ 246
The basic drugs and procurement ······ 246
Health service industry ······ 246
Social medicine ······ 246
Health project construction ······ 246
Health supervision and food safety ······ 247
Administrative examination and approval ······ 247
Basic public health services ······ 247
The medical administration ······ 247
Medical quality management ······ 247
Dispute handling mechanism ······ 247
Urban and rural counterpart support ······ 247
The cause of traditional Chinese Medicine ······ 248
Health emergency ······ 248
Grass-roots health ······ 248
Personnel management and educational research ······ 248
Planning Statistics ······ 249

Information construction ································ 249
Unpaid blood donation ································ 249
Patriotic hygiene ······································· 249
Survey ··· 249
Establishment of health unit ·························· 249
Vector biological control ······························· 249
Health education and tobacco control ················ 249
Clean and tidy action in urban and rural areas
and rural toilets ····································· 249
Population and family planning ······················ 249
Target performance management ······················ 249
Floating population management ······················ 249
Family planning publicity and education ·········· 249
The culture and construction of the family
planning ·· 249
Policies and regulations ······························· 249
Prevention and control of disease ···················· 250
Incidence of infectious diseases ······················ 250
Control and prevention ································ 250
AIDS prevention and control ························· 250
Schistosomiasis control ································ 250
Tuberculosis prevention and control ················ 250
Prevention and control of rabies ····················· 250
Prevention and control of endemic and chronic
diseases and physical examination ················ 250
Prevention and control of cholera, unexplained
pneumonia and other infectious diseases ·········· 250
Prevention and control of parasitic diseases ······ 251
Prevention and treatment of other diseases ········ 251
Management of epidemic and infectious diseases ······
·· 251
Emergency treatment of public health emergencies ···
·· 251
Immunization program ································· 251
Risk monitoring of food safety ······················ 251
Health inspection ······································· 252
Maternal and child health care ······················· 252
Pregnant and lying in women management ········· 252
Infant management ····································· 252
Neonatal management ································· 252
Maternal and child health care and health ········ 252
Maternal and child health care ······················ 253
Meishan people's Hospital ···························· 253
The establishment of " three a" Hospital ········ 253
Reform of public hospitals ···························· 253
Medical service ··· 253
Medical quality management ························ 253
Scientific research teaching ·························· 253
Construction of talent team ························· 253
Health and poverty alleviation ······················ 253
Business data ··· 253
**Meishan maternal and child health
care hospital** ·· 253
Survey ·· 253
Business data ··· 254
Maternal and child management ···················· 254
Discipline construction ································ 254
Scientific research, teaching and counterpart
support ·· 254
Construction of talent team ························· 254
Reform of public hospitals ···························· 254
Meishan central blood station ························ 254
Blood supply and supply ······························ 254
Propaganda and recruitment of free blood donation ···
·· 254
Blood donation management of rare blood type ··· 254
Quality Assurance ····································· 255
Education and training ······························· 255
Management of clinical transfusion quality
control center ·· 255

People's life and social security

Main commodity price ································· 256
Product oil ··· 256
Building material ······································ 256
Water and electricity ·································· 256
Chemical fertilizer ···································· 256
Pig and Piglet ··· 256

Corn ······ 257
Pesticides ······ 257
Plastic sheeting ······ 257
Rapeseed ······ 257
Silkworm cocoon ······ 257
Resident service ······ 257
Foodstuff ······ 258
Meat ······ 258
Freshwater fish ······ 258
Edible vegetable oil ······ 258
Egg ······ 258
Vegetables ······ 258
Other main and non-staple foods ······ 258
Social affairs ······ 259
Management of funeral and interment ······ 259
Minors protection ······ 259
Rescue management ······ 259
Marriage registration ······ 259
Adoption registration ······ 260
Social insurance and security ······ 260
" Five levy" ······ 260
Pension insurance in institutions and institutions ······ 260
Medical insurance ······ 260
Participatory poverty population medical security ······ 260
Medical insurance intelligence audit ······ 260
Immediate settlement of medical treatment in different places ······ 260
Critical illness insurance ······ 260
Employment injury insurance ······ 260
Steady post subsidy ······ 260
Construction of grass-roots platform ······ 260
Construction of information network and consulting platform ······ 260
Labor security supervision ······ 260
Mediation and arbitration of labor and personnel disputes ······ 260
Administration according to law ······ 260
Administrative power cleaning ······ 260
Administrative examination and approval ······ 260
Aging work ······ 260
Construction of working mechanism for aging ······ 260
Elderly treatment ······ 260
Thematic education activities ······ 261
Research on the problem of aging ······ 261
Construction of old age organization ······ 261
Innovation work ······ 261
Meishan aged University ······ 261
Survey ······ 261
Teaching management ······ 261
Foreign publicity ······ 261
Expanding teaching ······ 261
Social welfare ······ 261
The minimum living security of urban and rural residents ······ 261
Living in poverty alleviation and fallback ······ 262
Difficult subsidy ······ 262
Medical assistance in urban and rural areas ······ 262
Support for poor people ······ 262

The general situation of district and county

Dongpo District ······ 263
Survey ······ 263
Agricultural economy ······ 263
Industrial economy ······ 263
Private economy ······ 263
Trade tourism and foreign economy ······ 264
Financial, tax, finance, insurance ······ 264
Infrastructure construction ······ 264
Environmental regulation ······ 264
Social undertakings ······ 264
People's life ······ 265
Pengshan District ······ 266
Survey ······ 266
Industrial economy ······ 267
Investment in fixed assets ······ 267
Domestic trade and foreign economy ······ 267

Rural economy ········· 267
Reform of rural system ········· 268
The service sector; the tertiary industry ········· 268
Building and housing industry ········· 268
Transportation and information industry ········· 269
Financial and financial insurance ········· 269
Urban and rural construction ········· 269
Social undertakings ········· 269
Renshou County ········· 274
Survey ········· 274
Agriculture ········· 274
Industry and construction industry ········· 274
Investment in fixed assets ········· 274
Transportation, post and telecommunications and Tourism ········· 274
Trade and service industry ········· 274
Financial and financial ········· 274
Science, education, health and sports ········· 275
Urban construction and environmental protection ········· 275
Population and people's life ········· 275
Hongya County ········· 278
Survey ········· 278
Industry, agriculture and Tourism ········· 279
Investment in fixed assets and construction industry ········· 279
Attract investment ········· 279
Ecological construction ········· 279
Urban construction ········· 279
Poverty alleviation ········· 279
People's life ········· 279
External influence ········· 280
Danleng County ········· 283
Survey ········· 283
Industry ········· 283
Agriculture ········· 283
The service sector; the tertiary industry ········· 284
Project work ········· 284
The people's livelihood ········· 284
Urban construction ········· 284
Qingshen County ········· 285
Survey ········· 285
Industrial economy ········· 286
Characteristic agriculture ········· 286
Chinese Bamboo Culture Festival ········· 286
Innovation and Entrepreneurship ········· 287
To govern the county according to law ········· 287

Character

The list of leading cadres of Meishan municipal departments in 2016 ········· 289
The list of leading cadres in all districts and counties of Meishan in 2016 ········· 297
A national list of advanced individuals ········· 299
A list of advanced individuals recognized by Provincial Committee and provincial government ········· 300
Won the provincial recognition of advanced individual list ········· 301
The advanced individual commended by the municipal Party committee and the municipal government ········· 310
Advanced individuals commended by the municipal Party committee ········· 340
The advanced individuals commended by the municipal government ········· 342

Appendix

Advanced collectives recognized nationally ········· 352
The advanced collective recognized by provincial Party committee and provincial government ········· 354
Won the provincial advanced collective commendation ········· 355
The advanced collectives commended by the municipal Party committee and the municipal

government …… 367
Advanced collectives commended by the municipal Party committee …… 377
The advanced collectives commended by the municipal government …… 378
The important document catalogue of the 2016 **municipal Party committee** …… 384
Key document catalogue of the city government in 2016 …… 384
Statistical data …… 386
Service Information …… 395

Indexes

A—Z …… 411

特载

Special Publication

保持定力继续前进　决战决胜“两个率先”
为建设天府新区增长极大都市区新高地而努力奋斗

——在中国共产党眉山市第四届代表大会第二次会议上的报告

中共眉山市委书记　李　静

（2017年4月24日）

同志们：

现在，我代表中共眉山市第四届委员会作工作报告，请予审议，请列席会议的各位同志、各界朋友提出意见。

一、换届以来的工作

去年11月换届以来，在省委的坚强领导下，市委团结带领全市党员干部群众，紧紧围绕中央、省委重大决策部署和市第四次党代会确定的宏伟蓝图，撸起袖子加油干，保持定力抓落实，保持了全市经济社会发展的良好势头。2016年，全市地区生产总值增长8.4%，居全省第3位；全社会固定资产投资增长12.7%，居全省第7位；规模以上工业增加值增长10%，居全省第5位；地方一般公共预算收入同口径增长10%，居全省第8位；城镇居民人均可支配收入增长8.7%，居全省第4位；农村居民人均可支配收入增长9.2%，总量居全省第4位；进京到省上访总量居全省末位；党风廉政建设责任制年度考核居全省第2位。

我们坚定政治定力，从严从实抓党建，提振了干事创业“精气神”。深入学习贯彻习近平总书记系列重要讲话和党的十八届六中全会、省委十届九次全会精神，坚持以“主动作为创一流”为统揽，进一步丰富完善“七个四”党建眉山实践。巩固市县乡村四级换届成果，持续推进“两学一做”学习教育，全覆盖开展谈心谈话，领导班子状态好，政治生态风气正，攻坚克难力度大，为民服务劲头足。开展新一轮优秀干部人才递进培养，推进干部队伍专业化建设。积极构建党建工作全覆盖新格局，创新设立7个行业党（工）委。组建市委巡察机构，选齐配强力量，发挥巡察利剑作用。开展“阳光问廉”全媒体直播，大力整饬为官不为。聚焦民生领域和服务群众工作，扎实开展“4+X”系统治理，严肃查处侵害群众利益的不正之风和腐败问题。弘扬三苏家训家风，专题片全省展播，被收录《中国家规》合集，受到中央纪委充分肯定。坚持以上率下抓好市委自身建设，及时出台《市委运行工作规则》《市委常委会议事决策规则》和10个制度。坚持市委总揽全局、协调各方，党委、人大、政府、政协精诚团结、齐心协力，爱国统一战线进一步巩固，工青妇等人民团体桥梁纽带作用进一步增强，全市上下和衷共济、政通人和。

我们保持战略定力，站高谋远抓落实，绘制了未来五年“施工图”。坚持立说立行，细化分解市第四次党代会目标任务，明确责任领导、责任部门、年度任务，实现“千斤重担人人挑，人人肩上有指标”。聚力聚焦重点，实施“六大千亿会战”，培育“五大千亿产业”，坚持统筹城乡“四种模式”，推进绿色发展“三大工程”，突出文化事业产业“两轮驱动”，绘制了“65432”的“施工图”。组织成立“千亿会战、千亿产业、百亿产业”推进工作领导小组，市级领导挂帅出征、挂图作战、挂星推进。结合新形势新任务新要求，制定推进工业强市、文化立市、依法治市、环境兴市、城镇化建设、对外开放合作“六个决定”。毫不动摇坚持“两步走”战略，将2017年确定为“两个率先”决胜年，组织实施项目投资、产业培育、城乡统筹、创新改革、生态文化、民生工程“六大攻坚”，进一步明确了主攻方向。

我们专注发展定力，全力冲刺稳增长，实现经济发展“开门红”。认真贯彻省委“八个抓落实”要求，坚持稳中求进工作总基调，全力以赴稳增长、调结构、促改革、防风险。继续实施“项目年”，分片区组织召开重点项目推进会，一季度集中开工竣工项目79个，巩固热火朝天抓项目的良好势头。成功举办首届眉山樱花节、“东坡味道”走进北京、春季房交会等大型会节活动10余次，有效刺激消费、拉动增长。坚持“壮士断腕”去产能，落后钢铁产能全部退出，所有煤矿全部关停。抓好省委全面创新改革“9张清单”落地落实，争取中省改革试点示范34项，出台专项改革方案29个，“处置僵尸企业”入选四川改革转型发展“十大案例”，彭山区农村改革入选“全省十大经济影响力事件”。眉山被确定为国家PPP创新试点市。不断深化投融资体制改革，规范探索建立产业投资基金，缓解融资难题。一季度，全市地区生产总值增长8.2%，顺利实现“开门红”。

我们坚守为民定力，补齐短板惠民生，打赢脱贫攻坚“第一仗”。突出抓好脱贫攻坚“头等大事”，全年减贫4.6万人，彭山、丹棱、青神脱贫任务基本完成，丹棱代表四川省第一个接受扶贫成效国家考核，受到考核组和省委、省政府充分肯定。对口帮扶金川、茂县成效显著，“一园一企一村一队伍”取得积极进展。织密扎牢民生保障网，2016年民生承诺全部兑现，2017年计划筹集拨付资金150亿元以上用于改善民生。春节期间成功举办返乡务工人员、“就业帮扶月”等专场招聘会13场，提供就业岗位7729个。集中开展走基层“五必送、五必访”活动，进一步密切了党群干群关系。持续推进“绿海明珠、千湖之城、百园之市”三大工程建设，做好绿色“加法”。创新建立“点长”治气、“河长”治水、“田长”治土制度，集中打好“三大战役”，做好污染的“减法”。全面加强社会治理，集中整治信访突出问题，广泛开展文化惠民活动，全市社会保持和谐稳定。

成绩的取得，是省委坚强领导的结果，是全市各级党组织和广大党员干部群众共同奋斗的结果。在此，我代表中共眉山市第四届委员会，向所有关心、支持和参与眉山建设发展的同志们、朋友们，表示衷心的感谢，并致以崇高的敬意！

我们也要清醒地看到，经济社会发展中还存在不少困难和问题。转型升级任重道远，缺少关键性、引领性、支撑性的重大项目。雾霾、水体污染等环境问题仍然突出，系统治理需要持续用力。教育、医疗等优质公共服务供给仍有短板，还有一部分群众尚未脱贫。班子新老交替、磨合提升有差距，个别党员干部懒政怠政、作风懈怠。我们要直面问题、勇于担当，在今后的工作中加以改进和解决。

二、2017年工作安排

按照市第四次党代会确定的“两步走”战略，2017年，我们要实现本届市委任期的良好开局，完成省委“两个率先”的重托，责任重大，任务艰巨，使命光荣。

我们要高举中国特色社会主义伟大旗帜，深入学习贯彻习近平总书记系列重要讲话精神和治国理政新理念新思想新战略，统筹推进“五位一体”总体布局，协调推进“四个全面”战略布局，深入实施省委“三大发展战略”，坚持稳中求进工作总基调，牢固树立和贯彻落实新发展理念，积极适应引领经济新常态，保持定力继续前进，决战决胜“两个率先”，培育“千亿大产业、百亿新园区、百个大企业”，打造“千里大通道、百万大城市、百个特色镇”，加快建设“天府新区增长极、大都市区新高地”，以优异成绩迎接党的十九大和省第十一次党代会胜利召开，向建区设市20周年献礼。

我们要保持昂扬向上的斗志、披荆斩棘的勇气、首战必胜的魄力，确保主要经济指标增幅高于全省平均水平，地区生产总值增长8%，力争8.5%。良好政治生态进一步巩固，城市竞争力进一步增强，人居环境质量进一步改善，社会文明程度进一步提高，人民生活水平进一步提升，在全省率先实现次级突破、率先全面建成小康社会。

（一）坚定不移推进全面从严治党，巩固发展风清气正的良好政治生态。要坚持“严”字当头，久久为功，推动全面从严治党向纵深发展。

深化“七个四”党建眉山实

践。坚持和完善“四个全面”强思想、“四个一流”抓班子、“四个作为”带队伍、“四个过硬”强基层、“四个当天”转作风、“四支队伍”强服务、“四个从严”强纪律，不断提高党的建设科学化水平。深化拓展领导班子思想政治建设，推进“两学一做”学习教育常态化制度化，培育党内政治文化，引导广大党员干部树牢“四个意识”，坚定“四个自信”。坚持“三公开五优先三不用”选人用人，不断完善容错纠错机制，分层分类大规模培训干部，深化“走基层”活动，推动干部干在实处、走在前列。推进基层党组织标准化建设，着力在城市基层党建、“党建+互联网”等方面取得新突破。坚持引进为要、以用为本，加大招才引智力度。坚持挺纪在前、依规治党，层层压实党风廉政建设“两个责任”。践行监督执纪“四种形态”，大力开展“4+X”系统治理，充分发挥巡察利剑作用，持续用力正风肃纪，构建“不敢腐、不能腐、不想腐”的长效机制。

积极构建“大党建”格局。各级党组织要牢固树立“抓好党建就是最大政绩”理念，从严履行管党治党政治责任。统筹推进思想、组织、作风、反腐倡廉和制度建设，健全完善党委统一领导、职能部门协调配合、牵头部门推动落实的运行机制，形成各条战线、各个部门、各类组织协调联动、优势互补、齐抓共管的工作格局。细化党建工作责任清单，强化巡查督查、考核评价、追责问责，推动全面从严治党各项决策部署落到实处。

充分发挥领导核心作用。坚持总揽全局、协调各方，充分凝聚各方智慧和力量。强化对同级人大、政府、政协的领导，支持人大、政府、政协依法依章程履行职能。充分发挥工青妇等人民团体桥梁纽带作用。巩固和发展最广泛的爱国统一战线，重视发挥民主党派、工商联、无党派人士的优势作用，扎实做好新形势下民族、宗教、对台、侨务、老干部等工作。加强党管武装工作。

（二）坚定不移建设天府新区增长极，加快培育千亿大产业、百亿新园区、百个大企业。要始终保持专注发展、转型发展定力，用好用活天府新区“金字招牌”，以大产业、新园区、大企业推动大发展。

发展千亿大产业。建设天府新区增长极，产业项目是支撑。坚持以工业强市为主导，统筹推进一三产业发展，加快构建“眉山制造2025”“东坡味道”千亿产业、“互联网+现代服务业”三大产业体系。立足眉山产业基础和发展趋势，重点培育五大千亿产业、四大百亿产业，完善产业发展政策措施，建立产业发展引导基金、企业贷款风险补偿基金。强力推进53个重点产业项目，确保全年产业投资完成700亿元以上。

建设百亿新园区。建设天府新区增长极，园区新区是主力。重点培育壮大眉山经开区新区、青龙园区、视高园区、甘眉（铝硅）园区、金象园区、中国泡菜城、仁寿文林园区、青神机械工业园区8个百亿园区。坚持“一园一主业、园区有特色”，推动园区“腾笼换鸟”、转型升级。大力推行PPP模式联合办园。强力推进眉山经开区创建国家级经开区、中国泡菜城创建国家农业高新区工作，支持各区县工业园区创建省级产业园区。

培育百个大企业。建设天府新区增长极，企业是基石。坚持扶优扶强、招大引强，集中力量梯次培育引进100个主营业务收入5亿元、10亿元、50亿元以上的行业龙头企业、产业集群优势企业、具有竞争优势的大企业大集团。支持龙头企业进军资本市场，鼓励行业关联企业强强联合、兼并重组，实现大企业“顶天立地”、中小微企业“铺天盖地”。

（三）坚定不移建设大都市区新高地，加快打造千里大通道、百万大城市、百个特色镇。要抢抓成都建设国家中心城市机遇，始终坚持融入成都、同城发展，以大通道、大城市、特色镇提升眉山城市核心竞争力。

建设千里大通道。建设大都市区新高地，综合交通是基础。要构筑贯穿全市、辐射全域的“四纵四横”千里大通道，形成支撑大都市区新高地的“主骨架”。延伸眉州大道，东接成都天府国际机场，西连大峨眉国际旅游区。延伸剑南岷东大道，北接国家中心城市成都，南连国际旅游城市乐山。尽快完成“四纵”建设，加快推进“四横”建设，带动洪雅、丹棱、青神加速融入成都大都市区。围绕“主骨架”，同步布局建设城际轨道交通、公交快线、慢行系统，科学布局城镇、产业、园区、新区、景区，形成“十字带动、两翼齐飞、全域共进”的新高地。

打造百万大城市。建设大都市区新高地，提升首位是关键。要顺应“互联网+”时代下的城镇发展趋势，加快建设“一城双核多组团”的百万人口大城市。坚持跨江东进、拥江发展，抽松老城、繁荣新城，双核对接、两区一体，加快岷东新区建设，启动北湖片区建设，尽快将北湖建成“城中之湖”。推动仁寿、洪雅、丹棱、青神等县域城市加快发展。

培育百个特色镇。建设大都市区新高地，特色乡镇是重点。要以千里大通道为依托，以“四纵四横”为骨架，坚持做实“产”、做足“绿”、做活“水”、做美“景”、做特“文”，打造100个经济强镇、区域重镇、历史文化名镇、旅游风情小镇。推进美丽乡村建设，创建省级“四好村”100个以上。坚持统筹城乡“四种模式”“四个转变”“四有目标”眉山路径，积极引导农民进城入镇。

（四）坚定不移深化改革开放，充分释放后发追赶的强大活力。要坚持“后发也要高点起步，转型才能更好发展”，以改革破解难题，以创新驱动发展，以开放增添动力。

推进全面深化改革。坚持凡创新皆改革，抓好“3+N”重点领域改革落地落实。认真抓好“三去一降一补”重点任务，坚决淘汰落后产能，分类处置“僵尸企业”，多措并举降低企业生产成本。纵深推进农业供给侧结构性改革，运用好农村综合改革试验区成果，加快建设全国现代农业示范园区和优质农产品基地。持续推进“放管服”改革，强化“三张清单+一进两监管”制度落实，进一步提升党务政务服务水平。

推进创新驱动。深入实施全面创新改革“一号工程”，全面推进科技、产业、管理、制度创新。坚持政产学研用协同创新，加强与高校科研院所的战略合作。大力推动科技成果转化，加快发展高新技术企业。鼓励“大众创业、万众创新”，引导社会资金投资建设创业孵化园（中心、基地），支持电子商务、文化传媒、创意设计、个性化定制等新产业发展。

推进开放合作。全力争取在眉山设立四川自贸区拓展区、海关监管区、保税区等高水平的开放口岸，启动建设眉山空港经济区，打造内陆开放合作示范区。深化成眉、甘眉、雅眉合作。坚持招大引强、招高引新、招才引智，积极参加中国西部国际投资大会等重大活动，办好第九届中国泡菜博览会、“东坡·味道”全球行等会节活动，确保全年招商引资到位资金620亿元以上。

（五）坚定不移增进民生福祉，努力提升人民群众获得感。要始终践行以人民为中心的发展思想，用心用情为群众办实事、做好事、解难事。

聚力脱贫攻坚。小康路上一个都不能掉队。要聚焦“两不愁、三保障”和“四个好”目标，以“绣花”功夫推进精准扶贫精准脱贫，推动“五个一批”及扶贫专项工作落地落实。运用好扶贫成效省际间交叉考核工作成果，巩固彭山、丹棱、青神脱贫成效。扎实抓好东坡、仁寿、洪雅脱贫攻坚，在全省率先完成脱贫任务。倾情帮扶金川、茂县，为全省脱贫奔康贡献眉山力量。

抓好民生工程。坚持新增财力主要用于改善民生，深入实施十大民生工程，突出办好20件民生实事。大力促进就业创业，释放创业带动就业的“倍增效应”。全面推行素质教育，打造东坡文化特色教育品牌。深化医药卫生体制改革，加快“健康眉山”建设。实施全民参保计划，推进养老服务体系建设，保障低收入群体基本生活。重视发展妇女、儿童、老龄、残疾人等事业，做好关心下一代工作。

厚植生态优势。深入推进“三大工程”建设，做好绿色的“加法”，全面完成东坡城市湿地公园二期建设，启动大东坡湿地、黑龙滩优良湖泊建设，确保城乡绿化覆盖率达到51.5%、新增和恢复水域面积20平方千米、新建成公园10个。持续打好污染防治“三大战役”，做好污染的“减法”，全面推行“点长”治气、“河长”治水、“田长”治土，扎实整改环保突出问题。

推进文化立市。坚持文化立城、文化立业、文化立人，加快建设文化强市。抓好历史文化街区的保护整治，积极创建国家历史文化名城。实施“百年挖掘”，全力做好江口沉银考古发掘和综合利用工作。启动编制文化产业发展规划，推进35个重点文化产业项目建设，打造城市“十五分钟文化圈”和农村“十里文化圈”。办好第八届东坡文化节，深化“书香眉山·全民阅读”活动。

创新社会治理。坚定不移实施依法治市战略，深化重点领域立法工作，推进“七五”普法，推进司法体制改革，探索建立综合执法机制。加强社会诚信体系建设。深化网格化服务管理，构建以基层党组织为核心的“一核多元、合作共治”新体系。认真落实信访工作责任制，依法及时就地解决群众合理诉求。深化“平安眉山”建设，全方位提高人民群众安全感。

同志们，使命重在担当，实干铸就辉煌。让我们更加紧密地团结在以习近平同志为核心的党中央周围，在省委的坚强领导下，开拓创新、砥砺奋进，决战决胜“两个率先”，为建设天府新区增长极、大都市区新高地而努力奋斗！

名词术语解释：

1. PPP：英文首字母缩写，指政府和社会资本合作的一种项目运作模式，让非公共部门所掌握的资源参与提供公共产品和服务，实现合作共赢。

2. 八个抓落实：2017年1月20日，省委书记王东明在省十二届人大五次会议闭幕式讲话强调：要突出稳定增长抓落实、突出“一号工程”抓落实、突出“头等大事”抓落实、突出绿色发展抓落实、统筹区域发展抓落实、统筹城乡发展抓落实、统筹精神文明物质文明抓落实、统筹伟大工程伟大事业抓落实。

3. 省委全面创新改革“9张清单”：改革试点清单、技术攻关清单、成果转化清单、“军转民”“民参军”清单、重大项目清单、科技创新平台建设清单、国家级省级高新区储备清单、金融对接清单、一批可复制可推广的工作经验清单。

4. 一园一企一村一队伍：对口帮扶金川县打造金眉现代农业园区，扶持梨花香溢农业发展有限公司，重点帮扶新开村率先脱贫，选派一支党政、科教文卫帮扶人才队伍。

5. 五必送、五必访：给农户送方针政策、送法律法规、送关怀问候、送优秀传统文化、送发展蓝图，弱势群体必访、务工返乡人员必访、重点人员必访、邻里乡亲必访、对社会有突出贡献者必访。

6. “四个从严”强纪律：从严压实“两个责任”、从严规范权力运行、从严监督执纪、从严落实保障。

7. “4+X”系统治理：全市每年选取4个行业系统作为必选项，各区县结合实际再选择其他治理领域，开展专项治理。

8. 四纵四横：四纵，即剑南岷东大道、工业大道、滨江大道、天府大道仁寿段；四横，即天府新区环线快速通道、天府大道眉山段、眉州大道、青（神）仁（寿）大道。

9. “3+N”重点领域改革：“3”指供给侧结构性改革、全面创新改革、自贸区改革三项全局性重大改革，“N”指农业农村、国资国企、行政管理体制、财税金融体制等重点领域改革。

10. “一核多元、合作共治”新体系：坚持把加强基层党的建设、巩固党的执政基础作为贯穿基层社会治理的一条红线，构建以党组织为核心、各种组织广泛参与，政府治理与社会自我调节、群众自治良好互动的基层依法治理体系。

政府工作报告

——在眉山市第四届人民代表大会第二次会议上

眉山市人民政府市长　罗佳明

（2017年3月27日）

尊敬的各位代表：

我代表市人民政府，向大会报告工作，请予审查，并请列席会议的市政协委员提出意见。

2016年及过去五年工作回顾

2016年，市政府以供给侧结构性改革为主线，以项目投资为抓手，圆满完成了各项目标任务，实现了“十三五”良好开局。一年来的主要工作和成效是：

（一）着力稳定经济增长，发展质效迈上新台阶。2016年，全市地区生产总值（GDP）1117.23亿元，增长8.4%，增速居全省第三，同比上升1位，其中一二三产业增加值分别增长4%、9.2%、9.3%，分别居全省第六、第五、第五。地方一般公共预算收入90.3亿元，同口径增长10%，增速居全省第八，同比上升5位。全社会固定资产投资1163.6亿元，增长12.7%，增速居全省第七，同比上升3位。社会消费品零售总额438.07亿元，增长12.7%，增速居全省第九，同比上升3位。城镇居民人均可支配收入28691元，增长8.7%，增速居全省第四，同比上升6位。农村居民人均可支配收入13935元，增长9.2%，总量居全省第四。

（二）着力加快转型升级，产业能级实现新提升。规上工业增加值增长10%，居全省第五，“4+4”产业占工业比重达85%，战略性新兴产业占比提高2个百分点。电商交易额增长30%，成为第三届四川旅博会首个主题市，成功举办第13届中国旅游发展北京对话·七里坪峰会，新增国家AAAA级旅游景区3个，被亚太旅游协会评为新兴旅游目的地挑战项目（二三线城市）首选旅游目的地。“东坡味道”千亿产业实现销售收入670.26亿元，由农业部举办的全国果茶绿色发展经验交流会在丹棱召开，推广眉山发展柑橘经验。新培育国家地理标志保护产品2个。

（三）着力推进改革创新，发展动能获得新增强。全面落实国务院“三去一降一补”政策，全年淘汰落后产能企业6户，新增上市挂牌企业13户，为企业减少成本9.39亿元。在全省率先举办工业企业闲置资产专题招商推介会，盘活资产70亿元。通过多方努力，帮助四川启明星铝业起死回生，实现8年以来的扭亏为盈。争取国省改革试点10项，农村居民住房公积金制度经验全国推广。申请发明专利555件，增长86.7%。新登记个体工商户、私营企业分别增长14.64%、23.75%。高端产业项目加快落地，引进华为、陶氏化学等世界500强、中国500强及投资10亿元以上项目26个，招商引资到位资金574.5亿元。成功举办第九届中国竹文化节、第八届中国泡菜博览会，吸引众多中外嘉宾，增强了眉山知名度。

（四）着力促进绿色发展，城乡面貌展现新形象。深入推进“三大工程”建设，森林覆盖率达48.61%，新增和恢复水域面积26平方千米，公园总数达118个。实施“综合交通千亿大会战”，完成投资120亿元。城镇建设完成222.9亿元，城镇化率达43.38%。中心城区空气质量优良率提升4.5个百分点。建成幸福美丽新村300个、省级“四好村”58个，93%以上村庄生活垃圾保持常态治理。洪雅建成国家生态县，青神县获国际竹藤组织“国际竹编之都”称号和“竹编艺术传承国际范例奖”。

（五）着力抓好脱贫攻坚，民生福祉得到新改善。脱贫攻坚首战告捷，丹棱作为我省第一个县接受国家扶贫成效考核，受到高度评价。全年减少贫困人口4.6万人，4个省定、97个市定贫困村退出。建档立卡贫困人口在县域内定点医疗机构住院“零支付”，全省率先“两线合一”。十大民生工程、20件民生大事超额完成。仁寿县成功创建全国农民工返乡创业试点县，农村留守儿童排查工作经验全国推广。开工建设公办幼儿园12所，高考本科上线人数创历史新高。眉山籍运动员黄文攀里约残奥会打破5项世界纪录。市人民医院创建为三甲综合医院，全市达到血吸虫病传播阻断标准。东坡区残疾人和基层中医工作被评为全国先进。三苏祠博物馆全面修缮并重新开放，彭山江口沉银遗址水下考古取得阶段性成果。“平安眉山”建设深入推进，安全生产形势持续稳定向好。

（六）着力转变职能作风，政府建设取得新成效。深化简政放权，市本级取消行政审批67项，投资建设项目审批提速90%。整合开通党务政务服务热线，实现“一号一网”集中受理。建立完善市政府常务会、专题会、每周例会、领导班子AB岗等制度，政府办文时间平均缩短2天，政府工作更加务实、规范、高效。

2016年各项任务的完成，为市三届政府的工作画上了圆满的句号。回顾过去五年，全市上下团结一心、抢抓机遇、奋勇争先，谱写了眉山加快发展、跨越发展的新篇章。

过去五年，是眉山产业加速集聚壮大、综合实力实现跃升的五年。新增50亿级企业1户，亿元以上企业超300户，国家高新技术企业达63户，建成百亿园区3个、百亿产业5个，现代产业体系正初步形成。GDP连跨五个百亿台阶，年均增长10.8%。地方一般公共预算收入是2011年的2.65倍。6个区县全部晋位升级。

过去五年，是眉山改革开放不断深化、发展活力持续增强的五年。分别争取到国家、省级改革试点15项、30项，彭山农村土地流转等改革经验全国推广。民间投资占比64.7%，居全省第一。招商引资省外到位资金连续9年全省前三，是全省除成都以外落户世界500强企业最多的市州。

过去五年，是眉山城市框架逐步拉开、城乡统筹深入推进的五年。城市规模扩大、品质提升，城镇化率提高5.78个百分点。基础设施日趋完善，路网密度是全省的3.3倍。森林覆盖率比全国、全省分别高26.95、11.73个百分点。

过去五年，是眉山社会事业迅速发展、公共服务全面提升的五年。拥有高校总数全省第三。医疗卫生服务体系建设全省领先。城市公共文明指数连续5年全省前三。连续5年无重大及以上安全责任事故发生。

过去五年，是眉山民生保障日益完善、幸福指数不断提高的五年。全市全部财政性支出80%以上用于民生，701项民生承诺全部兑现。城乡居民收入分别比2011年增长66.9%、74.3%。贫困发生率从17.66%下降到0.78%。

各位代表，成绩来之不易，这是省委、省政府和市委坚强领导的结果，是市人大、市政协依法监督、大力支持的结果，是全市人民团结奋斗的结果。在此，我代表市人民政府，向全市人民，向人大代表、政协委员、各民主党派、工商联、各人民团体、离退休老同志，向驻眉部队指战员、武警官兵、政法干警，向关心支持和参与眉山建设发展的社会各界人士，表示衷心的感谢并致以崇高的敬意！

在总结成绩的同时，我们也清醒看到当前发展中仍面临的困难和问题，主要是：经济总量不够大，产业结构不够优，创新能力不够强；城乡、区域之间发展不够均衡；优质教育、医疗供给不足，社会保障水平不够高，特别是生态环境保护与污染治理压力较大；部分政府人员“能力不足、作风懈怠”仍不同程度存在。对上述问题，我们将高度重视，认真加以解决。

新一届政府努力方向

今后五年，新一届政府将紧紧围绕市第四次党代会确定的“决胜‘两个率先’，实现‘五个先行’，奋力建设天府新区增长极、大都市区新高地”目标，以清晰的思路、有力的措施，抓好工作落实，推动全市经济实力更强、城市品质更优、生态环境更美、人民生活更好。

（一）自觉践行创新发展理念。大力推进产业、科技、体制机制创新，推动经济发展更有活力、质量、效益、后劲，努力建成创新发展先行区。到2021年，GDP突破1800亿元，培育“五大千亿产业”“四个百亿产业”，科技进步对经济增长的贡献率超过60%，国家高新技术企业达100户。

（二）自觉践行协调发展理念。坚持世界眼光、国际标准、眉山特色，一体推进城乡规划、建设、管理，努力建成统筹城乡先行区。到2021年，全域融入成都和天府新区，建成宜居宜业宜商的生活品质之城，城镇化率达50%以上，80%以上新村建成省级“四好村”。

（三）自觉践行绿色发展理念。坚持生产、生活、生态三位一体，大力发展循环经济，加强污染治理，不断改善环境质量，加快建设天更蓝、地更绿、水更清的美丽眉山，努力建成生态文明先行区。到2021年，森林覆盖率达50%以上，新增和恢复水域面积100平方千米，新建公园42个，建成国家森林城市、联合国人居环境示范城市。

（四）自觉践行开放发展理念。围绕完善产业链、提升价值链，创新开展分层分类、定向定点招商，实施“六大千亿会战”，努力建成开放合作先行区。到2021年，招商引资到位资金累计达3600亿元，外商投资实际到位资金累计达6亿美元，全社会固定资产投资累计达8000亿元。

（五）自觉践行共享发展理念。始终以人民为中心，加快补齐民生短板，不断增强人民群众安全感、获得感和幸福感，努力建成全面小康先行区。到2021年，城乡居民人均可支配收入分别达4万元、2万元以上，城乡居民基本养老、医疗保险覆盖率分别达95%、97%以上，人均预期寿命达77岁以上，人民群众社会治安满意度达85%以上。

2017年工作重点

今年是党的十九大和省第十一次党代会召开之年，是“两个率先”决胜年，是本届政府的开局之年，做好各项工作意义重大。

今年全市经济社会发展的主要预期目标是：GDP增长8%，全社会固定资产投资完成1300亿元，社会消费品零售总额增长12%，地方一般公共预算收入同口径增长8%，城乡居民人均可支配收入分别增长8%、9%，城镇登记失业率控制在4.3%以内，全面完成省定安全生产和节能减排目标。

为此，重点抓好五方面工作：

一、聚焦创新引领，致力追求发展质量

加快建设先进制造强市。深入实施“眉山制造2025”，推进智能制造、工业物联网、工业大数据创新应用等试点示范，实施“设备换芯”“生产换线”“机器换人”改造计划。加快推进中广核、陶氏化学等重点项目建设，完成工业投资460亿元、更新改造投资330亿元。力争规上工业增加值增长10%，战略性新兴产业产值增长15%，实现精细化工产值340亿元、机械及高端装备制造产值215亿元、新能源新材料及制品产值140亿元。

加快发展高效生态现代农业。推进农业农村“5+11”系统改革和农业供给侧结构性改革，实施农产品品牌战略，加强农业技术培训，加快打造“东坡味道”千亿产业，实现销售收入740亿元。大力发展都市近郊型现代农业，“两城三园七片”完成现代农业投资65亿元。大力发展乡村旅游、农村电商等新产业、新业态、新模式，推动一二三产业融合发展。新培育省级示范合作社7家、家庭农场17家。推进竹编产业“双百工程”。粮食总产量稳定在160万吨以上，打造全省粮食流通产业经济强市。一产增加值增长3.5%。

加快发展现代服务业。优先发展康养、电子商务、现代物流、现代金融、科技服务五大新兴先导型服务业，实施服务业“三百工程”，抓好97个重点项目建设，完成投资180亿元，三产增加值增长9%。推进全域旅游，加快黑龙滩、柳江古镇等重点景区建设，瓦屋山景区7月展示性开放，力争新增国家AAAA级景区2个，实现旅游收入340亿元。推进35个重点文化产业项目建设，完成投资103亿元，建成省级文化产业园1个。

强化科技创新。实施企业创新主体培育工程，开展“三个一百”科技创新行动，新增省级科技企业孵化器2个、省级以上工程技术研究中心5个、省级企业技术中心1个，国家高新技术企业达65户，高新技术产业产值增长15%。深化校（院、所）市合作。加强知识产权保护。完善人才政策，用好用活本土人才，引进一批急需紧缺高层次人才。

全面深化改革。推进“三去一降一补”，加快淘汰落后产能，妥善处置“僵尸企业”；支持居民自住需求和农民进城购房，促进房地产市场平稳健康发展；加强政府性债务管理，大力推广PPP模式，扩大企业直接融资，提高资产证券化率；支持“小升规”“规改股”“股上市”，力争新增规上工业企业30户、上市挂牌企业20户；进一步降低企业税费负担和要素、物流成本，扩大直购电规模和直供气用户范围；启动全国质量强市示范城市创建，新增中国驰名商标1件、地理标志证明商标1件、国家地标产品1个、四川名牌25个。深化商事制度改革，力争新登记注册个体工商户1万户、私营企业2千户。扎实推进“3+N”重点领域改革落地落实。

二、聚焦协调并进，致力打造新型城乡

统筹城乡规划。强化顶层设计，推动“六规合一”。抓好新一轮眉山城市总规修编，加快土地利用总规调整，努力实现空间管控“一张蓝图”。抓好中心城区市政中心、太和、彭祖新城等片区控规编制和城市设计，完善天府新区眉山片区规划，完成眉山历史文化名城保护规划。

统筹城乡建设。投资200亿元实施“城镇基础设施建设推进年”行动，推进地下综合管廊、城区路网等304个项目建设，完成东坡大道改扩建等工程。完成国家新型城镇化综合试点任务，加快100个特色乡镇建设，优先建设13个国省重点镇，力争常住人口、户籍人口城镇化率分别达45%、32.5%。继续实施“综合交通千亿大会战”，构筑贯穿全城、辐射全域的“三横三纵”千里大通道，力争新开工高速公路2条、一级公路3条、航电工程3个，加快天府大道眉山段建设，完成剑南大道眉山段建设，成昆铁路眉山段完成扩能改造，蒲简、仁沐高速眉山段竣工通车，新（改）建农村公路500千米，完成投资130亿元。统筹城乡水利、能源、信息、生态环保等基础设施建设，推进全域安全饮水、全域污水治理、全域垃圾处理。实施“厕所革命”行动，新（改）建A级旅游厕所40座、公共厕所100座以上，让游客、市民更方便。

统筹城乡管理。在抓好城建“大项目”的同时，始终不忘群众“身边事”，以旅游城市标准推进城乡精细化管理，让城乡居民享受更便利、更暖心的服务。加强市政设施管养维护，改造中心城区锈蚀路灯188组。大力发展绿色交通，中心城区新投放新能源公交车40辆、公共自行车1500辆，新建公交候车亭56个。开展城市堵点综合整治，缓解城区拥堵和“停车难”。开展违法建设专项整治，严控新增“两违”。启动国家卫生城市创建。坚持乡村环境治理与乡村旅游相结合，推进120个幸福美丽新村建设，争创省级“四好村”100个。

三、聚焦美丽眉山，致力优化生态环境

加强生态建设。启动四川省和国家森林城市创建，加强生态绿地系统建设和保护，完成营造林6万亩，城乡绿化覆盖率达52%。加快城区“四湖”建设，启动大东坡湿地、黑龙滩优良湖泊建设，恢复和新增水域面积20平方千米。完成东坡城市湿地公园二期建设，新建公园10个。

狠抓环境整治。打好污染防治三大战役，实施“点长”治气，抓好工业废气、扬尘、机动车、生物质无序焚烧和餐饮油烟污染治理，中心城区PM2.5年均浓度下降9.9%；坚持“工业污水不出园（厂）、种养污水不入河、生活污水全进管”，实施“河长”治水，推进球溪河等17条河流治理，开工建设通惠河醴泉河污染综合治理项目，全面消除中心城区黑臭水体；实施“田长”治土，加强农村面源污染防治，完成非正规垃圾堆放点排查整治，畜禽粪污综合利用率达70%。加大环保督察和监管力度，抓好环保突出问题整改。加大环境执法与刑事司法联动力度，从快从严从重打击环境违法行为。建立以亩均效益为核心的资源集约利用正向激励和反向倒逼机制，开展能源和水资源消耗、建设用地等总量和强度双控行动。

四、聚焦招强选优，致力扩大开放合作

精准促进投资。围绕“五大千亿、四个百亿”产业集群，紧盯世界、中国、民企500强以及跨国公司和行业龙头企业，开展精准招商、选商，着力引进一批标杆企业和优质项目，加快形成新的经济增长点和产业支撑。加快推进项目落地建设，完善征地拆迁机制，强化要素保障，尽快将意向性项目转化为实际投资。招商引资到位资金620亿元，引进世界、中国、民企500强或投资10亿元以上项目20个。

提升开放平台。“一园一策”推动产业园区转型升级、创新发展，培育壮大6个百亿园区，启动建设眉山空港经济区，推进眉山经开区创国家经开区、中国泡菜城创国家农业高新区、视高园区创省级高新区，争创省级产业园5个。高水平办好第八届东坡文化节、第九届中国泡菜博览会、中外知名企业眉山行、“东坡·味道”全球行。

深化区域合作。深化成眉合作，召开成眉同城发展高层会议，打通与成都无缝对接的快速通道，使眉山更快更好融入成都。深化甘眉、雅眉、乐眉合作。加强与长三角、泛珠三角、京津冀和港澳台等地区合作。

五、聚焦脱贫攻坚，致力增进民生共享

决战决胜脱贫攻坚。围绕“两不愁、三保障”和“四个好”目标，突出产业扶贫，精准推进一村一品、一乡一业，易地扶贫搬迁9962人，19548名贫困人口脱贫，30个市级贫困村退出，东坡区、仁寿县、洪雅县完成脱贫任务。全面巩固脱贫成果。抓好阿坝州金川县、茂县对口帮扶。

切实保障改善民生。坚持民生投入和为老百姓办实事只增不减，全部新增财力和八成以上财政性支出用于民生。从解决群众普遍关心的突出问题入手，继续实施十大民生工程和20件民生大事，完成投入150亿元。抓好高校毕业生等重点人群就业创业，新增城镇就业2.6万人。实施全民参保计划，落实阶段性降低社会保险费率政策。改造城镇危旧房棚户区10050户、农村危房637户。

全面发展社会事业。统筹各级各类教育协调发展，提升教学质量和教育水平。实施全市学校、体育场馆布局规划，新（改、扩）建校舍5万平方米。实施中心城区教育扩容工程，加快苏辙中学、东坡岛小学建设，启动建设西北片区和齐通路幼儿园、小学、中学等6所学校，力争5年内中心城区17个教育体育项目全面建成，基本解决“就学难”问题。启动市区体育中心建设，完成“体育两中心”主体工程，办好2017中国国际友好城市青少年足球邀请赛。全面推进

“健康眉山”建设，加强城乡医疗卫生计生基础设施和服务能力建设，加快市中医院迁建，市人民医院二期完成主体工程，力争开工市妇幼保健院等10个中心城区医疗卫生机构建设项目，新（改、扩）建一批县级医疗卫生机构，新建乡镇卫生院5个，力争5年内基本解决“看病难”问题。加强师德师风、医德医风建设。完善公共文化服务体系，建设城市“十五分钟文化圈”和农村“十里文化圈”，加强文物普查、保护，启动眉山古城墙和太和镇历史文化街区建设整治。推进各类养老服务体系建设。完成市儿童福利院建设。统筹抓好统计、外侨台、民族宗教、地方志、保密、档案、气象、测绘、供销、红十字、慈善、妇女、儿童、关心下一代等工作。

建设平安和谐眉山。全面落实“党政同责、一岗双责、齐抓共管、失职追责”的安全生产责任体系，坚决遏制重特大事故发生。加大“双安双创”力度，切实保障群众“舌尖上的安全”。加强应急管理，抓好洪涝、地质灾害等防灾减灾工作。加快构建立体化、信息化社会治安防控体系，常态化开展打击“两抢一盗”专项行动，黑恶势力打击率、现行命案侦破率100%。深入推进依法治市，抓好“七五”普法，深化网格化管理，支持工会、共青团、妇联等群团和社会组织参与社会治理。健全信用体系，加强政务诚信、商务诚信、社会诚信和司法公信建设。深化“走基层”活动，扎实开展“五必送、五必访”。加强国防和后备力量建设，做好国防动员、民兵预备役、人民防空、交通战备和征兵工作。

建设“实干、高效、廉洁”的人民满意政府

新目标、新任务，对政府自身建设提出了新的更高要求。我们要牢固树立“四个意识”，坚决落实全面从严治党要求，扎实推进从严治政、依法行政、廉洁从政，努力使政府工作更有效、政府形象更良好、人民群众更满意。

实干苦干拼命干。弘扬求真务实精神，着力增强狠抓落实的自觉性和责任感，勇挑重担、不计名利、夙夜在公，把全部心思用在干实事、求实效上。严格落实岗位责任制、督查督办制、考核问责制，增强行政执行力，确保中央、省和市各项决策部署不折不扣落到实处。量化、细化、项目化政府工作，以钉钉子精神抓落实、抓攻坚，确保各项工作落细、落小、落地。健全正向激励和容错纠错机制，让广大干部想干事、敢干事、干成事。

速办快办网上办。围绕降低制度性成本，深化“放管服”改革，优化流程、精简环节、减少程序，清理隐形审批和变相审批，强化网上审批、并联审批和集中审批，推进“多证合一”“多评合一”，推行容缺受理、提前审核和延时服务、预约服务、上门服务、微笑服务制度，实现效率再提升、服务再优化。全面推行“互联网+政务服务”，逐步实现“一号申请、一窗受理、一网通办”，让企业和群众办事更省时、省心、省钱。全面推行AB岗制度，严格首问负责制。强化眉山政务云平台和眉山市经济社会综合信息平台的管理应用，推进政府系统无纸化办公。

心廉行廉保真廉。推进“两学一做”学习教育常态化制度化，加强廉政建设和作风建设，严格落实“两个责任”，持续整治“庸懒散浮拖”。深入实施《法治政府建设实施纲要》，推进依法科学民主决策，严格规范公正文明执法，加强和改进行政复议、行政应诉工作，做尊法守法的表率。习惯在监督下开展工作，主动接受市人大及其常委会的法律监督、工作监督和市政协的民主监督，认真执行市人大及其常委会决议决定，每年向市人大或其常委会专项报告环境状况和环境保护目标完成情况，高质量办好人大代表建议和政协提案；高度重视司法、舆论和社会监督，加强审计监督，及时整改问题，不断健全制度、堵塞漏洞；深化政务公开，确保权力在阳光下廉洁运行。

各位代表！光荣的使命，鼓舞我们砥砺奋进；人民的期盼，鞭策我们勇往直前。让我们紧密团结在以习近平同志为核心的党中央周围，在市委的坚强领导下，与全市人民一道，开拓进取，全力拼搏，决战决胜“两个率先”，为建设天府新区增长极、大都市区新高地而努力奋斗！

名词术语解释：

1. “4+4”产业：机械装备制造、化工及化工新材料、农产品加工、新型建材等4大传统优势产业和高端装备制造、新能源及金属新材料产业、新一代电子信息技术和生物医药等4大战略性新兴产业。

2. “三去一降一补”：供给侧结构性改革的五大任务，具体指去产能、去库存、去杠杆、降成本、补短板。

3. “三大工程”：即“绿海明珠”“千湖之城”“百园之市”三大工程建设。

4. 省级“四好村”：2016年9月起，全省全面开展以“住上好房

子、过上好日子、养成好习惯、形成好风气”为主要内容的“四好村”创建活动。

5.“两线合一”：按照年度扶贫线来确定农村低保的最低指导标准，将年度扶贫线与农村低保保障标准线合二为一。

6.“一号一网”：“一号”即一号申请，以公民身份证号码作为唯一标识，建成电子政务库，实现群众办事一号申请，变群众跑路为信息跑路。“一网”即一网通办，整合建设统一身份认证体系，推动群众网上办事一次认证、多点互联，变被动服务为主动服务。

7. AB岗制度：一个工作岗位设置2个责任人，A岗指本职工作岗位，B岗为备岗，当A岗承担人因出差、开会、休假等情况离岗期间，由B岗承担人代替其履行职责的工作制度。

8.“两个率先”：到2017年，在全省率先实现次级突破、率先全面建成小康社会。

9.“五个先行”：到2021年，建党100周年时努力建成全省创新发展先行区、统筹城乡先行区、生态文明先行区、开放合作先行区和全面小康先行区，建成更高水平的全面小康。

10. 大都市区：大都市区是一个跨行政区划的地理区域，以大城市为中心，由多个与中心城市有较强通勤联系的城镇组成的区域。成都大都市区规划范围包括成都、德阳、眉山、资阳全市域范围，以及雅安雨城区和名山区共37个县(市、区)，将在交通、生态保护、资源利用、基础设施等方面统筹与协作。

11.“五大千亿产业”：机械及高端装备制造、精细化工、新能源新材料及制品、“东坡味道”、现代服务业五大千亿产业。

12.“四个百亿产业”：生物医药、新一代电子信息、新型建材、竹编四个百亿产业。

13.“六大千亿会战”：实施工业、现代服务业、综合交通、城镇基础设施、生态文明、民生事业投资六大千亿会战。

14.“眉山制造2025”：根据《中国制造2025》和《中国制造2025四川行动计划》，结合眉山实际，市委、市政府制定《眉山制造2025规划纲要》，提出以制造业转型升级为主线，以“4+4”产业格局为框架，推进智能制造、服务型制造，到2025年全市工业总产值达到5000亿元。

15. 农业农村“5+11”改革：“5”指彭山区全国深化农村改革试验区试点、彭山区全国“两权”抵押贷款试点、彭山区省级农村改革综合试验区年度试点、仁寿县省级农村改革综合试验区年度试点、青神县省级林权抵押贷款试点5项国、省改革试点；“11”指农村产权改革、农村土地适度规模流转、农村宅基地有偿退出等11项重点改革任务。

16.“两城三园七片”：“两城”即中国泡菜城、中国竹编艺术城；“三园”即岷江现代农业示范园区、眉山天府花海观光农业示范园区、四川省现代粮食产业仁寿示范园区；“七片”即东坡区白马镇龚村产村相融示范片、彭山区彭祖养生果蔬示范片、洪雅县止戈镇五龙产村相融新农村建设示范片、洪雅县花溪·柳江产村相融新农村建设示范片、丹棱县幸福桔园产业示范片、丹棱县紫玉葡萄产业示范片、青神县甘家沟椪柑产业示范片。

17. 竹编“双百工程”：力争在“十三五”期末，实现全市竹编产业产值达100亿元和从业人员达100万人。

18. 服务业“三百工程”：省政府提出以建设100个重大项目、培育100个重点企业、打造100个重点品牌为突破口，推动服务业提质增效升级。

19.“三个一百”重大科技创新行动：省政府提出组织实施100项重大关键技术攻关项目，培育100个重点创新产品，推进100项重大科技成果转化应用。

20. PPP：英文字母缩写，指政府和社会资本合作的一种项目合作模式，让非公共部门所掌握的资源参与提供公共产品和服务，实现合作共赢。

21.“小升规”“规改股”“股上市”：“小升规”即支持小微企业转型升级为规模以上企业；“规改股”即支持规模以上企业实施股改，引入战略投资、优化股权和债权结构、强化法人治理和建立现代企业制度；“股上市”即帮助企业协调解决上市进程中碰到的困难。

22.“3+N”重点领域改革：“3”指供给侧结构性改革、全面创新改革、自贸区改革三项全局性重大改革，“N”指农业农村、国资国企、行政管理体制、财税金融体制等重点领域改革。

23.“六规合一”：城镇规划与产业发展、土地利用、交通发展、文化特色及生态绿地、社会事业等六大规划之间相互衔接、协调统一。

24.“三横三纵”：在原有眉州大道和剑南岷东大道“一横一纵”的基础上，横向推进天府新区环线快速通道、天府“人”字大道建设，纵向推进工业大道、滨江大道建设，形成“三横三纵”交通网络。

25.“厕所革命”：针对厕所“脏乱差”现象发起的一场建设管

理整治大行动，实现“数量充足、卫生文明、安全实用、有效管理”的要求。

26.“两违”：违法用地和违法建设行为。

27.“四湖”：眉山中心城区周边规划的东湖、南湖、西湖、北湖。

28.“两不愁、三保障”：农村贫困人口不愁吃、不愁穿，义务教育、基本医疗、住房安全保障。

29.“点长”治气、“河长”治水、“田长”治土：由各级党政主要负责人担任“点长”“河长”“田长”，相关部门负责人担任行业“点长”“河长”“田长”，负责辖区、行业内大气污染、水污染、土壤污染防治。大气污染防治以污染源源头为点，建立点、线、面相结合的“点长制”组织体系；水污染防治以河流、湖泊为基础，建立区域与流域相结合的“河长制”组织体系；土壤污染防治以农用地和建设用地为重点，建立保护和利用相结合的“田长制”组织体系。

30.“体育两中心”：眉山市全民健身中心和眉山市青少年体育活动中心。

31.“双安双创”：食品安全示范县创建，农产品质量安全监管示范县创建。

32.“五必送、五必访”：“五必送”即送方针政策、送法律法规、送关怀问候、送优秀传统文化、送发展蓝图，“五必访”即弱势群体必访、务工返乡者必访、邻里乡亲必访、重点人员必访、对社会有突出贡献者必访。

33.“四个意识”：政治意识、大局意识、核心意识、看齐意识。

34.“放管服”：“放”即简政放权，降低准入门槛；“管”即公正监管，促进公平竞争；“服”即高效服务，营造便利环境。

35.“互联网+政务服务”：运用现代互联网信息技术创新行政审批和公共服务方式。

36.“两学一做”：学习共产党党章党规、学习贯彻习近平总书记系列重要讲话精神，做合格党员。

眉山市人民代表大会常务委员会工作报告

——在眉山市第四届人民代表大会第二次会议上

眉山市人大常委会主任 刘十庆

（2017 年 3 月 27 日）

各位代表：

我受眉山市第四届人民代表大会常务委员会委托，向大会报告工作，请予审查。

市三届人大常委会工作回顾

过去五年，市三届人大常委会在市委的坚强领导下，紧紧围绕市委重大决策部署和人民群众关心的热点难点问题，认真履行宪法和法律赋予的职责，充分发挥了地方国家权力机关的作用。五年来，共组织召开市人民代表大会会议 8 次，举行市人大常委会会议 40 次，召开主任会议 68 次，制定地方性法规 2 部，听取和审议专项工作报告 130 个，专题询问 1 次，专项工作评议 3 次，开展了 23 部法律法规的执法检查，作出决定决议 76 项，依法任免国家机关工作人员 247 人次，为推动眉山经济社会发展和民主法治建设作出了重要贡献。

一、围绕中心大局，促进经济稳定增长

常委会认真贯彻落实市委经济工作决策部署，保持专注发展定力，将推动经济发展作为人大工作的首要任务。

突出城乡规划法执法检查推进城乡一体发展。市县乡三级人大联动，连续四年开展城乡规划法执法检查，每年确定不同的检查重点，有效遏制无序建设现象，不断提升全市城乡规划建设水平。牵头负责规划监督委员会工作，监督规划执行落实，组织全市乡镇人大主席开展规划监督专题培训，形成规划监督合力。制定了《眉山市城乡规划条例》，将城乡规划大会战、城乡规划法执法检查成果用地方性法规固化，推动我市城乡规划建设走上法制化、科学化、规范化轨道。开展眉山主城区南北郊区规划建设、环天府新区区域规划建设等专题调研，调研成果被市委采纳，有力地推动了相关工作。

聚焦深化改革加快现代农业发展。将深化农村改革作为首次专题询问议题，常委会组成人员提问直接、针对性强，市政府及相关部门负责人答复坦诚、措施具体，在一问一答中明晰重大关键问题，支持政府完善改革体制机制，加快农村产权制度、放活土地经营权、农业社会化服务体系建设等方面的改革步伐。专题询问情况通过报刊、电视、网络等媒体进行专题报道，产生了积极社会反响。开展农产品质量安全法、农业技术推广法等执法检查，听取和审议现代畜牧业发展工作情况报告，视察幸福美丽新村建设，促进农业增效、农民增收、农村繁荣。视察岷江现代农业园区、天府仁寿观光农业示范区，助推现代农业园区提档升级，加快都市近郊型现代农业发展。

支持“三大工程”建设促进绿色发展。组织全体代表集中视察“绿海明珠、千湖之城、百园之市”建设，提请人代会作出关于批准《眉山市人民政府关于加快“三大工程”建设推进眉山绿色发展的议案》的决议；听取和审议“三大工程”推进情况专项工作报告，要求保障生态安全，改善环境质量，推动绿色发展理念和实践落地生根。开展东坡岛开发建设、东坡湖污染治理情况视察，作出关于保护东坡城市湿地公园的决定，将眉山中心城区这张靓丽的城市名片置于依法保护之下。认真办理代表联名提出的关于开展环境保护法执法检查的议案，开展城乡环境综合治理条例执法检查，要求牢固树立生态优先的发展理念，优化产业发展方向，强化环境监管和执法，进一步巩固和提升城乡环境综合治理水平。

坚持依法促进经济发展。审议通过“十三五”规划，每年听取和审议计划报告，组织部分全国、省、市人大代表视察调研天府新区眉山区域、工业园区等重点项目建设情况，推动转变经济发展方式。力促工业强市，开展安全生产法、电力法等执法检查，促进生产安全和要素保障。开展中国人民银行法、商业银行法执法检查，视察金融工作，促进金融生态安全，更好地发挥金融为实体经济服务的功能。组织我市全国、省人大代表集中视察重点旅游建设项目，听取和审议全市旅游项目建设推进工作情况报告，专题调研旅游产业发展情况，支持政府加强旅游资源保护开发，突出差异性和地方特色，大力发展乡村旅游。

*加强和改进预算审查监督。*建立预算审查专家队伍，每年听取和审议预算执行和调整有关情况报告、审查批准决算，批准地方债务限额，依法作出决定决议，督促政府及相关部门加强预算管理，强化预算约束，提高财政资金使用绩效，届内逐步实现了“四本预算”和市级所有部门预算提交人代会审查。依法开展审计监督，每年听取和审议审计报告、审计查出问题的处理结果报告，督促整改审计查出问题，并向社会公开。开展税收征收管理法执法检查，督促提高综合治税水平和征管水平。

二、围绕民生保障和改善，提升人民群众获得感

常委会始终把民生事业发展摆在突出位置，切实加强对民生热点难点问题的监督，着力解决人民群众最关心、最直接、最现实的利益问题。

*扎实助推脱贫攻坚。*贯彻落实市委脱贫攻坚决策部署，市、区县人大联动，连续两年开展农村扶贫开发条例执法检查，将监督条例实施与督促落实市委要求相统一，听取和审议执法检查报告，督促审议意见办理落实，充分发挥法治在扶贫开发中的保障、规范和引领作用。精心组织“脱贫攻坚——人大代表再行动”活动，全市8000多名人大代表立足岗位实际和专业特长，因地制宜为脱贫攻坚出招献力，捐款捐物1026万元、协调社会资金3965万元、帮扶贫困户11058户，经验在全省人大系统交流。开展扶贫移民工作专题调研，组织我市全国、省人大代表集中视察脱贫攻坚工作，积极提出高质量的意见建议。常委会领导和机关联系贫困村展望村工作扎实有效推进，该村产业发展规划得到有效落实，基础设施建设得到显著加强，实现了贫困村退出、贫困户脱贫。

*切实保护人民群众身体健康和生命安全。*视察饮用水源保护工作、城市给水工程二期建设项目，作出关于保护黑龙滩水库饮用水水源的决定，督促抓好贯彻落实，确保人民群众喝上干净水、放心水、安全水。开展卫生工作专项评议、传染病防治法执法检查，优先满足人民群众基本医疗卫生需求，着力解决反映强烈的看病难、看病贵问题。听取和审议食品安全监管工作情况报告，督促解决食品安全潜在隐患和基层监管能力不足等问题，助推“东坡味道”千亿产业。听取和审议消费者权益保护工作情况报告，督促市场监管、部门配合和维权保障工作。

*促进社会保障体系建设。*开展人力资源和社会保障工作专项评议，强化评议意见跟踪督办，不断推进就业促进、社会保障等工作。关心关爱残疾人群，开展残疾人就业条例执法检查，督促残疾人就业保障金征收到位，为残疾人就业创造更好条件。关注人口老龄化，听取和审议养老服务体系建设工作情况报告，促进建立健全养老服务体制机制，推动社会化养老事业健康发展。

*促进社会事业协调发展。*开展消防法执法检查，支持市政府出台加强消防工作系列意见，一次性投入787万元增配消防装备，青神、丹棱两县和金象园区新建消防站。把教育放在优先发展地位，听取和审议关于教育工作、民办和引资办学工作情况报告，督促改善教育教学环境，提升教育水平。开展防震减灾法执法检查，督促加强地震应急能力建设，提升抗震设防水平。重视文化、体育、地方志事业，开展文化工作专项评议，开展非物质文化遗产法、地方志工作条例等执法检查，助推文化立市，促进文化大繁荣大发展。

三、围绕依法治市，推动法治眉山建设

常委会认真贯彻落实市委依法治市重大决策部署，充分发挥人大在依法治市、法治眉山建设中的作用，为眉山经济社会发展创造良好的法治环境。

*依法及时启动地方立法。*积极申报争取行使地方立法权，建立健全立法工作机构，配齐配强立法工作人员，制定相关工作制度，我市成为全省首批获得地方立法权的市。坚持依法立法、科学立法、民主立法，制定的《眉山市地方立法条例》《眉山市城乡规划条例》成为省人大常委会批准的第一批市州地方性程序法规、实体法规。我市在省十二届人大三次会议上提出的关于制定多元化解纠纷促进条例的议案，进入省人大常委会二审程序。依法开展备案审查工作，五年来共备案审查规范性文件306件，向省人大常委会报送备案规范性文件76件。

*推动依法行政公正司法。*作出关于全面推进依法治市的决议、关于强化多元化解决矛盾纠纷机制的决定，全面推进依法治市，及时有效化解矛盾纠纷，促进社会和谐稳定。听取和审议依法行政工作情况报告，三次开展依法行政工作情况专题调研，推动行政机关规范行政

行为，落实行政首长出庭应诉制度，支持法院依法审理行政诉讼案件。听取和审议公安执法规范化建设工作情况报告，市中级人民法院刑事审判工作、民事审判工作情况报告，市人民检察院刑事诉讼监督工作、规范司法行为工作情况报告，督促司法机关公正司法，维护社会公平正义，服务全市改革发展稳定大局。

*加强法制宣传教育和信访维稳。*把法制宣传教育作为法治城市创建和提高群众法治意识的重要手段，听取和审议“六五”普法工作、法治城市创建工作情况报告，要求继续深入开展法律“七进”活动，普及法律知识，特别是通过领导干部带动干部群众尊法学法守法用法。作出关于开展第七个五年法治宣传教育的决议，推动“七五”普法深入开展，进一步提升全社会法治观念、法治思维和依法办事能力，形成尚法守制社会氛围。坚持把人大信访作为联系群众的重要途径，切实维护人民群众合法权益，届内共接待群众来信来访812件次。

*依法做好任免和换届选举工作。*坚持党管干部原则和常委会依法任免干部的有机统一，坚持干部任前法律知识考试、供职发言和颁发任命书制度，制定宪法宣誓办法，组织选举任命的国家机关工作人员向宪法宣誓。精心组织市人大换届选举，积极指导县乡人大换届选举，市县乡三级人大换届选举任务圆满完成，实现了依法有序，清净、安静、干净。

四、围绕代表权利义务，强化服务保障

常委会牢固树立群众观念，坚持为代表服务思想，充分发挥代表主体作用，切实加强和改进代表工作，积极支持和保障代表依法履职。

*认真督办代表建议、批评和意见。*健全完善代表建议办理制度，坚持重点建议常委会领导牵头重点督办，着力提高办理质量，增强办理实效。届内352件代表建议办结率100%，满意和基本满意率100%，办成率逐年提高，推动解决了一批人民群众关注的热点难点问题。

*积极为代表依法履职创造条件。*坚持邀请代表参加常委会组织的调研、视察、执法检查，列席常委会会议，参加“一府两院”及市级部门的有关会议和活动。坚持每年组织代表专题调研和集中视察，开展代表履职培训，为代表寄送有关报告资料、订阅学习报刊，增加代表活动经费。

*密切代表同人民群众的联系。*坚持常委会组成人员联系代表、代表联系群众制度，制定常委会组成人员联系代表办法、代表联系群众工作办法，坚持召开代表联系群众工作座谈会，总结交流经验，充分发挥代表密切联系群众的优势和作用。

五、围绕自身建设，提高履职能力水平

常委会把加强自身建设作为依法履职的重要基础，持续推进思想建设、作风建设、组织建设、廉政建设和机关建设，不断提高常委会依法履职能力和机关服务水平。

*加强履职能力建设。*扎实开展党的群众路线教育实践活动、“三严三实”专题教育和“两学一做”学习教育，坚持举办常委会组成人员学习会，组织参加专题履职培训，切实提高常委会组成人员政治业务素质。认真贯彻落实市委人大工作会议精神和进一步加强人大工作和建设的意见，市县乡人大建设进一步加强，依法履职水平进一步提升，常委会及机关工作更加规范高效。积极配合省人大开展执法检查和视察调研，加强对区县人大工作的指导，上下互动，形成合力。

*提高机关服务保障能力。*适应新形势下人大工作需要，机关办公条件逐步改善，办公自动化程度有所提高，为常委会组成人员和代表服务保障的能力不断增强。坚决贯彻执行中央八项规定、省委省政府十项规定和市委“六个坚持”精神，常委会机关风清气正。

各位代表，市三届人大常委会的五年，得到了市委的坚强领导、全体市人大代表的大力支持和“一府两院”的密切配合，市人大常委会机关工作人员也付出了艰辛的努力。在此，我代表市人大常委会表示衷心感谢并致以崇高敬意！

市四届人大常委会工作思路

今后五年，市四届人大常委会将在市委的坚强领导下，认真贯彻落实中央、省委、市委重大决策部署，围绕中心、服务大局，依法履行职权，承前启后、继往开来，进一步开创人大工作新局面，全面推进眉山经济社会发展和民主法治建设。

一、始终坚持党的领导。党的领导是坚持和完善人民代表大会制度，做好新形势下人大工作的根本保证。市四届人大常委会将立场坚定、旗帜鲜明地拥护市委的领导，与市委同频共振，紧紧围绕市第四次党代会提出的发展战略、发展思路、发展路径和奋斗目标，紧紧围绕市委高度关注、人民群众热切期盼的大事，依法履职，推动市委重大决策部署贯彻落实。

二、始终坚持人民当家作主。把维护最广大人民根本利益作为人大工作的出发点和落脚点，围绕民生事业、生态文明等六大千亿会战和“东坡味道”、现代服务业等五大千亿产业，开展视察、调研、专项审议和执法检查，让全市人民共享发展成果，不断增强获得感幸福感。坚持代表主体地位，积极为代表依法履职创造条件，充分发挥代表紧密联系人民群众的桥梁纽带作用。

三、始终坚持严格依法办事。依法履行立法、监督、重大事项决定和选举任免权，支持和促进“一府两院”依法行政、公正司法，为眉山经济社会发展提供坚强法治保障。不断探索创新，切实增强人大工作实效，推进人大工作制度化、规范化和法制化。全体组成人员要坚持法律至上理念，全面提升运用法治思维和法治方式开展工作、解决问题的能力。

2017年主要任务

2017年，市人大常委会工作的总体要求是：全面贯彻党的十八大和十八届三中、四中、五中、六中全会精神，深入学习贯彻习近平总书记系列重要讲话精神和治国理政新理念新思想新战略，按照市四届人大二次会议作出的各项安排，依法履职尽责，决战决胜“两个率先”，为建设天府新区增长极、大都市区新高地作出贡献。

一、加强立法工作，推进法治眉山建设

认真开展立法工作。坚持党对立法工作的领导，按照“不抵触、有特色、可操作”原则，紧紧围绕人民群众关心、社会关注的热点问题开展立法工作，制定《眉山市集中式饮用水水源保护条例》，开展大气和水污染防治、物业管理、文物保护等立法调研。完善人大主导立法机制，进一步加强立法力量建设，建立健全立法听证、专家咨询论证、公开征求意见等制度，建立立法评估机制，充分调动各方面参与立法的积极性，切实提高立法质量和效率。

推进依法治市工作。听取和审议市中级人民法院关于执行工作情况的报告，支持解决“执行难”问题，推进社会诚信体系建设。调研依法治市工作和“两院”半年工作情况，促进依法行政、公正司法。

备案审查规章及规范性文件。进一步加强审查制度和审查能力建设，健全审查程序，及时依法审查，做到有件必备、有备必审、有错必纠。

二、加强监督工作，推动经济社会发展

促进经济健康运行。听取和审议计划、预算、审计工作报告，开展预算法执法检查，实行全口径预算决算监督，强化部门预算审查监督，为人民管好“钱袋子”。听取和审议“三去一降一补”工作情况报告，推进供给侧结构性改革。开展《眉山市城乡规划条例》执法检查，督促市政府及时制定配套规范性文件；视察新型城镇化建设工作，推进国家新型城镇化综合试点，加快构建现代城镇体系。推动竹编产业装备化，力促竹编产业“双百工程”建设。视察放活土地经营权情况，进一步推动深化农村改革。

促进社会事业全面发展。听取和审议脱贫攻坚工作情况报告，力促在全省率先完成脱贫任务。听取和审议环境保护工作情况报告，加大环保工作监督力度，助推生态文明投资千亿大会战。开展未成年人保护法执法检查，切实保护未成年人健康成长。听取和审议学前教育工作情况报告，推动公益普惠性学前教育发展。开展文物保护法执法检查，促进文物得到有效保护。调研传染病防治工作和康养产业发展情况，推动“健康眉山”建设。

三、加强重大事项决定和任免工作，贯彻市委重大决策部署

依法行使重大事项决定权。推进污染防治“三大战役”，依法作出关于加强大气、水、农用地污染防治的决定，切实改善环境质量。围绕预算决算、城市规划、“五个先行区”建设等重大事项，适时作出决定决议，确保市委的重要主张经过法定程序成为全市人民的共同意志。

依法行使任免权。坚持党管干部原则和人大常委会依法行使任免权的有机统一，确保市委推荐的人选经过法定程序成为国家机关领导人员。

四、加强代表工作，提高履职水平

做好新任代表履职培训工作，提升代表依法履职意识和水平。健全完善代表建议、批评和意见办理制度，注重问题解决，增强办理实效。深化“脱贫攻坚—人大代表再行动”活动，重点抓好代表联系帮扶贫困户工作。组织代表围绕产业转型升级、生态保护、民生改善等中心工作开展集中视察和专题调研。进一步扩大代表对常委会、专委会工作的参与。完善代表联系群众制度，试点推广县乡人大代表向选民述职。

五、加强自身建设，开创人大工作新局面

常委会及其机关要大力加强自身建设，切实提高履职能力和工作效率。

强化党的领导。加强常委会组成人员和机关干部队伍建设，严守政治纪律和政治规矩，自觉增强政治意识、大局意识、核心意识和看齐意识，保证市委决策在人大工作中落实到位。

强化作风建设。树立“作风就是形象、作风就是力量、作风出成绩、作风出干部”的理念，增强使命意识、担当意识、效率意识、廉洁意识，打造充满生机活力的人大机关，形成良好的第一印象、浓郁的学习风气、团结的工作氛围、高效的办事风格。

强化创新突破。常委会组成人员和机关干部要树立正确“三观”，主动作为，履职尽责，开拓创新，争创一流，开创新局面，树立新形象。

强化人文关怀。关心爱护干部，形成干事创业的良好环境。特别是要在政治上、工作上为年轻干部成长创造条件、搭建平台，激励优秀年轻干部脱颖而出、茁壮成长。

各位代表，让我们紧密团结在以习近平同志为核心的党中央周围，在市委的坚强领导下，高举中国特色社会主义伟大旗帜，坚定信心，开拓进取，履职尽责，决战决胜“两个率先”，为建设天府新区增长极、大都市区新高地而努力奋斗！

不忘初心　主动作为
为助推建设天府新区增长极大都市区新高地而努力奋斗

——在政协第四届眉山市委员会第二次会议上

眉山市政协主席　王影聪

（2017 年 3 月 27 日）

各位委员，同志们：

在以习近平总书记为核心的党中央的领导和党的十八届六中全会精神指引下，在市第四次党代会报告绘就今后五年眉山发展蓝图的大好形势下，政协第四届眉山市委员会第二次会议隆重召开了！现在，我代表政协第四届眉山市委员会常务委员会，向大会报告工作，请委员们审议，请同志们提出意见。

一、五年政协工作回顾

过去的五年，市政协在中共眉山市委的坚强领导和省政协的大力指导下，圆满完成了三届政协工作使命。先后有 32 项（次）工作受到省政协表彰，48 项（次）工作受市委、市政府表彰，28 项（次）工作在全省政协有关会议上交流经验，2015 年 11 月，眉山作为全省仅有的两个市州代表之一，在省委政协工作会议上交流了经验。《人民政协报》《四川政协报》相继 7 次头版头条报道了眉山政协工作的系列创新举措。全市政协工作得到了省政协和市委的充分肯定。我们主要从以下几个方面作了努力：

（一）助推发展彰显新成效。“有事多商量，遇事多商量，做事多商量”是习近平总书记对人民政协提出的要求。为积极助推眉山经济和社会事业发展，围绕转型升级、供给侧改革、统筹城乡、天府新区建设、综合交通、民营经济发展、“东坡泡菜”产业等，先后组织开展专题视察调研“商量”136 次，形成专报和民情建议 200 多期，被全国政协和省委、省政府有关部门采用 28 项（条），得到中央、省、市各级领导批示共 110 件次。2012 年市政协关于散居贫困人口扶贫问题的调研报告和 2016 年市委交办的“文化立市”课题调研报告，均被省委政研室《调查与决策》内参采用，特别是对散居贫困人口扶贫问题的调查报告报省领导及中办、国办和中央政研室参阅后，部分建议被采纳，为助推精准脱贫精准扶贫工作提供了参考。组织政协干部出色完成市委交办的赴色达、金川的维稳和援藏任务；圆满完成市委交办的“推进文城一体建设”“城市管理”“政务环境”等课题的专项研究，为助推全市科学发展献智出力。

（二）民主监督取得新突破。在 2015 年 11 月召开的省委政协工作会上，眉山市委书记李静介绍了将市项目监督委和生态文化建设监督委设在市政协，并赋予“一票否决权”和“文化定位权”的新做法，这在全省乃至全国民主监督工作领域都是一个创新突破！

五年来，市项目监督委员会对天府新区眉山片区、眉山现代工业新城、岷东新区以及各大园区中的重大项目开展核查审查准入，对“两宋荣光”“东坡宋城”等重大工程进展情况实施动态监督，防止项目在实施过程中走样。五年来，共参与审查项目 121 个，否决不宜落地入园的项目 2 个，涉及投资金额 300 多亿元。

市委高瞻远瞩、站高谋远，坚持绿色发展和“文化立市”战略，并赋予政协民主监督“硬任务”。五年来，市生态文化建设监督委员会不辱使命，积极开展调研，全面加强生态文化规划监督指导，先后对全市 115 个乡镇文化和生态绿地规划编制工作进行指导，为洪雅县旅游文化发展方向定位，“生态文化点线面”推进思路被市委、市政府采纳并广泛运用。市委书记李静为政协点赞：“创新将民主监督引入重大项目准入和重要决策之中，政协在绿色发展过程中抓生态文化，抓项目监督，保证了眉山绿色发展的质量与品质。”美国知名智库米尔肯研究所发表的 2016 年度“中国最佳表现城市”报告，眉山在“中小城市组”227 个城市中位居中西部前三甲、四川第一，这些殊荣和成效是市委市政府坚持不懈抓生态文化建设的结果，也饱含全体委员的辛劳和智慧，《中国政协》杂志予以报道。

（三）关注民生聚集新合力。“大海之阔，非一流之归也。”市政协充分发挥代表性强、联系面广、包容性大的优势，凝聚各方力量、倾情献智出力，为民生和谐添彩增力。一是为民建言改善民生。组织广大委员问需于民、问计于民，广泛听取群众呼声，围绕医药卫生体制改革、中草药生产和产业发展、殡葬改革、均衡教育、公共服务等开展专题调研，提出推进改革发展的建议意见，90%以上获市委市政府主要领导批示和部门采纳。如提出的生态殡葬改革、70岁以上老人免费乘坐公交车等建议，经市委批示和相关部门研究后已在全市范围内实施。二是为民履职反映民情。充分发挥社情民意“彩虹桥”“直通车”作用，积极推动民生问题解决。累计收集社情民意信息2000多条，向有关方面整理报送126期1000多条，其中《“营改增”全面推开后基层反映的问题与建议》被全国政协采用，《关于缓解东坡宋城景区停车难问题的建议》获得采纳，促成有关问题的解决。2016年全省政协社情民意信息评比，眉山进入第一方阵。三是为民解忧凝聚民心。组织开展全市散杂居少数民族服务管理、民族经济和社会事业发展情况等专题调研，推动宗教、民族工作相关问题的解决；各级政协组织和委员积极投身抗震救灾，向上争取和捐赠1000多万元，包括市、区县政协共同义拍书画作品筹善款近150万元，全部用于灾后重建；通过委员企业家结对资助和动员社会力量参与两种形式，筹资150多万元援建3所学校，结对资助贫困学生128名；组织开展捐助抗战老兵活动。

*（四）脱贫攻坚做出新贡献。*市政协主席会议成员响应市委和省政协号召，动员社会各界和政协委员积极参与脱贫攻坚，带领各界别委员，深入联系乡、村、户调研掌握实情，研究制定帮扶规划。通过实施蹲点督导和“五抓”举措，即：抓政策保障兜底，确保精准脱贫；抓基础设施建设，破除发展瓶颈；抓产业整体打造，培育“造血”功能；抓危旧农房改造，改善住宿条件；抓思想教育扶志，树立脱贫信心，为脱贫攻坚作出实实在在的贡献。通过在各级政协委员中开展“我为扶贫攻坚做件事”“百企联百村”活动，实现委员100%参与、帮扶100%见成效、企村100%持续联系的三个百分之百。市政协探索实施委员企业家组合包村扶贫的方式获得省政协肯定，被作为典型在全省政协系统通报和推广。5年来，全市政协组织和政协委员为12个联系村、贫困村解决问题3000多件（次）、协调解决建设资金上亿元，其中市政协机关和政协委员为联系村、贫困村的交通、生产、生活等捐款2000多万元，协调投入产业发展资金上亿元，落实帮扶项目300余个，解决实际问题900多个。

*（五）提升履职开辟新途径。*如何探索推进政协协商民主建设，更好地履行好政协职能，我们进行了大胆尝试。一是定计划促规范。换届以来，年初拟定年度协商计划，通过三办联合发文方式实施，并形成制度。严格按照中央、省委和《中共眉山市委关于加强和改进人民政协工作的实施意见》精神，不断促进政协协商民主的制度化规范化建设。二是拓协商建净言。五年来，通过常规协商方式，委员提交大会发言35份；征集提案建议1091件；采取专报、民情建议向市委、市政府提出意见建议200多期（篇）；组织开展常委会专题议政、对口协商、界别协商座谈、交流活动100多场（次）。分批次组织基层委员召开无主题座谈会收集民情建议，成为拓展发挥委员主体作用的新途径。2016年4月，首次开展了《眉山市城市规划管理条例（草案）》立法协商，形成的立法建议均被吸收采纳，促进了地方立法质量和水平的提升。三是制办法强管理。2016年9月制定了《政协眉山市委员会加强委员监督管理工作试行办法》，增强了对委员履职的管理服务，在全省也是创新。

*（六）常规工作取得新进展。*一是开展理论研究。《四川青神县创建社情民意恳谈会》被选入中办编印的《基层协商民主典型案例选编》，中办复信致谢。《“四个全面”的担当勇气和协商活力》等18篇文章入选《四川省政协理论与社会实践研究优秀论文集》。《社区矫正路径探微》获全省首届法治论坛一等奖。二是重视存史资政。广泛征集眉山历史文化史料，建立眉山文化资源和生态绿地资源电子资料库，收集整理抗美援朝、抗日战争、西部大开发、巴蜀民风民俗文字资料共200余万字，图片近千幅。三是抓好新闻宣传。重视政协组织履职过程和创新经验的宣传，展示政协委员主体风采。5年共在各级报刊、网站发稿500余篇，其中头版头条7篇，13篇稿件获市政府新闻奖。四是强化自身建设。以改进工作作风为抓手，扎实开展党的群众路线教育实践活动、“三严三实”专题教育、“两学一做”学习教育，严格执行从严治党要求，落实“两个责任”，圆满完成市委赋予的各项任务，树立政协良好形象。

这些成绩的取得，是中共眉山市委真诚信任和加强领导的结果，是市、县（区）人民政府和社会各界大力支持的结果，是各民主党派、工商联、人民团体、无党派人士协同参与的结果，是政协各级组织和广大委员共同努力创新的结果。在此，我代表市政协常委会表示衷心的感谢并致以崇高的敬意！

二、基本经验和体会

五年来，政协工作成绩来之不易，积累了一些有益经验，主要体现为“六个坚持”：坚持党的领导，是做好政协工作的根本保证；坚持服务大局，是市政协工作遵循的基本原则；坚持开拓创新，是市政协工作发展的不竭动力；坚持履职为民，是市政协工作的目标所指；坚持团结民主，是市政协工作贯穿始终的主题；坚持提升能力，是做好市政协工作的重要保障。

在看到成绩的同时，我们也清醒地认识到，与时代的新要求、群众的新期盼相比，市政协工作还存在委员的管理和服务还不够精准、民主监督职能还需继续强化等不足，今后我们将高度重视，认真研究，切实改进。

三、未来五年工作思路

未来五年，是全面实施“十三五”发展规划纲要，全面建成小康社会的重要时期，是眉山实现科学发展、转型发展的重要战略机遇期。市政协将紧紧团结在以习近平总书记为核心的党中央周围，在市委的领导和省政协的指导下，坚持“稳中求进”工作总基调，把握团结民主两大主题，继续“拥护党委、支持政府、学习人大、提高自我”，继续围绕市委市政府中心工作和决策部署，发挥优势、主动履职，为推动人民政协事业新发展，助力实现“两个率先”“五个先行”目标，为助推眉山建设成为天府新区增长极大都市区新高地积极贡献力量。

（一）不断强化政治理论学习把握大局，促进政协队伍思想水平提升。深入学习党的十八大以来党中央治国理政新理念新思想新战略，特别是习近平总书记系列重要讲话精神和党章、党规、党纪，以及党的十九大、省第十一次党代会、市第四次党代会精神，以坚定理想信念，巩固共同思想政治基础，切实把中省市的决策部署，融入到思想灵魂深处，化为思想理论武装，落实到具体行动上，体现到工作成效上，让全市各级政协组织和广大政协委员形成一盘棋、拧成一根绳、鼓足一股劲、干成一番事。

（二）围绕党委政府中心工作建言献策，助推各项目标任务顺利完成。着力围绕“五大发展理念”“四个全面”战略布局和市第四次党代会各项工作部署，全力助推“全域产业化、全域生态化、全域景区化”建设，为全面建成“现代工业新城、历史文化名城、生活品质之城”，实现“经济跨越、文化繁荣、环境一流、人民幸福”四大目标，主动作为、积极履职，说真话、建诤言、献良策，力求建言建在需要时，议政议到点子上，监督监在关键处，切实为党委政府分忧，为人民群众解难。

（三）立足促进社会主义民主政治建设，探索协商民主监督有效形式。牢牢把握政协协商民主和民主监督基本原则，坚持在市委的领导下，着力在探索丰富协商内容和拓展协商民主参与渠道上用功，着力在明确政协民主监督内容，完善监督形式，规范监督程序，健全监督机制和提高监督实效上用功。坚持平等协商，把协商民主贯穿于监督全过程，坚持问题导向，深入调研，务实提出建议意见，不断推进社会主义协商民主政治建设。

（四）紧扣团结民主主题汇聚发展合力，努力开创合作共事崭新局面。加强与各党派、团体、无党派人士和社会各界的沟通联系，支持他们通过政协舞台履行职责，发挥作用。加强与民族宗教及各界代表人士的团结，共同为促进经济社会和谐发展服务。密切与新社会阶层人士的联系，加强思想政治工作，引导他们自觉投入社会经济各项建设。做好文史工作，发挥存史资政团结育人作用。多做协调关系、化解矛盾、理顺情绪的工作，团结社会各阶层群众，谋求最大公约数、画出最大同心圆、传导最大正能量，协力共建和谐眉山、美丽眉山。

（五）牢牢把握政协事业新任务新要求，切实加强政协履职能力建设。弘扬开拓创新的时代精神，发扬求真务实的工作作风，深入研究政协工作面临的新情况、新问题，切实加强政协班子和委员队伍的思想、组织、制度和作风建设，营造风清气正、崇廉尚实、干事创业、遵纪守法的良好氛围。着力提高自身政治把握能力、调查研究能力、联系群众能力、合作共事能力，提升机关服务质量和工作水平，增强工作活力，为发展政协事业、服务工作大局提供有力保障。

四、2017 年的工作建议

2017 年，是新一届市委、市政府任期的开局之年，是贯彻市第四次党代会精神、决战决胜“两个率先”之年。为全力助推全市各项工作的开展，市政协将遵循“真诚协商、务实监督、深入议政”的原则，多建诤言，共谋良策。着力在以下方面发挥有效作用：

（一）在贯彻落实市第四次党代会报告精神上发挥有效作用。全市各级政协组织要坚持以“五大发展理念”为引领，按照市第四次党代会报告要求，围绕全市“四个全面”战略布局和建设天府新区增长极大都市区新高地的各项工作部署，主动建有用之言、献务实之策。着力围绕眉山实施“十三五”规划，成眉无缝对接、产业转型发展、供给侧结构性改革、全面小康、绿色发展、项目监督、新型农业社会化服务体系建设、依法治市和社会民生事业发展等工作开展调研视察，建言献策。同时，主席会议成员将全力参与市委各项重点产业、重点项目、重点工作的推进以及“五必送五必访”“两走一对接”“走基层”等活动。

（二）*在助力脱贫攻坚实现全面小康上发挥有效作用*。按照习近平总书记要求的“绣花”精神，动员全市各级政协组织和全体政协委员在“精准”上再下苦功夫，合力啃下“贫中之贫”“困中之困”硬骨头；大力开展重点视察调研活动，尤其对散居、杂居和插花式贫困人员情况进行剖析，推动贫困村摘帽；将“我为扶贫攻坚做件事”活动纳入政协工作重要内容并深入推进；继续开展“百企联百村”助力脱贫工作研究，确保实现“三个百分之百”，为全力决战脱贫决胜小康贡献力量。

（三）*在深化项目、生态文化、环境保护民主监督上发挥有效作用*。按照中央关于加强和改进人民政协民主监督的意见，自觉把协商民主贯穿于监督工作全过程，以融协商、监督、参与、合作于一体，广泛凝聚共识、集聚智慧和力量。组织懂经济善管理的委员对全市的重点项目、重大工程进行把脉把关，实施民主监督。继续组织政协委员和专家围绕推进“文城一体”，建设历史文化名城，建设绿海明珠、千湖之城、百园之市、公共文化服务、文化生态建设和旅游发展等部署，深入开展调研视察，为眉山“最佳表现城市”增光添彩。抓好眉山地方重要文史资料的挖掘整理工作，组织开展眉山政协成立20周年纪念活动，以弘扬“艰苦创业、苦干兴眉”精神。着眼环保民生问题，组织委员通过调研、视察、提案、大会发言、社情民意等民主监督形式，提出建议意见，共同为实现“望得见山、看得见水、记得住乡愁”目标而献计出力。

（四）*在发挥政协作为协商民主重要渠道上发挥有效作用*。按照中共中央及中办的关于加强协商民主与民主监督的新精神新要求，按照市委《关于加强和改进人民政协工作的实施意见》要求，组织实施好2017年度协商工作计划，明确协商内容、完善协商形式，增强协商成果的转化运用。加强政协协商民主理论研究，探索拓展基层协商民主的参与渠道。

（五）*在强化政协队伍建设提升履职服务水平上发挥有效作用*。严格落实全面从严治党要求，增强政治意识、大局意识、核心意识和看齐意识，向中央看齐、向省委看齐、向市委看齐。落实“两个责任”，不断提升履职能力，扎实完成市委赋予的各项任务。深入研究更好发挥界别作用的思路和办法，为各党派、社会各界人士履职搭建平台，密切联系，合作共事。加强政协委员履职监督管理，严格落实《政协眉山市委员会委员监督管理办法》。深入贯彻党的十八届六中全会和即将召开的党的十九大精神，推进“两学一做”学习教育常态化制度化，严守底线、清正廉洁，保持良好的社会形象。不断完善机关管理服务制度，提升服务质量，增强工作活力，努力建设和谐政协、快乐政协！

各位委员，同志们！我们将更加紧密地团结在以习近平总书记为核心的党中央周围，在市委的坚强领导下，在社会各界的全力支持下，坚持问题导向，深入调查研究，撸起袖子加油干，不忘初心，继续前进！不忘初心，主动作为！不忘初心，争创一流！以市委制定的宏伟目标为引领，努力画出眉山最大同心圆，凝聚强大向心力，形成广泛正能量，助推全市各项事业更快更好的发展，以优异成绩迎接党的十九大和省第十一次党代会胜利召开！

大事记

Memorabilia

2016年眉山大事记

1月5日 市委书记李静主持召开岷东新区工作推进会，并出席岷东新区八大项目集中开工仪式。市委副书记、市长宋朝华在仪式上致辞。

1月6日 共青团四川省委书记刘会英率领省委督查组到眉山督查。市委书记李静会见督查组一行，并报告群团工作的开展情况。

1月11日至13日 省公务员局党组成员、副局长向可华率队到眉山检查考核干部驻村帮扶工作。市领导李静、姜怡陪同。

1月11日至12日 中国共产党眉山市第三届代表大会第七次会议召开。会议听取市委书记李静代表中共眉山市第三届委员会向大会作的《乘势而进加快发展奋力开创“十三五”发展新局面》工作报告；听取市纪委工作报告。大会通过《关于市委工作报告的决议》《市纪委工作报告的决议》。

1月13日至15日 中国人民政治协商会议第三届眉山市委员会第六次会议召开。会议听取市政协主席王影聪向大会作的工作报告，市政协副主席立胡左格向大会作的市政协三届以来提案工作的情况报告；审议通过《中国人民政治协商会议第三届眉山市委员会提案委员会关于三届六次会议提案审查情况的报告》《中国人民政治协商会议第三届眉山市委员会第六次会议决议》。

1月13日至16日 眉山市第三届人民代表大会第七次会议召开。市长宋朝华代表市政府向大会作政府工作报告。大会听取市人大常委会工作报告，听取《眉山市地方立法条例（草案）的说明》《市中级人民法院工作报告》《市人民检察院工作报告》；审查《眉山市国民经济和社会发展第十三个五年规划纲要（草案）》《眉山市2015年国民经济和社会发展计划执行情况及2016年计划草案的报告》《眉山市2015年财政预算执行情况和2016年财政预算草案的报告》。

1月18日 省关工委执行主任，省委原副书记、省长张中伟一行莅眉调研。市委书记李静，市委副书记、市长宋朝华陪同。

1月19日至20日 省政府消防安全检查考核组莅临眉山市检查考核2015年消防安全工作。

1月20日 市委副书记、市长宋朝华在仁寿会见到眉考察的美国加州中心总裁兼首席执行官王易虹和加州对外友好协会副会长、美国智慧城市联盟顾问张家华等美国智慧城市联盟代表团一行，双方就推进“加州中心”项目、智慧城市建设项目落户事宜进行友好会谈。

1月22日 省总工会副主席李茂林到眉山市开展送温暖慰问活动。市领导祝云陪同。

1月26日 市委书记李静、市长宋朝华在成都拜会省农村信用社联合社党委书记、理事长张远国。市领导刘十庆，省农村信用社联合社党委副书记、主任艾毓斌参加。

是日 市委书记李静、市长宋朝华在成都拜会国网四川省电力公司总经理、党委副书记石玉东。市领导唐宏，国网四川省电力公司副总经理陈云辉参加。

1月27日 市委书记李静，市委副书记、市长宋朝华在成都会见广发银行成都分行党委书记、行长洪文健和成都农商行董事长陈萍。

2月1日至2日 国家住房城乡建设部副部长陆克华一行莅眉调研，了解眉山市2016年元旦春节房交会现场和市国土、住建、住房公积金等部门房交会期间现场咨询点工作开展情况。省住房城乡建设厅厅长何健、眉山市领导李静、宋朝华等陪同。

2月2日 市委书记李静主持召开中共眉山市委三届第132次常委会。会议专题学习习近平总书记在中央政治局“三严三实”专题民主生活会上的重要讲话精神，并研究贯彻意见。

是日 市长宋朝华主持召开市政府第133次常务会，研究鼓励在外眉山籍企业家返乡发展等工作，部署市政府当前工作。会议审议《关于鼓励在外眉山籍企业家返乡发展的实施意见》。

2月3日 市委副书记、市长宋朝华会见西安隆基硅材料股份有限公司能源公司总经理崔永祥一行。

2月5日 市委书记李静慰问眉山日报社、眉山电视台、市公安局、市机要局等部分春节期间坚守在工作岗位的一线工作人员。

同日 市委副书记、市长宋朝华率队看望慰问市人民医院、眉山电力公司和眉山自来水厂、市政府应急办等单位在一线工作人员。

2月16日 知名台资企业广东今日生物科技集团有限公司董事长王仁毛到眉山市考察投资。市委常委宣迅陪同考察。

2月18日 全市换届工作暨组织工作会召开。市领导贺文、王影聪、刘十庆、杨勇、祝云等出席会议。

2月23日 眉山市在成都举办眉山籍优秀企业家座谈会，30余名在外眉山籍优秀企业家和商会负责人应邀参会。市领导李静等出席会议。

2月24日至25日 省委常委、组织部部长范锐平一行莅临眉山，开展以项目为重点的经济工作专项督导调研。分别调研丹棱县机械产业园区、中国泡菜城、市党务政务服务中心、天府新区彭山青龙区域、岷东新区、格林泰科药效评价中心、岷江现代农业示范园区马林村集中安置点、彭山区大学生创业孵化园等地。

2月26日 全市2016年第一批重点项目集中开工竣工暨工业大道东坡区段项目开工仪式举行，工业大道东坡区段等总投资104亿元46个重点项目开工，富生电器高效节能感应电机建设项目等计划总投资74.28亿元46个重点项目竣工。市委书记李静出席仪式并作讲话。

2月29日 中共眉山市委召开市级领导班子成员会议，宣布省委决定：罗佳明任中共眉山市委委员、常委、副书记。

3月1日至3日 第16批中央赴川“博士服务团”部分成员和中央、省级机关到眉挂职干部前往洪雅开展主题调研，为当地生态农业和旅游发展“问诊把脉”。市委常委、组织部长姜怡代表市委看望问候调研组成员，与调研组交流。

3月1日至6月10日 眉山市与乐山市联合开展流动治超“春雷行动”，巩固道路交通安全综合整治成果，建立道路交通安全综合整治长效机制。

3月2日 省公安厅党委委员汤留生率省委省政府督导组到眉山市督导全国“两会”期间信访维稳工作并出席汇报会。检查某大型商场、两家物流企业和眉山东站等地安保工作。市领导杨勇出席汇报会。

3月3日 国土资源部党组成员、国家土地副总督察、总规划师严之尧一行莅眉，督查调研眉山市永久基本农田划定工作进程和工作质量。实地调研仁寿县珠嘉镇棚村基本农田保护示范区，听取工作人员关于眉山市永久基本农田划定工作情况汇报。国家土地督查成都局党组书记、局长纪东义，省国土资源厅副厅长杨文杰、眉山市领导罗佳明等陪同调研。

是日 市委常委宣迅率队赴深圳华为集团总部对接促进项目，参观公司总部及研发成果，召开座谈会，签订战略合作备忘录。

3月4日 以越南计划投资部对外经济关系司副司长阮氏青芳为团长的越南政府代表团，到洪雅县考察世界银行四川小城镇发展项目洪川镇环境综合整治子项目建设情况。副市长付庆一陪同考察。

3月7日 千禾味业食品股份有限公司首次公开发行A股上市仪式在上海证券交易所举行，成为眉山市第一家在主板上市的股份制企业。市委书记李静出席上市仪式鸣锣开市并致辞。

是日 省委统战部副部长、藏区办主任刘坪一行莅临甘眉工业园区调研。市政协副主席、市委统战部部长黄玉蓉陪同调研。

3月8日 省委第八巡视组即日起对眉山市开展集中巡视。

是日 市委副书记、市长罗佳明会见到眉考察的中兴通讯副总裁、中兴网信副总经理罗英群一行，双方就大数据产业发展、智慧城市建设等合作开展交流。

3月9日 省政府副秘书长杨新元一行莅临眉山，调研第九届中国竹文化节筹备工作，市领导罗佳明陪同调研。

是日 市委副书记、市长罗佳明会见到眉考察的华为技术有限公司企业云业务部西南片区总经理张纾翔一行，双方就合作事项开展交流。

3月10日 市委副书记、市长罗佳明会见成都铁路局成都车站党委书记费敏一行。

是日 全市银政企项目对接会召开。银行金融机构与项目代表现场签约。共推介融资需求项目186个193.48亿元，现场签订贷款授信项目52个32.1亿元。市领导刘十庆出席。

3月11日 市委副书记、市长罗佳明会见上海建工集团股份有限公司党委书记、董事长徐征一行，并前往岷东新区实地考察。

3月14日 省委常委、省委农工委主任李昌平一行莅眉，到仁寿县曹家镇梨树村专题调研眉山市幸福美丽新村建设工作，并主持召开座谈会。市委副书记刘十庆陪同。

是日 中央综治办二室副主任卢仓报一行到眉山专题调研眉山市多元化矛盾纠纷解决机制工作。市委常委、政法委书记杨勇陪同调研。

3月14至15日 省质监局副局长周传军率省政府质量工作考核组一行莅临眉山，核查检查眉山2015年度质量工作开展情况。市领导邓正权陪同检查。

3月16日 2016年省人大农委联系点座谈会在眉山市丹棱县召开。省人大常委会委员、省农委主任委员李清禾出席会议并讲话，市人大常委会主任贺文致辞。

3月17日 省委常委、省纪委书记王雁飞一行到眉调研眉山市经济社会发展、党风廉政建设和反腐败工作情况。市委常委、市纪委书记祝云参加调研。

3月18日 四川·眉山"中国樱花第一城"建设启动仪式在岷东新区举行，拉开"中国樱花第一城"建设序幕。市委书记李静出席仪式并宣布启动。市委副书记、市长罗佳明，中国樱花产业协会执行主席何宗儒致辞。

是日 "东坡故里·天府眉山——珠三角区域眉山市优势产业投资推介会"在广东省深圳市举行。省政府驻广州办事处副主任谷雅文，市委常委宣迅出席。

3月22日 市委副书记、市长罗佳明会见到眉考察的中生金控投资有限公司副总裁梅德辉一行。

3月23日 市委书记李静，市委副书记、市长罗佳明前往成都拜会省交投集团董事长、党委书记朱以庄，就中法农业科技园眉山园区项目建设等进行会谈。研究成乐高速扩容项目（眉山段）推进工作。

是日 市委副书记、市长罗佳明在眉会见诚欣然科技公司董事长揭晓波一行。

是日 省文物局、省博物院、省考古院、市文物局专家和苏学专家代表检查验收三苏祠、三苏纪念馆展陈改造提升工程。

3月25日 四川师范大学附属第八实验学校项目签约仪式在岷东新区举行，市委书记李静、四川师范大学副校长李树勇出席签约仪式。

是日 故宫博物院、中国建筑设计院、成都武侯祠博物馆、西南交通大学、四川古迹遗址保护协会专家检查验收三苏祠保护维修三期工程，市委常委、宣传部部长周孝平陪同，验收合格。

3月27日 省政府副省长、雅安市委书记叶壮率雅安市党政代表团莅眉，考察调研四川富生电器有限公司、东坡区白马镇龚村、金象化工产业园区、眉山交通中心、东坡城市湿地公园、岷东新区、仁寿城北新城及眉山市新型工业化、新型城镇化、交通建设、城市规划建设管理工作。

3月28日 省政协副主席唐坚一行莅临眉山，专题调研三苏祠文物保护工作。市政协主席王影聪陪同调研。

3月30日 人民法院微电影创作培训班开班仪式在眉山举行。最高人民法院党组成员、副院长景汉朝，省高级人民法院副院长刘楠，市委副书记刘十庆参加会议。

是日 省防汛抗旱指挥部检查组莅眉检查督导眉山市2016年防汛准备工作情况。

是日 四川日报、四川电视台、四川经济日报、华西都市报、成都商报、国际在线、四川在线、四川新闻网等媒体记者到东坡竹园、岷东新区滨江湿地公园、仁寿中央水体公园、洪雅"引青入城"项目等地开展采访活动。

3月30日至31日 最高人民法院党组成员、副院长景汉朝一行莅眉调研。省高级人民法院院长王海萍，市委副书记刘十庆陪同调研。

4月1日 市委、市政府召开创建国家历史文化名城动员大会，市启动创建国家历史文化名城工作。市级领导贺文、王影聪、刘十庆等出席。

4月5日 全国政协常委、省政协副主席、民盟四川省委主委赵振铣率民盟四川省委调研组一行莅眉，开展"改革开发区管理体制，促进开发区转型创新发展"专题调研。市级领导李静等陪同。

是日 市委书记李静，市委副书记、市长罗佳明会见省地矿局党委书记、局长王建明一行。

4月7日 市委副书记、市长罗佳明率队前往深圳实地考察中兴通讯有限公司，洽谈推进该公司投资建设西部大数据产业园项目事宜。

4月8日 市人大常委会召开地方立法启动会议，眉山市立法工作正式启动。市人大常委会主任贺文出席会议并讲话

是日 全省城市园林绿化工作会议在眉山市召开。

4月11日 市委副书记、市长罗佳明在成都会见出席"2016中

外知名企业四川行”活动的中国中铁股份有限公司副总裁周孟波，中铁文化旅游投资集团董事长、党委书记张敏一行，举行深化合作友好会谈。

是日 省委第八巡视组巡视仁寿县工作动员会召开。市委常委、纪委书记祝云主持会议。仁寿县委书记冉登祥作表态性发言。

4月12日 市委书记李静在成都会见出席“2016中外知名企业四川行”活动的协鑫（集团）控股有限公司副总裁兼西南区首席代表刘赞衡，和泓生物技术有限公司董事长王刚，上海锡明光电科技集团总经理王振宇，海航旅游集团与法国皮埃尔度假及中心公园集团亚太地区开发部总监伊麦友等，就加强眉山与企业沟通交流、寻求合作发展机会进行友好会谈。

是日 市委副书记、市长罗佳明在成都分别会见出席“2016中外知名企业四川行”活动的美国亿贝公司大中华区业务总监何国波、携程计算机技术（上海）有限公司华西区总经理张国强、香港廊桥集团董事局主席田海荣、深圳市星昭晖光电科技有限公司董事长刘学文、华夏幸福基业股份有限公司副总裁任宝等，就开展务实合作深入交流。

是日 国家工商总局法规司司长姜天波率考察组莅眉，实地调研眉山法治工商建设情况。省工商局副局长洪波，副市长汪树槐参加调研。

4月12日至13日 由省人社厅、省住建厅、省安监局、省总工会组成的联合工作组莅眉，专项督查眉山市建筑企业参加工伤保险工作情况。

4月13日 甘孜州委副书记、州长益西达瓦率甘孜州政府考察团到眉山，考察调研甘眉工业园区建设发展情况，并与眉山市洽谈商议甘眉工业园区发展、招商引资等有关事项。市委副书记、市长罗佳明等参加。

4月15日 湖南省益阳市委副书记黎石秋率领市党政代表团莅眉考察现代农业。市领导刘十庆等陪同。

是日 巴中市委副书记何平率巴中市考察团到眉考察眉山市国家新型城镇化综合试点工作和创新驱动发展有关情况。市领导刘十庆陪同。

4月17日 市委书记李静，市委副书记、市长罗佳明会见参加四川富生竣工投产仪式活动的上海电气（集团）总公司财务总监董鑑华，上海海立（集团）股份有限公司董事长沈建芳、加西贝拉压缩机有限公司总经理朱金松等企业家，就加强交流沟通、寻求合作进行友好会谈。

4月18日 眉山市举行2016年第二批重点项目集中开（竣）工暨富生高效节能电机制造项目竣工投产仪式，集中开工重点项目39个，总投资39.35亿元；集中竣工重点项目26个，计划总投资32.3亿元。市委书记李静宣布26个重点项目竣工。市委副书记、市长罗佳明主持仪式。省发展改革委副主任徐立，省经济和信息化委副主任顾红松，市领导黄跃等出席。

是日 市委副书记、市长罗佳明率队前往彭山区，实地调研重点项目建设现场，并主持召开工作推进会，听取片区情况汇报，协调解决重点项目推进中的具体困难和问题。

4月19日 三苏祠博物馆、三苏纪念馆“4·20”芦山地震灾后维修重新开馆。全国人大常委、农工党中央副主席、中央监督委员会副主任龚建明出席开馆仪式并宣布三苏祠博物馆、三苏纪念馆开馆。市委书记李静致辞，市委副书记、市长罗佳明主持，省文化厅厅长、省文物局局长郑晓幸讲话。

是日 省文化厅厅长郑晓幸莅临眉山，调研眉山市文化建设情况。市委宣传部部长周孝平陪同调研。

4月19日至20日 市委书记李静，市委副书记、市长罗佳明率队前往南充市、广安市考察学习项目建设、产业发展、幸福美丽新村建设等经验。

4月20日 2016年全市贫困村第一书记培训班首期开班动员会举行。全年计划分两期培训316人。

是日 国家安全监管总局党组成员、总工程师王浩水一行莅临眉山，检查指导眉山市安全生产工作。省安监局、四川煤监局局长孙建军，市委副书记、市长罗佳明陪同。

是日 中国烹饪协会会长姜俊贤一行莅眉考察，分别到四川王家渡食品有限公司、岷东新区、中国泡菜博物馆、中国竹艺城等地，实地考察川菜产业在眉山的发展情况。市领导罗佳明等陪同。

是日 省法制办主任张渝田、四川天府新区管委会办公室副主任钟志荣率省政府法律顾问团一行莅临眉山，调研天府新区眉山片区依法行政工作推进情况。市领导罗佳明陪同。

4月22日 省总工会党组书记、副主席胥纯一行莅临眉山，看望慰问全市省级劳动模范张志祥、彭启芬、何淑琼和朱承海。市领导李静陪同慰问。

4月25日 由中国教育技术协会主办的云教学系统支撑下的教育改革高峰论坛在洪雅中学召开。华东师大教育学部主任、国家督学、中国教育学会副会长袁振国作精彩主题发言，北大附中、深圳中学、成都石室中学等省内外知名学校校长、专家等100余人参加论坛。副市长吴爱玲出席。

4月26日 文化部副部长项兆伦一行莅临眉山，专题调研国家级非物质文化遗产青神竹编。市领导李静等陪同调研。

是日 通威股份有限公司四川分公司60万吨饲料生产基地建成投产仪式在眉山市举行。省政协副主席、民建四川省委主委陈文华出席仪式并讲话。市委书记李静致辞。

是日 仁寿县项目推进大会暨城市湿地公园开园仪式在仁寿城市湿地公园举行。

是日 西南大学法国校友会会长、中国旅法工程师协会会长倪金城莅眉参观考察，并作城镇化建设专题讲座。

是日 省政府参事调研组张庆文、陈璞、李文学、谢天佑等一行莅临眉山，调研畜产品品牌建设工作。实地调研眉山温氏家禽育种有限公司和蒙牛乳业（眉山）有限公司。副市长汪树槐陪同。

4月27日 市委书记李静会见前来参加第三届川台农业合作论坛的中国国民党前副主席、中国国民党智库副董事长郝龙斌一行。市政协主席王影聪，省台办副主任张军，市委副书记刘十庆参加会见。

4月28日 民政部副部长顾朝曦一行莅眉，实地调研彭山区龙都社区、四川果怡农业科技有限公司、三苏祠博物馆、东坡区白马镇龚村、金叶敬老院和眉山市第二福利院。省政府副秘书长陈越良，省民政厅厅长黄明全随同，眉山市领导李静、罗佳明陪同。

是日 市委书记李静在成都会见国际标准化组织主席张晓刚，就实施标准化发展战略，推动眉山市各项事业发展进行交流。

是日 省农业厅副厅长杨朝波率队莅临眉山，检查指导血吸虫病防治工作和开展传播阻断达标评估。

是日 位于金象化工产业园区的四川惠盛新能源有限公司10万吨生物柴油项目进入试生产。为国内规模最大的生物柴油生产线。

4月29日 由眉山市年轻创业者创办的迪薇雅儿童摄影、小海大药房和大唐盛世在上海股权托管交易中心挂牌。

5月4日 全国政协副主席、农工党中央常务副主席刘晓峰到眉调研。实地调研三苏纪念馆、三苏祠、仁寿县黑龙滩镇四海社区、黑龙滩水库。省政协副主席、农工党四川省委主委王正荣，市领导李静、罗佳明陪同。

5月5日 国务院国资委监事会主席李兵，四川大学校长谢和平一行莅临眉山，实地调研岷东新区、中国泡菜城、三苏纪念馆、三苏祠。市委书记李静陪同。

5月6日 宜宾市政府与眉山市政府在眉山召开成都至宜宾高速公路建设座谈会，商谈成都至宜宾高速公路建设有关事项，达成共识。宜宾市委副书记、市长杜紫平，眉山市委副书记、市长罗佳明出席会议。

是日 国家粮食局副局长卢景波一行莅眉调研检查眉山市安全储粮与夏粮收购准备工作。四川省粮食局局长张书冬，市领导王光彩、邓正权陪同。

是日 由国家卫计委医院管理研究所主办的“极光计划”，县级医院管理及医疗服务能力提升项目培训班在仁寿县启动，中国工程院副院长樊代明院士作题为《整合医学——走向医学发展新时代》专题讲座。

5月6日至7日 农业部发展计划司副司长陈章全，省农业厅副厅长牟锦毅莅临眉山，调研眉山市现代畜牧业发展和动物防疫体系建设情况。

5月11日 中法地方政府合作高层论坛组委会法方代表、全国友协、省友协代表一行到眉考察相关筹备情况。并对眉山市承办第五届中法地方政府合作高层论坛地方交流活动提出指导意见。市领导罗佳明陪同考察。

5月12日 眉山市第五届老年人运动会在市体育馆开幕。市委书记李静致辞。

是日 香港特区政府教育局局长吴克俭在省教育厅副厅长戴作安的陪同下，考察对口援建学校——彭山区青龙镇初级中学。副市长吴爱玲陪同。

5月15日 眉山市洪雅县槽渔滩镇杜桂珍家庭荣获2016全国“最美家庭”。

5月16日至17日 省人大常委会副主任、党组副书记张东升率省专项督导组莅临眉山，开展2016年以来第二轮稳定经济增长专项督导工作。市领导李静陪同。

5月16日 北京人和集团董事长戴秀丽一行莅临眉山，深入崇礼新城、岷东新区实地考察眉山投资发展环境。市领导罗佳明陪同。

5月17日 市委副书记、市长罗佳明在眉会见法国DLBT集团投资发展部总监杰尔姆·维梅勒一行，双方就推进中法农业科技园眉山园区项目相关事宜进行会谈。

是日 眉山市人民政府中国联通四川省分公司“互联网+”战略合作协议签约仪式在眉山举行。中国联通四川省分公司党委书记、总经理乔贵平，市委副书记、市长罗佳明出席仪式。

5月18日 国土资源部执法局副局长郭宝平，省国土资源厅党委委员、厅机关党委书记隆爱军一行莅眉，考核眉山市国土资源节约集约工作。市委常委、常务副市长邓正权陪同。

5月19日 中央财办副主任、中央农办副主任韩俊率调研组到仁寿县创新创业服务中心、钟祥镇福源清见基地、蜀色天乡家庭农场等地，专题调研“支持返乡创业引领结构调整”。省委副书记刘国中，市委书记李静陪同调研。

5月20日 全国人大常委会委员、内司委副主任委员何晔晖率全国人大内务司法委员会调研组到眉，专题调研眉山市两级人民法院和人民检察院专项工作开展情况和“两院”组织法相关工作。市委书记李静陪同并汇报有关工作。

是日 市委书记李静专题调研岷东新区，并主持召开项目工作推进会。市级领导罗佳明、王影聪等参加。

是日 市委副书记、市长罗佳明会见上海浦东新区石油制品行业协会常务副会长兼秘书长、上海石协石化市场经营管理有限公司董事长邵淳璞一行。

是日 眉山市人民政府与农业部规划设计研究院在眉山举行市院合作框架协议签约仪式。市委副书记、市长罗佳明，农业部规划设计研究院院长隋斌出席仪式。

5月21日 四川省测绘地理信息局联合眉山市人民政府开展地质灾害防治应急测绘保障演练。国土资源部副部长、国家测绘地理信息局局长库热西·买合苏提观摩演练。

5月23日 2016年四川省重大招商引资项目集中开工仪式眉山分会场活动在青神县举行，集中开工重大招商引资项目23个，合同金额203.58亿元。市委书记李静在仪式上作讲话并宣布项目开工。

是日 眉山车辆工业股份有限公司在全国中小企业股份转让系统（新三板）挂牌。

5月25日 市委书记李静会见四川工商学院董事长王六章一行，双方就校地合作进行会谈。

是日 市委副书记、市长罗佳明会见上海国际汽车城发展有限公司执行总经理徐健一行，双方就合作事宜进行会谈。

5月26日 市委副书记、市长罗佳明会见北京市政路桥集团董事长、党委书记郝志兰一行，双方就合作事宜进行会谈。

是日 第二届全国青少年海洋意识教育论坛暨首届内陆学校海洋意识教育论坛在青神县开幕。中国海洋大学教授干焱平等与会专家分别作专题讲座，副市长吴爱玲出席。

5月27日 国家质检总局党组成员、国家标准委主任田世宏率调研组莅眉调研。实地调研5个单位彭山区四川果怡农业科技有限公司生产基地。省质监局党组书记、局长向东，市领导李静、汪树槐陪同。

是日 市委书记李静，市委副书记、市长罗佳明率队前往成都，拜会四川省投资集团有限责任公司董事长、党委书记刘国强，就瓦屋山旅游项目开发等工作进行座谈。

是日 四川省农技协在眉山举行鹌鹑养殖专业委员会成立大会。

5月30日 市委书记李静会见中建钢构有限公司董事长、党委书记王宏一行。双方就合作事宜进行会谈。

5月31日 自贡市委副书记谭豹率领考察团考察眉山市台湾现代农业项目发展工作。市领导刘十庆陪同。

是月 眉山市2件专利被四川省人民政府授予2015年度四川省专利奖。

是月 市委副书记、市长罗佳明会见中信国安集团有限公司监事会主席、中信国安化工有限公司董事长秦永忠一行。

6月1日 省旅游发展委员会主任郝康理一行到眉调研指导眉山市现代农业观光和文化旅游等工作。市领导罗佳明陪同。

是日 省委老干部局巡回宣讲组到眉专题宣讲中办发〔2016〕3号和省委办〔2016〕22号文件精神。

6月2日 四川省老年人健步操比赛在眉山市体育馆开幕。省政协原副主席、省老体协执行主席肖光成，省人大原副主任、省老体协副主席李洪仁出席。副市长吴爱玲致开幕词。

6月3日 市委书记李静率队前往北京拜会中国中车集团总经理刘化龙等，中国中铁股份有限公司董事长、党委书记李长进，分别就加强交流沟通、合作进行会谈。

是日 市委副书记、市长罗佳明会见软通动力信息技术（集团）有限公司副董事长兼首席营销官冯峪一行。双方就合作事宜进行座谈。

6月5日 洪雅县生态文明建设委员会获“中国生态文明奖先进集体”荣誉称号。

6月6日至7日 省委、省政府决策咨询委员会主任甘道明率调研组到四川国润新材料有限公司、联合利华（四川）全球生产基地、四川格林泰科生物科技有限公司、四川启明星铝业有限责任公司等企业一线专题调研眉山市实体经济发展情况。市领导李静、罗佳明陪同。

6月6日 中国作家协会原副

主席蒋子龙，江西省文联、作协主席陈世旭等苏学专家、学者100余人参观“4·20”芦山地震灾后修缮重新开馆的三苏祠博物馆。市领导汪树槐陪同参观。

6月7日 由四川省人民政府参事室、四川省人民政府文史研究馆、中共眉山市委、眉山市人民政府共同主办的苏东坡民本思想与文化成就研讨会在眉山举行。省政府参事室主任、省政府参事室（文史研究馆）党组书记吴显奎主持研讨会，市委书记李静致辞。

是日 市委副书记、市长罗佳明会见新加坡悦榕集团大中华区主席、瑞士Dufry集团董事张齐娥一行。双方就合作进行会谈。

是日 四川欧美同学会·四川留学人员联谊会“留学报国眉山行”活动在眉山举行。省委统战部副部长刘建军率20余名四川归国留学人员代表莅眉考察，并召开重点产业发展推介座谈会。

6月13日至14日 省政协副主席王正荣一行莅眉调研眉山市现代公共文化服务体系建设情况。市领导王影聪陪同调研。

6月13日 四川省川南片区禁毒文艺巡演活动眉山巡演在四川工商学院眉山校区精彩开演。省禁毒委委员、省司法厅副厅长刘朝宽，市领导李永高出席。

6月16日 全市工业企业闲置资产专题招商推介会举办。推介工业企业闲置资产项目70个，资产总额70余亿元。集中签约项目30个，总投资45亿元。市委副书记、市长罗佳明出席推介会并致辞，省经信委副主任王万锟讲话。

是日 市委副书记、市长罗佳明在成都分别会见江苏江化微电子公司董事长殷福华、德国默克中国区副总经理李文武、哈工大机器人集团高级副总裁余黎等嘉宾，开展合作交流。

6月18日 中国竹产业协会秘书长刘红、国家林业局造林司副司长王剑波、国际竹藤组织副总干事李智勇到青神县调研第九届中国竹文化节筹备工作。省林业厅副厅长包建华、市领导汪树槐陪同调研。

6月20日 市委副书记、市长罗佳明会见中国科学院院士、哈尔滨工业大学副校长韩杰才一行，双方就合作事宜进行会谈。

是日 市委副书记、市长罗佳明会见上海天亿集团董事长、美年大健康集团董事长俞熔一行，双方就合作事宜进行会谈。

6月21日 省政府民生工程督查调研组莅临眉山，实地督查调研彭山区创业孵化园、蔡山东路及渡江路片区棚户区改造项目、苏辙小学等民生项目现场，听取眉山市2016年十大民生工程及20件民生大事推进情况汇报。

是日 中国国民党中央常务委员、台湾胜品科技股份有限公司董事长游家富，中国国民党中央委员、台湾宥全精密工业股份有限公司副董事长洪秋玉一行到眉开展交流活动。实地参观考察岷江现代农业示范园区、岷东新区、丹棱县等地，市委常委宣迅陪同。

6月23日至24日 国家发展改革委党组成员、国家粮食局党组书记、局长任正晓率调研组专题调研眉山粮食工作。省政府副秘书长滕中平，省粮食局党组书记、局长张书冬，市领导李静陪同。

6月27日至28日 省人大常委会副主任、党组副书记黄彦蓉率执法检查组莅眉，开展眉山市贯彻实施《中华人民共和国环境保护法》《中华人民共和国大气污染防治法》及《四川省城乡环境综合治理条例》情况执法检查。市领导李静、贺文陪同。

6月27日 国家食品药品监管总局党组成员、食品安全总监郭文奇一行莅临眉山，调研食品药品监管体制改革工作。市领导李静陪同调研。

是日 眉山市人民政府与四川省地质矿产勘查开发局在成都签署战略合作协议。市委书记李静，省地矿局党委书记、局长王建明出席仪式并讲话。

6月28日 眉山市举行2016年第三批重点项目集中开（竣）工暨大峨眉国际旅游西环线开工仪式，集中开工1000万元以上重点项目35个、总投资62.79亿元，集中竣工1000万元以上重点项目29个。市委书记李静在仪式上讲话。中铁十六局集团公司董事长兼总经理孔令键出席。

6月29日 眉山市人民政府、仁寿县人民政府与中国中铁文旅集团，在成都举行黑龙滩国际生态旅游度假区项目签约仪式，项目计划总投资400亿元。中国中铁股份有限公司副总裁周孟波、市委书记李静在仪式上讲话。市委副书记、市长罗佳明主持仪式并签约。

是日 市委副书记、市长罗佳明在成都拜会工商银行四川省分行党委书记、行长韩松，双方就银政合作，进行沟通交流。

6月30日 眉山举行庆祝中国共产党成立95周年大会。表扬通报2016年度先进基层党组织、优秀共产党员和优秀党务工作者。市委书记李静出席并讲话。市委副书记、市长罗佳明主持大会。

7月4日 省妇联副主席李静率省安委会综合督查组莅临眉山，督查安全生产工作。副市长唐宏陪同。

7月5日 市委副书记、市长罗佳明在眉会见四川广电网络董事长王春良一行。

是日 2016中国旅游小姐全球大赛四川赛区落户眉山青神新闻发布会在成都举行，第九届中国竹文化节“东坡初恋地、青神竹仙子”评选活动，与2016中国旅游小姐全球大赛四川赛区携手，拉开活动序幕。

7月6日 眉山市人民政府中国移动四川公司“十三五”战略合作签约仪式举行。市委副书记、市长罗佳明，中国移动四川公司董事长、总经理赵大春出席签约仪式。

7月7日 市委副书记、市长罗佳明会见农行四川省分行党委书记、行长湛东升一行，双方就银政合作进行交流。

是日 市委副书记、市长罗佳明会见北京第二外国语学院副校长邱鸣一行，双方就全面战略合作和“中国旅游发展北京对话·眉山论坛”活动等事宜进行对接。

7月8日 市委书记李静，市委副书记、市长罗佳明前往成都拜会四川大学华西医院院长李为民，双方就深化合作进行会谈。

7月13日 国家中医药管理局副局长闫树江一行莅眉调研中医药工作。实地调研东坡区白马龚村养护中心、岷东新区市中医医院新院区、市中医医院骨伤康复部及总院。省中医药管理局相关负责人，市领导罗佳明陪同调研。

7月14日 市委副书记、市长罗佳明在眉会见以日本市川市副市长佐藤尚美为团长的市川市政府议会代表团。双方就教育、文化、医疗、互联网等领域合作，促进两地共同发展进行交流。

是日 眉山市在北京举行京津冀区域眉山市优势产业和重点招商项目推介会。国务院发展研究中心城市发展研究所主任张晓欢，省投促局副局长刘建平，市委常委宣迅出席。

7月18日 眉山市与华为技术有限公司在成都举行华为眉山大数据中心示范项目签约仪式。省政府副省长刘捷出席仪式并见证签约。市委书记李静在仪式上致辞，市委副书记、市长罗佳明出席仪式并代表市人民政府签约。华为技术有限公司企业云业务部总裁杨瑞凯出席仪式并讲话。

是日 2016年全国青少年“未来之星”阳光体育大会四川分会场暨四川省青少年足球锦标赛（丙组）开赛仪式在眉山一中举行。省体育局局长朱玲，市领导李静、罗佳明出席。

7月21日至22日 省残联党组成员、副理事长杨志远一行到眉督查检查残疾人“量体裁衣”式个性化服务工作开展情况。实地了解残疾人享受最低生活保障、康复医疗等情况。

7月26日 眉山市第二届微电影大赛举行开机仪式，市委常委、市委宣传部部长周孝平出席。

7月28日 眉山市举行工业企业科技创新现场会暨中科兴业中国首条聚芳硫醚砜生产线投产仪式。市委书记李静，市委副书记、市长罗佳明，中国石油和化学工业协会副会长、秘书长，中国合成树脂供销协会理事长赵俊贵，省科技厅副厅长韩忠成出席并讲话。

是日 “四川省首批险资直投支农融资项目”启动签约仪式在彭山区举行。人保财险彭山区支公司与当地首批涉农客户签订融资合同，为9户种植、养殖户发放支农融资贷款220万元。市委副书记刘十庆，人保财险四川省分公司党委书记、总经理侯志军出席。

是月 彭山区经济开发区管委会与甲骨文授权的四川澳瑞思科技有限公司签订项目投资协议，甲骨文天府新区技术人才创新创业基地落户天府新区彭山青龙区域。

是月 中央电视台7套《致富经》栏目组走进青神县河坝子镇安家坝村，对眉山生态养殖示范点——青神美迪青蛙养殖场进行为期一周的实地采访拍摄。

8月2日 眉山市人民政府和社会资本合作项目推介会暨项目签约仪式在成都举行，集中推介PPP项目工程包40个，总投资2050亿元；集中签约PPP项目7个，总投资430亿元。省人大常委会副主任张东升出席并讲话。市委书记李静致辞，市委副书记、市长罗佳明主持。

8月3日 四川省委省政府决策咨询委员会调研组，专题调研眉山市农业产业化龙头企业发展情况。实地调研四川李记酱菜调味品有限公司、川南酿造有限公司和中国泡菜产业发展研究院。市领导李静陪同调研。

8月3日至4日 宋城集团董事局主席黄巧灵一行莅临眉山，考察文化旅游产业发展情况。市领导罗佳明陪同考察。

8月8日 国务院妇儿工委办公室常务副主任王卫国一行到洪雅县将军乡杨场村妇女儿童之家、花溪镇黄龙村，了解妇女儿童近年来生产生活变化发展情况和妇女儿童之家建设运行情况。

8月9日 市委副书记、市长罗佳明会见中国建材工程集团总裁彭寿一行，双方就合作开展会谈。

8月10日 市委书记李静前往东坡岛、岷东新区和北部郊区，调研第一片区重点项目推进情况，并主持召开推进会，听取相关情况汇报，协调解决相关问题。

8月11日至13日 全省法院诉讼服务中心建设现场推进会在眉山召开。省高级人民法院党组书记、院长王海萍、市领导李静、罗佳明出席。

8月16日至17日 省政协常委、省政协人口资源环境委员会主任肖天任一行到青神县丹妮纸业、竹林湿地公园、中国竹艺城，洪雅县引青入城项目等地视察生态文明建设情况。市政协领导王影聪陪同。

8月18日 辽宁省抚顺市委副书记杨维率考察组到眉山考察天府新区建设、新型工业化、新型城镇化等工作。副市长付庆一陪同。

8月22日至23日 以国家发改委国际合作中心总规划师袁崇法为组长的国家发改委新型城镇化综合试点第三方评估组莅眉调研评估。市领导邓正权参加评估。

8月22日 全省部分市（州）财政局长调研座谈会在眉山召开。省财政厅厅长王一宏出席会议。

8月23日 彭山区政府与华夏幸福基业股份有限公司举行彭山区产业新城PPP项目签约仪式。市委书记李静出席并致辞。

是日 世界500强陶氏化学投资彭山区设立陶氏化学（四川）有限公司。

8月25日 甘孜州副州长杜德清率政府考察团考察甘眉工业园区建设发展情况。

8月26日 眉山市举行2016年“栋梁工程”大型公益活动助学金发放暨爱心单位表彰仪式。为50名贫困大学生代表发放助学金，为爱心单位、爱心企业颁发奖牌。四川中盛鑫和置业公司在活动现场捐赠100万元。市领导汪树槐出席。

8月28日至29日 市委书记李静带队前往阿坝藏族羌族自治州金川县对接会商对口帮扶工作。

是日 最高人民检察院控告检察厅厅长宫鸣到眉山调研。检查东坡区人民法院、市中级人民法院、市人民检察院，市领导张能陪同。

8月30日 省委常委黄新初一行到眉山调研。了解眉山市“绿海明珠”“千湖之城”“百园之市”三大工程建设等工作。市领导李静陪同。

是日 中国西部研究与发展促进会社会扶贫工作委员会支持眉山市医疗服务能力提升战略合作签约仪式举行。中国西促会副理事长、扶贫委执行主席兼秘书长狄森，市领导李静出席。

8月31日至9月1日 市委副书记、市长罗佳明率队前往上海考察美国陶氏化学大中华区总部和联合利华（中国）有限公司总部，推进陶氏化学和联合利华在眉投资项目。

是月 省政府批准眉山市为建筑产业现代化试点城市。

是月 眉山经济开发区面积由4.9平方千米扩大到33.7平方千米，主导产业定位为医药化工、泡菜食品和机械电子产业。

是月 四川省民营办批准眉山市为促进民营企业建立现代企业制度试点市。

是月 眉山市出台城市公立医院综合改革试点工作实施方案。市人民医院、市妇幼保健院、市康复医院纳入试点范围。

是月 仁寿县天府花海·蝶彩花卉园主题公园、丹棱县梅湾桔橙主题公园、东坡区果色天香生态农庄主题公园、青神县茶语原乡主题公园被认定为四川省首批省级示范农业主题公园。

9月1日 四川师范大学附属第八实验中学奠基仪式在岷东新区举行。四川师范大学党委书记周介铭、市委书记李静出席仪式并讲话。项目总投资1.5亿元、建筑面积5万平方米，可容纳学生3000余人。

是日 四川省交通投资集团有限责任公司董事长、党委书记雷洪金一行考察仁沐新高速公路仁井实验段施工建设情况。市领导李静陪同。

是日 何学斌、魏凤霞、千禾味业捐资助学仪式在眉山中学举行。32名品学兼优学生受到资助，27名优秀老师受到奖励。省政协副主席王正荣、中央电视台书画院院长赵立凡，眉山市领导王影聪出席。

是日 省依法治省督查组到眉山市专项督查“基本解决执行难”工作。市领导周孝平陪同。

9月5日至6日 省政协副主席、省工商联主席、省商会会长陈放一行到眉山视察。市领导李静等陪同。

9月6日 省委常委黄新初率省委调研督导组到眉山调研稳增长工作落实情况。

9月6日至7日 以“东坡遗爱、千古风流”为主题的第七届东坡文化节在湖北省黄冈市举行。市委副书记、市长罗佳明率眉山市代表团出席。

9月9日 国网四川省电力公司与眉山市政府在成都举行四川启明星铝业公司股权债权划转签约仪式。

9月10日 在里约举行的第十五届残奥会上，眉山籍游泳运动员黄文攀获5枚金牌1枚银牌，五次打破世界纪录，是中国代表团参加本届比赛获金牌最多的运动员。

9月11日 “书香眉山·全民阅读”暨光明书香节启动仪式在眉山城区举行。

9月12日 省委副书记刘国中一行到甘眉工业园区调研。市领导李静、罗佳明等陪同。

是日 由北京第二外国语学院

主办的第十三届“中国旅游发展北京对话·眉山七里坪峰会”在洪雅县七里坪举行。市委副书记、市长罗佳明出席峰会并讲话。罗佳明与北京第二个国语学院校长曹卫东共同为“康养产业研究基地”揭牌。

9月19日至20日 省人大常委会副主任、党组副书记张东升率队到眉山调研督导贯彻落实省委十届八次全会精神情况。市领导李静、罗佳明等陪同。

9月20日 市委书记李静会见北京伟光汇通集团董事长陆学伟、国开川投公司总经理袁晓涛一行，就双方合作事宜进行交流。

是日 市委副书记、市长罗佳明会见中国工程院院士赍德一行，双方就合作事宜进行交流。

9月21日 中央编办副主任何建中一行到眉山调研。省委组织部副部长、党建办主任、编办主任雷世界，市领导李静陪同。

9月22日 以“天府眉山·东坡故里”为主题的“第三届四川国际旅游交易博览会主题市——眉山旅游推介活动”在乐山峨眉山市举行。市委书记李静出席推介活动并致辞，市委副书记、市长罗佳明主持。眉山还与北京第二外国语学院签订校地战略合作协议。

9月25日 省委常委曲木史哈到眉山就第九届中国竹文化节筹备工作展开调研，并召开座谈会。市领导李静、罗佳明参加。

9月27日 岷江流域水污染防治攻坚工作座谈会在眉山召开。省环保厅厅长姜晓亭出席会议并讲话。

9月28日 眉山市政府与成都农商银行战略合作协议签约暨眉山分行开业仪式举行。共签署6.5亿元项目合作协议。市领导罗佳明，成都农商银行行长李军出席。

是日 大峨眉国际旅游西环线五龙祠至柳江段通车。

9月29日 市委书记李静会见光大银行成都分行行长史砫一行，双方就合作事宜进行座谈。

是月 在2016“中国最佳表现城市”评选中，眉山位列中小型城市排名第八。

10月8日 四川大学锦江学院举行建校十周年庆祝大会。外交部原部长李肇星，四川省高教学会会长，四川省人大常委会原副主任、四川大学原党委书记兼校长卢铁城，四川省委教育工委委员、教育厅党组成员李光华，眉山市委书记李静出席活动。

10月11日至13日 第九届中国竹文化节在眉山举行。全国政协人口资源环境委员会副主任、国际竹藤组织董事会联合主席、中国竹产业协会会长江泽慧宣布第九届中国竹文化节开幕。省委常委、省委农工委主任曲木史哈出席并讲话。国际竹藤组织和中国竹产业协会授予青神县“国际竹编之都”“竹编艺术传承国际范例奖”称号；授予青神县南城镇兰沟村“中国竹编第一村”称号。国家林业局授予眉山市“全国竹编产业创新创业示范市”称号。眉山市林业局荣获“全国绿化先进集体”称号。青神县国际竹艺城荣获“国家AAAA级景区”称号。竹文化节期间，举行竹产业投资推介暨重点项目签约仪式。共有33个国家、4个国际组织、20个省（市、自治区）参会参展1000余人。

10月13日 省国土资源厅党委书记、厅长杨冬生一行到眉山调研。市领导罗佳明等陪同。

10月15日 省农业厅厅长祝春秀率调研组到眉山调研。实地调研全国果茶经验交流会议和第八届中国泡菜博览会筹备情况，并召开座谈会研究解决具体问题。市领导李静陪同。

10月17日 陶氏化学（四川）有限公司眉山工厂开工典礼在成眉石化园区举行。省投资促进局局长陈光浩出席并致辞，市委书记李静讲话。陶氏化学亚太区总裁黄祝龄、陶氏化学大中华区总裁林育麟出席。

陶氏化学公司为“世界500强”企业，眉山工厂项目占地约10.67公顷，首期拟投资7500万美元，预计2018年建成投产。

10月18日 市委书记李静会见四川天府新区管委会办公室党组书记、常务副主任周思源。

10月19日 眉山市举行上下游产业产品对接展销会。市委书记李静、省经济和信息化委员会副主任张延川出席开幕式，市委副书记、市长罗佳明主持。开幕式上，推介全市“4+4”制造产业中的25户重点企业及其产品；达成采购合作协议金额20.2亿元。16户企业签订采购协议10.5亿元。

是日 市委副书记、市长罗佳明会见北京市首都公路发展集团有限公司党委书记、董事长张闽，北京市政路桥集团（股份）有限公司副总经理王健中一行。

10月24日 湖北省政协副主席王振有率队到眉山调研眉山市绿色发展工作。

10月25日 省委常委、宣传部长甘霖到眉山调研优秀传统文化保护传承与文化旅游发展工作。市领导李静陪同。

是日 眉山市举行金融走进天府新区·眉山银政企对接活动。眉山市向金融机构推介9个方面融资需求项目239个、总金额495.48亿元。会议期间达成融资项目在内的意向签约金额90.3亿元。四川银监局局长王筠权，中国人民银行成都分行副行长方昕，四川保监局副局长刘勇，市领导李静、罗佳明等出席。

10月27日 市委书记李静会见温德克（中国）有限公司董事长杭炜一行，双方就合作事宜进行座谈。

是日 江苏省政协副主席范燕青到眉山调研民族宗教工作推进与管理情况。市政协领导王影聪陪同。

是日 由中国药师协会、国家卫生计生委合理用药专家委员会主办，第八届中国药师大会在眉山召开。中国药师协会会长张耀华、市委书记李静出席开幕式并致辞。

是日 第五届中法地方政府合作高层论坛眉山交流活动举行。法国国家地方合作署主任贝朗特·富尔，法国波尔多市前市长、国民议会荣誉议员雅克·瓦拉德，法国人民援助会主席朱利安·娄普莱特；四川省人民对外友好协会会长赵平，眉山市领导罗佳明等出席。与会人员考察了中法农业科技园眉山项目、果怡农业、三苏祠博物馆、中国泡菜博物馆和国际竹艺城。

10月31日 四川省2016年第四季度重大项目集中开工暨中国科学院成都科学研究中心项目开工仪式举行。省委书记王东明出席开工仪式并宣布重大项目集中开工。眉山市共集中开工重大项目44个，总投资529亿元，包括总投资30亿元的年产5万吨锂电池新能源项目、总投资400亿元的黑龙滩国际生态度假区项目等重大项目。市委书记李静出席眉山分会场仪式并向主会场报告全市重大项目建设和集中开工项目有关情况。

10月31日至11月6日 第八届中国泡菜博览会举行。省委常委、省委农工委主任曲木史哈宣布第八届中国泡菜博览会开幕。农业部原党组成员、中国农产品市场协会会长张玉香，农业部全国绿色食品发展中心主任王运浩，国家标准化委员会副主任崔钢，省农业厅厅长祝春秀，省商务厅厅长刘欣等出席活动；市领导李静、罗佳明等出席。开幕式上，中国烹饪协会授予眉山市“中国东坡美食文化名城”称号。四川吉恒食品有限公司等被评为2015年全国泡菜十大经销商。吉香居牌香菜芯等20个产品获得“四川名牌泡菜”称号。丁茂玉等10人获得“东坡泡菜文化遗产传承人”称号。博览会期间，举行了北京李记乐宝食品有限公司入驻中国泡菜城项目开工奠基仪式，举办了“东坡泡菜”品鉴等展示展销活动。

是月 眉山市被亚太旅游协会评为亚太地区2016年新兴旅游目的地挑战项目（二三线城市）首选旅游目的地。

是月 眉山网获中国大西南网络新媒体联盟2015—2016年度“十大最具创新力网站”奖。

是月 彭山区入选全省第二批节水型社会建设重点县（区）。

是月 洪雅玉屏山景区被评为第一批全国森林康养基地试点建设单位。

11月2日 “走进眉山共谋发展”2016年眉山市优势产业推介会暨签约仪式在成都举行。省委常委、组织部部长范锐平出席仪式并见证项目签约，市委书记李静致辞，市委副书记、市长罗佳明主持仪式。集中签约重点项目15个，总投资208.8亿元。其中世界500强项目6个，合同金额57.8亿元；10亿元及以上项目8个，合同金额179亿元。

是日 农业部总农艺师孙中华、市场司副司长陈萍等一行到眉山调研。市委副书记黄剑东陪同。

11月4日 国家林业局原局长、全国绿化委员会副主任、中国林学会理事长赵树丛率调研组到眉山调研竹产业发展情况。国家林业局驻成都专员办专员黄建华，市领导李静陪同。

是日 天津市政协常委、医卫文体委主任杨鑫传到眉山考察分级诊疗工作情况。市政协领导王影聪陪同。

11月10日 副省长刘捷一行到眉山专题调研工业稳增长和科技创新工作。

11月12日 国家档案局副局长胡旺林一行到眉山调研。副市长曹晖等陪同。

11月15日 农业部在眉山市召开全国果茶绿色发展经验交流会。农业部党组副书记、副部长余欣荣出席会议，并调研全市农业工作。省政府副省长王铭晖，省农业厅厅长祝春秀；眉山市市长罗佳明陪同。

11月17日 市委副书记、市长罗佳明会见香港贸易发展局西部地区首席代表吕剑一行。双方就眉山与香港在“东坡味道”、旅游产业等领域合作事宜进行交谈。

11月18日 市政府与广发银行成都分行签署战略合作协议。市委副书记、市长罗佳明，广发银行成都分行行长洪文健出席并见证广发银行眉山分行开业。

11月21日至23日 中国共产党眉山市第四次代表大会召开。大会听取李静代表中共眉山市第三届委员会向大会作的工作报告、汪宏代表中共眉山市第三届纪律检查委员会向大会作的市纪委工作报告。大会审议了全市党费收缴、使用和管理情况的报告（书面）。李静作题为《决胜“两个率先”实现“五个先行”奋力建设天府新区增长极大都市区新高地》的工作报告，全面总结过去五年工作，提出未来五年的形势和任务，号召全市坚定不移推进从严治党新的伟大工程。大会选举产生第四届市委委员、候补委员和市纪委委员；通过关于中共眉山市第三届委员会工作报告的决议、中共眉山市第三届纪律检查委员会工作报告的决议。

11月23日 中国共产党眉山市第四届委员会第一次全体会议召开。会议选举产生中国共产党眉山市第四届委员会书记、副书记、常委。选举李静、罗佳明、黄剑东、祝云、王光彩、黄秀川、周孝平、汪宏、付庆一、汪树槐为中国共产党眉山市第四届委员会常委；选举李静为市委书记，罗佳明、黄剑东为市委副书记。会议审议并通过中共眉山市第四届纪律检查委员会第一次全体会议选举结果的报告。汪宏当选为中共眉山市纪委书记。李静代表新一届市委班子讲话。

11月25日至26日 眉山市第四届人民代表大会第一次会议召开。会议选举刘十庆为市人大常委会主任，吴爱玲、陈万忠、李建章、李永高、王晓丽、宋仕祥为副主任，徐智勇为秘书长，万永利等33人为委员。会议选举罗佳明为市人民政府市长，祝云、毛洪涛、唐宏、曹晖、罗毅、冉登祥、肖忠良为副市长；选举张能为市中级人民法院院长，吕皓为市人民检察院检察长。会议通过眉山市第四届人民代表大会法制委员会、财政经济委员会、城乡建设环境资源保护委员会、教育科技文化卫生民族宗教委员会组成人员名单。

11月28日 彭山区举行千亿交通大会战彭山区项目暨工业大道（彭山段）开工仪式。市委副书记、市长罗佳明出席。

11月28日至29日 中国人民政治协商会议第四届眉山市委员会第一次会议召开。大会选举政协第四届眉山市委员会主席、副主席、秘书长、常务委员。王影聪当选为政协第四届眉山市委员会主席，梁勇、立胡左格、黄玉蓉、祝明洪、杨常沙、余自生、钟维钦、周强当选为政协第四届眉山市委员会副主席，胡建辉当选为政协第四届眉山市委员会秘书长，万永福等62人当选政协第四届眉山市委员会常务委员。市委书记李静在闭幕大会上作《接续奋斗谋发展同心同德奔小康》为题的重要讲话。新当选的政协第四届眉山市委员会主席王影聪在会上致闭幕词。

11月29日 市政府与国网四川省电力公司举行战略合作框架协议签约仪式。市委书记李静，国网四川省电力公司总经理石玉东出席签约仪式并致辞。

是日 眉山农村商业银行创立。市委常委、常务副市长祝云出席会议并讲话。

是日 东坡城市湿地公园入选“四川最美街景十强”。

11月30日 市委书记李静率市委、市人大、市政府、市政协四大班子领导前往仁寿县专题调研四川黑龙滩国际生态旅游度假区项目。

是月 眉山市农村敬老院国家级服务业标准化试点项目通过评估验收。

是月 眉山市图书馆被中国图书馆学会命名为“全民阅读示范基地”。

12月1日 全省污染防治“三大战役”重大项目集中开工仪式举行。市委常委、常务副市长祝云出席眉山分会场仪式并通过视频向主会场报告眉山市污染防治重大项目集中开工有关情况。全市首批集中开工水污染防治项目18个，计划投资33亿元。其中，涉及岷江流域17个，沱江球溪河流域1个，最大单体项目是采取PPP方式实施的醴泉河及通惠河流域污染综合整治项目，计划投资27.7亿元。

12月6日 市委书记李静率全市副厅级以上领导干部到省法纪教育基地接受专题教育。

12月7日 全市村（社区）“两委”换届工作会召开。市领导黄秀川出席会议。

是日 眉山市市级车改取消车辆首批公开网络拍卖结束，76辆车起拍总价180.78万元，成交72辆，流拍4辆，成交总价283.68万元。

12月9日 中央纪委驻农业部纪检组长一行到眉山调研气象现代化建设等工作。中国气象局党组副书记、副局长许小峰，省气象局党组书记、局长彭广，市领导李静陪同。

是日 深圳市政协常委、港澳台侨和外事委员会主任潘家栋一行到眉山考察经济发展、文化建设等工作。市领导李静陪同。

12月12日 东坡区李俊英家庭获第一届全国文明家庭奖，并在北京中共中央受到总书记习近平的会见。

是日 在北京举办的“2016年中国品牌价值评价信息发布会”上，“东坡泡菜”荣登2016年中国品牌价值榜单，品牌价值104.62亿元。

12月14日 省政协副主席翟占一一行到眉山调研现代农业产业园区建设情况。市领导李静、王影聪陪同。

12月15日 省交通运输厅厅长汪洋到眉山调研指导交通建设工作。市委副书记、市长罗佳明陪同。

12月16日 四川日报报业集团党委书记、董事长、四川日报社社长余长久一行到眉山开展“走转改”活动。市委书记李静陪同。

是日 眉山东坡创客孵化园开园。

12月26日至29日 省级“四好村”考评组到眉山开展抽查复核工作。肯定眉山创建工作。市委副书记黄剑东陪同。

12月27日 省委政法委机关党委书记刘晓卫率队到眉山考核全市依法治市工作。市委副书记黄剑东陪同并出席汇报会。

12月28日 甘眉（铝硅）工业园区与重庆市博赛矿业（集团）有限公司举行投资合作启动眉山启明星铝业签约仪式，签署《投资收购眉山启明星12.5万吨电解铝项目合作协议》。市委书记李静出席仪式并见证签约，市长罗佳明致辞。

是日 彭山区深化农村改革，被评为2016四川十大经济影响力事件。

12月29日 副省长邓勇一行到眉山主持召开座谈会，听取全市部分省人大代表、省政协委员和市级部门主要负责人对省政府工作和《省政府工作报告（征求意见稿）》的意见建议。市领导李静、罗佳明等出席座谈会并发言。

是月 眉山市四川金象赛瑞化工股份有限公司、四川华西德顿塑料管道有限公司、四川洪雅七里坪半山旅游开发有限公司、四川德恩精工科技股份有限公司被评为全省100户优秀民营企业。

是月 洪雅县被国家认监委审查批准为2016年度国家有机产品谁示范创建区。

是月 青神县黑龙镇万沟村被评为2016中国全面小康十大示范村镇。

是月 青神县工商联荣获2016年度“创新中国特别奖”。

眉山概况

General situation of Meishan

地　理

【地理位置】　眉山位于四川盆地成都平原西南部，岷江中游。地跨北纬 29°24′～30°16′、东经 102°49′～104°30′之间，东西长 150 千米，南北宽 72 千米，辖区面积 7139.86 平方千米。眉山北接省会成都，南连乐山，东邻内江、资阳、自贡，西接雅安，是成（都）乐（山）黄金走廊的中段重点地区及“成都平原经济圈”的重要组成部分。眉山市政府所在地东坡区距成都 70 余千米，距峨眉山 80 余千米，距乐山大佛 60 余千米；北临成都双流机场 40 余千米，南距乐山大件运输码头 60 余千米。

【交通水运】　境内高速公路形成“三横四纵”路网，三横为成（都）雅（安）高速、遂（宁）资（阳）眉（山）高速、成都经济区环线简（阳）蒲（江）高速，四纵为成（都）乐（山）高速、成（都）赤（水）高速、乐（山）雅（安）高速、仁（寿）沐（川）新（市镇）高速；一级快速公路形成“一横四纵”路网，一横为仁（寿）洪（雅）快速（国道 351 线原省道 106 线），四纵为岷东大道、滨江大道、工业大道和天府仁寿大道，实现县县有一级快速公路；全市有国道 3 条，省道 12 条。成（都）昆（明）铁路和成（都）绵（阳）乐（山）客运专线由北向南穿过彭山区、东坡区，其中成绵乐还穿过青神县，是邻近地区客货运进出的主运道。水运岷江航道已建成青神汉阳航电梯级，是眉山岷江航道 7 个梯级之一。全市形成纵横交错、四通八达的交通网络。

地　质

【概况】　眉山市位于四川盆地盆西平原西部，地势平坦，第四系地层广布，地貌及水文地质条件受地层岩性的控制。辖区除沿江（河）广泛分布第四系地层外，基岩主要为侏罗系、白垩系和第三系地层。第四系地层主要是沿江及河谷平原区不均匀分布的一级阶地及河漫滩，组成物质为沙砾石；丘陵区主要分布有侏罗系、白垩系、三叠系及部分古生界二叠系岩组，山势陡峭。构造带以褶皱为主，断裂较少。

【地层岩性】　眉山市区域内除泥盆系、石炭系缺失外，从前震旦系峨边群至第四系均有出露，总厚度 4500－12000 米。南西部高中山、中山区主要为震旦系、寒武系、奥陶系、志留系和二叠系地层；北西部和东部低山丘陵区则以中生代的侏罗系、白垩系地层为主；第四系松散堆积物分布于河谷平原及台地

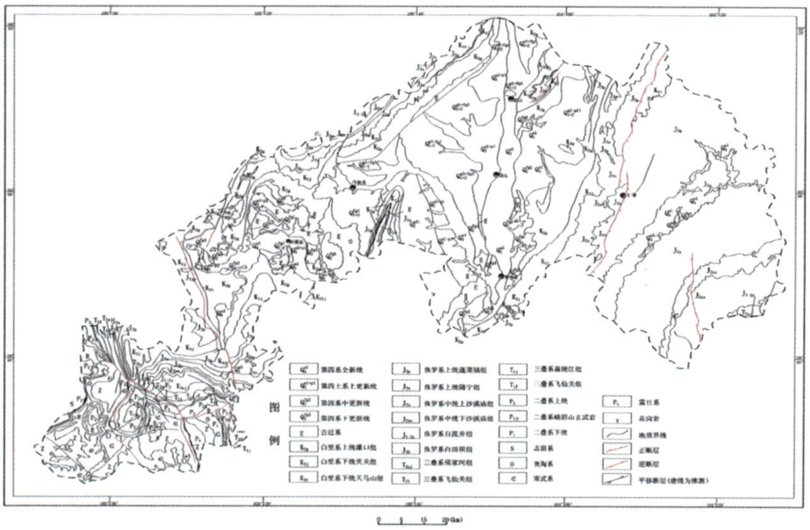

图 1　眉山市地质简图

区（图 1）。地层岩性、厚度及其分布特征见（表 1）。在眉山市出露的众多地层中，白垩系和侏罗系的地层岩性主要为泥岩或粉砂质泥岩，质软、遇水膨胀、崩解、剥离、风化，易形成具有一定厚度的残坡积土体，或经外力搬运至山坡宽阔地段堆积成较厚的碎屑状土，具有较好的耕种条件。在人类利用这一地质环境作为栖息之地的过程中，人口也相对集中于这一地域。

表 1　　眉山市地层简表

界	系	统	地方性地层名称	代号	厚度（米）	岩性简述	备注
新生界	第四系	全新统		Q_4^{al}	2-10	上部砂质粘土，下部砂层、砂砾层含泥砂层、粘土层	主要分布在青衣江、岷江两岸河漫滩一级阶地
		上更新统		Q_3^{al+pl}	10-25	上部砂质粘土，下部砂层砂砾石层含泥砂层、粘土层	分布在青衣江、岷江两岸的二级阶地
		中更新统		Q_2^{fgl}	0-45	泥砾石层、结合紧密，具砂层透镜体	分布在台地区
		下更新统		Q_1^{gl}	0-81	泥砾石层，结合紧密	分布在台地区
	古近系			E	>747	上部页岩、泥灰岩含石膏；下部棕红色砂岩夹粉砂岩、泥岩，与 Q1 和 K2g 都是不整合接触	主要分布于彭山、眉山西部的邓庙、太子山等低山区
中生界	白垩系	上统	灌口组	K_{2g}	483-861	浅紫色砂岩、细粒长石石英砂岩、岩屑砂岩，紫红、棕红色粉砂质泥岩，泥质粉砂岩，上部夹页、泥灰岩、灰岩、石膏	主要分布于仁寿大管山、罗湾及洪雅丹棱的洪雅顶、仁兴、汪山、侯山、炳灵等地
		下统	夹关组	K_{1j}	308-401	黄棕、棕红色巨厚层状砂岩夹粉砂岩，顶部泥质较重，底部具砾石层	
			天马山组	K_{1t}	42-230	棕红色砂、泥岩不厚互层	
	侏罗系	上统	蓬莱镇组	J_{3p}	144-878	棕红色泥岩、粉砂质泥岩为主，中上部偶夹砂岩、泥灰岩，底产为中厚层钙质砂岩	主要分布于眉山地区的大部分丘陵及低山区
			遂宁组	J_{3s}	200-335	棕红色、绿灰色泥岩、粉砂岩夹钙质砂岩或砂质灰岩	

续上表

界	系	统	地方性地层名称	代号	厚度（米）	岩性简述	备注
中生界	侏罗系	中统	上沙溪庙组	J_{2s}	507-630	棕红色、黄绿色泥岩、页岩、粉砂岩、岩屑砂岩，含钙质结核	主要分布于眉山地区的大部分丘陵及低山区
			下沙溪庙组	J_{2xs}	61-278	顶部含中肢介质页岩，中上部为粉砂质页岩，泥质粉砂岩、钙质砂岩互层	
		中-下统	自流井组	J_{1-2x}	224-422	紫红色粉砂质粘土岩，黄绿色钙质粉砂岩、泥质灰岩、灰岩	
		下统	自田坝组	J_{1h}	34-75	粘土岩、页岩、石英细砂岩	
	三叠系	上统	须家河组	T_{3xj}	264-1028	灰色、黄灰色炭质页岩、砂质页岩、煤、粉砂岩、岩屑砂岩或石英砂岩组成，多层次韵律	主要分布在仁寿天峨、洪雅的大蜈蚣包、余木寺等中山区
		中统	雷口坡组	T_{2l}	291-466	灰色、黄灰色薄—中厚层白云岩，角砾状白云岩	
		下统	嘉陵江组	T_{1j}	141-173	灰色、黄灰色薄—中层状泥质灰岩、白云岩、灰岩、泥灰质角砾状白云岩互层	
			飞仙关组	T_{1f}	243-387	暗紫红色、浅灰色粉砂岩、砂质泥岩夹鲕状灰岩	
古生界	二叠系	上统	沙湾组	P_{2s}	56-108	暗紫红色、灰黄色铁铝质页岩夹砂质页岩、炭质页岩，含铜砂页岩夹铝土矿，赤铁矿	主要分布于洪雅西南部、瓦屋山、水井槽、李家山等山区
			峨眉山玄武岩	$P_{2\beta}$	227-420	玄武岩。杏仁状、汽孔状构造、柱状节理发育	
		下统		P_{1y}	403-628	中厚层状纯灰岩	
	志留系	下统	龙马溪组	S_{1l}	0-31	深灰黑色碳岩夹矽质页岩	只分布在洪雅西南的石板岩、回头转等中山区
	奥陶系			O	37-428	上部深灰黑色炭质页岩、泥质灰岩，中部泥质灰岩，结晶灰岩夹页岩，下部石英砂岩夹灰岩	主要分布在洪雅西南部倒中桥、硝水坪等高中山区

续上表

界	系	统	地方性地层名称	代号	厚度（米）	岩性简述	备注
古生界	寒武系			∈	143–732	灰色、浅灰色薄—中厚层白云岩、泥质白云岩、石英砂岩、粉砂岩、页岩，底部为磷白云岩	主要分布在洪雅西南部的新山、野牛坡、大众岗等高中山区
	震旦系	上统	洪椿平组	Z_{ebu}	974–1158	灰白色、浅灰色厚层块状白云岩，顶部含磷，上部含矽质条带，呈葡萄状，花斑状构造	主要分布在洪雅西南部的白岩沟、老汞山等高中山区
			喇叭岗组	Z_{bl}	10–74	灰、灰黑色粉砂岩、砂岩、砾岩	
元古界	前震旦系		峨边群	P_1	150–1100	上部凝灰质砂岩、粉砂岩、凝灰质砾岩。中部为板岩、沙碳质板岩、千枚岩，下部厚层白云岩。底部为杏仁状蚀变玄武岩	只分布在洪雅西南部的陆水坪等高中山区

【地质构造】 眉山市南西山地为上扬子台褶带之“峨眉山断块”，其余则分属于“四川台坳”中的“川西台陷”和“川中台拱”。区内地质构造较为复杂，褶皱断层发育，构造体系结合部多为区域性断层。

峨眉山断块。洪雅县部分地区属该构造单元，该构造单元在地史上是相对隆起地区，构造线以近东西向和北东向为主。燕山期受强烈挤压产生断层并使断块上升形成断块构造单元。该构造单元主要构造形迹有柳江冲断层，毛沟冲断层、宋家沟冲断层、丛林岗斜冲断层，以及炳灵背斜、三苏场背斜等。

川西台陷。包括仁寿、彭山、东坡、青神等县的部分地区，自中生代以来形成较大的断陷盆地，大面积出露白垩系、侏罗系和新生界地层。为内陆河湖相沉积，构造以褶皱为主，构造线方向与整个四川盆地相一致，呈北东—南西向展布，断层少见。根据构造形式的差异，可分为三个次级构造区。龙泉褶束：包括仁寿、彭山、东坡、青神等县的部分地区，总体走向呈北东—南西向，区域上全长约 200 千米。主要包括龙泉山背斜、仁寿断层、文公场断层等。熊坡—盐井沟雁行带：主要包括彭山、东坡、丹棱、洪雅的西北部。发育有盐井沟背斜及共生的石庙子断层、石桥场压扭断层和总岗山断层等。彭山—

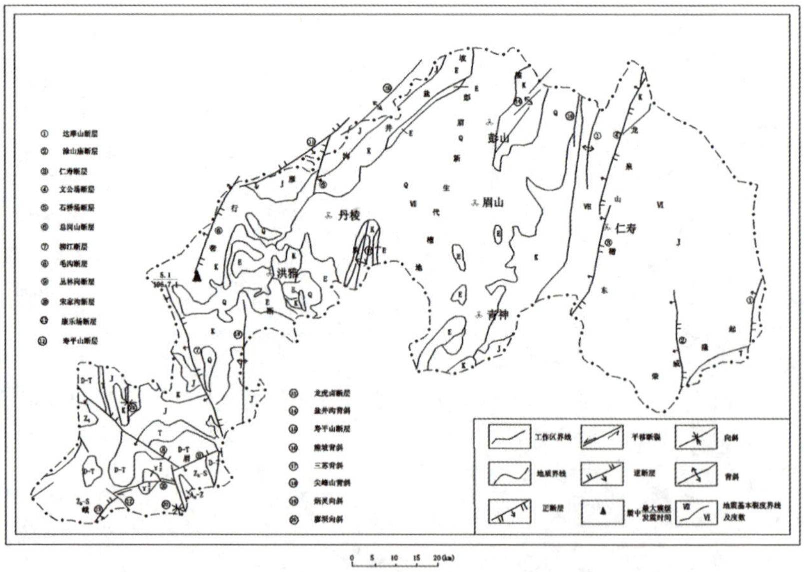

图 2　眉山市地质构造纲要及地震震中分布图

东坡新生代槽地：主要包括彭山、东坡、青神的部分地区。走向东30°，构造简单，为中生代地层组成的宽缓向斜，向斜中部堆积了新生代冰水堆积、河流冲洪积物以及古近系物质。

川中台拱。川中台拱在区内主要为荣威隆起，仅东部仁寿县的东南边缘属此构造单元，该构造单元内有涂家庙断层和达摩山断层，涉及地层主要为侏罗系地层，局部有三叠系须家河组含煤地层。

【构造运动】 眉山地区内河谷平坝地区发育的一至三级堆积或基座阶地，丘陵、低山和浅切割中山，沿河谷间断残存的二、三级侵蚀堆积阶地，均表明第四纪以来，全市随所在构造区域一起处于振荡性间歇升降阶段；峡谷区此种振荡性上升的地质遗迹不明显。新构造运动振荡幅度和抬升速度似有随时间而减小的趋势。对于广大山区，新构造运动使山体高差加大，地形更加破碎。

【主要地质灾害】 滑坡。指构成斜坡的岩土体在重力作用下失稳、沿着坡体内部的一个（或几个）软弱面（带）发生剪切而产生的整体性下滑现象。俗称“走山”“垮山”“地滑”“土溜”等。

崩塌。指较陡斜坡上的岩土体在重力作用下突然脱离母体崩落、滚动、堆积在坡脚（或沟谷）的现象。

泥石流。指山区特有的一种自然地质现象，它是由于降水（暴雨、融雪、冰川）而形成的一种挟带大量泥沙、石块等固体物质的特殊洪流。

地裂缝。指地表岩、土体在自然或人为因素作用下，产生开裂，并在地面形成一定长度和宽度的裂缝的一种地质现象。

地面塌陷。指地表岩、土体在自然或人为因素作用下向下陷落，并在地面形成塌陷坑（洞）的一种动力地质现象。

地震。指地球内部介质局部发生急剧的破裂，产生的震波，从而在一定范围内引起地面振动的现象。区内地质构造较为复杂，断层较多，历史上曾发生过多次有感地震。据1900年以来对震级大于4级地震的频次统计，龙泉山断层发生9次，最大震级为5.5级。总岗山—柳江断裂7次，最大震级5.1级。地震测深资料表明，龙泉山断层带是一条区域性基底断层带，现今地震活动明显，地震沿构造方向呈带状展布，地震活动特点是频度低，强度中等，震源很浅，震中烈度偏高。重力资料表明，总岗山—柳江一带处在地壳厚度变异带上，沿总岗上和柳江断层的两侧地震活动频繁，形成总岗山—柳江断层地震带，特点是中强地震为主，震源较深，震中烈度偏低，有感范围较大。若西部总岗山—柳江地震带和东部龙泉山地震带发生地震，将会对本地区产生一定的影响。地震的影响主要表现为对致灾体的力学平衡应力和其本身性状的改变，从而降低岩（土）体或潜在滑动面的抗剪（抗滑）强度，致使灾体滑动变形或脱离母体崩落而形成地质灾害。2008年5月12日四川汶川发生8级大地震，波及眉山市境内达5.0~5.5级，对全市影响较大，在山区由于地震作用发生了较多的滑坡和崩塌等次生地质灾害，在一些河谷平坝地区发生有沙土液化现象。

地　貌

【概况】 眉山总体地势西高东低，南高北低。境内山峦纵横，丘陵起伏，河网密集。中部是宽阔的岷江河谷平原。洪雅县境内的光冬冬山为全市最高峰，海拔3172米。南部山体高耸，地势陡峻，沟谷发育多呈“V”形，地形切割破碎，海拔均在1000米以上。北部为低山、丘陵、平原地貌，地势较缓平。全市平坝面积1396.80平方千米，主要分布于岷江两岸，占全市

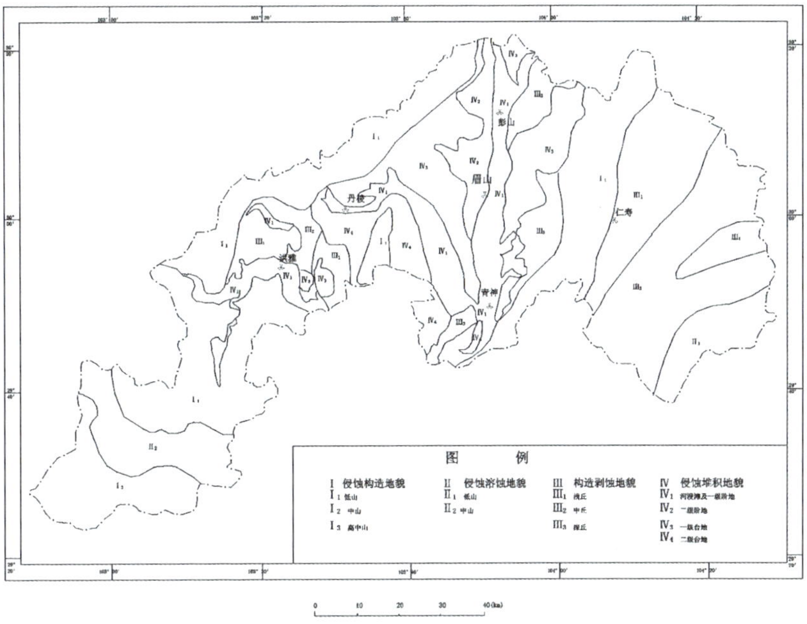

图3　眉山市地貌分布图

总面积的19.44%；丘陵面积4237.75平方千米，主要分布于龙泉山脉及总岗山脉，占全市总面积的58.97%；山地以中、低山地貌为主，面积1551.45平方千米，主要分布于洪雅青衣江右岸，占全市总面积的21.59%（图3）。

【构造地貌】 为低山、中山和高中山三类。低山：处于岷山两侧的龙泉山和总岗山背斜，由白垩系和侏罗系地层构成。受构造控制，山脉走向呈北东—南西向。高程600~1100米，相对高差200~500米。中山：位于洪雅张村、高庙以北至青衣江一带，主要由白垩系和侏罗系地层组成，仅在断块山分界的边缘为三叠系地层。峰顶高程一般1000~1500米，相对高差500余米，山脊多为背斜或向斜轴线，两侧谷坡较陡，多呈单面山景观。高中山：分布于洪雅瓦屋山、炳灵、高庙以南。地层主要由前震旦系至寒武系、奥陶系等地层组成，区内最高海拔3522米，一般2100~2800米，切割深度1000~1500米。

【构造侵蚀溶蚀地貌】 分中山、低山两类。中山：分布于洪雅、张村、高庙一带，由三叠系雷口坡和嘉陵江白云岩、灰岩地层组成。山顶海拔1000~1700米，岩溶地貌十分发育，溶蚀峰丘、洼地、槽谷以及落水洞、溶洞竖井、漏斗和暗河等到处可见。低山：分布于仁寿宝飞、禄加一带，由侏罗系中下统自流井组大安寨灰岩构成。

【构造剥蚀地貌】 分浅丘、中丘、深丘三类。浅丘：分布于仁寿珠家场—观音—满井—曹家一带，另外丹棱—洪雅间有少量分布。仁寿珠家场—观音—满井—曹家一带主要为侏罗系遂宁—蓬莱镇泥岩夹砂岩组成。丹棱—洪雅间由白垩系和侏罗系组成。中丘：分布于仁寿龙桥—花瓷—钟祥一带和龙泉山西侧山麓地带。由侏罗系地层和白垩系灌口组地层构成，高程450~520米，相对高差30~60米。深丘：分布于岷江以东的彭山仙女山和青神南岷江右岸一带，由白垩系地层构成，高程480~500米，相对高差60~100米，夹关组砂岩覆盖丘顶，形态平缓。

【侵蚀堆积地貌】 分为河漫滩及一、二级阶地和台地两类：河漫滩及一、二级阶地。沿青衣江、岷江河道两侧呈条带状分布，主要由第四系全新统砂卵石和黏性土类组成，阶地前缘地带高出河水面2~5米，阶面平坦，微向河床倾斜。二级阶地：主要由第四系上更新统的砂卵石、黏性土类组成。形成流水堆积平原。分布高程410~420米，由西向东微微倾斜，平均坡降3‰左右，高出河水面4~6米。台地：主要由第四系上更新统的砂砾卵石和黄色黏土所组成，分布在思蒙河沿岸。台面受侵蚀作用而不平整，形态上表现为缓丘。

地　形

【概况】 眉山市位于成都平原西南部，南瞰乐山，东临资阳，西望雅安，是成都平原通联川南、川西南、川西、云南的咽喉要地和南大门。岷江和青衣江贯穿境内，两岸以平原和河流冲积平坝为主。眉山市处于成都平原向山区过渡地带，辖区面积7139.8573平方公千米，境内山峦纵横，丘陵起伏，地势呈西高东低，最高海拔3522米，最低海拔335米，最大相对高差3187米，中生代红色岩层分布广泛，丹霞地貌发育，生态环境优良。全市坝、丘、山皆有，西部丹棱、洪雅、仁寿境内大部分地区皆为低山丘陵。

【山地】 全市山地面积15.17万公顷，占土地总面积的21.24%，主要分布在洪雅县、仁寿县。

【丘陵】 丘陵面积41.79万公顷，占土地总面积的58.53%，主要分布在丹棱县、青神县、仁寿县。

【平原】 平原面积14.44万公顷，占土地总面积的20.22%，主要分布在东坡区和彭山区。

行政区划

【建置沿革】 眉山建置，始于南齐建武三年（496年）。初置齐通左郡，治所龙安铺（今东坡区太和镇龙安村）。南梁普通年间（520—527年）改称齐通郡，并置齐通县。郡、县治所同在一城。太清二年（548年）设置青州（以汉青衣县得名），辖齐通郡、齐通县，郡、县治所均在龙安铺。西魏废帝二年（553年）改青州为眉州（因介于岷峨之间，以峨眉山得名），辖齐通、青城两郡，治所不变。恭帝二年（555年）齐通县改通义县。北周明帝二年（558年）废齐通郡，新置安乐县，治所在当今东坡区东坡镇，属眉州。建德元年（572年）改眉州为青州。随即恢复齐通郡，将安乐县改称齐通县。郡、县治所同在一城。大成元年（579年）改青州为嘉州（以汉时的汉嘉县得名），辖平羌、青城、隆山和齐通4郡。齐通郡辖齐通、通义、齐乐（明帝时恢复县）3县。州治所通义县。隋开皇三年（583年）废郡存州。次年，改齐通县为广通县。仁寿元年（601年）废通义县，改广通县为通义县，属嘉州管辖。大业二年（606年），复改嘉州为眉州，州治所迁通义县城（即由今东坡区太和镇龙安村迁至今东坡区中心城区）。不久，撤州建眉山郡，郡治所龙游（即今乐山市市中区），辖通义等县。唐高祖武德元年（618年）废眉山郡，复置嘉州。次年，从嘉州分置眉州，治所通义县城（今东坡区中心城区），辖通义、丹棱、洪雅、南安（今夹江县）和青神5县，属剑南道。此后眉州辖县多次调整。天宝元年（742年）废眉州改置通义郡。乾元元年（758年）又废通义郡恢复眉州，属剑南道西川。五代属前蜀、后唐、后蜀。宋太平兴国元年（976年）改通义县为眉山县，属西北路眉州。元世祖至元十四年（1277年）眉州属嘉定府路。二十年（1283年）废眉山县，归眉州直隶。明洪武九年（1376年）降眉州为眉县，属嘉定州。洪武十三年（1380年）眉县复升为眉州，直隶属四川布政使司，辖丹棱、彭山、青神3县。此后，明、清时期均沿袭此建置。

民国2年（1913年）废眉州，复置眉山县，属上川南道。次年，改属建昌道。民国24年（1935年）设四川省第四行政督察区，治所眉山县城，辖眉山、彭山、丹棱、青神、夹江、洪雅、大邑、邛峡、蒲江和名山10县。

1950年1月设眉山专区，治所眉山县城，属川西行政公署，仍辖10县。后将大邑划出，新津划入。1953年3月5日撤销眉山专区，眉山县改属乐山专区（以后为乐山市）。1997年5月30日，经国务院批准设立眉山地区。同年8月26日正式挂牌，与乐山市分置，治所眉山县城，管辖从原乐山市划出的眉山、仁寿、彭山、洪雅、丹棱、青神6县。2000年6月10日，经国务院批准，撤销眉山地区，设立地级眉山市。同年12月19日正式挂牌，市人民政府驻新设立的东坡区（原眉山县）。眉山市辖原眉山地区的仁寿县、彭山县、洪雅县、丹棱县、青神县和新设立的东坡区。2014年10月20日，撤销彭山县，设立眉山市彭山区，以原彭山县的行政区域为彭山区的行政区域。12月26日挂牌。眉山市辖东坡区、彭山区、仁寿县、洪雅县、丹棱县、青神县。

至2016年，眉山已有建置1520年的历史。

【政区变化】 1997年5月，眉山地区正式成立，管辖从原乐山市划出的眉山、仁寿、彭山、洪雅、丹棱、青神6个县。2000年6月撤销眉山地区建立眉山市，12月正式挂牌。以原眉山县的行政区划为东坡区的行政区划。眉山市人民政府驻东坡区，辖仁寿、彭山、洪雅、丹棱、青神县和新设立的东坡区。2014年10月，撤销彭山县，设立眉山市彭山区，以原彭山县的行政区域为彭山区的行政区域。12月挂牌。眉山市辖东坡区、彭山区、仁寿县、洪雅县、丹棱县、青神县。2016年年底，全市有80个镇、46个乡、5个街道办事处、253个居民委员会、1102个村民委员会、1708个居民小组、7982个村民小组。

表2　**2016年行政区域一览表**

地　区	镇　名
东坡区	街道办事处（3个）：通惠街道办事处、大石桥街道办事处、苏祠街道办事处 镇（15个）：象耳镇、太和镇、悦兴镇、尚义镇、多悦镇、秦家镇、思蒙镇、修文镇、松江镇、崇礼镇、永寿镇、万胜镇、崇仁镇、富牛镇、白马镇 乡（8个）：复盛乡、土地乡、柳圣乡、金花乡、广济乡、盘鳌乡、复兴乡、三苏乡
彭山区	街道办事处（2个）：凤鸣镇街道办事处、彭溪街道办事处 镇（8个）：江口镇、黄丰镇、青龙镇、观音镇、公义镇、牧马镇、谢家镇、武阳镇 乡（3个）：保胜乡、义和乡、锦江乡
仁寿县	镇（34个）文林镇、宝马镇、珠嘉镇、大化镇、文宫镇、高家镇、观寺镇、龙马镇、方家镇、北斗镇、禾加镇、中农镇、禄加镇、宝飞镇、彰加镇、慈航镇、汪洋镇、四公镇、钟祥镇、始建镇、满井镇、富加镇、龙正镇、黑龙滩镇、清水镇、视高镇、兴盛镇、天峨镇、曹家镇、中岗镇、向家镇、识经镇、曲江镇、玉龙镇 乡（26个）：青岗乡、鳌陵乡、板燕乡、古佛乡、元通乡、龙桥乡、城堰乡、谢安乡、鸭池乡、双堡乡、板桥乡、河口乡、新店乡、凤陵乡、促进乡、涂家乡、松峰乡、合兴乡、景贤乡、兆嘉乡、农旺乡、藕塘乡、石咀乡、洪峰乡、虞丞乡、里仁乡”

续上表

地　区	镇　名
洪雅县	镇（11个）：洪川镇、余坪镇、三宝镇、止戈镇、东岳镇、中保镇、槽渔滩镇、花溪镇、柳江镇、高庙镇、瓦屋山镇 乡（4个）：将军乡、汉王乡、桃源乡、中山乡
丹棱县	镇（5个）：丹棱镇、仁美镇、张场镇、双桥镇、杨场镇 乡（2个）：石桥乡、顺龙乡
青神县	镇（7个）：瑞丰镇、汉阳镇、黑龙镇、西龙镇、河坝子镇、南城镇、青城镇 乡（3个）：白果乡、高台乡、罗波乡

自然环境

【土地】　境内土壤肥沃，酸碱度适中，保水保肥性好，有利于农作物生长。水稻土遍布全市平坝、丘陵和山区，是主要的农业土壤，有机质含量少，胶体品质较差，土壤肥力中等偏大。紫色土广泛分布在丘陵和西部山区。黄壤土分布在低山和沿江两岸的二、三级阶地，新积土发育于河流沉积物，直接形成河床低岸，即原江平原和河谷平坝。

【植被】　境内植被属亚热带常绿阔叶林带。除洪雅县高山区有原始森林外，其余均为人工造林或零星分布的林、草、竹等。2016年全市造林8940公顷，年末森林面积347207万公顷，森林覆盖率48.6%。

【矿产资源】　眉山境内有矿种25种，主要有煤、天然气、铁、铜、铅、锌、锰、砂金、钙芒硝、石膏、膨润土、磷、白云岩、水泥用灰岩、菱镁矿、饰面用花岗岩、脉石英、水晶、石英砂岩、建筑用砂岩、黏土岩、砖瓦用黏土、砖瓦用页岩、建筑用砂石、矿泉水等。主要矿产为钙芒硝、煤和砖瓦用页岩。钙芒硝分布在东坡、彭山、洪雅、丹棱四区县，均为大型矿床，已探明资源储量近100亿吨，位居全省第二，具规模大、埋藏浅的特点。铅、锌、铜等分布于洪雅南部，迄今尚未探明可供开发利用的储量，矿体厚度小，分布广，具小而富的特点。洪雅白沙河、老槽沟、团宝山铅锌矿规模稍大。煤矿分布于洪雅中部及仁寿南部，均为小型矿床，资源储量较清楚，资源储量总体约1.26亿吨，煤层多、厚度薄、质量好（以低硫炼焦用煤为主）。磷矿分布在洪雅南部，分布广，大圆包、老汞山磷矿正在开采，均可综合利用研制复合肥。建筑用砂石主要分布于青衣江及岷江河道，经济价值高，但可供开发利用的河段已不多，由于一些原因，全市尚未进行系统性的详细勘查工程，资源储量不清楚。砖瓦用页岩遍布全市六区县，仅彭山永丰、保胜两处规模为中型，其余均为矿点，资源不清楚，但地质条件好，潜力大。水泥用灰岩分布于洪雅高庙镇及仁寿县南部一带，目前仁寿县已做过全面调查，资源潜力较大。石膏分布于东坡区东部及洪雅南部。东坡区石膏年产矿量0.20万吨，工业总产值约72万元；洪雅南部的仅为矿点，资源量不清楚，矿体厚度薄、质量好，开发利用价值高。膨润土仅分布于仁寿县的大石、兆嘉等地，为矿点；资源储量为25.4万吨，位居全省第二位，具有矿体厚度变化大，矿石质量好，开发利用价值高。

【植物资源】　眉山市境内有野生植物229科861属2278种，其中苔藓植物48科71属149种，蕨类36科73属155种，裸子植物7科14属20种，被子植物138科703属1954种。保护区内有珍稀濒危植物32种，其中Ⅰ级重点保护野生植物有玉龙蕨、红豆杉、南方红豆杉、珙桐、光叶珙桐、银杏、独叶草7种；Ⅱ级重点保护野生植物有：桫椤、小黑桫椤、扇蕨、油麦吊云杉、巴山榧树、篦子三尖杉、连香树、鹅掌楸、厚朴、凹页厚朴、圆叶玉兰、西康玉兰、峨眉含笑、水青树、香樟、油樟、楠木、红豆树、川黄檗、红椿、毛红椿、梓叶槭、旱莲木（喜树）、香果树、润楠25种。

【动物资源】　眉山市境内野生动物种类比较多，区系组成较复杂，以亚热带的森林动物为主。境内有陆生野生（脊椎）动物共469种，其中：兽类8目27科65属91种，鸟类18目66科170属309种，爬行类2目11科27属35种，两栖类2目9科17属34种。已鉴定的昆虫有15目90科315属415种。其中：国家Ⅰ级重点保护物种有大熊猫、牛羚、林麝、黑颈鹤、黑鹳、中华秋沙鸭、豹、云豹等8种，国家Ⅱ级重点保护动物有：大鲵、猕猴、藏酋猴、豺、黑熊、小熊猫、黄喉貂、水獭、大灵猫、小灵猫、斑林狸、金猫、鬣羚、斑羚、血雉、红腹角雉、白鹇、白腹锦鸡、凤头蜂鹰、黑冠鹃隼、鹰鹏、凤头鹰、赤腹鹰、松雀鹰、雀鹰、苍鹰、黑鸢、普通鵟、红隼、棕背田鸡、楔尾绿鸠、领角鸮、红角鸮、雕鸮、灰林鸮、四川林鸮、领鸺鹠、斑头鸺鹠、鹰鸮、长耳鸮、短耳鸮、三尾褐凤蝶等42种；四川省重点保护物种有赤狐、毛冠鹿、小䴙䴘、灰胸薮鹛、金顶齿突蟾、龙洞山溪鲵等14种。

【水资源和水能资源】 2016年，全市总用水量13.67亿立方米；地表水源供水量13.32亿立方米；地下水源供水量0.35亿立方米；水资源总量51.69亿立方米；人均占有水资量仅1958立方米，为全省人均占有量2678立方米的51.3%；水利工程年末蓄水5.634亿立方米；全市水能资源理论蕴藏量130万千瓦，可开发130万千瓦，已开发100.3万千瓦以上；年发电量约31.3亿千瓦小时。

气候状况

【概况】 眉山市地处中低纬度，位于四川盆地西部、岷江中游，全市以中亚热带湿润季风气候为主。其特点是每年海陆季风交替更迭，四季分明，气候温和，雨量丰沛，雨热同季，日照少，无霜期长。冬无严寒，霜雪少；夏无酷暑，是暴雨和其他强对流天气频发期；春季回暖早，降水少；秋季温凉，多绵雨。多年平均气温16.8℃；7~8月份最热，月平均气温分别为25.7、25.6℃，极端最高气温39.9℃（2006年8月12日，仁寿）；1月最冷，平均气温6.5℃，极端最低气温零下4.2℃（1991年12月28日，洪雅）。最高月平均气温28.4℃（8月），最低月平均气温3.8℃（1月）。全年无霜期308~320天。年平均日照时数1060~1300小时，属全国低日照区域之一。年平均降水量1153.7毫米，年平均降雨日数为159天，最多达228天（1989年，洪雅），最少为116天（2003、2006年，仁寿）。极端年最大雨量2165.4毫米（1966年，洪雅），极端年最少雨量544.4毫米（2006年，仁寿）。西部的洪雅、丹棱以及南部的青神年总降雨量丰沛，属全省的暴雨中心之一；东部仁寿县较全市其余各区、县干旱频率高。降雨集中在每年汛期（5~9月），7月最多，汛期降雨量占年总降雨量的85%左右。年平均大于6级大风日数5天。年平均雷暴日数30天左右。此外，在西南山区随着海拔高度的增加，分布有从亚热带—暖温带—寒温带—亚寒带的完整气候带谱，气候的垂直差异（立体气候）明显。

【气候特点】 2016年全市各区县平均气温17.5~18.5℃，较常年偏高1.2℃左右，排历史第5高位；年降水量980~1500毫米，接近正常年份。

冬季（12月至次年2月）2015年12月至2016年2月，各区县总降雨量65~119.7毫米，与历史同期比较明显偏多，青神偏多5成，其余各区县偏多1倍以上，2月21日至22日全市普降中雨，局部地方大雨到暴雨，是建站以来历史同期出现的最大降雨过程；平均气温7.7~8.7℃，仁寿、彭山、青神正常略偏高，其余区县接近正常，1月21日至25日，2月13日至15日全市出现两次强降温天气过程。

春季（3~4月）全市各区县总降雨量100-170毫米，较正常年份偏多1~5成，平均气温17.0℃左右，较正常年份偏高1.0℃左右。春季雨日多，无春旱和“倒春寒”。3月7~9日，受强冷空气影响全市出现了一次强降温、降雨天气，过程累计降温幅度达10~12℃。

初夏（5~6月）全市总降雨量210~340毫米，洪雅、彭山偏多2成，其余各区县接近正常；平均气温偏高1.5℃左右。6月5~6日，14日至15日分别出现了2次区域性暴雨。丹棱、仁寿达到了夏旱气象标准，强度偏轻。

盛夏（7~8月）总降雨量为350~540毫米，各区县较历史同期偏少1~2成，平均气温26.3~28.0℃，较历史同期偏高1.5℃左右，日最高气温超过35℃的天数为6~17天，较常年偏多3天左右。

秋季（9~11月）总降水量东坡区、丹棱接近正常，其余各区县偏多1到2成。气温与历史同期相比东坡区、彭山、仁寿接近正常，其余区县正常略偏低。

9月各区县气温较历史同期偏低，降水量偏多3到7成。10月各区县气温接近正常或略偏高，降水量偏少4到6成，阴雨日明显偏多，其中10月中旬出现了10天左右的阴雨天气。11月各区县气温略偏低，降雨量偏少5到7成。9~11月出现了两次强降温天气过程，分别为10月5日至7日，日平均气温累计下降6~7℃，11月21日至23日，日平均气温累计下降8~11℃。

初冬（12月）平均气温9.7℃

左右，较历史同期偏高1.5℃左右；总降雨量4~16毫米，除青神接近正常外，其余各区县偏少1~5成。

2016年全市主要气象灾害。2016年1月21日至25日，眉山市遭遇强寒流天气袭击，此次强降温，降温起点低，降温前全市平均气温普遍在7.0℃左右，强降温后，全市最低气温降至0℃以下，其中23日至24日全市普降小雪。

2016年全市共出现7次区域性暴雨，分别为6月5日至6日、14日至15日、7月4日至6日、17日至18日、21日至22日、26日至27日、9月18日至19日；其中7月4日至6日和21日至22日洪雅、丹棱局部地方日总降雨量超过了200毫米，2016年暴雨开始和结束期属正常年份，区域性暴雨次数较正常年份偏多2次。

全市气象干旱总体偏轻，春旱弱、夏、伏旱轻。3~4月全市各区县总降雨量偏多1~5成，平均气温偏高1.0℃左右，雨日多，无春旱和"倒春寒"。5~6月全市降雨过程比较平稳，从5月1日到20日，仁寿、丹棱出现了夏旱，旱情偏轻。8月，全市总降雨量偏少4~8成，其中彭山、青神、洪雅出现伏旱，强度偏轻。

8月，全市平均气温偏高1.3~2.6℃，2016年8月11日至25日，受强盛的副热带高压影响，我市出现了持续性高温天气。各区县≥35℃高温日数为6~12天，东坡区最高气温为38.6℃，青神最高气温为39.3℃，分别突破了历史极值38.1℃和38.9℃。

2016年8月6日22时左右，眉山受自东向西移动的多单体风暴影响，先后在仁寿、东坡区、青神区域内的4个站点出现8级以上瞬时大风，最大风速出现在仁寿洪峰乡每秒23.9米。

2016年我市大、小春生产季农业气候条件为正常偏好年景。大春生产季节，我市大部农区雨水充足，农业干旱较常年显著偏轻；春夏季光温水条件匹配良好，病虫危害整体偏轻，为今年大春粮食稳产增产做出了积极贡献。局地性的农业气象灾害是今年大春产量进一步提高的主要制约因素：8月出现的持续高温少雨天气，不利水稻及晚秋作物正常生长发育。全市大春粮食生产为平偏丰年景。

国民经济和社会发展

【概况】 2016年，经四川省统计局审定，全年地区生产总值(GDP) 1117.23亿元，比2015年增长8.4%。其中，第一产业增加值169.45亿元，增长4.0%；第二产业增加值620.45亿元，增长9.2%；第三产业增加值327.33亿元，增长9.3%。三次产业对GDP增长的贡献率分别为7.3%、61.2%、31.5%，分别拉动GDP增长0.6、5.1、2.7个百分点。三次产业结构由上年的15.5：56.1：28.4优化为15.2：55.5：29.3。人均地区生产总值37227元，增长8.2%。

全年民营经济增加值698.04亿元，比2015年增长8.7%，占地区生产总值的比重为62.5%，对GDP增长的贡献率为64.7%，拉动GDP增长5.4个百分点。

全年居民消费价格总指数比2015年上涨2.0%。其中，食品烟酒价格上涨3.5%，衣着价格上涨0.6%，居住价格上涨1.4%，生活用品及服务价格下跌0.5%，交通和通信价格下跌1.1%，教育文化和娱乐价格上涨4.0%，医疗保健价格上涨2.6%，其他用品和服务价格上涨2.4%。全年商品零售价格总指数同比上涨0.6%。全年工业生产者出厂价格总指数同比上涨5.6%。工业生产者购进价格总指数同比上涨6.9%。

年末户籍总人口350.25万人，其中乡村人口239.24万人。年末常住人口300.09万人，其中城镇常住人口130.18万人，城镇化率43.38%。全年出生人口38863人，死亡人口25907人，人口自然增长率3.74‰。

【农业】 全年农作物总播种面积43.76万公顷，比2015年增长0.6%。其中，粮食作物播种面积29.80万公顷，增长0.3%；油料作物播种面积5.72万公顷，增长0.3%；药材播种面积2584公顷，增长0.9%；蔬菜播种面积5.99万公顷，增长3.0%。

全年粮食产量170.44万吨，

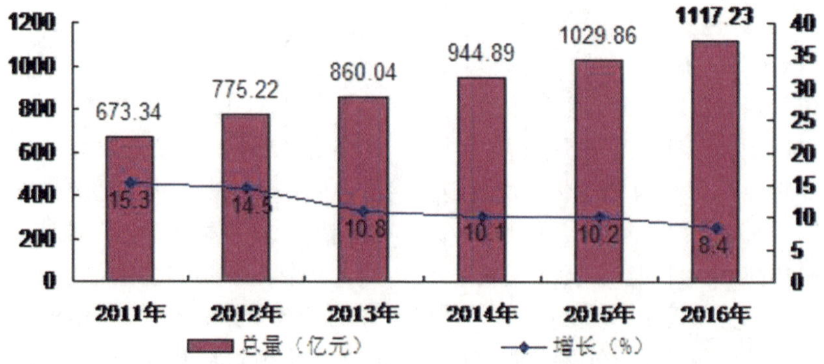

2011—2016年地区生产总值(GDP)总量及增速图

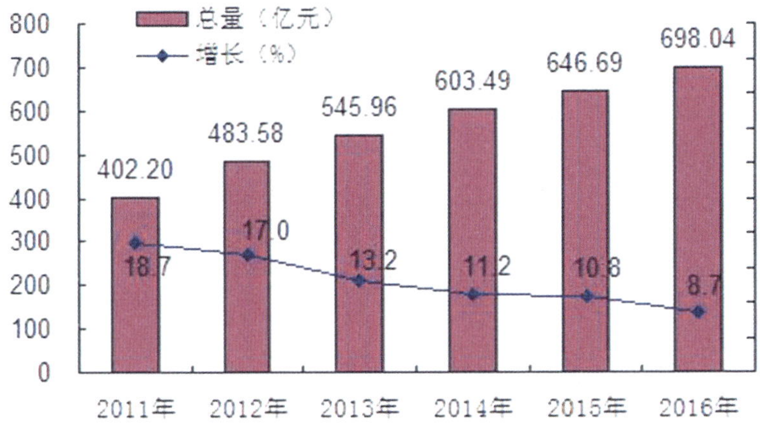

2011—2016 年民营经济增加值总量及增速图

比 2015 年增长 1.1%。其中，小春粮食产量 29.61 万吨，下降 0.6%；大春粮食产量 140.83 万吨，增长 1.5%。经济作物中，油菜籽产量 10.59 万吨，增长 3.8%；茶叶产量 2.24 万吨，增长 4.5%；水果产量 97.85 万吨，增长 7.2%；蔬菜产量 163.07 万吨，增长 6.6%。

全年肉类总产量 29.75 万吨，比 2015 年下降 1.8%。其中，猪肉产量 20.06 万吨，下降 4.0%；牛肉产量 0.74 万吨，增长 1.3%；羊肉产量 0.76 万吨，增长 3.4%。全年牛奶产量 13.80 万吨，下降 5.0%；禽蛋产量 5.54 万吨，增长 0.9%。年末生猪存栏下降 4.1%，奶牛存栏下降 3.3%。全年生猪出栏下降 4.1%，羊出栏增长 3.4%，家禽出栏增长 3.0%。

全年水产品养殖面积 1.58 万公顷，增长 2.5%；水产品产量 11.95 万吨，增长 6.9%。

全年新增耕地 426.67 公顷，基本农田保护面积 21.97 万公顷，已建成高标准农田 9.43 万公顷。全年水利建设总投资 10.55 亿元，解决 11.21 万农村居民安全饮水问题。年末农业机械总动力 206.12 万千瓦，年内机耕作业面积 26.02 万公顷，主要农作物（小麦、水稻、玉米、油菜）综合机械化水平 61.2%，全年修建机耕便民道 1931 千米，维修改造提灌机械 3259 台 3.45 万千瓦，新增提灌站 33 座，新增提灌机械总动力 803 千瓦，实现有效灌溉面积 6.4 万公顷。

【工业和建筑业】 全年全部工业增加值 531.81 亿元，增长 9.1%。全年规模以上工业企业总数 610 户，比上年减少 12 户。全年规模以上工业增加值增长 10.0%。

全年规模以上工业中有 41 种产品产量增长，增长面 55.4%。全年规模以上工业产销率 97.6%，利润总额增长 6.0%。

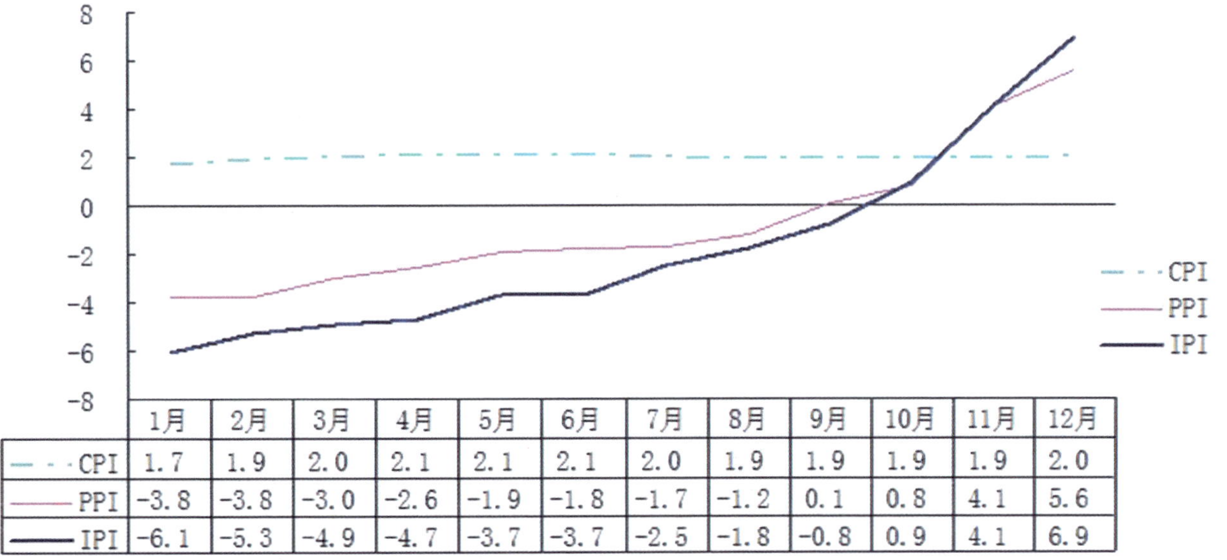

	1月	2月	3月	4月	5月	6月	7月	8月	9月	10月	11月	12月
CPI	1.7	1.9	2.0	2.1	2.1	2.1	2.0	1.9	1.9	1.9	1.9	2.0
PPI	-3.8	-3.8	-3.0	-2.6	-1.9	-1.8	-1.7	-1.2	0.1	0.8	4.1	5.6
IPI	-6.1	-5.3	-4.9	-4.7	-3.7	-3.7	-2.5	-1.8	-0.8	0.9	4.1	6.9

2016 年价格指数表

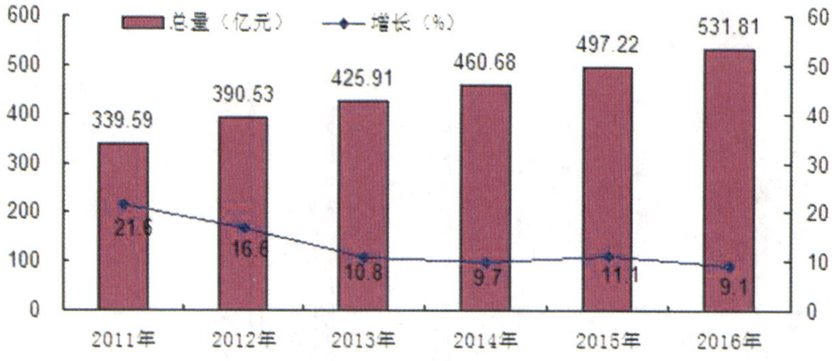

2011 年至 2016 年全部工业增加值总量及增速图

表 3　2016 年规模以上工业主要产品产量

指标	计量单位	本月止累计	同比±%
配混合饲料	万吨	189. 54	4. 3
食用植物油	万吨	11. 37	1. 9
鲜冷藏冻肉	万吨	5. 44	-35. 1
乳制品	万吨	31. 30	19. 5
饮料酒	千升	2294. 00	-43. 8
布	万米	7205. 00	9. 9
农用化肥（折纯）	万吨	52. 34	8. 4
合成洗涤剂	万吨	51. 99	-27. 6
中成药	万吨	0. 11	-6. 3
塑料制品	万吨	22. 23	17
水泥	万吨	810. 60	-20. 3
钢材	万吨	21. 12	2. 2
原铝	万吨	8. 71	-34. 6
铝材	万吨	47. 50	12. 9
铁路货车	辆	1897. 00	-19. 6
陶质砖	万平方米	11002. 67	5. 1
瓷质砖	万平方米	7336. 84	12. 2
制冷压缩机	万台	535. 40	29. 7
多晶硅	吨	5396. 20	-0. 7
芒硝	万吨	167. 60	-6. 4

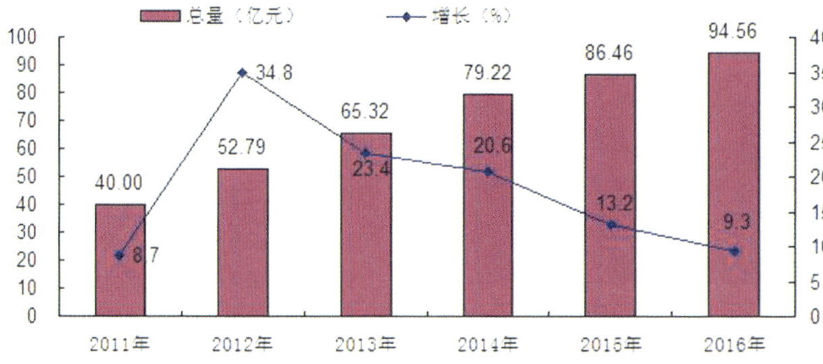

2011 至 2016 年全部建筑业增加值总量及增速图

全年全社会建筑业增加值 94.56 亿元，增长 9.3%。年末具有资质等级的建筑企业 101 户。

【固定资产投资和房地产开发】 全年全社会固定资产投资 1163.55 亿元，比 2015 年增长 12.7%。其中，第一产业投资 51.24 亿元，增长 110.6%；第二产业投资 413.57 亿元，增长 5.1%，第三产业投资 698.75 亿元，增长 13.7%。全年 500 万元及以上项目投资 940.27 亿元，增长 15.8%。其中，基本建设投资 646.07 亿元，增长 21.2%；更新改造投资 294.19 亿元，增长 5.4%。

全年房地产开发投资 194.29 亿元，下降 0.4%。全年商品房施工面积 1756.02 万平方米，增长 6.4%；商品房销售面积 401.92 万平方米，下降 5.5%。

【国内贸易、对外经济和旅游】 全年社会消费品零售总额 438.07 亿元，比 2015 年增长 12.7%。其中限额以上企业（单位）消费品零售额 157.14 亿元，增长 13.1%。按经营地分，城镇市场消费品零售额 275.47 亿元，增长 12.2%；乡村市场消费品零售额 162.60 亿元，增长 13.6%。按消费形态分，商品零售额 378.94 亿元，增长 12.4%；餐饮收入额 59.13 亿元，增长 14.2%。

全年进出口总额 20806 万美元。其中，进口额 1951 万美元，出口额 18855 万美元。

全年接待旅游人数 3746.00 万人次，增长 24.0%。全年旅游总收入 295.01 亿元，增长 28.1%。

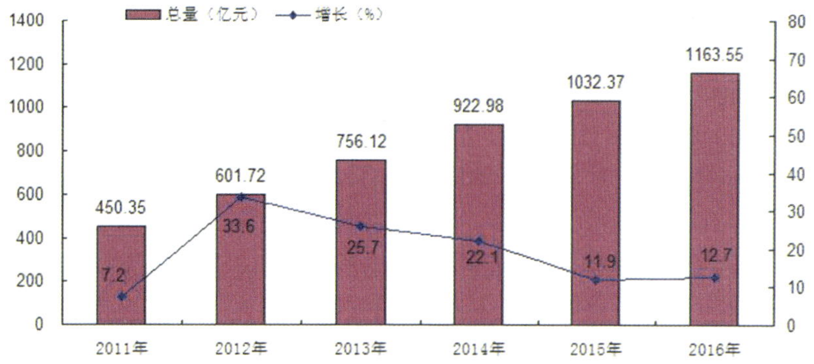

2011 年至 2016 年全社会固定资产投资总额及增速图

【交通、通信和邮电】 全年公路货物运输总量 6129.42 万吨，公路旅客运输总量 4652.81 万人。全年公路货物运输周转量 49.58 亿万吨千米，公路旅客周转量 14.25 万亿人千米。

全年邮政业务总量 5.85 亿元，比 2015 年增长 65.7%；电信业务总量 44.68 亿元，增长 27.7%。年末固定电话用户 45.26 万户，增长 14.6%；移动电话用户 286.90 万户，增长 17.5%；互联网宽带用户 76.50 万户，增长 108.5%。

【财政、金融和保险】 全年地方财政收入 189.77 亿元，比 2015 年下降 8.5%。其中，地方一般公共预算收入 90.30 亿元，同口径增长 10.0%。全年地方财政支出 330.83 亿元，下降 1.1%。其中，地方一般公共预算支出 215.72 亿元，增长 4.1%。

年末金融机构本外币存款余额 1676.64 亿元，比年初增长 16.8%。其中，人民币存款余额 1670.36 亿元，增长 16.6%。年末金融机构本外币贷款余额 747.48 亿元，比年初增长 9.3%。其中，人民币贷款余额 747.19 亿元，增长 9.3%。

年末有保险公司 29 家，其中财险公司 15 家，寿险公司 14 家。全年保费总收入 47.76 亿元，增长 16.9%。其中，产险保费收入 14.63 亿元，增长 9.8%；寿险保费收入 33.13 亿元，增长 20.3%。全年产寿险累计赔款与给付 19.83 亿元，增长 49.3%，其中产险赔款 6.95 亿元，寿险赔款与给付 12.88 亿元。

【科技、教育、文化、体育、卫生】 全年组织实施市级以上科技计划项目 128 项，向上争取到位无偿科技项目资金 3698 万元。全年申请专利 1452 件，获得授权专利 794 件。全年新增国家级高新技术企业

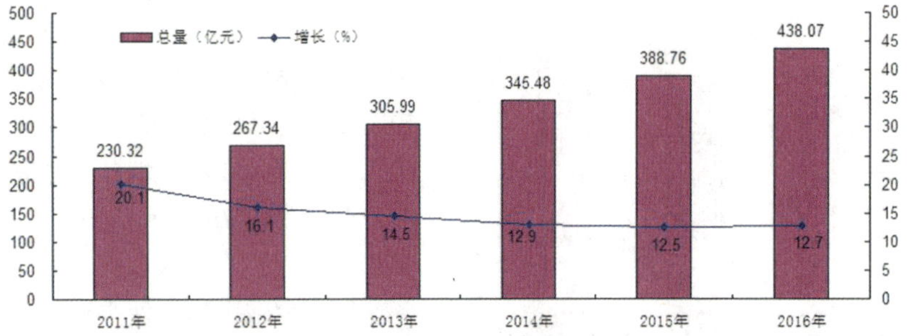

2011 至 2016 年社会消费品零售总额及增速图

9 户。全年举办科技培训 11 次，培训人员 1139 人次。

年末有各类学校 913 所，其中幼儿园 466 所，小学 208 所，初中 190 所，高中 28 所，中职 16 所，特殊学校 5 所。年末在校学生 38.91 万人，其中幼儿园学生 9.21 万人，小学学生 14.77 万人，初中学生 6.74 万人，高中学生 5.00 万人，中职学生 3.16 万人，特殊学校学生 348 人。小学学龄儿童净入学率 100%，高中阶段毛入学率 92.0%，普通高考本科上线率 47.6%。年末专任教师总数 2.51 万人，其中小学专任教师 0.96 万人，普通中学专任教师 1.05 万人。

年末文化馆 7 座，文化站 131 个，公共图书馆 7 座，博物馆 6 座。年末公共图书馆藏书量 422 千册。年末教体系统体育场馆 1340 个，体育协会 78 个，全年举办运动会 33 次。

年末广播电视台 6 座，有线广播电视传输干线网络总长 13273 千米。有线广播电视用户 28.38 万户。全年公共广播节目、电视节目播出时间分别为 3.05 万小时和 4.07 万小时。

年末医疗卫生机构 2044 个，实有床位数 16687 张。医院、卫生院技术人员 15196 人，其中，执业医师 5645 人，注册护士 6357 人。全年门诊人数 1336.08 万人次，实际占用总床日数 470.21 万床日，病床使用率 78.0%。

【人民生活、社会保障】 全年城镇居民人均可支配收入 28691 元，比 2015 年增长 8.7%；城镇居民人均消费性支出 19686 元，增长 5.3%。全年农村居民人均可支配收入 13935 元，增长 9.2%；农村居民人均消费性支出 11691 元，增长 7.5%。

全年参加城乡基本养老保险人数 158.68 万人，参加城镇基本医疗保险人数 311.4 万人，参加失业保险人数 11.78 万人，参加工伤保险人数 17.76 万人，参加生育保险人数 15.58 万人。全年发放养老、失业金 37.01 亿元，支出城镇基本医疗保险待遇 15.35 亿元。全年城镇新增就业 34315 人，帮助失业人员再就业 5351 人，帮助困难群众就业 2800 人，全年城镇登记失业率为 4.17%。全年组织各类就业、创业培训 41300 人次。全年发放小额担保贷款 6300.4 万元。

全年城乡医疗救助人数 5.95 万人次，支出救助金 4878.10 万元。城乡低保保障人数 19.71 万人，支出保障金 44085.60 万元。年末农村五保供养人数 1.73 万人，集中供养率 98.9%。全年新建、改扩建敬老院 3 所，新增床位 15738 张。年末实有慈善超市 59 个。年末实有老年学校 169 所。全年销售福利彩票 2.76 亿元，筹集福彩公益金 2000 万元。

【资源和安全生产】 全年造林 8940 公顷，年末森林面积 347207 万公顷，森林覆盖率 48.6%。

全年水资源总量 47 亿立方米，水域面积 600 平方千米，水库总数 322 座，集雨面积大于 200 平方千米以上的河流 14 条。

全年平均气温东坡区 18.2℃，彭山区 18.4℃，仁寿县 18.5℃，洪雅县 17.1℃，丹棱县 17.1℃，青神县 18.1℃。全年平均降水量东坡区 1083.2 毫米，彭山区 1032.4 毫米，仁寿县 973.4 毫米，洪雅县 1468.7 毫米，丹棱县 1256.2 毫米，青神县 1147.6 毫米。

全年各类生产经营性事故 101 起，死亡 88 人，其中工矿商贸事故死亡 15 人。

中国共产党眉山市委员会

Meishan Municipal Committee of the Communist Party of China

重大决策和重要决定

【决胜“两个率先”实现“五个先行”奋力建设天府新区增长极大都市区新高地的决定】 2016年11月21日，市委书记李静在中国共产党眉山市第四次代表大会上作题为《决胜“两个率先”实现“五个先行”奋力建设天府新区增长极大都市区新高地》工作报告。报告明确指出未来五年，全市工作的指导思想是高举中国特色社会主义伟大旗帜，深入学习贯彻习近平总书记系列重要讲话精神，深入贯彻落实中央“四个全面”战略布局和省委“三大发展战略”，践行“创新、协调、绿色、开放、共享”五大发展理念，坚持“工业强市、文化立市、环境兴市、依法治市”发展战略，“融入成都、同城发展，三化联动、统筹城乡”发展思路，“全域产业化、全域生态化、全域景区化”发展路径，全面建成“现代工业新城、历史文化名城、生活品质之城”，努力实现“经济跨越、文化繁荣、环境一流、人民幸福”四大目标，奋力谱写决胜“两个率先”，实现“五个先行”，建设“天府新区增长极、大都市区新高地”的壮丽篇章。未来五年分“两步走”，到2017年，在全省率先实现次级突破、率先全面建成小康社会；到2021年，建党100周年时努力建成全省创新发展先行区、统筹城乡先行区、生态文明先行区、开放合作先行区和全面小康先行区，建成更高水平的全面小康。地区生产总值突破1800亿元；地方一般公共预算收入力争五年翻一番，突破180亿元。中心城区人口达到100万，建成区面积100平方千米，全市城镇化率50%以上。全市森林覆盖率达到50%以上；新增和恢复水域面积100平方千米，达到680平方千米；新建公园42个，公园总数160个以上。建成国家森林城市、联合国人居环境示范城市、国家历史文化名城、国家卫生城市、全国文明城市。全市招商引资到位资金累计3600亿元以上，外商投资实际到位资金累计6亿美元以上，建成国家内陆开放合作示范市。到2017年，10.94万建档立卡贫困人口全部脱贫，316个贫困村全部退出，在全省率先完成脱贫攻坚任务。到2021年，城乡居民人均可支配收入分别达到4万元、2万元以上。深入贯彻党的十八届六中全会和省委十届九次全会精神，坚持以“主动作为创一流”为统揽，以“六个四”党建眉山实践为抓手，进一步强化党建工作责任制，持续推进从严治党。

【推进创新驱动转型发展奋力冲刺任期目标的决定】 2016年，市委、市政府作出《关于强力推进创新驱动转型发展奋力冲刺任期目标的决定》，全市各级各部门全面落实“五位一体”总体布局和“四个全面”战略布局要求，牢固树立和贯彻落实“创新、协调、绿色、开放、共享”五大发展理念，实施省委“三大发展战略”，坚持稳中求进工作总基调，坚持深化改革、扩大开放，坚持“稳增长、调结构、惠民生、防风险”，切实加大供给侧改革力度，提高投资有效性，加快培育新的发展动能，在适度扩大总需求的同时，着力去产能、去库存、去杠杆、降成本、补短板，确保2016年全市GDP增长8%、力争9%；规模以上工业增加值增长10%，力争11%；地方一般公共预算收入确保增长8%，力争9%；全社会固定资产投资确保完成1120亿元，力争1130亿元；社会消费品零售总额增长11%，力争12%；城镇居民人均可支配收入增长9%，力争10%；农民人均可支配收入增长9.5%，力争10%；城镇化率提高1.7%；全面完成省下达安全生产和节能减排任务。

【推进绿色发展建设美丽眉山的决定】 2016年，市委作出《关于深化“三大工程”实施“五大行动”推进绿色发展建设美丽眉山的决定》，要求各级各部门深刻领会中央关于绿色发展的新理念、新要求，认真贯彻省委十届八次全会精神，加快推进绿色发展、建设美丽眉山。深刻认识绿色发展是眉山的最大优势、最大潜力、最好机遇，以对历史和人民负责的态度，坚定绿色发展方向不动摇，绝不走“先污染后治理”的老路、“边建设边破坏”的弯路、“把落后当先进”的死路、“重面子轻里子”的错路，努力建设天更蓝、地更绿、水更清、环境更优美的美丽眉山。要求保持“一张蓝图干到底”的定力，持之以恒推进“绿海明珠、千湖之城、百园之市”三大工程建设，力争到2020年，全市森林覆盖率达50%以上，实现与城镇化率同步提升，成功创建国家森林城市、联合国人居环境示范城市。新增和恢复水域面积100平方千米，达到680平方千米，水域面积占市域面积比重提升至9.5%。公园总量达到160个以上，眉山城市建成区实现公园服务范围全覆盖，各县城建成公园5个以上，各乡镇建成公园（含广场）1个以上，实现“一镇一园”。要求统筹实施绿色城乡建设、绿色环境治理、绿色产业促进、绿色制度创新、绿色文明提升“五大行动”，把绿色发展融入经济社会发展的各领域和全过程，让美丽与发展同行，实现生态保护与经济社会发展“双赢”。

【进一步抓落实促改革】 2016年，市委下发《关于进一步抓落实促改革的实施意见》，全面贯彻习近平总书记关于深入扎实抓好改革落实工作的重要讲话精神，推动全市重点领域和关键环节改革纵深推进、实质突破，再创一批“眉山经验”“眉山模式”。抓实各级党委、专项小组、责任部门、党委改革办及其负责人四大责任主体，构建职责明确、高位推动的工作格局。规范党委深改组、专项小组、专项改革推进三类会议制度，切实把改革任务研究清楚、部署到位。将试点示范作为改革的突破口，抓好试点推进、成效评估和经验推广，将督查督办作为改革的“推进器”，抓好方案督查、进度监管，确保改革部署协调推进、落地见效。建立健全改革成效评价体系，用好用活考核评价“指挥棒”，在全市上下形成“拥护改革、支持改革、敢于改革”的浓厚氛围。

【进一步加快竹编产业发展】 2016年，市委、市政府下发《关于进一步加快竹编产业发展的意见》，贯彻“创新、协调、绿色、开放、共享”发展理念，打造“绿色富民、转型发展”新的经济增长点。要求以“青神竹编”非物质文化遗产为品牌，以“大众创业、万众创新”为契机，以“精准扶贫、精准脱贫”为主线，加快竹编产业的工业化改造、信息化提升、产业化经营，构建研发机构+龙头企业+专合组织+千家万户+互联网+金融“六个+”竹编产业发展新模式，形成“主攻二产、发展三产、提升一产”的竹编产业发展新格局。以青神县为核心区域，东坡区、洪雅县为重点区域，辐射带动彭山区、仁寿县、丹棱县，全域联动、分工协作，以“编”为主，适度规模，同步推进日用竹制品、竹材人造板、竹饮制品、竹家具、竹炭、竹纤维及“竹+”系列产品的集约集群发展。力争到“十三五”末，实现竹编产业产值达100亿元，从业人员达100万人的奋斗目标。

【制定眉山市法治宣传教育第七个五年规划（2016—2020年）】 2016年，市委、市政府印发《眉山市法治宣传教育第七个五年规划（2016—2020年）》。法治宣传教育第七个五年规划从2016年开始实施，到2020年结束，分为宣传启动、组织实施、检查验收3个阶段实施。主要目标实现法治宣传教育机制进一步健全，法治宣传教育体系更加完善，社会化、常态化的普法格局基本形成。“法律七进”深入推进，依法治理进一步深化，法治文化建设蓬勃发展，全社会厉行法治的积极性、主动性明显提高，全民法治观念和全体党员党章党规意识明显增强，全社会办事依法、遇事找法、解决问题用法、化解矛盾靠法的法治良序基本形成。

【重要决定】 市委常委会2016年工作要点、市委常委会践行“三严三实”行为规范、党风廉政建设和反腐败工作、《眉山市区县党委、政府及市级单位、部门主要负责人向市纪委全委会述责述廉实施细则》、全域推行绿色殡葬、宣传思想工作、依法治市工作、加快构建现代公共文化服务体系、深入开展“项目年”活动、深化农村改革工作、在全市党员中开展“学党章党规、学系列讲话，做合格党员”学习教育、打造眉山现代农业观光旅游“金三角”、建立容错纠错机制鼓励干部主动作为争创一流、公务用车制度改革、加强党建工作组织工作、《中共眉山市委巡察工作领导小组办公室主要职责、内设机构和人员编制规定》、加强社会组织党的建设工作、推进领导干部能上能下、区县党委和政府脱贫攻坚工作年度考核、进一步严肃党内政治生活巩固发展良好政治生态、进一步推进预算公开工作、进一步加强和改进离退休干部工作、认真做好全市第十届村（居）民委员会换届选举工作、眉山市法治政府建设实施方案（2016—2020年）、坚持和完善计划生育目标管理责任制等重要决定32项。

重要会议

【中国共产党眉山市第三届代表大会第七次会议】 2016年1月12日，召开中国共产党眉山市第三届代表大会第七次会议。会议听取和审议市委工作报告；审议市纪委工作报告（书面）；审议市三届党代会第六次会议代表提案办理情况的报告（书面）；大会交流发言；对市委全委会和市纪委2015年度工作进行满意度测评；对区县、市级单位（部门）主动作为创一流情况进行测评；对党风、政风、行风建设进行调查测评。中国共产党眉山市第三届代表大会代表，邀请来宾、列席人员参加会议。

【中国共产党眉山市第四次代表大会】 2016年11月21日至23日，召开中国共产党眉山市第四次代表大会。会议听取和审议中国共产党眉山市第三届委员会工作报告；审议中国共产党眉山市第三届纪律检查委员会工作报告；选举中国共产党眉山市第四届委员会；选举中国共产党眉山市第四届纪律检查委员会。中国共产党眉山市第四届代表大会代表，邀请来宾、列席人员参加会议。

【全委（扩大）会议】 2016年，召开中共眉山市委三届24至28次全体会议，市委四届1次、2次全体会议共7次。

第24次全委（扩大）会议。开展2015年度市委选人用人“一报告两评议”；审议市委工作报告、市纪委工作报告；对市委常委会2015年度工作进行满意度测评；审议市三届七次党代会有关事宜。市委常委，市人大常委会主任，市政协主席，市人大常委会副主任，市政府副市长，市政协副主席，市中级人民法院院长，市人民检察院检察长；市长助理；市人大常委会、市政府、市政协秘书长；各区县委书记、区县长；市委工作部门、市政府工作部门、市级人民团体，市委、市政府直属事业单位，园区主要负责人；其他市委委员、候补委员；市纪委领导成员参加会议。

第25次全委会议。听取各代表团学习讨论情况汇报；审议关于市委工作报告的决议（草案）；审议关于市纪委工作报告的决议（草案）；审议关于代表提出提案处理意见的报告。市委委员、候补委员；市三届七次党代会各代表团团长参加会议。

第26次全委（扩大）会议。审议通过《中国共产党眉山市第三届委员会第二十六次全体会议关于召开中国共产党眉山市第四次代表大会的决议》，市委委员，候补委员参加会议。

第27次全委（扩大）会议。审议通过《中共眉山市委关于深化三大工程实施五大行动推进绿色发展建设美丽眉山的决定的决议（草案）》，市委委员、候补委员；市人大常委会副主任、市政府副市长、市政协副主席、市中级人民法院院长、市人民检察院检察长；市长助理；市人大常委会、市政府、市政协秘书长；彭山区区长，洪雅县代理县长，青神县县长，各区县分管发展改革、住房城乡建设、水务、林业、城乡规划、脱贫攻坚工作的领导，区县发展改革局、住房城乡建设局、水务局、林业局、规划局、扶贫移民局主要负责人；市级各部门、园区主要负责人；各乡镇（街道）党（工）委书记参加会议。

第28次全委会议。审议三届市委工作报告和市纪委工作报告；酝酿四届市委委员、候补委员和市纪委委员候选人预备人选；审议市第四次党代会有关事宜。市委委员、候补委员参加会议；不是市委委员的市政府副市长，市中级人民法院院长，市人民检察院检察长，区县长，市纪委委员列席会议。

市委四届1次全委会。选举四届市委常委；选举市委书记、副书记；听取并通过市纪委四届一次全会选举结果的报告（市纪委委员列席）。市委委员、候补委员参加会议；市纪委委员列席会议。

市委四届2次全委会。议审议票决部分市级部门一把手任职事项。

【常规工作会议】 2016年，召开市委经济工作、城市工作暨全市脱贫攻坚工作会议、全市换届工作暨组织工作会、市委政法工作会议、全市宣传思想文化工作会议、全市统战工作会议、眉山市党管武装暨国动委第十一次全体会议、民生工作会议、市委农村工作会议、眉山市“两学一做”学习教育工作座谈会、眉山市关心下一代工作会议、全市决战脱贫攻坚誓师大会、眉山市科技创新、科技奖励大会暨系统推进全面创新改革试验工作会议、第32个教师节庆祝大会、全市三项重点工作推进会、全市环境保护工作会议等工作会议15次，召开全市领导干部大会5次，主要传达学习上级会议精神，通报有关情况，总结上半年工作，表彰先进，安排部署当年及相关工作。

【其他会议】 2016年，召开2015年度市级党政领导班子和领导干部述职测评会。市委书记李静作市委班子和个人大会述职，市委副书记、市政府市长宋朝华作市政府班子和个人大会述职，对市委、市政府领导班子和领导干部进行民主测评。召开眉山市“创业就业攻坚年”表扬大会，表扬眉山市高校毕业生创业明星、返乡创业明星、市内外促进就业先进企业和支持创业就业工作先进集体代表。召开省委第八巡视组巡视眉山市工作动员会，听取省委第八巡视组组长周国庆讲话，市委书记李静作表态发言。召开2016年“绿海明珠、千湖之城、百园之市”工作推进会，现场参观“三大工程”进展情况，对2016年“百园之市”和“绿海明珠”“千湖之城”工作作安排部署。召开八大片区重点项目工作推进会，实地调研八大片区建设，听取重点项目推进情况。召开创建国家历史文化名城动员大会，为全面开展国家历史文化名城创建工作作全体动员。举行“中外知名电商企业眉山行——眉山市电商产业投资合作推介会暨签约仪式”，眉山市电商产业总体推介，进行重大投资项目、重大电商合作项目签约。召开市级单位县级干部严肃换届纪律专题谈心谈话会，市委书记李静讲话，参会人员签订《严肃换届纪律承诺书》。召开眉山市重点工业企业（项目）座谈会，全面了解重点工业企业（项目）生产经营和建设进展情况，征求重点企业（项目）对促进经济稳定增长和提质增效，推进供给侧结构性改革方面的建议意见。召开全市稳增长专题会议，市经济和信息化委、市发展改革委、市投促局、市国土资源局分别汇报全市工业发展情况、项目投资情况、签约项目落地情况、土地闲置情况及存在的主要问题。召开眉山市“两学一做”专题学习报告会，学习习近平总书记治国理政新理念新思想新战略和对四川工作的重要指示精神；学习党章和《中国共产党廉洁自律准则》《中国共产党纪律处分条例》等党规；安排部署“奋战一百天，集中精力、主动作为，抓项目抓落实促发展”相关工作。召开眉山市工业企业闲置资产专题招商推介会，对我市工业企业闲置资产进行推介。召开眉山市绿色殡葬工作推进会，贯彻落实全域推行绿色殡葬有关文件精神，安排部署2016年绿色殡葬重点工作任务。召开眉山市年轻干部、女干部和党外干部座谈会，研究部署加强和改进年轻干部、女干部和党外干部工作。召开眉山市庆祝中国共产党成立95周年大会，表扬先进基层党组织和优秀共产党员、优秀党务工作者，动员和号召全市党员干部积极投身“两个率先”“五个先行”新征程。举行眉山市政府与社会资本合作项目推介会暨项目签约仪式。召开创建第四届四川省文明城市推进会，安排部署2016年城市公共文明指数测评和文明城市实地验收迎检工作。在东坡区烈士陵园举行2016·眉山市暨东坡区公祭烈士活动。举办第九届中国竹文化节，为眉山举办的首个国家级节会，以“弘扬竹文化、发展竹产业、共圆中国梦”为主题，举办国际竹制品交易博览会、竹产业投资推介暨重点项目签约仪式、竹产业高端论坛等系列活动。举办眉山市上下游产业产品对接展销会。举行举行金融走进天府新区·眉山银政企对接活动。举办全市竹编产业“双百”工程推进工作暨第九届中国竹文化节总结表扬大会，总结第九届中国竹文化节筹办工作，安排部署竹编产业“双百”工程推进工作。举办第八届中国泡菜博览会，举办开幕式、招商推介、高峰对话等19项活动，与当当集团等26家单位及企业签订了投资、采购等协议67.1亿元。举行2016年眉山市优势产业推介会暨签约仪式。召开“四支队伍”服务群众电视直播推进大会，安排部署深化“四支队伍”服务群众引领绿色发展助推脱贫攻坚工作，并为“四支队伍”授旗。召开2017四川花卉（果类）生态旅游节暨首届眉山樱花节筹备工作动员会，安排部署2017四川花卉（果类）生态旅游节暨首届眉山樱花节筹备工作。

【重点项目开竣工仪式】 2016年，举行重点项目集中开工竣工仪式5次。在岷东大道与岷黑快速通道交界处，举行岷东新区八大项目集中开工仪式，集中开工1000万元以上重点项目8个，总投资16.5亿元。在工业大道东坡区段，举行眉山市2016年第一批重点项目集中开（竣）工仪式，集中开工1000万元以上重点项目46个，总投资104亿元，竣工46个，完成投资69亿元。在经开区新区富生电器公司，举行眉山市2016年第二批重点项目集中开（竣）工暨富生高效节能电机制造项目竣工投产仪式。集中开工1000万元以上重点项目39个，总投资39亿元，竣工26个，完成投资31亿元。在洪雅县柳江镇，举行眉山市2016年第三批重点项目集中开（竣）工暨大峨眉国际旅游西环线（柳江至零千米）项目开工仪式，集中开工1000万元以上重点项目35个，总投资63亿元，竣工29个，完成投资44亿元。在甘眉（铝硅）工业园区，举行四川省2016年第四季度重大项目集中开工眉山市分会场，集中开工1000万元以上重点项目44个，总投资529亿元。

【市委中心组（扩大）学习会议】 2016年，坚持召开市委中心组（扩大）学习会议。省委党校教授彭穗宁作学习习近平总书记治国理政新理念新思想新战略和对四川工作的重要指示精神专题辅导讲座；省纪委常委张乾华作学习《中国共产党廉洁自律准则》《中国共产党纪律处分条例》专题辅导讲座。对外经济贸易大学信息学院教授、博士研究生导师陈进作《电子商务发展与转型升级》专题讲座。省社科院经济研究所副所长沈茂英作学习贯彻省委十届八次全会精神报告。省纪委副书记、省监察厅厅长黄昌明作“推进全面从严治党、巩固发展良好政治生态”宣讲。省旅游发展委主任郝康理作学习贯彻党的十八届六中全会和省委十届九次全会精神报告。组织眉山市副厅级以上领导干部赴法纪教育基地开展专题教育活动。

市委办公室工作

【综合协调】 2016年，市委办公室突出做好公文处理、会务承办、规范性文件备案审查等工作。办理各类文电1060件，制发各类文电510件，分发各类文件资料8000余份。对市委中心工作的发文，实行审核文件当即办、签发文件立刻发。全面推行涉密文件定期封装分发专人领取机制。参与承办、指导第九届中国竹文化节、省委十届八次全会现场参观、第八届中国泡菜博览会、住建部支持农民工和农民进城购房工作座谈会、中国共产党眉山市第四次代表大会等重大会议活动124次，大型会议筹办经验受到中央办公厅《秘书工作》杂志2016年第8期肯定推广。编制《市委主要领导本周重要会议活动安排表》51期、《市级领导上周工作安排和本周工作安排统计表》51期。上报市委规范性文件22件，市委规范性文件报备率、报备及时率、合法合规率均为100%。审查区县委和市委部委规范性文件63件。文件审核经验在全省公文处理暨《中办通讯》工作座谈会上作交流发言。

【信息调研与文件起草工作】 2016年，市委办公室围绕群众关心、社会关注重点、难点和热点问题，开展调查研究，形成《眉山市推进供给侧结构性改革研究》《美丽杭州的美丽实践》课题调研报告，为市委、市政府决策提供有益参考。牵头起草《关于强力推进创新驱动转型发展奋力冲刺任期目标的决定》《市委常委会2016年工作要点》《关于开展“项目攻坚月”“目标冲刺月”活动的通知》等重要文件7篇，各类汇报、报告140余篇，起草和把关修改市委主要领导各类讲话稿、致辞150余篇，编发市委《工作通报》15期，核改议事纪要12期。完成市三届七次党代会、市第四次党代会、市委经济工作会、第九届竹文化节、第八届中国泡菜博览会等会节活动文稿起草任务，起草稿件50余篇。围绕市委中心工作和省委办公厅信息需求，及时采编上报重点信息和特色信息。全年上报省委信息726条，《眉山市培育五大产业增强经济发展新动能》《眉山市坚持“以人为本”推进国家新型城镇化综合试点》等113条信息被采用，信息工作获得全省先进。编发《眉山要情》96期、《领导参阅》3期、《会议综合简报》2期。省委约稿信息无迟报、漏报、误报现象。省、市两级领导肯定性批示信息工作25次。

【督查目标工作】 2016年，市委办公室推进省委批交办事项落实，上报贯彻省委书记王东明脱贫攻坚工作指示、省委常委会第200次会议精神等报告23篇。完成省委领导、省委督查组到眉督导项目建设、工业稳增长、应对冰雪灾害等调研督查任务7件。推动市委重大决策贯彻落实，督办47件市委常委会议定事项、65件市委书记批示交办事项。督查三届六次党代会报告目标任务、片区项目、脱贫攻坚、创新创业、深化农村改革、依法治市、综合交通、国家专项建设基金项目、岷东新区建设等事项50余次。督办贯彻落实中央和省级领导到眉视察调研指示精神情况。办理或督查市第四次党代会报告目标任务、区县稳增长和投资工作、重大项目开工建设、争取国家专项建设基金等市委领导批交办事项14件。推动市委书记信箱和提案工作贯彻落实，及时办理市委书记信箱信件，办理率100%，群众满意率99.5%。督办党代表提案48件和政协委员提案6件。修改《眉山市主动作为创一流目标绩效考核办法》，完善目标绩效管理体系。制定2016年区县、园区和市级单位、部门目标任务，23个园区和91个市级部门正职作出承诺。分解下达省委、省政府目标任务，配合省委、省政府绩效办做好2015年全省目标绩效考核工作，取得第三名的优异成绩，连续四年居全省前列。加强过程监管，每季度收集整理省定目标和市定重点工作完成情况，适时开展专项督查调研，对严重滞后的予以通报批评。强化考核，继续实行半年和年终考核，综合评价目标任务完成情况。

【联系服务群众】 2016年，市委办公室组织党员干部到东坡区富牛镇玉龙村、广佛村走访了解情况，看望慰问贫困户。开展送文化、送政策、送技术、送温暖等党员先锋服务活动20余次，为困难群众送去帮扶资金和慰问物资7万余元。参与“走基层、送温暖”活动，集中捐赠3万元，保障困难群众安全温暖过冬。选派优秀干部担任东坡区富牛镇广佛村第一书记，帮助制定脱贫攻坚规划，实施精准脱贫。组织贫困村村民外出参观学习，了解现代农业示范园区及水果营销模式，帮助村民开阔眼界，开拓发展思路。与有关单位、部门沟通衔接，争取项目补助资金382万元，加快玉龙村、广佛村村组道路、水利设施等基础项目实施，帮助调整产业结构，培育壮大特色产业。

【后勤保障】 2016年，市委办公室严格执行中央“八项规定”、省委省政府“十项规定”和市委市政府“六个坚持”。严格执行财经纪律和遵守财务制度，加强驾驶员和车辆使用管理，完善固定资产台账，保持机关财务状况运转良好，保障市委和市委办公室日常工作运转。做好党代会、市委全会、市委常委会等重大会议的后勤保障工作。做好办公室职工医疗互助保险、女职工大病互助保险、住房公积金基数调整、医疗保险基数调整等工作。 （胡　洋）

政法委工作

【维护稳定】 2016年，市委政法委健全涉稳因素收集、研判、预警机制，制定《群体性聚集、个人极端事件、进京到省集访非访信息预警管理办法》，排查涉稳因素3532条，预警100余次，化解3493件。深化维稳跟着项目走工作机制，开展社会稳定风险评估532件次，经评估可以实施529件，暂缓实施3件，排查化解稳定风险点2590余个。针对房地产、融资借贷等重点领域和涉军、出租车业主等重点群体，制发《关于落实涉稳突出问题稳控责任的通知》，推动化解稳控，省委维稳办督办的4件和市“两办”督办的19件涉稳突出问题摘牌。健全群体性事件、群体性聚集处置机制，分类制定应急处置预案并开展实战演练7次，启动敏感节点信访维稳安保工作机制，进京到省信访量排名全省末位，反邪教工作保持“三无、四零”目标。全市未发生政治事件、暴恐事件、较大规模以上群体性事件，确保G20峰会、中共十八届六中全会、市第四次党代会、中国竹文化节、中国泡菜博览会、“6·4”等重要会节和敏感节点全市社会大局稳定。

【综治工作】 2016年，市委政法委抓好调解跟着矛盾走、派出所矛盾纠纷分流联动机制、诉调对接网络调解平台3个省级创新项目，建立裁调对接、证调对接等衔接互动机制，131个乡镇（街道）建立第三方调解中心，42个市级部门完善专业性、行业性调解工作体系，实现矛盾纠纷专业化、规范化、常态化化解。中央综治办2次到眉调研总结矛盾纠纷多元化解情况，眉山经验保持全国一流。完成240个村雪亮工程建设任务，试点推进智慧小区建设，公共安全视频监控建设联网应用工程被中央综治办等部门确定为全国45个试点城市之一。健全网格化服务管理机制，创新开展网格员参与网上信访、打击非法传销工作，办理网格事件20.76万件。推进特殊涉毒人员康复救助中心、眉山工读学校等基础设施建设，制定出台《眉山市严重精神障碍患者服务管理工作》等7个工作制度，形成监测、预警、救治、帮扶、服务、管理制度体系，特殊人群服务管理经验全省推广。扎实开展危爆物品、寄递物流、消防安全、道路交通隐患排查整治，12个社会治安突出问题整改率100%，全市未发生重大安全事故和公共安全事件。

【司法改革】 2016年，市委政法委牵头完成首批法官、检察官入额工作，制定办案人员权力清单制度，落实司法人员职业保障制度。稳妥推进刑事庭审实质化改革，市级政法部门分系统制定改革方案，确定东坡区、仁寿县为试点地区，探索建立“四类人员”（关键人员、有保密要求的证人、侦查人员、鉴定人）出庭作证制度，开展专题培训并召开示范观摩庭。制定规范刑事诉讼涉案财物管理处置工作方案，推进信息化管理统一平台建设，统一涉案财物管理场所、标准和规定，推动管理处置信息化、规范化、精细化。组织评查560件执法司法案件，逐案督查整改问题。公安机关成立案管中心，落实讯问犯罪嫌疑人全程录音录像规定，推进执法规范化建设。检察院建立刑事案件备案审查制度，开展基层民事行政检察工作推进年活动，强化诉讼监督。法院开展公正提速行动，推行民事简案速审、刑事轻刑快办，全力攻坚执行难，审执工作良性发展。制定《律师参与化解和代理涉法涉诉信访案件实施细则》，坐班值守、专家评查和专案专人服务“三合一”模式在全省推广。组织法学法律工作者开展法学交流、法治实践、法律服务，推进法治眉山建设。

【队伍建设】 2016年，市委政法委开展“两学一做”学习教育，举办第二届我最信任的基层政法单位、我最喜爱的政法干警评选表扬活动及先进事迹报告会。开展《担当与奉献2011年—2016年眉山市政法工作纪实》系列宣传活动，全市政法系统在省级以上媒体刊播新闻2200余篇。开展区县政法部门领导班子运行情况调研考察，为市委选好配强政法领导班子提供重要决策参考。组织干警参加中央政法学习讲座、四川政法大讲堂在线学习，举办7期眉山政法大讲堂、60余期专题培训、110余场次技能练兵活动，组织举办第三届政法系统运动会。全面落实党风廉政建设

"两个责任"，严格执行"两项规定"，健全查处政法领导干部违纪案件信息沟通机制，加强科级以上政法领导干部日常监管，开展政法队伍纪律、作风、执法情况暗访督察18次，暗访基层政法单位50个，发现并纠正问题20余个。

（市委政法委）

组织工作

【"两学一做"学习教育】 2016年，在全市党员中开展"两学一做"（学党章党规、学系列讲话，做合格党员）学习教育，市委召开"两学一做"学习教育工作座谈会，全市各级党组织以"重温入党志愿、重温入党誓词"主题党日活动开局。市委常委班子开展中心组学习和常委会会前学习16次，全市党员领导干部讲党课2300余场次，党支部书记讲党课8500余场次，"送学下乡"做法被央视《新闻联播》报道。落实33个市级单位（部门）责任，抓实"三项整改"（中央巡视组反馈意见整改、党的群众路线教育实践活动整改、"三严三实"专题教育对照检查问题整改）"回头看"27项任务，构建严肃党内政治生活、从严从实管理党员干部等常态长效机制。抓好省委巡视组反馈的2个系统整治、10个专项整改问题整改落实，扎实开展党员组织关系、党费收缴清理等11项专项清理检查。在全市党员中开展"四亮"（亮身份、亮差距、亮承诺、亮奉献）行动，工作做法获省委常委、组织部部长范锐平批示肯定。6月，市委召开"两学一做"专题学习报告会和专题落实会。

【市县领导班子换届】 2016年，市委坚持把党的领导贯穿换届工作始终，成立市县乡领导班子换届工作领导小组，健全领导小组办公室工作机构，完善职责履行、协作配合、机制运行、工作指导等相关制度，建立"三张清单"（主体责任、工作责任、问题责任）。在市级领导班子换届中，配合省委换届考察组完成市级领导班子个别谈话推荐、会议推荐、人选考察等工作；从严考察审核市"两代表一委员"人选，建立代表委员联审联评制度，严把代表委员资格条件关；强化对市"三会"领导，组织提名人选全部高票当选。在区县领导班子换届中，市委下发《关于认真做好区县领导班子换届工作的通知》，市县分别成立换届工作指导组，市委抽调组织、纪检等部门78人成立区县换届考察工作组，按省委规定的9个环节27个程序从严从实开展换届，落实党委书记、纪委书记对考察对象党风廉政"双签字"制度，认真查核党风廉政、个人重大事项和个人档案，"放下"存疑干部和"两代表一委员"存疑人选。

【乡镇领导班子换届】 2016年，市委下发《关于认真做好乡镇领导班子换届工作的通知》，市委组织部制发《关于选拔乡镇事业编制人员等四类人员进入乡镇领导班子的指导意见》。市、县、乡层层建立换届工作领导小组和工作机构，制定工作责任清单，签订责任书。召开全市乡镇领导班子换届工作培训会，制定《换届工作手册》《换届工作流程图》，市、区县派出指导组84个，召开"四类人员"（乡镇事业编制人员、村党组织第一书记、优秀村干部、大学生村官）选拔、党代表选举、换届考察、大会组织等培训会、推进会20余场次，培训3500余人次。市、区县派出督查组50个，市委组织部牵头开展集中督查5次，各区县均组织开展督查。至11月，全市完成乡镇党委班子换届和乡镇人大、政府换届，选拔"四类人员"134人，其中事业人员61人，第一书记37人，优秀村干部19人，大学生村官17人。

【村（社区）党组织换届】 2016年，市委下发《关于认真做好村（社区）党组织换届工作的通知》，市委办、市政府办制发《关于认真做好第十届村（居）民委员会换届选举工作的通知》，总结推广彭山区村（社区）换届试点经验，全面部署开展村（社区）换届工作。全市1354个村（社区）换届工作有序推进，2016年完成725个村。实施村后备干部递进培养计划，每个村遴选1~2名35岁以下、高中以上学历的青年党员，参加党校培训、高校集训、设岗锻炼等，全市1103个村培养储备后备干部1121人。组织学习宣传换届纪律，全市各乡镇党委、村级党组织印发换届纪律警示卡，召开"三案"（辽宁拉票贿选案、湖南衡阳破坏选举案、四川南充拉票贿选案）学习反思会，组织观看《镜鉴》专题片，签订严守换届纪律承诺书，开展严肃换届纪律谈心谈话。

【脱贫攻坚】 2016年，市、区县成立"五个一"（一名联系领导、一个帮扶单位、一个驻村帮扶工作组、一名第一书记、一名农技员）帮扶力量协调小组，统筹市、区县"五个一"帮扶力量3万余名干部、379个部门聚力攻坚。加强第一书记队伍管理，培训贫困村第一书记，建立权力清单、责任清单，制定日考勤、周督查、月通报等制度，开发运用第一书记管理手机APP，组织实施年度工作述职。市委办制发《"红色先锋引领绿色发展、共产党员带领脱贫奔康"活动方案》，召开"四支队伍"（党员先锋服务队、基层便民专业化服务队、社会志愿者服务队、村〈社区〉网格员服务队）服务群众电视直播推进大会，组织“四支队伍”7500余支为群众办实事、解难事。实施党员精准扶贫示范工程，培育党建脱贫示范项目316个，带动发展党员脱贫示范户316户。

【换届监督】 2016年，市委组织部严肃换届纪律专题谈心谈话“四必谈”（本级四套班子成员必谈、本级党委管理的主要领导干部必谈、重点岗位干部必谈、负责换届工作的人员必谈）、《镜鉴》专题警示教育片和《严肃换届纪律文件选编》“四必看”（四大班子领导必看、参加换届工作会议的人员必看、负责换届工作机构人员必看、“两代表一委员”必看）和换届风气监督“四必训”（组织部门分管领导和干部监督机构工作人员必训，换届考察组成员必训，人大、政协和纪委、统战部等有关方面参加换届工作人员必训，新当选“两代表一委员”必训），开展3轮谈心谈话，发放严肃换届纪律资料、明白卡4.3万份，组织观看学习“一片一书”（《镜鉴》专题警示教育片、《严肃换届纪律文件选编》）2.9万人次，分层分类组织5.2万人次签订严肃换届纪律承诺书，培训2.1万人次。强化风险防控，梳理15个主要风险点落实防控措施，建立每日选情会商、市县乡换届工作周报制度，成立换届信访举报查核协调组。市委组织部、市纪委组建换届风气巡回督查组，开展2轮全覆盖检查。

【制度建设】 2016年，市委办制发《市委党建领导小组2016年工作要点》，市委党建领导小组制发《2016年度党建责任清单》，市委党建办牵头开展2016年度党建工作单项考核，党建责任清单做法被省委组织部《组工动态》刊发。协调推进党的建设制度改革，每月更新台账、每季报送案例、每半年开展督查评估、每年总结考核，按进度制定出台3个专项改革方案、12项制度；组织申报改革创新案例参加全省“创新奖”评选，2个案例获创新奖、1个案例获提名奖。加强党建和组织工作研究，市委组织部制发《关于进一步加强党建和组织工作研究的意见》，承办全省组织部门（川西南片区）研究工作务虚座谈会，参与“习近平党建思想实践逻辑”“选人用人形势研判”全省重点课题调研，“互联网+党建”课题调研报告入选全市优秀成果汇编。

【领导班子和队伍建设】 2016年，市委办公室制发《眉山市推进领导干部能上能下实施细则（试行）》，推动能者上、庸者下、劣者汰。在区县换届中，从园区、招商等经济发展一线提拔干部26人，从援藏、信访、维稳等岗位提拔13人，从乡镇和脱贫攻坚一线提拔27人，选拔女县委书记和“80后”县长，提拔优秀乡镇党委书记15人、市级递进培养对象27人，选拔熟悉工业经济、城建规划、现代农业等干部36人，区县党政正职12人中有省级递进培养对象9人。换届后，区县党政班子中42岁以下干部占45.2%，形成老中青梯次搭配；大学以上学历占95.12%，较上届增加5%；配备女干部32人，比上届增加9人，实现党政班子全覆盖；按规定配备党外干部。调整补充市级部门“一把手”35人。公开遴选市本级优秀干部人才递进培养对象120人。

【干部教育培训】 2016年，市委组织部牵头举办“城市规划建设”“新型城镇化”“城镇化、区域发展与乡村”“城市园林”专题培训班4期，培训干部720人次。举办优秀干部人才递进培养培训班2期，261人开展三个月“党校理论武装+高校专业培训+社会实践调研”集中培训，工作做法被《中国组织人事报》图文报道。开展“东坡讲坛”干部自主选学，举办县处级领导干部理论教育、党性教育、公共知识教育等培训12期，举办政法、三农、文化、财经、工业、党建、统战、组工8类分讲堂专业培训32期，培训干部1.38万人次。举办全市“学习贯彻《干部教育培训工作条例》”培训班。建立领导干部培训档案，实行干部培训学时登记管理。选派领导干部参加国家级、省级干部院校调训132人次。选派年轻干部6人到驻外经合局挂职锻炼。

【援藏干部管理】 2016年，市委组织部组建考察组赴小金、金川县考察第三批援藏干部人才工作情况，东坡区教育局、仁寿县卫生和计划生育局2个单位，杨静、张锐等援藏干部13人被省委组织部表彰为四川省对口援藏工作先进个人。择优选派干部56人赴金川、茂县开展对口帮扶，工作经验在全省对口帮扶工作会上交流。从甘孜州交流副县级领导干部1人、科级干部1人到眉工作，1名优秀年轻干部提拔交流任汶川县副县长。

【干部监管】 2016年，市委组织部制发《关于进一步规范市级部门科级领导干部选拔任用工作有关问题的通知》《市级部门中层干部轮岗交流暂行办法》，召开全市组织人事工作专题培训会，规范市级部门科级干部选拔任用工作。组织召开全市年轻干部、女干部和党外干部代表座谈会、选调生代表座谈会。市委组织部制定《拟提拔为市管干部的考察对象个人有关事项报告抽查核实工作操作规程》，完成个人有关事项报告材料汇总综合，随机抽查和重点抽查核实干部809人。落实任中审计与离任审计制度，委托市审计局对县级领导干部经济责任审计11人（任中审计9人、离任审计2人）。审批下级党委（党组）干部选任事项报告24件。落实县级以下机关公务员职务与职级并行制度，符合条件的干部18人晋升正处级职级。

【公务员、事业人员管理】 2016年，面向社会招录公务员219人，从优秀村干部、优秀工人农民和服务基层人员中考录乡镇公务员65人，公开考聘事业人员92人，组织市直党群部门面向基层一线公开遴选优秀公务员7人，调配公务员、参公、事业人员21人，新招录选调生21人。继续公务员平时考核试点，加强彭山区、市委统战部、市交通运输局等试点单位督促指导，工作经验在全省公务员工作会议交流。推进司法体制改革，完成全市员额法官75人、员额检察官74人职务套改。完成2015年度全市公务员统计，做好全市机关事业单位工作人员调资和法检工资制度改革相关工作。推进干部档案数字化建设，设立干部档案管理科，核定参公编制2名、科级领导职数1名，完成干部档案库房装修、消防设施、监控设备、回转柜安装调试，整理、扫描、数字化处理档案2152卷50余万页，通过省委组织部专项督查组检查验收，并在全省组织系统示范点洪雅县召开工作现场会。

【人才队伍建设】 2016年，市委印发《关于深化人才发展体制机制改革为“两个率先”“五个先行”提供有力人才支撑的实施意见》《眉山市“十三五”人才发展规划》，市委组织部制发《关于深入实施“眉州天府英才工程”集聚优秀人才创新创业的意见》，市科协制定《眉山市院士（专家）工作站试行办法》，市委组织部、市人社局制发《关于进一步规范市属事业单位公开招聘高层次和紧缺人才实施办法（试行）的通知》。组织区县、部门、园区、企业赴北京大学、清华大学、同济大学招才引智，与清华大学、同济大学签署《人才合作意向书》，引进硕博研究生21人到眉山工作，工作做法受到省委常委、组织部部长范锐平肯定。市委组织部、市外侨台办开展“中国西部海外高新科技人才洽谈会”高层次人才走进眉山活动，两次邀请第16批赴川“博士服务团”部分成员、省级机关在眉挂职干部到眉调研，获批“外国专家来华邀请函”，引进海外高层次人才15人。指导金象园区成功创建省级博士后创新实践基地，遴选创新型企业家50人参加天府大讲堂培训，遴选专业技术人才20人参加第四批援藏工作，为高层次紧缺人才1124人兑现生活补贴283.32万元，新增省“千人计划”入选者1人。完善党政领导联系优秀人才制度，编制《眉山市人才服务指南》，推进人才进党务政务服务中心，建立眉山市高层次人才联系平台“超级信使”。

【党代表任期制】 2016年，围绕搭建党代会年会、党代表选拔培训、党代表履职尽责、党代表宣传展示“四个平台”，发挥党代表在参与民主决策、参与民主监督、参与党的自身建设、联系服务党员群众“四个作用”，推进市县乡联推联试。“眉山探索党代表任期制探索制度治党”“议党建谋发展促落实，眉山市强化三个突出开好党代会年会”“眉山倡导‘六选六不选’保证乡镇党代表质量”等做法被新华通讯社《国内动态清样》《四川组工情况交流》《四川党的建设》《市县乡领导班子换届工作简报》刊发。筹备召开市三届七次党代会和市第四次党代会。

【基层组织建设】 2016年，市委组织部制发《关于推行“基层党建全方位运行体系”的通知》，深化彭山区农村基层党组织建设试点，健全县乡村三级党组织书记党建述职评议考核制度，集中整顿软弱涣散基层党组织262个。强化基层党建保障，全年全市投入1168万元新建和改扩建村级阵地32个，全市有集体经济的村883个、占总数的（下同）80.1%，集体经济年收入5万元以上的村67个，占6.1%。

【“两新”组织党建】 2016年，市委办制发《关于加强社会组织党的建设工作的实施意见（试行）》，市委组织部制发《关于全市性行业协会商会与行政机关脱钩后党建工作管理体制调整的办法（试行）》，明确组建综合党委、健全组织体系、规范组织活动、强化基础保障等措施。集中推进“两新”组织党的组织和工作“两个覆盖”，建立“五个清”经营运行情况、职工队伍情况、党员队伍情况、出资人〈负责人〉情况、未建党组织原因台账，全市建档非公企业、社会组织党组织覆盖率分别为总数的86.7%、79.2%。

【产业园区党建】 2016年，市委组织部制发全市产业园区党工委2016年党建责任清单，明确思想政治、基层党建、班子队伍、党风廉政建设等7个方面42项党建任务。制发《关于加强园区党的建设在产业园区建立青年人才党支部的通知》，组建产业园区青年人才党支部30个，赋予青年人才党支部强化政治引领、深化“双向”培养、服务创新创业等职责，将支部工作和人才成长融入园区建设和企业发展。

【党员教育】 2016年，加强远程教育站点学用管理指导，督查远程教育站点学用情况、“共产党员”“天府先锋”微信订阅使用情况，推荐李明清等专职教师4人、胡彬等兼职教师6人入选四川省党员教育培训师资库。强化流动党员管理服务，在北京、西藏拉萨、四川西昌等地建立驻外党支部5个、驻外流动党员管理服务站2个。推进重点工作新闻和专题片摄制，在《党建新风》栏目播出“脱贫攻坚”“换届纪律警示教育”“两学一做”专题教育等系列节目54期，《用生命写就忠诚》《小区有个党支部》分获省第十六届党员教育电视片暨第九届远程教育教学课件观摩交流活动“优秀党员事迹片类”三等奖、“党建工作纪实片类”二等奖；《绿色的坚守》获2015年度眉山市广播电视节目长纪录片优秀奖，《基层一线的80后》获新闻专题提名奖，《党建新风》获十佳新闻栏目提名奖；“脱贫攻坚”微电影《不忘初心》获眉山市第二届微电影大赛最佳编剧奖、十佳影片奖。

【自身建设】 2016年，市委组织部开展“两学一做”学习教育，总数的定期组织开展主题党日活动，加强党章党规、习近平总书记系列重要讲话精神、中共十八届六中全会、省委十届九次全会等精神学习。举办“组工讲堂”16期、政工人事干部专题培训班2期，轮岗交流中层干部8人，选派干部6人前往省级机关、脱贫攻坚、驻外招商一线挂职。严格执行组工系统“除官气、破自满、转作风、树正气”十条规定，利用“一片一书”、廉政警示教育等加强换届纪律教育。开展“走基层”活动，指导联系村加强党组织标准化建设，实现脱贫目标。加大宣传力度，中央、省主流媒体报道眉山市党建和组织工作稿件475篇（条），66条组织工作信息被中组部、省委组织部刊用，信息采用量居全省首位。

（瞿波）

宣传工作

【理论工作】 2016年，市委宣传部落实市、区县常委会集体学习习近平总书记系列重要讲话精神和学法制度，按《党委（党组）中心组学习考评细则》要求，督查、量化考核区县和市级各部门党委（党组）理论学习中心组情况。围绕学习贯彻中共十八届六中全会精神、省委十届九次全会和市第四次党代会精神，组织市委常委会集体学习、市委中心组（扩大）学习会和“两学一做”作专题讲座，全年召开中心组扩大学习会23次，举办报告会8次、研讨会12次、专题讲座8次。中心组学习经验全省交流。组织召开高校意识形态责任制工作推进座谈会。前往园区、企业、乡镇、村组、学校宣讲中央、省、市重大决策部署。组织开展以“科技驱动发展，科技富农惠民”“科普惠农入村社”为主题的科普宣传活动。形成《“文化+”的眉山实践》等应用型社科课题48项。运用《眉山日报·理论版》《眉州学刊》刊发市、区县、乡镇党委（党组）中心组成员学习成果50余篇。

【新闻宣传和网络宣传与监督】 2016年，市委宣传部制订《2016年眉山新闻宣传总体策划》。以全国“两会”、省“两会”、旅博会等节点展示眉山；举行三苏祠重新开馆、“第九届中国竹文化节”等活动，制作《东坡故里天府眉山》画册；新型城镇化建设、诉非衔接等重大主题在中央、省级主流媒体刊播，“眉山经验”上升为“中国经验”。全年，在省级以上媒体正面报道眉山新闻5322篇。宣传贯彻中央十八届六中全会、省委十届九次全会和市第四次党代会精神；围绕7个主题开展“走转改”活动，完成“看眉山”系列微视频摄制10部；策划绿色发展、脱贫攻坚等主题宣传50余次，围绕三苏祠开馆等重大主题活动，举办新闻发布会20余场（次）。新闻传播工作经验全省交流。党报党刊征订工作受到中宣部办公厅表彰。健全热点舆情分级响应机制，加强市县（区）监测平台建设，形成日报、周报、月报和专报的“3+1”舆情报告体系。围绕市县乡换届，建立换届风气舆情应急处置机制。妥善处置“山东问题疫苗现眉山籍买家”等热点舆情40余起。建设眉山日报社、眉山市广播电视台政务微博、微信、移动客户端“三位一体”新型平台。启动“融媒体中心+文化创意园”项目建设。

【文化产业和文艺工作】 2016年，眉山建成东坡城市湿地公园、苏辙公园等文化工程；保护整治眉州古城墙、太和镇古街等6处历史遗迹；完成三苏祠重建修缮，举行三苏祠博物馆、三苏纪念馆开馆仪式。建设东坡泡菜风情街、彭山区长寿坊以及一批文化风情小镇。引进峨乐集团、云南城投等投资者，建设一批文化旅游重点项目，全年文化旅游项目投资完成83.5亿元，制订《眉山市“十三五”精神文明建设和文化发展规划》。全年文化产业投资91亿元，比2015年增长15%。举办第九届中国竹文化节。建设43个幸福美丽新村文化院坝，完成1.13万个公共文化项目，基本建成四级公共文化服务网络。完成文化惠民扶贫年度任务，开展“同圆中国梦·共建新眉山”等系列群众文体活动。汇报演出原创情景歌舞剧《竹韵天下》，策划眉山市第二届微电影大赛，推进电视连续剧《苏门三杰》《橙树花香》、歌曲《眉州菜谱》等全市重点文艺项目。全年开展文体活动500余场次、惠及群众150万余人次。

【精神文明建设】 2016年，市委宣传部开展“身边好人”评选，评选出“中国好人”3人、“四川好人”17人。李俊英家庭被评为第一届全国文明家庭，受到中共中央总书记习近平会见。拍摄道德模范和身边好人微视频，编印《德耀眉山》2万册，开展道德模范巡讲活动20余场。做好第四届四川省文明城市验收准备和2016年度城市公共文明指数测评迎检工作。市委办、市政府办制发《进一步深化农村精神文明建设的意见》，将文明文明村镇创建和考评纳入乡镇年度专项考评。新培育社会志愿服务组织18支、老干部志愿者服务队20支、社会工作组织3个，社区（村）志愿者服务站建设覆盖率70%，全市各级志愿者队伍1800支近27万人；开展学雷锋志愿服务活动6000余次，为群众办实事2万余件。实施政府采购志愿服务进校园活动，服务全市40所偏远乡村小学。开展“清明祭先烈”“向国旗敬礼”等主题实践活动，新建乡村学校少年宫4个、区（县）未成年人心理成长指导中心3个，拍摄乡村学校少年宫专题片4部在全省展播，编印《中华经典诵读·学生篇》《中华经典诵读·市民篇》读本3万册。

【部机关建设】 2016年，市委宣传部开展干部学习教育，举办“文化眉山之文化立市”讲座等东坡文化市民大讲堂4期，组织理论中心组学习5期，进一步提升机关干部沟通协调、语言表达、文字写作、自我学习“四种能力”。加强部门档案管理，按照二级档案室标准启动机关档案室建设。做好部门公车改革。开展“两学一做”学习教育活动，完成脱贫攻坚年度任务。落实精细化工作要求，实行工作办理跟踪管理，保证重要工作、重大活动高标准、严要求、零误差。加强机关党建，做实做细部机关党风廉政建设和机关党建工作，干部警醒法纪红线，确保干成事、不出事。

（市委宣传部）

机构编制

【编制管理】 2016年，市委机构编制委员会办公室（以下简称“市委编办”）制发《眉山市政府雇员管理试行办法》，向专业性强、发展任务重的市发改委等9个部门下达政府雇员计划，从编制上支持和保障市经信委等部门面向社会公开考核招聘高层次紧缺人才37人。严格公开招录（聘）、调入审核和登记，完成行政、事业单位人员431人公开招录（聘）审核。审核市级部门使用空缺编制补充人员，全年审核后使用行政编制82名、事业编制106名。严格领导干部职位配备前期预审，预防市级各单位、部门超职数配备干部、超机构规格提拔干部，全年完成县级领导职数50名、科级领导职数230名预审。

【事业单位分类改革】 2016年，实施事业单位分类管理，市级事业单位分类批复218个，各县（区）分类批复2184个，批复率分别为98.1%、100%。开展承担行政职能事业单位改革试点，主动对接省委编办，争取市级、彭山区、青神县3个改革试点地区党委政府支持，前往涉改部门调研，召开各类座谈会7次，专题研究6次，形成改革试点方案，推进工作开展。市委编办制发《关于推进事业单位法人治理结构建设试点工作的指导意见》，在全市特别是城市公立医院开展法人治理结构试点，促进事业单位健康发展。

【政府职能转变】 2016年，市委编办贯彻落实省委编办《关于行业协会与行政机关脱钩涉及事业单位机构编制调整工作的实施意见》，市委编办、市发改委、民政局制订《行业协会商会与行政机关脱钩方案》，并完成试点工作。探索全市公立医院事业编制总量控制和补充员额实行备案管理。实施不动产登记制度改革，完成全市不动产登记机构设置。加强业务指导，青神县相对集中行政许可权改革试点稳步推进。

【责任清单调整优化】 2016年，市委编办调整优化市级49个部门（单位）行政权力责任清单，全面“清”单、准确“制”单、反复“审”单、及时“晒”单，市、县（区）同步完成既定工作任务，涉及市级行政权力事项5158项，（县）区行政权力事项35144项，实现权力清单与责任清单深度融合，成为政府部门依法履职准绳。

【机构编制实名制统计及网上名称管理】 2016年，市委编办完成全年各项统计任务，统计数据、实名制系统和机构编制台账一致，通过省委编办数据校核。管好用好实名制系统和机构编制台账，全年办理上下编手续及数据更新8015次，全市财政供养人员数据真实、准确。发挥系统作用，为市级各单位、部门提供服务30余次。强化“三个统筹”，（统筹经费、统筹办理、统筹推进），全市政务及公益域名注册管理取得显著成绩，截至年底，全市注册率101.5%，位列全省第5名。网上名称管理工作荣获2015年度中央编办“网上名称管理工作成效奖”。

【事业单位登记管理】 2016年，市委编办严格执行事业单位年度报告工作制度，年度报告提交率100%，公示率99.6%；建立“一单两库一细则”，开展事业单位法人公示信息抽查，实地抽查12家事业单位，加强事中事后监管，年度报告工作和监管工作均被省事登局通报表扬。以卫生等行业体制改革为契机，市委编办制发《眉山市关于推进事业单位法人治理结构建设试点工作的指导意见》，推进事业单位法人治理结构试点。推进法人和其他组织存量代码转换。市委编办印发《关于开展机关、编办直接管理机构编制的群众团体统一社会信用代码赋码工作的通知》，在全市分批进行赋码颁证，全年完成机关群团赋码颁证57家、事业单位174个。市委编办制定《眉山市市本级事业单位印章管理办法》《眉山市事业单位登记档案管理办法》，规范登记工作日常管理。

【监督检查】 2016年，市委编办将“12310”机构编制举报投诉电话、编办相关业务政策法规分别整合到市党务政务服务热线、平台，搭建网上和线上服务平台，实现“一号受理、按责转办、限时办结”。及时受理省委编办转办的《彭山区物价局作为挂牌机构仍在独立运行的举报单》，督促彭山区按照挂牌机构“三不”原则按照整改到位。推进“吃空饷”单位核编减编，督促东坡区、仁寿县、青神县按时落实到位，核减事业编制39名、机关工勤编制4名；收回空余行政编制7名、事业编制48名。做好机构编制审计，牵头完成市民政局、市财政局等8个市级部门及黑龙滩风景区、通济堰管理处主要负责人任期机构编制执行情况审计。

【便民服务】 2016年，市、县（区）委编办入驻党务政务服务中心，通过优化办事流程、完善服务配套设施等举措，提升办事效率、服务水平。市级窗口承办市级组织、统战和机构编制相关业务，全年审核市级单位和部门自聘临时人员421件，1.5万人次，受理事业单位登记业务45件，接转党组织关系1362人次，接受各类咨询1500余人次。仁寿县探索创新机构编制工作入驻党务政务服务中心做法在省委编办《四川机构编制》专刊交流。

（市委编办）

统战工作

【党外干部管理】 2016年，市委统战部举办“同心大讲堂”2期，选派26名党外代表人士赴高校、社会主义学院培训，市委统战部、市委组织部公开遴选党外干部18人参加全市干部人才递进班培训，占总人数120人的15%。选派党外选调生3人参加省委统战部举办的年轻干部人才培训，推荐1980年以后出生的党外干部8人参加全市年轻干部、女干部和党外干部座谈会。换届后全市配备党外干部25人担任乡镇长、副乡镇长，其中担任乡镇长6人，市无党派知联会会长陈宏斌当选为省党外知识分子联谊会副会长。完成换届中党外人才安排，市、区县人大、政府、政协领导班子中安排党外代表人士担任领导干部数量均达到规定，市人大、政协和区县政协中的人大代表、政协委员及其常委达到规定比例。

【民主党派、知联会自身建设】 2016年，全市各民主党派、无党派知联会举办知识讲座、座谈会、学习会等专题学习教育活动30余次，组织150余人次赴重庆特园（中国民主党派历史陈列馆）、广州、中山、武胜等地学习考察。协助民盟市委、民进市委、民革市总支完成换届。中央统战部六局到川调研四川省支持无党派人士发挥作用经验做法，眉山在会上发言。

【党外知识分子和新的社会阶层人士工作】 2016年，市委统战部开展国企统战工作调研，支持成立民盟市委直属四川工商学院支部和知联会四川工商学院分会。分别在第二次全省高校统战工作会和全省党外知识分子工作会议暨新媒体从业人员统战工作试点经验交流会上作经验交流。市委统战部联合相关部门组织开展新的社会阶层人士工作调研，建立新的社会阶层人士工作联席会议制度。

【民主协商】 2016年，市委办印发《2016年度中共眉山市委同市级各民主党派政党协商会议计划》。引导市级各民主党派、无党派人士围绕市委中心工作开展调研，建言献策，形成调研报告15篇，其中民盟市委主委杨常沙、市直总支主委钟文撰写的《当前扶贫攻坚工作的问题及建议》获四川省委书记王东明批示。全年提交省政协提案11件、省人大建议2件，市“两会”上党外市人大代表提交建议33件，占总数72件的45.83%，党外市政协委员及民主党派、工商联提交并立案的市政协提案139件，占总数202件的68.81%，许多建议意见转化为党委、政府和部门的决策参考。市级各民主党派、市工商联、市无党派知联会等在市政协三届六次会议上发言10篇，受到市委书记李静重视和批示。

【服务发展改善民生】 2016年，市委统战部支持农工党市总支争取到农工党中央、中国西部研究与发展促进会向市人民医院及基层医疗卫生机构援助医疗设备资金3.8亿元。全国政协副主席、农工党中央常务副主席刘晓峰莅眉考察灾后重新开馆的眉山三苏祠博物馆、三苏纪念馆，并肯定援建工作。邀请四川欧美同学会·四川留学人员联谊会到眉举行“留学报国眉山行”活动，双方签订合作协议。引导同心·注册会计师服务团、同心·注册税务师服务团开展咨询座谈、专题讲座等活动，引导四川同心·律师服务团眉山分团对口支援黑水县。引导民主党派、党外人士向困难群众捐款捐物173.96万元，投入531.53万元帮助联系村改善基础设施等，助力脱贫攻坚。民盟中央社会服务部副部长段海溪莅眉开展“农村教育烛光行动”。争取到民盟中央“天行健公益行”项目，向全市9所医院捐赠13台总价值494万元的脑卒中康复治疗设备。

【民族宗教工作】 2016年，市委统战部推进民族团结进步创建活动，开展各类专题宣教活动93场次，教育干部群众7400余人，市委统战部、市委宣传部联合命名50个“全市民族团结进步创建活动”示范单位。推进少数民族帮扶工作，动员市、县级部门为78户少数民族困难户提供发展项目87个，落实帮扶资金47.8万元。创新外来少数民族服务管理工作机制，市委常委宣迅代表眉山市人民政府在全省城市民族工作会议上作《创新服务管理工作机制促进各民族交往交流交融》交流发言。开展

2016年12月21日，市委常委、统战部部长王光彩一行调研民主党派工作

“法律进宗教场所”活动，全年开展法治专题宣传教育活动300余场次，发放各类宣传资料4.6万份，教育培训宗教教职人员和信教群众6.7万人次，宗教场所覆盖率100%。开展以“规范”为主题的和谐宗教活动场所创建活动，39处宗教活动场所被命名为“眉山市和谐宗教活动场所”。设立宗教活动场所维修资金，用于存在较大安全隐患宗教场所重建或维修补助。组织开展非法大型露天宗教造像专项治理，清查出非法大型露天宗教造像1处，及时整改。

【经济统战工作】 2016年，市委统战部组织16家民营企业赴成都参加“创新升级·香港博览”活动。推荐亨达实业有限公司守法诚信经营典型事迹被评为全省非公有制经济领域“守法诚信好故事”。组织开展企业家集中培训、外出培训6次，培训非公有制经济人士600余人次，结合“法律七进”活动，送法入企培训4场，参训212人次。按照换届工作要求，推动完成市、县工商联换届。引导非公经济人士通过“民企帮村”“定点帮扶”“结对认亲”等活动或载体，助推贫困村脱贫致富。组织134家企业结对帮扶贫困村101个，引导企业向联系村投入帮扶资金785万元，捐款捐物折合人民币203.10万元。

【港澳台及海外联络】 2016年，市委统战部争取港澳台和海外人士到眉山投资创业，参与招商座谈4次。召开纪念黄埔军校建校92周年座谈会。组织走访慰问黄埔军校同学，向黄埔军校同学12人发放慰问金6万元。争取省黄埔军校同学会、市政府解决黄埔同学生活补助。

【自身建设】 2016年，市委统战部新设立事业单位——眉山市民主党派机关事务管理中心，为市委统战部下属公益一类正科级事业单位，核定事业编制6名，设主任1名。部机关党支部完成换届，选举产生新的党支部书记和支部委员2人。统战信息被中央统战部《每日汇报》采用3条，被中央统战部网站采用5条，被省委统战部《四川

统战工作》采用11条，被省委统战部网站采用53条。市委成立市委统一战线工作领导小组。结合换届，市、县两级党委统战部部长全部由同级党委常委担任。

（市委统战部）

民族宗教工作

【民族项目】 2016年，市民宗局推进少数民族帮扶，制定市、县级部门联系帮扶少数民族困难户工作计划，组织动员市、县级部门为78户少数民族困难户提供发展项目87个，落实帮扶资金47.8万元，培育少数民族致富典型14户。

【宗教事务】 2016年，全市开展“法律进宗教场所”活动，在全市重点宗教活动场所推进“四个一”建设，全年开展法治专题宣传教育活动300场次，发放各类宣传资料4.6万份，宗教场所覆盖率100%，教育培训宗教教职人员和信教群众6.7万人次；开展以“规范”为主题的和谐宗教场所创建活动，启动和谐宗教活动场所评选、命名、挂牌工作，39处宗教活动场所被命名为“眉山市和谐宗教活动场所”；开展非法大型露天宗教造像专项治理，整治大型露天宗教造像1处；市民宗局、市财政局制定《眉山市宗教场所维修补助经费管理办法》，明确每年市财政设立一定额度的宗教场所维修资金，用于存在较大安全隐患的宗教场所的重建或维修补助。加强爱国宗教团体建设，举办以“规范”“守法”等主题的集中教育培训活动4次，培训宗教教职和信教群众730人。

【安全维稳】 2016年，加强民宗领域安全生产监管，全年全市整治各类安全隐患70处，整结率100%，未发生安全生产责任事故。妥善化解民族宗教领域矛盾纠纷，有效处置化解涉及民族宗教领域矛盾纠纷、涉访涉诉事件19件，化解率100%，全市民族宗教领域总体和谐稳定。

（市民宗局）

政策研究

【概况】 2016年，市委政研室牵头或参与起草全市性重要文件、总结汇报27件，起草市委领导署名文章、讲话素材12件，修改书记专访材料9件；开展专题调研10余次，形成调研成果10余件；向中央、省委报送典型经验、信息材料50余件，得到省委或市委领导肯定性批示36件次；全市深化改革、依法治市工作走在全省前列。

【深化改革】 2016年，市委政研室新增国家级试点5个、省级试点5个；加强向上对接，全年推出29个专项改革方案、配套文件68个。清理盘活眉山“僵尸企业”入选全省十大改革成功案例，支持农民进城购房、全国城乡环境治理现场会在眉山召开，彭山区农村改革被评为“全省十大经济影响力事件”、农村土地流转模式被中央改革办向全国推广。经济领域改革发展增强。出台10个方面25条举措和“1+5”改革方案，推进供给侧结构性改革。在全省率先开展民营企业建立现代企业制度试点。实施“眉州天府英才工程”。农业农村改革开创全国经验。依托1个全国试验区、2个省级试验区，实施“1595”农村改革系统工程。开全国先例为农民建立住房公积金制度，住建部在眉山召开农民和农民工进城入镇全国现场会。仁寿县创新建立房地产业发展专项基金经验全国交流。彭山区“四步流转、三方受益”机制受到国务院副总理汪洋肯定，入选中改办、中宣部、农业部向全国推广改革案例。彭山区全国“两权抵押融资”试点，创造全国单笔最高100万元的农村产权抵押贷款记录。行政体制改革走在全国全省前列。在全国率先成立“党务政务服务中心”，建立“12345党务政务服务热线”。出台关于抓改革促落实的文件，鲜明改革实绩考核和用人导向，制定《眉山市改革推进落实十项制度工作指南》，明确责任主体、清晰主攻方向、运行体制顺畅“4321”体系。

【推进依法治市】 2016年，市委政研室创造一批“眉山经验”，年度考核全省第4位。推进依法治市38项具体任务和2项省级创新工作以及40项市级创新工作，建立完善工作台账制、信息报送制、网络维护制、动态月报制、暗访督查制度、考核排位制度六大运行机制。推进各项重点工作，抓好领导干部“关键少数”，成立市委市政府法律顾问团，加强重大决策的合法性审查，建立法治档案和述法制度，推进“放管服”，制定首部地方实体性法规《眉山市城乡规划条例》；推进司法责任制、行政案件集中管辖、家事审判制度、刑事庭审实质化等司法改革任务，制定行政机关负责人出庭应诉办法，建立律师参与涉法涉诉信访案件的“三种模式”，评查整改560件社会影响较大案件、当事人反映强烈的案件；严守“三条底线”，开展重大决策事项社会稳定风险评估187件，实行安全隐患每月“一排查、一整改、一通报”，建成标准化乡镇食品药品监管所50个。启动“七五”普法，市委荣获“六五”普法全国先进集体，建成“眉山普法”新媒体普法平台，开展市级法治示范区（县）、乡镇（街道）、村（社区）、机关（单位）、寺庙、学校、企业“八大示范创建工作”。城市管理向治理转变、党务政务服务中心建设入选依法治省特色创新工作，城市管理工作经验编入四川法治蓝皮书；依法行政“以案说法”领导干部培训班得到依法治省办充分肯定，被省委办公厅《每日要情》刊载；公安主办侦查员“133”模式入选全国公安改革案例选编，特殊人群服务管理经验全省推广，综治工作“四个走”工作经验全国交流；全省法院诉讼服务中心建设现场推进会、全省公安改革现场推进会在眉山召开，推广眉山经验。

【经济社会发展重大问题研究】2016年，市委政研室开展调查研究10余次，形成调研报告10余件，全部转化为市委、市政府决策。围绕城市新区建设，赴岷东新区调研，形成《超常发展需要超常举措》调研报告，在眉山日报刊发，开展小微企业发展现状调研，起草《眉山市支持小微企业加快发展若干政策措施》；围绕城市营销，创新调研方式，聘请专业社会调研机构，参与眉山城市特质及其营销调研；围绕深化改革，重点调研农业农村改革，形成《深化农业农村改革的眉山探索与实践》调研报告；围绕依法治市，调研诉非衔接等社会治理领域，形成《眉山创新基层社会治理的探索与实践》调研报告。

【起草重要文件】 2016年，市委政研室牵头或参与起草市委重要文件、重要文稿、重要工作报告等27件。牵头起草《市委全面深化改革领导小组2016年工作要点》《眉山市依法治市2016年工作要点》《市委关于进一步抓落实促改革的实施意见》《市委关于深化“三大工程”实施“五大行动”推进绿色发展建设美丽眉山的决定》和市第四次党代会报告等市委重要文稿11件。起草或参与起草《在全省市（州）党委书记汇报会上的发言》《眉山市房地产去库存工作情况报告》《在成都平原经济区稳增长工作座谈会上的汇报》《眉山市加强改革落实工作的情况汇报》《眉山市推进改革落实的情况汇报》《在“5+3”市州经济运行情况座谈会的情况汇报》等重要汇报材料13篇。起草《省委重要会议参观考察随车解说材料》《省委全委会眉山宣传片解说词》和市第四次党代会报告解读文章《一脉相承的宝贵经验》《全新起点的战略抉择》《宏伟蓝图的行动纲领》3篇。

【代拟领导讲话稿】 2016年，市委政研室撰写市委主要领导署名文章5篇，《矛盾多元化解社会多元共治》被人民日报刊发，《眉山：五年总量翻一番量质齐升上千亿》《紧扣“三个结合”奋力走出脱贫攻坚的“眉山路径”》《大力推进农业供给侧结构性改革打造都市近郊型现代农业强市》被《四川省情》《调查与决策》《四川三农》刊载。参与起草市委书记李静在市政协三届六次会议闭幕时的讲话、在市三届人民代表大会第八次会议上的讲话、在市政协四届一次全会上的讲话和在市委经济工作会上的讲话等稿件，全年撰写市委领导讲话稿及讲话素材7篇。协助市委书记李静接受人民日报、四川日报、四川卫视等中省主流媒体专访材料9篇。

（市委政研室）

保密工作

【保密管理】 2016年，市委保密委员会办公室（市国家保密局，以下简称”市委保密办”）转发国家保密局《涉密人员保密管理指南》，完成涉密人员分类确定，建立涉密人员管理数据库。转发《历史文件资料定密解密问题引发的信访事项应予以高度关注》，督查市政府办等6个涉密单位定密管理工作情况。制发《关于开展保密自查自评、涉密工程保密管理、互联网门户网站保密管理督查的通知》，全年督查市直机关单位94个，县直机关单位372个。转发《重大神涉密会议活动保密服务保障工作手册》，印发《关于转发四川省国家保密局〈关于发布国家秘密载体印制乙级资质单位名录的通知〉的通知》。全年集中定点销毁废旧涉密文件资料50吨，涉密硬盘282个，涉密U盘2个，党政网公文密匙1个。

【保密宣传】 2016年，市委保密办印发失泄密案件通报2份，在全市开展警示教育。节假日利用手机短信平台向领导干部、涉密人员发送保密提醒短信。开展机关单位保密培训12次，企业培训1次，军工单位涉密人员保密培训1次。开展宣传活动1次。报送信息30篇，采用17篇，全国公开刊物《保密工作》杂志第7期刊发东坡区保密局文章《泄密案例登上电视黄金时段》。

【保密技术】 2016年，市委保密办指导完成1个涉密工程申报审核和10个涉密项目确认。参加省国家保密局检测中心对眉山、成都、乐山、攀枝花、泸州、遂宁6市及所属区（县）纪检监察系统和检察系统涉密信息网络分级保护技术测评。开展保密技术专题服务指导5次。完成四川省保密综合业务管理系统市（州）版升级，配备涉密计算机及移动存储介质保密管理系统（三合一）、三合一违规外联报警平台、非涉密计算机敏感信息实时监管平台和重要涉密单位互联网接入口保密检测平台前端建设。

保密平台网上信息监控搜索5万余条。

【保密检查】 2016年，全市开展国家类统一考试保密检查5次。开展保密自查自评、涉密项目涉密工程保密管理、互联网门户网站保密管理、重要军事设施周边环境安全和涉密测绘成果保密管理情况专项检查及综合保密检查。受理查处泄密举报案件1起。

（钟剑玉）

市直机关党建工作

【贫困村脱贫攻坚】 2016年，市直机关工委完成4个省定贫困村、97个市定贫困村摘帽，4.6万贫困人口脱贫，彭山区、丹棱县、青神县基本完成脱贫攻坚任务为目标，组织指导联系领导、帮扶单位和驻村工作组“三支队伍”，按照“一村一策、一户一法”原则，因地制宜开展帮扶，提升贫困村发展动力。5次组建督查组，到基层一线督查指导“三个一”帮扶力量工作开展情况；利用“两学一做”学习教育、东坡讲坛、机关党建大讲堂等载体，加强驻村干部培训，提升工作能力；市、区县分别配套制度，强化驻村工作组成员待遇保障，确保干部驻村各项工作有效推进。省“五个一”帮扶力量考核组莅临眉山检查考核，肯定眉山市干部驻村帮扶工作。

【“四支队伍”】 2016年，全市党员先锋服务队深入村（社区）开展服务50万人次，解决民生难题18万余件；基层便民专业化服务队立足规范、便民、高效，开展专业化便民服务6万余次；社会志愿者服务队帮助群众解难题办实事2.5万余件；网格员服务队利用“四支队伍”信息系统办理事件1万余件。

【直接联系服务群众】 2016年，全市各级帮扶单位帮扶贫困村制定帮扶规划5348个，确定帮扶项目4257个，涉及资金3.2亿元。各级干部结合贫困户实际，开展个体帮扶“三个一”活动，通过帮助发展产业、创业就业、捐款捐物、资助贫困子女上学、争取低保政策等方式，助推贫困户增收致富。“干部走基层脱贫攻坚周”活动，帮助贫困户落实发展项目1.2万个，落实发展资金9600余万元，解决实际问题1万余个。

【“法律进机关”活动】 2016年，市直机关工委开展“学法用法我带头”“五个一”主题活动。举办学法用法征文活动，推荐征文116篇，评选出一等奖5篇、二等奖8篇、三等奖10篇。开设机关党员干部法治讲堂，62个部门开设专题法治讲堂。开展机关送法到基层行动，各部门组织向联系的村、社区捐赠、发放普法读物35万余册，举办法治讲座160期次。建立一批学法用法示范机关，完善《学法用法示范机关（单位）创建标准》，建立市检察院、市委群工部、市国税局3个“法律进机关”省级示范点，市委编办、市发改委等16个学法用法示范机关。树立“学法用法我带头”先进典型，市直43个部门（单位）开展学法、用法、执法先进典型专题交流。创新三个载体，推进机关法治文化建设。创新宣传教育载体，利用“互联网+”，开设法治讲堂、依法行政QQ学堂、微博和微信等，普及宣传法律知识，发布法治宣传信息、微博、微信、短信50余万条。创新法治文化活动载体，市直机关工委印制眉山市《法律进机关》读本3000本，发放到市直各机关和区县。利用法律法规纪念日、宣传周、宣传月，市级各部门（单位）开展法治文艺创作106件次，发放法治宣传手册、法治文化宣传品70余万件。创新工作平台载体，利用以“四支队伍”直接服务群众、干部直接联系服务群众工作、“双报到”等活动开展法治宣传，赴联系村、社区、企业和学校开展普法宣讲360次，在社区、村设置法律宣传栏1100个，宣传图板540个，普法成果展板270个。

【机关思想文化建设】 2016年，组织机关党员学习习近平总书记系列重要讲话精神、中共十八大、十八届五中、六中全会、省委全会和市第四次党代会精神，结合工作实际，重视机关党建突出问题，坚持问题导向，在实践中创新解决问题的办法。开展党政机关“两学一做”学习教育，建立学习教育清单、加强督查指导、广泛宣传报道。开展“全民阅读”活动、大美四川摄影比赛和市直机关健身活动，举办机关党建大讲堂4期，营造机关浓厚文化氛围。

【城乡环境综合治理“进机关”】 2016年，全市开展优美示范机关创建，完善《优美示范机关创建标准》，重点在市直机关建设8个、在6个区（县）建设12个环境优美示范机关，按照“边创建、边推广”思路，通过“眉山机关党建网”集中宣传推广示范点的特色、亮点和典型经验。建立督查通报机制，成立工作小组，检查34个优美示范机关（区县12个，市级22个）创建单位，通报存在问题，建立整改清单，落实限期整改。建设文化长廊，全市146个部门（单位）挖掘提炼本机关精神文化、管理文化、行为文化和廉政文化，形成机关文化体系，建立规范、标准、美观、图文并茂的文化长廊，集中展示文化建设成果。

【机关基层党组织建设】 2016

年，全市开展党政机关“两学一做”学习教育。引导机关党员原原本本学党章党规、学系列讲话，加强机关党员经常性学习教育，推动学习教育扎实深入、取得实效。深化“党员示范行动”，引领机关党员在“主动作为创一流、为民服务当先锋”中做示范，在“亮身份、亮差距、亮承诺、亮奉献”中做示范，在“两养成一学会”中示范，在脱贫攻坚、创新创业“两大决战”中做示范，走在前、作表率。推进党组织标准化建设，细化制定机关党组织标准化建设标准，制定考核评分办法，对标确定机关党组织星级，按星级进行动态管理，推进机关党组织全面建设达标。开展“三分类三升级三挂钩”活动，在市直机关倒排确定4个后进党组织，落实整改措施、整改责任人。集中开展党员组织关系集中排查，开展党代会代表和党员违纪违法未给予相应处理情况排查清理，做好基层党组织按期换届检查，开展党建工作责任制落实情况检查，清理规范党员档案管理，落实“三会一课”制度，严格领导干部双重组织生活，开展党员党费收缴工作专项检查，从八个方面规范机关党组织各项基础工作。加强党员队伍和党务干部队伍管理。全年市直机关工委举办入党积极分子培训班1期，机关党建大讲堂4期，基层党组织书记培训班1期，市直各基层党组织共召开支委会、支部党员大会和党小组会8000余次，上党课2000余次。命名“党员示范岗（窗口）”各55个，结合庆祝建党95周年，推荐表扬一批先进基层党组织、优秀共产党员和优秀党务工作者。

【机关作风和反腐倡廉建设】 2016年，落实“两个责任”，层层签订党风廉政建设主体责任书。专项督查党员作风、党员示范岗（窗口）、党费管理使用情况、“四支队伍”建设、干部直接联系服务群众工作等10余次。注重源头抓好党风党纪教育，开展廉政典型教育和“廉政警示教育”活动，将廉政知识作为党务干部培训班、发展对象培训班、“机关党建大讲堂”重要内容，培训市直机关党组织书记和机关纪委书记等1000人次。加强案件查处，惩治腐败，建立市直机关纪委监督线索上报机制，检查十八大以来案件查处的党政纪处分落实情况，回访10名受处分人员，规范案件办理文书、案件查办档案。开展“传家风、立家规、树新风”活动，组织全市各级机关党员领导干部带头讲家风故事、创家训格言、写家书手札、拍家教短片，市直机关纪工委、市广播电视台拍摄家教廉政微电影《如果你是我》获2016年“东坡印象水街”杯眉山市第二届微电影大赛入围影片奖，并选送省直机关纪工委。建立机关纪委书记对党员风险岗位“两谈一讲”（定期约谈、苗头性问题必谈、纪律规矩必讲）工作机制，实现党员风险清单式痕迹管理，各机关纪委灵活采取“定期约谈、个别访谈、集中座谈”等方式，做到早发现、早提醒、早纠正。（吕瑛）

群众与信访工作

【概况】 2016年，全市信访案件评查工作经验在《人民信访》刊发，“三无”创建、逐级走访和网上信访工作经验在全省交流。市委群工部被人民网授予网民留言办理工作10周年贡献奖，部机关党支部被省委表彰为全省先进基层党组织。眉山市在2016年全省信访工作绩效考核中获得一等奖。

【制度建设】 2016年，市委群工部建立健全信访工作制度，落实信访工作责任。市委、市政府印发《关于进一步深化“信访三无”创建活动和20个信访重点乡镇（街道）、10个信访重点单位（部门）治理活动的通知》《关于落实市级党政领导处理信访突出问题责任制的通知》，畅通信访渠道，加大源头治理，切实解决群众合理诉求，实现群众和信访工作的长效化、制度化、法治化；分解26个信访突出问题责任，明确市级牵头领导、责任单位、配合单位和化解时限。市委办、市政府办印发《关于落实涉稳突出问题稳控责任的通知》《眉山市群体性聚集、个人极端事件、到省进京集访非访情报信息预警管理办法》，列出2017年第一季度涉稳突出问题稳控责任清单，将涉稳突出问题稳控责任进一步落实到位；规范涉稳、涉访情报信息预警管理工作，有效防范和处置群体性聚集、个人极端事件、到省进京集访非访行为市纪委、市委群工部印发《群众和信访工作督查问责实施办法》，落实信访工作责任，从源头上预防和减少信访问题发生，推动信访问题依法、及时就地解决，维护群众合法权益。市委群工部印发《关于组织网格员协助参与网上信访服务工作的意见》《眉山市网上信访事项简易办理办法（试行）》，在市群众工作中心、彭山区、仁寿县开展“互联网+信访”试点，300余件网上信访实行简易办理，提高网上信访事项办理效率。建立《市领导接访日工作职责分工方案》《市政中心非正常访处置工作流程》《眉山信访工作预警制度》等11个工作制度，提升信访工作制度化、规范化和科学化水平。

【群众来信来访办理】 2016年，

市委群工部开通绿色邮政，群众来信反映诉求邮资免费，落实专人负责群众信件办理，严格按照《信访条例》规定完成群众来信的转送、转办。全年受理群众来信1014件，办理国家信访局直转件122件，省信访局直转件307件，市级收信585件，均得到有效办理。

全市群众到市以上走访1407批5346人次。其中，集体访227批3504人次，进京访25人次，到省访19人次；重复访264批1412人次，全部转交区县和相关职能部门办理，到期办结率100%。

市委群工部受理网上信访1210件，其中人民网网民留言817件，国投办网上信访件111件，四川省网上信访信息系统领导信箱242件，市委市政府门户网站信访件25件，门户网站投诉事项15件，及时受理率、到期办结率和网上回复率均达100%。

【信访积案化解】 2016年，市委群工部回应群众关切，开展“百案百评”，交叉评查、综合评比信访案件100件，评查结果向社会公示并纳入目标考核。信访积案难案实行领导包案，推动各级各部门一把手亲自抓。全年省信联办交办信访积案97件（涉法涉诉移交1件），息访95件。市级自排信访积案104件，办结率100%。

【信访事项复查复核】 2016年，市委群工部受理复查复核案件46件，逐案调查审核后，出具复查复核意见书34件。

【市领导接访】 2016年，市委群工部协助20名市级领导开展63次“市领导接访日”活动，接待群众来访20批69人次，交办市领导接访案件20件，到期办结19件，到期办结率100%。

（市委群工部）

老干部工作

【领导关心】 2016年，市委三届第171次常委会议审议同意《关于进一步加强和改进离退休干部工作的实施意见》（审议稿）。市委书记李静、市长罗佳明出席厅级退休干部迎春座谈会，倾听老干部的建议和意见。市委常委、组织部长姜怡看望全市415名县处级以上离退休干部。市委常委、组织部长黄秀川多次指导，推动老干部工作转型发展，参加眉山市离退休干部纪念红军长征胜利80周年合唱比赛，并致辞颁奖。

【完善工作机制】 2016年，市委老干部局牵头组织调研起草小组，调研区县、部门离退休干部工作，召开离退休干部座谈会等，市委办、市政府办印发《关于进一步加强和改进离退休干部工作的实施意见》。加强和改进离退休干部工作，增强离退休干部工作具体化、可操作性。

【落实两项待遇】 2016年，市委老干部局组织市级厅级退休干部阅读文件、理论学习12次，300余人次参加；召开情况通报会2次。市委老干部局、市委办、市政府办、市交通局等部门组织全市县处级以上离退休干部参观全市综合交通建设。参观成昆铁路扩能改造工程、岷江汉阳航电工程、岷东大道、天府仁寿大道、成都经济区环线高速岷江特大桥、滨江大道等综合交通项目。组织全市县处级以上离退休干部参观“三大工程”（绿海明珠、千湖之城、百园之市）。全市离退休干部415人，参观仁寿县中央水体公园、仁寿县城市湿地公园、眉山城东坡竹园、洪雅县瓦屋山大道、洪雅县“引青入城”项目、丹棱县大雅堂公园二期工程、丹棱河梯级蓄水工程、岷东新区滨江公园、“梦里水乡”农业文化主题公园、樱花博览园等。市委老干部局组织市级离退休干部48人在四川省老干部峨眉疗养院健康疗养9天；组织一批厅级退休干部到广西参观考察。制发眉山市《关于提高市直单位建国初期参加革命工作的部分退休干部困难补助标准并建立困难补助增长机制的通知》。建国初期参加革命工作的退休干部27人提高困难补助每人每月100元（由原来每人每月340元提高到440元）。帮扶困难离休干部24人次10.93万元。

【服务社会】 2016年，市委组织部、市委老干部局联合制发《关于在广大离退休干部中深入开展“为党和人民的事业增添正能量”活动的指导意见》，实施“修身修为行动、时代老人行动、志愿服务行动、老干之声行动”。组建20支离退休干部志愿服务团队；市委老干部局、市老龄办联合创办老干部微信公众号“眉州夕阳红”。“眉州夕阳红”以“服务老年人、传播正能量”为办刊宗旨，5月6日上线，到年底，有粉丝1000余人。组建37人眉山市老干部网宣骨干队伍，建立网宣骨干微信群，邀请专家开展“做一名合格的网宣员”“网评文章写作”专题培训。老干部积极在网上弘扬正能量，传播好声音。

【纪念红军长征胜利80周年】 2016年，市委老干部局、市文广新局在眉山市职业技术学院艺术中心，联合举办“纪念红军长征胜利80周年”全市离退休干部合唱比赛。市委老干部局、市老体协、市老年大学、各区（县）委老干部局等9支离退休干部合唱团540人参赛，市文化馆合唱团参加展演。

【活动中心建设】 2016年，市老干部活动中心建设完成选址、建设方案的招标设计，建设用地竞拍等工作。彭山区老干部活动中心（馆）被省委老干部局评为老干部学习活动阵地规范化建设示范单位。

【参与中心工作】 2016年，市委老干局做好“走基层、解难题、办实事、惠民生”和扶贫攻坚工作，选派年轻干部到联系村参加扶贫攻坚驻村工作，投入5万余元帮扶联系村，为联系贫困村争取项目2个，20余万元。 （汪志祥）

党校工作

【概况】 2016年，眉山市委党校、眉山市行政学院、眉山市社会主义学院、四川文化产业职业学院眉山分院、市非公有制经济和社会组织学院实行“一校四院、五块牌子，一套人马”办学体制。全校有专兼职教师15人（中高级职称教师9人），特聘教师20人。全年培训干部4150人次，举办专题培训6800人次。

【培训教育】 2016年，市委党校举办主体班培训3期571人；市级机关副县级干部“东坡讲坛”自主选学培训班12期3591人；协同市委组织部举办拟任县处级党政领导干部政治理论水平考试3次330人次。

【科研活动】 2016年，院校实施课题引领战略，抓好省委党校和市社科课题申报，全年申报省委党校调研课题11项，立项3项，其中一项被评为优秀课题；立项市社科联课题1项，获市社科优秀成果二等奖1项、三等奖3项；重点资政课题1项，提出有建设性资政意见建议3条；全市党校系统课题立项31项，结项27项，其中，重点课题17项；编辑出版市委党校学报1期。

【机关管理】 2016年，市委党校建设眉山干部教育和理论研究的“三个基地，两个中心”（党政领导干部培训基地、公务员培训基地、党外人士培训基地，党的建设和区域经济发展决策咨询服务中心）。市委下发《进一步加强和改进新形势下党校工作的实施意见》。市委党校在《眉山日报》《四川党校通信》《省委党校曙光网》登载信息10条。投资150万元改善党校宿舍和教学设施。

【队伍建设】 2016年，市委党校制发《关于建立重点项目工作组的通知》《关于非集中培训时间实行AB岗工作管理办法（试行）》，建立科室重点工作台账，工作实施项目化、AB岗管理，一科室一重点，一岗位一台账，严格考核奖惩。选派8人赴国内高校、省委党校、省行政学院等院校培训。

【业务指导】 2016年，市委党校组织人员前往区县委党校调研指导12次，形成《用成都都市圈优化四川经济空间格局》《眉山打造千亿“东坡味道”产业调查及对策》等课题；指导区、县委党校申报省委党校、市社科课题，立项26项，结项26项。 （袁潇雅）

党史研究

【党史征编、研究】 2016年，市委党史研究室征集党史资料300余万字，图片1000余张。完成《中国共产党眉山地区历史》（1997—2000）编撰工作。完成《三线建设在四川·眉山卷》初稿编写。《中国共产党眉山历史大事记》（2016）。启动《中国共产党眉山历史》（2000—2011）编撰。收集相关文字资料150余万字，完成提纲编写。

【党史资政】 2016年，完成《中共眉山市委执政实录》（2015）编纂，全书收录文字87万字、图片40余张。成立课题组，形成《关于推动眉山文化品牌发展的研究》资政报告。利用《眉山党史》刊物平台，强化资政。完成市委、市政府和上级党史部门交办的研究咨询任务，为市委领导及市委办公室、市人大常委会、市政府、市政协、市委组织部等10余个部门提供党史咨询100余条。

【党史宣传教育】 2016年，市委党史研究室组织开展纪念建国67周年，编印发行《眉山党史》革命烈士专刊1000册，市委常委、秘书长黄跃在专刊上发表《铭记历史缅怀先烈》署名文章。为全国党史论坛征文活动报送论文7篇，其中1篇被收入“第三届全国党史文化论坛论文集”。为省委党史研究室编著的《四川革命烈士诗文选析》《四川省红色旅游指南》报送诗文赏析、旅游素材10篇。

【区县党史】 2016年，市委党史研究室加强区县党史工作指导。为区县党史部门审核文稿，并提出意见和建议，全年审稿阅稿100余万字。六区县全部完成执政实录编纂工作。东坡区、仁寿县、丹棱县分别完成资政报告《以苏轼为典型性分析，谈“人文新东坡”建设》《仁寿县抢抓天府新区建设，争创多点多极支撑示范县的调查研究》《丹棱县三百坎石刻调查报告》。东坡区组织全区机关干部观看中共党史宣传片《没有共产党，就没有新中国》。彭山区编撰出版《中国共产党彭山历史大事记（1993—2014）》《缅怀先辈先贤比学身边典型战线共产党员时代风采》“两学一做”学习教育读本；丹棱县举行建党95周年“颂歌献给党”歌咏比赛；青神县出版发行《中共青神县委组织史（1993—2013）》。

（市委党史研究室）

眉山市人民代表大会常务委员会

Standing Committee of the people′s Congress of Meishan Municipality

市人民代表大会会议

2016年1月13日至16日，市第三届人民代表大会第七次会议在眉山召开。大会应到代表366人，实际出席会议341人。会议听取和审议市人民政府市长宋朝华作的《政府工作报告》、市人大常委会主任贺文作的《眉山市人民代表大会常务委员会工作报告》、市中级人民法院院长刘楠作的《眉山市中级人民法院工作报告》、市人民检察院检察长吕皓作的《眉山市人民检察院工作报告》，书面审查了《眉山市国民经济和社会发展第十三个五年规划纲要草案》《眉山市2015年国民经济和社会发展计划执行情况及2016年计划草案的报告》《眉山市2015年财政预算执行情况和2016年财政预算草案的报告》，并通过关于上述7个报告的决议。会议表决通过市人大常委会关于提请审议《眉山市地方立法条例（草案）》的议案。会议接受刘楠辞去眉山市中级人民法院院长职务，并选举张能为眉山市中级人民法院院长，选举陈建、雷建勇为眉山市第三届人民代表大会常务委员会委员。会议通过设立市人大法制委员会的决定（草案）。

2016年3月2日至3日，眉山市第三届人民代表大会第八次会议在眉山召开。大会应到代表366人，实际出席会议345人。会议听取和审议《眉山市人民政府关于加快“三大工程”建设推进眉山绿色发展的议案》，并作出批准该议案的决议。会议选举罗佳明为眉山市人民政府市长。

2016年11月24日至26日，眉山市第四届人民代表大会第一次会议在眉山召开。大会应到代表372人，实际出席352人。会议选举刘十庆为眉山市第四届人民代表大会常务委员会主任，吴爱玲、陈万忠、李建章、李永高、王晓丽、宋仕祥为副主任，徐智勇为秘书长，万永利、王云东、王加宾、王仲成、王莉茹、刘继桂、江林、李伟、李文新、李志国、李启明、杨加盛、杨成芬、杨燕昭、张建明、张桂芳、张晓勇、陈林、陈建、陈宏斌、陈静辉、岳燕、赵晓明、柳联森、钟建成、袁敏、黄玲、商志忠、彭红勤、喻旭、雷建勇、管国如、廖明清为委员。选举罗佳明为眉山市人民政府市长，祝云、毛洪涛、唐宏、曹晖、罗毅、冉登祥、肖忠良为副市长。选举张能为眉山市中级人民法院院长、吕皓为眉山市人民检察院检察长。会议通过了设立眉山市第四届人民代表大会法制委员会、财政经济委员会、城乡建设环境资源保护委员会、教育科技文化卫生民族宗教委员会四个专门委员会的决定（草案）。

市人大常委会会议

2016年，市人大常委会召开常委会会议10次。主要听取和审议市人大常委会执法检查组关于检查《四川省农村扶贫开发条例》《中华人民共和国城乡规划法》《中华人民共和国妇女权益保障法》《中华人民共和国防震减灾法》实施情况的报告。听取和审议市政府《关于眉山城市总体规划实施评估情况的报告》《关于深化农村改革工作情况的报告》《关于教育工作情况的报告》《关于办理市三届人大七次会议代表建议、批评和意见情况的报告》《关于2015年财政决算及2016年上半年财政预算执行情况的报告》《关于2015年市本级预算执行和其他财政收支情况的审计工作报告》。对市政府办理《眉山市人大常委会关于检查〈中华人民共和国防震减灾法〉实施情况报告的审议意见》《眉山市人大常委会关于市三届人大六次会议代表建议、批评和意见办理情况报告的审议意见》《眉山市人大常委会关于“六五”普法工作情况报告的审议意见》《眉山市人大常委会关于食品安全监管工作情况报告的审议意见》《眉山市人大常委会关于“绿海明珠、千湖之城、百园之市”建设工作情况报告的审议意见》《眉山市人大常委会关于环境保护法执法检查报告的审议意见》《眉山市人大常委会关于检查〈中华人民共和国城乡规划法〉实施情况报告的审议意见》《眉山市人大常委会关于检查〈四川省农村扶贫开发条例〉实施情况报告的审议意见》和市人民检察院办理《眉山市人大常委会关于市人民检察院规范司法行为工作情况报告的审议意见》的情况进行满意度测评。表决通过《眉山市城乡规划条例》《眉山市人大常委会关于保护东坡城市湿地公园的决定》《眉山市人大常委会关于开展第七个五年法治宣传教育的决议》《眉山市人大常委会关于眉山市第四届人大代表名额分配和选举时间的决定》。表决通过有关代表资格审查报告和人事任免议案等。市人大常委会主任、副主任、秘书长及委员出席会议，市“一府两院”有关领导列席会议，市级有关部门负责人列席相关议题的会议。

主任会议

2016年，市人大常委会召开主任会议13次。主要传达贯彻市委重要决策部署；研究视察和执法检查方案；审议年度监督工作计划；研究提请常委会会议审议的专项工作报告、执法检查报告、决定（草案）、人事任免等议题；安排部署市人大常委会重要日常工作等。

立法工作

【地方立法】 2016年，市人大常委会争取获得地方立法权，建立健全立法工作机构，配齐立法工作人员，制定相关工作制度，眉山市成为全省首批获得地方立法权的市。坚持依法立法、科学立法、民主立法，制定的《眉山市地方立法条例》《眉山市城乡规划条例》。

【备案审查】 2016年，市人大常委会规范性文件备案审查市政府和区县人大常委会报送的146件，未发现与法律法规相抵触和超越法定权限的情况；及时向省人大常委会报备规范性文件20件，全部准予备案。

监督工作

【听取和审议专项工作报告】 2016年，市人大常委会听取和审议市政府《关于眉山城市总体规划实施评估情况的报告》《关于深化农村改革工作情况的报告》《关于教育工作情况的报告》《关于办理市三届人大七次会议代表建议、批评和意见情况的报告》等专项报告4次。每次常委会会议审议后均向市政府提出审议意见，并在4个月后对市政府办理落实情况进行满意度测评，促进相关工作开展。

【计划预算监督】 2016年，市人大常委会听取和审议全市国民经济运行情况，审议通过《眉山市国民经济和社会发展第十三个五年规划纲要》。听取和审议《关于2015年财政决算及2016年上半年财政预算执行情况的报告》《关于2015年市本级预算执行和其他财政收支情况的审计工作报告》、审查批准决算，批准地方债务限额，督促政府及相关部门加强预算管理，强化预算约束，提高财政资金使用绩效，实现了“四本预算”和市级所有部门预算提交人代会审查。依法开展审计监督，听取和审议审计报告、审计查出问题的处理结果报告，督促整改审计查出问题，并向社会公开。

【执法检查】 2016年，市人大常委会坚持市、县、乡三级人大联动，开展《四川省农村扶贫开发条例》《中华人民共和国城乡规划法》《中华人民共和国妇女权益保障法》《中华人民共和国防震减灾法》等4部法律法规贯彻实施情况检查，推动相关领域法律法规的贯彻实施。

【专题询问】 2016年，市人大常委会组成人员围绕完善改革体制机制、加快农村产权制度、放活土地经营权、农业社会化服务体系建设等方面的改革情况直接提问，市政府及相关部门负责人坦诚答复，提出深化农村改革的对策举措。

【组织代表视察】 2016年，市人大常委会组织全体代表集中视察“绿海明珠、千湖之城、百园之市”建设；组织部分全国、省、市人大代表视察调研天府新区眉山区域、工业园区等重点项目建设情况，推动转变经济发展方式；组织眉山市全国、省人大代表集中视察脱贫攻坚工作，提出建议；开展东坡岛开发建设、东坡湖污染治理情况等视察。

重大事项决定与人事任免

【决议决定】 2016年，市人大常委会表决通过《眉山市城乡规划条例》《眉山市人大常委会关于保护东坡城市湿地公园的决定》《眉山市人大常委会关于开展第七个五年法治宣传教育的决议》《眉山市人大常委会关于眉山市第四届人大代表名额分配和选举时间的决定》4项决议、决定。

【人事任免】 2016年，市人大常委会任免国家机关工作人员15人次，在任命前听取任命人员的情况报告，进行任前法律知识考试和供职发言，举行颁发任命书仪式，做到坚持党的领导与人大依法任免的有机统一。精心组织人大换届选举，指导县乡人大换届选举工作，市县乡三级人大换届选举任务圆满完成。

代表工作

【建议、批评和意见办理】 2016年，市人大常委会坚持重点建议常委会领导牵头督办，健全代表建议办理制度，提高办理质量，增强办理实效。72件代表建议办结率100%，满意和基本满意率100%。

【代表履职】 2016年，市人大常委会发挥代表主体作用，主动为代表服务，积极支持和保障代表依法履职。坚持邀请代表参加常委会组织的调研、视察、执法检查，列席常委会会议，参加“一府两院”及市级部门的有关会议和活动。组织代表专题调研和集中视察。开展代表履职培训，为代表寄送有关文件资料，订阅学习报刊。坚持常委会组成人员联系代表、代表联系群众制度，开展“脱贫攻坚—人大代表再行动”活动，发挥代表密切联系群众的优势和作用。

常委会及机关自身建设

【思想政治建设】 2016年，市人大常委会把加强自身建设作为依法履职的重要基础，强化政治理论武装，确保人大工作沿着正确的政治方向前进。举办以习近平总书记关于人大工作的重要讲话精神、省委和市委《关于进一步加强人大工作和建设的意见》等为主要内容的专题学习培训。开展省委市委人大工作会议精神和相关文件精神贯彻落实情况的督查。

【作风建设】 2016年，市人大常委会坚持“四个当天”转作风，巩固和深化党的群众路线教育实践活动成果，抓好“三严三实”“两学一做”教育活动。学习贯彻《中国共产党廉洁自律准则》《中国共产党纪律处分条例》等党纪党规，落实党风廉政建设各项工作。开展“脱贫攻坚”“两走一对接”“直接联系服务群众”等工作，密切同人民群众的联系。

【履职能力建设】 2016年，市人大常委会采取专题培训、成立法律咨询委员会等形式，强化立法能力建设，适应立法工作的需要。

眉山市人民政府

Meishan Municipal people′s Government

重大决策

【供给侧结构性改革】 2016年，市政府印发《关于贯彻落实省政府促进经济稳定增长和提质增效推进供给侧结构性改革政策措施的实施意见》。提出加快淘汰落后产能。坚决淘汰有色金属、煤炭、建筑陶瓷、造纸、水泥等行业落后、低效和过剩产能，已淘汰的工业项目积极向上争取省级补助资金。支持工业转型升级。加快产业结构调整和企业转型升级发展，围绕符合《技术改造重点领域导向目录》方向、淘汰落后生产能力、中小企业农产品深加工、工艺美术、中国白酒金三角、大企业大集团培育、生产性服务业等7个方面，争取省工业发展资金。组织符合“销售收入增长15%及以上，省内行业排名前30位”制造业企业申报省“扩销促产”专项资金补助。促进商贸旅游业发展。每年组织60余家企业开展“东坡味道”全球行活动，组织30余家企业参加省“惠民购物全川行”“川货全国行”“万企出国门”三大活动。全年新创建省级旅游度假区1个和国家AAAA级旅游景区1个，申报乡村旅游重点示范项目1个；将4个国家AAAA级旅游景区纳入全市旅游智慧应急管理平台与省旅游应急管理平台对接。优化旅游客运车辆结构，根据旅游市场需求，增加旅游车辆12台。推进农业转型升级，争取农业发展专项资金3000万元，争取森林、草原、湿地生态奖补资金和高效节水农业发展、农业面源污染治理、水生态文明建设项目资金以及现代农业（林业、畜牧业）示范县建设项目资金1.5亿元。鼓励创新创业，加大财政资金支持创新创业力度，市、县（区）财政每年预算安排专项资金1.2亿元，促进全市创新驱动发展。培育天府新区仁寿视高创新创业中心，加快眉山金象化工产业创新创业孵化园建设，争取资金500万元。严格执行科研人员带项目和成果到各类载体创新创业政策，经原单位同意，科研人员可在3年内保留人事关系，与原单位其他在岗人员同等享有参加职称评聘、岗位晋升和社会保障权利。加大金融支持实体经济力度，加强金融产品和服务创新，坚持以财政资金和政府可调控资源引导银行业金融机构加大信贷投放力度，不抽贷、压贷，执行优惠利率。用好宏观审慎评估政策、定向降准、支农支小再贷款、抵押补充贷款等政策，清理整顿不合理金融服务收费，规范企业融资过程中担保、评估等中介收费行为，降低企业融资综合成本。抓好房地产去库存，发挥住房公积金去库存作用，推进住房公积金向城镇稳定就业新市民覆盖，将就（创）业大学生、农民工、个体工商户、农村居民纳入住房公积金制度，使用住房公积金贷款购房，全市住房公积金个贷率保持在95%以上。放开城镇落户条件，降低个人住房贷款首付比例，科学分类住房管控增量。推进“品牌引领、质量强市”发展战略，加大质量投入和质量奖励力度，支持企业对照国际国内先进标准开展质量创新和质量提升，注重市场占有率和消费者满意度，加快培育眉山区域品牌、产业品牌和产品品牌。落实全市地方电网工商业电价政策，年降低企业电费负担7000万元。用足用好留存电政策，争取留存电使用增量扩面。改进服务方式，规范涉企收费行为，减少缴费环节，做好眉山市“一费制”缴费服务中心工作。推进简政放权、放管结合、优化党务政务服务工作。围绕“服务跟着项目走、服务跟着市场主体走”，及时更新、公布市级行政许可事项信息，规范审批要件，开展限时办、网上办、上门办、预约办和代办服务。推进10类行政权力集中运行，做实党群服务，拓展便民服务内容，推行市、县（区）公共服务目录清单管理，建设集服务发展、服务民生于一体的综合性“服务超市”。

【大众创业万众创新】 2016年，市政府印发《关于贯彻落实大众创业万众创新若干政策的实施意见》（以下简称《意见》）。提出从降低门槛，破解创业准入难题；激发活力，破解创业主体难题；加大扶持，破解创业资金难题；提升服务，破解创业保障难题四个方面入手，加快实施创新驱动发展战略，打造经济发展新引擎，加速推进富裕美好眉山建设进程。《意见》提出21条大众创业万众创新政策。坚持“非禁即入”原则。消除制约小微企业发展的各项歧视性政策规定，大幅放宽准入门槛，各类市场主体可依法平等进入投资项目禁止限制清单之外领域创业。简化注册登记手续。减免有关行政事业性收费、经营服务性收费。降低创新创业场地支出费用。鼓励大学生创新创业。鼓励农民工和农民企业家返乡创业。鼓励市外高端人才来眉创新创业。鼓励市内科研技术人员创新创业。设立“双创”专项资金。加大金融支持力度。落实定向减税和普遍性降费政策。对创新创业比赛获奖者给以资金资助。建立创新创业孵化园。加大创业培训力度。加强科技技术服务。积极提供人才支持。积极支持营销服务和产品推广。大力鼓励“互联网+”创业。强化组织领导。强化示范带动。强化宣传引导。

【慈善表彰】 2016年，市政府印发《关于授予四川景地基业集团有限公司等29个慈善爱心企业、组织、个人“眉山慈善奖”荣誉称号的决定》。四川景地基业集团有限公司、四川万景房地产开发有限公司、四川八百寿酒业有限公司、四川玫瑰园房地产开发有限公司、四川省亨达实业商贸有限公司、四川金象赛瑞化工股份有限公司、洪雅县瓦屋山药业有限公司、洪雅县雅妹子生态食品有限公司、宝利根（成都）精密模塑有限公司获眉山慈善爱心企业荣誉称号。眉山市慈善总会、眉山市光彩事业促进会眉山市关心下一代基金会、眉山市爱心联盟志愿者协会、眉山市扶贫开发协会、仁寿县红十字会、仁寿县慈善总会、眉山市彭山区慈善会、青神县慈善会、北京眉山企业商会获眉山慈善爱心组织荣誉称号。廖伦万、陈蜀黔、罗永田、雷林、姚国庆、王福华、汤学全、罗麒麟、杨建国、严道量获眉山慈善爱心个人荣誉称号。

【水污染防治】 2016年，市政府印发《关于印发水污染防治行动计划眉山市工作方案的通知》（以下简称《方案》）。提出总体要求，以保护和改善水环境质量为核心，坚持系统推进，统筹水资源管理、水污染治理、水生态保护和水环境风险防范；以岷江、沱江流域眉山段水环境整治为重点，山水田林湖协控，分类施策，强化控源减排，加强青衣江、黑龙滩水库等良好水体和重点湖库保护；以强力控制和削减总磷污染为主攻方向，坚持标本兼治，继续控制氨氮、化学需氧量等水污染物，兼顾其它特征水污染物。《方案》提出重点工作及责任分工，全面控制污染物排放。取缔“10+1”小企业，专项整治“10+1”重点行业，集中治理工业园区水污染，加快城镇污水处理设施建设与改造，全面加强配套管网建设，推进污泥处理处置，防治畜禽养殖污染，控制农业面源污染，严格执行国家土地开发整理标准规范，加快农村环境综合整治，开展河道综合治理，积极治理船舶污染，增强码头污染防治能力。推动经济绿色发展。依法淘汰落后产能，严格环境准入，合理确定发展布局、结构和规模，推动污染企业退出。加快技术成果推广应用，发挥创新驱动主体作用，开展水污染防治关键技术攻关，开展水污染风险评价，编制环境保护产业发展规划，规范环保产业市场，加快发展环保服务业。健全地方性法规体系，完善标准体系，实行“红黄牌”制度，完善环境监督执法机制，严厉打击环境违法行为，完善流域协作机制，完善水环境监测网络，提高环境监管能力。切实加强水环境管理。开展水质达标工作，深入推进污染物总量控制，防范环境风险，稳妥处置突发水环境污染事件，依法核发排污许可证，加强许可证管理。从水源到水龙头全过程监管饮用水安全，强化饮用水水源环境保护，加强备用水源建设，防治地下水污染，加强矿山开采区防渗治理，加强工业区域防渗处理，加强城市区域防渗处理，编制重点流域污染防治规划，加强良好水体保护，控制渔业养殖环境影响，严格控制环境激素类化学品污染，加大黑臭水体治理力度，强化河湖水生态保护，禁止侵占和破坏自然湿地等水源涵养空间，加大退耕还林力度，加大水生生物多样性保护，建设眉山市城市湿地资源保护体系。明确和落实各方责任。编制各级水污染防治工作方案，建立工作统筹、联动机制，落实排污单位环境保护责任，实施目标责任考核制度，强化责任追究。强化公众参与和社会监督。依法公布水环境信息，多渠道强化社会监督，强化教育，广泛宣传动员。《方案》指出，眉山市地处岷江中游地区，正处于新型工业化、信息化、城镇化和农业现代化快速发展阶段，水资源承载压力大，水资源保护和水污染防治工作任务艰巨，各区县、各部门要正确处理好经济社会发展和生态文明建设关系，按照“地方履行属地责任、部门强化行业管理”要求，明确执法主体和责任主体，做到各司其职，恪尽职守，突出重点，综合整治，务求实效。

【表彰见义勇为】 2016年，市政府作出关于授予周志全等9人“眉山市见义勇为勇士”荣誉称号的决定。授予周志全（东坡区崇礼镇石子村7组）、何光安（东坡区崇仁镇清水村4组）、何明清（东坡区崇仁镇清水村4组）、周六文（彭山区彭祖大道南段162号）、代广（仁寿县满井镇战斗村8组）、吴洪明（仁寿县钟祥镇针匠街77号）、朱琮华（仁寿县合兴乡1000号）、李水源（仁寿县珠嘉镇国和村10组）、吕洪（洪雅县槽渔滩镇青江街3号）9人“眉山市见义勇为勇士”荣誉称号。

【发展体育产业促进体育消费】 2016年，市政府印发《关于加快发展体育产业促进体育消费的实施意见》（以下简称《意见》）。提出工作目标，到2025年，将眉山市打造成为省内体育强市。引进一批知名体育骨干企业和体育产业集团落户眉山，建设一批具有市场竞争力的体育产业基地，打造一批具有地方特色、民间特色、民俗特色品牌体育活动。建成具有眉山特色，融入成都一体发展，具有核心竞争力的现代体育市场服务体系。人均体育场地面积达到2平方米，经常参加体育锻炼人数达到100万人。群众体育健身和消费意识显著增强，人均体育消费支出大幅提升，体育产业增加值占全市国内生产总值1%以上。《意见》指出培育多元主体，改善产业布局，促进融合发展，丰富市场供给，营造健身氛围的工作任务。落实相关产业政策，加大财政投入力度，吸引社会资本投资，完善土地规划政策的工作措施和加强组织领导、行业管理、督促检查的工作保障。

【推进新型工业化】 2016年，市政府印发《关于2016年新型工业化发展的意见》（以下简称《意见》）。《意见》提出推进“工业强市”战略，实现全市新型工业创新驱动、转型发展的工作思路、工作目标、工作重点。突出“任期目标冲刺年”主题，以稳增长和创新驱动为中心，强力实施稳投资补短板等“五大冲刺行动”，在去产能、去库存、去杠杆、降成本、补短板中，稳定存量提质发展，扩大增量转型发展，确保实现工业晋位升级，走在全省发展前列。全市规模以上工业增加值确保增长10%，力争11%；工业投资395亿元，更新改造投资280亿元；规模以上工业利润总额增长5%；工业入库税金增长3%；新增规模以上工业企业30户，小微企业320户；技术创新投资增长15%；战略性新兴产业总产值增长15%，占全市比重23%；提供就业岗位1.8万个；规上工业增加值综合能耗、水耗降低幅度完成省政府下达目标。确保实现“开门红”，强化企业服务，强化要素保障，强化督查考核的保障措施。

【推进学前教育】 2016年，市政府印发《关于加快发展学前教育的实施意见》（以下简称《意见》）。提出学前教育发展要坚持公平性原则，保障每个适龄儿童接受学前教育权利。坚持普惠性原则，保障适龄儿童就近、实惠接受学前教育。坚持主体性原则，发挥政府在规划、建设、监管等方面主导作用，以公共财政投入为主，以公办幼儿园和民办普惠性幼儿园为主。坚持实效性原则，提高办园水平和质量。《意见》指出工作目标和任务，继续增加学前教育资源总量，着力扩大农村、城镇及城乡结合部学前教育资源，到2020年，力争每个乡镇办1所中心幼儿园，城镇5000人以上的新建住宅小区配套建1所幼儿园，学前三年毛入园率达到95%以上，实现就近入园和方便入园，解决“入园难”问题。调整学前教育资源和布局结构，完善以公办园和普惠性民办园为主体学前教育服务网络，到2016年末，公办园和普惠性民办园覆盖率85%以上，逐步建立以公共财政投入为主的农村学前教育成本分担机制，解决“入园贵”问题。切实改善办园条件，办园水平和保教质量显著提高，解决“入园差”问题。

【完善城乡义务教育】 2016年，市政府印发《进一步完善城乡义务教育经费保障机制实施方案》（以下简称《方案》）。提出为统筹城乡义务教育资源均衡配置，推动义务教育事业持续健康发展总体要求完善机制，城乡一体。《方案》指出整合农村义务教育经费保障机制和城市义务教育奖补、义务教育学生免作业本费等政策，根据国家规定，建立统一的中央、省、市、县（区）各级政府分项目、按比例分担的城乡义务教育经费保障机制，实现城乡义务教育“三免一补”政策全面统一的主要内容。分担办法按照按照分级负担的原则，统一城乡义务教育经费保障机制资金分担办法，具体项目分地区、按比例分担。学生公用经费基准定额。免费提供教科书、作业本。对家庭经济困难寄宿生补助生活费。校舍安全保障长效机制。决定从2016年起，城乡义务教育公用经费按统一基准定额和分担政策执行。对城乡义务教育学校（含民办学校）按照普通小学每生每年不低于600元、普通初中每生每年不低于800元的基准定额补助公用经费。对寄宿制学校按照寄宿生年生均200元标准增加公用经费补助，对农村地区不足100人的学校按100人核定公用经费；特殊教育学校和随班就读残疾学生按每生每年6000元标准补助公用经费。按国家规定，取消城市义务教育免除学杂费和进城务工人员随迁子女接受义务教育的中央和省级奖补政策。《方案》指出加强组织领导，强化统筹协调。优化教育布局，深化教育改革。坚持信息公开，加强监督检查和组织保障措施。

【市级政府投资工程建设项目管理】 2016年，市政府印发《关于眉山市市级政府投资工程建设项目新增不可预见和突发工程管理试行办法的通知》，6章23条。为规范政府投资工程建设项目管理，严格控制工程投资，严禁随意新增工程，节省政府资金，保护国家利益，提出政府投资工程建设项目经正常勘察、设计后，在施工过程中，因不可预见、不可抗力或政策变化、规划调整等客观原因，为保证工程整体功能而必须新增工程的审核原则和依据，新增工程管理，认定主体、权限和程序，新增工程处置，责任追究等管理办法。

【事中事后监管】 2016年，市政府印发《关于落实“先照后证”改革决定加强事中事后监管工作的实施意见》（以下简称《意见》）。提出严格行政审批事项管理。实行行政审批事项目录管理，确保行政审批行为依法、公开。厘清市场监管职责。明确市场监管责任，坚持“谁审批谁监管、谁主管谁监管”和“管行业管监管”的原则，切实履行市场监管职责。工商部门履行“双告知”职责。完善市场监管措施，建设眉山市市场主体信用信息系统。做好企业信息公示工作。构建信息互联共享机制。建立风险预警化解机制。构建联合惩戒机制。构建社会共治格局。《意见》指出强化组织协调，督导考核工作保障措施。

【城市规划管理】 2016年，市政府印发《眉山市城市规划管理技术规定》（以下简称《规定》）。指出控制性详细规划、城市设计和导则已明确控制要求的，按已明确要求执行；控制性详细规划、城市设计和导则未涵盖的，按本规定执行。历史文化保护区、风景名胜区范围内的规划管理，按照已批准规划执行，其周边建筑样式和高度必须与历史文化保护区、风景名胜区相协调。眉山城市按规划区位、交通条件、绿化环境和市政基础设施等综合承载能力，将居住、公共管理和公共服务、商业服务设施、工业等建设用地划分为四个分区。《规定》对建设用地性质、主要用途和功能，建设用地使用强度控制，规划区内用地的规划控制指标，城市各分区居住用地容积率，建筑间距，建筑退让，商业商务区建筑规划，绿化管理等作出规定。

【被征地农民社会保障管理】 2016年，市政府印发《眉山市被征地农民社会保障实施办法的通知》（以下简称《办法》）。提出为统筹城乡发展，加快城镇化建设进程，维护被征地农民合法权益，做好被征地农民社会保障工作，本着“谁失地、谁参保”原则，制定本办法。建立被征地农民社会保险费预存款制度。市、县（区）须按测算征地需要安置的被征地农民参加社会保险应由政府或项目业主承担的社保费用作为社保资金预存款缴纳基数，并足额缴纳社保资金预存款。批准征地并按规定足额参保缴费后，按被征地农民实际缴费金额“据实结算，多退少补”。被征地农民社会保障所需资金，原则上由个人、农村集体、当地政府共同承担。市、县（区）政府应严格按照国家和省上相关文件规定，及时足额落实被征地农民社会保障所需资金。被征地农民社会保障工作，按“属地管理”和“谁征地用地，谁负担”的原则，由市、县（区）政府分别负责。市、县（区）人力资源社会保障、国土资源、财政、民政、残联、工商、税务、公安等部门，按照法定职责和本办法规定，具体办理被征地农民社会保障相关事宜。《办法》指出被征地农民培训就业，基本养老保险缴纳标准和领取条件，基本医疗保险范围，失业保险范围，最低生活保障以及管理及其他作出规定。

【质量强市】 2016年，市政府印发《关于加强“十三五”期间质量强市工作的意见》（以下简称《意见》）。提出到2020年，基本建成质量强市和品牌大市，区域质量竞争力显著增强，全市无重大质量责任事故，实现速度向质量、制造向创造、产品向品牌转变的主要目标。重点工作围绕建设“现代工业新城、历史文化名城、生活品质之城”目标，践行“创新、协调、绿色、开放、共享”发展理念，实施质量强市三大工程。强化品牌保护以及加强组织领导，强化目标考核、奖励等保障措施。

【民营企业建立现代企业制度】 2016年，市政府印发《关于眉山市民营企业建立现代企业制度鼓励办法的通知》（以下简称《办法》）。为推动全市民营企业走可持续现代企业发展道路，全面提升民营企业整体素质和市场竞争力，发挥民营经济在全市经济社会发展中的重要支撑作用，鼓励民营企业自主建立完善现代企业制度，实现企业产权结构向股份化转变、企业决策向民主化转变、企业班子向职业化转变、企业经营向规模化转变、融资渠道向多元化转变、员工管理向人性化转变。《办法》对积极建立现代企业制度的民营企业鼓励资金预算安排、扶优政策、申报条件和申报时间等作出规定。

【“十三五”脱贫攻坚规划】

2016年，市政府印发《眉山市“十三五”脱贫攻坚规划的通知》（以下简称《规划》）。规划基础与背景、总体要求、目标任务、精准到户到人项目建设内容、解决突出问题项目建设内容、区域发展项目建设内容、投资概算和资金筹措、创新脱贫攻坚长效机制、效益预测和保障措施、投资概算和资金筹措。“十三五”期间，眉山市充分考虑自身发展阶段性特征和未来发展支撑条件，确定五年分为“两步走”发展目标。到2017年在全省率先实现次级突破、率先全面建成小康社会；到2020年，建成全省创新发展、统筹城乡、生态文明、开放合作和全面小康先行区，地区生产总值和城乡居民收入比2010年增加2倍以上，就业、教育、文化、社保、医疗、住房等公共服务体系更加健全，基本公共服务均等化水平稳步提高。10.94万建档立卡贫困人口全部脱贫，316个贫困村全部“摘帽”，解决局部区域性贫困和零散插花式贫困。《规划》总结了“十二五”期间，全市贫困人口从2011年45.5万人减少到2015年10.94万人，贫困发生率从17.66%下降到4.4%。全面落实“创新、协调、绿色、开放、共享”五大发展理念，以“六个精准”为基本要求，推进“1593”脱贫攻坚和“五个一批”“10个扶贫专项方案”。集中力量解决突出贫困问题、提高贫困地区发展水平，严格领导责任，强化社会合力，夯实基层基础，确保2020年在全省率先实现次级突破、率先建成小康社会。按照市委《决定》提出“三年奋战攻坚、一年巩固提升”目标要求，2016年减贫4.6万人，103个贫困村“摘帽”；2017年减贫1.96万人，30个贫困村“摘帽”。全市6.55万农村贫困人口全部脱贫，131个省、市级贫困村全部“摘帽”；全市农民人均纯收入达到2万元；实现城乡基本公共服务均等化，社会保障全覆盖。推进产业扶贫工程，加快现代农业发展。发展公共服务事业，健全社会保障体系。加大民生改善力度，切实解决群众困难，集中力量解决突出贫困问题。实施精准扶持脱贫举措，扶持生产和就业发展一批，移民搬迁安置一批，低保政策兜底一批，医疗救助帮扶一批，灾后重建帮扶一批。集中解决突出贫困问题，优先改善贫困户住房条件，加强贫困地区交通建设，加快建立供水保障体系，推进电力和信息网络安全覆盖，全面提升贫困地区教育发展水平，加快贫困地区医疗卫生事业发展，实施文化惠民扶贫行动，建立完善科技服务体系，持续推进生态扶贫工程。

【行政机关负责人出庭应诉】

2016年，市政府印发《眉山市行政机关负责人出庭应诉暂行规定》（以下简称《规定》）。为提高行政机关诉讼意识和应诉能力，增强各级领导干部法治观念，加强行政机关与人民法院的良性互动，推进依法行政，《规定》提出行政机关负责人出庭应诉应尽的职责和义务，应建立的行政应诉制度，应诉工作指导、监督和协调，出庭应诉范围，出庭应诉规范和标准，出庭应诉工作目标绩效考核等。

【“十三五”防灾减灾规划】

2016年，市政府印发《眉山市“十三五”防灾减灾规划的通知》（以下简称《规划》）。进一步提高防灾减灾能力，减轻各种灾害影响，有效保护广大人民群众生命财产安全，《规划》提出“十三五”防灾减灾工作总体目标，健全综合防灾减灾救灾体系；建立自然灾害救助制度；提高地震监测和预警水平；完善地质灾害防灾减灾体系；建立健全旱洪灾害防灾减灾体系；不断加强农作物病虫防灾减灾能力建设；加强森林防火工作和林业病虫害防治；提升气象防灾减灾能力。《规划》指出，加强地震灾害预防体系建设，加强抗震设防要求监管，提高地震应急救援能力建设。加强地震危险区域救灾物资储备，加强地震应急演练，推进地震安全示范社区、示范学校和科普教育基地建设。全面提升救灾物资储备体系建设水平，加强应急避难体系建设，加强防灾减灾人才和专业队伍建设。地质灾害防治方面，建立健全以地质灾害群策群防检测网络、信息管理系统、预报预警系统和应急指挥平台为主监测预警体系建设。开展地质灾害分类防治，实施避让搬迁工程、排危除险工程和重大地质灾害治理工程。加强市、县、乡三级地质灾害应急抢险物资储备和市县级地质灾害应急抢险队伍建设。加强主要河流、中小河流治理，推进全市重点涝区治理，加快实施列入规划的病险水库除险加固，加强城市防洪排涝工程建设。《规划》还对农作物病虫害防治、森林火灾及病虫害防治、气象防灾减灾等方面提出要求。

【重大行政决策责任追究】　2016年，市政府印发《眉山市重大行政决策责任追究办法》（以下简称《办法》）提出，行政机关重大行政决策未按照法定权限、程序、时限决策，造成重大损失、恶劣影响的，按照规定追究行政首长、负有责任的其他领导人及相关责任人责任。《办法》明确重大行政决策起草单位、负责重大行政决策事项审议会议办理及合法性审查等工作行政机关、行政决策机关、重大行政决策执行单位的追究情形；明确从重、加重责任追究，从轻、减轻责任追究，以及免于责任追究的情形。《办法》规定，参与重大行政决策专家论证、风险评估的中介组织、专家等在参与重大决策活动中违反法律法规、职业道德、职业规范造成决策失误的，责任追究机关将调查情况通报相关主管部门，相关主管部门依法调查、处理。根据《办法》，应当追究有关责任人的责任，根据其行为性质、过错程度、危害后果等因素确定情节轻重，分别给予批评教育、责令公开道歉、诫勉谈话、停职检查、引咎辞职、免职等方式处理。构成违纪的，依照有关规定给予纪律处分；涉嫌犯罪的，移送司法机关依法追究刑事责任。

重要会议

【市政府全体会议】 2016年，召开眉山市第三届人民政府全体会议2次。其中，第七次全体会议征求对《政府工作报告》（送审稿）、《眉山市国民经济和社会发展第十三个五年规划纲要》（送审稿）、《关于眉山市2015年国民经济和社会发展计划执行情况及2016年计划草案的报告》（送审稿）和《关于眉山市2015年财政预算执行情况和2016年财政预算草案的报告》（送审稿）的意见和建议，安排部署政府当前工作。第八次全体会议贯彻落实了省委、省政府推进供给侧结构性改革促进经济稳定增长和提质增效的系列决策部署，总结市政府上半年工作，安排部署下半年工作。

【市政府常务会】 2016年，召开市三届政府常务会议24次，市四届政府常务会议4次。会议审议市政府重点工作、重要政策文件等各类议题308项。其中，传达贯彻《省委经济工作会议精神》《全省深化商事制度改革加强事中事后监管座谈会和全省工商行政管理工作会议精神》《全省质量技术监督工作会议精神》等中共中央、国务院和省委、省政府及市委重大决定并研究制定贯彻措施12项；学习《法治政府建设实施纲要（2015—2020年）》《现行社会保险政策解读》《全面推开营改增政策》等各类法律法规5项；审议《2016年一季度工业经济“开门红”意见》《眉山市2016年新型工业化发展意见》《落实“先照后证”改革决定加强事中事后监管工作实施意见》等全市经济发展工作15项；审议《眉山市大数据中心云服务资源管理办法》《眉山市农村公路建设管理办法（试行）》《眉山市重大行政决策责任追究办法》等重要政策和规范性文件20项；审议《眉山市人民政府常务会议议事规则》《眉山市人民政府新闻发布制度》《眉山市人民政府专题学习制度》等重要制度规定9项；审议《眉山川菜产业发展战略合作协议》《眉山基础设施建设投资基金框架协议》《云计算服务战略合作协议》等各类协议15项；审议干部人事议题19项；审议《拨付东坡区原区良种场北门片区旧城改建项目国有土地上房屋征收补偿经费》《解决西博会展示宣传经费》《拨付眉彭大道东坡段集体土地征地拆迁资金》等经费安排事项33项；审议土地出让事项21项；审议《2016年十大民生工程及20件民生大事》《眉山城市规划区市本级2016年集体土地征地拆迁工作计划》《眉山市2017年固定资产投资计划、政府投资项目计划、省市重点项目建议名单》等市级部门（单位）、县（区）请示市政府的重要事项179项。

【全市性会议】 2016年，召开全市安全生产电视电话会议、全市食品药品监管工作会议、全市三产旅游工作会议、全市狂犬病防制暨动物疫病防控工作会、2016年“绿海明珠、千湖之城、百园之市”现场推进会、全市棚户区改造推进会、参加国务院实施新一轮农村电网改造升级工程电视电话会、市人大代表建议和政协提案交办会、全市党务政务服务工作会、全市防汛抗旱和地质灾害防治工作电视电话会、全市道路交通综合治理长效机制建设年行动工作会，市互联网金融风险专项整治工作部署动员会、全市生猪屠宰管理工作推进，全市公务用车制度改革动员会、全市农业产业扶贫、现代水产业发展暨农产品质量安全工作会、全市旅游工作推进会，供给侧结构性改革及“一带一路”发展战略专题报告会，全市发改城建水务林业安监系统廉政工作会议，市四届政府安全生产工作暨第1次安委会（扩大）会议等全市性会议66次。

【专题会议】 2016年，召开研究东坡创客孵化园建设管理有关工作、金象化工产业园区建设发展工作、彭山区融入眉山城区发展工作、中心城区污染防治有关工作、打造现代农业观光旅游金三角工作、遂资眉高速公路眉山段项目竣工决算审计有关工作、金象化工园区环保有关工作、城市规划区市本级集体土地征地拆迁安置工作、中心城区教育体育项目建设工作、眉山现代工业新城产业项目准入审查工作、岷东新区推进工作、大数据中心项目建设工作、公交领域推广金融IC卡工作、眉山信用信息中心建设工作、推进眉山川菜产业发展工作、第五片区重点项目推进工作、推进眉山市示范性综合实践基地项目建设工作、发行眉山城区停车场和城市地下综合管廊建设两支专项债券工作、中心城区防洪排涝工作、汤坝航电工程项目争取国家政策资金支持工作、岷东新区公交运营工作、洪雅县瓦屋山旅游开发工作、眉山市城区停车场专项债发行工作、国开行政府购买棚改服务贷款项目工作、东坡区西北片区棚户区改造项目工作、洪雅县柳江古镇景区旅游开发工作、洪雅县七里坪旅游度假区发展工作、蟆颐观保护开发工作、全市污水处理能力建设和通惠河污染治理工作、眉山市地下综合管廊项目收益债券发行工作、老旧及弃管居民小区供配电设施改造工作、成乐高速公路扩容建设项目青龙场至眉山试验段有关工作、落实各区县对寄递物流行业的监管责任工作、东坡宋城景区周边停车、通行难工作、四川能投鼎盛锂业有限公司年产5万吨电池级锂盐生产项目准入工作、洪雅县瓦屋山景区和柳江古镇景区旅游开发工作、秋季秸秆禁烧和水污染防治工作、眉山城区环境综合治理工作、眉山市交通及社会事业PPP投资建设项目工作、建设瓦屋山景区35千伏变电站有关工作、加快推进眉山市国有资产投资集团有限公司组建工作、甘眉工业园区发展工作、激情广场多功能舞台建设有关工作、垃圾焚烧发电厂点火试运行工作、眉山城区建设领域安全与稳定有关工作、江口沉银遗址考古发掘工作、四川启明星铝业有限责任公司股权托管期间有关工作、全市重污染天气应对工作、易地扶贫搬迁工作、加强农村留守儿童关爱保护工作、中铁生态未来城项目推进工作等专题性会议80次。

市政府办公室工作

【文会办理】 2016年，市政府办公室严把公文格式关、程序关，文电办理及时办结率、准确率100%，未被省政府办公厅错情通报。坚持少发文、发短文，提升发文质量，发文比2015年（下同）减少6.5%，公文成品差错率控制在2‰以内。抓好档案管理，改变定期清理档案工作方式，实行“即办即退”，确保应归尽归，坚持定期保密检查制度，全年无失泄密事件发生。精心办会“零失误”。高标准高质量参与承办第九届中国竹文化节、第八届中国泡菜博览会等大型会务活动20余次，严格执行会务办理规定，精简会议，坚持开短会、开套会，严控会议时间和规模，严肃会议纪律，市政府会议数量同比减少8.6%。

【信息调研】 2016年，市政府办公室坚持调查研究与决策服务、督查督办和能力建设相结合，适应经济社会发展新形势新要求，围绕脱贫攻坚、城市建设、旅游产业发展等重点工作和社会关注的热点焦点工作开展调研，形成《眉山市现代产业发展研究》《眉山市区域空间布局研究》《眉山市生态文明先行区建设》等26篇调研文章，19项调研成果转化为市委、市政府决策部署。坚持把领导满意、基层认同和符合实际作为文稿起草的出发点和落脚点，正确把握上级精神，准确领会领导意图，如实反映真实情况，扎实做好综合文稿起草、审核把关工作，高质量起草《政府工作报告》、重要会议讲话等，文稿采用率90%以上。围绕国家、省、市政策，贴近领导决策需求，增强信息服务的针对性和时效性。全年编报信息2500余条，上报省府信息800余条，被《国办专报》采用4条、《川政晨讯》采用117条，《要情专报》采用5条，得到省领导肯定性批示5条，政务信息工作在全省各市（州）中排名第4位。

【督查督办】 2016年，市政府办公室围绕政府工作落地落实抓好督查工作。坚持定期督查推动工作落实，每季度对《政府工作报告》、每两月对市政府常务会和专题会议定事项、民生工作、每周对市政府例会近期重要工作进行督查，全年办理各类督查督办事项1500余件，一次性办结率100%，督查有效推进率100%。坚持实地督查保障项目推进，以瓦屋山和柳江古镇旅游开发项目、四川和邦集团产业项目、太和大道项目等省、市重点项目和市本级投资项目为重点，采取实地督查和暗访检查形式，及时向领导反馈项目建设中存在的问题，推进项目建设。坚持奖惩逗硬促进问题整改，全年开展专项督查督办110余次，印发督查通报报告63期，以“发点球”的形式印发督办通知8期，提出有针对性的工作建议170余条，督促整改问题400余个，进一步强化部门责任，提高督查权威，促进工作落实。

【民生工程】 2016年，市政府办公室把保障和改善民生放在首要位置，市财政支出80%以上用于民生改善。通过《眉山日报》、眉山电视台等媒体，面向社会公开征集民生工程项目，围绕群众最关心、最期盼、最急迫的民生热点难点问题，确定市第三水厂、苏母公园、市人民医院二期工程、太和大道等32个市定民生工程和20件民生大事，市“两代表一委员”和受益群众对民生工程进行满意度测评，满意和基本满意率98%以上。分阶

2016 年 8 月 2 日，眉山市人民政府和社会资本合作项目推介会暨项目签约仪式在成都举行

段、有重点的对民生工程项目开展专项审计、资金审查及行业检查，全年共开展各类督促检查 70 余次，推进民生项目顺利实施。抓好宣传报道，眉山日报开辟“民生工程·眉山行动”专栏，宣传报道惠民政策措施、民生项目进展情况和实施成效，全年刊登各类报道 60 余篇。

【“放管服”改革】 2016 年，市政府办公室推进“放管服”改革工作。围绕减项目、减程序、减费用，再精简审批事项和前置条件，扩大审批制度改革实效，市级行政审批总数原 418 项减少为 220 项，精简率 50%，分两批次下放县（区）审批事项 59 项。在全省率先完成了行政权力清单、责任清单和投资项目限制禁止清单“三张清单”编制工作，对 70 余个市级部门、5222 项行权事项、3673 项责任事项、99 项职权交叉边界进行彻底清理和排查，确保行政权力在法律和制度框架内运行。抓好行权平台，依法规范公开运行工作，完成行权平台网上办件 1427 万件，全面实现网上行权和电子监察。推进“双随机一公开”规范事中事后监管机制，完善市、县（区）两级“一单两库一细则”，开展执法检查 11 万次。推进 10 大类行政权力分类别集中进入党务政务服务中心运行，中心按时办结率、群众满意率均 100%。加大乡（镇、街道）便民服务中心和村（社区）代办服务站点建设工作，全市 131 个乡（镇、街道）、1347 个村（社区）、9849 个居民小组均建立便民服务中心和代办服务站点。

【政务公开】 2016 年，市政府办坚持“公开为常态、不公开为例外”原则，推动政府工作在阳光下规范有序运行。着力推进决策、执行、管理、服务、结果“五公开”，将“五公开”要求落实到公文办理程序、会议办理程序。全年各级行政机关累计公开各类政府信息 153 万余条，其中公开重点领域信息 26 万余条，开展政策解读 5300 余次，开展热点回应 2200 余次。加大对各县（区）、各部门政务信息公开监管，实施“周巡查、月统计、季通报”，强化政务公开目标绩效考核和效果评估。全年共受理政府信息公开申请 40 件，按时回复率、群众满意率均为 100%。

【天府新区服务】 2016 年，四川天府新区眉山管理委员按照省、市对眉山片区功能定位的新要求，协调完善眉山片区分区规划、专项规划和城市设计等工作，完成眉山片区控制性详细规划、起步区城市设计和交通、生态环境、绿地系统、历史文化保护、公共服务、能源、给排水等 17 个专项规划编制。加强对天府新区眉山片区的统筹协调，加大宣传营销力度，全年新引进亿元以上项目 9 个，其中世界 500 强 2 个，招商引资到位资金 100 亿元。强化全面创新改革，全年眉山片区新增高新技术企业从 5 增加到 24 户，新增省级创新型企业 3 户增到 16 户，新增专利 214 件。强化产业支撑，全年实施工业类项目 76 个，竣工项目 38 个，完成投资 69.4 亿元，五大产业集群销售收入突破 300 亿元。强化要素保障，全年组织 11 个项目申报了专项资金，获批 11.38 亿元，两区域投资公司融资到位 20 亿元。

【网站建设】 2016 年，市委、市政府门户网站站群信息累计发布 3553 万条，向省政府门户网站报送信息 2300 条，网站站群访问量 2902 万人次，其中，主站访问量 1274 万人次。推进全市电子政务建设项目统筹整合，对《眉山市电子政务内网建设工程》《视频接访建设项目》《眉山市森林防火指挥中心建设》等 30 余个项目进行初步设计方案和投资概算评审，确保工程竣工并验收合格，实现财政资金使用节约化和效益最大化。持续优化、拓展政务外网网络覆盖，向党群部门延伸，县（区）、乡（镇）接入率 100%。加快推进业务专网与政务外网的安全对接和业务融合，党务政务服务热线平台、不动产登记信息系统等应用建成运行，积极做好省级专网应用迁移的承载保障工作。

【联系服务群众】　2016年，市政府办公室深入开展“两走一对接”等活动，组织党员服务队、志愿者服务队、青年突击队到市福利院和联系村、社区开展陪护“三无”老人、“绿色基地”植树造林、义务劳动、无偿献血等活动50余次，干部职工人均参加活动3次以上。抓好彭山区青龙镇狮子村脱贫攻坚工作，选派优秀年轻干部到村任第一书记，组织百名干部职工参与结对帮扶，协调解决项目资金900余万元，新建村活动场所500平方米，拓宽2条出村主道5千米，整治山坪塘8口、石河堰8座、提灌站2个，帮助率先脱贫摘帽。建议提案办理“主要领导总负责、分管领导具体负责、业务科室具体承办”三级负责制，加强建议提案办理工作督查督办，市人大代表建议和政协提案256件在规定时限内全部办理完毕，满意和基本满意率100%。

【后勤保障】　2016年，市政府办公室落实中央、省、市厉行节俭有关规定，进一步规范办公室后勤保障工作，确保办公室正常运行、规范运转。压缩“三公经费”，办公室接待费用比2015年下降（下同）19.8%，公务车辆运行费用降9.7%，行政成本降10.2%。严格执行政府采购制度，2万元以上单一品目的办公设备一律上网招标采购，保证采购质量，节约采购经费。严格执行财经纪律和财务管理制度，坚持“一支笔”审批制、资产管理登记制等，严控办公室支出。推进公车改革，实现公务用车调整到位、司勤人员安置到位、公务出行保障到位。

应急管理

【基层规范化建设】　2016年，在全市乡镇（街道）、学校、医院、村（社区）、企业中分类实施“五有”行动，统一“九项标准”，推进基层应急管理规范化工作，通报2015年突出成效单位102个，配发应急物资装备1800余套，夯实基层应急工作基础，完成此项工作任务。广东省政府应急办、四川省政府应急办分别莅眉调研，肯定眉山市基层应急管理规范化建设成果。

【应急预案管理】　2016年，市应急办指导审查各类应急预案15个，编制完成31个市级专项应急预案全套活页简本，印发《关于进一步明确市级专项应急预案成员单位职能职责的通知》，全市储备各级各类应急预案136万个。印发《眉山市2016年防灾救灾应急演练计划》，对照141项应急演练项目，督促指导开展各类应急演练375次。

【预警监测】　2016年，全市所有煤矿企业均建设完善安全监测监控系统、人井人员定位系统和调度信息化管理系统，实行在线实时监测监控和部分自动化、信息化控制；完成部分金属非金属矿山、烟花爆竹、危险化学品企业建设在线实时监测监控系统；交通运输系统实行全市客运车辆、出租车辆、危险化学品车辆GPS管理；建立市级卫生应急指挥决策系统，对全市突发公共卫生事件进行监测、预警、处置和评估。

【隐患排查】　2016年，市应急办联合参加防汛、地质灾害、防震减灾、安全生产等行业工作检查，督促履行主体责任，建立台账，研判突发事件发生发展趋势。全市共排查整治各类事故隐患2.2万余处，其中市级挂牌督办重大隐患20处；1419户企业利用“四川省安全隐患排查治理信息系统”，每月开展自查自报，实现隐患排查闭环管理；国土部门组织开展地质灾害隐患排查工作66次，排查整治地质灾害隐患点542处；交通运输部门排查整治安全隐患点39处，水上较大安全风险源12处；防汛部门完成病险水库整治10座，防洪工程治理465处，完成东坡区富牛镇段、崇礼镇段岷江左岸2.6千米堤防整治加固；林业部门组织检查87次，检查单位189个，防治各类林业有害生物1004公顷。

【应急队伍建设】　2016年，加强应急救援队伍建设，成立金象园区应急救援队。全市建立专业救援队伍92支3000余人，兼职救援队员2万余人，志愿者队伍9支800余人。民政部门建立覆盖每个区县、乡镇和村（社区）灾害信息员1800余人；市防汛抗旱指挥部组织建立专业防汛抢险队伍41支1420余人，群众抢险队伍3528余人；公路部门组建应急抢险队伍268人，落实救援车辆23辆、抢险机具26台；运管部门落实应急客车30辆、货车50辆；海事部门组建防汛应急队伍53人，落实应急车辆12辆、应急救援艇12艘；国土部门在全市542个地质灾害隐患点确定专职监测人员进行实时监测预警。

【物资储备保障】　2016年，市民政局、市安监局、市防汛办等部门（单位）建立应急物资管理制度或办法，新建4个县级、22个乡（镇）级应急避难场所（点），在有地质灾害隐患点的21个乡镇和部分村建立救灾物资储备点（室），升级改造全市综合防灾救灾应急指挥体系。充实市级救灾物资储备库和仁寿、洪雅两个县级物资储备库及部分高寒边远乡镇储备点物资储备。全市防汛部门储备麻袋1.2万条、编织袋24.49万条、铅丝26.56吨、砂石料4.08万立方米、橡皮舟12艘、冲锋舟16艘、救生衣3607件、救生圈349个。

【宣传教育】 2016年，利用“法制宣传月”“防灾减灾日”“安全生产月”等节日，多途径多形式组织进行应急知识宣传。参加国家行政学院安全生产与应急管理专题培训、全省突发事件信息报送专题培训会，组织各级各类机关、企事业单位等员工进行应急知识宣讲培训，不断扩大应急知识宣传覆盖面。市政府应急办编制发放《眉山市应急知识手册》《眉山市应急常识宣传画》11万册。安全监管、交通运输、公安交警、人社、质监等部门分别组织开展了安全应急宣传教育培训活动，培训人员10余万人次。

【政府值班】 2016年，市政府各单位、部门和各区县落实政府值班规定，加强政府值班工作。市政府应急办建立专业化值班队伍，制定值班工作规范，坚持执行市政府领导带班、24小时值班，建立值班工作台账，保障政府值班工作24小时无缝隙有序运行。定期参加省政府值班视频系统点名工作，坚持法定节假日和重要敏感时期抽查制度，全年抽查各类值班45次、1031个单位。

【信息报送与处置】 2016年，市应急办修订完善《突发事件信息处置流程》，进一步规范全市突发事件信息报送范围、报送审批程序和统一归口管理，坚持“30分钟内电话报、1小时内书面报”规定，第一时间收集上报“1.22”强降温灾害性天气、“7.4”暴雨洪涝灾害、“12.31”“龙水引眉”工程水管道爆裂等信息。强化综合协调职能，加强突发事件协调处置。组织公安、民政、卫生、消防、气象等单位会商研判，采取有效措施，工作合力，快速妥善处置各类紧急突发事件，及时恢复当地经济社会秩序。

政务服务

【服务事项办理】 2016年，市政务服务中心办理党群服务、行政权力服务、公共服务、热线服务事项400万件，按时办结率100%。

【服务窗口设置】 2016年，市政务服务中心入驻党务、政务、群团部门76个，纳入中心办理的各类服务事项1036个，其中申请类行权服务761项、公共服务220项、党群服务55项。

【行政权力运行】 2016年，市政务服务中心严格落实“两集中、两到位”（一个行政机关的审批事项向一个处室集中、行政审批处室向政务服务中心集中、进驻行政审批服务中心的事项到位、审批权限到位），加强“三张清单”（权力、责任、负面清单）信息公开，推进10大类行政权力进入中心集中运行，办理申请类行权53万余件，公示现场处置类行权1800余件。

【行政审批制度改革】 2016年，市政务服务中心优化服务流程，承诺办理时限提速30%以上；简化审批前置，开展清理工作，涉及行政审批事项20项，减少前置条件35项；开展收费清理和减免，市级行政事业性收费项目取消35项、停收6项、降低13项，经营服务性收费项目取消6项、停收1项、放开60项；规范中介机构，建立中介服务信用信息发布平台，对全市8大类127家中介机构开展第三方评估和信息公示，杜绝“红顶中介”现象；强化“互联网+审批服务”，建立“市场主体信用信息网络系统”，纵向推进省、市、县（区）网上三级联审服务，横向推进商事制度改革，运用“系统统一推送、工商部门统一告知、许可审批部门认领反馈”的网络并联运行体系，实现群众“网上办事、数据跑腿”。

【党群服务】 2016年，市政务服务中心在综合设立“纪委政法、组工统战、宣传文化、群团”等6个服务窗口基础上，依托群团窗口拓展征兵服务事项，为广大适龄青年提供应征入伍政策宣传和受理登记300余人次。新增“企业维权窗口”和法律服务专区，为求助群体解决涉法难题，受理司法援助申请15起。全年受理办结党群服务事项1.3万余件。

【中心硬件设施建设】 2016年，市政务服务中心办事大厅升降电梯投入使用，新建办事人员临时免费停车场，新增停车位120个，缓解高峰期停车难、易拥堵等问题；合理设立自助查询区、网上预约、自助办理，实现办事分流、提速增效。

【党务政务服务体系建设】 2016年，全市131个乡镇（街道）、1314个村（社区）建立了便民服务中心（站），建成各类开放式办事厅350个，服务场地30万平方米，从业人员8500余人，可办理行政审批和公共服务300余项。围绕基层群众多元化服务需求，拓展服务内容和渠道，把村级便民服务站点建设成离不开“便民之家”。仁寿县大化镇水利村提出镇村联动机制，选择交通便利、群众聚集、村落集中的地方，建设乡镇第二便民服务中心，乡镇定期派出工作人员到村开展服务。

【基层便民专业化服务】 2016

年，市政务服务中心牵头协调服务工作，组织下辖15个分队、800余支小队、2万余名队员，开展各类专业化便民服务10万余次，帮助群众解难题办实事2万余件。

【热线办理】 2016年1~2月，市长热线受理群众有效来电3312个，2月29日，市长热线办理工作移交市党务政务服务中心。“市政府热线服务中心”更名为“市政府应急指挥中心”，承担“市长公开电话（市长电子邮箱）办理、办结公开”。

【党务政务服务热线】 服务热线12345语音呼叫系统割接开通试运行，将分散在部门的54个热线电话统一归口到“12345”热线办理。以办结率、反馈率、回访率三个100%为目标，制定《眉山市党务政务服务热线运行管理办法》等管理制度，推进服务热线办理制度化、规范化、常态化。按照“属地管理、分级负责、归口办理”原则，实行一把手负总责，建立“横向到边、纵向到底”的市、县、乡三级联动办理体系。9月19日，市委书记信箱、市长信箱、市级部门等101个信箱统一整合开通，“市党务政务服务热线网站”上线试用。

（市党务政务服务中心）

市委、市政府接待工作

【接待任务】 2016年，市委市政府办组织各级各地组织接待235批次8139人。其中二级任务及其以上任务2次，部省级接待76次、市（厅）级82次、大型会务13次，重要商务接待32批次。完成刘晓峰、杨汝岱等党和国家领导人到眉接待任务；完成住建部部长陈政高、人社部副部长何宪、文化部副部长项兆伦等中央部委领导莅眉接待任务；完成省领导王东明、尹力、刘国中、范锐平、王雁飞、甘霖、黄新初、曲木史哈、张东升、刘捷、叶壮、陈文华、陈放、王正荣等莅眉接待任务；完成华为、云南城投、上海建工、中兴通讯等重要商务接待；完成支持农民工进城购房工作座谈会、第九届中国竹文化节、中法地方政府合作高层论坛、第八届泡菜博览会等大型会节日活动后勤接待工作。

【接待管理】 2016年，市委市政府接待办简化政务接待各环节、如简化迎送、减少陪同、严格食宿标准、改进警（保）卫、改进宣传报道等。严格控制接待对象、控制接待范围、控制陪同人员、严格酒水使用、控制车辆使用等，从严控制接待经费。

（市委市政府接待办）

外事、侨务、台湾、港澳事务工作

【概况】 2016年，市外侨台办举办招商引资专题活动3场，签约项目3个，合同金额28亿元，组织3个团组赴境外（港澳）考察交流；承办或参与全市节会活动、联谊交流活动46场次；邀请和承接境外（港澳）赴眉参访考察团组48批600余人次；开展实施贫困助学项目3个，资金27.5万元；实施精准扶贫项目2个，资金135万元，实现10户29人脱贫；引进侨捐、台捐资金179.5万元。

【招商引资】 借助侨台资源，推动引资引智。举办“海外高层次人才走进眉山”“第三届川台农业合作论坛走进眉山”“上海侨资企业走进眉山”等重大涉侨、涉台招商引资活动，组织3个团组赴美、日、韩、法等国开展境外交流、招商推介，邀请美国加州对外友好协会、美国智慧城市联盟代表团、日本JAA财团、香港特区政府教育局等18批45名企业高管赴眉考察洽谈，对接境外100余家符合眉山产业发展的优质企业，先后21次赴粤、渝、贵等地叩门招商，引进四川秋麟药业建设药品生产基地项目、四川天联药业建设医疗器械及化妆保健品生产项目和四川卓博旅游建设洪雅瓦屋山场镇旅游开发项目。

【外事友协】 2016年，市外侨台办从严审批因公临时出国（境）团组，办理审批手续44人次；全程参与“第九届中国竹文化节”“第五届中法地方政府合作高层论坛眉山交流活动”等重大会节活动，参与外交部与四川省联合举办的四川全球推介活动。参加“2016年大韩民国国庆节招待会”，发放宣传手册和招商资料200余份。邀请5家日韩企业到眉参加第八届泡菜博览会，全年接待日、韩、美等国家和地区的代表团和友好人士15批、260人到眉参访，与韩国潭阳郡、日本市川市就建立友好城市关系达成意向。发放海外领事保护宣传册900余份；严格执行《外国记者在川采访条例》，实现外事管理“零差错”；为外向型企业负责人申领APEC商务卡，开展境外驾照更换国内驾照翻译证明50余次。

【侨务侨联】 2016年，市外侨台办与美国亚美商业发展中心、法国法华工商联合会等13个海外爱国侨团建立友好关系；邀请16位眉山籍海外成功人士回乡省亲；承办来自海外14个国家220名营员参加的海外华裔青少年“寻根之旅”夏令营、冬令营活动。与40余个国家和地区近1000人建立联系。开通侨务、侨联微信公众号，与法国侨报等境外华文媒体开展战略合作，发布眉山人文、产业等信息

300余条。邀请市侨联海外引才顾问倪金城等32位高层次人才到眉举办专题讲座、技术交流；选送364件优秀作品参加“世界华人学生作文大赛”，40人获得一二等奖。聘请市侨联海外顾问6名、海外引才顾问3名；推荐5名归侨侨眷、侨务工作者担任市政协委员；开展服务侨商大走访、暖侨心聚侨力等活动，走访慰问贫困侨眷（属）74户，解决涉侨信访4件。

【对台工作】 2016年，市外侨台办审核通过4批10人次考察团赴台开展对口交流与项目洽谈；加强对台经济工作的指导与管理，制发《关于进一步加强眉台经贸合作的工作意见》；洪雅圣地农业科技发展有限公司被省委农工委和省委台办认定为首批“川台农业合作示范基地”，中央电视台专题报道；开展“4·20”地震台胞捐款援建的洪雅县、丹棱县、青神县等区县4个项目检查监督并交付使用；实施台胞助学项目，资助学生50人。邀请国民党前副主席郝龙斌、中常委游家富、台湾工商业联合会主席李玉文等18批243人次台湾政商界名人、教育专家和新闻媒体人等到眉参访。邀请台湾东森电视台专题拍摄和滚动播放岷江现代农业园区、东坡味道，与台湾《中国时报》等主流媒体合作，建立台胞台商微信群，发布信息近400条。常态化开展“服务台商大走访”活动，妥善处理涉台权益保护案（事）件23件次。

【恢复重建】 2016年8月，国务院侨办机关和直属单位干部捐赠154万元用于眉山市丹棱县龙鹄山敬老院灾后重建项目。

【捐资助学】 2016年，市外侨台办争取到台湾“中航伟联集团”董事长彭荫刚捐资助学款2.5万元，受助贫困小学生50名；“4.20”台胞捐建灾后重建项目丹棱县顺龙小学第二批资金到位24万元；美国尹氏教育基金会在天府新区仁寿视高管委会举行2016年助学金颁发仪式，为视高中学和仁寿一中贫困学子43人颁发12.5万元助学金；争取到加拿大福慧慈善基金会资助眉山市卫生职业学校贫困学生50人5万元；香港福慧慈善基金会资助眉山市孤儿12人2.04万元；香港小平基金会2015—2018期助学计划，资助眉山市洪雅中学贫困学生50人5万元。

（市外侨台办）

民政工作

【防灾减灾】 2016年，市民政局制定《眉山市自然灾害救助实施意见》，为全市一般自然灾害救助工作提供政策支持。出台《眉山市“十三五”防灾减灾规划》，分析今后五年全市防灾减灾面临的形势和挑战，建立健全综合减灾管理体制和运行机制，全面提升灾害监测预警、防灾备灾、应急处置、灾害救助的能力。加强应急避难体系和救灾物资储备体系建设，建成4个县级、22个乡（镇）级应急避难场所（点）；推进丹棱县救灾物资储备库建设，在有地质灾害隐患点的21个乡镇和部分村建立救灾物质储备点（室）；依托应急指挥平台，建成市、县、乡三级救灾物资储备管理信息系统，对仓库基础信息、物资管理、库存查询、物资备点、物资出入库、物资移库、物资报废进行统一的信息化管理。组织全市综合减灾救灾演练1次。加强防灾减灾知识宣传，充分利用广播、电视、报纸、书刊和互联网等多种媒体，结合“5.12”防灾减灾日等宣传活动，防灾减灾科普知识普及到学校、家庭。加强灾害信息员培训工作，组织县、乡灾害信息员培训1192人次，参加省厅培训12人次。开展“全国综合减灾示范社区”创建工作，成功创建6个全国综合减灾示范社区。

【救灾救济】 2016年，全市发生10次较大灾害，19.23万人次受灾，部分房屋倒损，农作物损失较重，市、区县民政部门组织转移安置受灾群众，及时发放救灾款物，保障受灾群众的基本生活。其中，8月7日洪雅县瓦屋山镇燕远村特大暴雨泥石流灾害成功避险案例作为典型在全省交流。9月，与市财政局共同印发《关于开展因灾倒损农房恢复重建和受灾人员冬春生活救助工作的通知》，要求各区县准确规范统计因灾倒损农房和受灾人员冬春生活需救助情况，确保倒损农房灾后重建和受灾群众救助工作落实到位。全年全市冬春救助受灾困难群众12.6万余人，发放救灾款物1513.06万元，需重建农村住房68户，全部重建完毕。全市民政系统组成3个专项检查组，专项检查区县冬春生活救助资金使用情况，要求及时纠正并限期整改在检查中发现的问题，根据交叉检查中暴露出来的问题，市民政局开发建设“眉山市自然灾害救助资金管理系统”。

【双拥工作】 2016年，市民政局开展“双拥在基层”活动，元旦、春节、“八一”期间，市、区县慰问团看望慰问驻眉部队官兵和重点优抚对象，全年组织慰问活动30次，发放慰问资金100万元。利用清明、“八一”等重大节日，组织开展清明祭扫、“八一”慰问、烈士公祭活动，召开优抚对象代表、抗战老兵、烈士家属座谈会，举办“十佳烈士家属”表彰晚会。市粮食局多次慰问驻眉部队对粮油供应和服务质量的意见，着力提高军粮供应服务质量，及时保障驻眉官兵粮油供应。彭山区投入资金帮助驻地部队改造供饮水管道网，拓宽周边交通道路，抬高周围高压电缆，解决驻地部队饮用水和交通出行问题。

【社会福利】 2016年，全市新增公办养老机构床位520张；民办养老床位1700张；维修改造公办机构床位2100张；建设城乡社区日间照料中心76个（城市55个，农村社区21个）；建设农村幸福院100个；为困难家庭失能老人和80周岁以上高龄老人8.42万人提供居家养老服务。东坡区大石桥街道办事处明星社区成功创建省级养老服务社会化示范社区。市民政、市规划、住建、国土局制发《关于进一步加强养老服务设施用地规划保障工作的通知》，破解民办养老机构落地难和社区日间照料中心场地难找问题；市民政、市财政、人社部门制发《关于进一步加强社区老年人日间照料中心管理工作的通知》，要求各区县对已建成的日间照料中心的运行经费予以补助，每个建成社区给予1～2个公益性岗位的具体保障措施，全市社区日间照料中心的管理工作全省前列。委托东坡区明远职业培训学校举办眉山市第一次护理员升级培训，中级养老护理员37人、高级养老护理员11人取得证书；培训区县社会福利院、民办养老机构和城乡社区日间照料中心的护理员54人，全部取得初级养老护理员证书。搞好孤儿和艾滋病毒感染儿童保障，全市孤儿357人（集中供养每人每月61人，分散供养285人，艾滋病毒感染儿童11人），集中供养每人每月1246元，分散供养、艾滋病毒感染儿童每人每月748元；事实无人抚养儿童455人纳入保障范围，保障标准每人每月330元；市福利院申报第四批社会管理和公共服务综合标准化试点项目，通过省级社会管理和公共服务标准化联席会议办公室审核。市儿童福利院建立健全收养评估试点工作职责制度、制订具有眉山特色的评估模式，5月通过中期评估审查和省民政厅检查验收。完成23家福利企业年检，安置有劳动能力的残疾就业1079人，占企业总人数的36%，减免税3770万元。

【慈善工作】 2016年，市民政局通过各种渠道募集和争取慈善资金3077.95万元。其中，“4·20”地震灾后重建捐助资金2828.8万元，定向慈善助学123.2万元，定向助困捐赠66万元，定向助医捐赠28.5，非定向捐赠6.45万元；理财增值25万元。组织开展第十二届“放飞梦想·托起眉山希望的明天”2016眉山慈善·福彩帮困助学活动，资助大学、高中新生606人192.8万元。宣传《中华人民共和国慈善法》，印发宣传读本5000份，《慈善法》问答5000份，开展慈善文化进校园活动。开展“情暖万家·新年关爱”慰问活动，救助困难群众800人，发放棉被、食用油、大米等物资40万元。争取到贫困儿童大病救助项目、中华慈善总会—美国LDS慈善协会轮椅捐赠项目、“慈善医疗机构捐医疗阳光救助工程”项目。完成“万景困境儿童慈善救助基金”项目拨付，救助6个区县困境儿童401人24.12万元。开展“购盐源苹果·献慈善爱心”慈善公益活动，募集善款4.38万元。四川省民生慈善基金会“四川省贫困家庭儿童重大疾病慈善救助”项目拨付救助金28.5万元，救助全市贫困家庭患重大疾病儿童55人。完成“万向心·浙川情”4.20救助项目第三期拨付，拨付善款100万元，救助贫困学生、残疾人、孤寡老人500人，平均每人2000元。对接的38个“4.20”地震灾后重建项目，完工并投入使用21个，完工正在验收14个，正在招投标3个。

【优待抚恤】 2016年，市民政局全面规范和完善优抚政务公开，调整优抚对象抚恤和生活补助标准，更新完善优抚信息管理系统，采集完善信息3935条，省厅审定全市优抚对象数据为3.67万人。加强优抚资金管理，全年省厅下达重点优抚对象抚恤补助资金1.94亿元，发放抚恤补助资金1.83亿元，下拨医疗补助资金963.26万元、烈士褒扬金160.25万元、老党员资金1.62万元。做好重点优抚对象申请审核，上报伤残军人评调残材料31份，合格率100%，接收部队转移抚恤关系人员19人，组织重点优抚对象30人参加短期疗养，组织带病回乡退伍军人723人体检，审批体检鉴定后符合条件人员。加强优抚事业单位管理，开展清明期间祭扫烈士墓和“9·30”眉山市暨东坡区烈士纪念日公祭活动。全年为重点优抚对象1.83万人缴纳城乡居民基本医疗保险363.6万元，为14户维修改造住房36间；为优抚对象5684人医疗补助资金722.3万元，为463人减免基本丧葬费36万元，为1898人发放临时生活困难救助经费260余万元。开展“十佳烈士家属”表彰及烈士纪念活动，为烈士遗属每人发放慰问金2000元，为获奖的十位“十佳烈士遗属”发放表扬金各5000元。

【军休安置】 2016年，全市接收2015年冬季退役士兵1407人（自主就业1204人，自谋职业97人，符合安置工作条件106人）。其中，市城市管理执法局接收安置10人，其余人员全部安置到全额拨款事业单位，安置满意率 100%。为 1301 名自主就业和自谋职业退役士兵发放地方补助资金 3512.95 万元，接收伤病残退役士兵 2 人，培训退役士兵 1063 人，占有意愿参加培训人数 97%，培训合格率 99%，培训后就业率 97% 以上，培训支出 209.69 万元。全市接收军休干部（士官）5 人，落实政治待遇和生活待遇，组织部分军休干部参加全省西南片区门球运动会和集中疗养活动。

【村民自治】 2016 年，全市贯彻新修订的《四川省〈中华人民共和国村民委员会组织法〉实施办法》和《四川省村民委员会选举条例》，做好第十届村（居）民委员会换届选举工作。12 月 7 日，召开全市村（社区）“两委”换届工作会，安排部署换届选举工作，同时以市委办、市政府办名义制定下发换届选举工作通知，以市民政局名义下发换届选举工作实施方案全市村（居）委会换届选举工作全面铺开。

【社区建设】 2016 年，全市清理接收中心城区社区配套用房 2500 平方米，安排落实社区服务群众专项资金 2520 万元。在全市 22 个村开展农村社区试点。开展社区减负，建立社区准入制度，推行网格化管理，发挥社区自我管理、自我服务、自我监督功能。开展城乡社区协商工作，形成基层党组织领导、村（居）民委员会负责、各类协商主体共同参与的工作机制和乡镇（街道）协商与村（社区）协商的联动机制。

【基层民主建设】 2016 年，市民政局牵头做好“法律进社区”工作，创建“四川省村民自治模范单位”4 个、“四川省和谐社区示范单位”5 个，正在创建省级“法律七进”示范点 3 个和市级依法治村（社区）示范单位 24 个。

【行政区划调整】 2016 年，市民政局加强行政区划调整社会稳定风险评估，做好行政区划调整审核报批工作，仁寿县中岗、向家、识经、曲江、玉龙 5 个建制乡撤乡设镇和彭山区凤鸣镇、彭溪镇撤镇设街道办获省政府审批。

【地名管理】 2016 年，全市开展第二次全国地名普查，截至 12 月底，全市完成所有区县的外业工作，内业工作基本完成。全市地名调查目录总条数 3.56 万条，外业地名条数为 3 万条，形成地名成果条数 2.73 万条，完成入库的地名条数 2.19 万条。

【行政区域界线管理】 2016 年，市民政局牵头完成夹（江）青（神）线、乐（山）青（神）线等 4 条，配合完成丹（棱）名（山）线、洪（雅）名（山）线等 2 条市州间县级界线联检。

【民间组织管理】 2016 年，全市新登记社团 154 个（直接登记 20 个），民办非企业单位 62 个（直接登记 9 个）。其中全市性新增社团 5 家，新增民办非企业单位 6 家。截至 12 月底，全市依法注册登记各类社会组织 1744 个。其中社团 887 个，民办非企业单位 857 个。完成 2015 年度民间组织年检，年检率 96.1%。市政府召开专题会议，启动全市行业协会商会与行政机关脱钩，确定市房地产业协会、市畜牧业协会、市特种设备安全管理协会作为脱钩试点单位；市民政局牵头统一评估确认行业协会商会与行政机关脱钩试点成效，三家行业协会完成脱钩。启动全市性社会组织首次等级评估，通过竞争性谈判确定成都市同行社会工作服务中心作为第三方评估机构负责组织开展 2016 年度眉山市社会组织等级评估工作，综合评估 15 家社会组织。 （市民政局）

人力资源管理

【创业工作】 2016 年，眉山市人力资源和社会保障局（以下简称“市人社局”）召开眉山市“2016 年创业就业”表扬大会，表彰创业之星 43 人、支持创业就业工作先进集体 38 个和促进就业先进企业 40 家，发放创业奖励 183 万元。实施“引凤还巢”计划，举办“新春回归看交建”活动，全年吸引农民工 4433 人返乡创业。组织创业者代表参加全市新春茶话会。全市建成创业孵化园 8 个，入驻孵化企业 270 家，实现产值 9.22 亿元。指导仁寿县争创为全国农民工返乡创业试点县。全年发放创业担保贷款 6280.4 万元；开展“创业咨询进校园”活动 3 期；培训创业大学生 577 人，帮助高校毕业生 254 人创业，发放创业补贴 254 万元。探索出“协会主导，政府服务，党建引领，助力发展”大学生创业联合会引领创业新模式，登记创业主体 369 家，帮助 3 家创客企业在上交所 Q 板挂牌，指导建成“党建+电商 e 小屋”示范站 4 个，举办电子商务进社区培训 8 期，培训学员 500 人。

【就业工作】 2016 年，全市开展“就业援助月”“春风行动”等活动，举办各类招聘会 200 余场，提供岗位 6.3 万个。抓重点群体就业，全市公益性岗位安置就业困难人员 2741 人，发放补贴 1814 万元。帮助“4050”人员灵活就业 4810 人，兑付灵活就业社保补贴 2204.14 万元。建立高校毕业生就业见习基地 63 个，发放见习补贴 20.4 万元，完成高校毕业生就业服务实名制信息登记 3495 人。2013 级藏区“9+3”毕业生就业率 100%。青神县被评为全国农民工

2016年3月18日，眉山市赴北京上海、211知名高校考核招聘高层次人才

工作先进集体，2人被评为“全国优秀农民工”。全市新增就业3.4万人，城镇登记失业率控制在4.4%以内。全市城镇居民人均可支配收入2.87万元，比2015年增长8.7%，增速居全省第四，绝对值居全省第六。

【技能培训】 2016年，全市实施贫困家庭就业促进工程，整合部门培训资源，培训精准扶贫对象1165人，保证每个贫困家庭至少有1人掌握一门技能，至少有1人就业。支持重点龙头企业创办100家农民工培训基地，安置就业困难对象1676人，失业人员再就业2621人。实施“大培训”工程，开展“订单式培训”“委托式培训”，完成技能培训1.9万人，培训高级工919人、技师188人。举办眉山市2016年度职业技能大赛；组织参加全省第六届农民工技能大赛决赛，获得1金、2银、1铜及团体总分第三；组织参加成都经济区职业技能大赛，获得1金、3银、5铜及团体第三名。

【引智工作】 2016年，市人社局争创成为全省可直接办理外国专家来华邀请函的市级外专机构，争取引智项目5项，引进外国专家10人，资助经费49万元。

【专家管理】 2016年，指导金象赛瑞成功创建博士后创新实践基地。组织专家下基层2040人（次），助力脱贫攻坚。向企业人才1124人兑现补助283万元。推荐8人为2016年享受政府特殊津贴人员。推荐“农旅融合发展”等3个项目为万名专家服务基层重点项目。

【军转安置】 2016年，全市实施“三公开、三优先”军转安置模式，阳光安置军转干部52人，军队、单位、个人三方满意。

【公务员职务与职级并行制度】 2016年，县以下机关公务员职务与职级并行制度进入常态化管理，基层公务员3065人享受待遇。

【公务员招录考用】 2016年，全市录用公务员315人（参公人员）。建成公务员日常管理、面试考官管理、考官抽取信息管理系统，实现公招面试管理信息化。

【事业单位考核招聘】 2016年，市人社局制发《市属事业单位公开直接考核招聘高层次和紧缺人才实施办法》，全市直接考核招聘高层次人才29人。前往北京、上海“985、211”高校举办全日制硕博毕业生专场招聘会，与优秀人才145人签订意向协议。

【人事考试】 2016年，完成全市公务员考录、事业人员招聘、资格等级考试，参考考生6.8万人，连续6年“零差错、零事故、零投诉”，人事考试中心被人社部评为全国人社系统优质服务窗口单位。

【司勤人员安置】 2016年，推进全市公务用车制度改革，制定司勤人员安置办法，司勤人员得到妥善安置。 （张艺）

机关事务管理

【服务管理】 2016年，市机关事务管理局服务市委、市人大、市政府、市政协会议1892场次。水、电、气等维修服务8700余次。按节俭、卫生、安全、便利原则服务好交流干部周转房，23套周转房每天清扫，定期清洗家用设施，定期防菌杀虫。完成管理区域“绿海明珠”春季绿化改造工程，移栽天竺桂、杜英、银杏、桂花等乔木283株，铺种草皮4935平方米。做好旭光小区楼道声控灯、主给水管等改造维修，全年修剪草坪面积15万平方米，修剪各类球形植物1.8万余株（次）。升级改造食堂，实行指纹刷卡和自助餐模式，丰富菜品安排，满足机关干部职工多元需求，自改造以来每天就餐人数近1300人次，满意率92%。

【安全保卫】 2016年，市机关事务管理局落实安全责任制度。签订安全目标责任书，落实“一岗双责”“一票否决”、领导带班值班、门岗24小时执勤巡查和信息通报等制度。开展安保人员技能、消防知识培训演练，落实安全工作督查、考核、奖惩。在市政中心办公区安装进出门智能管理系统，提高安全保卫能力。在车库安装智能车牌识别系统，解决车库停车混乱问题。旭光小区执行“一车一卡”车辆进出管理，加强车辆停放检查，完善执勤装备。排查管理区域建筑、供水、供电、供气、消防、电梯、技防等设备设施13次，处理监控设施故障856次，更换设备102件次；处理消防报警49次、故障21次。旭光小区完善防控设施，加强监控设备日常维护，全年检修80次，更换摄像头29部。协助有关部门劝阻到市政中心上访事件53起，上访群众1560余人，个体缠访户15户，登记外来办事人员2300余人次、外来办事车辆1800余辆。会议中心和体育馆大型政治、经济、文体活动服务345场次，无影响秩序和安全事件发生。

【市公车管理中心、市会议中心和市体育馆管理】 2016年，市机关事务管理局公车管理中心，保障未保留车辆单位750余次公务出行，服务中国第九届竹文化节、第八届中国泡菜博览会等市委、市政府政治、经济、文化活动。市会议中心承接市级及区县、部门一般会议320场次，完成市上“三会”等大型会议、文体活动7场次服务工作。市体育馆为四川省第二届警体运动会男子篮球比赛等31场次大型活动提供服务，服务全民健身活动18万余人次。 （徐然）

扶贫移民工作

【概况】 2016年，全市扶贫移民工作以中共十八大精神为指导，以民生工程为统揽，紧紧抓住“脱贫攻坚、移民增收、队伍建设”三条主线，重点突破、创新力行，推进扶贫移民工作“双攻坚”，圆满完成全年各项工作任务。

【资金争取】 2016年，全市争取到位扶贫移民项目资金1.27亿元，其中扶贫项目资金7025万元、移民后扶项目资金5710万元。

【精准扶贫】 2016年，全市省定减贫任务4.6万人，全年减少贫困人口4.61万人，4个省定贫困村282个市定贫困村脱贫退出。全市易地扶贫搬迁开工2890户8227人，在建130户396人，已建成2760户7831人，住房面积19.5万平方米；10个集中安置点全部建成投入使用。完成投资4.7亿元，搬迁2760户，拆除旧房1693户，复垦1586户，宅基地复垦面积15万平方米，生态修复8万平方米。全市316个省市级贫困村建设粮油基地3.07万公顷、蔬菜基地3.13万公顷、水果基地3.65万公顷、茶叶基地3066.67公顷、水产基地3333.33公顷，其他农业产业基地1266.67公顷。编写赠送农业产业脱贫培训教材4500册。开展各类农业技能培训972次4.98万人次，培养科技示范户3755户，发放技术资料5.09万份。开展就业技能培训1165人，全市工业就业减贫人数1.43万人。低保保障标准调整为每年3120元，低保线和脱贫线“两线合一”，无法通过产业扶持和就业帮扶实现脱贫的贫困群众全部纳入低保，实现“应保尽保”。向年收入低于国定脱贫标准的农村低保对象发放特殊生活补贴9.72万人1031.35万元，向残疾人发放扶贫对象生活费补贴2147人117.29万元，应补尽补。资助家庭困难高中学生1.47万人2931万元。中职免学费受助学生1.87万人3740万元。中职助学金受助学生4999人999.8万元。开展“栋梁工程”脱贫助学活动，筹集捐款100余万元，帮助贫困大学新生280人圆梦大学。全市贫困户子女无一例因贫穷而辍学。实行对贫困群众患病住院个人付费控制在10%，9月12日以后住院全免费、慢病维持治疗费用控制在个人付费10%的标准以内等扶助政策。执行“先诊疗后结算”、一站式费用结算、严控高值药械和耗材等医疗服务管理。推行分类救治、基层首诊和逐级转诊政策，完善医疗费用公示制度。医疗扶持全覆盖、全公示，县域内诊疗率95%以上。清退1月1日至9月11日贫困人口住院治疗费用3000余万元。实施贫困人口白内障复明手术400例，免治疗费用40万元。救助贫困孕产妇268人，住院分娩率99%以上。

【社会扶贫】 2016年，市扶贫和移民局6次到金川县对接帮扶工作，帮助金川县、茂县补齐产业发展、公共服务和民生短板。全市选派援藏干部56人和专业人才赴藏区帮扶，落实帮扶资金2999万元（金川县1999万元、茂县1000万元）。13个市级牵头单位在本系统分别组织开展“10·17扶贫日”系列活动。702个市、县级单位、部门积极参与，悬挂宣传横幅1600余条，橱窗宣传300余期，开展集中活动55次，举办群众文化活动72次，发放脱贫政策、文化卫生、农技科普等宣传资料2万份，活动受益群众5万人次以上。各级单位和社会爱心企业、爱心人士捐赠现金851万元，捐赠物资折款147万元，特色脱贫活动捐赠物资折合1147万元，通过“四川爱心脱贫网”捐赠款物1.17万元，捐款赠物合计2146.17万元。发动134个党政机关和企事业单位踊跃捐款，向贫困大学新生280人发放助学金

100余万元。全市县级以上干部862人、379个部门（单位）结对联系贫困村，机关干部2万余人结对联系贫困户3.77万户，干部316人担任第一书记，316个驻村工作组驻村，干部2103人担任驻村工作组成员，实现全覆盖。组织开展“干部走基层脱贫攻坚周”活动，全市机关干部1.8万人到联系村对接帮扶，为联系村落实项目1800余个，落实帮扶资金近4亿元，解决实际问题3100余个。帮助贫困户落实发展项目1.2万个，落实发展资金9600余万元，解决实际问题1万个以上。全市开展“走基层、送温暖”活动，收到捐款30万元。市财政支出100万元，市直机关工委支出50万元，用于购买棉衣棉被等物资，及时发放到4.04万户困难群众手中。

【移民后扶】 2016年，市扶贫和移民局做好移民后期扶持资金发放工作，全市农村移民直补4.08人资金2437.8万元。完成硬化村道96千米，整治渠道61千米，支持库区移民群众发展优质水果、养殖、茶叶、花卉、竹林等主导产业。

【重点工程】 2016年，汉阳航电正常蓄水发电；龚家堰水库移民安置工作基本完成；穆家沟水库通过核准，复兴水库正在申请核准手续；汤坝和虎渡溪航电工程上报移民安置规划大纲，待省政府批复。

【劳务培训】 2016年，市扶贫和移民局结合市场需求和培训者意愿，有针对性地组织开展农村实用技术培训和就业技能培训，全年举办移民和贫困群众劳务培训班22期，培训移民3200人次，转移劳动力2100余人。

【信访稳定】 2016年，市扶贫和移民局加强不稳定因素的排查调处，完善维稳工作预案，强化预警机制建设，灵通工作信息，移民和贫困群众两个特殊群体的信访问题处理及时、稳妥。妥善处理三峡移民反应土地少要求享受失地农民养老保险问题；瀑电移民反应房屋屋面漏水，要求政府给予房屋维修问题。群体性事件化解到位，连续6年实现“零进京、少到省、不发生群体性事件”目标，“隐患处理在基层，矛盾纠纷零上交”。

（罗玉琼）

防震减灾工作

【重点工程建设】 2016年，市防震减灾局推进国家地震烈度速报与预警工程项目建设。规划在全市改建和新建各类台站38个，台址遍布全市六区县，完成全部野外勘选任务、环评影响登记表批复转发和新建基准站规划证明等手续。

【地震监测预报】 2016年，市防震减灾局监测到眉山市境内发生地震25次（其中洪雅县17次，仁寿县6次，丹棱县2次）。最大为2016年5月4日7时49分5秒在眉山洪雅（北纬29.38度，东经103.13度）发生的ML3.5级地震，全年地震活动水平低，整体呈现平静趋势。

【地震群测群防】 2016年，市防震减灾局培训全市防震减灾助理员和地震宏观观测员170余人。重新确认宏观观测点61个和宏观观测员，夯实群测群防基础，完善地震宏观测报网、地震灾情速报网、地震知识宣传网，“三网一员”地震观测体系覆盖全市。

【震害防御】 2016年11月，市政府印发《眉山市“十三五”防灾减灾规划》，将地震监测预报平台建设、天府新区眉山区域地震小区化建设、防灾减灾综合技术服务中心建设等项目纳入“十三五”规划。市政府常务会议专题研究项目管理事宜，严格按照眉山市抗震设防管理规定审核，新建、改建、扩建的工程，全年完成环天府新区快速通道、眉山市疾病预防控制中心业务综合大楼、眉山市体育中心建设项目等重大工程的抗震设防审核。

【示范基地建设】 2016年，市防震减灾局认定市级防震减灾科普示范学校5所、市级防震减灾科普示范社区（乡镇）6个和市级农村民居地震安全示范点8个。

【应急准备】 2016年，全市建成市级大型应急避难场所8个、县级应急避难场所14个、乡镇避险场所22个、村级避险点524个，应急物资准备充分。6月，成立眉山市地震应急救援队，约80余人，设有灾情速递组、搜索救援组、卫生医疗组、后勤保障组等，为救援队配备发电机、破拆剪等专业救援设备。市、区县、乡镇整合多方力量，组建应急救援队伍96支6000余人，军分区牵头成立市民兵应急营，各区县分别组建综合应急连，定期开展培训演练，做好抗震救灾常态准备，全市兼职救援队员2万余人。

【地震应急演练】 2016年5月，市防震减灾局在东坡区金花小学举行防震减灾应急演练，参训师生及机关干部1000余人。结合“4·20”“5·12”“7·28”等特殊时期和防震减灾宣传周活动，在学校、医院、商场、大型企业、机关单位等人员密集场所开展应急避险逃生演练、综合应急演练80余次，增强社会公众地震防范意识和自救互救能力。

【科普宣传】 2016年，市防震减灾局开展“文化、科技、卫生”三下乡活动和防震减灾科普知识进学校、社区和乡镇等宣传活动。摆放大型地震知识宣传展板8个，在市区广场、学校等20余处人员密集场所巡展，在《眉山日报》刊登防震减灾专题报道14条，发放《地震科普知识读本》《防震减灾你我同行》宣传画册等资料7万余份，制作《防震减灾你我同行》专题宣传片，7月28日河北唐山大地震40周年在眉山电视台首映，同步上传优酷等网络平台。利用眉山防震减灾公众微信平台、眉山防震减灾信息网、《眉山在线》APP信息推送、移动平台短信温馨提醒等方式，开展防灾减灾知识宣传活动。在“4·20”等特殊时期，推送防震减灾公益宣传短信36万余条，在官方微信平台、《眉山在线》APP推送专题信息报道50余条。

（市防震减灾局）

气象服务

【概况】 2016年，市气象局推进气象现代化建设，不断提高气象灾害监测预警能力，发挥“两个体系”（农业气象服务体系和农村气象灾害防御体系）示范建设优势，在全市防汛抗旱防灾减灾、省委十届八次全会、第九届中国竹文化节、第八届中国泡菜博览会、森林防火、节假日保障等重大保障工作中发挥作用，为防汛减灾工作“零伤亡”做好参谋与保障。

【春运气象服务】 2016年，市气象局制定《2016年春运气象服务实施方案》，组织实施春运气象服务。制作发布春运专题预报270期，春节专题预报10期，森林火险气象等级预报40期，微博280条，霾站点预报40期，空气污染气象条件预报80期，交通气象产品40期，预警信号23期，确认8次，气象信息快报18期，强降温天气消息2期，接受眉山电视台专题采访数次。

【灾害性天气预警服务】 2016年，全市出现强降雨天气过程17次（其中有7次为区域性暴雨），持续高温天气过程1次，强降温天气过程2次，大雾天气18次。全年区域性暴雨服务有效率100%，服务传真200次，电话服务320人次，气象微博发布信息213条次，发布预警信号509次，向决策人员发送决策服务短信50万余人次，预报准确，服务及时，减轻灾害损失。

【重大活动气象保障服务】 2016年，市气象局做好省委十届八次全会、第九届中国竹文化节气象保障服务。制定专项气象服务方案，活动期间，全市气象部门通过人工消雨、发布专题天气预报和逐时滚动天气实况与预报等方式保障活动顺利举行。为第八届中国泡菜博览会提供气象保障服务。

【环境气象服务】 2016年12月，眉山市大部分地方大气污染严重。全市气象部门在市辖区内多个作业点开展大规模人工增雨作业洗尘消污作业，作业范围内降雨量达小到中雨，增加降雨量，净化提升空气质量。

【农业气象服务】 2016年，市气象局制定为农气象服务周年方案和决策气象服务周年方案，撰写各类服务材料150余篇，为眉山市春播、夏收和秋种提供准确及时的气象服务；市气象局、市统计局、农技站、植保站等部门开展联合会商、田间调查10次，农田及作物观测100余次，召集30多家种粮大户、专合社、专业种子、化肥、农药公司召开“直通式”技术交流服务现场会；开展樱花节花期预报服务、岷江现代农业园区专项气象服务，开展主要粮油作物和葡萄、不知火等水果的农业气象服务，完成东坡，彭山、青神的水稻、葡萄、柑橘等作物农业气候适宜性区划和农业气象灾害风险区划工作。仁寿县、丹棱县“三农专项建设”各项工作任务稳步推进。在仁寿国家粮食生产基地、曹家梨基地、仁寿蝶彩花卉基地、丹棱县仁美镇建立农田小气候观测站，实现梨、花卉、特色农作物种植小气候实时观测及发布，为专业化服务提供数据支撑。推进为农气象服务进乡镇农业服务中心、进合作社、进种养殖大户，两县“直通式”气象服务均覆盖全县95%的用户。

【人工影响天气】 2016年，眉山市辖区出现不同程度干旱，眉山市人工影响天气办公室密切监视天气变化，抓住有利天气时机组织实施人工影响天气作业。全市集中开展大规模人工影响作业30余次，出动车载火箭50余台（次）发射火箭弹120余枚。开展大规模地面人工影响天气作业，增加降水，为眉山经济建设和农业生产提供良好条件。开展瓦屋山流域增雨蓄水作业，促进瓦屋山电站水库蓄水。

【森林防火气象服务】 2016年2~4月，全市出现春旱，林区气象火险等级持续偏高，市气象局加强火险预报服务，坚持每天三级以上火险等级预报和实况及时通知市护林办，制作森林火险专题预报181期，通过电视、手机短信等途径宣传，为全市提供森林防火服务。

【气象现代化建设】 2016年，市气象局完善地面探测网络，完成国家级骨干气象观测站网选址建设；完成2套国家气象观测站升级改造。仁寿县气象局测场搬迁报批及立项工作完成；研发完成眉山要素预报客观预报系统、眉山气象数据库系统及数据查询显示系统等业务系统；更新改造完成6个区县局人影作业装备和气象台业务平台建设。巩固和发展电视天气预报、气象手机短信、气象微博等自有传播手段；利用社会资源，扩大气象服务覆盖面，和文广新局合作，利用“村村响”大喇叭、广播电台等传播工具传播。利用出租车顶灯LED，公共汽车LED传播非时效性气象信息。利用公众电子显示屏传播预警信息等气象信息。利用政府网传播气象信息。

【气象法制建设与依法行政】2016年，市气象局开展气象法律、法规宣传，推进依法治理气象工作，加强部门内防雷技术服务及其收费行为规范管理，完成防雷装置竣工验收行政审批调整。优化调整“三张清单”（权力清单、责任清单、负面清单），市、县气象部门行政审批和行政处罚等事项全部列入地方政府行权目录。全市气象部门办理行政审批事项300余件，行政审批事项按时办结率100%，无投诉。开展氢气球施放安全和气象探测环境保护等行政执法检查141次。

（市气象局）

中国人民政治协商会议眉山市委员会

Meishan Municipal Committee of the Chinese people′s Political Consultative Conference

重要会议

【全体会议】 2016年1月12日至15日，政协第三届眉山市委员会第六次会议在眉山召开。会议听取并审议《政协第三届眉山市委员会第六次会议议程（草案）》《政协第三届眉山市委员会常务委员会工作报告（审议稿）》《政协第三届眉山市委员会常务委员会关于三届市政协以来提案工作情况的报告（审议稿）》；听取并协商《眉山市人民政府工作报告》《眉山市中级人民法院工作报告》《眉山市人民检察院工作报告》，政协委员代表作大会发言；学习贯彻中共十八届五中全会、省委十届七次全会、市委三届二十二次全会精神；会议协商《眉山市国民经济和社会发展第十三个五年规划纲要草案》、市发改委《关于眉山市2015年国民经济和社会发展计划执行情况及2016年计划草案的报告》、市财政局《关于眉山市2015年财政预算执行情况和2016年市财政预算草案的报告》；补选政协第三届眉山市委员会常务委员；审议通过《政协第三届眉山市委员会提案委员会关于三届六次会议提案审查情况的报告（审议稿）》；审议通过《政协第三届眉山市委员会第六次会议决议》。市委书记李静到会作讲话。李静指出，市政协三届六次会议召开以来，全体委员以饱满的政治热情和严谨负责的精神，围绕贯彻落实中央“四个全面”战略布局、省委“三大发展战略”，实现市委“两个率先”“五个先行”目标，充分发扬民主，认真履行职责，积极建言献策，切实展示了主动作为、求真务实的精神风貌。大会取得的成果必将进一步激励全市人民在新的起点上奋发有为、开创建设富裕美好眉山新征程。李静指出，2015年，是眉山建区设市的第18个年头，也是“十二五”收官之年。过去五年，在省委的坚强领导下，市委团结带领全市广大干部群众，市“四大家”一道，同心同德、苦干实干，开创眉山经济社会发展新局面。关于“今后五年怎么办”，李静强调，“十三五”期间，眉山要继续坚持艰苦奋斗、苦干兴眉，主动作为、争创一流，围绕“两个率先”“五个先行”抢抓机遇、凝心聚力。市政协主席王影聪在闭幕词中指出，“十三五”期间，全体政协组织和政协委员要登高望远，学习中共中央总书记习近平系列重要讲话精神，适应新常态，引领新常态；要切实贯彻省委和市委政协工作会议和市三届七次党代会精神，为助推“十三五”目标的实现和2016年开门红不懈努力；要珍惜政协荣誉，履行委员职责，明确使命责任，努力完成好本届政协委员的光荣使命。脚踏实地，要在创新路上着力用功，为经济主战场、招商引资、“两走一对接”多出力；要认真做好本职工作，在主动作为、争创一流上下功夫。要在坚持并落实“五大发展理念”、助力脱贫攻坚、推进协商民主进程、深化指导生态文化建设、强化自身建设、加强思想建设等方面着力用功。要把“三严三实”贯彻到政协委员履职的全过程，围绕中心，服务大局，主动作为，争创一流，为助推眉山经济社会新跨越不断奋进。

11月27日至29日，市政协四届一次会议召开。会议组织学习严肃换届纪律责任清单，签定严肃换届纪律工作责任书。会议选举政协第四届眉山市委员会主席、副主席、秘书长、常务委员；王影聪当选为政协第四届眉山市委员会主席，梁勇、立胡左格、黄玉蓉、祝明洪、杨常沙、余自生、钟维钦、周强当选为副主席，胡建辉当选为秘书长。市委书记李静讲话。

【常委会议】 2016年，召开市政协三届常委会议4次。第18次会议第一次会议、第二次会议，听取并审议《政协第三届眉山市委员会常务委员会工作报告（审议稿）》《政协第三届眉山市委员会常务委员会关于三届市政协以来提案工作情况的报告（审议稿）》《政协第三届眉山市委员会提案委员会关于三届六次会议提案审查情况的报告（审议稿）》《政协第三届眉山市委员会第六次会议决议（草案）》。审议通过补选政协第三届眉山市委员会常务委员候选人协商名单、政协第三届眉山市委员会第六次会议选举办法（草案）、审议总监票员、监票员，总计票员建议名单。审议有关人事事项。第19次会议，会议审议通过《市政协三届第十九次常委会议程（草案）》。学习贯彻省政协第十一届委员会常务委员会第十四次会议精神，听取眉山市“脱贫攻坚”工作情况、“创新创业”工作情况和市政协机关“脱贫攻坚”实施情况通报，审议人事事项。第20次会议，会议审议通过《市政协三届第二十次常委会议程（草案）》。仁寿县政协、洪雅县政协、青神县政协围绕“推进生态文化和公共文化服务建设”工作作交流发言；东坡区政协、彭山区政协、丹棱县政协围绕“推进生态文化和公共文化服务建设”作专题议政发言（书面）；市级各民主党派、工商联，市无党派知联会，部分市政协委员围绕“推进生态文化和公共文化服务建设”作专题议政发言；第21次会议，会议审议通过《市政协三届第二十一次常委会议程（草案）》。学习贯彻中国共产党第十八届六中全会精神（书面）；传达贯彻省政协“我为扶贫攻坚做件事”工作推进现场会议精神（书面）；市政府通报市政协三届六次全会提案办理情况；市纪委（监察局）通报2016年度党风廉政建设和反腐败工作情况；市中级人民法院通报2016年度工作情况；市人民检察院通报2016年度工作情况；审议政协第三届眉山市委员会五年工作报告和提案工作报告；协商政协第四届眉山市委员会委员建议名单；审议关于召开政协第四届眉山市委员会第一次会议时间和议程的建议；审议有关人事事项。

【主席会议】 2016年，召开市政协三届主席会议22次。第59次会议贯彻落实市委经济工作、城市工作暨全市脱贫攻坚工作会议精神，审议有关人事事项，审议政协眉山市委员会《关于深入推进“我为脱贫攻坚做件事”活动的实施意见》。第60次会议传达落实市委三届七次党代会、市政协三届六次会议精神，专题研究贯彻意见，部署2016年“冲刺年”市政协创新工作。第61次会议传达贯彻省政协十一届四次会议精神，审议市政协新成立的两个工作机构运行方案。第62次会议传达贯彻市委三届第133次常委会议精神，研究部署市政协近期工作。传达市委书记李静2月15日重要批示以及省委办和市委办转发的中央维稳办《关于银川市贺兰县“1.05”公交纵火案等有关情况的通报》。第63次会议传达贯彻市委第134次常委会议精神。第64次会议传达贯彻市委第135次常委会议精神，汇总讨论“生态文化规划与推进回头看”第一批次问题、短板和建议意见。第65次会议传达贯彻川南七市政协工作联系会第二十七次会议精神，研究市政协“扶贫攻坚”工作。第66次会议传达贯彻政协四川省第十一届委员会常务委员会第十四次会议精神和四川省“两学一做”专题学习辅导会议精神。学习贯彻《王东明在仪陇县安溪潮村党支部的党课报告》。审议市政协三届十九次常委会议筹备方案和《关于评选“五个一”活动先进委员小组和先进政协委员的方案（审议稿）》。第67次会议传达贯彻眉山市“两学一做”专题学习报告会，专题落实会议精神和协商讨论市政协“两学一做”教育活动下一步工作重点及专题研究“两学一做”教育活动与党风廉政建设相结合工作。第68次会议传达贯彻了市委第141次常委会议及严肃换届纪律专题民主生活会议精神，传达省政协副主席王正荣“促进我省现代公共文化服务体系建设”专题调研讲话精神和川南“7+1”政协工作联系会会议精神，审议市政协三届第十九次常委会议议程。第69次会议传达贯彻市委第142次常委会议精神，审议并通过关于刘雪萍任市政协委员联络管理委员会主任的建议。第70次会议学习中共中央总书记习近平“七一”讲话精神，传达市委三届第145次常委会议和省委第八巡视组巡视眉山市情况反馈会议精神，专题研究市政协党组整改意见。研究部署市政协下半年工作，审议《政协眉山市委员会加强委员监督管理工作暂行办法（送审稿）》。第71次会议学习《中国共产党问责条例》，学习贯彻严肃换届纪律相关要求，传达贯彻市委三届第146次、147次、148次常委会议精神。第72次会议学习贯彻了省委十届八次全会精神，传达市委三届第149次常委（扩大）会议精神。第73次会议学习贯彻省委书记王东明有关扶贫攻坚指示精神和市委三届第152次常委（扩大）会议精神；研究“我为扶贫攻坚做件事”活动开展情况汇总工作。第74次会议学习传达全省脱贫攻坚蹲点督导工作电视电话会议和市委三届第153次常委会议精神以及全市决战脱贫攻坚誓师大会精神，部署市政协脱贫攻坚蹲点调研督导工作。第75次会议学习传达市委三届第157次常委会议精神，传达市委李静书记关于推动经济及文化立市课题调研等精神。审议《市政协三届第二十次常委会议筹备方案》及《三届市政协“五个一”活动先进政协委员的建议名单》。第76次会议学习传达市委三届第162次常委会议精神，审议《市政协三届第二十次常委会议程（草案）》。第77次会议学习传达省政协十一届第十五次常委会议精神及省政协学习会精神，讨论政协第四届眉山市委员会第一次会议常委会工作报告和提案工作报告起草工作，审议《关于表扬2014—2016年度优秀提案、先进承办单位和先进提案工作者的通报》，审议《加强委员监督管理工作试行办法》，学习《中共中央关于辽宁拉票贿选查处情况及其教训警示的通报》《关于进一步严明换届纪律加强领导班子思想政治建设的通知》《关于进一步严明换届纪律的通知》。第78次会议学习贯彻省政协“我为扶贫攻坚做件事”工作推进现场会议精神；审议《政协第四届眉山市委员会第一次会议筹备工作建议方案（草案）》《关于召开政协第四届眉山市委员会第一次会议时间和议程的建议》《市政协三届第二十一次常委会议筹备方案》《市政协三届第二十一次常委会议议程（草案）》《市政协三届第二十一次常委会议议程（草案）》《政协第三届眉山市委员会五年工作报告》《政协第三届眉山市委员会提案工作报告》，审议政协第四届眉山市委员会委员协商安排事宜。第79次会议协商人事事项。第80次会议审议有关人事事项，审议《政协第四届眉山市委员会委员名单》《政协第四届眉山市委员会第一次会议委员分组建议名单》《政协第四届眉山市委员会第一次会议有关事项的请示》《政协第四届眉山市委员会第一次会议总监票员、监票员建议名单》《政协第四届眉山市委员会第一次会议总计票员、计票员建议名单》《政协第三届眉山市委员会常务委员会工作报告（征求意见稿）》《三届市政协以来提案工作报告（征求意见稿）》，传达全省政协信息宣传工作会议和全省政协理论与实践研究会议精神。

政治协商

【全体会议协商】 2016年1月12日至15日，在政协第三届眉山市委员会第六次会议期间，全体委员围绕“一府两院”工作报告、财政报告，开展协商讨论，提出意见建议。大会秘书处对委员建议进行整理，梳理出内容具体、有针对性的意见建议5类58条，其中，经济发展方面14条，生态、文化、环境治理方面7条，教育、医卫、养老、法治等社会管理方面23条，交通、城市建设管理方面10条，对“一府两院”工作报告的修改建议4条。报送市委、市政府参阅。

【常委会议协商】 2016年，市政协常委会议主要就市“脱贫攻坚”“创新创业”工作情况及“推进生态文化和公共文化服务建设”开展专题议政。部分省、市政协常委、委员和参加单位作了大会发言，提出意见和建议，归类整理后报送市委、市政府领导参阅。邀请市政府、市纪委（监察局）、市中级人民法院、市人民检察院分别通报全市民生工程推进情况、提案办理情况、全市党风廉政建设和反腐败工作、2016年度工作情况。

【重点协商】 2016年，市政协主席会议协商《关于深入推进“我为脱贫攻坚做件事”活动的实施意见》《市政协三届十九次常委会议筹备方案》《关于评选“五个一”活动先进委员小组和先进政协委员的方案（审议稿）》《市政协三届第十九次常委会议议程》《政协眉山市委员会加强委员监督管理工作暂行办法（送审稿）》及“我为扶贫攻坚做件事”活动开展情况、《市政协三届第二十次常委会议筹备方案》《三届市政协“五个一”活动先进政协委员的建议名单》《市政协三届第二十次常委会议程（草案）》《关于表扬2014—2016年度优秀提案、先进承办单位和先进提案工作者的通报》《加强委员监督管理工作试行办法》《政协第四届眉山市委员会第一次会议筹备工作建议方案（草案）》《关于召开政协第四届眉山市委员会第一次会议时间和议程的建议》《市政协三届第二十一次常委会议筹备方案》《市政协三届第二十一次常委会议议程（草案）》《政协第三届眉山市委员会五年工作报告》《政协第三届眉山市委员会提案工作报告》《政协第四届眉山市委员会委员名单》《政协第四届眉山市委员会第一次会议委员分组建议名单》《政协第四届眉山市委员会第一次会议有关事项的请示》《政协第四届眉山市委员会第一次会议总监票员、监票员建议名单》《政协第四届眉山市委员会第一次会议总计票员、计票员建议名单》《政协第三届眉山市委员会常务委员会工作报告（征求意见稿）》《三届市政协以来提案工作报告（征求意见稿）》。市政协召开2016年度目标任务协商会，议定市政协目标任务分解情况。市政协办公室召开工作协商议定会，协商议定“扶贫攻坚和创新创业”工作、全市生态文明建设和公共文化服务建设情况、抓好政协委员和政协干部的培训等工作。

【委员座谈协商】 2016年，市政协开展每月协商座谈会议。召开全市重点生态文化项目建设及完善城市公园文化元素研究协商会。邀请部分市政协委员召开“如何培育扶持本地建筑企业创新发展做大做强”进行协商座谈；针对“物流行业发展”开展调研和协商座谈会，提出相应建议，报市委、市政府领导参阅。

【对口协商】 2016年，市政协邀请市级相关部门负责人、区县政协相关负责人，围绕天府新区眉山片区和市级重点园区产业发展、脱贫攻坚、大气污染防治、房地产行业发展、综合交通建设、“东坡味道”千亿产业、城市管理、非义务教育资源配置、公立医院改革、中药材资源保护与开发、宗教场所规范化建设管理等情况问题开展专题调研视察和对口协商28次，提交提案建议201件，形成大会发言、政协专报、民情建议共40篇（期），所报社情民意被全国政协采用1期，省政协采用7期，市委、市政府主要领导批示18期，为市委、市政府领导决策提供参考。对缓解东坡宋城停车难的建议，获市委书记和市长批示，相关部门组织专题研究并采纳可行性建议。

民主监督

【重点监督】 2016年，市政协民主监督指导生态文化建设取得成效。实施全市生态文化规划建设情况“回头看”，通过“看、问、查、座谈”方式，集中调研各区县、中心城区中的重大生态文化项目规划建设情况和市级相关单位、部门，注重发现问题、查找短板，形成专题报告三期，报市委决策参考。完成市委“文化立市”重大课题研究。前往区县开展“文化立市”调研，派课题组到部分生态文化先进地区考察，形成专题报告，为全市文化发展方向和战略提出决策参考，《“文化立市”战略的眉山实践》被省委《调查与决策》内参采用。围绕重大经济项目实施民主监督。市项目监委会坚持稳增长、调结构，服务改革开放，服务经济建设，围绕9个相关单位提出的20余项项目准入审查内容开展监督工作。全年召开项目准入审查会3次，审查项目28个，全部准入，涉及金额81.08亿元。

【日常监督】 2016年，在市政协第21次常委会议上，市政府通报市政协三届六次全会提案办理情况；市纪委（监察局）通报2016年度党风廉政建设和反腐败工作情况；市中级人民法院通报2016年度工作情况；市人民检察院通报2016年度工作情况。组织部分市政协委员及相关部门负责人开展换届以来第一次生态文化建设情况专项督导，为加快推进全市生态文化建设上档升级发挥作用。

【提案办理】 2016年，政协委员、政协各参加单位和政协各专门委员会，提交提案202件。确定立案201件，未立案1件，立案率99.5%，因内容重复，合并办理的提案9件。交市委系统承办6件，市政府系统承办195件（含并案9件）。筛选出13件急需办理提案由市政协主席、各位副主席牵头督办。全年办结完毕的201件提案中，解决或采纳108件，列入计划拟解决91件，留作参考2件。委员对办理意见满意198件、基本满意3件。

【提案督办】 2016年，市政协副主席立胡左格率提案委实地考察仁寿县城区和文宫镇等地，就集镇建设、乡村生态建设、乡村文明建设等问题，提出建议意见。市政协副主席王志敏率部分省、市政协委员及市政协相关委室负责人前往丹棱县督查农村公路建设情况，对仁张路、中桂路、梅湾湖旅游环线公路建设和管理以及公路安保工程提出建议。市政协副主席梁勇率市政协教文委部分委员前往洪雅县督查对获得国家地理标志产品“雅连”的保护、种植和开发利用工作。到洪雅县中医院全国名老中医药专家祝之友传承工作室、瓦屋山药业公司植物园基地及野生中药材陈列室，在保护和开发特色中药材方面提出建设性建议。市政协副主席祝明洪赴青神县等地督查眉山市全域推进绿色殡葬工作情况。市政协副主席杨常沙率市政协提案委、文史委负责人到市文广新局督办第43号急需办理提案《大力营造东坡文化提高眉山城市知名度》的承办情况。

参政议政

【上级调研视察】 2016年，上级政协领导到眉山视察调研10次。全国政协常委、省政协副主席、民盟四川省委主委赵振铣率民盟四川省委调研组莅眉，开展“改革开发区管理体制，促进开发区转型创新发展”专题调研。省政协副主席唐坚到眉山专题调研三苏祠文物保护工作。省政协副主席王正荣率省政协文体医卫委员会部分委员和省文化厅相关人员组成的课题组，到眉山市开展“促进全省现代公共文化服务体系建设”调研。实地调研东坡区、丹棱县和青神县，召开座谈会和听取市、县政府情况介绍。省政协经济委主任王海林莅眉调研园区经济工作。省政协副秘书长李华锋到眉山调研“我为扶贫攻坚做件事”活动推进情况。省政协常委、副秘书长（兼）、港澳台侨和外事委员会副主任何一立莅眉调研“发挥侨智侨力、助推四川生物医药产业发展”工作。省政协人口资源环境委员会主任肖天任到眉山调研加快生态文明建设方面情况。省政协副主席陈放一行到眉山调研《村委会组织法》的实施工作。省政协教育委员会主任周国良率队莅眉考察“加强中小学体育教育”情况。省政协副主席翟占一莅眉调研现代农业产业园区建设情况。

【本级调研视察】 2016年，市政协围绕市委“文化立市”重大课题开展调研。市政协主席王影聪组织人员分别到区县、市级相关部门调研全市生态文化规划建设情况，形成3份报告，送市委书记李静参阅。主席王影聪率领相关部门和部分文化人士视察苏母主题公园建设情况，并主持召开座谈会，为公园建设在文化方面建言献策；带队视察城管工作，实地查看垃圾焚烧发电项目、垃圾压缩转运工程、城市管理数据中心等，听取市政府相关工作情况汇报。市政协副主席梁勇带队调研青神县生态文化规划建设工作。市政协副主席立胡左格调研联系村洪雅县花溪镇余沟村扶贫工作开展情况。市政协副主席、市委统战部部长黄玉蓉调研丹棱县生态文化规划建设工作；视察洪雅县道教五斗观、佛教云峰慈云寺、天主教堂三家宗教场所规范化建设和管理工作情况。市政协副主席王志敏率队调研岷东新区松林片区水体污染情况。市政协副主席祝明洪调研丹棱县“法治”“德治”结合情况，总结经验。市政协主席王影聪视察市中医院、彭山区人民医院对公立医院改革及儿科队伍建设情况。市政协副主席杨常沙率队视察全市脱贫攻坚工作。了解东坡区盘鳌乡周庙村产业脱贫项目及当地贫困户情况，听取村社干部意见建议。在白马龚村召开座谈会，听取市扶贫和移民局工作汇报，围绕推进全市扶贫攻坚工作建言。市政协副主席杨常沙率队实地调研东坡宋城景区和三苏祠景区运营管理情况，召开座谈会就东坡宋城景区停车难问题提出建议。

其他工作

【民生工作】 2016年，市政协成立市（区）县两级政协组织为责任主体的脱贫攻坚工作领导小组，先后召开党组会议、主席会议、常委会议、委员活动小组会议20余次，专题研究部署脱贫攻坚工作。市政协制发《关于贯彻市委决战扶贫攻坚工作的实施意见》《关于深入推进“我为脱贫攻坚做件事”活动的实施意见》。市政协主席、副主席分别率队帮助联系村制定帮扶规划。王影聪主席率驻眉省政协委员5人，前往丹棱县丹棱镇龙鹄村与镇村干部“扶贫攻坚”工作座谈。市政协副主席杨常沙牵头调研，形成调研报告《建议关注当前扶贫工作中的几个问题》上报省委统战部，得到省委书记王东明批示，高度重视各方意见，不断完善政策措施和工作部署，督促检查”。全年落实富民产业、基础设施、民生工程、医疗救助等帮扶项目71个，政协组织参与委员和干部111人次，受益群众人数10.97万人次。市政协机关落实联系服务群众工作经费55.4万元（帮扶贫困生1.05万元）。市政协机关和政协委员为丹棱县杨场镇杨坝村的断头路、山坪塘、沟渠协调资金29万元，资助杨坝村3万元用于购买办公室设备。协调市交通局落实丹棱镇龙鹄村村道改造升级资金66万元，落实帮扶资金50万元。抽出机关经费8万元资助联系乡镇困难群众，协调委员和机关干部资助贫困学生10人。协调解决联系村11户贫困户低保问题。继续帮扶贫困学生就学。开展“两走一对接”活动，市政协主席会成员走访企业12家，帮助企业协调联系，解决实际问题20余个。

【自身建设】 2016年，市政协机关县级领导班子学习领会中共十八大和十八届三中、四中、五中、六中全会精神，学习中共中央总书记习近平一系列重要讲话精神。制定印发实施方案，成立“两学一做”活动领导小组，落实专人负责。建立《市政协党员活动日制度》，制定印发《市政协机关党委2016年支部党员活动日计划表》。全年以支部为单位，组织党员开展活动12次。重温入党誓词、组织党内外干部到建川博物馆瞻仰革命遗址遗物，增强凝聚力和向心力。签订《换届纪律承诺书》。组织党员集中学习讨论5次。采取领导带头讲、邀请专家讲党课的方式，全年举办专题党课6次。制定《政协眉山市委员会加强委员监督管理工作试行办法》，增强对委员履职的管理服务。全年选派干部参加各类培训61人次，其中科级干部3人参加市级递进班学习，提高干部综合素质和业务能力。带头抓好换届纪律工作，市政协通过党组中心组学习会、职工学习会、支部学习会、以及各种专题学习会，强化廉政教育，组织职工观看廉政《镜鉴》《警钟》等警示片，到眉州监狱参加警示教育。贯彻落实中央、省委、市委关于换届工作要求和部署，带头落实责任、带头遵守纪律和带头推动工作。召开党组扩大会、民主生活会、机关干部大会、专题谈心谈话会、全体委员大会等会议17次，确保换届“清净、安静、干净”。

【宣传工作】 2016年，市政协采取多种措施推进宣传工作、抓好报刊发行工作。市政协主席会成员带头写稿，鼓励政协委员和机关干部积极向媒体投稿，在《人民政协报》《四川日报》《四川政协报》等省级以上报刊，发表《四川眉山市长率新班子到政协“串门”》等稿件70余篇。《“百企联百村”助贫困村迈上致富路》获市政府新闻奖。利用眉山政协网和四川政协网，及时发布政协新闻，全年在省政协网站发表信息600余条，居全省第二位。《眉山日报》政协专版全年刊发8期，出刊《眉山政协》《眉山文史》杂志各两期。市政协机关和6个区县政协被评为全省政协宣传工作先进集体。

【交流学习】 2016年，省政协文史委专职副主任钟钢到眉山交流《巴蜀民风民俗》征编工作。省政协副主席王正荣率省政协课题组，开展“促进全省现代公共文化服务体系建设”课题到东坡区、丹棱县和青神县实地调研、座谈交流。湖北省黄冈市政协副主席黄正林到眉举行东坡文化研究开发和政协文史工作座谈交流。唐山市政协副主席、苏春生工作到眉山考察学习生态环境保护工作。攀枝花市政协秘书长唐云城到眉交流学习机关建设和信息宣传工作。广安市政协副主席刘兴汉到眉山考察文化教育工作。乐山市政协副主席左文良到眉考察学习眉山市“有机农业发展推进情况”。内江市政协主席李发强率队到洪雅县考察学习重点水利工程长征渠规划。南充市政协副主席尹才勋到眉山考察学习商会建设及丹棱县城乡环境综合治理工作。濮阳市政协副主席李莉荣到眉考察房产项目。巴中市政协副主席任小娟到眉山考察房地产去库存相关工作。安徽省滁州市政协人资环委主任王勇到眉山调研“促进房地产市场健康发展”情况。淄博市政协副秘书长、提案委主任刘绵昌到眉山调研政协提案办理协商工作。江苏省江阴市政协党组成员符跃进到眉考察依法治市工作。湖北省政协副主席王振有到眉考察学习生态文化建设工作。资阳市政协副主席宋良华到眉考察农业循环经济园区建设及养殖废弃物资源化利用情况。江苏省政协副主席范燕青到眉考察城市民族工作。天津市政协常委、医卫文体委员会主任杨鑫传到眉考察“推进分级诊疗”工作。绵阳市政协副主席沈其霖到眉专题学习考察“宋城”“三苏祠”规划建设情况。市政协主席王影聪前往泸州市参加川南“7+1”政协工作联系会，就赤水河流域贫困地区脱贫致富建言献策，学习交流；赴南充参加秦巴山区产业扶贫研讨会，就秦巴山区产业扶贫进行学习交流；前往泸州、达州等地学习管理和社情民意情况。市政协副主席杨常沙赴河南省开封市参加九城市政协书画第八次交流会议。（市政协）

纪检监察

Discipline inspection and supervision

概 述

2016年，全市各级纪检监察机关贯彻全面从严治党部署要求，强化监督执纪问责，全面推进党风廉政建设和反腐败工作。全市行权平台建设被确定为省级预防腐败创新项目，党务公开、家规家训家风建设在全省交流经验，党风廉政建设社会评价排名全省第6位，43项工作得到省委、省纪委领导及市委市政府主要领导肯定性批示。市纪委落实党风廉政建设六个责任清单，实行台账式管理、项目化督查，随机抽查区县和市级部门落实“两个责任”情况。区县和市级部门主要负责人5人向市纪委全会现场述责述廉，其他单位部门主要负责人书面述责述廉，接受市纪委委员询问质询。出台《关于对市管干部进行谈话函询的暂行办法》，实施党风廉政建设责任追究10件11人。

2016年9月29日，市纪委以“直面作风问题·助力脱贫攻坚”为主题，开播首期“阳光问市纪委廉”全媒体直播节目

正风肃纪

2016年，市纪委开展正风肃纪专项整治“回头看”，督促整改问题238个，立案查处涉及“四风”问题案件160件170人，通报“四风”典型案件59起。查处违反中央八项规定精神典型问题52个、处分78人，内部通报14人次，公开曝光20人次。开展行业协会学会清理整顿，督促整改问题136个，处理相关人员7人。撤销市、区县两级廉政账户，向国库上交账户余额984万元。开展违规收送红包礼金问题专项整治，查处违规收受红包礼金42件42人。以推动“四个当天”制度落实为切入点，建立涉稳问题快速处置等机制。依托庸懒散浮拖问题监督平台，开展常态化监督，问责处理78人。整治侵害群众利益的不正之风和腐败问题，处分439人。组织策划“阳光问廉”全媒体首播节目，曝光典型问题4个，处分3人。

监督检查

2016年，市纪委开展政治纪律执行情况监督检查，查处违反政治纪律和政治规矩案件24件24人。开展换届风气监督检查，成立6个换届风气督导组，开展严肃换届纪律谈心谈话300余人次，出具党风廉政意见3000余人次，收集并整改问题20个。围绕脱贫攻坚、“三大工程”等重大决策部署开展专项监督检查34次、督促整改问

2016年11月4日，市委举行“推进全面从严治党巩固发展良好政治生态”宣讲会，省纪委副书记、省监察厅厅长、省预防腐败局局长黄昌明（右一）作专题宣讲

题37个，保障政令畅通。在全省率先探索建立容错纠错机制。开展园区廉洁风险、工程建设项目管理、土地管理等6个专项整治，开展监督检查138次，发现和整改问题68个。开展医保、新农合资金审核和监督检查，追回追缴违规违约费用73万余元，党纪政纪处理11人。开展316个贫困村脱贫攻坚蹲点调研督导，整改问题117个。

执纪审查

2016年，全市纪检监察机关处置问题线索1529件、立案777件、处分778人，同比分别增长123.5%、48%、45.4%；其中查处县级干部23人、同比增长64.3%。全面践行监督执纪“四种形态”，全市纪检监察机关谈话、函询905人；给予党纪政纪轻处分或组织处理513人，给予党纪重处分和重大职务调整108人，涉嫌犯罪移送司法机关15人，分别占“四种形态”的49%、40.5%、5.2%、5.3%。

惩防体系建设

2016年，市纪委开展“推进全面从严治党、巩固良好政治生态”大宣讲，组织党员干部2.3万人前往廉政警示教育基地接受教育。通过“两微一网”发布反腐倡廉信息140余条，网络评论230余篇，新闻跟帖2000余条。挖掘廉洁文化资源，组织开展“传家风、立家规、树新风”演讲和征文比赛活动，拍摄“三苏”家规家训家风专题片。《一门父子三词客，千古文章四大家》在中央纪委微信平台刊载。市、区县两级在卫生医疗等17个领域开展系统化防治腐败工作，督促指导23个园区新区加强制度建设。加强行政权力运行及监察平台建设，办件13万余件。加强与17家中央、省驻眉单位协作对接。指导区县纪委监察局清理规范性文件373个，废止127个。

自身建设

2016年，市纪委制定落实“三个提名考察办法”实施细则，建立提名考察人选数据库，完成市县乡三级纪委换届，提名考察区县纪委书记、副书记18人，配齐配强乡镇纪检干部324人。开展“两学一做”教育活动，加强纪检监察干部思想政治建设、业务能力培训，把《准则》《条例》列入学习重点。开展“两学一做”学习教育。整肃内部作风，完善全市纪检监察干部违纪线索登记台账，加强线索管理和处置，从严监督、从严管理，严防“灯下黑”，查处纪检监察干部违纪案件4件4人。

（王许一）

巡察

【机构】 2016年8月，成立市委巡察办和市委巡察组3个，原市委巡视联络办并入市委巡察办，由市委巡察办承担原市委巡视联络办的职责。市委巡察办为市委工作部门，设在市纪委，行政编制5名，设主任1名（正县职）、副主任1名（副县职），内设机构2个（综合科、巡察科），科级领导职数2名；3个市委巡察组，设组长职数（正县职）和副组长职数（副县职）各1名。

【巡察工作】 2016年，成立由市委书记任组长的市委巡察工作领导小组，组建2个巡察组分别对甘眉（铝硅）工业园区和市水务局开展为期半个月的常规巡察，受理信访举报34件，发现问题线索30件；督促六区县建立巡察工作领导小组，落实巡察机构编制；配合完成市委大党建调研涉及的相关工作；建立市委巡察人才库；制定《巡察机构内部管理制度》14个、《巡察机构巡察工作规程》12个、《巡察机构巡察工作制度》5个；完成区县巡察机构建立情况及工作推进情况调研督查。抓好省委第八巡视组对眉山市及东坡区、仁寿县开展集中巡视服务工作，协助市委督促各级各部门按时按质按量完成巡视反馈问题的整改。

（陈嘉伟）

国防建设

National defense construction

眉山军分区

【思想政治建设】 2016年，眉山军分区组织全体人员学习习主席系列重要讲话，组织师团职干部参加军委国防动员部军师职领导干部理论集训、省军区师团职干部理论集训，组织干部理论培训4期，专题学习8次，专题辅导10次，心得体会交流和集体讨论4次。开展“坚定改革强军意志、投身改革强军实践”主题教育、“三严三实”“两学一做”学习教育，编印两项教育《学习辅导材料》，组织专题党课授课辅导4次、主题教育授课辅导5次、基本理论知识测试4次、大会交流4次。开展党员承诺践诺活动。组织专题党课辅导、自我剖析、讨论辨析等活动彻底肃清郭徐流毒影响。眉山军分区微课作品《有梦不觉军衣单》在国防动员部评比竞赛中获一等奖。部队保持高度集中统一和安全稳定。

【战备训练】 2016年，眉山军分区严格落实省军区《关于进一步规范战备值班的通知》精神，建立健全每日、每周、每月情况报告制度，抓好部队调整改革期间各项战备制度规定的贯彻落实，确保政令、军令畅通。组织军分区机关及人武部200余人参加军分区新年度开训动员周活动，对民兵应急分队拉动演练、指挥所开设、野炊等课目进行训练和考核。组织全区官兵、职工作战值班培训，节日严格落实战备值班，检查各人武部作战值班应急反应能力。组织全体干部开展以法规条令、指挥技能、指挥谋略为重点的军事训练，突出抓好军事理论、识图用图、手工标图、轻武器分解与结合、心理战研究、指挥信息系统使用等内容的学习和训练。各人武部完成1次民兵应急分队成建制冬季拉练。组织军分区机关、人武部带民兵分队200余人开展战备拉动演练和野战指挥所开设试点观摩活动，统一规范全区指挥所建设。参加省军区组织的半年军事训练考核，军分区机关干部基础理论优良率100%，手枪射击合格率100%，3000米跑合格率87.5%。组织市民兵综合应急营骨干集训，开展为期6天的全封闭式集训，参训92人。组织军分区机关、人武部年终军事训练考核和全面工作检查，量化评比各人武部检查考核情况。全年完成全市民兵年度训练任务2722人，搜集上报辖区内民兵情报信息81条，68条被省军区采用。

【国防后备力量建设】 2016年，眉山军分区、眉山市委、市政府下发《关于推进军民融合深度发展的意见》，抓好民兵应急力量专业化规范化建设，完成全市基干民兵整组重要任务。组织开展非公有制经济组织武装部和民兵组织清理清查、达标验收。组织市县两级有关部门100余人国防信息动员和潜力调查统计培训，开展全市国防动员潜力调查，掌握各类国防潜力资源底数。在市（县）电视台、全市大型商城播放征兵宣传片1000小时、黏贴征兵宣传海报1万余幅，在省级以上新闻媒体上稿50余篇。全面使用“全国征兵体检信息化管理系统”，实施“五率”（报名率、上站率、合格率、择优率、退兵率）量化考评。协调地方设立专项奖励资金，落实市县两级征兵办公室集中办公，推进征兵工作制度化、规范化、科学化。全年全市完成新兵征集任务，落实义务兵优待金，落实市政府“大学生入伍一次性奖励2万元，大专生入伍一次性奖励1.6万元”政策。开展全民国防教育，组织党政机关和大中小学校国防教育3次，完成学生军训2万余人次。

【后勤建设】 2016年，眉山军分区修订后勤保障方案，落实人员编组定岗、装备定位、物资定储要求，建立完善训练、演练、考评机制。规范后勤保障物资器材，对野外热食制作、帐篷搭建、照明等器材进行补充。定期组织后勤干部进行业务培训和集中办公，制发《关于进一步加强财务管理的指示》，规范预算制定和经费执行情况，全区行政消耗性开支比2015年下降17%。清查全区固定资产。两个有偿服务项目同承租方解除租赁合同。

【党管武装和参建参治】 2016年，召开市委议军会暨市国动委全会，组织县（区）人武部党委第一书记述职，签订《国防后备力量建设责任书》，年度国防后备力量建设纳入市委年度目标责任考评体系，调动党管武装积极性。开展"国防知识进党校""八一军事日"等活动，增强各级地方领导干部抓武装、建武装、管武装意识和能力。全年，眉山军分区按照1998年抗洪抢险规模标准做好应急处突准备，修订预案、建强力量、配齐物资器材，加强与地方防汛、气象部门联系，及时了解汛情、雨情，抓好对重点江河流域、水库所在县区汛前检查工作。出动民兵876人次协助地方政府抗洪抢险，转移受灾群众881人，修复污水处理站排水渠1处、抢修爆裂管道1处。开展精准扶贫，设立195万元精准扶贫基金，与7个村、17个村民小组、64户家庭困难群众207人和贫困学生32人结成精准扶贫联系对子；与1个乡镇、7个村、64户家庭困难群众结成"幸福美丽新村"共建对子，开展经常性扶贫帮困活动。全年投入126.1万元帮助帮扶对象硬化乡村公路1条、新修引水渠1条、蓄水池1座、新修垃圾池130个，为村和村民捐赠化肥、办公设备和经果林苗木等生产生活用品；向贫困学生32人捐赠课桌椅、学习用品和生活经费4.8万元。精准扶贫经验做法在解放军报刊发。

【开训动员】 2016年，眉山军分区召开年度开训动员大会，全区官兵、职工和应急民兵分队298人参加。明确新年度训练任务，部署全年军事训练工作。实施指挥所带民兵分队应急拉动、指挥所开设、野战炊事、应急通信保障等科目训练与考核。检验分区部队遂行多样化军事任务能力，以促进军事训练。

2016年1月7日，眉山军分区2016年度开训动员大会部队集结途中。

【战备拉动演练】 2016年，眉山军分区组织战备拉动演练暨野战指挥所开设试点观摩活动，军分区官兵及县（区）民兵应急分队270人参加，出动车辆30台，冲锋舟3艘，橡皮艇2艇，其他抢险装具130套件。演练以执行岷江流域太和渡口段抗洪抢险任务为背景，实兵、实装成建制拉动。演练设置战备转级、紧急出动、摩托化机动、野战指挥所开设观摩、野战炊事、警戒勤务、民兵集结点验、遂行非战争军事行动任务中的政治工作8项训练科目。检验部队指挥控制、远程机动和综合保障能力。

【民兵综合应急营骨干集训】 2016年，眉山军分区组织市民兵综合应急营骨干集训，按照基础性、群众性、综合性、实战化的训练要求，采取"连队式管理，院校式教学"方式，开展为期6天的全封闭式集训，92人参训。训练内容包括入队训练、共同训练和政治教育三大类，设置防护与救护、警棍盾牌使用、徒步拉练、非战争军事行动、民兵思想政治教育等14个科目。

【首长视察】 2016年2月19日，省军区司令员姜永申莅临眉山军分区调研，到军分区机关、东坡区人武部、市民兵武器装备仓库开展当前部队全面建设情况以及新年度工作情况调研，检查指导军分区、人武部作战值班室、战备物资器材库、作战室、战备图库、集中文印室、军史馆等。

【学习交流】 2016年，眉山军分区参谋长率6个区县人武部部长赴宜宾军分区学习交流征兵工作，交流学习破解预征对象管理难、大学生征集难等问题。通过学习交流，总结出：着力抓准备，在预征对象的确定上下功夫；着力抓领导，在政府主体作用的发挥上下功夫；着力抓过程，在征集环节基础的夯实上下功夫；着力抓奖惩，在优抚安

2016年1月19日，眉山军分区走访慰问东坡区八井村贫苦群众。

置政策的兑现上下功夫；着力抓回访，在具体问题的解决上下功夫5条经验做法。

【征兵工作】 2016年5月24日，眉山市召开市征兵领导小组会，市长罗佳明及市征兵领导小组成员31人参会。会议总结2015年征兵工作，部署2016年征兵工作具体任务。会议强调，2016年眉山市大学生征集比例必须达到35%，力争实现40%目标；初中生比例不超过3%，退兵比例不超过0.4%。增加乡镇武装部和村（社）经费补助；参照“眉山市行政事业单位出差补助标准”给予返乡返校应征大学生往返交通和生活补助；加大入伍大学生奖励力度，本科生、专科生分别按2万元和1.6万元标准发放一次性奖励金；在市、县（区）、乡镇（街道）各级政务中心或便民服务中心增设“兵役服务窗口”；将各县（区）政府和市征兵领导小组成员单位征兵工作开展情况，纳入地方目标考核。6月6日，眉山市征办在四川大学锦江学院组织召开2016年高校大学生征兵宣传动员大会，号召广大爱国学子携笔从戎、献身国防。市委副书记刘十庆，眉山军分区司令员樊亮才，各县（区）分管征兵工作领导，各县（区）人武部部长，辖区高校大学生征兵工作职能部门负责人等40人出席大会，会议再部署2016年征兵宣传工作，明确大学生征集任务，强调2016年全市大学生征集比例必须达到35%，力争达到40%。现场设置征兵工作站，举行大学生征兵政策现场咨询活动，在应征奖励金、学费补偿、就业加分、复学考研等方面给予解答。通过“法规教育”“大学生入伍政策讲解”“播放征兵宣传片”“张贴征兵海报”等形式开展宣传动员，营造大学生应征入伍浓厚氛围。

【兵役服务】 2016年，眉山市完成市、县、乡三级“兵役服务窗口”开设，按照“一年征兵、四季宣传”工作思路，眉山市通过岗前培训、考核上岗方式选拔地方大学生自愿者投身兵役服务工作。兵役服务窗口开设在市、县、乡三级政务或便民服务中心，主要工作包括征兵政策宣传，征兵信息推送，协助应征青年网上报名等。

【精准扶贫】 2016年，眉山军分区、区县人武部帮助联系村硬化村道8.9千米，新修垃圾池130个，全资援建蓄水池1个、山坪塘4个、引水渠1.5千米，10个联系村一次性通过区（县）“幸福美丽新

2016年6月6日下午，眉山市组织召开2016年度全市大学生征兵工作宣传动员大会，现场解答大学生疑问

村”达标建设验收。帮扶村和联系户均实现眉山军分区党委精准扶贫工作“三有三无”目标（收入有增长、投入有增加、民生有改善，信访无重复上访、无集体上访、无信访积案）。

（眉山军分区）

武警眉山支队

2016年3月21日，武警四川总队副司令员李在元到武警眉山支队检查指导。

【概况】 2016年，中国人民武装警察部队四川省总队眉山市支队（简称武警眉山支队）以习主席系列重要讲话精神和强军目标为统领，按照总部、总队党委部署，稳中求进，持续整风整改，着力在抓根本把方向、抓中心强能力、抓基层固基础、抓作风正生态上聚焦用力，年度各项工作协调推进，中心任务圆满完成，支队被武警四川总队表彰为基层建设先进支队。

【思想政治建设】 2016年，武警眉山支队把中央军委主席习近平“四个扎实”“五个更加注重”和“七一”重要讲话精神列入党委中心组学习、经常性政治教育和党日党课的重要内容，7次组织党委中心组带机关专题学习、6次整理下发学习要点、5次组织学习心得交流，创新理论发展一步，贯彻落实跟进一步。利用网络、板报、橱窗宣传，为官兵编印“口袋书”，开展“三个半小时”活动，推动讲话精神学习普及，把官兵思想统一到党中央、中央军委、习近平主席和武警党委的决策指示上。全年组织三次“两学一做”体会交流，展评机关67份心得体会，基层56份手抄报。下基层开展调研，7名常委为10个中队上党课，激发全体党员爱党护党的政治热情和坚定决心。全年为特困干部13人发放4.1万元救济金，表彰“好军嫂”10人，组织“好军嫂”事迹报告会，激发干部干事创业热情。开展“五红”和“强军风采”系列文化活动，让官兵在拓展视野、领悟经典中丰富知识。2人被总队表彰为十佳“四会”政治教员。

【正规化管理】 2016年，武警眉山支队围绕强化法治精神、落实“八个规范”，开展“学法规、用法规、守法规”“条令法规学习日”活动，营造党委依法决策、机关依法指导、部队依法行动、官兵依法履职良好法治氛围。开展“百日安全竞赛”活动和“两真两好”密切内部关系专项教育整顿，官兵条令意识和纪律观念明显增强。开展警示教育，突出干部队伍、公勤人员、在外人员和车辆、枪弹等重点对象，突出“八小时以外”和重点时段、敏感时期，加大网上查、实地查、电话查的力度，纠治干部违规驾车、聚众饮酒，战士不假外出、不慎交往等现象，确保人人在法纪保护之下、红线之内。组织安全大检查、群众性创安活动、“三库”清理整治、枪弹安全隐患专项排查整治和十个方面重点问题排查治理，常委5次率工作组前往基层开展安全督查，排查治理隐患31处。

【军事训练】 2016年，武警眉山支队开展实战化训练。每月集中两天时间组织机关干部训练，解决“五个不会，一个不知道”问题。落实干部骨干组训任教、跟班作业制度，建立“两官”成绩档案，定期公示通报，“两官”队伍军事水平有效提升。严密组织教练员集训，为每个基层中队培养教学骨干5~10人。集中组织三批“魔鬼周”极限训练，参加总队“双百、双十”比武竞赛，一中队特勤排获得片区第三名，2人被评为总队优秀教练员。

【规范执勤】 2016年，武警眉山支队把执勤作为主责履行，主课攻关。全年支队常委率机关干部下基层实地查勤100余人次。常态化组织专勤专训、专哨专训，突出“四哨”动作、情况处置“六步法”、验证方法、观察、潜听及通信、报警器材使用等业务训练和防袭击、防爆炸、防冲闯等技能训练，规范

西南财经大学2016届毕业国防生集训在武警眉山支队举行。

在押犯接近警戒线、进入警戒线、翻越围墙、协同配合四个环节的程序动作，提炼“报警、供弹、报告”情况处置“快三步”，做到“及时发现不耽误、正确判断不失误、果断处置不延误”，提高一线哨兵精准处置能力。完成总队正规化执勤等级评定交叉检查业务培训和“武装押解和警戒设卡勤务”观模会协调保障及演示任务。开展勤务“六查”活动，6次派出工作组严密组织勤务鉴定，确保固定目标绝对安全。先后投入200余万元对57个哨位执勤台升级改造、铺设防火地板胶、升级基层中队勤务室，更换安装高清摄像93个，建强执勤阵地。严格落实联合作战值班新模式新要求，5次组织首长机关带战备分队实兵实装演练，7次组织特勤排和应急班实弹射击。全年动用兵力3000余人次，完成春运执勤、城市武装巡逻和“两会”“6·4”敏感期、G20峰会执勤战备、眉山竹文化节巡逻安保等各类临时勤务。

【新兵野营拉练】 2016年12月13日至15日，武警眉山支队按照军委主席习近平“能打仗，打胜仗”的要求，紧紧围绕“走、打、吃、住、教、管、保、训”等要素，从严从难，紧贴实战，严密组织新兵野营拉练，3天行进120余千米，促进新训质量提升。

【基层建设】 2016年，武警眉山支队贯彻《纲要》和新修订的《三十条》，落实总部关于规范基层管理秩序“12条措施”，制定支队精准帮建计划，确保人员、内容、措施、责任精准定位。基层中队发展均衡。组织官兵学习掌握《基层日、周、月、季工作规范》《基层10项政治工作规范》，组织参加总队网上训、精准帮、岗位练“三位一体”《纲要》培训，按照“六个对接”指示，搞好学习交流、研究具体招法，支队抓《纲要》培训做法被总队转发。落实常委年度包片、季度分析形势、责任挂钩奖惩制度，常委5批带工作组到中队蹲点住班，帮助基层解决难题。

【后勤保障】 2016年，武警眉山支队修订完善5大类后勤保障预案，补充调整战备物资。拓展推行“一专多能、一兵多用”训用模式，探索警地融合保障路子，与1家银行、2家餐饮公司、3家地方超市建立完善代储代运、联供联保机制，实现随耗随补、动态储备。组织行业风气专项整治、财务清查、枪弹专项整顿和车辆年检年审，规范后勤管理。开展“伙食精细管理年”活动，落实“1126”“6211”保障模式，形成依法管伙、按标准办伙、精细制炊氛围。每月组织司务长集体办公，常态化组织驾驶员、炊事员、军械员轮训，选送战士12人参加总队驾驶员、卫生员集训，加强后勤人员业务技能、思想作风、道德纪律培养，促进后勤队伍建设。 （吕炜乾）

眉山市公安消防支队

【概况】 2016年，眉山市公安消防支队（以下简称市消防支队）围绕服务经济建设和社会发展大局，坚持稳中求进，持续高位推进，继续突破。在省政府消防工作考核和省厅总队领导班子考评中夺得先进，连续四年被评为双先进的支队。

【火灾防控】 2016年，眉山消防支队开展“除火患、保平安”冬春专项行动、人员密集场所消防安全专项整治、消防安全大排查大整治活动、违章搭建影响逃生灭火障碍物专项整治行动等火灾排查整治活动。全年全市发生火灾394起，直接经济损失1200余万元，无人死亡，比2015年火灾起数、伤亡人数明显下降，全市火灾形势持续稳定，全市连续18年无较大以上火灾事故发生。全年检查单位场所1.1万余家，整改火灾隐患794处，临时查封154家，责令“三停”113家，罚款167.9万元，拘留19人。全市有消防安全重点单位401

加，其中市级重点单位28家；区县重点单位373家。全年审核建筑项目161个，验收工程162个。

【救援】 2016年，全市消防部队接警出动795起，出动警力6360人次，抢救和疏散被困人员696人，完成“10.1”仁寿钰泓光电科技仓库火灾救援任务和中国竹文化节、国际泡菜展销会等安保任务。9月28日，眉山市东坡区瑞能多晶硅有限公司氯硅烷罐发生燃烧泄露，接警后，调派甘眉园区专职队、特勤、百坡路、彭寿路4个消防中队、15辆战斗车、70名指战员前往现场处置，无人员伤亡、无现场污染、无负面影响。

【班子建设】 2016年，眉山消防支队承办全省消防部队基层党建工作交流推进会，消防支队创新经验在全省消防部队推广。7人被评为优秀领导干部，37人考评为优秀。支队被评为全省消防部队安全工作、执法质量考评先进单位，洪雅大队、东坡中队被评为全省消防部队先进基层单位。东坡区消防大队被表彰为全国公安现役部队优秀基层党组织。消防工作和部队建设多次受到市委书记李静等领导表扬肯定。支队党委被四川省公安厅评为“好领导班子”。

【廉政建设】 2016年，支队加强部队网格化管理，“八无一培”创建和安全工作专项整顿教育，对照“负面清单”改进管理工作。制定实施督察问效“双追究”、督查问题“双处理”、试行火场“双指挥”制度和车辆管理“五个严禁”。共建廉政教育、警示教育基地，推进基地化、常态化、专项化、及时化教育。推行《全市公安机关消防机构便民利民九条措施》，公开服务承诺，公开述职述廉，提升人民群众对消防工作的满意度，支队被评为全市最佳文明单位。

【培训演练】 2016年，眉山消防支队以冬训练兵、攻坚组训练、整建制中队实战化训练为重点，开展战术操法编成、水源调查测试、供水测试等专项活动、季度军事考核和搜救、排烟、控火、供水、防护与避险等战例研讨。分级组织战训岗位培训，基层指挥员全部考取指挥资格，士兵岗位资格鉴定全部合格。加强信息化设备深度运用，建立通信保障分队，通过数字移动终端加强灭火救援预案、水源信息等运用，提升保障能力。

【综合治理】 2016年，眉山消防支队制定《消防安全责任制实施办法》，落实各级各部门、社会单位法定责任。与消安委成员单位和各警种加强联合执法，调动基层力量加强网格化管理、督促重点单位深化户籍化管理，推动单位主体责任有效落实。各级部队以夏季消防检查、冬春火灾防控为主，联合民政、卫生、教育、旅游等行业系统，持续推进社会福利救助机构、医院、学校、商场市场、公共娱乐场所等分类整治。组织开展执法档案室达标创建、执法档案大清查，规范执法办案场所建设，全面规范“一证两书”、执法记录仪管理使用，加强派出所消防执法培训，提升消防监督水平。

【提质升级】 2016年，眉山消防支队围绕基础夯实年工作要点，研究制定整体推进方案，报请市委、市政府和市公安局党委，协调发改、财政等部门和区县，争取各级领导和政策经费支持，夯实基层基础。全市消防部队争取经费预算增长。公寓住房如期建成，万胜、白马、富加、张场、黑龙、西龙乡镇消防站建设有序推进。8辆消防车、3000余件套装备和北斗车载定位、4G图传、PGIS系统、数字移动终端装配一线。指挥调度系统、动中通移动指挥车升级改造，执法“一厅六室”和监督检查、执法辅助、宣传教育装备建设全面完成。明确61项工作重点及责任，分类推进部队正规化、后勤规范化、执法规范化建设。数字化档案、预案，智能化综合管理教育系统，车辆定位、行车记录、营区监

2016年8月1日，省政府督导组检查指导眉山市夏季消防工作。

控、指纹查铺查哨等推广应用。

【消防宣传与教育】 2016年，市消防支队开展消防安全培训，提高全民消防安全素质。眉山消防部队与各级、各类媒体战略合作，搭建平台，推进“消防宣传七进”，1名社区消防宣传大使受全省表彰，119宣传活动被评为全省最佳创意策划，一批消防书法、摄影、绘画作品受到各级表彰。各级部队加强对社会单位、各级部门、乡镇、派出所负责人和基层网格员培训，消防安全整体素质提升。

（市消防支队）

2016年10月24日，省人大环资委调研眉山人防工作。

人民防空

【人防工程建设】 2016年，市人防办要求在新建民用建筑报建过程中，凡符合修建防空地下室的必建，鼓励社会投资修建防空地下室。全年中心城区报建人防工程4个，2.4万平方米；新开工建设人防工程项目2个，2.8万平方米；竣工验收人防工程项目5个，建筑面积5.1万平方米。依法审核所有报建的人防工程项目，严格审查设计、建设等单位资质及从业人员资格，确保人防工程质量。

【指挥通信建设】 2016年，市人防办牵头制定训练计划，全年完成80个训练日，组织野外拉动组网训练9次，分别于3月24日、5月27日和8月26日参加省人防机动通信总队组织的组网通联训练。参加省人防办组织的短波电台执勤训练424次，收报327份，8400组，发报15分，375组，沟通率99%；参加省人防办组织的视频互联互通训练40次，沟通率100%。

【民防应急】 2016年，市人防办开展应急救援物资储备工作。10月，与宏远上铖超市签订民防应急物资供应协议，协议在战争发生时和自然灾害发生时，超市优先供应应急救援物资，确保应急需要。9月18日，市教育局、市精神文明办公室、市应急办公室、市人民防空办公室联合印发《关于在全市城区中小学校开展人防（民防）应急疏散演练的通知》，组成督查组3个，分别督查彭山区、仁寿县、洪雅县校园应急疏散演练开展情况。全市组织30余所学校10余万师生开展应急疏散演练。

【宣传教育】 2016年，市人防办借助中国移动和中国电信短信平台，向手机用户发送人防宣传短信60余万条。开展展板宣传活动，进社区、进机关、进学校，受教育人次50余万人次。结合法治宣传月、国防教育日、宪法日、送文化下乡等活动，在眉山中心城区及五县（区）主城区流动人员密集场所开展有奖知识问答，发放人防知识宣传手册。全年在《中国人民防空》《四川人防》《眉山日报》、中国人民防空网、四川新闻网、四川人防网、眉山网等媒体发表动态类稿件95条。受宣传教育群众70万人次以上。

【行政审批】 2016年，市人防办党务政务窗口受理行政审批及行政征收项目39件，人防项目报建5件，办件率、评议率、满意度均100%。获“流动红旗窗口”称号1次，“优质服务明星”称号2人次。

（市人防办）

2016年，市人防办组织人防应急演练。

民主党派

Democratic parties

中国民主同盟眉山市委员会

【概况】 中国民主同盟眉山市委员会（以下简称“民盟眉山市委”）于2006年10月30日成立，市委下设市直总支、东坡区总支、彭山区总支委员会和四川工商学院直属支部。2016年，民盟眉山市委有盟员187人。其中市直总支盟员77人，东坡区总支盟员55人，彭山县总支盟员49人、四川工商学院直属支部6人。高等教育界别33人，基础教育界别62人，医药卫生界别16人，公有制经济界别9人，新社会阶层16人，行政机关单位51人。省政协委员1人，市人大代表4人，市政协委员21人。在职盟员中有厅级领导干部2人，县处级领导干部6人，公务员正科级干部4人，副科级干部5人；事业编正科级干部6人，副科级干部6人。

【思想建设】 2016年，民盟市委抓盟员思想建设。学习民盟省委、中共眉山市委、市政府相关文件，引导盟员自我学习，自我教育，学习贯彻落实中共十八大及十八届三中、四中、五中、六次全会精神以及中共中央总书记习近平一系列重要讲话。民盟市委、东坡区总支、彭山区总支被民盟省委评为“坚持和发展中国特色社会主义学习实践活动优秀集体”。

【组织建设】 2016年，民盟眉山市委遴选出精英和骨干重点培养，充实后备干部队伍。组织、推荐具有较好综合素质，有培养前途的中青年盟员骨干48人参加中央、省、市社院以及北京大学等地集中学习培训。

【队伍建设】 2016年，民盟眉山市委完成各总支领导班子民主测评工作，指导完成彭山区总支、市直总支、东坡区总支换届选举。撰写、汇编各项材料40余篇，打印资料800余份，制作完成《眉山民盟这5年》宣传图集。5月30日，民盟眉山市第三次代表大会召开，杨常沙当选民盟眉山市三届委员会主委；胡志中、江林当选民盟眉山市三届委员会副主委。全年发展新盟员14人。10月，成立民盟眉山市委直属四川工商学院支部。民盟市委领导多次前往学院召开参政议政培训会、建言献策交流学习会。

【参政议政】 2016年，省市“两会”期间，盟员人大代表、政协委员围绕城市建设、教育、卫生等民生问题提案、议案、建议意见21件。其中省政协委员提案1件；市政协集体提案2件；市人大代表议案、建议意见5件，市政协委员提案、建议意见12件。民盟眉山市委提交的大会书面发言《关于做大眉山特色餐饮业助推“东坡味道”千亿产业发展的建议》获市委书记李静肯定性批示。

【调查研究】 2016年，民盟眉山市委参与民盟中央课题《改革开发区管理体制，促进开发区转型创新发展的建议》调研，调研后，把眉山经济开发区存在的问题及相关建议呈报盟省委。联络盟中央课题调研组到眉调研，省政协副主席、民盟省委主委赵振铣率课题调研组莅临眉山开展调研。民盟眉山市委、市教育局围绕“充分发挥教育优势，为眉山市创新型人才服务”展开调研座谈，形成调研报告，在市政协三届十九次常委会上作为民盟发言材料得到与会领导肯定。组织盟员骨干参与民盟中央、省委专题论坛论文撰写，民盟市委向盟中央、省委呈报民生论坛论文5篇、教育论坛论文2篇、法治论坛论文4篇。其中四川工商学院董事长、副院长王六章撰写的《城镇化进程中外来流动人口新增贫困问题研究》在民盟中央民生论坛上被评为“优秀论文”，并作交流发言。民盟市直总支支委艾柏杨撰写的《我国社区矫正工作的适用现状及对策研究》获四川民盟法治论坛论文一等奖；民盟市委委员、市直总支副主委曾涛撰写的《浅议现行工伤救济法律程序》，民盟彭山区总支三支部主委谢廷洪撰写的《浅论我国人民陪审员的“陪审权”》以及民盟彭山区总支一支部主委文志海撰写的《关于司法责任制改革的建议》获四川民盟法治论坛论文优秀奖。全年报送社情民意36件，其中9件被盟中央采纳、1件被省政协采纳、2件被省委统战部采纳、21件被盟省委采纳、3件被市政协采纳，市委主委杨常沙等撰写的《当前扶贫攻坚工作的问题及建议》获中共四川省委书记王东明肯定性批示。社情民意在全省地市州盟组织排名第三。

【社会服务】 2016年，民盟中央社会服务部副部长段海溪率外研社、北京四中网校一行莅临眉山开展“农村教育烛光行动”，外研社向眉山21所乡村学校捐赠“外研通”英语点读设备56套，价值17.6万元；北京四中网校校长黄向伟代表北京四中向青神中学、仁寿一中捐赠“在线教学平台”2套，价值84万元；民盟市委通过“民盟中央远程教育千校计划”与北京四中网校对接，为眉山8所中学申请到“在线教学平台”8套，价值336万元。民盟市委为松江初中“烛光阅览室”征订杂志43种，价值7000元。市直总支联合东坡区总支向仁寿县板燕乡初级中学、东坡区松江中学捐赠散文、诗刊等文学书刊价值3万余元。市直总支支委艾柏杨向乡村中学贫困学生16人发放助学金1.3万元。彭山区总支组织盟员向义和中学、黄丰中学前10名初三优秀学生发放“伟业奖学金”8000元。民盟眉山市委组织实施脱贫攻坚工程，协调仁寿县“五小水利”项目工程落户虞丞乡樊家村，投入资金141.63万元，为樊家村修建蓄水池35口，解决村民用水问题。协调相关部门争取资金3万余元铺设樊家村三组社道。协调电力农网改造项目落户樊家村，投入资金160余万元，解决村民生产生活用电问题。协调经费5万元铺设樊家村道路。争取民政扶贫资金为樊家村贫困户群众提供果苗、鸡苗等生产资料2万元。争取博爱家园生计基金18万元，扶持彭山区谢家镇汉安村、观音镇果园村、凤鸣镇城中社区种植业；市委委员、丹棱中医院院长汤学全向扶贫开发协会捐资3万元。民盟市委争取民盟中央社会服务部联合北京天行健医疗科技公司实施“天行健公益行”项目落户眉山，民盟中央社会服务部部长郭勇与北京天行健医疗科技有限公司总经理张宇杰到眉山，向全市9所医院捐赠13台总价值494万元的脑卒中康复治疗设备。开展公益法律讲座27场，为群众提供免费法律咨询1200余人次，办理法律援助案件34件，资助贫困学生12人次。民盟市委委员、丹棱中医医院院长汤学全组织丹棱中医医院内科、外科、针灸科等骨干医生下乡到贫困村义诊12次，派出人员105人次，现场服务贫困人口1436人，免费发放药品4616元，投入资金1.7万元，争取“让爱川流”项目，全年补助36人次9.6万元。民盟市委委员、彭山区总支主委王娜组织盟员前往谢家镇汉安村为贫困户免费健康体检和健康知识宣传，协调彭山区红十字会、彭山区教育局到彭山区青少年社会实践地为4~6年级在校小学生700余人开展“春季应急救护知识进校园”培训。

【信息宣传】 2016年，民盟眉山市委开辟“坚持和发展中国特色社会主义学习实践活动”“扶贫攻坚、精准扶贫”“盟员风采”等专栏，加强基层组织和一线盟员宣传报道。全年眉山民盟网站访问量6.59万次，网站发文43篇。全年在市级及以上主流媒体发表稿件72篇，其中《四川经济日报》专版报道1篇，《眉山日报》采纳3篇，盟省委网站采纳20篇，四川新闻网采纳29篇，市政协网站采纳19篇。

（民盟眉山市委）

中国民主建国会眉山市委员会

【概况】 中国民主建国会眉山市委员会（以下简称民建眉山市委）于2009年12月23日成立，2015年1月召开第二次代表大会换届，下设市直机关、东坡、彭山3个总支委员会，各总支分设2个支部委员会。2016年，民建眉山市委有会员116人，其中市直总支39人，东坡区总支38人，彭山区总支39人。经济界会员83人、有中高级职称会员53人、退休会员9人；全国政协委员1人，省政协委员1人，市政协副主席1人、常委4人、委员15人；市人大代表4人、常委1人；担任区县人大代表4人，常委2人；担任区县政协常委4人，委员21人。正处职1人，副处职3人，副调研员1人，正科职7人，副科职5人。

【思想建设】 2016年，民建眉山市委常态化开展各类主题学习教育活动，开展“坚持和发展中国特色社会主义学习实践教育”“两学一做”等活动，开展会章会史、统一战线理论、多党合作政策等为主题的征文和践行社会主义核心价值观理论研讨；开展“中国梦·民建篇”、纪念建党95周年、建会70周年为契机座谈会、撰写文稿等纪念活动。组织市委委员、基层组织班子成员、骨干会员和新会员等100余人次到重庆特园“中国民主党派历史陈列馆”、广安市武胜县“四川省坚持和发展中国特色社会主义学教育活动基地”参观、学习；选派会员90余人次参加中央、省、市社会主义学院和民建四川省委组织的培训，组织会员听取市委统战部举办的同心大讲堂讲座80人次；邀请民建四川省委、九三学社眉山市委筹备组领导培训市委人大代表、政协委员和骨干会员等参政议政、社情民意、信息宣传等100余人次，选派会员20人次到广安、井冈山、广西百色等红色老区接受“同心革命传统教育活动”，会员撰写心得体会10篇。

【组织建设】 2016年，民建眉山市委召开二届领导班子述职、谈心会。总结2015年的工作及存在的问题，开展批评与自我批评，开展民主测评，推进会内监督、班子民主建设。全年发展会员6个，发展率5.8%，储备入会积极分子6人。彭山总支组织会员到岷江现代农业示范园区和广安市武胜县“四川省坚持和发展中国特色社会主义学习教育活动基地”参观学习；机关总支组织会员参观丹棱县梅湾水库及新农村建设，与友好支部民建成都市委蒲江支部开展联谊，共同学习中共十八届六中全会精神、交流精准扶贫工作经验；东坡总支组织会员参观会员企业开发的旅游房地产项目。市、县（区）、镇（乡）换届工作中，民建市委协调市、区党委、统战部，做好会员推荐、考察工作，把优秀会员充实到市、区政协委员和人大代表等岗位。组织会员企业家12人自费到欧洲四国考察10天，学习现代科技、农业、工业。

【参政议政】 2016年，民建眉山市委召开参政议政、信息宣传培训会，各总支班子及支部班子成员30余人参加会议，眉山市政协文史委主任王莉茹关于参政议政、信息宣传的经验介绍与体会交流。开展调研，建真言、献实策，提省级提案2件，市、区集体提案15篇，个人提案、建议28篇。其中《关于加强农村饮水安全工作的建议》被选为第政协三届六次全委会大会发言材料，得到市委书记李静肯定批示，梅晓齐撰写的《强化水库水质保护，确保饮用水安全的建议》获评东坡区政协2016年优秀提案；彭山总支《关于进一步加强全区校园周边环境整治的建议意见》和干志林等4名会员提交的《加快农网建设，落实农业用电惠农政策的建议》获评彭山区政协2016年优秀提案。彭山总支在彭山区2016年11月上旬换届“两会”上，会员提交提案15件。做好2016年重点课题调研，形成理论文章8篇，其中《关于切实发挥诉访案件终结机制作用的建议》《民建如何在中国共产党领导的政党协商中发挥作用》《让历史告诉未来》被《四川民讯》采用。组织会员开展调研活动，完成调研报告《关于进一步挖掘东坡文化，推进文化与旅游产业相结合协调发展的建议》《关于进一步发挥金融服务助推脱贫攻坚的建议》，《关于进一步发挥金融服务助推脱贫攻坚的建议》在市政协三届常委会第19次会议上作为专题议政发言材料。

【社会服务】 2016年，民建眉山市委会员企业四川亨达实业有限公司出资40万元为彭山区捐建殡仪馆1座、眉山市强平房地产开发投资有限公司捐款40万元，为公司所在村援建公路1.5千米。民建眉山市委组织会员企业家在洪雅县槽渔滩镇关顶村召开社会服务工作现场会，捐款30.3万元。四川宏远上铖超市有限公司向青神县白果乡福金坝村捐款10万元改造农房、向东坡区土地乡花桥村五保户捐款1万元修建房屋，四川亨达实业有限公司为彭山区牧马镇精准扶贫捐款7万元，眉山市强平房地产开发投资有限公司为企业所在村困难群众投入资金15.2万元修建房屋。协调洪雅县交通局给与项目基金120万元，启动修建关顶村村公所至原赵山村2组道路1.9千米，市委主委祝明洪率队前往到村上种植红椿、杉树、香樟为主“民建林”1.33公顷，市政协向追加3万元扶贫帮扶资金。全村28户贫困户，有22户实现脱贫。会员企业四川亨达实业有限公司向彭山区慈善会定向捐款76.2万元、向彭山区教育促进会捐款30万元，会员企业建伟房地产有限公司向彭山区教育促进会捐款10万元，其他会员及会员企业家捐款3.3万元，资助贫困学生29人。

【信息宣传】 2016年，民建眉山市委利用新媒体，拓宽对内对外宣传平台。发挥好会内QQ、微信群，设立民建眉山市委网站，编印《眉山民建》会刊2期，宣传会务动态，提高社会影响力；向各级媒体报送信息及各类文稿，全年被市级和《眉山民建》杂志采用98条，省级采用45条，中央采用1条。

（民建眉山市委）

中国民主促进会眉山市委员会

【概况】 2016年，中国民主促进会眉山市委员会（以下简称“民进眉山市委会”）下设总支委员会3个（分别为东坡区总支、彭山区总支和机关事业总支），支部委员会6个，专门工作委员会3个。有会员134人，其中各级人大代表、政协委员43人，副县级以上实职干部6人。成员界别中高等教育9人、普通教育45人、医药卫生15人、文化艺术10人、出版传媒2人、公有制经济4人、新社会阶层14人、政府机关23人、人大政协机关3人、党派机关2人、社会团体3人、司法机关2人、其他2人。本党派界别特色55人，占会员总数41%。

【自身建设】 2016年，民进眉山市委以坚持和发展中国特色社会主义为主题强化思想政治建设。围绕坚持和发展中国特色社会主义主题，学习贯彻中共十八届历次全会、中共中央总书记习近平系列重要讲话和两级统战工作会议精神、《中国共产党统一战线工作条例(试行)》以及民进中央、民进省委对于学习实践活动的部署安排。组织会员赴雅安市石棉县红军强渡大渡河纪念馆、乐山市沙湾区郭沫若故居等地开展爱国传统教育。民进四川省委学习实践活动领导小组成员、省委副主委赵川荣莅眉开展四川民进学习实践活动联系点工作，为眉山民进会员做《深化认识，抓好落实，力推学习实践活动不断深入开展》主题讲座，并与东坡区总支会员座谈、看望老会员。各级组织召开以学习中共十八届历次全会、中央和省级统战工作会议精神等为主要内容的专题学习教育活动8次，受训会员130余人次。主委梁勇参加四川省政协进修班、市厅级（县处级）公务员“实施网络强国战略”专题研讨班；组织人员参加四川省民主党派市州组织主委专题培训班；民进四川省委基层负责人培训班；民进四川省专职干部培训班；中共四川省委统战部民主党派干部班；民进全国基层组织负责人培训班；民进四川省委2016年参政议政骨干培训班；四川省党外青年干部人才培训班。组织会员13人参加眉山市委统战部组织的同心大讲堂。深入基层了解会员思想动态，突出民进亮点工作开展思想宣传。全年报送思想宣传信息40篇，其中被民进中央采用4篇，四川民进会刊采用12篇，四川政协网采用13篇，民进四川省委网站采用28篇，眉山日报采用2篇。

【组织建设】 2016年，民进眉山市委加强领导班子和干部队伍建设。做好市委会及各基层组织换届筹备。3月，召开民进东坡区第三届第一次会员大会，选举何灵丽、邹平、田海燕、伍丽娜、张珊山、周江峰、熊壮等7人为新一届总支委员。何灵丽任主任委员，邹平、田海燕、伍丽娜任副主任委员。3月28日，召开民进彭山区第三届会员大会，选举喻旭、张梅、阳朋军、袁琼、蒋洋为新一届总支委员，喻旭任主任委员，张梅、阳朋军任副主任委员。5月27日，补选徐定雄、刘新为彭山区总支委员。5月31日，召开民进眉山市第三次代表大会，选举梁勇、周强、喻旭、甘晓红、王利清、宋波、何灵丽、邹平、徐定雄9人为新一届市委委员，梁勇任主任委员，周强、喻旭、甘晓红任副主任委员，秘书长甘晓红。11月22日，届中调整王利清为副主任委员。搭建干部锻炼成长、施展才华和自我实现平台。建设政治素质高、代表性强、结构合理、数量充足、体现党派界别特色的后备干部队伍。将符合条件的后备干部举荐给中共组织、统战部门。市、区县两级人大、政协换届中，民进眉山市委与中共党委、统战部门沟通协商，推荐产生市级人大代表3人，市级政协委员18人，区级人大代表2人，区级政协委员19人。机关事业总支会员周强任市政协副主席、市工商联主席，王利清任眉山市科协主席，周学梅任东坡区人民政府副区长。强化组织发展，保持基层组织活力。以领导带头，全体动员形式，协商中共各级统战部门，发展新会员12人。新发展高校教师会员6人，筹备成立民进眉山市高校支部。

【参政议政】 2016年，民进眉山市委通过“两会”主渠道参政议政。召开提案工作专题部署会、提案撰写培训会，要求会员人大代表、政协委员把助推眉山跨越发展作为参政议政的第一要务，围绕市委、市政府中心工作，开展调研，撰写提案。提交省政协提案1件，市政协大会发言1件，市政协提案8件，区县政协提案15件。组织开展调研，向民进四川省委申报完成《产业转移与区域经济协调发展》《大数据推动天府新区产业转型升级研究》两个参政议政重点调研课题。组织东坡区总支会员到东坡区白马镇龚村开展考察社会主义新农村建设，与当地企业家座谈并提出建议意见。开展青神县生态文化建设专题调研，现场考察青神县竹编博物馆、竹林湿地公园、水岸果香湿地公园等生态文化建设项目并与县旅游、环保、规划、万景房产等部门和企业座谈，探讨县域经济中生态文化建设的可持续实践并提出建议意见。参与省、市“十三五”规划制定意见征询和市委、市政府、市政协、市委统战部召开的各种征求各民主党派、无党派人士意见座谈会、协商会，及有关部门组织的专题视察活动，提出《关于大力发展服务业扶贫产业的建议》《关于参政党推进协商能力建设的几点建议》《眉山市服务业减贫专项方案建议》等建议意见。

【社会服务】 2016年，民进眉山市委以精准扶贫为抓手，开展社会服务。赴联系村开展调研3次，梳理踏水村在基础设施建设、产业发展和贫困户个体帮扶等方面存在的困难和问题，探讨脱贫致富举措。协调落实项目资金40余万元为洪雅县中保镇踏水村修建林区道路、生活便道，向9户联系群众送慰问金1.2万元。为建档立卡未脱贫14户贫困户确立开展以养殖为主的帮扶措施，2户确立以茶叶种植为主的帮扶措施。与联系村学校建立助学长效联系机制，每年捐出助学善款8000元为建档立卡贫困户在校学生4人解决学习生活所需。集中对洪雅县中保镇踏水村、茨秋村开展脱贫攻坚蹲点调研，督导精准脱贫政策落实情况。现场查看村幼儿园、老年活动中心、人畜饮水工程、引水工程等脱贫攻坚项目建设，走访看望困难群众10户，帮助困难群众思考增收门路、增添脱贫措施。组织开展送文化、科技、卫生下乡活动8次，参与会员80人次。组织义诊服务诊治村民160人次，探望慰问孤寡老人65人，帮扶资助贫困学生、留守儿童82人，捐助慰问金、生活用品、生产用具等1.86万元。组织眉山民进艺术赴洪雅县中保镇踏水村开展送文化下乡慰问演出。依托社会公益平台开展社会服务活动，组织会员参加“传承雷锋精神共建大爱眉山”公益活动，为2名贫困学生完成心愿。东坡区总支为金花乡初中贫困学生3人送助学金和慰问品，为全区21个敬老院送书籍300余册，为仁寿县马桥村送文艺表演，组织会员做好“五四”千人徒步活动和第九届残疾人运动会眉山赛区志愿服务工作。彭山区总支为东城区贫困学生送1600元慰问金购买学习、生活用品，为观音镇敬老院孤寡老人送去慰问品价值2800元。

（民进眉山市委会）

中国农工民主党四川省委员会眉山市总支委员会

【组织建设】 2016年，中国农工民主党四川省委员会眉山市总支委员会（以下简称“农工党眉山市总支”）增补农工党眉山市直机关支部副主委1人、委员2人。全年发展新党员17人，全市党员人数增至115人。在市、区县人大、政协换届选举中，推荐党员当选或并实际安排党员担任市、区县人大代表、政协委员、常委职务37人次。

【项目争取】 2016年，农工党眉山市总支争取农工党中央、省委关心支持，为眉山市人民医院及全市基层医院落实到位中国西促会援助医疗设备金3.8亿元，为眉山市三苏祠博物馆落实到位农工党中央、中国初级卫生保健基金会援建三苏纪念馆展阵建设资金1100万元，为眉山中学落实到位眉山籍在京农工党中央机关党员、全国人大代表、著名国画家何学斌捐赠眉中贫困学生助学金、优秀教师奖励金45万元。

【参政议政】 2016年，农工党眉山市总支组织农工党骨干党员开展民生民意社会实践调研8次，形成相关调研报告、建言献策15篇。连续第3年在市政协大会上代表市级各民主党派就加强环保工作、改善民生作《关于进一步加强大气污染防治，提升全市环境空气质量建议》政协大会发言，得到市委书记李静肯定性批示。《关于建立药品专卖制度，解决群众“看病难”“看病贵”问题的建议》等2篇建言献策得到省政协重视并采纳。

【社会服务】 2016年，全市农工党员个人捐款捐物40余万元。为三苏博物馆捐赠名贵树种价值10余万元，为东坡区万胜镇万利村、万光村捐资20余万元新建道路。组织开展党员志愿服务活动36次，援建村老年人活动室1所，举办关爱农村留守女童防性侵知识讲座12场，听课孩子1300人次，自筹资金捐款捐物27.6万元，受益困难群众、贫困学生800余人次。

【思想宣传】 2016年，农工党眉山市总支协办2016年全市第二期“同心·大讲堂”，特邀著名学者、巴蜀文化专家袁庭栋教授为全市爱国统一战线人士200人开展《品味巴蜀文化》讲座。组织党员143人次参加全省民主党派中青年干部、全省农工党骨干党员暨机关干部、省直新党员等培训班学习。组织党员积极撰稿并在《团结报》、团结网、《前进论坛》杂志、农工党中央网站、四川省政协网等全国多家媒体用稿237篇。

（农工党眉山市总支）

九三学社眉山市委筹备组

【概况】 2016年，九三学社眉山市委筹备组有社员101人。社员中公务员31人、退休社员19人、省政协委员1人、市人大常委1人、市人大代表2人、市政协常委3人、市政协委员10人；在职社员中有县处级领导干部9人、科级干部20人。

【思想建设】 2016年，九三学社眉山市委筹备组围绕学习贯彻中央、省、市重大会议精神，组织相关培训2次，参训130人次；选派社员参加社中央组织的培训、讲座2次；参加社省委组织培训8次，参加市委组织部和市委统战部组织的培训3次。召开全体大会2次，组织“三八”妇女节参观考察活动1次，举办题为“鉴赏红色音乐，弘扬伟大爱国主义精神”的专题爱国主义讲座1次，组织扶贫慰问活动4次。

【组织建设】 2016年，九三学社眉山市委筹备组召开班子会议20余次，组织领导班子成员学习讨论，汲取先进理论知识，抓好社内重大事项民主协商，领导班子成员深入基层调研10余次。严格按照民主集中制原则，重大事项和重要决策领导班子集体讨论形成决议，形成民主科学的决策机制。开展领导班子谈心谈话活动。加强基层组织建设。贯彻《中共眉山市委关于加强党外代表人士队伍建设的实施意见》精神，加大九三眉山社员教育培训、实践锻炼力度，提高全体社员综合素质和履职能力。组织发展注重质量、兼顾数量、保持特色，主动吸纳人才。全年发展新社员6人，转入社员1人，推荐3人参加社中央培训，推荐20人次参加社省委培训，40人次参加市委统战部培训，20人次参加专题培训。重视加强与社省委、市级各党政部门联系。全年社市委领导参加市委、市政府、市政协、市人大会议、座谈会等30余次，参加社省委会议10余次。社省委、市统战部领导也多次到九三学社市委筹备组调研，了解情况、听取意见，帮助和支持社市委筹备工作。支持各支社采取多种形式组织社员开展专题调研、社会服务和学习活动，加强组织凝聚力。集中订阅《团结报》《中央社讯》《四川社讯》《人民权利报》《四川政协报》《中国统一战线》《四川统一战线》等报刊杂志供社员学习交流。被九三学社四川省委评为“2016年度信息工作三等奖”。

【参政议政】 2016年，九三学社眉山市委筹备组通过学习“五位一体”“四个全面”“五大发展理念”“四个意识”“四个自信”等重要思想；组织、发动各界社员聚焦“党委关注、政府关心、群众关切”的大事要事难事，针对党委、政府关心的改革发展问题，提出市人大建议意见1件，省市政协提案10件，社情民意15条，调研报告3篇，参加市级以上会议发言6次，所提意见、提案、调研报告、社情民意等均被相关部门采纳并回复。其中《关于加快瓦屋山申报国家地质公园的建议》获领导肯定性批示，主委陈东翔参加市政协关于《眉山市城市规划管理条例（草案）》立法协商座谈会，并发言，获得肯定；在市政协召开的三届第十九次常委会上，作题为《营造宽松社会环境鼓励万众创新创业》主题发言。

【调查研究】 2016年，九三学社市委筹备组以“提高参政议政能力”为主题开展培训，举办“提高参政议政能力座谈会”。组织多次各类调研，形成多篇有针对性、务实的调研报告。把握担任市政府特邀监察员及各类特约人员的机会，认真履行职能，实施民主监督，为政府职能部门改进工作作风，加强廉政建设，为公检法机关执法公平公正，提高工作效率提出整改建议。

【社会服务】 2016年，九三学社眉山市委筹备组、眉山市关爱抗战老兵志愿者团队联合主办关爱抗战老兵慰问演出在眉山市仁寿县体育馆广场举行。来自全市的12名抗战老兵代表现场参加慰问活动，演出会上现场向抗战老兵发放慰问金、慰问品数千元。全年向困难群众发放慰问金1万余元，组织农林专家开展贫困户农技知识培训，发放生产物资。前往岷东新区开展精准扶贫走访入户活动。慰问3户贫困家庭，送慰问金和慰问品2000元。

【信息宣传】 2016年，九三学社眉山市委筹备组发表20余篇文章，被九三学社中央网和九三学社省委网站、成都商报头条、四川经济日报、四川新闻网、四川在线上刊登；组织社员参加九三学社中央和九三学社省委开展的青年论坛征文活动；组织社员参加社中央举办的“九三学社高校界成员思想调研”课题招标工作；组织社员参加社省委的理论征文工作并撰写论文2篇，其中眉山市社员撰写《活力源于造血——浅论民主党派干部队伍建设》获社中央征文活动二等奖；另有文章获得眉山市哲学社会科学优秀成果奖。

（九三学社眉山市委筹备组）

眉山市无党派知识分子联谊会

【组织机构】 2016年，眉山市无党派知识分子联谊会（以下简称“市无党派知联会”）有理事290人，其中常务理事58人。理事中，省人大代表3人、省政协委员2人、市人大代表27人、市政协委员45人、正县级领导干部2人、副县级领导干部24人、科级干部54人。

【思想建设】 2016年，市无党派知联会举办学习会、座谈会、交流会等19次，组织200余人次学习中共中央总书记习近平系列重要讲话、中共十八届六中全会、中央统战工作会议、全国、省、市“两会”精神和市“三代会”主要精神。每季度开展一次会长会和各分会季度学习活动会。组织理事参加市委统战部举办的两期同心大讲堂。推荐优秀理事参加市人大、市政协、市委组织部举办的培训。

【组织建设】 2016年，市无党派知联会召开3次会长会，研究讨论知联会工作。召开1次“同心．帮扶基金”管委会全体委员会，总结2015年工作，通报同心．帮扶基金成立以来资金捐助和借款情况。落实会议、学习、联谊、调研、理事企业走访等规章制度，各项活动有章可循。各分会召开专题理论学习座谈会21次，开展联谊交流活动6次，走访调研理事企业4次，开展各类调研活动12次。10月18日，在四川工商学院成立第二个高校分会（市无党派知联会第11个分会），聘请学院党委书记任分会名誉会长，选举第一届分会领导班子，选拔15人为分会理事。

【参政议政】 2016年，市无党派知联会完成省人大建议意见2件，省政协提案5件，市人大建议意见6件，市政协提案15件，区县建议意见和提案26件，大会发言2次，向中统六局上报信息3条。在市政协全委会上作题为《抓住机遇扶持鹌鹑产业，壮大“东坡味道”大产业的建议》发言，得到市委书记李静的重要批示。撰写的《关于加强我市职业病防治工作的建议》，入选市政协全会大会书面发言材料，得到李静批示。撰写的《关于在各级政协会议上对各级政协常委会及“一府两院”的工作报告进行满意度测评，做实民主监督工作的建议》，在省政协会上引起与会者共鸣。

【社会服务】 2016年，市无党派知联会“同心．帮扶基金”调动专项扶贫资金向困难群众、贫困学生等无偿捐款捐物17.79万元。其中，向市慈善总会捐赠2万元，向丹棱县扶贫协会捐赠2万元，向甘孜州藏族群众捐赠5318.30万元用于购买药品，向困难群众32人捐赠11.40万元、向贫困学生2人捐赠1.86万元。向6户种养殖专业户提供35万元一年无息借款专项创业资金。各分会以特色活动为载体，紧贴百姓民生和社会事业，洪雅分会向洪雅中学3名贫困学生爱心捐款6000元，这是自2009年以来，洪雅分会连续7年帮扶洪雅中学贫困生，有9名贫困生受益，6人考上大学。仁寿分会在慈航镇余家村开展“5·20”留守儿童关爱行动，送慰问金。彭山分会投身精准扶贫和社会服务工作，其中，市无党派知联会副会长兼彭山分会会长万永福向江口石龙五社捐款5万元；理事王国富在彭山区自来水爆管停水期间，免费发放10万余元的桶装饮用水；理事杨明华向彭溪镇大楠村老年协会捐款4000元，并向身患癌症贫困村民捐款8000元；理事李雅艺前往凉山州贫困学校捐款捐物，向白血病患儿捐款3000元。

【信息与对外联络】 2016年，市无党派知联会发行内部刊物《知联会之声》7期，上报信息28条。达州市、宜宾市、自贡市富顺县知联会到眉学习考察市无党派知联会成立建设、运行模式、同心·帮扶工程等工作经验，与眉山市无党派知联会签订结为友好团体协议，参观无党派知识分子之家、眉山市生态文明建设和城市建设。6月16日，市无党派知联会成立十周年，以专刊形式总结十年来的工作，省、市统战部领导和社会各界人士致电祝贺。

【理事风采】 2016年，市无党派知联会长陈宏斌被四川省人民政府聘为首批四川省政府民生观察员；理事严光玉、戴健勇被聘为洪雅县创新创业导师，雅女湖牌“雅连”获全国第三届中药饮片诚信品牌称号，成为全国35个获奖品牌之一；理事王卉撰写的题为《灌区水利工程运行维护的探讨》在《农家科技》杂志上发表。 （朱丽）

中国国民党革命委员会四川省委员会直属眉山市总支委员会

【机构】 2016年，中国国民党革命委员会四川省委员会直属眉山市总支委员会（以下简称”民革眉山总支”）新发展党派成员5人。年末有党员70人，其中：眉山市级机关和企事业单位支部33人，东坡区支部37人。高级职称13人，中级职称29人。

【政治理论学习】 2016年，民革眉山总支订阅《中国统一战线》《四川统一战线》和《团结报》学习。组织党员开展交心谈心，到雅安开展暑期教育实践活动，承办2016年第一期“同心·大讲堂”，民革成都市委副主委、法学专家里赞教授作《立足中国的法治实践》专题报告。开展“纪念孙中山先生诞生150周年”活动，组织党员到广州、中山考察学习，参加民革省委纪念座谈会，党员作品《心中的“圣峰”》等入选纪念征文集。全年组织和外派党员参加学习，参训率100%。

【两个文明建设】 2016年，民革眉山总支和党员中的人大代表、政协委员，提交省、市、区三级提案14件。总支“关于延长成绵乐城际列车运营时间增加班次”提案，列为省政协提案，受到省内媒体的广泛关注，促进成绵乐城际列车运营时间延长2.5小时，眉山至成都新增四趟列车。完成对全市现代物流业发展和专利政策两个重点调研，以专报报市委市政府领导及相关部门决策参考。党代会报告讨论中，对眉山未来五年高新技术企业发展指标、成果转化率的修改建议被采纳。参与招商引资工作，招商引资到位资金20.9亿元。组织非公企业募集扶贫资金218万元。全年全市发明专利申请量完成省定目标任务的159%，完成情况位居全省第二。培育本土一级建筑资质企业13家，全省排名第7位。输出建筑业劳务30万人，协调解决民工工资68件，全市建筑业劳务收入上100亿元。张敏参加高职院校信息化教学设计，获全国三等奖，全省二等奖。开展“我为扶贫攻坚做件事”活动。为秦家镇一里村、眉山特校、眉山中学一批贫困生解决部分学习和生活费用，直到大学毕业。争取到“北京志远功臣关爱基金会”为眉山市生活贫困的抗战老兵9人提供每人8000元生活补贴。

【自身建设】 2016年，民革眉山总支完成换届，指导东坡区支部换届。新一届总支召开支委（扩大）会5次，研究班子成员分工，党派工作，推荐市政协委员，传达全市统战工作座谈会精神，完善总支重要工作协商机制。6人参加省社院民主党派培训班、中青年干部拓展培训、全国青年骨干教师培训及省市政协全会会务工作。

（民革眉山总支）

群众团体

Mass organizations

眉山市总工会

【组织建设】 2016年，眉山市总工会不断完善工会组织建设动态管理机制，辖区内工会组建率和职工入会率均达98%。新建企业工会规范化建设示范点50个，推荐评选省示范乡镇（街道）工会1个、省示范社区工会4个。给予全市131个乡镇（街道）工会、252个社区工会191.50万元专项资金补助。

【劳动竞赛】 2016年，眉山市总工会开展企业劳动竞赛。在产业园区开展“五比一创”劳动竞赛，在规模以上企业开展“节能增效、创新驱动”劳动竞赛，指导彭山区职业技能大赛和青神县竹编技能大赛，组织国税、地税系统开展“岗位大练兵、业务大比武”技能提升比赛。组织全市2019家企事业单位职工31.9万人开展各类劳动竞赛，全市企事业单位劳动竞赛覆盖面93%，职工参与率91%。开展安康杯竞赛活动。发动全市企业600余家职工8000余人参加“安康杯”竞赛，评选先进个人15人，全市100人以上企业参赛率94%。推荐评选全国“安康杯”竞赛优胜单位（班组）4家，省级“安康杯”竞赛优胜单位（班组）6家。

【创新创业】 2016年，眉山市总工会支持职工创新创业，健全职工优秀创新成果开发、展示、转化和激励机制，建立完善职工优秀创新成果库。参与第五届全国职工优秀技术创新成果评选活动和省总工会“创新创效金点子”活动，开展全市职工创新成果评比活动，评选职工创新优秀成果50个。

【劳模管理】 2016年，眉山市总工会弘扬劳模精神，开展“四进四讲”活动，宣传劳模先进事迹。推荐评选全国五一劳动奖章1个、省五一劳动奖章2个、省五一劳动奖状1个、省工人先锋号2个，评选表彰市级工人先锋号30个。组织省部级以上劳模200人参加健康体检，“劳模关爱周”慰问劳模216人次，为劳模581人发放劳模“三金”（两金）107.45万元。

【工资集体协商】 2016年，眉山市总工会推动工资集体协商提质增效。在《眉山日报》和市总工会网站同时发出《集体协商要约书》《致全市广大企业职工的一封信》，总结推广工资集体协商典型50个，其中，彭山区餐饮行业集体协商案例被全国总工会收录进《集体协商案例选编（2016）》。聘任省级集体协商指导员4人，市级集体协商指导员30人，培训工会干部、协商代表3527人次。在103家企业4300名职工中开展工资集体协商满意度测评，满意度97%。全市新（续）签订工资专项集体合同1227份，覆盖建会企业7247家，工资专项集体合同覆盖率98.13%。

【劳动纠纷调解】 2016年，眉山市总工会规范工会劳动关系矛盾纠纷调解机制建设。建立企业工会劳动纠纷调解工作网格化考评模式。全市50人以上企事业单位规范建立工会劳动纠纷调解室。全年全市各级工会调解各类劳动关系矛盾纠纷715件，成功率80%。

【文体宣教】 2016年，眉山市总工会开展“争创模范职工之家、争做职工信赖娘家人”活动。评选命名市级模范职工之家（小家）各10个、优秀工会工作者10人，在《眉山日报》等新闻媒体宣传。全市工会建家达标率70%，“会员评家”活动面90%以上。实施《眉山市职工素质建设工程五年规划》，市总工会、市美术家协会举办迎春美术作品展，市总工会、市教育体育局举办职工迎春乒乓球赛，举办女职工健康知识讲座22场，推荐评选省五一巾帼标兵岗2个、省五一巾帼标兵2人。

【互助互济】 2016年，眉山市总工会开展职工互助互济活动。全年职工医疗互助保险参保1.57万人，参保费用164.856万元，预赔付1186人，预赔付89.45万元。女职工大病保险参保5758人，参保费用90.53万元，赔付37人，赔付金额56万元。救助市级家庭困难会员53人，发放救助金9.2万元。

【困难职工帮扶】 2016年，眉山市总工会完善困难职工帮扶体系。全年建成企业帮扶站点461个，示范站点5个，规模以上企业建站率75%。开展“四季送”活动，“春送岗位”举办技能培训班22期，创业培训班2期，培训下岗失业人员2000余人，帮助就业困难人员1349人实现再就业；“夏送清凉”筹集资金142.44万元，走访慰问企业222家，慰问高温一线职工1.5万人；“金秋助学”筹集资金213.34万元，资助家庭困难职工子女1851人；“冬送温暖”活动实现建档困难职工应助尽助。

【厂务公开民主管理】 2016年，眉山市总工会推进厂务公开民主管理制度专项改革落实。以市委办、市政府办名义制发《关于贯彻落实〈四川省创新企事业单位民主管理制度改革方案〉的实施意见》。组织编印《眉山市厂务公开民主管理工作规范化建设工作手册》发放到全市各企事业单位工会。开展厂务公开民主管理宣传月活动，全市各级工会设立宣传点452个，发放宣传资料3.43万份。组织全市2089个企事业单位职工10.44万人开展厂务公开民主管理知识竞赛，评选表扬先进单位12个、先进个人200人。组织开展“互动话公开、交流促民主”活动，全市各级工会围绕“如何深化厂务公开”“如何开好职工代表大会”“如何当好职工代表”“如何积极稳妥推进工资集体协商”等主题讨论交流，组织召开专题座谈会127场次。建立厂务公开民主管理工作规范化建设示范点2个。召开厂务公开民主管理工作现场推进会，组织与会人员到四川同庆南风有限责任公司、四川鑫统领混凝土有限公司现场参观，有4个单位在会上作经验交流发言。

【职工工资支付保障】 2016年，眉山市总工会做好职工（农民工）工资支付保障工作，与人社部门共同建立职工（农民工）工资支付跟踪预警机制，排查欠薪信访稳定问题，按照“天天清、周周清、月月清”要求，将不稳定隐患问题化解在当地，消除在萌芽状态。做好职工法律援助工作。规范市职工法律援助服务中心工作程序，强化律师团规范化建设。全市工会受理劳动关系侵权案件176件，涉及职工（农民工）753人次，挽回经济损失4380余万元。狠抓职业病防治集体合同落实。以规范文本和落实合同条款为重点，强化履约检查。全市高危行业企业112家全部签订职业病防治专项集体合同，610家规模以上企事业职业病防治均纳入集体合同条款。

【自身建设】 2016年，眉山市总工会加强精准扶贫工作。通过就业创业、职业介绍等方式帮扶困难职工（农民工）4250人，全市建档困难职工脱困率25%。选派专人到仁寿县松峰乡双塘村协助扶贫攻坚工作，为村上提供产业发展资金10万元，慰问贫困户5.2万元，金秋助学8500元。指导通过土地流转、扩大种养殖规模等多渠道增收脱贫。继续抓好直接联系服务群众工作。在联系村建成绿色基地0.67公顷。在满井镇半山村和芙蓉路社区组织志愿服务活动10次，结对走访困难职工12次，筹集资金8万元看望慰问困难党员、困难家庭学生110人，“送温暖”慰问困难家庭职工（联系户）80人次，送慰问金4万元。 （高亦静）

共青团眉山市委

【概况】 2016年，共青团眉山市委（以下简称“团市委”）内设办公室、组织宣传部、工农青年部、学校少先队工作部，下属参公事业单位关工委办公室。全市有青年127.78万人，其中团员33.78万人；有基层团委301个，总支220个，支部3629个；有团干1338人，其中专职团干661人。

【主题教育】 2016年，团市委紧扣核心价值观和“中国梦”主题，开展“纪念建党95周年和红军长征80周年”“七一·童心向党”“我们是共产主义接班人”“奋斗的青春最美丽”“四进四信”“我的中国梦”等主题教育400余场，受教育青少年20万余人次。在全市436个少先队开展“眉山故事少年说”讲说比赛，8万余名少先队员讲述身边的故事。开展“铭记两史，践行三爱”主题夏令营活动9场，少先队员1200余人接受党史国史、革命传统和爱国主义教育。

【“新媒体”引领】 2016年，团市委加强网宣员队伍建设，组建7.6万人网络文明志愿队伍。入驻共青团中央导控系统、青年之声、新浪微博、微信、腾讯微博、今日头条、百度贴吧等新媒体网络平台。依托“青年之声”、微博、微信、眉山青年网等平台，构建网站、微博、微信、手机报四维一体网络宣传体系，加强宣传报道，发布新浪微博4000余条，微信350条，评论点赞、转发收藏等8400余个，青年之声团青互动12072条、入驻专家775人，“青年之声”排名进入全省前五，微博综合影响力长期位居全国地级市前50强。形成以网站活跃青年、以微博汇聚青年、以微信服务青年的新媒体网络学习交流平台。

【先进典型选树】 2016年，东坡区通惠街道团工委、彭山区彭溪镇毛店村团支部获“全国五四红旗团委（团支部）”称号，彭山区团委等20个团委（团支部）获2015年度“四川省五四红旗团委（团支部）”称号，车辆厂小学少先队等14个集体被评为省优秀少先队集体。龙权等11人获2015年度“四川省优秀共青团员”称号，孟婷等14人被评为省优秀少先队员，陈盼等7人获2015年度“四川省优秀共青团干部”称号，舒静等12人被评为省优秀少先队辅导员。

【就业创业】 2016年，团市委举办全市首届青年电子商务创新创业大赛，100余个项目参赛，带动1万余名青年参与、关注活动，得到市委书记李静肯定性批示。推进“贷动青春”眉山青年创业小额担保贷款项目，为青年173人发放贷款2048万元，带动就业1万余人。实施“四川青年创业促进计划”，创业青年15人获126万元贷款。为50名青年配备一对一创业导师。建立实体商业、电商、竹编等青年创业孵化基地9个，依托眉山市创新创业服务中心建立眉山青年创客空间，为创业青年提供免费孵化服务。开展“奋斗吧青春”青年创新创业主题服务月活动，举办青年创新创业论坛、高校创业巡讲和创业单身青年交友活动，集中发放青年小额贷款268万元，命名青年创业孵化基地6个，通过创客空间扶持5个青年创业团队，吸引1万余名创业青年参与，在全市掀起青年创新创业“五月热潮”。

【脱贫攻坚】 2016年，团市委连续四年开展“新年心愿，青春微力量”大型暖冬公益活动，为孩子完成心愿3982个，捐助物资折合70余万元。争取省青基会“我要上大学”项目资金13万元，救助贫困大学新生26人。联合开展“助学成才，放飞梦想”救助活动，资助贫困高中生、大学生500人，64万余元。向各区县安排助孤助残助困经费71万元，按每人600元标准救助急需救急解难青少年。加强联系贫困村帮扶，为洪雅县中山乡西庙村提供5万元资金建设留守学生之家，为贫困户送3万元农资物品，帮助7户贫困户修建鸡舍，完成脱贫摘帽退出任务。

【社会治理创新】 2016年，团市委通过青年社会组织服务中心广泛联系全市社会组织60余家，购买“爱我东坡湖，护我东坡岛”“亲子读书活动”等社会组织服务项目22个，资金49万余元，开展各类关爱帮扶活动600余次，关爱重点青少年2万余人。

【志愿服务】 2016年，团市委完成第九届中国竹文化节、第八届中国泡菜博览会志愿服务工作，500余名志愿者参与服务。持续推进农民工子女“关爱行动”，摸底农民工子女结对学校109所，志愿者1790与农民工子女4527人结成帮扶对子。新招募派遣西部计划志愿者45人，建立保险、补助保障机制。“志愿四川”志愿者服务管理平台注册志愿者5480人，注册团队超过600个，注册志愿者阵地155个，通过平台发布活动30个，参与2000余人。锦江学院“奔跑吧，少年！”志愿服务项目获得全国银奖、四川省金奖，锦江学院“虎哥陪伴”、彭山供电公司“攀亲百岁老人”项目获四川省银奖。

【关爱重点青少年】 2016年，团市委通过省综治委重点青少年群体服务管理改革试点工作评估验收，建立购买社会服务关爱重点青少年和将重点青少年群体纳入网格化服务管理新模式，12355青少年服务热线与市党务政务服务热线并网运行。在全省创新举办“预防未成年犯罪法治保障问题研究”法治论坛，就预防青少年违法犯罪、维护青少年合法权益、关爱特殊青少年等问题开展研究讨论。启动眉山市“童伴计划”，向五区县下拨15万元资金。组织法律志愿者进学校、进社区开展活动10次，接受法律咨询和服务3000余人次，帮助青少年解决法律问题20件。

【联系服务青年】 2016年，市青联开展“创新创业成都行”“脱贫攻坚茶文化之旅”“走进警营体验消防”等活动6次。“逐梦计划”共发布岗位576个，300余名大学生获得实习机会。深化“1+100”团干部联系青年制度，全市团干部录入联系青年27550人，发布线上、线下活动1748次，基层感悟分享文章649篇，精华分享文章1155余篇，青年评论、点赞互动次数49821次。开展“青春之约浪漫眉州”单身青年交友活动25次，为8000余名单身青年搭建交流平台，引导青年树立正确的婚恋交友观。

【队伍建设】 2016年，全市新建非公团组织32家，覆盖青年1832名；新建14个机关事业单位团组织，覆盖青年600余人。六个区县完成班子换届调整，团干部11人实现转岗交流或提拔任职。团市委从区县选调年轻干部2人，推荐干部3人上挂省级相关部门锻炼。全年发展团员1.23万人。

（团市委）

眉山市妇女联合会

【救助贫困母亲】 2016年，各级党政机关和妇联组织救助贫困母亲2792人，市妇联市卫计委为农村妇女7.2万人名、免费检查“两癌”，争取全国“两癌”专项救助资金232万元，按照人均1万元标准救助农村“两癌”贫困妇女患者232人。

【关爱农村留守儿童】 2016年，市妇联组建巾帼志愿服务队，开展农村贫困、留守儿童“六衣计划”捐款活动，募集资金1.67万元；开展学雷锋志愿服务圆梦活动，征集到留守（失依）儿童心愿15个，其中7个心愿被爱心组织、爱心人士认同；募集到眉山奈特天使、玫瑰园地产等爱心企业向贫困妇女儿童532人捐赠物资折合人民币35万元。

【信访维权】 2016年，开展“三八”维权月活动。以“反对家庭暴力·构建和谐家园”为主题，市妇联、市综治办等部门举办眉山市2016年“三八”妇女维权周法制宣传暨反对家庭暴力庇护中心成立仪式，散发法制宣传资料5万余份，为2.5万人次提供法律咨询、义诊等服务。成立眉山市巾帼维权法律宣讲队。宣讲队成员前往机关、学校、乡镇、村社、企业开展“送法到家”“让伤害远离留守儿童”、禁毒防艾、安全知识等专题讲座85场次，1万余名妇女、儿童受益。

2016年8月2日，省妇联党组成员、副主席李静（左二）到眉山调研妇女儿童之家建设暨妇女创业就业工作

【志愿服务】 2016年，市妇联组织巾帼志愿者到市强戒所开展禁毒宣传帮教活动。巾帼志愿者参与绿海明珠植绿护绿、“绿化阳台、美化家园”等活动32次，惠及妇女儿童5万余人次，眉山益行活动中心、青神县乡村妇女儿童促进会被评为省妇联优秀巾帼志愿服务组织，黄敏等3人被评为全省优秀巾帼志愿者。

【家庭建设】 2016年，全市举办“幸福使者·母亲课堂”讲座628场，开展家风家训系列活动近100场。丹棱县王作平家庭被评为“全国五好文明家庭”，洪雅县杜桂珍家庭被评为全国“最美家庭”，彭山区冯双平家庭、东坡区黄惠鹂家庭被评为四川省“最美家庭”。东坡区李俊英家庭被评为全国首届文明家庭。

【家庭教育】 2016年，依托“妇女之家”“儿童之家”及家长学校等阵地开展家庭教育讲座和咨询活动，举办“母亲课堂”“儿童自我保护”讲座16期。

【基层阵地建设】 2016年，创建市级“妇女儿童之家”示范点4个（洪雅县将军乡杨场村、彭山县公义镇马林村、东坡区启明星花园小区、东坡区江公社区）、县级“妇女儿童之家”示范点46个，指导区县妇联帮助26个贫困村建立“妇女儿童之家”，开展手工制作、亲子阅读、趣味运动等各类活动53场次。启动村（社区）妇代会改建妇联工作，完成村（社区）“会改联”46个。

【队伍建设】 2016年，市妇联开展县处级女干部读书班、村（社区）妇女干部素质提升培训班各1期，县处级女干部100人、乡镇、村（社区）妇联主席或妇代会主任160人参训；选派优秀女干部80人次前往浙江大学、复旦大学、省妇干校、全国妇联、省妇联等参加素质提升培训。落实党风廉政建设“两个责任”和“一岗双责”制度，开展“两学一做”学习教育，“重温入党誓词、重温入党志愿”主题活动以及“走基层、访妇情、办实事”活动，为妇女儿童解决实际困难和问题235个。

（市妇联）

眉山市科学技术协会

【科普宣传活动】 2016年，眉山市科学技术协会（以下简称“眉山市科协”）以《全民科学素质行动计划纲要》为统领，以“五大人群”为重点，以科普“六进”（进学校、进乡村、进社区、进企业、进机关、进军营）为载体，开展全民科学素质提升活动。全年组

“科普大篷车”进校园

织市级部门、单位48个和6区县的干部、科技人员2560余人参加，开展科普赶场82场次，展出展板686个，展出挂图1650余幅次，散发惠民资料80余万份，赠送科普书刊5万余册和购书经费10万余元；义诊群众3.8万人次，受咨询群众28万余人次。

【基层科普行动计划】 2016年，眉山市科协以项目为抓手，推进基层科普行动计划项目的争取和实施。青神竹编协会等8个项目获中国科协、财政部表彰，获奖补资金160万元；东坡区白马葡萄协会等10个项目获省科协、省财政厅表彰，获奖补资金94万元；新创建命名优秀农技协20个、科普示范基地11个、农村优秀人才9人、科普示范社区10个；争取省科协科普专项资金150万元。

【青少年科普】 2016年，眉山市科协组织开展全市第15届青少年科技创新大赛，征集作品862件，评选获奖作品421件；组团参加省第31届青少年科技创新大赛，选送的64件作品获省一等奖4项，二等奖28项，三等奖19项；有12件作品入选全国第31届青少年创新大赛，获全国一等奖1项、二等奖1项、三等奖4项；按照《关于对参加全国、全省青少年科技创新大赛获奖作品（项目）实施表彰奖励的暂行标准》，奖励全国、全省青少年科技创新大赛获奖学生及辅导教师，发放奖金3.53万元。

【金桥工程】 2016年，全市金桥工程实现省级立项备案38项，立项备案产值44亿元，获省级优秀项目4个。立项备案数、立项备案产值连续4年位居全省第二位。按照《眉山市金桥工程管理办法》规定，经过逐级申报、实地验收、专家评审、媒体公示，市政府常务会议审定，表扬2013-2015年度金桥工程优秀项目一等奖7个、二等奖11个、三等奖17个、优秀组织单位12个、优秀组织者18个，兑现奖金47.5万元。

2016年科技文化卫生“三下乡”活动启动仪式

【银会合作】 2016年，眉山市科协贯彻全国推进银会合作工作现场会议精神，建立完善资源信息共享平台、工作联系沟通平台、培训宣传合作平台、科普阵地共建共享平台，加大贴息力度，巩固提升银会合作成效。全年全市银会合作财政贴息资金由2015年的100万元增至600万元，并纳入财政预算（市级财政150万元、六区县财政450万元）。全年全市发放银会合作贷款5150笔7.65亿。

【学术交流】 2016年，眉山市科协组织开展学术交流活动60余场次，参加6000余人次；推荐8篇论文参加四川省反邪教协会年会，1篇论文在全国反邪教协会年会上获一等奖；投入7万余元开发科普图书5类，印发科普资料5万余份册。 （李成军）

科普下乡宣传服务现场

眉山市残疾人联合会

【残疾人民生项目】 2016年，10项残疾人重点工作纳入市委、市政府民生工程及民生大事，全年投入资金5028万元，受益残疾人10.6万人。其中，为贫困残疾人适配亟需的基本型辅助器具4145人，向扶贫残疾人据实发放生活费补贴，改造残疾人453人家庭无障碍，救助智力残疾儿童康复训练50人，城乡残疾人居灵活家就业3.41万人，扶持农村贫困残疾人发展生产7091人，发放重度残疾人护理补贴4.48万人，资助贫困白内障患者实施复明手术1087人，救助贫困家庭脑瘫儿童223人，救助贫困家庭听力残疾儿童60人。

【普及智慧量服】 2016年，市残联创建东坡区苏祠街道等10个“量服”工作示范乡镇（街道），推进“智慧量服”。手机录入率和持证残疾人“量服”率98%以上，入户调研精准度、“一人一策”服务精准度、精准监督精准度均在90%以上，三公开一公示精准度100%。东坡区开展“开放量服”试点。“量服”平台全年录入数10.8万人，落实个性化服务10.79万人82.62万项次，覆盖率88.35%。

【政策兜底完善保障】 2016年，市残联制发《关于加快推进残疾人小康进程的实施意见》，为提高残疾人基本民生保障水平、增强残疾人自我发展能力、提升残疾人基本公共服务质量等提供政策保障。资助贫困、重度、智力、精神残疾人4.4万人参加城乡居民基本养老保险；资助贫困三、四级和重度残疾人6.4万人参加城乡居民基本医疗保险；为困难残疾人4.5万人发放生活补贴，为重度残疾人4.2万人发放护理补贴，符合城乡最低生活保障条件的残疾人家庭应保尽保，靠家庭供养的困难成年重度残疾人单独核定纳入最低生活保障范围。符合条件的贫困农村残疾人1.1万人纳入建档立卡扶贫对象。为残疾人3264人发放燃油补贴119余万元。为残疾大学生新生25人每人补助2000元。

【残疾人创业就业】 2016年，市残联举办盲人按摩、电子商务、互联网等培训班4期，培训120人次，86人实现就业。盲人保健按摩培训班2期，培训73人，就业60人，创业8人。吉香居庇护车间安置智力和重度肢体残疾人121人就业。全市发放直补资金185万元，围绕东坡蔬菜、彭山葡萄、仁寿电子商务、洪雅茶叶、丹棱不知火、青神竹编六大产业，带动残疾人3000余人创业。依托市人力资源中心举办专场招聘会，各类社会组织、工业园区、残疾人专门协会，为残疾人寻找工作岗位265个，就业158人。推进安置残疾人就业，全市机关和企事业单位分散按比例安置残疾人就业985人。

【残疾人康复】 2016年，市残联实施残疾儿童康复救助，完成人工耳蜗植入手术和助听器验配20人，听障儿童康复57人；开展脑瘫儿童205人康复手术及训练，智障儿童50人康复训练，发放助视器550件。与八一康复中心合作开展假肢安装项目，成为全省第一个与八一合作的市州。联合市卫计委、相关医疗保健机构成立0-6岁儿童残疾筛查领导小组，制定《0-6岁儿童残疾筛查方案》在全市实施。

【残疾人文化体育事业】 2016年，眉山籍残疾人运动员黄文攀参加里约残奥会，5次打破世界纪录，取得5金1银成绩，创下里约中国代表团及四川残奥会史上个人金牌总数排名“双第一”的成绩。市残联全年发布微博1372条，阅读200万余人次。全年推送279条微信平台信息，总阅读10万人次。

（胡雪怡）

眉山市文学艺术界联合会

【文艺创作】 2016年，眉山市文学艺术界联合会（以下简称“市文联”）以人民为中心创作导向，完善《2016—2017 年眉山市文艺创作目录》，集中创作力量，筹措创作资金，推进重点项目实施，创作优秀单件文艺作品 290 余件，入国家级、省级展及获国家级、省级奖 168 件次。

文学。周闻道《洪雅三镇》获第七届冰心散文奖，罗大佺散文集《一个人的故乡》获第一届“浩然文学奖”佳作奖，孙文华获“大好河山”中华全国诗文联赋大赛铜奖、贵州省都匀市“法治文化”主题全国征文大赛优秀奖，何泽琼散文《七爷和他的狗》获四川省第二届散文奖优秀奖。刘小川新著《先贤与中国》由作家出版社重点出版，《文艺报》《华西都市报》分别以一个版的篇幅予以介绍。张生全长篇历史小说《超级版图：蒙古帝国的鼎盛荣光》《宋末大变局》推出后，上百家媒体予以报道推荐。袁瑛散文集《落花人独立》、徐昕散文集《采薇采薇》、李成忠个人作品集《屐齿留痕——我的人生历程》公开出版。市作协组织编选出版《橙黄橘绿》书系第三辑，扶持眉山三位基层作家出版新著，分别是王力钧《力钧诗选》、王龙海《东坡墨迹传奇》和张玉《回望——一个女记者笔下的老眉山》。王影聪长篇纪实文学《蜀魂》，内部出版。协助完成《中华经典诵读》学生篇和成人篇编纂工作。沈荣均随笔《魏晋时光》入选中国作协全委会年度散文创作报告和中国作协创联部 2015 年选。沈荣均、雷淑芳、许岚、华子、张世明、雪夫、李仕贵、王婷、罗丽琴、陈立、郑晴霞等人 30 余篇散文、诗歌作品 20 余万字发表在《作品》《湖南文学》《四川文学》《壹读》《雪莲》《中外文艺》《西南作家》《火车诗刊》《现代艺术》《文学与艺术》等 10 余种省级专业文学期刊，入选北方工业大学出版社、贵州人民出版社、散文海外版双年选、《中国散文诗》等多种权威文学年选。推进重点文艺创作项目中篇小说《虞允文传》、报告文学《二峨不是山》合作。

美术。邓枫作品入展文化部展览，作品《初春》入选“荣宝斋中国画双年展·2016”。吕应鑫作品入选省委宣传部、省文联、省美协“深入生活、扎根人民”美术作品展，入选省文化厅、省诗书画院“重走长征路”写生作品展，“尚意·书画印”中国中青年国画名家学术邀请展，“丹青花鸟·绿肥红瘦”成功美术馆丙申春季馆藏花鸟作品展。熊明、刘启伏、杨文明获省文联、省美协“大山大水·大美四川”《巴蜀大地》四川省山水画大展优秀奖，陈小勇、刘加才、庄朝华、王宏远入选。王宏远获第二届“群星璀璨”四川省群文美术书法摄影作品展二等奖，杨文明、庄朝华获三等奖，邓开鹏获优秀奖，刘家树、郑邦兵入展，朱福昌、解发青入选。李雅玲国画、李长青雕塑获第五届四川省青年美术作品展优秀奖，刘加才、李旭、陈静、郑邦兵、杨洁瑶入选。李旭、李雅玲作品获省文联、省美协主办“锦绣天府”四川首届妇女美术作品展优秀奖。汪晋权、陈静、孙贵山作品入选省文联主办四川省第四届工笔画展。黄耀聪、袁泉入展四川省纪检监察学会、四川省文联主办的“清廉四川”文艺创作工程美术作品展。

书法。李国莲、徐晓洪、姜志臻书法作品入展中国书法报社主办首届“沈商文化杯”全国书画作品展。李国莲、陈敦良、杨江帆入展省委宣传部、省文联“向人民汇报”诗词书画摄影作品展。杨江帆入展省书协中青年十人展。李国莲、吴树明、陈敦良入展“清廉四川”文艺创作工程书法作品展。在“谢无量奖”四川省第五届书法展和“永逸杯”首届行草书展中，王德跃、李雅玲等人 20 多件作品入展获奖。在四川省 2016 第八届书法新人新作展征稿评选中，11 人作品入展获奖，其中段勋获二等奖，程仲金，何畏获优秀奖。在四川省第三届书法临帖展中，眉山市 7 人作品入展获奖，其中康永久作品获优秀奖。

摄影。王国荣、朱家枢、李劲作品入展中国摄协主办第 16 届国际摄影艺术展。王国荣、李隆德、李卡玲作品入展中国摄协主办彝族摄影大展。李幼萍、翟明均、尹霜林、熊武作品入展第十届“大河上下·家乡情怀”黄河流域九省（区）艺术摄影作品展。在省文化厅主办的第二届“群星璀璨”四川省美术书法摄影优秀作品展中，何泽琼《老街牛儿灯》获二等奖，刘丽群《龙腾狮舞闹元宵》、谭永忠《青神竹编甲天下》、张勇《大山里的薅草锣鼓》、康志立《母亲》获三等奖，张辉《田间乐》、朱浩《乡村喜事》获优秀奖。在省摄协网举办的青城郡“幸福春节·家乡随手拍”2016 手机摄影乡村辅导站第二届摄影赛中，徐丽霞等 10 名汉王手机辅导站学员共 11 幅作品获奖。在省摄协、省新闻摄影学会、省川茶文化研究会主办的通江“白茶杯”首届川茶文化摄影大赛中，尹霜林、王成作品获一等奖，张锐红、姜帮富、朱浩等 5 人共有 9 幅（组）作品入选。王国荣、王成、赵学军、肖邡、范光祥、何泽琼、康志立、盛晓波、尹霜林入展“清廉四川”文艺创作工程摄影作品展。

音乐。省文联、省音协主办的

“唱响四川群众喜爱的歌曲”中，余启翔作品《幸福长寿》、王宏作品《柳江如画》获二等奖，王晋川、刘正龙《坝坝宴》、王晋川《四川泡菜》、余启翔《一个不老的地方》《雪雁》《想你在羌山》等5件作品获三等奖，11首歌曲入选省音协年度优秀歌曲作品集。在省音协主办的首届四川省流行歌手大赛上，眉山歌手廖浩淼演唱《那么爱你》获个人组银奖，李雨桑、舒建如、朱珠演唱《爱》《回到拉萨》《失去你赢了世界又如何》分别获个人组铜奖，刘晓宇、胡涛、刘永福组成的“老男孩组合”演唱《烛光里的妈妈》获组合组铜奖，市音协获组织奖。在省人社厅、省文化厅、省劳务开发暨农民工工作领导小组主办的“非常梦想”——四川省第二届农民工原创文艺作品大赛中，眉山市7件作品获等级奖，14件作品获优秀奖。1首原创歌曲获四川省第二届残疾人艺术节优秀奖。1首歌曲作品在第八届全国村歌大赛中获得银奖。10余首歌曲作品入选省音协年度作品集《踏歌行》。仁寿县积极推进重点文艺项目音乐剧《抬工魂》创作工作，推出歌曲专辑《仁寿，我的家乡》。彭山区推出《留住乡愁》歌曲专辑。洪雅县王雪梅、陈卫国原创歌曲《盖碗茶》MV完成制作。

舞蹈。市舞协和洪雅县文联共同组织创作以环境保护为题材的舞蹈《还我家园》参加四川省第十届青少年舞蹈展演获金奖，并代表四川省参加由中国文联、中国舞协举办的《荷花少年》全国中学生舞蹈比赛全国总决赛。创作舞蹈作品《向阳花开》《雪娃娃》《shakeit》《中国结》《白鹭情》荣获2016“童星逐梦”少儿跨年晚会一等奖。舞蹈《JuetLikeFire》获第五届国际青少年文化艺术交流周开幕式演出金奖。舞蹈《春花飞扬》《走进洪雅》获四川省第八届中老年舞蹈展演创作金奖。舞蹈《听到音乐就想跳》获“星光灿烂”舞蹈比赛金奖。舞蹈《请到乡村走一走》获“欢跃四季·舞动天府”四川省第二届百姓广场舞大赛三等奖。

影视艺术。举办第二届微电影大赛。组织全市优秀电视节目《绿海明珠》《千湖之城》《都市近郊现代农业》参评2016年省视协举办的四川省第八届新农村优秀电视节目。组织全市作品参评第九届中国旅游电视周优秀旅游节目推选活动。完成《记录四川100双手：指尖上的泥塑》的创作。创作以东坡城市湿地公园建设为主题的3集广播连续剧《梦圆东坡岛》，在省级广播电台播出。

戏剧和民间文艺。编印出版《眉山民间故事》。组织创作一批工艺美术作品，其中陈云华竹编设计新产品60种，发明专利3个。李长青作品《旧蜀村戏》、李永贵作品《老来乐》获中国美协第四届中国西部陶艺双年展优秀奖。李长青民间手艺电视专访活动走进四川卫视。市剧协组织创作一批群众喜闻乐见的小品、相声等曲艺作品《贴心人》《山乡美》《送礼》《百姓夸咱新农村》《脱贫致富感党恩》等，反映残疾人自强不息的小品《自强》参加在西昌举办的四川省残疾人调演比赛。

【文艺惠民】 2016年，市文联坚持开展文艺志愿者服务。建好文艺志愿者队伍，组文艺家常年走基层，开展对口服务和节庆文艺惠民活动。组织中青年文艺家到基层挂职锻炼，开展结队帮扶。东坡区安排10个文艺家协会对口帮扶幸福美丽新村文化院坝试点单位建设，聘请6位艺术家为乡镇挂职文化专家。仁寿县坚持开展湿地公园常态化周末文艺活动。洪雅县组织文化志愿者队伍，对乡村旅游项目、乡村少年宫开展订单服务。每月举办文艺展演活动。包括在省美术馆和眉山市会议中心举办“仰望东坡·大美眉山”美术作品展，在苏辙公园眉山市文艺活动中心举办苏东坡书法艺术院开馆暨“诗咏眉山”诗词书法展，在彭山区彭祖广场举办“人文眉山·城市风光”摄影展，到仁寿县大化小学、丹棱县顺龙乡、东坡区悦兴镇金光村、洪雅县高庙镇开展送福送春联文艺惠民活动。洪雅县举办“百名书法家送万福到万家活动”，登上央视新闻联播；寿县在中央水体公园举办新春音乐会；丹棱县举办“同圆小康梦·共建新丹棱”迎春书画展、迎春艺术摄影展；全市文艺界新春座谈会；参加“传承雷锋精神·共建大爱眉山”学雷锋志愿服务活动，在苏辙公园眉山市文艺活动中心举办“东坡情·女儿梦”女书画家作品展，组织画家开展“眉山人画眉山——走进仁寿”系列采风写生活动；在四川工商学院眉山校区举办“魅力管乐·春天序曲”交响管乐音乐会，与宜宾市文联联办“逐梦前行——宜宾眉山书法提名展览”；与宜宾市文联联合在眉山城区苏辙公园市文艺活动中心举办“逐梦前行——眉山·宜宾书法联展”，在青神县江湾神木园举办“竹韵天下·咏竹写竹”眉山宜宾书法创作笔会暨采风活动。在丹棱县举办第四届戏剧艺术节。青神县与中国摄协联办“美丽中国·四川之旅”百名摄影家走进竹编之乡采风活动；在雅安博物馆与雅安市文联联合举办庆祝中国共产党建党95周年雅安·眉山美术作品交流展，举办纪念建党95周年暨红军长征胜利80周年全市老年书画摄影展；组织艺术家参加“川南文艺风”眉山、宜宾、自贡、内江、泸州五市文艺家“重走长征路”走进古蔺县太平、二郎采风创作活动，组织音乐艺术家观摩四川爱乐乐团交响乐演奏，参加在黄冈市举办的“东坡遗韵·九城市政协书画交流展”和在眉山市举办的“东坡·广汉政协书画院作品联展”；举办“锦绣眉山·魅力非遗”摄影展、“四川爱乐乐团走进洪雅惠民音乐会”；在青神县举办眉山市“爱竹、画竹、韵竹”研讨会；仁寿县举办“一心跟党走、筑梦新仁寿”文艺晚会；举办“文轩杯”全市首届师生书画作品展、“山水依、两地情”眉山雅安美术作品交流展，邀请四川著名书画家走进彭山葡萄之乡采风创作；市文联文艺惠民走进丹棱幸福古村；在洪雅县花溪镇举办“魅力眉山”采风创作活动；参与举办第七届（黄冈）东坡文化节“东坡遗韵——黄冈惠州儋州眉山杭州书法联展”；市文联、彭山区委宣传部联合主办2016年生命诗歌座谈会，杨牧、周啸天、曹明伦、牛放、龚学敏等国内诗歌界知名人士20余人相聚彭山，共话生命诗歌；仁寿县开展“迎国庆慰模范”书画展暨“学先进倡新风”文化活动；青神县举办纪念红军长征胜利80周年书画展；市文联举办庆国庆书画作品展；市委宣传部、作家出版社、市文联联合主办刘小川《先贤与中国》作品研讨会暨文学高峰论坛，著名评论家贺绍俊及来自全国各地文艺界专家、学者和读者围绕作品进行深入研讨；由中国散文学会、四川省文艺期刊联合会、市委宣传部、市文联和青神县委宣传部联合举办《对话东坡》首发式暨全省文艺名刊名编走进青神采风活动，中国散文学会常务副会长、著名作家红孩，以及省内文艺名刊名编和省市散文学会作家、散文爱好者100余人参加活动。

【品牌建设】 2016年，市文联推进“中国散文之乡”建设。组织著名作家到仁寿、洪雅、青神、丹棱等区县采风创作。中国著名作家写眉山散文作品集《对话东坡》由百花文艺出版社全国公开出版发行。发挥散文之乡平台作用，开展散文交流和创作活动。组织眉山、乐山、大邑三地作家到青神采风创作。海南、西藏、北京三地作家齐聚眉山，开展采风创作交流。香港《灼见名家》一行到眉山交流散文创作，重庆市散文学会到眉山考察“中国散文之乡”创建经验。广汉市散文学会到眉山考察在场主义。周闻道一行参加在新疆举办的“中国西部散文论坛”，并作题为《在场主义与中国现代散文的转型》学术报告。市散文学会到重庆开展创作采风活动。市散文学会到西藏开展创作交流活动。举办在场微散文评奖活动，继续扩大眉山散文品牌影响力。发挥七里坪省级文化艺术区和中国民协国际竹艺城创作基地作用。组织文艺家走进洪雅和青神，开展文艺采风创作培训活动。推进中国书法名城创建。中国书协主席苏士澍对眉山承办第四届中国西部书法篆刻作品给予肯定。致公党中央副主席杨邦杰，省政协副主席唐坚等领导到眉山调研考察，指导书画创作。发挥文艺活动中心平台作用，开展文艺展演活动，举办书画展演活动10余场次。开展东坡题材文艺创作交流活动。接待美国华裔作家代表团施淑青一行和中国作协原副主席蒋子龙、江西作协主席陈世旭来眉考察东坡文学创作，参与在黄冈和开封举办的九城市政协书画展和第七届东坡文化节黄冈眉山惠州儋州杭州五城市书画联展，扩大眉山东坡文化影响力。

【文艺人才】 2016年，市文联落实市委《关于加强文艺人才队伍建设的意见》，实施本土文艺人才培养工程。开展文艺人才培训，组织市区县文联和协会干部2人次参加中国文联文艺研修院、四川日报信息宣传工作业务培训。扶持文艺骨干15人进京到省参加鲁迅文学院、中国作协、书协、视协学习习近平总书记专题学习研讨班、中国民协“中国石雕艺术中青年传承人高级研修班”、国家级书画名家工作室培训、省音协音乐创作、四川省诗词发展战略研讨会等高层次专业培训研讨。举办“郭强书法讲座”“齐建霞书法讲座”“通俗歌手创作和演唱培训”等文联公益大讲堂和协会专业文艺讲座12场。市书协到丹棱举办书法讲座。东坡区坚持每月举办文学、书法讲座。开展文艺评奖活动，洪雅县开展优秀文艺作品奖评奖活动，彭山县开展“彭祖文艺奖”评奖活动，青神县开展第三次文学艺术成就奖评选活动。向省文联和国家级、省级专业文艺家协会、文学院、画院推荐代表、会员、创作员。推选两个代表团20余人，出席省文联第七次代表大会、省作协第八次代表大会，2人当选省文联全委会委员，1人当选省作协主席团委员，1人当选省作协全委会委员。吕应鑫入选21世纪我们所喜爱的中国实力派花鸟画名家66人物。1人签约巴金文学院创作员。1人签约满艺网。1人评为省作协“深入生活，扎根人民”主题实践活动先进个人。1人评为省作协先进个人。4人加入国家级协会，25人加入省级协会。推荐1人加入省音协、4人加入省小音协。

【文联建设】 2016年，市文联成

立眉山市微电影协会和眉山市苏东坡书法艺术院，眉山国画院创建长期展示画廊。丹棱县成立县音乐家协会。市作协完成省作协眉山会员普查和重新登记，获省作协颁发的“会员普查与重新登记工作”先进集体奖。洪雅县散文学会获省散文学会2015年度优秀组织奖。编印《眉山文联年鉴2015》和《眉山文艺》2016年1期，与眉山日报《博周刊》开办《眉山文艺》专版。利用新媒体、自媒体，推出眉山文艺人物、文艺作品，宣传文联协会。市文联召开全委会学习贯彻习近平总书记重要讲话消息，被中央人民政府网自媒体采用。

（胡志蓉）

眉山市社会科学界联合会

【规划评奖】　2016年，眉山市社会科学界联合会（以下简称“市社科联”）完成眉山市第十一次哲学社会科学优秀成果评审工作。获奖45项，其中特等奖1项、一等奖4项、二等奖12项、三等奖28项。

【社科研究】　2016年，市社科联牵头完成年度社科课题研究48项。市委宣传部、市社科联印发《眉山市2016年社会科学研究课题指南》《眉山市2016年社会科学研究立项课题目录》。市课题工作小组7名成员分工联系，研究跟踪、服务、指导48个立项课题，帮助解决研究过程中的问题，48项课题全部结项。组织参与四川省社科规划立项申报。《中国古代诗歌选（注析）》《眉山市绿色GDP核算及县域差异研究》等7项课题申报四川省社会科学研究“十三五”规划年度项目。

【学术活动】　2016年，市社科联组织参加“第六届成都经济区建设与发展学术交流会”，其中《片外地区脱贫攻坚的眉山模式研究》等4篇论文分获二等奖、优秀论文奖。眉山市社科联代表第七届学术交流会承办方作会议发言。组织区县社科联负责人参加全省基层社科联培训会议，东坡区社科联作大会交流发言。

【社科普及】　2016年，全市新增1个市级社科普及基地。在全市组织“科普活动月”“科技活动周”“三下乡”“宪法宣传日”等科普活动，通过科普专题联展、巡展、咨询、论坛（讲堂）、科普开放日等形式，宣传科普条例，全年开展活动50余场。

【信息宣传】　2016年，市社科联编印《眉州学刊》4期，刊发论文、调研报告、对策研究等60余篇，48万余字。全年在“四川社科在线”、《四川社科界》《社科界信息》、每日科技网等等省级媒体刊发社科类信息57条（篇）。

（谢婷婷）

眉山市红十字会

【概况】　2016年，市红十字会设会长1人、副会长6人、常务理事23人、理事68人，成立红十字医疗机构1个，拥有团体会员单位227家，个人会员1.95万人，红十字志愿者2300余人，社区红十字服务站31个，基层红十字会128个。

【项目建设】　2016年，眉山市红十字会实施2014年“4·20”芦山地震重建项目7个，全部建成并投入使用。落户彭山区观音镇和谢家镇博爱家园项目2个，完成项目基础建设和基金投放等工作。

【募捐救助】　2016年，眉山市红十字会向仁寿县玉龙乡兴隆村和雷鸣村资助3000元，改善弱势群体生活环境，救助白血病、先天性心脏病、人道救助等贫困人口12人28.8万元。

【防病减灾宣传】　2016年，眉山市红十字会加强宣传红十字相关知识、防灾减灾知识及无偿捐献知识等。利用“5·8”世界红十字日博爱周开展宣传、义诊、卫生救护培训等工作，印发宣传资料2万余份。开展中小学校、机关企事业单位、城镇社区和农村社区人群初级卫生救护培训，传授自救互救和防灾减灾技术，以降低自然灾害和突发事件对公众的生命与财产损失。全市分直属单位、东坡区、仁寿县、彭山县、洪雅县、丹棱县和青神县7个区域，培训60次6000余人。

（岑俍桧）

眉山市工商业联合会

【机构】　2016年，眉山市工商业联合会内设办公室、经济科、会员科，下属事业单位眉山市非公有制经济维权投诉中心、眉山市非公有制经济投资服务中心。

【参政议政】　2016年，市工商联通过深入区县、园区调研，召开民营企业家座谈会等形式，收集对眉山发展的意见和建议，针对企业实际困难和问题，与相关部门沟通协调解决。形成《关于促进全市小微企业健康发展的建议》（第三届眉山市委员会第六次会议上作大会发言）等集体提案19件。

【招商引资】　2016年，市工商联完成签约项目2个，投资金额14.5亿元。

【百企联百村和扶贫攻坚】　2016年，市工商联引导132个企业和11个商（协）会投入905万元，围绕产业带动、基础建设、扶贫助困、全民创业等，支持101个联系村经济、社会发展。

【企业培训】 2016年，市工商联组织企业培训3次，培训210人次。邀请西华大学教授为100位企业家作《新形势下民营经济发展的几点忧虑和动向》培训，邀请税务专家为58位企业家作《民营企业“营改增”税务知识及筹划》培训，举办《民营企业技术咨询和融资服务》培训，52位企业家参加。

【维权】 2016年，市工商联继续发挥“一个中心、五个平台”（即市非公有制经济维权投诉中心、企业发展协调服务平台、行政监察服务平台、法律咨询服务平台、仲裁调解服务平台、危机处理服务平台）维权作用，受理企业投诉2件，投诉受理率、办结率均为100%。

【组织建设】 2016年8月30日，召开市工商联（市商会）第四次会员代表大会，选举产生市工商联第四届执委93人、主席1人、副主席22人、秘书长1人，常委21人，市商会第四届会长1人、副会长11人、秘书长1人。

（市工商联）

2016年8月29日，眉山市工商业联合会（市商会）召开第四次会员代表大会

法治

Rule by law

政府法制

【机构变化】 2016年8月，设立眉山仲裁委员会，办公室为眉山市法制办公室下属公益二类正科级事业单位，核定公益二类事业编制6名（其中正科级1名）。

【法治政府建设】 2016年，市政府办公室印发《眉山市人民政府2016年度法治政府建设工作安排》，强化法治政府建设责任、推进“放、管、服”、加强政府立法工作、完善合法性审查机制、健全法律顾问制度、规范行政执法行为、做好行政复议应诉工作、推进示范创建工作8个方面明确法治政府建设工作任务。市委办公室、市政府办公室印发《眉山市法治政府建设实施方案（2016—2020年）》，包括总体要求、具体措施和责任分工、组织保障和落实机制3大部分，明确111项具体工作内容和责任单位，力争到2020年基本建成职能科学、权责法定、执法严明、公开公正、廉洁高效、守法诚信的法治政府。

【复议应诉】 2016年，行政复议委员会委员集体会审复杂疑难案件，提高行政复议案件审理质量，降低复议风险。全年办理市政府行政复议案件33件（2015年结转2件，新收案件依法受理24件，不予受理7件），结案23件（维持4件、驳回7件，调解后撤回申请7件，责令限期履行5件）。已结案件中无确认违法和撤销案件。全年办理市政府涉及应诉案件10件（复议后应诉3件），一审结案7件，无一件败诉。市政府印发《眉山市行政机关负责人出庭应诉暂行规定》，规定涉案行政机关负责人应当出庭应诉的情形，建立涉案行政机关负责人按比例出庭应诉制度，明确行政机关负责人出庭应诉要求等，促进各级政府及其部门履行应诉职责，支持人员法院依法受理行政案件。

【合法性审查】 2016年，市政府印发《眉山市重大行政决策责任追究办法》，规范重大行政决策活动责任追究，促进依法、科学、民主决策。全年，市法制办对市本级作出187个重大行政决策，409个政府规范性文件、政府性决策事项，35件政府性合同，32件省人大省政府地方性法规、规章征求意见稿，进行合法性审查。审查市政府信访局办理的信访复查、复核案件38件，提出审查意见16条，参加信访案件沟通会、协调会18次。

【依法行政示范创建】 2016年，市依法治市办、市法制办印发《关于开展市级依法行政示范创建活动的通知》，明确创建范围、创建标准、创建内容。市依法治市办、市法制办督促、指导各申报单位开展市级依法行政示范创建活动，监督和考核申报单位示范创建开展情况。验收市级示范创建单位48个，评选出市统计局、青神县国税局等39个创建合格单位。市依法行政工作领导小组印发《关于命名表扬市级依法行政示范创建合格单位的通知》，将39个创建合格单位统一命名“市级依法行政示范创建合格单位”。

【规范性文件管理】 2016年，市法制办清理2011—2015年以市政府名义印发的文件1635件。市政府印发《关于公布2011—2015年市政府行政规范性文件清理结果的通知》，公布继续有效行政规范性文件98件，修订后继续执行行政规范性文件14件，废止行政规范性文件36件，失效行政规范性文件27件。市法制办将市政府出台的规范性文件13个、政府规章1件，按程序全部报送备案，没有1件被备案机关撤销，报备及时率和报备合格率均100%。严格执行规范性文件备案“三统一”制度，市级部门制定的规范性文件31件，均履行统一登记、统一编号、统一发布程序，通过法制网站向社会公开，方便公众查询，区县政府报送的规范性文件23件，均备案审查。

【执法监督】 2016年，全市实行

行政执法人员持证上岗和资格管理制度。市法制办组织区县政府、市级有关部门工作人员40余人参加省委党校第4期全省法治政府建设专题培训班，组织区县政府、市级执法部门行政执法人员1200余人开展通用法律知识培训和考试，考试合格率97.7%。全年年审执法证件5064个，收回注销执法证件77个，确保执法人员持证上岗、亮证执法。督促指导区县政府和市级相关执法部门开展行政执法人员清理工作，清理出执法主体资格总数362个，执法人员总数9660个。集中评查行政处罚案卷80余份，梳理案件文书在适用法律、法规、规章，处罚程序，法律文书运用和执行情况方面存在的问题14种，对公安、质监、交通等8个部门提出建议书，印发《关于2016年度行政执法案卷评查情况的通报》。协调解决农业部门和食药监部门在农产品水果进行加工打蜡问题上适用执法主体问题。

【行政审批制度改革】 2016年，市政府印发《关于取消35项市本级中央指定地方实施行政审批事项的通知》《关于取消32项市本级中央指定地方实施行政审批事项的通知》，取消行政审批项目67项。调整后，市级保留行政审批事项220项（不含14个垂管部门等的14项）。6月，市政府办印发《关于印发取消调整和保留的市级行政审批项目前置条件目录的通知》，取消市级行政审批项目前置条件目录276项，调整58项，保留802项行政审批项目前置条件。市法制办指导市级行权部门清理行政审批事项、行政审批前置条件。

【行政权力清单】 2016年，市法制办动态调整市级权力清单，审查市交通局、市农业局、市城管局、市安监局、市质监局、市民政局、市民宗局、市公安局、市商务局、市统计局、市防震减灾局、人行眉山中心支行等单位的行政权力变更取消调整清单，审查相关行政权力900余项，并出具审查意见。经动态调整，市级行政机关行政权力5222项，其中行政许可234项（含垂管部门等行政许可14项），行政处罚4185项，行政强制182项，行政确认66项，行政检查194项，行政征收48项，行政奖励54项，行政给付3项，行政裁决4项，其他行政权力252项。

【公共资源交易管理】 2016年8月，市公管办印发《进一步加强市级政府采购工作相关规定》，规范市级政府采购工作。市公管办2次清理全市公共资源交易领域规范性文件53件，保留45件，修订5件，废止3件。通过参与PPP（政府和社会资本合作）项目谈判，参与审核PPP项目合同等方式，拓宽监管渠道。针对建设工程领域存在投诉举报或有明显违法违规嫌疑的项目，坚持依法调查处理。协调各部门加强公共资源交易信息公开，坚持信息公开。严格执行国家简政放权各项政策，坚持为企减负。通过前期工作坚持会商、交易现场监管到位、参与协调投诉举报、共同研究重大问题等措施，全程参与公共资源交易各环节，确保监管不缺位。

【行政调解】 2016年，市法制办指导6区县政府和39个市级部门完善行政调解工作机构，补充行政调解工作人员。指导全市各级各部门受理行政调解案件8827件，调解成功8785件，成功率99.5%，其中，矛盾纠纷主要集中在公安（交通事故）、城市管理、人力资源社会保障、住房和城乡建设、工商等部门。

【立法工作】 2016年，市政府印发《眉山市地方性法规草案和规章制定程序规定（试行）》，从立项、起草、论证、审查、决定与公布、备案解释六个环节明确程序，规范拟定地方性法规草案和制定规章工作，让政府规章制定程序具有操作性。市法制办配合市人大开展《眉山市城乡规划条例》调研、起草、征求公众意见、听证论证等工作。组织成立《眉山市集中式饮用水源保护条例》立法调研组，围绕城乡集中式饮用水源保护现状、存在的问题，立法的必要性、可行性，立法的方向和内容等问题，深入调查研究。启动2017年政府立法项目征集，收到13份立法项目建议，并根据实际需要拟定2017年立法计划送市政府审定。

【法律顾问】 2016年，市委办公室、市政府办公室印发《关于成立市委市政府法律顾问团的通知》，聘请10名法律专家、知名学者成立市委市政府党政法律顾问团，为市委市政府涉法事务和全市重大决策提供法律咨询服务。全年法律顾问出具法律意见书14件，参与市领导接访91次，参加行政决策、涉法事务各类会议30余次。

【仲裁工作】 2016年，完成眉山仲裁委换届、仲裁员选聘和第二届仲裁委《仲裁委规程》《仲裁规则》等8项制度文件的修订完善工作。全年眉山仲裁委收到仲裁案件59件，审查后受理39件（结案32件，7件在审理中），受理的案件中标的额8753.69万元，上缴财政非税收入72.98万元，不予受理20件。 （市法制办）

公 安

【概况】 2016年，全市公安机关为眉山实现新常态下健康快速发展创造安定和谐的社会环境。在市委、市政府年度考评中，市公安局继续保持领先地位，在政法单位序列中排名第二；在全省公安系统年度综合考评中排名第四，治安基础防范工作在全省公安中排名第一。有52项警务工作获得省、市先进，民警130人获省、市先进个人称号。在全面深化公安改革中，完成省公安厅2016年17项重点公安改革事项。其中大部门、大警种制改革试点和辅警改革工作分别得到市委书记李静、市长罗佳明的肯定性批示，两项改革纳入全市社会治理体制改革。向省公安厅、市委、市政府编报公安改革简报52篇，被上级采用30篇，多项改革经验在全省交流借鉴，被《人民公安报》《四川法制报》以及人民网、新华网等中央、省级主流媒体报刊宣传报道。全年全市“110”有效接处警60637起，比2015年（下同）减少11%；破各类刑事案件3486起，减少14%，抓获各类违法犯罪嫌疑人2211人；查处行政案件9533起，减少13.7%，查处违法人员7708人。在全省公安机关社会化综合评价满意指数调查结果中排名第八，其中日常动态测评排名第八，政风行风测评排名第九。在政风行风建设群众满意综合指数中，人民群众安全感排名第九，满意度排名第十。

【维护稳定】 2016年，市公安局定期开展情报商会，分析研判不稳定因素、突出警情。全年收集各类涉稳情报信息3376条（甲级情报138条），分析研判上报《公安国保信息》485期、《维稳综合分析研判报告》12份、《情报研判专报》51期、《网络舆情》136期，成功超前化解33起群体性事件。受理信访事项1678件，办结1662件，办结率99.05%；继续保持非法上访“零进京”、集访“零到省”工作目标；受理各类矛盾纠纷7991起，成功调解7880起，调解成功率98.61%。

【防暴反恐】 2016年，市公安局召开全市反恐维稳工作电视电话会议和全市公安机关反恐怖工作会议，制定全市反恐怖工作常态督导检查工作制度，成立全市反恐怖工作督导检查组，实现反恐工作常态化。开展暴恐活动“深化严打年”行动，排查重点阵地（场所）1800余处；摸排登记关注群体人员173人次；建立人员摸排、轨迹监测、管控三个常态性工作专班，对3个敏感群体、20个涉恐阵地落实管控措施；建立“6·15”专案，完成省公安厅交办核查工作8次；加强反恐应急处置能力建设，组织参加“天府2016-A”反恐怖演习演练，提高反恐防暴实战能力。12月19日，举行以“反恐防恐，全民参与，平安眉山，人人有责”为主题的“《反恐怖主义法》宣传教育活动周”启动仪式。市反恐办被省反恐办评为2016年反恐怖情报信息工作先进单位。

【敌对势力防范】 2016年，市公安局建立国保专案，形成分级建案，上级督办、区域协作、整体作战工作模式，全年破获各类专案26起，稳控嫌疑人159人，刑事处罚1人，治安处罚41人，教育训诫83人；推进代号为“710”的专项工作，成功推动对彭山区“民运”犯罪嫌疑人刑事判决，打击敌对势力和敌对分子嚣张气焰，维护国家政治安全和政权安全。

【侦查破案】 2016年，全市立刑事案件10473起，比2015年（下同）下降9.3%；破案2658起，下降15.4%；抓获各类刑事案件作案成员1672人，刑事拘留1167人，逮捕928人，移送起诉2125人。侦破公安部挂牌督办彭山“2014.5.1”盗掘倒卖文物案，仁寿“12.17”贩卖毒品、枪支案；省厅挂牌督办彭山恶势力团伙案，洪雅破坏电力设备案、盗窃案，丹棱“6.24”系列跨省盗销摩托车案，园区“3.28”组织驾驶人员考试作弊案等重大社会影响案件；破获东坡盗窃汽车案，“2.9”杀人

2016年3月11日，省公安厅在眉山召开全省公安改革办主任座谈会。

案、“4.29”保险柜170万元特大现金被盗案、“飞天大盗吉什古哈子”系列盗窃案、吉差小龙等人抢劫学生系列案，青神非法拘禁致人死亡案，岷东系列盗窃变压器案等一批大要案件。破获各类毒品刑事案件229起，上升6%，打击处理316人，上升2%。缴获各类毒品成品4千克，冰毒水剂和半成品280千克。查获吸毒人员2295人，上升26%。强制隔离戒毒入所632人，上升5%。受理各类案件218件，立案277起，涉案金额约5.9亿元；破案212起，抓获犯罪嫌疑人257人，抓获上网逃犯25人，为国家、集体和个人挽回经济损失1.94亿元；移送起诉案件122起，打击处理241人，全市经侦民警人均移送起诉嫌疑人3.52人。案件受理数下降34.14%，立案数、破案数、抓获犯罪嫌疑人数、打击处理人数分别上升84.67%、69.6%、62.66%、50.6%，经侦民警人均移送起诉人数增加1.18人。

【治安案件查处】 2016年，全市受理治安案件1.42万起，查处9279起。查处涉黄案件131起、查处284人，涉赌案件176起、查处468人。收缴各类枪支594支、子弹1万余发、炸药1190千克、雷管367枚。

【食品药品安全管理】 2016年，全市治安部门受理食品、药品及环境类案件26件，立案14件，破获10件，在侦4件，刑事拘留涉案嫌疑人24人，移送起诉16人，捣毁制假售假窝点8处，破获部督“张利才非法经营疫苗案”、部督“丹棱县11.12生产销售假冒伪劣产品案”等系列大要案件，其中“丹棱县11.12生产销售假冒伪劣产品案”涉及广州、福建等多个省市，该案共计抓获涉案嫌疑人6人，捣毁储存、生产窝点4处，收缴假冒烟草标识400余万份。

2016年10月9日，全市公安机关组织开展社会治安清查统一行动。

【出入境管理】 2016年，市公安局推进“放管服”改革，5月建成出入境管理自助预受理系统和自助取证系统，大厅改建，提高办事效率，全年受理审批各类出入境证件11.40万件，比2015年（下同）增长2.5%。其中，办理公民因私出国普通护照5.45万件，增长16.0%；内地居民往来港澳台地区通行证5.95万件，下降7.3%；内地居民前往港澳定居45人。

【户政管理】 2016年，市公安局深化户籍制度改革，促进农村转移人口和外来人口到市城镇落户。截止年底，全市总人口350.25万人。年末城镇人口110.01万人，增加16.76万人，其中农业转移人口落户城镇12.34万人，城镇化率31.69%；比2015年增长2.95%。全市全面建立居民身份证异地受理、挂失申报和丢失招领“三项制度”，制发居民身份证16.22万张，其中普递证13.66万张，速递证2.54万张，跨省异地证235张。为超生、非婚生、无计划生育的婴儿5811人办理入户登记。在全市开展“解决无户口人员登记户口问题”工作中，为不符合计生政策、未办理《出生医学证明》、未办理收养手续的无户人员4344人办理落户。专项清理整顿户口登记管理，清理重复户口265件，应销未销户口5085个，死亡未注销户口4625个，服现役未注销户口362个，清理纠正户口登记项目差错40个。开展农村居民录（聘）用为国家机关企事业工作人员后未变更为城镇居民户口清理，42人办理“农转非”（东坡区28人，彭山区4人，仁寿县9人，园区1人）。

【流动暂住人口管理】 2016年，全市公安机关登记流动人口13.83万人（不含青神县），比2015年增加4.42万人，上升47.05%。暂住人口中，男性6.83万人，占总数的49.36%；女性7万人，占总数的50.63%。开展申请人“一标三实”流动人口信息申报登记和办证，登记流动人口信息1.83万人，其中：群众主动申报1.47万人、申报点登记 3554 人，信息登记已满 6 个月的人员，办理居住证 119 张。在暂住人口管理中登记暂住人口 6507 人，处罚非法出租房屋 26 户。破获刑事案件 47 件，查处治安案件 237 起。

【“一标三实采集”与运用】 2016 年，全市清理登记未采集户籍人口 103.66 万人，采集录入标准地址 20.35 万个、实有房屋 15.91 万套、实有人口 64.32 万人、实有单位 4738 家、从业人员 11.29 万人；获取信息 700 余条。

【社会治安防控体系建设】 2016 年，全市建立社区警务室 36 个，农村警务室 21 个，医院警务室 9 个。有社区流动人口管理人员 100 余人，落实专职社区民警 71 人、驻村民警 61 人。建立完善治保会 1378 个 5317 人；建立治保小组 5344 个 1.33 万人，建立治安联防组织机构 1013 支，配备治安联防队员 7232 人，全市在治安防控中为破案提供线索 1155 条，抓获各类违法犯罪人员 175 名。

【行业管理】 2016 年，市公安局登记各类行业场所 1938 家，宾旅馆按规定登记住宿旅客信息 1216 家、其中处罚不按规定登记住宿旅客信息 86 家；废旧收购站点如实登记 472 家、承修机动车如实登记 1581 家，全市 491 家未办证留宿场所全部安装信息系统。

【禁黄禁赌】 2016 年，全市治安部门查处涉黄治安案件 131 件，行政拘留涉案人员 284 人，破获涉黄刑事案件 26 件，刑事拘留涉案嫌疑人 57 人，移送起诉 26 人，捣毁涉黄窝点 26 个，打掉组织卖淫团伙 7 个；查处涉赌治安案件 176 件，行政拘留涉案人员 468 人，破获涉赌刑事案件 62 件，刑事拘留 123 人，移送起诉 139 人，收缴各类赌博机具 758 台，捣毁涉赌团伙 24 个。

【信息化建设】 2016 年，市公安局投入信息化建设经费 2000 余万元。完成网安互联网侦控扩容、刑侦视频侦查、技侦 VPDN 侦控等业务侦控系统建设；完成扁平化实战指挥体系建设，实现省、市、县三级联网运行；完成视频监控和卡口点位建设，全市高清天网数量 1754 个，标清天网数量 30 个，195 个卡口在省厅缉查布控联网；启动全市视频监控资源整合，推进停车场和加油站的视频监控资源整合；开展信息中心建设，完成信息中心反恐安全域建设、政法二级网核心路由及备份链路建设和政法三级网核心网络设备建设工作。

【网络舆情导控】 2016 年，市公安局开展涉警、涉稳、涉重大案事件网络舆情专项发现、专题分析和专门处置，网络舆情导控 520 余次，公安部、省公安厅部署的舆情导控信息，按要求参与舆情导控 66 次，发布跟帖 1.21 万条，亮点跟帖 35 条。及时导控重大案事件 10 起。开展舆情导控 5200 余条。上报本地网络舆情导控工作情况报告 5 起，全年未发生涉及本地重大网络舆情迟报、漏报事件。

【警卫保卫】 2016 年，市公安局警卫处制定警卫方案，完成全国政协副主席刘晓峰、吉尔吉斯斯坦副总理阿布尔加济耶夫、全国住建部长陈政高、四川省省长尹力、四川省政协主席柯尊平等领导到眉视察警卫任务 6 批次。完成全省第二届警察体育运动会、G20 峰会、全国支持农民工和农民进城购房工作座谈会、第九届中国竹文化节、第八届中国泡菜博览会等 90 个大型活动与重要会议安保任务。

【公安宣传】 2016 年，市公安局组织中央、省市级媒体打造“眉山公安改革”主题宣传，报道洪雅系列盗窃变压器案、东坡区恶意融资诈骗案、彭山区特大文物盗窃案等重大案件。全年全市公安机关在各级各类媒体上稿 3000 余篇（次），其中，中央级媒体上稿 200 余篇（次），省级媒体上稿 800 余篇（次）。推出爱岗敬业一心为民的交警直属一大队副大队长张孟军、扎根基层无私奉献的瓦屋山派出所教导员何亚军等先进典型。

【便民利民服务】 2016 年，市公安局结合“平安进万家”活动，开展上门服务活动，及时为 287 名高龄人员、残疾人、孤寡老人等特殊群体办理二代身份证，送证上门 502 张。推动实施居民身份证异地受理、挂失申报和丢失招领“三项制度”落实，全市设立“异地办证窗口”“异地办证点监督电话” 6 个，建立挂失申报窗口 108 个，挂失申报证件数量 2995 张；建立丢失招领窗口 62 个，收到群众捡拾丢失证件数量 101 张，发还丢失证件 53 张，销毁丢失证件数量 5 张，受理跨省异地证 235 张。交警支队推出“通行证、入城证预约办理、上门服务机制”“建立套牌车处理专门通道”“交通事故微信快速处理”“为补（换）领机动车行驶证等八类业务开设便捷办理通道”“新增车管业务服务站”“驾考自主预约”等 15 项便民利民举措，全年新增机动车 4.35 万辆，新增驾驶人 6.6 万人。行政许可处提供预约服务和二十四小时咨询服务，随时接受申请人的咨询，接待群众现场咨询、电话咨询、网上咨询 1000 余次。开展特事特办，为在正常上班时间不能或来不及办理的企业和群众开展特事特办服务；对现场勘查合格的公司、企业现场发证；实现办证办件“一窗式受理，一站式审批，一条龙服务”，全年办件 13.67 万件。

【规范化执法建设】 2016年，市公安局法制部门举办《刑法修正案（九）》专题辅导讲座与行政执法培训。组织全市公安机关的民警200余人参加全省公安机关基本级和中级执法资格考试。组织完成2016年度全市各级执法办案部门网上案件办理情况的考核工作，实现一案一测评，纠正案件信息录入质量不高、勘验照片不全和讯问询问笔录不细等问题。在全市公安系统推广主办侦查员制度，强化民警执法办案责任意识和法律意识，建立健全公安机关侦查办案组织，突出侦查员在侦查办案中的主体地位，建立并落实主办侦查员对所办案件全程负责、终身负责制。全年全市移送起诉2125人，不起诉27人。

【“打黑除恶”专项行动】 2016年，全市公安机关持续开展打黑除恶专项行动，全市一审判决九类涉恶类犯罪人数280人，侦破彭山恶势力团伙案、仁寿“4.8”持枪聚众斗殴案等在全市有较大影响的案件。

【“灭枪”行动】 2016年，市公安局在全市开展“灭枪”专项行动，协查省公安厅下发各类枪案线索200余条，移送起诉涉枪类犯罪嫌疑人93人，其中起诉非法持有、私藏枪支弹药罪犯罪嫌疑人72人，起诉非法制造、买卖、运输、邮寄、储存强制、弹药罪犯罪嫌疑人20人，抢劫枪支、弹药罪1人。市、县两级公安机关成功侦破部督仁寿“12.17”贩卖枪支弹药、贩毒案件，抓获犯罪嫌疑人26人，缴获仿64式手枪4支，子弹8发，猎枪2支，子弹3发，气枪1支，铅弹100颗，冰毒160余克，追回被盗抢轿车3辆。

【打拐专项行动】 2016年，市公安局持续开展打击拐卖妇女儿童犯罪的专项行动，结合“三八”妇女节、“六一”儿童节、“110”宣传日等时间节点，在全市各区县中心城区、主要街道、社区、学校等场所扎实开展打击拐卖妇女儿童宣传30余次。彭山区公安分局立案查处疑似拐卖儿童案件1起。

【打击犯罪专项行动】 2016年，全市公安机关开展打击“盗抢骗”和集中打击侵财性违法犯罪活动等专项行动，打击五类侵财类犯罪起诉人数542人，比2015年（下同）上升2.65%，侵财案件重刑率4%，成功侦破东坡“4.28”特大盗窃保险柜案、洪雅“5.12”特大通讯诈骗案、丹棱“6.24”系列跨省盗销摩托车案、洪雅系列破坏电力设备案、盗窃案。

破获各类毒品刑事案件229起，增长6%，打击处理316人，增长2%。缴获各类毒品成品4千克，冰毒水剂和半成品280千克。查获吸毒人员2295人，增长26%。强制隔离戒毒入所632人，增长5%。

破获非法制造枪支案3起、非法买卖爆炸物品案1起，破获非法持有枪支案64起，收缴各种子弹1万余发、炸药1190千克、雷管367枚，抓获部督涉枪案件在逃人员1名。

开展仿制式警服清理整顿专项清理，建立健全打击查处非法生产、销售、穿着仿制式警服的长效机制，坚决防止已整改到位的保安、内保、物管等人员重新穿着仿警服。全市治安部门组织交叉检查2次，检查违规穿着仿制式警服金融单位20家、学校86所，保安公司、物业小区等单位280家，发现着仿制式警服10起，整改10起。

全市公安机关立非法集资案件7起，涉及集资参与人员1550人（户），涉案金额1.24亿元，移送审查起诉案件9起，打击处理35人，办结移送起诉省公安厅督办的富德生命人寿保险公司朱崛等人集资诈骗案、上海钰标商务咨询有限公司眉山分公司非法吸存案（“E租宝”案）、洪雅县长元房地产开发有限公司非法吸存案，没有因非法集资案件引发影响较大涉稳事件。

5月，眉山市公安局“5.1”特大盗掘倒卖文物案专案组历时两年，辗转10多个省市，行程3万余千米，投入破案经费150余万元，投入精干警力3000余人次，打掉盗掘团伙10个，摧毁倒卖文物网络9个，抓获犯罪嫌疑人70人，追缴涉案文物千余件（其中国家珍贵文物100件，包括国家一级文物8件、二级文物38件、三级文物54件），一举侦破建市以来涉案人员最多、审讯追赃最难、文物等级最高、涉案金额最大、历史遗产价值最高的盗掘倒卖文物案。

全市公安机关与商业银行严格执行金融机构临柜发现假币情况及时通报机制，查处持有、使用假币行政案件16起，立、破假币犯罪案件1起，抓获并打击处理犯罪嫌疑人2人。全年收缴假人民币46.34万元。

开展联合打击虚开犯罪专项整治。国税部门向公安机关移送涉嫌虚开犯罪案件线索28起，其中21起立为刑事案件侦查，涉案总金额近9亿元；破案19起，其中成功侦破省公安厅督办的“1.18”虚开案、眉山辉腾金属制品有限公司虚开案。经侦支队在侦办的“1.18”虚开案中深挖外省犯罪线索，经逐级上报至公安部经侦局发起该案全国集群战役，立、破案件5起，抓获犯罪嫌疑人12人，追回涉案税款1483.25万元。

开展打击、整治传销犯罪专项

行动，查处传销案件6起，其中立、破影响较大的网络传销案件2起，铲除传销窝点21个。捣毁网络传销犯罪组织，抓获犯罪嫌疑人14人。

【网上追逃】 2016年，全市公安机关运用“出入境管理系统”“二代证”系统、“旅店业信息管理系统”“交通管理信息系统”“网吧管理信息系统”“重大刑事案件分析系统”等信息系统开展追逃研判，抓获2014年12月31日前上网的在逃人员22人。

【交通安全综合整治】 2016年，眉山市公安局交通警察支队（以下简称“市交警支队”）以“铸职业警队、创平安蜀道”为目标，继续推进交通安全综合整治机制建设年行动。全市交警427人，机动车保有量排名全省第五位，人均管理机动车1615辆、驾驶员1686人，道路28.3千米。全市全年发生道路交通事故139起，比2015年（下同）下降21.02%。死亡52人、降35.80%；受伤154人、降418.09%，经济损失47.78万元，未发生死亡三人以上较大事故。开展“源头综合治理60天大会战”等行动，全年查处源头违规企业12家，下发整改通知书9份，拉闸限电3家，经济处罚5家，65%企业安装视频监控系统。每月开展道路交通事故形势分析研判，开展道路交通安全隐患排查整治，全年组织开展5次全市性道路安全隐患专项排查整治，排查各类隐患140余处，其中市级重点隐患12个。排查出的隐患全部报告党委、政府及时整改。组织排查上报需新建、整修护栏路段722.3千米，全年4个区县（东坡区、洪雅县、丹棱县、青神县）共新建、整修路侧护栏35.71千米。

【农村道路交通管理】 2016年，市交警支队强化农村道路源头管理，组织培训“交管办”工作人员、交通协管员65次，培训3000余人次。“交管办”前往村社上门开展交通安全宣传、基础资料收集、便民服务基础工作，采集农村地区道路交通安全基础信息5万余条，开展便民服务700余次。在全市2个区县（彭山区、洪雅县）28个乡镇推广使用农村交管信息系统，提高农村道路管理的信息化和科技化水平。

【道路交通安全宣传】 2016年，市交警支队、市驾协发挥交通文艺宣传小分队作用，赴各区县开展巡回表演5场，宣传交通安全知识，观看群众1万余人次，深入重点企业、学校举办交通安全讲座27场，发放各类宣传资料10万余份，发送交通安全短信20万余条。市、区县交警部门加强与电视、广播、报纸等媒体的协作力度，通过开辟专栏、邀请记者深入一线采访等方式，宣传交通管理工作，全年全市媒体共刊（播）发交通管理新闻、报道109条，制作专题节目14期，记者深入一线采访23次。利用微博、微信等新媒体收集群众意见，加强警民沟通，全年通过各级公安交警微博、微信公众号，推送信息405条，在线受理、答复群众咨询、问题58条。

【公安交管信息化建设】 2016年，全市公安交管部门自主开发完善眉山交警勤务综合管理平台，将全市223个治安交通卡口，108个视频监控探头全部接入平台和支队指挥中心，基本达到事故多发、危险路段实时监控全覆盖，实现每日交通流量、违法情况、套牌假牌车辆运行轨迹等信息的自动分析、自动比对和车驾管、事故、违法等数据的自动收集分析。建立中心城区道路交通情报信息研判例会会议制度，召开会议11次，制作研判信息专刊110余期，根据研判信息改进、调整交通管理措施90余条。依托指挥中心和平台，利用基础信息累计查获涉牌涉证违法车辆300余辆，协助侦破各类治安、刑事案件10余起。

【交通秩序管理】 2016年，全市交警部门查处酒驾、机动车涉牌涉证等重点违法行为，实行“国省道、农村、高速、旅游公路”四大战场齐头并进，全年组织开展大型专项整治行动8次，查处无证驾驶2735起、饮酒驾车1555起，比2015年（下同）增长132%，醉酒驾车150起，增长188%，超速行驶9.25万起，客车超员87起，违反禁令交通信号6.75万起。实施流动治超“春雷行动”，查处境内外超限货车1150辆，非法拼改装货车20余辆，处理违法驾驶人1100余人次，卸载超限货物6000余吨。

开展中心城区“治乱攻坚”行动，查处中心城区机动车、非机动车各类违法行为5万余起，其中违停2万余起。开展电动三、四轮车整治，暂扣、收缴超标电动三、四轮车48辆，制定并完善中心城区雕像国际周边交通组织。提前介入，保障中心城区东坡大道等重点道路施工期间交通组织，确保城区交通节点和施工路段畅通。

【机动车检测】 2016年，交警支队机动车监管中心严把车检审核标准关，实行远程监管、网上审查社会化检测机构，全市有社会化安检机构17家，汽车线15条、摩托车线15条，检测车辆20.36万台次。

【驾驶人管理】 2016年，市交警支队严把驾考准入关，推广互联网预约考试，科目一、二、三、四全程智能化考试等举措，实现驾考规范化、科学化，将人为干预因素降到最低，全年考试37万余人。

【交管执法】 2016年，全市交警系统8个交警大队、2个交警中队执法办案区升级改造达标，执法记录仪配备率100%，有效使用90%以上。组建4支法制培训小分队，全市9个区县大队，开展执法规范化实战应用培训巡讲15场，受训民警600余人次。健全落实工程执法质量情况通报、监督考核制度，每季度考评，全年检查考评一般程序违法案卷168件，简易程序违法案卷360件，吊销违法驾驶员296人驾驶证，未发生针对交警部门的行政诉讼。（李志康、陈天宇）

2016年6月22日，市检察院走访东坡区通惠派出所。

检 察

【打击刑事犯罪】 2016年．全市检察机关严厉打击各类刑事犯罪，批捕刑事犯罪嫌疑人988人，起诉2140人。其中，批捕黑社会性质组织犯罪、故意杀人、拐卖妇女儿童、非法拘禁等侵犯公民人身权利和民主权利犯罪99人，起诉243人；批捕“两抢一盗”、诈骗、非法吸收公众存款等侵犯群众财产权益的犯罪408人，起诉605人；批捕破坏环境资源保护罪案件2件5人，起诉35件52人；批捕破坏金融管理秩序犯罪案件8件15人，起诉14件37人；批捕侵犯知识产权犯罪案件2件4人，起诉4件9人；批捕生产、销售伪劣商品犯罪案件6件8人，起诉5件16人；批捕利用网络、电话、短信实施的诈骗等犯罪3件5人，起诉8件19人。参与禁毒综合治理，办理各类毒品案件439件591人，完善检察环节贯彻宽严相济刑事政策工作机制，减少社会对抗，不捕494人，不诉141人。开展“破坏环境资源犯罪专项监督活动”“危害食品药品安全犯罪专项监督活动”，建议行政执法机关移送涉嫌犯罪案件19件。严格审查逮捕、起诉标准，严把罪与非罪界线，年度批捕案件审结率98%，起诉案件审结率94%。

【社会治理】 2016年，全市检察机关审查处理控告申诉举报553件，促成22件刑事案件当事人达成和解。完善“五位一体”接访办访工作机制和举报线索的统一管理。制定《律师参与化解和代理涉法涉诉信访案件实施办法（试行）》，律师参与化解信访案件16件。全市检察机关连续10年实现涉检信访案件到省进京“零上访”。办理国家赔偿案件2件3人，支付赔偿金10.35万元；办理国家司法救助案件32件36人，发放救助资金36.68万元。加强未成年人刑事检察工作，严惩侵害未成年人犯罪，挽救涉罪未成年人，不诉15人，不捕36人，依法通知法定

2016年9月12日，市检察院在苏祠中学开展“苏祠中学第八个法制教育周法律知识讲座”

2016年12月23日，青神县检察院干警进学校上法治宣讲课。

代理人到场122人次，通知合适成年人到场35人次，对符合条件的未成年人罪犯65人封存犯罪记录；与市法院等10部门会签《眉山市预防和惩治侵害留守儿童犯罪联动工作机制的实施意见（试行）》；提出完善社会治理的检察建议35份。推进“法律七进”活动，举办法制讲座宣传123次，发放宣传资料4100余份，接受法律咨询400余人次。

【查办职务犯罪】 2016年，全市检察机关从严查处职务犯罪，立案查办39件62人。其中，贪污贿赂犯罪32件49人，渎职侵权犯罪7件13人；查办大案36件，要案5件；查办厅（局）级干部2人，县（处）级干部4人，乡科级干部15人；查办行贿查办7件10人。开展追逃追赃专项行动，追赃挽损1604万余元。立案查办涉农和扶贫领域职务犯罪9件16人，涉案金额600余万元。

【预防职务犯罪】 2016年，全市检察机关发出涉农扶贫领域预防职务犯罪检察建议9份，促进各发案单位建立健全各类规章制度11项。开展行贿犯罪查询2043次，有行贿记录的68个单位和308名个人被禁止市场准入或降低资质等级。提出防控风险、堵塞漏洞的建议28件，开展预防职务犯罪宣讲活动32场，法制专题讲座11次，发放《职务犯罪案例》手册1000余份。其中，涉农惠农扶贫开发领域预防职务犯罪的专项报告得到市委李静书记、市政协主席王影聪肯定性批示。

【刑事诉讼监督】 2016年，监督公安机关立案37人，纠正不应当立案17人，纠正漏捕13人。聚焦司法不公问题强化审判监督，提出刑事裁判抗诉12件，纠正漏诉57人；推进庭审实质化改革，出席庭前会议12件（次）。开展集中清理判处实刑罪犯未执行刑罚专项行动，核查未收监执行刑罚罪犯25名，纠正督促收监22名，纠正率88%，位列全省第三；专项检查703件“减假暂”案件办理质量，发现“减假暂”不当25件，全年提出书面纠正；加强刑罚执行和监管场所违法监督，提出书面纠正87件，纠正率97.7%；强化监外执行和社区矫正监督，纠正脱管、漏管、虚管126人；受理羁押必要性审查68人，提出释放或者变更强制措施检察建议39人。查办刑罚执行和监管活动中职务犯罪2人。

【民事、行政诉讼监督】 2016年，全市检察机关对认为确有错误的民事和行政生效裁判、调解书提请抗诉5件，提出再审检察建议20件。分别办理审判活动违法监督案件10件、执行活动违法监督案件11件、行政机关违法行为监督21件。有效监督损害司法公信和国家、社会利益的虚假诉讼案件5件，开展民事违法行为调查2件。从严惩治司法腐败，查办司法人员职务犯罪3人。

【行政执法监督】 2016年，全市检察机关通过“两法衔接”信息共享平台，监督行政执法机关移送涉嫌犯罪28件31人，公安机关立案28件31人。开展重大行政执法案件同步监督，严查行政人员在行政执法活动中犯罪。

【接受外部监督】 2016年，全市检察机关强化监督机制，主动接受外部监督。完善检察工作报告制度，坚持向人大及其常委会报告工作，向政协通报工作；完善代表委员联系机制，邀请人大代表、政协委员和社会各界人士参加检察开放日、工作视察、案件庭审等检务活动，主动走访人大代表、政协委员征求意见；开展规范司法行为专项整治，司法不规范问题68个，立查立改，建立健全规章制度10余项；发布重要案件信息59条，公开法律文书993份；通过微博、微信、手机报发布检察信息3500余条，寄送联络专刊4000余份；接待律师和其他人员查询案件信息123次；市检察院门户网站全年点击率超过5万次。完善保障诉讼参与人权利工作机制，接待辩护人、诉讼代理人案件查询、阅卷、调取证据、申请会见524次，听取辩护人意见21件。

【改革创新】 2016年，眉山检察机关建立全省检察系统首个档案信息大数据共享平台，依托检察专网实现各县院档案互联互通、异地查询利用，获得市四大班子领导肯定性批示；开展认罪认罚从宽工作，制发《眉山市检察机关开展认罪认罚从宽制度试点工作方案》《眉山市检察机关开展认罪认罚刑事案件速办工作试点方案》，选取东坡区院、彭山区院和仁寿县院试点，全市试点单位移送起诉适用认罪认罚从宽处理的案件153件，法院采纳检察机关量刑建议判处刑罚的案件152件，所有被告人均认罪服判，无一提出上诉，受到省检察院和市委肯定；开展财产刑执行监督大数据库建设，制定实施方案和试行规定，各区、县院集中清理度采集2011年1月1日至今的刑事判决书。

【队伍建设】 2016年，市检察院加强队伍素质能力建设。优化检察人员队伍结构，新招录、遴选21人，提拔任用后备干部17人，全市检察官141人入额。组织练兵活动、专题培训、学习教育85期，受训干警1300余人次。加强院校共建合作平台，1名干警被川大法学院聘为兼职教授兼四川大学985平台社会公正与危机控制创新基地兼职研究员，聘请四川大学法学院专家教授10人担任法律理论咨询员。加强理论研究，撰写检察理论文章24篇。50个集体和65人次获市级以上表彰。推进基层院“八化”建设，推进文化育检工程，彭山区院通过省级文明单位创建，检察文化在全省作经验交流。选派3名干警到阿坝州小金县院、金川县院开展援藏工作，援助经费12万元。开展“两学一做”等专题学习讨论48次。深入东坡区圣寿社区开展“两走一对接”“双报到”活动，为社区解决各类不稳定因素7件。为青神县汉阳镇新路村提供帮扶资金10万元，全面完成12户33人贫困人口脱贫工作。

（市检察院）

审 判

【概况】 2016年，眉山市中级人民法院下辖东坡、彭山、仁寿、青神、洪雅、丹棱6个基层法院，20个人民法庭。内设19个职能部门，下设事业单位1个，挂靠设立正县级机构2个（市司法调解中心、市诉调对接中心）。全市法院工作受到省市领导肯定性批示21次，获107次市级先进集体称号，127人次被评为市级以上先进个人，1人被表彰为“全国优秀法官”。最高法院惩治侵犯留守儿童权益犯罪联动机制改革试点现场会在眉山召开。多元纠纷解决工作经验在中央政法工作会交流，“眉山经验”写入2015年最高法院、四川省法院工作报告，《人民日报》刊载报道。

【刑事审判】 2016年，全市法院审结刑事案件1967件，比2015年增长12.08%。其中，市法院审结199件，审结率94.31%。严惩多发突出犯罪，审结故意杀人、故意伤害、爆炸、抢劫、绑架等严重暴力犯罪161件221人，审结毒品犯罪案件235件。突出打击涉众经济犯罪，依法审结非法集资案件56件。推进预防惩治侵犯留守儿童权益犯罪联动机制改革试点，受到最高法院院长周强等肯定，最高法院在眉山召开工作现场会。完成涉案财物清理，建立涉案财物管理统一场所和涉案财物管理信息化统一平台。

【民事审判】 2016年，全市法院审结民商事案件1.58万件，比2015年（下同）下降9.07%。其中，市法院审结1478件，结案率93.78%。妥善审结劳动争议案件1074件、降18.08%。审结房地产开发经营合同纠纷、建设工程合同纠纷、土地使用权纠纷等房地产案件452件、增36.14%。审结民间借贷纠纷案件2099件、降9.37%。审理企业破产案件16件，出台服务“三大工程”实施意见，设立环保旅游法庭，被最高法院确定为家事审判改革法院，设立家事调解委员会，选任家事调查员，建立心理干预机制，审结婚姻家庭案件4114件。

【行政审判】 2016年，全市法院审结行政案件306件，比2015年增长0.33%。其中，市法院审结130件，结案率95.59%。中院院长为全市行政机关负责人授课，受到省依法治省办肯定。

【执行工作】 2016年，全市法院依法执结案件7549件，执结标的额88.29亿元，比2015年分别增长25.46%、177.03%。其中，市法院执结308件，结案率95.36%。加强执行信息化建设，升级财产查询系统，自动划扣，对接全省、全国系统，查控存款1.11亿元、房地1163宗、车辆659台。建立网络拍卖统一平台，完成网络拍卖34件，拍卖金额1.12亿元。强化信用惩戒威慑，纳入征信黑名单2150人，公开曝光1169人，限制出境11人，司法拘留61人，追究拒执罪4人。

【立案工作】 2016年，全市法院立案2.85万件，比2015年增长1.2%，审结2.73万（含旧存）件、增1.94%，结案率95.66%、增0.69%。其中，市法院立案3842件、增1.37%，审结3707（含旧存）件、增1.59%，结案率96.49%。

【诉非衔接】 2016年，推进多元解纷“三化”，实现“诉非衔接”向“多元衔接”转型升级，《人民日报》深入报道，中央政法工作会全国推广。顺应“互联网+”新趋势，建立网络调解平台，链接每个调解组织，配备网络调解员174人，实现纠纷网上分流、在线调解、在线接访、申请司法确认等，推进解纷平台智能化。顺应社会纠纷的新发展，培育专业性、行业性调解组织194个，推进调解组织专业化。

【诉讼辅导】 2016年，市法院升级诉讼服务中心信息化，提供寻路导航、诉讼引导、诉讼评价、自助查询等智能服务，开通网上诉讼服务中心，诉讼服务线下线上融合互补，提升诉讼服务的规范化、便捷性和精准度。全省诉讼服务中心建设现场会在眉山召开，诉讼服务工作经验向全省推广。18个人民法庭建立诉讼服务场所，128个乡镇、景区和工业园区设立诉讼服务站点，每个村社确定诉讼服务联系人，巡回审理案件1.03万件，巡回审判工作经验全国交流。

【司法惠民】 2016年，开展“司法大拜年”活动，建立长效机制，开展惠民工程，帮助兑现农民工工资503万元，救助困难群众337人次，开展法制宣传69次。开展脱贫攻坚，“一对一”结对帮扶73户贫困户，帮助协调落实资金120万元，帮助发展养殖专业户31家，养殖禽畜30万只、水产33.33公顷。

【司法公开】 2016年，市法院改版《眉山法院》《东坡司法评论》，运用微信、微博、短信等推送信息，建立30个科技法庭“每庭必录”，直播案件庭审常态化。

2016年4月13日，眉山中院法院开放日市一小学生走进法庭

【公正提速】 2016年，市法院启动“公正提速”行动，工作经验在全省法院院长会上交流，《人民法院报》头版头条报道。市中院和东坡、彭山、仁寿法院成立速裁审判庭，洪雅、丹棱、青神法院成立速裁审理组，推行民事“简案速审”，全市法院一审简易程序适用率79.19%，一审速裁率37.52%，二审速裁率32.87%。市法院、市检察、公安局制发“轻刑快办”工作意见，“轻刑快办”程序适用率58.17%，平均审理时间7.13天。建立执行案件繁简甄别机制，推行执行案件“简案快执”，全年执行案件增长26.92%，执结率名列全省前茅。

【队伍建设】 2016年，市法院开办“道德讲堂”，开展读书会、重温入党誓词、法官集体宣誓等活动。开展业务培训4次，集中培训43天，参训365人。学术论文受到最高法院表彰，调研案例工作名列全省前茅，《“枫桥经验”与社会纠纷解决机制研究》课题获市社科联特等奖。法警司法技能大比武获全省第3名，洪雅县法院干警喻军被表彰为2016年度“全国优秀法官”。法治微电影获全国“十佳”，全国法院微电影颁奖仪式在眉山举办，最高法院副院长景汉朝出席并讲话。通过全省最佳文明单位验收，承办全省法院优秀文艺节目汇报演出晚会，法治教育陈列馆被列为2016年全省法院特色文化项目。经公开公正考试考核，确定全市入额法官220人，占行政编制34.34%。眉山法院员额制改革完成。组建新型审判团队38个，完善办案人员权力清单制度，健全审判权监督制约机制，落实院庭长直接办案和入额法官办案责任追究。改进审判管理监督，放权不放任、监督不干预。建成四级法院联网的网络投诉举报平台，公布举报电话、邮箱，畅通群众监督渠道。

（市法院）

司法行政

【概况】 2016年，眉山市委被评为全国“六五”普法先进单位；全省“六五”普法先进城市；市司法局在全省司法行政系统绩效考评中荣获特等奖，在市委市政府目标考核中被评为先进单位，18项工作受到上级通报表扬。

2016年10月28日，洪雅县中山乡人民政府向眉山市中级人民法院赠送锦旗

【普法工作】 2016年，市人大常委会审议通过《眉山市关于开展第七个五年法治宣传教育的决议》，市委、市政府制订《眉山市“七五”普法规划》。面向全市收集婚姻家庭、民间借贷、民事纠纷等19个类别案例322件，建成“以案说法”案例库。编印“法律进乡村”普法读本并发放到全市农村，指导编印《法律进企业》《单位行业法律知识》《法律进社区》等普法读本。以“依法治市·法在身边”“法律跟着矛盾走”“调解一次纠纷，上好一堂法治课”等活动为载体，推进“法律七进”（进机关、进学校、进乡村、进社区、进企业、进单位、进宗教场所），全年全市开展法律活动9千余次，发放普法读物8万余册，受教育群众达70万余人次。按照“谁执法谁普法”责任制，市司法、妇联、工商、国安、团委等部门，在全市开展“十项主题”活动。通过专题学习、巡回宣讲、悬挂横幅标语、发放宣传用品等，营造浓厚法治氛围。规范开展第二批法治示范创建活动，全市创建法治示范县（区）2个、法治示范乡镇（街道）24个、学法用法示范机关（单位）46个。申报省级法治教育示范基地8个、“法律七进”示范点10个。以建立“眉山普法”微信服务平台为标志，开展新媒体普法，全年推送微信法治专题27期，实现眉山法治文化提档升级。在全市开展“法润天府·法治文艺进万家”“清凉之夏·法治电影周”活动514场。更新法治文化宣传阵地126个，新建法治广场、法治教育基地7个，建设一大批法律图书室、法治宣传栏，在新闻媒体开辟普法专栏30个，创编法治文化作品，拍摄展播法治微电影17部，推送法治公益广告2000余条。

【律师工作】 2016年，眉山市司法局组织全市律师开展“送法进园区”和“外来企业大走访”活动，为企业开展“法律体检”，提供法律服务。全年律师担任政府企业法律顾问800余家，代理各类案件3600余件，提供法律咨询1.2万余次。组织律师主动介入征地拆迁、破产清算、非法集资等重大敏感案件，为群众提供法律解释和法律帮助，引导案件在法律程序中化解，维护社会稳定。检查考核律师事务所35家、律师306人。组织律师529人次开展执业培训，参训率171%。严格查处律师执业违规行为。

【公证与司法鉴定】 2016年，全市公证、鉴定机构围绕重点工程和重大建设项目，提供公证、鉴定法律服务。开展“公证执业为民、便民惠民主题活动”，通过公开服务流程、优化办证程序、缩短服务时限等方式，提高公证办证效率。开展司法鉴定规范化建设活动，强化司法鉴定人员教育培训、机构内部管理和执业监督，确保行业规范高效。全年办理公证1.22万件，办结司法鉴定提速案件1246件，提供上门服务418件，减免费用16万余元，无一例信访投诉，案件采信率99.7%。

【法律援助】 2016年，推进农民工维权工作常态化，全年办理农民工讨薪案件421件，涉及金额2700万元。开展法律援助助残专项维权月活动，保障残疾人合法权益。增加受援事项、放宽经济困难标准、扩大刑事法律援助覆盖面，完善法律援助工作制度；开设便民绿色通道、完善便民服务窗口，优化援助服务；开展法律援助质量标准化建设、完善援助质量监管机制，规范援助管理。全年办理法律援助案件1165件，完成法律援助事项18190人次，提供法律援助服务2.05万人次。

【法制工作与司法考试】 2016年，眉山市司法局完成47项行政权力清单比对优化调整。完成2016年度国家司法考试全省联网测试、网上报名、现场审核、确认和《法律职业资格证》申请审查上报。

【人民调解】 2016年，眉山市司法局有序推进人民调解委员会规范化建设，全市达到规范化标准的调委会 1699 个，占调委会总数的 85.3%。完善调解员上岗培训等制度，全市各级调解组织开展人民调解员培训 1000 余场次，培训调解员近 3 万人次。建成 131 个乡镇（街道）矛盾纠纷第三方调解中心，全部聘请法律顾问，受理调处社会矛盾纠纷 151 件，调处成功率 95.4%。全市县级行政区域医疗卫生、交通事故、婚姻家庭、劳动争议纠纷调委会建立率 100%，人民调解入驻派出所工作室 75%。开展“三三调解”工作机制，小纠纷“随手调”活动，全年全市受理矛盾纠纷 1.15 万件，调解成功 1.14 件。

【基层法律服务】 2016 年，眉山市司法局开展全市 42 家法律服务所和 160 名基层法律服务工作者年度考核和注册，改造 42 家法律服务所实行合伙制。面向社会公开招录司法助理员 23 人，按照省司法厅关于基层司法所业务用房规范化建设要求，建成规范化司法所 39 个。新建村级司法工作站 26 个，全市已建成村级司法工作站 237 个。

【社区矫正】 2016 年，眉山市司法局开展社区服刑人员监管教育帮扶和刑满释放人员安置帮教改革试点，通过省特改验收组检查验收。制定《眉山市社区服刑人员监管教育帮扶工作细则》，开展全市社区矫正“规范化建设推进年”活动，完善社区矫正信息管理平台，推进电子腕表定位监管正常运行。组织心理专家志愿者服务队队员赴全市 6 区县开展社区服刑人员心理辅导 12 期，测试和辅导社区服刑人员 900 余人。提供就业服务，开展社区服刑人员技能培训 79 人，推荐就业 12 人。全市接收社区服刑人员 950 人，解除矫正 910 人，在矫人员 1639 人。未发生一起因社区服刑人员引起的影响社会和谐稳定的重特大案事件。

【安置帮教】 2016 年，建成以市政府投入为主的过渡性安帮基地 1 个，安置刑释人员 2 人。洪雅县依托新乐雅陶瓷有限公司建立刑满释放人员安帮基地 1 个。制定《眉山市刑满释放人员安置帮教工作细则》，组织开展服刑人员未成年子女排查工作，建立 266 名服刑人员未成年子女工作台账并动态管理。市司法局出资 1 万元，采取政府购买服务的方式，为青神县 30 余名服刑人员未成年子女提供关爱服务。加强刑满释放人员信息系统的使用和管理，全市服刑人员基本信息核实率 98%以上。全年回归刑释人员 1536 人，安置率、帮教率、重点帮教对象接送率均达 100%。

【队伍建设】 2016 年，眉山市司法局开展“两学一做”学习教育。制发《眉山市司法局绩效考评办法》。刊发工作动态、调研文章 305 条（篇），被省市内宣刊物采用 70 余篇次，被各类新闻媒体转发 100 余篇次。加强班子队伍正规化建设，做好干部选任、编制清理等工作。全面推行司法行政系统信息化建设。市、区县司法局全部接入政法专网，完成视频会议系统建设；面向社会公开招录司法助理员 23 人，全市建成规范化司法所 39 个，新建村级司法工作站 26 个。开展“走基层”活动和“精准扶贫”工作。把党风廉政建设纳入目标管理，教育引导党员干部牢固树立政治意识、大局意识、核心意识、看齐意识，忠于党、忠于国家、忠于人民、忠于法律的社会主义法治工作队伍。

（陈俐冰）

眉州监狱

【概况】 2016 年，眉州监狱围绕安全稳定“六零”目标，抓队伍强管理，重点创新，执法严明、管理规范、保障有力、安全文明的工作格局。荣获全省司法行政系统先进集体，被省局评为 5 家管理规范监狱之一，连续 7 年被评为省监狱系统绩效考核一等奖。

【安全稳定】 2016 年，眉州监狱深化“三共四防八联一体化”建设，巩固安全生产标准化成果，推进罪犯食堂“三精”管理，全面推行“警务责任区+板块移动”网格化现场管理模式，探索高度戒备监区“六分法”管理模式。

【依法治监】 2016 年，眉州监狱开展“会前学法”和“法律七进”活动，提升监狱执法影响力。落实“1+5+1”教育改造模式，开展“新起点”杯文体艺术节、亲情帮教等活动，发挥监狱改造人的职能。

【信息建设】 2016 年，眉州监狱加强监狱数字化安防系统和即时通讯系统建设，完成 RFID 人员定位系统、ERP 生产管理系统试点等信息建设，创新研发服务器和桌面虚拟化技术。

【队伍建设】 2016 年，眉州监狱开展“两学一做”、纪念建党 95 周年及正风肃纪等系列专项教育活动，开展“练兵+考核+比武+兴趣”战训四合一模式，推行“二挂钩、三结合、三公开”民警职工考核机制。开展监狱理论、科学技术研究，评选表彰优秀主管警官、星级警长、眉州警星，推进警营文化建设。

【廉政建设】 2016 年，眉州监狱推行“科技+制度”廉政风险防控管理平台建设，开展“一月一主题”廉政教育，实行权力事项、风险点、防控措施网上公示和预警管理，党委委员全部签订不得违反规定插手干预过问执法活动承诺书，535 名民警遵守“六个一律”和“十严禁”承诺书。发挥社会警示功能，接待省、市各级党政企事业单位 126 个，警示教育 8500 余人次。

（徐浩智）

经济管理

Economic management

综 述

2016年，全市地区生产总值1117.23亿元，比2015年（下同）增长8.4%，增速居全省第3位；地方一般公共预算收入90.3亿元，增长10%；全社会固定资产投资1163.55亿元，增长12.7%，民间投资占全社会投资64.67%；产业结构调整为15.2：55.5：29.3；规模以上工业企业622户，规模以上工业增加值增长10%；第三产业增加值增长9.3%；城镇化率43.38%。

发展改革管理

【项目投资】 2016年，全市全社会固定资产投资1163.55亿元，比2015年（下同）增长12.7%，增速居全省第7位；20个省重点项目完成投资36亿元，160个市级重点项目完成投资272亿元；全年举办重点项目集中开竣工仪式4次，集中开工项目168个，集中竣工项目146个；招商引资到位资金连续九年居全省前列；引进中铁文旅黑龙滩国家生态旅游、华为眉山大数据中心等投资超百亿的项目。

【资金争取】 2016年，全市争取中央和省预算内项目70个，到位资金8.12亿元，其中中央预算内资金5.34亿元，省预算内资金2.78亿元；争取国家专项基金77个项目，到位基金56.09亿元。

【PPP工作】 2016年，市委、市政府成立PPP（公私合伙制）项目专项工作组，8月2日，在成都锦江宾馆举办PPP项目招商推介会，全市推出PPP项目工程包40个，子项目133个，总投资2050亿元，涉及交通、市政、教育、卫生、水利、旅游等多个领域，招商推介会上签约项目7个，总投资430亿元；市政府办制发《关于加快推进政府与社会资本合作项目工作的通知》《关于印发眉山市PPP项目操作规程（试行）的通知》，市发展改革委制发《关于印发眉山市PPP项目工作推进流程图和流程表的通知》《眉山市PPP项目评审专家管理办法》《眉山市PPP项目入库管理办法》等。总投资118.9亿元的眉山交通及社会事业建设和总投资25.3亿元眉山市基础设施存量PPP两个试点项目挂网招标。

【规划编制】 2016年1月，眉山市第三届人民代表大会第七次会议审议通过“十三五”规划《纲要》。

【社会事业发展】 2016年，市发改委申报仁寿县为全国农民工返乡人员创业试点县；配合省上完成《中国大熊猫国家公园（四川部分）体制试点方案》以及全市范围划定。

【园区建设】 2016年，完成眉山经开区扩区调位，8月22日获省政府批复，开发区规划面积由4.9平方千米增至33.7平方千米。

【信用体系建设】 2016年，市发改委制发《关于加强信用信息平台建设工作的通知》，加快市级信用平台建设。眉山市企业信用信息共享服务平台、眉山市市场主体信用信息平台完成硬件建设，进入程序调整阶段。推送失信主体违法案例3个。

【安全生产监管】 2016年，市发改委组织检查和督促全市正在运营的加气站12座，实现零事故。协调东坡区、彭山区和仁寿作业区召开协调会，拆除省挂牌督办的3处油气长输管线隐患点，并向省油气管道整治领导小组办公室销号。

【行政审批】 2016年，市发改委行政审批项目12个，备案项目43个。跟踪指导下放的行政审批事项。指导6区县编制《眉山市十三五电力发展规划》《眉山市十三五农网改造升级规划》《眉山市小城镇和中心村农网改造升级工程2016—2017年实施方案》《眉山市农村机井通电2016—2017年实施方案》、全市农网改造升级、小城镇、中心村和机井通电可行性研究，上报省发改委批准，牵头考核全市贫困人口脱贫生活用电。

【改革创新】 2016年，市发改委印发《关于建立眉山市大众创业万众创新工作联席会议制度的通知》，明确联席会议成员单位、主要职责和保障机制。制定《眉山市推进全面创新改革试验工作方案》，获得省全创办批复，制定具体责任单位和责任领导，推进创新改革试验工作；牵头编制《眉山市“十三五”创新创业规划》，市政府印发《全市进一步加强和规范水电建设管理实施方案》《推进公众通信基站建设的实施意见》。

【易地扶贫】 2016年，全市易地扶贫计划搬迁2498户7088人，总投资4.2亿元。其中，建设集中安置点10个137户398人、分散安置2361户6699人。实际建成2739户7768人，建成住房面积19.34万平方米；10个集中安置点全部建成投入使用；搬迁7088人中脱贫6294人。宅基地复垦26万平米，迁出区生态修复18万平米，实现耕地占补平衡。全市完成投资4.55亿元，其中住房建设投资3.52亿元、基础设施和公共服务设施投资1.03亿元。

【环境资源】 2016年，完成省政府对眉山市2015年度、“十二五”节能节水降碳和淘汰落后产能目标责任评价考核。12月8日，全市首个垃圾焚烧发电项目并网发电。

【体制改革】 2016年，经济和科技体制改革工作要点10项，推进省、市专项改革方案35项。全年制订《关于促进民营企业建立现代企业制度实施方案》《关于贯彻落实省政府促进经济稳定增长和提质增效推进供给侧结构性改革政策措施的实施意见》《眉山市公务用车制度改革总体方案》等专项改革方案9个，党政机关和参公管理事业单位公车改革基本完成，PPP项目模式迅速推广，服务业快速发展，信用体系建设稳步推进，“五证合一、一照一码”启动实施，推进供给侧改革、全面创新改革，房地产去库存工作在全省经济体制改革工作会议上交流发言，经济体制改革工作在《全省各市州经济体制改革交流材料》上刊登。

【综合交通建设】 2016年，全市千亿综合交通大会战考核项目完成投资115.48亿元。其中铁路项目完成投资17.6亿元、岷江航电项目完成投资2.38亿元。

【招投标管理】 2016年，市政府印发《眉山市市级政府投资工程建设项目新增不可预见和突发工程管理试行办法》，规范新增工程的认定程序和后续管理。市政府办印发《关于清理规范工程建设领域保证金的实施意见》，减轻企业负担，激发市场活力。市发展改革委印发《眉山市市本级代建代管项目管理规程（试行）》，提高工程项目的建设管理水平和投资效益。全年核准公开招标国家投资工程建设项目36个，比选备案项目44个。全市进入公共资源交易中心招标的政府性投资工程建设项目241项次，招标控制价55.96亿元，招投标环节节约资金10.65亿元，节资率19%；集中交易比选项目108个，比选控制价3.385亿元，节约资金0.326亿元，节资率9.6%。实施代建代管项目4个，办理新增不可预见突发工程认定4项，审核新增工程资金1538万元。严格压证施工管理，滚动暂押项目经理建造师证、技术负责人职称证、监理工程师证423套。启动重大项目招标文件会商40项次，受理市审计局移送案件2件，处理质疑投诉6件，处理招投标异常情况2起。

【项目稽察】 2016年，市发展改革委配合国家发改委稽察办专项稽察1次，配合省重大项目稽察办专项稽查3次，复查1次。自行开展中央预算内资金补助项目专项检查3次。查办围标串标案1件，15家企业被市场禁入1年，没收投标保证金235万元，行政处罚8.47万元。召集全市勘察、设计、施工、监理、招标代理、咨询企业69家集中开展警示教育。

【政务服务】 2016年，市发改委清理调整5次，编制完成权力责任清单。保留行政权力事项29项，其中，行政许可4项，行政处罚23项（价格类11项，招投标类11项，能源类1项），行政检查1项，行政奖励1项。清理市发展改革委2011—2015年起草的规范性文件，其中继续有效5件，修改后继续执行1件，废止2件，失效2件。

【区域合作】 2016年，成都、眉山两市发改委牵头，协调两市相关部门对接、筹备，拟制成都市人民政府、眉山市人民政府《关于协同发展框架协议》和两市规划、交通、工业、农业、旅游5个专项合作协议。完善会议相关材料。眉山市发改委与雅安发改委衔接，形成《雅安—眉山“十三五”期间区域合作实施方案》。细化合作事项和16个重大合作项目，明确相关责任。

【县域经济】 2016年，按照省委政研室和省委改革办《关于征求加强县域经济工作意见建议的函》通知精神，将需改进重点和方向及对目前全省试行的县域经济考核办法修改建议上报省上。市政府办印发《眉山市2016年县域经济发展改革重点工作推进方案》。

【区域发展】 2016年，市发改委收集整理各区县和市级相关部门意见，牵头草拟《关于送审眉山市推进区域发展实施意见的请示》报市

委改革办审定。（市发展改革委）

工商行政管理

【工商登记制度改革】 2016年，全市实行“一套材料、一表登记、一窗受理”工商登记模式，统一编码赋码规则、统一登记流程、统一文书格式，启动“五证合一、一照一码”登记改革。启动个体工商户“三证整合”为一次申请、由工商行政管理部门核发载有统一社会信用代码的营业执照。企业申请登记需要提交的材料由28份减至9份，填写事项由187项减至32项，证照办理时间由10天减为3天。全年全市新办企业“一照一码”营业执照4717份，换照6322张。落实“先照后证”、注册资本认缴登记制、《眉山市市场主体住所（经营场所）登记管理办法（试行）》，登记“先照后证”前置改后置许可企业1226户，“一照多址”“一址多照”的企业825户。全年新登记个体工商户1.65万户，比2015年（下同）增长14.64%；新登记私营企业4241户，增长23.75%；新登记农民专业合作社442户，增长16.93%。

【信用约束】 2016年，市工商局制发《关于落实“先照后证”改革决定加强事中事后监管工作的实施意见》，确定55项工商登记前置审批事项和144项后置审批事项，形成“谁审批、谁监管，谁主管、谁监管”的权力清单和责任清单，厘清203项监管事项的职责。建成市场主体信用信息系统在青神县试点运行。草拟《眉山市相关部门市场主体信息归集实施办法》，采集市场主体行政审批、行政处罚信息4000余条，记于企业名下。抽查企业521户，其中191户限期公示及时信息。32户隐瞒真实情况、弄虚作假，51户通过登记的住所（经营场所）无法联系，8户不予配合情节严重，9户未按规定公示即时信息的企业，列入经营异常名录。组织开展“死户”企业工作，立案企业400户，吊销程序68户，注销5户，其余企业全部进入程序。

【民营经济扶持】 2016年，制发《眉山市支持小微企业加快发展的若干政策措施》，每年安排产业及企业发展财政专项资金70%用于支持民营经济发展，安排3000万元工业发展资金，扶持成长型民营企业发展，预算安排1200万元以上，支持小微企业发展。设立3亿元工业企业应急临时周转资金，帮助企业及时还旧贷新。为银企对接牵线搭桥，促成72个民营企业项目与银行机构签约，签约金额33.39亿元。办理股权出质登记186户，被担保债权数额34.55亿元。办理动产抵押登记185件，抵押金额28.21亿元。全市民营经济增加值698.04亿元，比2015年（下同）增长8.7%。全市民营经济增加值占GDP的62.48%，对GDP贡献率64.67%，拉动GDP增长5.4个百分点。全市民间投资752.48亿元，增长4.8%，占全社会固定资产投资的64.7%。眉山被确定为全省首个促进民营企业建立现代企业制度试点市，制发《眉山市民营企业建立现代企业制度鼓励办法》《眉山市民营企业建立现代企业制度评价标准》，新增13户市级试点企业。确定8户和12户企业作为省、市民营企业“诚信守法企业”候选企业。组织20户省、市候选企业和各区县工商质监局经办人员60余人，召开全市民营企业“诚信守法企业”示范创建活动培训会，强化民营企业尊法学法守法用法意识。

【商标品牌管理】 2016年，全年开展新《商标法》培训7场，举办证明商标使用管理座谈会4次，开展商标“六进”宣传，指导“东坡泡菜”等已注册的证明商标制定完善使用管理细则，做好“东坡味道”千亿产业发展和全球行等招商推介活动，组织企业参加“惠民购物全川行”“川货全国行”“万企出国门”活动，推进商标品牌培育、认定和运用。全年新申请商标注册401件，“鑫统领”创建为中国驰名商标，新培育地理标志证明商标2件，其中“仁寿芝麻糕”成功注册，推荐申报四川省著名商标16件，7件进入初审公示，新培育市知名商标19件。

【非公党建】 2016年，市工商局建立“小个专”党员组织关系转接服务站，设在工商登记窗口，帮助党员做好组织关系转接。服务站通过“明白纸”提示转移组织关系32人，经电话、短信提示及时办理组织关系转移25人，发送问候短信3000余条。推进“小个专”非公党建“百日攻坚”行动，全市组建“小个专”党支部38个、团支部54个。

【消费维权】 2016年，市工商局抽查检验钢材、水管、服装等12类商品225个批次，立案查处销售不合格商品案件113件。办理服务领域消费侵权案件76件。主动为消费者提供信息咨询，及时回应消费热点，发布典型案例58件，消费警（提）示93条次。开展汽车消费满意度调查，提出汽车销售商整改建议，并督促整改。处理消费者投诉举报1742件，为消费者挽回经济损失128.7万元。

【执法监管】 2016年，市工商局以治理虚假宣传、强化消费维权和整治无照经营、超范围经营为主要内容，开展“红盾春雷行动

2016”，查处案件473件，其中10万元以上大要案件5件，向公安机关移送案件1件。开展公用企业限制竞争和垄断行为突出问题集中整治，引入第三方市场调查机构，调查供电、供水、供气、银行4个行业800户企业，汇总限制竞争和垄断行为突出问题85条，督查企业整改，立案11件，结案4件，为消费者减少费用约60万元。开展“双打”工作，查处侵犯注册商标专用权案31件，查处假冒伪劣商品案39件。检查网站、网店2400户次，发现网络交易案件56件，办结网络交易违法案件25件。关闭网站5个、责令整改46个，向公安部门移送网络传销案2件。专项整治第三方交易平台，集中开展全市11个第三方交易平台主要存在的霸王条款、虚假宣传、不正当竞争、侵害消费者权益等违法行为，专项检查评估和问题整改约谈，查处案件2件。不间断监控4个市级电视台、1个广播电台广告发布情况，监控广告数据7822条，约谈眉山电视台1次，停播广告2条。开展互联网金融广告专项整治，向市金融办移交案件线索5条，会同办理案件2件。检查投融资理财咨询类企业125户次，查处此类公司发布虚假违法广告案1件。严厉查处违法广告行为，查处各类广告违法案件92件。创建“无传销城市”，组织2000余名即将毕业的大学生参加“拒绝传销，远离传销”专题讲座。在中心城区34个社区、大型商场、市场和车站等人流密集的区域制作“创建无传销城市”广告宣传栏。5个区县命名为“无传销县（区）”。开展打传行动16次，捣毁传销窝点13个，教育遣返300余人，约谈直销企业13户。开展“红盾护农行动”，抽检农资90个批次，其中不合格19个批次，均立案调查，全部下架，结案6件。加强流通领域成品油质量监管，抽检成品油100个批次，12个批次不合格，均立案查处，结案8件。查处无照经营案件83件。加强合同监管，引导企业参与守合同重信用企业公示，分别公示国家、省、市级守重企业7户、34户和61户。加强拍卖市场监管，备案拍卖活动63次，拍卖确认书59份，拍卖确认金额66.59亿元。（市工商局）

安全生产监督管理

【概况】 2016年，全市发生各类安全生产事故101起，死亡88人，无较大及以上生产安全事故发生。连续2年未发生较大及以上事故，连续6年未发生重大及以上事故。

【责任覆盖】 2016年，眉山市安全生产监督管理局（以下简称“市安监局”）落实“党政同责、一岗双责、齐抓共管、失职追责”安全生产责任制。坚持“关口前移、重心下移”，按照“一年试点探索，二年、三年示范引领，四年全面落实，五年巩固提升”思路，开展“企业安全生产主体责任落实五年行动”，全市规模以上企业“五落实五到位”全覆盖。

【履职考核】 2016年，市安监局坚持实施安全生产履职情况报告、约谈、事故现场分析会、事故通报、安全生产督查“四不两直”、事故述职等制度，发生的各类生产安全事故，严格按照“四不放过”原则实施责任追究。将安全生产工作细化为27个具体项目，交由22个市级行业主管部门分别考核，注重过程考核和结果运用。市财政列支261万元，奖励2015年度安全生产先进单位和部门。

【安全生产体制机制建设】 2016年，市安监局加强基层安全监察执法机构建设。推动工业园区安全监察执法机构建设，甘眉（铝硅）产业园区、眉山金象化工产业园区、岷东新区成立安全生产监察执法大队，配备执法人员和装备，全市实现市级工业园区派驻执法机构全覆盖。

【新安法宣传贯彻】 2016年，市安监局组织开展安全生产知识“七进”（进企业、进农村、进社区、进学校、进机关、进景区、进家庭）活动。开展新安全法宣讲78次。市安委会在《眉山日报》《城市专刊》两家市级媒体开辟专栏，每月一期，围绕社会关注、群众关心的安全生产问题，开展舆论引导。

【“安全生产月”活动】 2016年，市长、市安委会主任罗佳明在《眉山日报》上刊发《强化安全发展观念，提升全民安全素质》署名文章。市安监局组织开展“安全生产月咨询日”“安康杯”知识竞赛、《职业病防治法》宣传周活动。市政府安排资金10余万元，开展“安全之星·眉山榜样”评选活动，表彰在安全生产岗位上表现突出、事迹感人的先进代表20人。节假日期间，市安办通过手机短信向区县党政领导和重点行业领域负责人发送安全生产温馨提示。

【安全培训】 2016年，各级组织、人力资源、党校（行政院校）将安全管理纳入公务员、事业人员培训内容，在各类主体培训班中，增开领导干部安全管理课程。市、区县行业主管部门按照“三个必须”要求，加强从业人员安全培训教育，推行持证上岗和先培训后上岗制度，重点加强农民工、班组长和一线从业人员安全培训。安全监管、交通运输、公安交警、质监等部门分别组织开展宣传教育培训活

2016年12月30日，全市“2016年安全之星·眉山榜样”表彰会。

动，培训从业人员10余万人次。在15个乡镇开展安全急救知识培训，培训急救员2000余人次。

【隐患排查整治】　2016年，市安监局建立以企业分级分类管理为基础，以安全隐患排查标准为依据，以专业信息化系统为管理平台，以企业隐患自查自改自报与政府部门监督检查并网衔接为核心的动态实时管理体系。全年全市排查整治事故隐患2.2万余处，其中市级挂牌督办重大隐患20处。1419户企业利用“四川省安全隐患排查治理信息系统”，每月自查自报隐患，实现隐患排查闭环管理。2家企业绘制“红、橙、黄、蓝”安全风险等级和重大事故隐患空间分布电子图。构建安全风险管控机制，全市辨识出重大安全风险点80处，并落实监控措施。

【安全生产大检查】　2016年，市安监局开展安全生产工作督查检查，实现各行业领域和重点场所全覆盖。组织990个检查组（暗查暗访检查组132个），检查企事业单位2707家，排查整改隐患3528项，投入落实隐患整改资金623.53万元，打击非法违法行为69起，整治违规违章行为179起，停产整顿24家，暂扣吊销证照12个，处罚款5000元。

【打非治违】　2016年，市安监局建立完善“政府统一领导、部门依法打击、企业自查自纠、社会广泛参与”打非治违常态化工作机制，全市24个行业监管部门制定工作细则，打击非法违法和治理纠正违规违章行为2100余起，停产停业整顿企业7家，取缔非法违法企业3家，关闭不符合生产条件企业2家。

【矿山管理】　2016年，全市关闭煤矿企业2家，检查煤矿98矿次，排查整改隐患1032件，实施安全罚款10.7万元、停产整改6矿次。强化煤矿职工安全培训教育，培训3000余人次。关闭非煤矿山企业8家。检查非煤矿山219矿次，发现并督促整改隐患和问题1000余条，实施行政罚款10万元，责令停产整改8矿次。

【危险化学品和烟花爆竹安全整治】　2016年，市安监局完成危险化学品生产、经营企业安全标准化审查95家，发证91家。开展化工和危险化学品及医药企业特殊作业安全专项治理，检查企业368个次，发现隐患1162处，督促企业上报整改方案41份，发出《责令限期整改指令书》3份，责令停产整改企业2家。加大烟花爆竹生产企业“一证多厂”、分包、转包等违法违规行为整治，严厉查处“三超一改”行为。完成2家烟花爆竹仓库搬迁验收，关闭烟花爆竹零售网点340家。

【建筑施工和特种设备】　2016年，市安监局查处建筑施工安全隐患3343处，约谈建筑施工企业、监理企业和建设单位代表330人次，立案调查67起，罚款165万元。投入120余万元，建设“眉山市BDIM特种设备综合管理信息系统”；安全评估列入安全评估任务的15年以上住宅老旧电梯，开通覆盖全市5000余台在用电梯安全应急处置投诉电话；淘汰注销落后燃煤锅炉49台，立案查处特种设备违法案件4起，下达安全监察指令书64份。

【交通安全和学校安全】　2016年，市安监局开展客运打非治违行动，查处客运违法行为28起，清理路障2639处，清理山区公路塌方1万余立方米，整理病危桥3座。查处超限车辆3665台次，卸载货物8633吨，查处并切割非法拼装车880台酒驾1861起，处理违法驾驶员1100余人次，罚款150余万元，建成固定治超监测站12个。投入1400余万元，开展学校“明厨亮灶”工程建设，开展学校消防应急演练1800余次。

【消防安全】　2016年，市安监局查处火灾隐患和消防违法违规行为919处，办理行政案件55件，罚款

2016年12月6日，眉山市审计局联网审计一期工程建成投入使用。

16.8万元，责令停产停业、停止施工、停止使用53家，临时查封2家，拘留6人。

【职业健康】 2016年，市安监局开展职业卫生和安全生产一体化执法检查，检查企业35家，发现隐患56条，制作《责令限期改正指令书》30份。组织921家尘毒危害企业完成网上信息填报工作。全市职业病危害申报企业规范化达标工作完成20%。

【安全社区建设】 2016年，全市6区县18个乡镇开展四川省安全社区建设，落实专项工作经费650万元，开展各类促进项目260余个，惠及群众50余万人，建成四川省安全社区15个，建成安全体验中心1个。

【安信工程】 2016年，市安监局将企业安全生产信息纳入企业征信系统，建立眉山市企业信用信息共享机制。新增安全生产标准化二级企业5家，三级企业80余家。蒙牛乳业眉山公司被国家安监总局评为全国工贸行业安全生产一级标准化示范企业。市财政采取购买服务方式，列支专家工作经费20万元，专项用于三级标准化评审、“三同时”审查等工作。奖励新建成安全生产二级标准化企业每家3万元。

【应急救援能力建设】 2016年，市安监局修订完善市、区县应急救援预案，开展应急救援演练。建立部门之间、部门和企业之间应急协调联动机制，指导、督促高危行业企业修订完善安全生产应急救援预案，开展应急培训和演练。投入300万元组建金象化工产业园区危险应急救援队。新成立彭山区危险化学品应急救队、洪雅县矿山救护队。

（何浪英）

审计

【审计成果】 2016年，市审计局完成审计项目1151个，其中计划内项目217个，党政交办项目934个。查出违规金额7900万元，促进增收节支和挽回损失8.84亿元，移送司法、纪检等机关线索30件41人，审计提出建议464条，被采纳415条。参与南充市土地出让收支和耕地保护情况审计，获审计署优秀项目表彰，丹棱县书记县长经济责任审计项目获全省优秀项目表彰，眉山市人防办经济责任审计项目获全省信息化优秀项目表彰。

【国家重大政策措施贯彻落实跟踪审计】 2016年，市审计局跟踪审计财税政策落实、重点项目建设和简政放权等情况，收回结转结存资金1326.2万元，加快财政资金下达3.21亿元，推动4个扶贫项目落地。

【财政审计】 2016年，市审计局完成2015年市级预算执行及其他财政收支情况审计、2015年市级财政决算（草案）编制审计、眉山市地方税务局2015年度预算执行及税收征管情况审计。完成市财政局、市林业局、市民政局、市环境保护局4个部门决算草案审签。

【经济责任审计】 2016年，市审计局完成经济责任审计项目11个，审计市财政局，市环境保护局，市林业局，市民政局，市司法局，市投资促进局，市住房公积金管理中心，黑龙滩风景区管理委员会党工委书记、主任，眉山日报社，通济堰管理处经济责任。

【金融审计】 2016年，市审计局完成金融审计1项，审计仁寿县农村信用合作联社2015年资产负债损益情况。

【固定资产投资审计】 2016年，市审计局送审固定资产投资项目30个，送审概算投资33.94亿元，送审投资25.94亿元，审定投资22.83亿元。

【民生资金（项目）审计】 2016年，市审计局跟踪审计全市十大民生工程及20件民生大事，交叉跟踪审计2015保障性安居工程，完成2015年农村居民进城落户购房补贴专项资金审计。

【外资运用审计】 2016年，市审

计局审计世界银行贷款四川小城镇发展项目、中德财政合作四川森林可持续经营项目。

【企业审计】 2016年，市审计局完成眉山发展（控股）有限责任公司2014—2015年资产负债损益审计。

【资金审计】 2016年，市审计局选派业务骨干3人参加自贡市医保基金直审并现场负责。

【信息化建设】 2016年，市审计局举办计算机审计中级培训“眉山班”，“眉山市审计联网系统一期工程”建设并投入运行。（黄雨）

统 计

【概况】 2016年，市统计局加强经济形势预警预测和分析研判，夯实统计基础、强化统计管理、优化统计服务、推进统计改革，为促进眉山市成功迈入“千亿俱乐部”及各项重要经济指标继续保持全省第一方阵提供保障。全年30项单项工作受到国家统计局、省统计局通报表扬，16项重点工作受到市委、市政府表彰，18篇《统计信息专报》得到市委、市政府主要领导批示。

【统计服务】 2016年，市统计局组织市级相关部门召开经济形势预分析会议4次，分析全市经济运行情况，形成专题报告供市领导参考。全年撰写统计分析报告42期，《统计信息专报》30期，22期得到市领导批示；编印《眉山统计月报》1600余份，《数说眉山》3000余份、《眉山统计年鉴（2016年）》300余本；上报各类工作信息200余条。争取国家局、省局支持。第三次全国农业普查、统计改革创新等省级综合试点在眉山开展。全省统计专业技术资格管理信息系培训、人口变动调查暨劳动工资培训、统计法治工作骨干培训、民营经济研讨会等在眉山召开。

【统计改革创新】 2016年，市统计局以“三新”统计为抓手，推进地区生产总值、服务业、投资等统计改革，建立眉山“三新”经济名录库。加强文化产业统计，经验全省交流。开展劳动工资电子台账试点，强化调研指导、督促检查，推进劳动工资电子台账试点，经验全省交流。

【“四大工程”建设】 2016年，市统计局推进统计“四个统一”（统一的基本单位名录、统一的一套表调查制度、统一的数据采集处理软件平台、统一的联网直报系统）。明确政府、部门、企业入库申报工作职责，规范“三上”企业入库申报审核确认。加强乡镇统计基础，划拨11万元建设彭山区统计局为省级规范化建设示范区县，东坡区思蒙镇综合统计站等8个乡镇为省级、市级规范化建设示范乡镇。划拨60余万元为六个区县统计局开通视频会议系统。

【统计法制建设】 2016年，市统计局构建“4325”统计法制眉山模式。抓“4个关键”（关键少数、关键群体、关键对象、关键载体），实行“三个结合”（统计法治与日常业务、阶段性工作、统计执法结合），运行“2个平台”（行政权力运行平台、统计上严重失信企业信息公示平台），落实“5个到位”（机构、人员、制度、监督、经费到位），提升统计法治针对性和实效性。统计法治“眉山模式”在国家统计局到川调研座谈会上作经验交流。完成联网直报数据质量全面检查、清理纠正违反统计法精神文件和做法、“数据造假、以数谋私”专项治理等工作。开展统计执法检查6次，遏制统计弄虚作假行为。接受省政府督查室规范统计工作严肃统计工作纪律情况专项督查。

【第三次全国农业普查】 2016年，成立眉山市三农普领导小组，印发《眉山市三农普市级部门职责与分工的通知》，全市6个区县、131个乡镇（街道）均组建普查机构，1355村（居委会）组建工作组，全市市县乡三级农普工作人员846人，经费总预算4758万元，两员补贴预算2063万元，数据处理场地和专项经费60万元，“五落实”工作要求全面到位。

（市统计局）

统计调查

【调查业务】 2016年，国家统计局眉山调查队（以下简称“眉山调查队”），巩固业务基础，提高调查工作规范化水平。完善居民收入调查数据评审办法，落实调查员补贴，培养优秀调查员队伍。实施工作日志、轨迹查询管理等，促进业务工作提质升位增效。完善调查点之间相互评审，夯实调查点基层基础。编制“工作指南”，完善调查台账。实施总队“5+5”模式、“三图六表”工作法，分专业制作《提升业务支撑能力—专业工作指南》。设计制作的《采购经理抽样调查统计台账》《规下工业调查统计台账》《限额以下批零住餐调查日志》。开展三农普遥感测量实地调查工作。在东坡、仁寿和彭山三个产粮大县分期、分批开展。成立遥感工作领导小组，做好人员组织、经费预算、设备采购、工作培训、加强部门协作和实地调查等工作。规范开展实地调查，做好遥感数据采集。及时反映工作开展情况，关注调查工作出现的新情况、新问题，加强工作情况交流。全年围绕“三农普”遥感工作重点，开展工作宣传。制作宣传画、有声动漫等宣传资料，分发到各普查小区，宣传农业调查的新手段、新技术和发展新方向；制作“三农普”遥感测量图文相册和工作画册，展示眉山市县遥感测量人员工作状态，提升农业调查工作社会影响。

【专项调查】 2016年，眉山调查队围绕新常态下的热点、难点、焦点问题，开展数据挖掘专项调查，提供有深度、有新意的调研报告。《眉山小微企业稳定发展融资难等问题仍未有效解决》被国家统计局采用；《眉山小微企业融资现状及成因分析》（调查报告）获眉山市第九次哲学社会科学优秀成果三等奖，《统筹城乡眉山模式——农村居民“四个转变”意愿调查分析报告》（调查报告）获眉山市第十次折学社会科学优秀成果二等奖，《城乡一体化住户调查中的数据质量控制研究》获眉山市第十次哲学社会科学优秀成果奖三等奖。开展的农民购房意愿调查受到市委领导肯定。撰写的《眉山“东坡味道”产业发展现状调查报告》被国家统计局网站全文采用。

【法制建设】 2016年，眉山调查队开展法治培训。贯彻实施《统计法》等法律规定，实施新增统计法律关系告知制度，全市调查单位样本实现90%以上的统计关系告知，做到依法调查。聘请律师2人担任常年法律顾问。开展数据质量大检查，加强被处罚单位跟踪回访，全年开展执法检查6起。抓统计普法集中宣传活动，组织实施“法制宣传月”“6·26禁毒宣传日”“9·20统计开放日”等重要时点普法宣传活动，向群众发放普法宣传资料1000余份，印制《走近中国统计，了解国家调查》宣传手册500余份发给调查企业和调查对象。

（黄欣兰）

价格管理

【价格改革】 2016年，制订《眉山市价格机制改革实施方案》。全市实行居民生活用气阶梯价格制度和气价上下游联动机制。仁寿、彭山、洪雅等地建立居民用水阶梯价格制度，东坡、仁寿、洪雅在部分乡镇推广居民用水阶梯价格制度。放开药品价格和部分医疗服务价格，强化医保控费作用；放开水电气安装收费，推进水电气价格管理市场化。

【价格调控】 2016年，全市CPI指数涨幅2.0%，实现政府CPI指数控制在3%以内调控目标。向上争取农业发展资金8.03亿元。争取生猪规模化养殖小区（场）建设补助资金、生猪调出大县奖励资金、生猪良种补贴资金等9063万元，农业项目资金6.71亿元，农机购置补贴资金4145万元。全市储备原粮2.9万吨，小包装食用油210吨，大米2100吨。落实稻谷、小麦最低收购价格政策。

【要素价格政策】 2016年，实体企业降低要素成本9.39亿元。严格执行地方电网工商业降低电价、暂停工商业城市公用事业附加、暂停销售侧丰枯电价、调整企业基本电费计收方式等优惠电价政策；60家主要工业企业纳入直购电试点，直购电量8.5亿千瓦时，5家企业使用留存电量20.6亿千瓦时，18家企业使用富余电量1300万千瓦时。青神、丹棱县10家重点企业与雅砻江流域水电开发有限公司合作，在直购电电价基础上叠加优惠1000万元。非居民用天然气销售价格执行每立方米降低至0.70元政策。

【惠民价格政策】 2016年，全市执行免费用电临时补贴政策，向约17万户次“低保”“五保”家庭发放2016年免费用电补贴资金1500余万元。执行地方电网与四川电网居民用电同价政策，降低彭山、青神、丹棱城乡居民用电支出4300余万元。执行自来水、天然气对“低保”家庭优惠政策，减少困难群众生活费用支出500余万元。

【价格与收费专项检查】 2016年，开展旅游市场、药品价格、教育收费、涉企收费、商品房销售明码标价等专项检查，全市查处价格违法案件14件，经济制裁197.24万元，其中：没收108.91万元，罚款88.1万元。

【旅游市场专项检查】 2016年，市发改委回访检查东坡区三苏祠、仁寿县黑龙滩、洪雅县柳江古镇、彭山区彭祖山、青神县中岩寺及丹棱县老峨山等旅游景区景点及周边餐饮、停车收费、农家乐等价格。

【涉企收费专项检查】 2016年，市发改委出动检查人员361人次，检查单位78家。采取检查和单位自查相结合方式，重点检查市国土、市水务等单位11家。

【商品房销售明码标价专项检查】 2016年，市发改委、市住建局组成3个检查小组，分别检查中心城区各大在售楼盘和区县近90家在售楼盘，检查随机抽取的50家房屋销售中介机构门店。2家明码标价不规范的在售楼盘分别现场处罚1000元罚款。

【药品价格专项检查】 2016年，市发改委派出检查组7个，检查人员230余人次，检查各级医疗机构、药品生产批发企业及药品零售药店等160余家。重点检查价格出现异常波动的原料药、药品品种，解决群众和企业反映强烈的问题。

【重点时段市场价格监管】 2016年，全市各级价格部门在重大节日实施市场价格监管，加强节日期间市场价格巡查和宣传。发放宣传资料、宣传册等近2000份，政策提醒告诫函1300余份，规范商铺标价1400余家，重点检查全市大型商场超市30余家、各类农贸市场10余个以及各地客运中心站、旅游景点景区门票价格和停车收费等。查出存在违法问题责令限期整改。加大性质恶劣的典型案件处罚力度，情节严重的予以曝光。

【价格举报】 2016年，全市受理价格咨询投诉297件，其中价格咨询204件、价格建议6件、价格投诉举报87件。实施经济制裁8.48万元，其中罚款3.93万元、没收违法所得3.93万元。

【收费改革】 2016年10月1日零时起，市级公立医院实行药品（中药饮片除外）零差率销售。医院由此减少的合理收入按调整医疗服务价格和增加政府补助补偿。实施公立医院医疗服务价格结构性调整，严格控制医院过度医疗、过度检查行为，解决群众看病难看病贵问题。

【收费管理】 2016年，市发改委清理、核实涉企行政事业性收费、经营服务性收费、专项收入、基金收入的项目和标准4000余项，涉及行政事业性收费16个部门，经营服务性收费10个部门，专项收入2个部门，基金收入5个部门，市发改委编制《眉山市市本级涉企收费目录》，印发园区、企业，在政府网站、《眉山日报》等公示。清理行政事业性和经营服务性收费，公布2016年放开、降低2项、取消1项、废止1项经营服务性收费。

【价格认定】 2016年，全市办理价格认定609件，标的金额2553万元，其中刑事案件价格认定518件，标的金额2035万元；行政案件价格认定84件，标的金额446万元；服务政务价格认定3件，金额72万元；其它4件。认定结论无一例复核案件。

（市发展改革委）

质量技术监督

【质量强市建设】 2016年，市政府制发《加强“十三五”期间质量强市工作的意见》《眉山市质量提升暨品牌创建专项行动计划》等政策文件，质量工作纳入《眉山市国民经济社会发展“十三五”专项规划》，6个质量项目纳入全省“十三五”质量发展规划。眉山在全省首次市州政府质量考核工作中名列第5名，东坡区成功创建“全省质量强市示范城市”，仁寿县获批创建全省“质量强市示范城市”。

【标准强市建设】 2016年，眉山提出建设“标准强市”，制订《眉山市深化标准化改革服务全面创新改革驱动转型发展工作方案》等政策文件，市政府与中国标准化研究院签署《标准化战略合作框架协议》；市质监局主动服务“东坡味道”千亿产业发展，启动泡菜国际标准制定工作，推动全国调味品标准化技术委员会酱腌菜分技术委员会落户眉山，眉山泡菜产业优势转化为标准技术优势。在全市主导产业实施“质量对标提升”行动，主导制定省级地方标准3项，培育团体标准2项，建立标准体系15个，获批采用国际标准9项；公开企业产品执行标准340项，位居全省前列。1个国家级综合标准化示范区项目和1个国家级服务标准化试点项目通过评估验收，获全国农村综合改革标准化试点项目1个、省级农业标准化示范项目2个。

【品牌强市建设】 2016年，洪雅县获准“国家级有机产品认证示范创建区”；金象园区和彭山经开区申报全省“知名品牌示范区”通过文审答辩。全市新培育国家地理标志保护产品2个，新申报四川名牌33个、四川质量奖3个，评选第三届市政府质量奖6个，启动首届“我心目中的眉山工匠”评选工作。“东坡泡菜”荣登2016年中国品牌价值榜单，品牌价值104.62亿元，品牌强度比2015年上升16%。组织54家企业参展第十六届西博会，名列全省第3名。

【特种设备安全监管】 2016年，市政府印发《关于加强全市住宅电梯安全管理工作的意见》，市质监局深化电梯安全监管、油气输送管道隐患整治、燃煤锅炉节能减排“三个攻坚战”，开展大型游乐设施、涉氨制冷特种设备等9个专项整治行动，巡查特种设备使用单位420家、特种设备1100余台，发现隐患283个，消除242个，正在整改41个，淘汰注销落后燃煤锅炉49台。探索“互联网+特种设备”破解监管难题，自主研发并在全市推广应用“大数据特种设备综合管理系统”，开通运行覆盖全市5000余台在用电梯的电梯安全应急处置电话，开展全市物业管理公司、电梯维保单位集中培训，通过公交车载电视滚动播放电梯安全知识，受众10余万人次。全市未发生特种设备安全事故。

【重点产品质量监管】 2016年，眉山市质监局以日用消费品为重点开展质量提升示范试点建设，“一企一策”提供精准帮扶，建立示范企业10家；156家工业产品获证企业实行分级分类监管，完成省、市两级工业产品监督抽查447批次，合格441批次，产品质量保持稳定。开展全市196家工业企业开展质量状况大调查，开展煤炭、钢铁、水泥行业化解过剩产能专项检查，提升质量供给水平。

【行政执法】 2016年，眉山市质监局建立行政执法“双随机”（随机抽取被检查对象、随机选派检查人员）和评议考核制度，开展以农资、儿童消费品、纤维制品、强制性认证产品等为重点的“质检利剑”专项打假行动，配合相关部门开展钢铁行业去产能专项整治，持续保持执法打假高压态势，查办案件101起，查获假冒伪劣产品货值金额63万余元，受理举报投诉咨询196起。

【计量与认证工作】 2016年，市政府印发《眉山市贯彻实施〈四川省计量发展规划（2014－2020年）〉2016年度工作计划》并组织实施。全市新建社会公用计量标准5项，在城区各大集贸市场设立“计量公平服务点”，免费检定计量器具2570台件，减免收费50余万元；加强民生计量监管，检查集贸市场、超市、加油站等单位331家，抽查“民用三表”等重点领域民生计量器具130台件；市质监局强化认证认可服务，指导37家企业首次通过管理体系认证。

【检验检测】 2016年，国家泡菜质检中心（四川）新投入355万元加强科研和检验能力建设，8月获国家认监委授权，确认33个产品172个参数的检测能力，具备面向全国开展检测业务的法定资质，并向质检总局提交国检中心验收申请。市质监局全面“依法施检”，完成监督抽查和企业委托检验3917批次，检定校准各类计量器具3.18万台（件），检验各类特种设备6628台（件），外派检验人员赴甘肃、新疆，参与完成13.26万吨棉花公证检验任务。

【行政许可】 2016年，眉山市质监局深化推进简政放权，将9项行政权力集中到市党务政务服务中心质监窗口集中办理，开展局长（科长）轮流驻班服务，全年受理行政许可事项3200余件，按时办结率和群众评议满意率均达100%。质监窗口被市政府评为2014—2015年“四星级”服务窗口，连续三个季度被评为流动红旗窗口，6人次被评为服务明星。

（刘莉）

食品药品监督管理

【食品药品监管体系建设】 2016年，市政府办印发《眉山市2016年食品安全重点工作安排》，将食品药品安全工作纳入政府民生工程和目标绩效考核。市、区（县）、乡（镇）三级政府、监管部门层层签订目标责任书，督促企业落实主体责任，公开监管执法和抽检监测信息，健全“政府领导、行业主管、部门监管、企业主体”四位一体责任体系。

【食品药品监管能力建设】 2016年，市药监局制订《眉山市药品监管信息化平台建设项目实施方案》，探索“互联网+药品”监管模式，实现全市药品经营企业全品种数据上传；市食品安全检（监）测能力项目建设竣工并通过验收；推进乡镇监管所标准化建设，投入资金490万元，为全市28个乡镇监管所和36个乡镇食品安全办公室配备快检设备、执法装备，55个乡镇监管所通过标准化建设验收。推进稽查执法规范化，制定《依法行政监督指导意见》《案审委议事规则》等制度，公开行政处罚案件信息697件，开展案件评查活动4次，以案讲法，提升案件质量。3个案件被评为全省优秀案件，4篇论文入选全省优秀法治论文。

【食品综合协调监督】 2016年，市政府办印发《眉山市2016年食品安全重点工作安排》，市、区（县）、乡镇政府与监管部门层层签订《2016年食品安全目标责任书》。开展食品安全宣传周活动和食品安全责任保险试点，全市1396家食品生产经营企业、563个（名）“农家宴”加工服务队（乡村厨师）参保，参保率分别为81.8%、37.5%。指导青神县创建省级食品安全示范县，通过省级第三方机构评估验收，推荐东坡区列为全省第二批食品安全示范创建区。

【食品生产经营监管】 2016年，市食药局建立企业履行主体责任报告和评议制度。企业完善质量自查报告、质量安全审计、质量安全授权人和质量安全保险等质量管理体系。开展生猪肉制品、白酒、食用油、婴幼儿配方乳粉质量安全追溯体系建设，初步实现食品质量安全来源可追溯，去向可查证。实行食品生产企业风险分级，厶人企业风险级别、产品风险类别确定监管等级，实施风险分级监管。运用“三个精细化”，助推食用农产品批发市场食品质量安全监管。采用“签协议，把三关”方式，与电商平台共同建立质量保障机制，探索网络销售食用农产品监管长效机制。学校食品安全网格化监管率100%，全市义务教育阶段学校食堂全部实行学校自主经营。全市餐饮企业实施“明厨亮灶”改造4439家（占总数的51%，其中视频显示922家）。备案登记检查“农家宴”9979起，消除食品安全隐患504个，建设集中就餐点17个。规范小餐饮，实行备案管理704家。圆满完成第九届全国竹文化节、第八届泡菜博览会、两会等271次重大会议和活动的食品安全保障。开展学校食堂食品安全管理员及从业人员、乡村厨师、餐饮服务从业人员培训295次（期），1.96万人次。

【药械生产流通监管】 2016年，市食药局实行药品化妆品生产“两书一报告”（药品质量安全责任书、药品质量安全承诺书、年度质量回顾报告）制度，公示中药饮片生产信息1051批次。开展麻精药品经营使用企业检查105家次，严防特殊药品流弊事件。开展全市26家药品生产企业信用等级评定，市食药监局、市投资促进局、人行眉山市支行等部门建立信用信息共享联席会议制度。加强经营冷藏冷冻药品、基本药物配送企业及特殊用途化妆品、进口化妆品、无菌和植入性医疗器械等重点监管，开展药品零售企业GSP（药品经营质量管理规范）跟踪检查400家次，化妆品经营使用单位日常检查366家次，医疗器械生产经营使用企业97家次，责令整改257家。

【风险监测与应急管理】 2016年，市食药局针对传统节庆食品、高风险产品、风险监测问题产品、中药饮片、基本药物、注射剂等实行重点抽检。全年抽检食品1834批次、食用农产品1682批次、药品704批次、化妆品9批次、医疗器械43批次，公示食品安全抽检信息890批次，核查处置不合格食品125批次，药品59批次。召开食品药品风险研判例会10次，收集药品风险信息99条，上报药品、医疗器械、化妆品不良反应/不良事件报告2726例、563例、92例，药物滥用监测报告1736例，针对各项风险信息，落实防控措施和监管措施。处置食品药品一般舆情27起，蓝色舆情3起。快速应对山东问题疫苗事件，查办疫苗案件9件。协助省局举办“2016年国家级食品安全示范性演练暨四川省重大食品安全突发事件（Ⅱ级）应急演练”。

【食品药品专项整治】 2016年，市食药局开展配制酒、食用植物油塑化剂、肉制品兽药残留、中药材中药饮片、无菌和植入医疗器械专项整治及食品药品安全“打四非保安全”行动、春秋两季开学学校食堂食品安全专项检查、农村食品安全“扫雷”行动、药品流通领域专项整治、医疗器械使用质量、保健食品专项检查等行动，全年出动执法人员2.95万人次，车辆7394台次，检查各类食品药品生产经营使用单位2.37万户次，查办违法案件1861件，罚没款538.86万余元，捣毁制假售假窝点9个，移送公安机关案件19件，刑拘8人，全市未发生重大食品药品安全责任事故。

【规范行政权力】 2016年，市食药局调整优化权力清单、责任清单、准入清单“三张清单”事项174项并在市政府网站公开。购置行政执法记录仪，实行执法全过程记录，确保执法程序规范。制定“两法衔接”工作制度，完善涉嫌犯罪案件移送标准和移送程序。推行“双随机一公开”检查制度，随机抽调GSP检查员52名，组连建12个飞行检查小组，对全市56家药品经营企业实行随机抽查。推进简政放权，整合药品经营许可和GSP认证、食品流通和餐饮服务许可，在网上全面公开7大项、16小项审批事项办事指南，实行日常监管人员姓名上许可证制度，强化事中、事后监管。受理行政许可和备案事项3699件，按时办结率100%。

【服务食品医药产业发展】 2016年，市食药局制订《蔬菜腌渍发酵池质量控制规范》，为眉山市“东坡味道”千亿产业的准入以及重点产业泡菜的发展提供质量依据和保障。推进仿制药质量和疗效一致性评价及药品上市许可持有人制度改革，被确定为全省药品上市许可持有人制度试点4个市州之一，加快了“西部药谷”打造专业化医药园区的步伐。指导食品生产企业取得食品生产许可证120张，获证单元产品162个，帮扶指导4家药品生产企业通过新版药品生产质量管理规范认证。

【宣传引导社会共治】 2016年，市食药局开展“送法下乡”“食品安全宣传周”“安全用药月”“12331”主题宣传活动，建立政务微博微信，建成科普宣传站59个，多渠道向公众普及饮食用药安全知识，监测食品药品安全舆情，展播科普公益作品。在市政府门户网站“在线访谈”栏目网络直播间与广大网友进行互动交流，解答网民关心关切的食品药品安全热点问题。开展“我眼中的食药监管故事”随手拍，2人获首届四川“最美食品药品安全卫士”提名奖。凝聚社会力量，建立健全食品药品安全专家资源库，加强投诉举报平台建设，规范投诉举报处置及奖励流程，全年受理投诉举报案件574件，兑现举报奖励。

（市食品药品监管局）

国有资产管理

【国有经济发展】 2016年，全市国有企业资产总额759.4亿元，比2015年（下同）增长32.5%，其中，市属国企资产总额329.2亿元，增长33.3%。全市国企实现利润总额3.3亿元，增长86.6%。

【国企监管】 2016年，市国资委制定《眉山市国有资产监督管理委员会中介机构聘用管理规定》，建立中介机构备选库，规范聘用中介机构行为。考核眉山发展公司和市宏大公司2户企业负责人2013—

2015年任期经营业绩，按照考核结果兑现年度绩效薪金和任期激励奖。完成琼宇公司股权回购及划转工作。

【国企改革】 2016年，市国资委牵头完成四川启明星铝业有限责任公司股权债权无偿划转等重大事项承接。兴达运业公司所有产权划转给展通公交公司，整合重组参与市场竞争。牵头拟定市属国企薪改实施办法，经市政府审定。拟定市属国企和四川启明星负责人经营业绩考核办法、市属国企负责人履职待遇业务支出管理办法三个配套文件。完善企业法人治理结构，调整充实眉山日报报业传媒有限责任公司、岷东开发有限公司等2户企业董事会成员。抓好市展通公交汽车租赁平台建设，新购置和划拨车辆85台，配备驾驶员33人，满足车改后公务用车需要。

【行政事业单位资产监管】 2016年，市国资委开展全市行政事业单位资产清查，分类审批处置行政事业单位资产，加强罚没物资审批处置，全年出让国有资产5宗，收入31万余元，收益增值27%。

【投融资】 2016年，市级投融资企业眉山发展公司、市资产经营公司资产规模分别达到189.8亿元和91.3亿元。拓宽银企合作、委托融资、发行企业债等融资渠道，保障全市棚户区改造项目、苏母文化主题公园建设项目、瓦屋山旅游开展项目等重点项目建设，全市国资系统各类融资207.37亿元，其中眉山发展公司44.15亿元、市资产经营公司15.52亿元、各区县国资局147.7亿元。加快苏母公园及周边基础设施项目建设，完成王家渡桥拆除重建，投资9000万元。

【招商引资】 2016年，市国资委筹办“知名企业四川行”、眉山工业企业闲置资产专题招商推介会、眉山市政府与社会资本合作项目推介会、竹文化节、泡博会、第十六届西博会等会节活动。开展上门招商，多次赴北京、上海、重庆等地对接洽谈，引进北京首创环境有限公司4.3亿元再生资源利用项目落户金象化工园区。中铁文旅集团与仁寿县政府签约总投资400亿元黑龙滩国际生态旅游度假区项目。

【国企党建】 2016年，新组建的市工投公司等3户企业将党建工作总体要求写入公司章程，落实党组织在企业法人治理结构中的法定地位。推进“两学一做”学习教育，督促企业党员学习教育，召开专题组织生活会。完成眉山市第四届党代会代表选举工作、出席中共十九大代表和省第十一次党代会代表推荐提名工作，完成党员组织关系集中排查和党费收缴专项检查，加强党员日常教育管理，新发展党员20人。中国电信眉山分公司党委获“全市先进基层党组织”称号。

（余海浪）

眉山发展（控股）有限责任公司

【概况】 2016年，眉山发展（控股）有限责任公司（以下简称“眉发展”）投资总额14亿元；融资到位44.15亿元；营业收入8.1亿元；利润总额1.1亿元。

【拓展经营新领域】 2016年，眉发展拓展新经营领域，打造新增长极，全年拓展投资7.4亿元。投资7387万元入股农商银行，投资5000万入股中小保担保公司，投资3000万入股鼎祥股权基金，出资3亿元成立宏泰小贷公司。出资2.1亿元控股洪雅瓦投公司。成功竞买6.45亿元的农行委托资产批量转让资产包。完成仁寿县促进乡和天峨乡、青神县西龙镇、丹棱县双桥镇等4个土地整理项目投资1989万元，新增耕地指标229.97公顷。开展仁寿县大化镇“双挂钩”项目后续结算工作，收回投资本金5400万元。拓展酒店、广告、资管、园林、物业等经营范围，实现营业收入1.6亿元。利用闲置资金投资理财，全年理财收益约2200万元，金象委贷基金收益410万元。

【项目融资】 2016年，眉发展全年融资到位资金44.15亿元（公司融资到位109.32亿元），比2015年增加16.18亿元，增长57.8%，为公司历年融资到位金额之最。其中，发展公司和宏大公司在上海证交所发行12亿和10亿元非公开公司债券；宏大公司发行20亿元二期企业债券；到位广发银行借贷2亿元；到位农发基金1500万元。

【城市建设】 2016年，眉发展做好东坡岛开发建设。全年完成项目投资约5.14亿元，其中5个在建项目金龙、白虎滩安置小区、东坡城市湿地公园核心区东区和环岛绿地项目、东坡岛市政道路工程和东坡城市湿地公园核心区建筑工程项目分别完成投资1.94亿元、1.96亿元、1800万元、2100万元和80万元；6个后期项目东坡岛小学、核心区新增绿地工程、白玉运动中心、玻璃江索桥、东坡岛文化活动中心和东坡岛新增绿地项目完成投资约8500万元。全年完成项目投资1.07亿元，其中5个在建项目市干部交流周转用房、市全民健身中心和青少年活动、庄店花园小区项目、通惠河截污干管和候车亭项目，分别完成投资760万元、718万元、4224万元、387万和386万；4个处于前期的项目五馆一中心、第二污水处理厂、深化处理池和市纪律审查基地项目分别完成投资1950万元、1156万元、936万元和150万元。

【支持区域经济新增长】 2016年，眉发展按照《眉山市工业应急临时周转资金使用管理办法》，全年累计为14家工业企业提供24笔续贷资金周转，转贷金额5.2亿元，主动为财政减压，与银行沟通协调，全年完成1.87亿元债务置换，减少支付利息约1100万元。

【内部管理】 2016年，眉发展着力解决土地资产合法化，通过招拍挂取得9宗30.29公顷国有建设用地使用权，缴纳土地出让金11.78亿元。加强制度建设，编印《工程项目管理手册》《发展公司制度汇编》，修订完善《资金支出审批规定》《备用金管理办法》《劳动用工管理办法》《员工绩效管理办法》《自主采购办法》等10余份公司制度，避免招标文件和合同的法律风险。加强企业核心文化建设。开展“五问七需”企业核心文化大讨论，争当“五问七需”式的好员工成为公司共同的精神航标。举办7期“发展论坛”，组织开展“赴瓦投轮训”。启动编制公司“十三五”规划。

（眉山发展控股有限责任公司）

国土资源管理

【“三个模范”建设】 2016年，眉山市政府将“三个模范”（尽职尽责保护耕地、节约集约利用土地、尽心尽力维护群众权益）定为创建攻坚年，印发《关于国土资源“三个模范”创建攻坚年的实施意见》，市长主持召开全市模范创建攻坚工作会。眉山市国土资源局印发《关于国土资源“三个模范”创建系列实施方案的通知》和相关创建工作制度，明确攻坚任务，落实工作责任，细化具体措施。

【耕地保护】 2016年，全市耕地保有量24.2万公顷，基本农田保护面积21.97万公顷。市国土资源局连续6年被评为全省耕地保护暨国土资源管理先进单位。

2016年3月3日，国家土地副总督察、国土局总规划师严之尧调研仁寿基本农田划定工作

【“耕地保护六个平台”建设】 2016年，建设基本农田示范区、现代农业示范园区、低效整理提升示范区、农业专业合作社、特色农业产业示范区和执法保护等耕地保护“六个平台”，建成基本农田保护示范区平台20个，保护面积1.33万公顷；现代农业示范园区保护平台6个，保护面积2.67万公顷；低效耕地整理示范区平台8个，整理土地6140公顷，新增耕地426.67公顷，建成高标准农田5206.67公顷；农业专业合作社耕地保护平台7个，全市建成2000余个农业专业合作社，加强耕地利用性保护；特色农业产业保护平台11个，实现耕地保护面积13.33万公顷，培育出“好味稻”水稻专业合作社、果怡农业等耕地集约高效利用先进典型。

【土地利用】 2016年，创新推进工业用地、以税控地、空间利用、示范带动和激励约束等土地利用“五大模式”。完成弹性年期出让工业用地7宗，建成多层厂房企业9个，建成节约集约用地示范镇6个，示范工业园区8个、旅游集中发展区6个，示范工业项目8个、旅游项目6个。市国土资源局出台《关于开展国土资源节约集约模范市（县）创建活动实施方案的通知》《节约集约用地考核办法》，眉山市创建为国土资源节约集约模范市，并作为全国6个先进典型之一、地级市唯一代表，在第三届国土资源节约集约模范县（市）表彰会上交流发言。彭山区创建为国土资源节约集约模范县，东坡区顺利通过国土资源节约集约模范县复核。

【信访维稳】 2016年，市国土资源局在市级媒体开设土地法律法规政策宣传专栏5期，开展专题送法活动、国情教育活动21次。履行征地程序，征地拆迁信息“九公开”“两公告一登记”制度全面落实，征地拆迁补偿标准、数量、结果和人员安置全公示；完成征地拆迁安置1.13万人。完成就业指导

2016 年 5 月 31 日，市长罗佳明调研洪雅瓦屋山地质灾害

和再就业培训 6006 人，执行征地报批社保金预存款制度。妥善做好涉访涉诉工作，受理群众来信 113 件，接访 184 批 453 人次，化解信访积案要案 19 件，信息公开、行政复议、行政诉讼及时办理率均达 100%。

【土地审批】 2016 年，全市上报建设用地 62 批次 2113.33 公顷，批回 46 批次 866.67 公顷。

【土地出让】 2016 年，通过登门拜访、现场宣传，电话和网络推介，邮寄等将宣传资料和地块信息传递给多家房地产企业。组团参加“2016 年中国（深圳）城市土地展”，邀请碧桂园、恒大等房地产企业 40 余家参展座谈。全市出让土地 205 宗 650.81 公顷，出让收入 98.99 亿元。

【土地利用总体规划】 2016 年，市国土资源局向上争取眉山市到 2020 年耕地保有量调减 1266 公顷，基本农田保护面积调减 5400 公顷，建设用地规模增加 4600 公顷。编制完成《土地利用总体规划调整完善方案》，主要指标通过市政府审定后下达执行。报市政府批准规划调整 1 批次 24.35 公顷，申报省调整规划 3 批次 87.14 公顷。

【土地综合整治】 2016 年，全市整理土地 6140 公顷，新增耕地 426.67 公顷，建成高标准农田 5206.67 公顷，全省 2015—2016 年度高标准农田建设考核中综合评分荣获第 1 名，2016 年度农田水利基本建设绩效考核国土资源项目获第 2 名。

【地灾防治】 2016 年，市国土资源局印发《关于开展汛前地质灾害隐患排查工作的通知》，拉网式排查确定全市地质灾害隐患点 499 处，发放《防灾工作明白卡》《防灾避险明白卡》。全年开展应急演练 191 次、参演 1.06 万人。发放宣传资料 2 万余份，张贴“两卡”5802 份，专题培训 169 次、参训 9878 人。健全市、区县、乡镇、村、社和隐患监测员 6 级监测预警预报网络，实行雨情灾情共享机制和部门会商机制，落实汛期 24 小时值班值守、动态巡查、信息报送制度。印发《关于市局党委委员联系区县局 2016 年地质灾害防治工作的通知》，6 名局党委委员包干指导各区县地灾防治工作，开展强降雨期间专项检查和隐患点工作督查 156 点次、应急会商 54 次，处置仁寿鳌陵张家山滑坡、洪雅洪川桐子杠滑坡地质灾害险情 2 起，张家山滑坡避险经验全省交流。完成避险搬迁安置 46 户，实施工程治理 8 处、应急排危除险 31 处。

【不动产登记】 2016 年，全市实施不动产证登记制度，完成不动产登记信息管理基础平台接入工作。颁发不动产登记新证 1.28 万余本，证明 13054 份。

【建设用地增减挂钩】 2016 年，全市立项项目 17 个，挂钩周转计划指标 704 公顷；省厅终验项目、市级初验项目各 3 个，取得挂钩周转指标 56.85 公顷。

【废弃地复垦利用】 2016 年，全市完成 16 个工矿废弃地复垦利用项目立项及报省备案工作，涉及复垦地块 2075 个，规模指标 538 公顷。

【行政许可】 2016 年，市国土资源局精简审批事项、优化审批流程，受理建设项目预审 13 件、采矿权审批 25 件、热线受理交办 45 件，办结率、满意率均为 100%。

【矿产资源管理】 2016 年，注销煤矿采矿许可证 2 个，化解煤炭过剩产能 14 万吨。在省林业厅调查的大熊猫国家公园拟建范围内，有 27 个矿业权，其中采矿权 7 个，探矿权 20 个。在瓦屋山自然保护区内，有 12 个有效矿业权，其中采矿权 2 个，探矿权 10 个。全市持采矿许可证的地热企业 1 家（七里坪地热），矿泉水企业 5 家（三苏、三泉、佳泉、彭祖和桫椤峡矿泉水）。完成 97 个企业储量年报审查，年检矿山企业 201 个。完成全市 2015 年度矿山资源开发利用和储量统计工作审批采矿权延续 1 个。初步审查采矿权延续 7 个、变更1个，探矿权新立1个，转让1个。组织专家审查勘查设计方案7个。出具未抵押采矿权情况说明4份。注销许可证20个，其中采矿许可证19个

【党风廉政建设】 2016年，市国土资源局下发《关于推进“2456”党风廉政系统性建设的工作意见》《党风廉政建设责任清单》等文件，完善领导干部述责述廉、任前廉政谈话、诫勉谈话、组织函询、报告个人有关事项、专项资金审计和责任追究等制度。召开各类会议学习新颁布的《准则》《条例》、十八届六中全会精神、《关于新形势下党内政治生活的若干准则》《中国共产党党内监督条例》。召开干部职工大会，组织观看廉政教育片《贪欲打开堕落之门》。组织全系统副科级以上干部106人前往眉州监狱参观，接受廉政警示教育。

【信息化建设】 2016年，编发工作新闻动态信息106条，采编各区县局工作新闻动态信息206篇，连续4年被国土资源部评为“政务信息公开工作先进单位”，被省国土资源厅评为“示范单位”。

（丁雪梅）

投资与招商

【概况】 2016年，全市投资促进工作以稳量、提质、增效为主题。全市实际到位资金574.49亿元，其中省外资金438.53亿元。列全省第三位。2015国际投资大会签约项目履约率100%，开工率88.37%，资金到位率44.89%。

【招强引优】 2016年，全市新签约项目97个、合同金额1248.7亿元。引进世界500强、中国500强投资或投资额10亿元及以上的重大项目26个。引进华夏幸福基业投资300亿元合作开发彭山区产业新城PPP项目，中铁文旅投资400亿元的黑龙滩国际生态旅游度假区项目。引进世界500强陶氏化学投资5.22亿元的丙基酸乳液项目，世界500强企业华为一期投资10亿元的大数据中心项目，中国500强万达集团投资20亿元的眉山万达广场项目，当当网投资15亿元的全国第二总部、当当手工艺（非物质文化遗产全国交易平台）等项目，带动全市化工新材料、现代服务业等优势产业提档升级。

【创新驱动】 2016年，全市引进孵化机构8个；引进高新技术企业、战略性新兴产业项目14个；以企招商，立足现有产业和企业引进高端配套项目13个；与重点高校、科研院所、国家级实验室、人才专家达成战略合作13个。甲骨文技术人才创新创业基地、南京信大气象院士工作站、四川师范大学附属第八实验学校等项目签约落户眉山，初步形成人才与产业发展良性循环链。

【邀请招商】 2016年，市投促局开展“三走一请”（走出去、走下去、走上去、请进来）招商。主动走出去200余次，考察企业200余个，对接促进项目100余个，签约项目6个，合同金额71.91亿元。到省投促局、省天府新区办、省政府驻外办事处争取工作支持。协调相关部门帮助解决项目建设过程中土地、办证、融资等实际困难和问题，推进项目尽快履约开工。全年邀请200余家企业到眉投资考察。

【平台搭建】 2016年，全市参加首届全球川商返乡发展大会、2016中外知名企业四川行、第十六届西博会、四川天府新区文化旅游推介会等省级重大活动。在2016中外知名企业四川行活动上，签约项目42个、合同金额395.8亿元；第十六届西博会期间，签约项目15个，合同金额208.8亿元。举办第十六届西博会眉山市优势产业推介会、竹产业投资推介暨重点项目签约仪式，全年在成都、深圳、重庆、上海、北京等地举办眉山市优势产业和重点项目推介活动，包装推出重点项目。联系中央、省市及境外主流媒体，报道中外知名企业四川行、川商返乡等重大节会活动。《中国改革报》《四川日报》《四川经济日报》《金融投资报》《香港文汇报》等30余家中央、省级主流媒体刊发眉山专题报道100余篇次，数百家网络媒体转载报道，宣传眉山招投资促进工作。

【驻外招商】 2016年，市政府7个驻外经合局引进项目33个，合同金额483.4亿元；其中引进重大项目12个。提供有效项目信息242条。带有明确投资意向投资方回眉对接考察93家。

【招商考核】 2016年，完善市投资促进考核体系，实施投资促进综合考核。实行分类考核，分别考核项目引进、有效信息提供、支持配合招商工作等，提高考核科学性。

（市投促局）

经济贸易

【招商引资】 2016年，中国国际贸易促进委员会眉山市委员会（以下简称“市贸促会”）以落实“一带一路”战略为统领，强化补链招商引资，实现招商引资4亿元，提供有效招商信息3个，助推企业拓展市场、走出国门。

【服务企业】 2016年，市贸促会按照市委、市政府《眉山市重点工业企业培育方案》，为企业提供“一对一”服务。为中车、新达粘

胶、贝尔化工等企业牵线搭桥，助推企业实现海外投资2.6亿美元。全年结合企业需求，举办培训11次，参训200余人。

【经贸活动】 2016年，市贸促会选取“2016韩国·首尔国际食品展览会”“2016莫斯科国际食品展及系列经贸活动”历史长、规模大、影响力强的世界知名食品展会，组织吉香居、李记等14户东坡泡菜企业及100余种泡菜产品参加，帮助李记、吉香居等企业进入韩国、俄罗斯市场，拓展“东坡味道”国际市场。组织60余家企业参加“中国（四川）—南亚经贸合作圆桌会议”“成都国际汽车零配件及售后服务展览会”“2016中国（成都）智慧产业国际博览会”“上海法兰克福汽配展”等14个国内大型经贸活动。

【经贸信息】 2016年，市贸促会加强经贸信息收集、分析和发布，出版季刊《贸易视点》4期，利用网络平台“眉山贸易网”、微信公众号“眉山贸易”传递发布法律、贸易规则、展会等信息150余条、有效经贸信息10余条，推介“东坡味道”“眉山制造”“互联网+”“万众创新创业”。前往企业（园区）调研服务传递经贸信息，定期向企业发放《国际经贸》《国际商情参考》等经贸刊物，帮助企业了解国际国内市场。

【原产地签证】 2016年10月，获得中国贸促会审核批准，设立原产地签证点，为眉山300余户外向型企业实现一站式服务。全年签发原产地证明书400余份，涉及金额近600万美元，出证商品涉及美国、俄罗斯等31个国家和地区，涵盖全市主要出口大类。

【商事调解】 2016年，市贸促会发挥调解优势，与市中级人民法院共建化解民商事纠纷诉调对接平台。全年接受法律咨询80起，受理商事纠纷8起，化解1起，涉案金额200余万元。

【经贸摩擦处置】 2016年，市贸促会建立贸易摩擦应对机制，全年发布经贸预警信息60余条。调研全市经贸摩擦情况、开展相关宣传培训。组织企业参与案件应对，就四川金象赛瑞化工股份有限公司应对欧盟反倾销案件向国家贸促会和省贸促会反映。四川金象赛瑞化工股份有限公司应邀参加全国行业应诉座谈会，得到国家贸促会法律专家指点并将提供专业指导。

【业务培训】 2016年，市贸促会从贸促工作实际出发，组织干部职工到全国各地参加业务工作培训。到浙江杭州参加跨境电商贸易法规培训会，到成都参加省贸促会举办的“2016经贸摩擦应对工作座谈会”“人民币国际化及外汇风险规避培训会”以及“2016自贸项下优惠原产地政策及实务培训”等。

【眉山国际商会】 2016年，市贸促会整合眉山浙江商会、市家居行业商会资源，截至年底，全市有会员企业217户，其中外向型企业40户。

（市贸促会）

公共资源交易

【概况】 2016年，市公共资源交易中心（以下简称“市交易中心”），以“整合平台、建好阵地，关口前移、强化监管，技术创新、电子交易”为工作主线，推进“四大”创新工程，营造公开公平公正的交易环境，实现财政增收和党风廉政建设双丰收。全年组织各类交易项目390项，涉及投资额88.02亿元，增收节资9.05亿元。其中政府性投资工程项目205项（次），总投资额（控制价）47.06亿元，中标金额38.77亿元，比预算控制价少8.29亿元，下浮17.62%。组织完成政府采购项目154项，采购预算资金26.53亿元，成交金额26.44亿元，节资0.09亿元。出让宗地18宗13.31亿元，高出起拍价6800万元。举行挂牌会6场，成交土地10宗1.1亿元，组织产权拍卖会2场，起拍价29.62万元，成交价44.3万元，高于起拍价14.68万元，溢价率49.56%。矿权鉴证1宗150万元。

【人事管理】 2016年，市交易中心召开12次党组会研究人才工作。人才工作专项经费列入年初预算，支持和鼓励干部职工参加培训、自学、自考。提拔正科级1人、副科级干部1人。从区县交易遴选、调动工作人员2人，从高校选拔高素质人才1人，扩大中心职工队伍。通过公共资源交易系统座谈会、开设职工“一月一讲”内部讲坛等活动，鼓励大家讲、集体学，构建好学善思高素质干部队伍。

【财务管理】 2016年，市交易中心清查中心资产，按程序达到报废年限且不能使用的资产报废，全年报废固定资产3批次；按程序申请非税收入资金，保障中心正常工作经费；执行中心财务制度，规范中心办公用品申领、日常业务资料印刷、办公设备维护、公务接待、车辆维修及加油等经费支出，缩减中心经费支出，全年形成财务类各项工作总结、说明、报表等60余项。

【制度建设】 2016年，市交易中心推进平台整合。市政府办印发《眉山市整合建立统一的公共资源交易平台实施方案》。推动建立全市统一的公共资源交易管理体制，市交易中心制发《关于进一步健全区县公共资源交易平台管理体制的通知》，明确管理体制和有关机制，提出建立重大事项报告制度；建立协调制衡机制，提出单独设立公共资源交易监督管理机构、组建国有招标代理机构、建立重大项目巡查工作机制、建立公共资源交易目标考核机制、实行远程异地评标、建立重大项目核查及约谈、签约制度；配套制定《中介代理机构入眉执业管理办法》《公共资源交易诚信管理办法》《不良行为认定和处理办法》。

【改革创新】　2016年，市交易中心推进监管创新工程，按流程化管理要求配套制定现场监督工作流程，招标文件实施多方会商建立形式审查机制，代理机构实行双向评价制度；创立异常行为监测体系，推出现场监督卡和监测周报表，现场监督卡制度被《四川日报》专题报道；建立电子交易平台运维周报制度、交易项目一周流程安排制度、交易项目情况统计月报制度，形成完备实用、闭合循环的现场监控体系。优化完善电子交易系统，开发15套招标模版，涵盖工程建设所有类型招标需求，与仁寿县分中心对接系统远程电子评标；推进信息化服务，通过科技加制度预防腐败，营造公开、公平、公正的公共资源交易环境，组织开展电子化重点课题研究，提出《眉山市公共资源交易中心电子交易平台升级（第三期建设）及运维工作方案》，经市政府第142次常务会议审议通过；诚信库审核取消现场办理，简化在线审核流程，制定《建设工程投标人诚信库入库操作指南》；制定《眉山市公共资源交易项目受理工作规程》，制作统一格式的《保证金冻结、没收处理通知单》，规范项目受理、场地预约等流程。

（王婷婷）

住房公积金管理

【住房公积金缴存】　2016年，全市住房公积金缴存单位2755个，比2015年（下同）增长4.8%。缴存人数11.65万人，增长4%。全年全市归集住房公积金18.10亿元，增长15.65%；缴存总额89.66亿元，缴存余额43.61亿元。印发修订后的《眉山市住房公积金缴存管理办法》，就（创）业大学生、机关单位临聘人员、社区工作人员、劳务派遣人员、进城务工人员等新市民纳入住房公积金缴存范围。

【住房公积金使用】　2016年，全市住房公积金提取6.33万笔11.44亿元，占当年缴存额的63.20%，其中住房消费提取占80.92%。全年发放住房公积金贷款6962户17亿元，支持去库存65.69万平方米。截至年底，累计发放个人住房贷款3.29万笔62.86亿元，贷款余额46.90亿元，住房公积金资金使用率103.66%，个人住房贷款率107.54%。

【住房公积金管理】　2016年，市住房公积金管理中心增值收益6683万元，增值收益率1.53%，贷款逾期率0.11‰；其中提取贷款风险准备金1021.57万元，提取管理费用2468.02万元，提取城市廉租房（公共租赁住房）建设补充资金3193.76万元。

【住房公积金新政】　2016年，市住房公积金中心印发《眉山市农村居民住房公积金管理办法（试行）》，明确进城购房的农村居民在缴存、提取住房公积金和申请住房公积金贷款购房具体规范。全年向农村居民1896户发放住房公积金贷款4.37亿元，支持购房17.2万平方米。新制定《眉山市住房公积金缴存管理办法》，修订《眉山市住房公积金提取管理办法》《眉山市住房公积金个人住房贷款管理办法》全面。职工以购买商品房和再交易房名义提取住房公积金的时间限制，由过去的购房合同签订之日起或房产证取得一年内，延长到商品房自购房合同签订之日起二年内，再交易房自房产证取得之日起二年内。租房提取额度由每年可提取8000元提高到1万元。再交易住房申请贷款期限由房屋建成10年以内，变更为《国有土地使用权证》载明的土地使用有效期内。取消关于提前结清住房公积金贷款需要在贷款发放一年以后的限制条件。

（市住房公积金管理中心）

工 业
Industry

概 况

2016年，眉山市政府下发《关于印发眉山市工业企业应急临时周转资金使用管理办法（2016年修订）的通知》《眉山市盘活工业企业闲置资产实施办法》，市人民政府办公室下发《关于印发眉山市企业资本市场融资鼓励办法（试行）的通知》《关于印发眉山市重点工业企业培育方案的通知》等，激励全市工业经济稳定增长、稳步发展。全市全部工业增加值531.8亿元，对GDP贡献率超过52.5%，拉动经济增长4.4个百分点。6月，召开企业闲置资产专题招商推介会，首批签约30户总投资45亿元的闲置企业，成功盘活37户。此工作入选“2016四川十大改革转型发展案例”。

工业经济与信息化管理

【工业运行情况】　2016年，全市610户规模以上工业企业工业总产值1575.6亿元；规模以上工业增加值增长10%，居全省第5位；规模以上工业利润总额82.3亿元，比2015年增长6.0%；工业入库税金23.9亿元，占全市地方一般公共预算收入的26.5%。

【企业培育】　2016年，全市规模以上工业企业610户，其中当年新增45户，退出20户。有盈利企业545户，占全部规模以上工业企业的（下同）89.3%，亏损企业41户、占6.7%。全市年产值上亿元企业401户，其中1~5亿元企业330户、5~10亿元企业62户、10~40亿元企业8户、40亿元以上企业1户；培育“专精特新”企业62户，“小巨人、成长性”企业124户；培育省级小企业创业示范基地5户，新增小微企业434户。

【工业投资】　2016年，全市市、县两级互动，实行“一月一推进、两月一开竣工、季度一盘点”制度；常态化开展“两走一对接”，实施台账式帮扶，帮助企业、项目解决困难和问题225个。全市完成工业投资411.83亿元，比2015年（下同）增长5%；更新改造投资294.2亿元，增长5.4%。实施投资千万元以上工业项目227个，其中新开工项目125个，已竣工投产项目66个。31个工业项目被列为省重点项目，全年完成投资43.4亿元；3个省重大产业化项目全年完成投资8.19亿元。

【能源要素】　2016年，全市104户企业享受留存电、直购电、富余电29.2亿千瓦时政策支持，降低企业成本6.1亿元。全市社会用电量83.15亿千瓦时，比2015年（下同）增长0.04%，其中工业用电量58.08亿千瓦时，降5.05%；眉山市天然气骨干网完成整体布局，天然气供应瓶颈制约问题得到解决。全年全市天然气供应量5.9亿立方米、降3.02%；销售成品油58.55万吨、增49.4%；公路货物运输周转量49.58亿吨千米。

【产业发展】　2016年，全市有“4+4”制造产业规模以上企业501户，工业总产值1340亿元，占全市规模以上工业的85%；工业入库税金20.5亿元，占全市工业比重85.8%；工业利润总额72亿元，占全市规模以上工业比重85%。有产值上亿元企业300户，农产品及食品加工、机械装备制造、化工、新能源新材料及制品、新型建材、新一代电子信息等6个产业成为百亿产业。金象赛瑞化工列入全省制造业100强培育名单。眉山市战略性新兴产业产值占全市规模以上工业的23%。

【园区建设】　2016年，全市12个重点工业园区完成工业投资295.86亿元，其中更新改造投资208.43亿元；实现税金19.73亿元；规模以上工业总产值1136.4亿元，占全市规模以上工业的72.1%，其中四川彭山经开区233.5亿元、甘眉（铝硅）工业园区123.28亿元、金象化工产业园区113.8亿元、仁寿视高经开区

221.64 亿元、仁寿文林工业园区 84.39 亿元、青神县工业开发区 97.19 亿元。年主营业务收入 100 亿元以上工业园区 4 个，50～100 亿元工业园区 4 个。

【技术创新】 2016 年，引导金象赛瑞化工、启明星铝业等重点企业与清华、川大等 29 所高校院所建立产学研合作，组建铝电解技术、铁路新型货车、泡菜 3 个省级产业技术创新联盟；全市有国家高新技术企业 62 家；省级以上企业技术中心 25 家，其中国家级企业技术中心 1 家；国家和省重点实验室 2 个；打造西部药谷孵化器，彭山创新创业孵化器，青神创新业创业孵化器成为省级科技企业孵化器；全年实施省、市重大科技成果转化项目 36 项，企业科技成果转化率 95%以上。

【淘汰落后产能】 2016 年，全市对照国家、省淘汰落后和过剩产能重点，结合眉山市落后产能现状，针对建材、造纸、钢铁、煤炭等产业，制定淘汰落后计划。全年涉及落后产能淘汰企业 6 户，关闭 2 户，淘汰机砖产能 1200 万匹、陶瓷产能 180 万平方米、棉布产能 4 吨、煤气产能 40.18 万立方米、铁合金产能 0.6 万吨、生铁产能 4.5 万吨，年节约标煤 5.24 万吨；单位工业增加值综合能耗降至每万元 1.394 吨标准煤。

【信息化建设】 2016 年，全市完成通信基础建设投入 5.2 亿元；电信业务总量比 2015 年（下同）增长 25.8%；新增 4G 基站 793 个；规模以上电子信息制造业企业 30 户，工业总产值 102.9 亿元，占眉山市规模以上工业总量的 6.7%。编制完成《眉山市十三五通信规划》；印发《眉山市大数据中心建设方案》。

【优惠政策】 2016 年，全市有 104 户企业享受留存电、直购电、丰水期富余电量 29.2 亿千瓦时的政策支持，全年降低企业成本 6.1 亿元。全年向上为 169 个工业项目争取到位专项资金 1.36 亿元。其中重点包括园区产业发展引导资金 300 万元、新兴产业项目资金 3285 万元、技术改造项目资金 2550 万元、节能减排和淘汰落后项目资金 530 万元、中小企业发展资金 1089 万元；兑现企业转型升级创新发展激励资金 500 万元，“开门红”激励资金 937 万元。

【无线电管理】 2016 年，全市电台年检 2645 部，年检率 100%，新发放电台执照 8 个，换发电台执照 78 份。查处有害无线电干扰案件 6 起。在全市开展无线电频谱使用评估专项活动。动用移动监测车 36 台次，完成采集里程 1000 余千米，采集数据量 2.6G；固定监测站采集时间 73 小时，采集数据量 1.8G。成立眉山市 2016 年打击治理“黑广播”“伪基站”违法犯罪专项行动领导小组，制定《关于配合公安等部门开展打击治理“黑广播”“伪基站”违法犯罪专项行动工作方案》。全年参与查获“黑广播”5 个，“伪基站”2 个。开展野外机动监测 135 次，监测时间 1180 小时，行程 5000 余千米。参与 2016 年全国普通高校招生考试、全国英语四六级考试全国职称外语考试、眉山市上半年公务员考试、全国高等教育自学考试、眉山市 2016 年度选聘高校毕生到村任职考试、眉山市 2016 年组织部选拔任用干部考试等 30 余场无线电考试保障任务，出动移动监测车 68 车次，使用监测设备 100 余套次，保障时间 275 个小时。开展宣传活动，发放宣传资料 1000 多份；悬挂摆放各类标语展板 20 多幅；发送宣传短信 10 万条；宣传车行驶 100 余千米。

（颜伟强）

供 电

【概况】 国网四川省电力公司眉山供电公司（以下简称国网眉山供电公司）于 2001 年 12 月 26 日随眉山建市而成立，是四川省电力公司下属特大型一类供电企业，经营区域覆盖全市两区四县及成都部分地区，供电范围 7390 余平方千米，服务人口 360 余万人。2016 年，完成固定资产投资 6.97 亿元，比 2015 年（下同）减少 45.82%，其中电网投资 6.36 亿元；售电量 73.98 亿千瓦时，降 5.06%；营业收入 32.43 亿元，降 7.97%；线损率 6.31%；截至 12 月 31 日，眉山电网实现连续安全运行 2852 天。同业对标综合排名位列省公司第 4 名，业绩考核被评为 A 级。荣获省公司 2016 年度“先进单位”“先进基层党组织”和 2014-2016 年度“双十佳文明单位”等荣誉称号。

【人力资源】 2016 年，国网眉山供电公司有长期职工 1745 人。其中，博士生 2 人，硕士研究生 196 人、大学本科 1287 人、大专学历 178 人、中专学历 41 人；高级职称 101 人、中级职称 282 人、初级职称 808 人。

【安全生产】 2016 年，国网眉山供电公司强化安全专项行动和反措落实专项整治，治理隐患 5179 项，查处违章 927 项。预警管控七级及以上电网风险 88 次。成功应对雨雪冰冻、防雷度汛和夏季高负荷影响，完成第九届中国竹文化节、第八届东坡泡菜博览会等重大活动保电任务。公司荣获省公司 2016 年度安全先进单位称号。

【经营管理】 2016 年，国网眉山供电公司落实提质增效“三十条”

举措，全年新增接电容量86.67万千伏安，完成替代电量1.5亿千瓦时，促成省内首家化工企业实现煤改电。做实“一户一策”预控方案，收回陈欠电费151.69万元，当年电费回收实现“双结零”。争取一般工商业调价政策，减损900余万元。深化营销稽查及量价费损在线监测，发现异动489项，堵漏增收46.1万元。日常非生产成本下降15%。全年审减各类投资424万元。抓好降损增效，台区线损合格率比2015年上升10.44%，技术手段提升效益516万元。计量采集成功率98.5%。

【电网建设与发展】 2016年，国网眉山供电公司固化“十三五”电网规划成果，779个项目纳入国网规划库，促成省公司与眉山市政府签订战略合作协议。配合川渝第三通道、东坡500千伏变电站第三台主变扩建等前期工作，取得项目核准及可研批复6项。完成268个中心村、774眼机井电网改造任务。全面竣工新增农网建设项目，“低电压”问题全部消除，农村户均容量提升到1.64千伏安。盘鳌垃圾发电厂110千伏送出工程、5个35千伏及以上项目建成投产，新增线路32.6千米、变电容量6.63万千伏安。桂林110千伏新建和视高110千伏扩建工程均被评为国网公司和省公司优质工程。

【优质服务】 2016年，国网眉山供电公司开辟供电服务“绿色通道”，甘眉园区供电服务部运营投入服务。开展体外循环专项治理，整改问题290项次，业扩服务质量明显提升。新增“兼职客户经理”23人。换装居民智能电表8.08万只，智能电表覆盖率96%。推广手机APP远程购电业务，“掌上川电”注册用户突破20万户。全市自收和代收网点2071个，即时缴

2016年8月，开展变电站特殊巡视

费模式初步形成。常态开展供电服务明察暗访，43个服务窗口实现“零投诉”，共产党员服务队连续13年实现满意率100%。

【改革创新】 2016年，国网眉山供电公司，全力维护正常电力市场秩序。完成4家县公司“子改分”工作。推进集体企业改革改制，注销、合并集体企业3户，股权转让1户。完成21项创新课题研究。健全联合攻关机制，深化与四川大学、华为公司等单位战略合作，建成首张基于两兆的智能光传输网。荣获省公司、省企联管理创新成果表彰14项，其中一等奖5项；“避雷器带电测试引流钳研制”QC成果获国网公司二等奖；《“一乡一品”为地方经济发展定制供电方案》入选国网公司社会责任根植项目案例选编。

【国网仁寿县供电分公司】 2016年，仁寿县供电分公司固定资产总额18.18亿元；拥有35千伏及以上变电站25座157.06万千伏安（其中220千伏变电站2座，110千伏变电站9座，35千伏变电站14座）；35千伏及以上输电线路52条599.2千米（不包括220千伏线路和用户线路）；10千伏配变5674台（公变4436台，专变1238台），农村低压线路1.88万千米（不含借田）；用电客户52.3万户，其中城区客户4.7万户，农村客户47.6万户。全年售电量14.08亿千瓦时，比2015年（下同）增长13.01%，增速位居眉山公司第一；销售收入8.02亿元，增9.81%；电费回收率100%；综合线损9.36%，比考核指标低0.04%。截止年底，连续安全运行周期5479天。

【国网眉山市彭山供电公司】 2016年，彭山供电公司供电面积463平方千米。供区内用电客户15万余户，乡、村、农户通电率100%。管辖变电站及开闭所16座，其中220千伏变电站2座；110千伏变电站6座；35千伏变电站4座，10千伏开闭所4座，变电总容量1081.2兆伏安。全年售电量6.3亿千瓦时，比2015年（下同）减少4.67%；综合线损率5.9%，增0.52%；售电均价每千瓦时（含税）0.6578元，同降

2016年11日，实施农网工程改造

1.69%。全年完成电网投资9599.97万元。新增业扩报装容量3.73万千伏安。截至12月31日，彭山电网连续安全运行5478天。

【国网洪雅县供电公司】 2016年，洪雅供电分公司供电范围809余平方千米，用电户数87411户，供区人口25万人。公司设8个职能部门，在册职工507人。公司现有水电站4座，发电装机总容量2.72万千瓦（王关电站2×6300千瓦，柳新电站4×1250千瓦，石河电站2×2800千瓦，高凤山电站2×2000千瓦）。35千伏及以上变电站6座，变电容量60.5万千伏安；35千伏及以上线路9条，总长121.3千米。全年售电量4.64亿千瓦时，比2015年（下同）增长5.92%；发电量1.45亿千瓦时，降0.73%；线损率9.87%，降0.33%；电费回收100%；截至12月31日，洪雅电网连续安全运行3837天。

【国网丹棱县供电公司】 2016年，丹棱供电分公司供电范围448.9余平方千米，服务人口16.36余万人。有110千伏变电站3座（丹棱站、何场站、木林站），主变5台容量21.3万千伏安；35千伏变电站2座（杨场站、中隆站），主变3台容量2.43万千伏安；110千伏输电线路16.31千米；35千伏输电线路77.93千米；10千伏及以下配电线路5082.17千米，专公变1111台19.4万千伏安。丹棱电网形成以三座110千伏变电站为支撑，以35千伏及以上输电线路为骨干网的双电源供电格局。用户数为6.39万户，其中居民用户5.66万户，大工业用户80户，全年售电量为4.84亿千瓦时，综合线损率4.72%。

【国网青神县供电公司】 2016年，青神县供电分公司有110千伏变电站2座（兰店站、青竹站），总容量143兆伏安；35千伏变电站2座（罗坝站、穆家埂站），总容量16兆伏安。公用配电变压器794台，总容量15.55万千伏安；辖区内有110千伏线路4条，线路长度70.69千米；35千伏线路4条，线路长度30.69千米；10千伏配电线路24条，线路长度794千米。完成电网建设投资1.25亿元，供电量3.58亿千瓦时，售电量3.12亿千瓦时，全网综合线损率5.25%，电费回收率和解交率100%。未发生生产性人身、电网、设备、火灾、交通事故，连续安全生产5377天。

（税秀花）

金象化工产业园区

【概况】 2016年，金象园区工业总产值113.8亿元，比2015年（下同）增长16.5%，规模以上工业增加值增速9.8%；固定资产投资24亿元，其中工业投资20.8亿元（技改投资14亿元）；新增规模以上工业企业2户；新增国家高新技术企业1户；外贸进出口总额3291万美元；入库税金1.6亿元。

【项目推进】 2016年，金象园区中科兴业1000吨聚芳硫醚砜和聚苯硫醚、博川水务污水处理厂、年产化工生产15万吨颗粒肥、年产5万吨生物肥、伍零伍通信设备及其零部件生产、西南石大年产5000吨石油化助剂等8个项目竣工；惠盛10万吨生物柴油、道弘5000吨丙烯酸酯橡胶、伍零伍通信设备及其零部件生产、金素环保年产30万吨柴油尾气净化液等4个项目投产，新增产值5亿元。园区首个孵化园项目开工建设。

【招商引资】 2016年，园区招商引资到位资金20.97亿元，省外到位资金20.5亿元，外资投资到位资金1107万美元；签约年产1000吨超分子聚合物助剂、特种橡胶、轨道交通用及密封制品等招商引资项目17个，合同金额40.39亿元，其中投资10亿元以上重大项目1个，投资5亿元以上项目3个。

【要素保障】 2016年，财政收入2.6亿元，协议融资5.98亿元，到位资金5.18亿元，实际支出6.79亿元。投资完成金泰路1期、兴业路1期、君乐路2期、刘庙路1期等5条道路建设；污水处理厂建成试运行，完成金华路以南3.5千米园区自来水供水管网、污水处理厂自来水管网建设和象耳集镇的截污干管3千米；解决博川、惠盛、友禾、新都化工、誉丰等10余户企业用水；建设完成污水处理厂10千伏电力线、万象产业园电力线路、金象园区东大门长线光纤及供电迁改工程；完成天然气管道规划及505厂老旧天然气管网隐患排查、整改工作。

【安全工作】 2016年，园区19家企业进入四川省隐患直报系统。全年组织专家79人次，开展安全隐患集中排查14次，日常检查102家次，现场抽查15家次，夜间检查8家次，制定实施隐患整改方案34个，下发整改通知书65份，完成安全隐患整改750个，下发检查通报12份，约谈企业负责人10人次，责令企业停产整顿4家次。友禾公司、金象公司储罐区视频监控全覆盖。开展专题安全教育培训2次819人次。园区管委会投入200万元，聘请安全专业机构开展安全检查外包服务、安全社区建设指导服务，编制园区安全生产综合应急救援预案通过专家评审。管委会投入600余万元，组建专业危化应急救援队。园区各企业投入安全生产经费4000万元，完善安全管理机构，整改安全设施、设备隐患。建设安全示范街，与198家商铺签订安全责任书，发放灭火器420个并教会使用方法。成立消防互助小组10个，有效提升安全意识和自救能力

【环保治理】 2016年，争取到位环保资金1928万元。完成进德公司、艾德尔、众佳、新四方、新都3期、金象公司车用尿素、象耳排污管网7个项目环评；开展工业废气防治、工业粉尘防治等专项行动12次，企业巡查100余次，金象园区市环保局立案查处3件；清理整顿规范园区违规项目15个；淘汰园区嘉施利、永坚、乐土、大王4台燃煤小锅炉；治理硝酸装置尾气1套和道弘公司和友禾科技公司尾气深度治理，年年丰公司无组织排放收集综合治理；开展道弘、友禾、年年丰、川金象、新都化工、中科兴业、惠盛等公司和醴泉河等污染投诉调查50余次；完成园区企业环保应急评审及备案8家；开展企业项目环评、危废管理培训2次，环保宣传2次。

【国土管理】 2016年，全国获批3个批次71.07公顷建设用地计划指标；完成新四方年产30万吨高浓度农用肥项目、进德工业投资万象创新科技产业园、新功熊去氧胆酸项目等12个41.33公顷用地预审；完成新都化工二期、西南石大、园区投资建设有限公司、象耳镇幼儿园、园区道路绿化等项目24.14公顷土地出让，土地出让金6591万元；完成博川水务、星利石大、中科兴业、新都化工二期、西南石大5个项目权属登记。制定《园区国土资源执法监察动态巡查考核办法》，制止7起、拆除770平方米违规建筑。

【征地拆迁安置】 2016年，推行“三公开、三分离”（政策、面积、金额公开，丈量测绘、计算兑现、复核监督分离），征地拆迁政策，做深做细群众工作，妥善处理矛盾，做到平稳、和谐拆迁，确保项目用地需要。完成工业环线绿化用地、精细化工园土地、污水处理厂周边土地、消防特勤站补征土地、经开新区接洽污水处理厂污水管网用地、农林路、君乐路、金泰路、兴业路、爱斯特等土地征地拆迁工作，全年拆迁86公顷。完成道弘公司周边、君乐路、农林路53.67公顷土地测算登记等工作。推进落实拆迁人员1328人货币化安置，截止12月底，完成950人安置协议签署。

【社会事业】 2016年，园区配套安排脱贫专项资金100万元，争取东坡区精准脱贫专项资金13.5万元，通过结对帮扶，产业脱贫、精准扶贫举措，保障贫困户48户、129人教育、医疗、住房、饮用水、用电等。园区坚持“三三制”（组、村、镇三级各三次调解）原则，调解纠纷200余次，调解成功190余次。接收社区矫正人员40人，解除社区矫正人员25人，正在接受矫正15人，完成法律援助100例以上。园区象耳镇通过“省级卫生乡镇”现场验收，完成农村危房改造30余户；新建垃圾池12个，维修翻新垃圾池51个，年投入资金20万元聘保洁员14人，垃圾清运人员2人；年投资500余万元完成许村、君乐、农林约20千米道路硬化扩宽；开展义诊、送健康活动10余次，举办艾滋病、结核病、手足口病等专题讲座21次，发放宣传资料8000余册；全年发放耕地地力保护补贴2307户83.6万元，退耕还林补助3.5万元；发放低保资金、各类残疾人补助、五保户补贴等资金200余万元；新申报低保户12户，取消78户，调减保障对象36户。

（金象化工产业园区）

甘眉（铝硅）园区

【经济运行】 2016年，甘眉（铝硅）园区工业总产值123.3亿元。工业增加值比2015年增长10.6%。固定资产投资23亿元，其中，工业固定资产投资18亿元（技改投资8亿元）。规模以上工业企业34户，新增佳兴、高氏达、川越工贸

规模以上企业3户。招商引资到位资金22亿元。入库税金1.3亿元。

【产业发展】 2016年，园区设立专项资金1000万元，鼓励企业转型升级、做大做强，兑现2015年园区企业奖励100万元。成立眉山市承接四川启明星工作领导小组，四川启明星股权、债权由省电力公司向市工投公司完成划转，获国务院国资委批复。引进重庆博赛矿业集团投资7亿元收购重启眉山启明星，园区实现25万吨电解铝产能满产，年产值40亿元。组织四川启明星、云达等7户企业参加全市上下游产业产品对接展销会，签订协议资金2.6亿元。引进浙江中驰、眉山佳兴、鑫佳盛等3户企业协议入驻盘活美裕、圣道、中能，引资2亿元，新增年产值14亿元。促进中电通能、华恒祥、智鑫、嘉峰等8户停产企业实现复产，新增年产值10亿元。

【招商引资】 2016年，园区引进总投资30亿元四川能投鼎盛锂业年产5万吨电池级锂盐项目，参加四川省第四季度重大项目集中开工仪式；引进总投资26亿元年产300MW铜铟镓硒薄膜太阳能电池组件项目。引进四川省动力电池检测和创新中心。推进阳光坚端铝业、鑫佳盛铝业、丰瑞铝业等9个总投资30亿元市重点项目建设，完成投资11亿元。实施基础设施续建项目12个，全年完成投资5亿元，比2015年增长25%。总投资1.8亿元修文安置小区主体工程竣工，总投资1.25亿元的康定大道全线通车。

【园区升级及资金争取】 2016年，园区升级省级开发区申报通过省政府审核，上报国家部委；协助省发改委、省经信委等部门拟定印发《四川省藏区飞地园区产业发展指导目录》《四川省藏区飞地产业园区布局和发展规划》，省政府印发《关于印发推进藏区飞地产业园区可持续发展支持政策的通知》；争取到国家专项建设基金2个，总额1.59亿元；争取到新增和置换债券资金1.6亿元。

四川省2016年第四季度重大项目集中开工仪式眉山市分会场

【安全、环境保护、信访稳定】 2016年，园区成立安全生产委员会和环境保护委员会，落实安全生产和环境保护工作“党政同责、一岗双责”，取得安全生产零事故、环保报道零负面的成绩。推行领导包案化解和责任部门包案处置的信访维稳工作制度，处置启明星、益德、圣道、川越工贸等群体性上访20余起，实现“零到京、零到省、少到市”的目标。

【党建工作】 2016年，园区党工委传达上级会议、文件精神，分解落实目标任务。制定党建和党风廉政建设主体责任清单、任务清单，签订党建和党风廉政建设责任书24份，党工委党建和党风廉政建设主体责任、纪工委监督责任、主要领导带头责任、分管领导“一岗双责”、部门负责人直接责任分解落实到岗到人。提出“五个一律不准”系列廉洁要求，建立健全园区机关工作人员廉政“六不准”等制度80项，编印成《园区工作制度规范》。开展11项系列整治行动，征求意见建议106条，解决久拖不决的企业停车难、交通安全等问题。专项监督检查17次，发现纠正问题219个；暗访上下班6次，发现并纠正问题18个。

（甘眉铝硅园区）

中车眉山车辆有限公司

【概况】 2016年，中车眉山车辆有限公司（以下简称“公司”）着力培育竞争优势，加快转型升级步伐，扎实推进提质增效，加强创新平台建设、多向拓展市场空间，全面深化企业改革，各项工作取得积极进展。全年公司营业收入17.56亿元，净利润负6000万元。截至年底，中车眉山车辆有限公司在册职工3216人，其中经营管理126人、工程技术313人、市场营销70人、专业管理363、技能操作人员2344人。公司下设3个子公司，2个分公司，5个车间及26个部室；有固定资产原值10.6亿元（净值4.58亿元），占地面积79.12万平方米，建筑总面积31.28万平方米。

【规划发展】 2016年，公司完成眉山公司“十三五规划”编制，组织分、子公司及业务部室完成子规划、三年滚动计划编制，做好规划分解。开展资源整合研究，形成《货车业务、制动业务重组方案》《眉山公司与二七厂研发资源重组方案》《眉山公司与西安公司铸造业务重组方案》上报中车。集团研究地方相关政策，加强与地方政府部门沟通，找准项目申报切入点，全年争取地方资金支持206万元。在年度投资预算中，突出重点，统筹安排，把好“立项审批、费用控制、项目实施、项目评价”四关，审查投资立项项目98项，编制可行性研报告2份。

2016年6月6日，泰国客人到眉山公司考察

【改革改制】 2016年，公司印发《董事会议事规则》《总经理工作细则》《总经理会议制度》，完善企业法人治理结构。稳妥实施业务整合，完成制动科技公司铸造车间业务重组和人员安置，在公司内部转岗安排46人。推进“三供一业”移交，6月完成消防队资产、职能移交，8月完成生活区天然气资产移交，12月签订电视网络移交协议。

【经营管理】 2016年，公司生产经营极不均衡，2~6月公司出现大面积息工状态，7~12月公司又因新签订单兑现，生产极为忙碌。公司积极做好主产品产量统筹安排，力争在满足各订单交货要求前提下，高效利用公司各类资源，在确保订单按时兑现的同时降低制造成本。强化订单生产经营计划预排，合理安排交货期，加强出口车生产交货工作计划执行督促，5个出口车合同全部按期兑现。规范公司订单管理，要求所有订单按模板填报销售订单通知，保证订单信息完整和管理流程合理衔接，避免工作失误。根据订单情况，召开订单兑现准备会，提升具体项目计划针对性、可行性和配套性，促进资源合理配置。

【科技创新】 2016年，公司融入中车技术资源整合，争取立项，全年在中车科技立项6项，四川省紧固件工程中心和中车紧固件研发中心相继成立；加强公司总部对各业务板块的技术支持，全年完成新产品试制16项，新产品贡献率24%，涵盖国内外铁路货车、紧固连接系统、制动系统、公铁联运及民用产品；重点产品研发持续加快，每小时160千米快捷货车项目稳步推进，27吨轴重和30吨轴重重载货车项目成果初显，专用货车技术取得新的突破，径向转向架市场推广前景可期；生产制造平台积极转型，致力建设柔性化生产体系，共线生产能力得到提升，SQ6形成单班7台产能；成功通过知识产权管理体系认证，全年取得国内专利权101项，其中发明专利35项，海外专利3项。

【市场营销】 2016年，公司铁路货车业务稳步提升，市场占有率11.36%。货车产品进入台湾市场。新产业发展突破新的领域，全年新签订单3.7亿元。紧固件成功进入城轨市场，制动系统在客车领域取得成效，物流装备开展公铁联运装备研制，动车座椅、模块化建筑等新项目持续推进，SF双层储油罐推向路外市场。积极融入中车国际化布局，全年获中车支持海外项目9项。紧固件获得美国太阳能连续订单，制动系统进入埃塞俄比亚、越南市场；加拿大合资合作项目向纵深推进，探索南部非洲地区、泰国租赁项目商业模式。

【人力资源管理】 2016年，公司推进领导干部交流选拔，全年交流调整领导干部18人次，公开选拔优秀年轻人才8人充实到领导干部队伍。强化领导干部监督和考评管理，组织中层领导干部111人完成2015年度个人有关事项报告填报，全年抽查核实领导干部个人有关事项39人次。从严控制用工，强化内部资源综合调剂，确保公司生产经营任务完成。全年调剂600余人次支持一线生产，避免用工总量短期增加。减少临时用工使用，月均临时性用工比2015年减少58人。

2016年6月16日，中车股份副总裁余卫平到眉山公司调研。

全年公司引进员工17人，其中硕士研究生3人、本科生12人、中专及以下2人。新晋专业技术资格人员39人。新签订劳动合同17人，组织全员重新签订劳动合同3094人。

【质量管理】 2016年，公司推动AARM-1003标准、集装箱船级社等国际质量认证标准的导入，建设具有公司特色又符合发展需要的质量管理体系。关注新版IRIS标准转版标准的发布及进度，调整质量体系架构及时完成体系文件从“E”向“F”的转版。开展集中式内部审核。通过贝尔国际验证机构对公司IRIS质量体系运行情况的复评审核。公司生产的转K6型摇枕、侧架等13种产品接受中铁检验认证中心复评审核，并通过。公司组织召开QC成果发布会，评选出一等奖2项、二等奖3项、三等奖5项。

【党群工作】 2016年，公司召开党委会17次，集体讨论重要议题53项。深化“四好”领导班子创建活动，做好领导班子选配、后备人才选拔培养，公开竞选高管2人、中层领导8人。细化分解党风廉政建设重点工作，与34个基层单位签订《党风廉政建设责任书》。开展党建创新实践活动，实现成果37项。年内发展新党员31人。年末公司有党员2562人，正式党员2532人，预备党员30人。公司工会深化“六送三关注”活动，全年救助大病员工32人，补助各类困难员工222人。日常走访慰问住院员工、家庭困难员工161人。开展金秋帮困助学活动，为困难员工子女64人发放助学金。

【眉山中车制动科技股份有限公司】 2016年2月，公司由“四川制动科技股份有限公司”更名为“眉山中车制动科技股份有限公司”，取得新营业执照。公司设有股东大会、董事会，下设市场营销部、财务部、综合管理部、工程技术部、物资采购部、质量管理部、制动研究所、机加车间、组装车间等机构。拥有国家级技术中心，专业研发人员41人。截至2016年底，公司在册员工529人，其中，技管人员127人，生产工人402人。中、高级工程技术管理人员95人，工人技师83人。公司占地面积8万平方米，从美国、日本、德国、澳大利亚等国引进的加工中心、旋压机、车削中心、高压机器人清洗机、焊接机器人、自动中喷涂线等各类设备885台，拥有资产总额1.58亿元。全年销售收入

2016年11月1日，中车眉山车辆有限公司建企50周年庆祝活动

1.83亿元，新产品销售收入2500余万元。完成“中国第十八届中国专利奖”“四川省专利奖”“眉山市科技进步奖”等14项国家和省市级科技项目的申报工作，获支持资金145万元。

【眉山中车紧固件科技有限公司】 2016年2月，公司由“眉山南车紧固件科技有限公司”更名为“眉山中车紧固件科技有限公司”，取得新营业执照。2016年，眉山中车紧固件科技有限公司把握市场开发和新产品开发，以降成本为中心的内部管理。全年销售收入3.27亿元，净利润2026万元。10月，紧固件公司技术中心获得“四川省企业技术中心”授牌。完成四川省工业发展资金申报，获得专项资金107万元。申请3件发明专利和3件实用新型专利。

【眉山中车物流装备有限公司】 2016年3月，公司由“眉山南车物流装备有限公司”更名为“眉山中车物流装备有限公司”。公司下设综合管理部、市场营销部、技术质量部、财务管理部、制造部、新产业部6个管理部门，有正式员工86人，人事代理人员20人。全年销售收入1.45亿元。公司开展实施公铁驮背运输专用半挂车、集装托盘化运输的配套专用车及装备、城市物流类运输专用车辆、LFT材料应用及铁路货车配件等相关项目。开拓邮政车市场，销售19台。与北京驮丰高新科技股份有限公司、中车齐齐哈尔车辆有限公司配合，自主研发公路与铁路驮背平车能够实现最大程度“无缝衔接”的驮背运输箱式半挂车。为顺丰快递总公司建设专用于特快专列专用装备运输的集装单元化快运笼。试制完成驮背运输车2台，翼展式运输车2台。

眉山现代工业新城办公室

【总部经济区建设】 2016年，眉山现代工业新城办组织京府投资公司委托香港戴德梁行、广州旺地咨询等中介机构整体策划项目，深化产业定位和概念性规划，确定产业驱动、高端配套的项目建设运营思路，总部经济产业和文化旅游产业双轮驱动。拟制《总部经济区（A区）PPP建设运营项目管理办法》《眉山现代工业新城总部经济区违法用地和违法建设监督管理暂行办法》。组织京府投资公司开展PPP入库工作，就入库内容、采购程序、合作时间等核心内容赴成都咨询信永中和会计师事务所、罗卡咨询公司等中介机构，对接市财政局等部门，完成项目实施方案、物有所值评价报告、财政承受能力论证等材料审批，总部经济区（A区）项目纳入全国PPP综合信息平台项目库。

【经济建设】 2016年，眉山现代工业新城规模以上工业总产值522亿元；固定资产投资完成172.50亿元，其中工业固定资产投资完成138.90亿元；招商引资到位资金160亿元；新增规模以上企业24户151户；入库税金9.50亿元；销售收入超5亿元的企业22户，税收超1000万元的企业10户；建成百亿元园区和两百亿元园区各一个。

【重点项目】 2016年，现代工业新城32个省市重点项目建设推进顺利，固定资产投资30亿元；重大产业项目和基础设施项目顺利推进。

【转型升级】 2016年，全市各园区以提高工业增长质量和效益为中心，以“创新驱动、转型升级”为核心，实施产学研创新联盟建设行动计划和战略性新兴产业发展行动计划，建成万贯、鑫和小微企业孵化园2个，在孵企业30余家，投产10余家。

【园区扩区调位】 2016年8月，四川省政府批复四川眉山经济开发区扩区调位，扩区调位后规划用地面积33.70平方千米，允许建设用地面积13.40平方千米，主导产业为医药化工、泡菜食品和机械电子产业。四川眉山经济开发区成为全球最大的三聚氰胺生产基地、“四川省重点扶持十大医药产业园区”“中国泡菜城”。

（眉山现代工业新城办公室）

岷东新区

【概况】 2016年，岷东新区在建项目22个，省重点项目2个（四川城市职业学院眉山校区〈二期〉项目、四川工商学院眉山校区项目），市重点项目14个（岷东城区南部棚户区改造、四川工商学院眉山校区、蟆颐堰生态综合治理工程〈一期〉、四川城市职业学院眉山校区〈二期〉、穆家沟水库工程建设、樱花博览园、岷〈东〉黑〈龙滩〉快速通道、冠城学府商住小区、中部组团市政道路景观、岷东城区棚户区改造、岷东中学、富牛大道〈北段〉、岷东公安及市司法业务用房、市第二幼儿园），竣工7个；全年14个省市重点项目完成投资30.75亿元。产业招商重大突破，华为大数据中心项目落户岷东，前期工作启动；全年融资46.81亿元，完成固定资产投资19.7亿元；新签约项目2个，11.5亿元；招商引资到位资金10.18亿元。财政收入1.48亿元，城镇化率比2015年（下同）增长3.1%，农民人均纯收入增长12.3%。全年争取中央预算内投资5319万元（岷东城区南部棚户区改造3749万元、岷东城区西片区截污干管1570万元）；专项建设基金4.94亿元。

【党群工作】　2016年，岷东新区管委会（以下简称“管委会”）开展“两学一做”专题学习活动，通过“重温入党志愿、重温入党誓词”主题党日活动、专题学习讨论、“四亮”活动、党员奉献积分管理等，强化党员教育，起好先锋带头作用。优化机关党组织构架，成立眉山冠城七中校党支部、校团委和校工会；合并新华医院和富牛卫生院党支部；新发展团员36人，党员23人，截至年底有党员1757人。

【投资管理】　2016年，管委会开展新区交通中心、北部组团便民服务中心、岷东新区中医院路、彭山路东延线和城市职业学院路等4个项目前期工作审批；完成中部组团市政道路（丹棱路、滴水街、群乐街）、市无线电固定监测站迁建2个项目补充立项审批；招标核准岷东新区市政道路公交站台建设和东山画卷勘察设计。协调市发展改革委，完成岷东新区中部组团生活广场、龙城国际、成都七中实验东坡学校二期工程、四川师范大学附属第八实验学校、梦里水乡、富牛供电所等6个项目备案。

【征地拆迁安置】　2016年，管委会完成征地拆迁306.18公顷。松林苑小区安置住房1449套，一次性安置群众3802人，涉及富牛镇松林、相东、牛路口、蟆颐4个村15个居民小组。开展国有土地房屋征收补偿，议征收国有土地房屋4831.85平方米。改造低压线路4条。清理、整理棚户区改造测绘、评估、资金支付资料近4000户。

【信访维稳】　2016年，管委会编印《信访法规宣传手册》《以案说法》普法宣传读物2期，悬挂法治宣传漫画图100余幅，开展法制宣传教育活动4次，组织协调相关部门和法律顾问团，前往各村开展巡回宣讲法律法规活动1次，发放各类宣传手册3万余份，牵头应诉涉行政诉讼案件10件，化解信访、民工工资、安全生产、劳动保障、拆迁等矛盾纠纷80余件，网格员流转办理事件100余件，依法终结信访60件，办结国家信访局转送满意度评价件1件，完成省、市交办信访积案6件，息访复杂疑难信访案件4件，处置阻工、群众非正常死亡突发事件8起。全年涉访涉诉9件，息访8件，其余1件未息访案件，建议信访人走法院诉讼程序；协助完成《关于牛路口村4组5组土地遗留问题的调查情况报告》；崇礼石膏矿业公司信访事宜，做好政策宣传解释，建议崇礼石膏矿业公司通过法院诉讼维护自身权益。

【教育文化】　2016年，管委会完成三所学校校班子换届。岷东中学毕业班66人参加眉山市高中阶段教育招生考试，升入省级示范高中21人，升入普通高中35人，重点高中录取率31.82%。新华小学东坡区2015—2016届毕业考试平均分319.96，毕业考试合格率达标排第三名，综合排位居东坡区第一类。富牛小学2015—2016学年度，毕业班综合排位居东坡区第一类，1~5年级在苏南小学共同体中11科次居第一名，3个科次居第二名，8个科次居第三名。岷东中学“岷中少年”组合参加湖南卫视主办的2016首届“快乐中国-青春少年联欢晚会”获荣誉奖杯。

【社会保障】　2016年，管委会办理征地农民613人养老保险，与市人社局、眉山市精英保安学校开展失地农民就业培训2期200余人。召开企业用工招聘现场会，协调就业岗位200余个，实现招工69人。

【精准扶贫】　2016年，管委会投入扶贫资金近2000万元，硬化道路10.3千米，维修整治沟渠13.54千米，整治山坪塘11口，维修提灌站12处，新建卫生室6个，新增变压器6台，更新变压器4台，补助危旧房改造50户，新建保障住房1户，直接发放慰问金20余万元，产业发展补贴农户75万元，低保政策兜底418人，医疗救助扶持405人，资助建档立卡家庭学生71人，资助贫困大学生5人。富牛镇长虹村通过省验收考核评估。

【人防工作】　2016年，管委会开展人防专题知识讲座1次，邀请市人防办专家给相关学校、企业单位培训人防知识，组织实地参观考察学习。加强人防工程审批、建设、管理和易地建设费收取，全年收缴人防易地建设费1549.63万元。

【纪检监察】　2016年，管委会按照“两个责任”要求，将新区党风廉政建设和反腐败工作细化为5大类17个细项，逐一分解落实到10个责任领导和24个责任单位、部门。强化廉政风险防控。组织富牛镇、管委会各部门、直属企事业单位开展廉政风险排查，梳理排查出廉政风险点65个，制定防控措施150条。开展监督常态化工作，实行管委会重要会议议定事项落实情况月督查制度，重点信访涉稳案件实行台账式督查制度；成立岷东新区工作纪律作风监督工作组，不定期检查新区干部职工纪律作风问题，问责处理7人。加强廉政宣传教育。组织警示教育活动、观看警示教育片、学习警示教育读本、讲专题廉政党课、逢会必讲等方式开展警示宣传教育，组织管委会机关、富牛镇机关及直属企业全体人员235人赴眉州监狱进行廉政警示教育，强化党员干部理想信念，筑牢拒腐防变的思想防线。严查违规违纪案件。全年受理信访举报16件次，处置问题线索17件次，立案1件次，党纪处分1人。

【审计】 2016年，管委会通过公开招标建立岷东新区监察审计局2016-2018年度协审单位库，制定协审机构管理办法，强化项目管理；跟踪审计眉山市岷东中学项目（小学）等项目18个，项目合同金额20.4亿元。全年审计小组踏勘施工现场681次，约1500人次，发现问题涉及金额约926.79万元；完成岷东临时农贸市场等7个项目结算审计，送审金额381.71万元，审减65.19万元，审减率17.08%；完成财政财务收支和经济责任审计3个。

【财税收入】 2016年，岷东新区地方财政一般公共预算收入1.14亿元，完成1.48亿元，比2015年（下同）增长29.24%，其中税收收入1.29亿元，增长27.46%；非税收入1982万元，增长42.08%。岷东新区政府性基金预算收入6.01亿元，完成10.88亿元，增长7.51%。

【财政管理】 2016年，管委会严格执行上级厉行节约相关规定，加强会议费、培训费、接待费、燃修费等“三公经费”规范管理；做好部门预决算、“三公”经费预决算公开；完善国库集中支付制度，扩大公务卡覆盖面；加强财政收支监管和会计监督，建立覆盖所有政府性资金和财政运行全过程的财政监督机制，严把资金拨付关、监督检查关和跟踪问效关，确保财政资金安全；清理2015年财政、国资发文档案，国库集中支付中心清查并整理2012-2016年会计凭证，财政评审中心完成2012—2016年的财评资料整理并归档成册；健全财政专户（专项）资金国库集中支付管理审核规程，确保财政资金安全；完成白灵贵任期内岷东新区管委会财政财务收支方面存在问题的整改。全年争取上级财政一般性转移支付资金2239万元、专项转移支付资金1.98亿元、地方政府一般债券转贷资金11.84亿元。完成政府性投资项目财政评审63个。

【安全生产】 2016年，管委会定期检查指导重点项目、重点场所安全生产；召开现场点评会、建设工程质量安全规范化管理现场观摩会、邀请专家指导等，鼓励企业开展安全标准化建设，以塑造典型带动其他企业加入安全标准化建设活动；以召开会议、讲课、发放学习手册、安全生产画册等方式增强广大干部群众安全防范意识；指导督促高危企业、人员密集场所、中小学校等开展应急救援预案实战演练，提高突发事故应急处置、自救互救能力；组建岷东新区安全生产应急救援队，搞好应急救援装备配备。

【国土资源管理】 2016年，岷东新区城市建设用地30.33公顷获省政府批准；38公顷乡镇建设用地由市政府转报省国土资源厅审查；启动1个城市批次和2个乡镇批次95.6公顷用地涉及占用林地报批。开展岷（东）黑（龙滩）快速通道、东坡养生植物园等4个项目119.33公顷用地预审和岷投公司因重组涉及5个项目142.67公顷用地预审变更。开展“五馆一中心”、中医院、交通中心、四川城市职业学院等项目土地利用总体规划局部调整。完成23平方千米范围内基本农田调出；启动69平方千米范围内基本农田调整。全年拍卖出让土地12宗51.6公顷，成交价款9.9亿元，入库土地出让金10.6亿元。配合项目招商和土地推荐包装推荐地块5宗135.27公顷。逐一进行核查已出让的22宗222.88公顷土地开发利用情况，采取签订补充协议、加大催告力度、启动闲置土地调查程序等处置，其中《四川恒信伟业投资有限公司用地处置方案》通过市政府常务会批准，按相关程序收回土地；加大土地出让金催缴力度，追缴应缴未缴出让金6450万元；配合岷东下属公司开展污水处理厂、穆家沟水库等项目融资服务；办理出让土地登记颁证6宗。配合市执法监察支队开展4宗土地违法案件查处，遏制新区土地违法态势；配合东坡区分局做好岷东125.36公顷检查、土地利用现状变更调查。

【民生工程】 2016年，富牛镇土地整理项目由市国土资源局立项批准，设计总投资1377.83万元，财政审核招标控制价1079.58万元，审减298.25万元。项目涉及刘堰村、曾庙村、玉龙村等三个村，项目区域838.87公顷，新增耕地54.69公顷。8月在市公共资源交易中心公开招标，重庆乾和建筑工程有限公司以844.24万元中标。施工单位10月20日进场施工，12月25日全面竣工。开展地质灾害隐患全面排查，排查地质灾害隐患点2处，年内未出现地质灾害安全事故。

【城乡规划】 2016年，管委会配合并指导相关责任部门开展东湖公园、蟆颐观文化旅游区和华为大数据中心项目的规划编制，市城乡规划局批准实施项目5项，办理眉山市城市“五馆一中心”等2个项目的选址意见书，办证面积15.63公顷；办理岷东新区中部组团生活广场等3个项目用地规划许可证，办证面积21.24公顷；办理岷东新区岷黑快速通道、兰溪江山美景、眉山市中医医院迁建项目、岷东新区棚户区配套基础设施建设项目（污水管网）、岷东大道（岷东新区段）等14个项目的工程规划许可证；岷东大道道路两侧绿化一期工程、富牛大道及中部主团市政道路两侧景观绿化工程、岷东临时农贸市场等4个项目的临时工程规划许可证。办证的房建面积450.4平方千米、道路11.67千米、污水管道13.12千米、景观绿化工程面积98.55万平方米。完成东麓国际社区住宅小区、眉山冠城七中二期调整方案、眉山市第三水厂、岷东新区中部组团生活服务中心、川师八附中的规划设计方案审批工作。组织实施北部棚户区市政道路、南部棚户区、岷东中学、岷东大道景观绿化、滨江公园、冠城学府6个项目放线和验线管理，提供6次测绘技术服务。完成中部组团安置区、污水处理一厂、眉山市第二幼儿园、四川工商学院教师周转房、四川城市职业学院二期学生公寓、北部棚户区配套市政道路、富牛大道北二段7个项目规划核实，核实面积338.34平方千米。全年审查工程方案27个。

【城乡建设】 2016年，管委会召开13个项目初步设计审查评审会议；办理14个项目的施工图审查备案、22个项目的招标备案、23个项目工程施工许可证初审。核定出具配套费等各项规费（基金）缴费约2089万元；核定缴存民工工资保证金2259万元，新办、补办施工许可手续中现金缴纳民工工资保证金比率100%，争取四川省2016年城市新区建设专项补助资金600万元。完成富牛场镇内自来水迁改协调对接工作，启动岷黑通道内自来水管线迁改，协调对接项目用水市政道路内管网建设，新设电杆18基，拆除安装630、250变压器各1座，拆除电杆126基，拆除导线14.8千米。启动岷黑快速通道110千伏、220千伏及10千伏迁改设计，完成市政道路路灯及南、北部组团项目用电协议的替换和施工对接协调。中部组团电网建设完成90%，220千伏平峰线、110千伏华大线从植物园（樱花园）至富牛大道西边完成迁改2.15千米。35千伏安象线（岷东大道）迁改入地项目拆除导线3.1千米。协调完成富牛场镇（棚户区二期）然气管线迁改，协调对接兰溪-江山美景等项目用气和市政道路内管线建设。完成仁寿路、棚户区二期、岷东大道景观绿化带、岷黑快速通道、富牛中学、江山美墅、四川师范大学附属第八实验中学等项目通信迁改；新立电杆21基，拆除电杆63基，拆除通讯基站2个，启动南部棚户区二期通讯基站及长线拆除迁改；完成岷东大道两侧景观绿化带、市中医医院、樱花博览园、棚户区二期、四川城市职业学院、工商学院、岷东公安及市司法业务用房等项目杆管线迁改拆除；完成眉山职业技术学院、松林苑、四川工商学院、冠城学府一期光彩工程方案审批和松林苑光彩工程验收。

【公安工作】 2016年，岷东新区公安分局接有效报警584起，其中立刑事案件105件，侦办案件40件，破案率38%，抓获犯罪嫌疑人34人；受理治安案件206起，查处158起，查处违法人员52人；抓获网上逃犯2人；破获吸食毒品案6起，非法持有枪支案4起，收缴枪支4支；查处吸食毒品案7起，强制隔离戒毒4人，社区戒毒1人，监视居住2人，收缴毒品1.9克，吸毒工具12套，查扣涉案车辆3辆，销毁赌博工具15台，调解纠纷126起；受理群众求助80起。摸排梳理涉稳苗头56起，排查重点人员21人，情报信息采用率和预警率均为100%，化解处置不稳定苗头20起。

全年推行“警情通报”“案件回访”，发布更新岷东公安微信、微博1000余条；建立24小时公安、项目工程部、建设标段的巡逻防范机制；配备专兼职保安160余人，安装技术防范设施设备50处，规范车辆集中停放点13个，建立内保机制32个。

全年户籍人口采集率72.36%；登记从业人员4474人，采录实有人口3.75万人；新增从业人员534人；新增实有人口8353人；出租信息及出租人联系电话采集率141条，未采集39条，采集率78.33%；完成管控类实有人口信息维护；嫌疑人总数176人，核查86人，核查率49%，重点人员数67人，核查32人，核查率48%。全年办理迁入业务413人次，迁出业务184人次，出生受理582人次，死亡注销124人次，办理二代身份证1766人次，临时身份证852人次，接受咨询2200余人次；清理登记流动务工人员1200余人，眉山职业技术学院、四川工商学院、四川城市职业学院、冠城七中在校学生约1万余人。

【城管执法】 2016年，管委会办理案件30件，收缴罚款2万余元，无行政复议和行政诉讼。全年向辖区群众、商贩发放市容秩序管理规定宣传资料1万余份，规劝引导3000余人次游商摊贩进入临时市场经营，开展占道经营集中整治10余次，暂扣经营工具50余件，取缔占道经营点位1个。严格规范户外广告设置，全面清除辖区“牛皮癣”小广告，拆除擅自设置户外广告100余个（条、幅），指导规范设置大型户外广告2个和阻止预擅自设置大型户外广告2个。指导富牛镇食品药品管理局完成门头规范设置，指导各类围挡广告设置

13处。查处抛沙滴漏车辆10台次，整改建筑工地进出口5个。

【穆家沟水库管理处】 2016年，穆家沟水库管理处完成穆家沟水库工程勘察设计和初步设计报告，取得省水利厅批复；完成财政评审；全面推进库区征地拆迁和移民安置区主体工程建设。

【眉山岷东开发投资有限公司】 2016年，眉山岷东开发投资有限公司注册资本17.64亿元，经营收入3418.14万元。公司名下商业商住用地75.15公顷，总资产48.59亿元，职工46人，修订完善内部管理制度5项，新增1项。全年融资5.78亿元。富牛大道（西纵线）南段、岷东大道段、中部组团市政道路完成同市城管局的道路移交；中部组团农民安置小区已完成交房、分房；富牛大道（西纵线）北段2个标段、棚户区、污水处理厂土建、岷东大道北延线等6项工程竣工验收；万景大道完成清表等工作，棚户区1号路、2号路完工，启动棚户区改造项目工程，岷东中学，截污干管土建等续建工程；中医院路、彭山路东延线及城市职业学院路勘察设计招标；东麓国际社区规划方案通过市规划委员会审查；北部组团便民中心规划方案通过审查，勘察设计招标文件备案；南部棚户区市政道路、中部组团市政道路完成水保、环评和财评，启动施工监理招标。岷东大道（岷东新区段）两侧、富牛大道两侧和中部组团市政道路市政景观工程完工，绿化面积54万平方米，投入1亿元。樱花博览园累计投入1.3亿元，占工程总造价的50%，植物栽植完成75%，园建工程完成66%，地下车库完成65%，主次园路完成30%。坚持多元化发展，经营空间不断拓展，做实做强全资子公司。园林公司高品质、高效率地做好各项景观绿化工程，不断强化内部管理。文化公司启动对广告站点投资、建设，承揽相关业务。资产经营公司加快松林苑销售。污水处理公司落实污水处理服务协议签订。

【四川岷东房地产开发有限公司】 2016年，四川岷东房地产开发有限公司总资产13.14亿元，注册资本金6.41亿元，投资总额度约4.19亿元，营业收入335万元。眉山市岷江流域蟆颐堰一期生态综合治理工程滨河缓冲带一区（滨江公园）完成绿化工程90%，园路园桥工程75%，园林景观工程90%，其他工程70%，完成固定资产投资约1.35亿元；眉山市岷东城区南部棚户区改造项目，项目一期完成主体工程90%，完成固定资产投资约7420万元；眉山市岷东城区南部棚户区改造二期工程完成固定资产投资约1000万元。完成眉山市岷东城区南部棚户区改造二期工程二标段招标文件、施工图设计及预算编制，完成固定资产投资约470万元。审查天府新区眉山双创中心二期工程规划，固定资产投资1.9亿元；完成东麓国际社区临时销售中心项目主体施工图设计及预算编制。

【眉山市岷东城市发展投资管理有限公司】 2016年，眉山市岷东城市发展投资管理有限公司公司注册资本6.54亿元，资产规模13.84亿元，全年经营收入196万元，融资26亿元，到位4.93亿元；制定和完善内部管理制度18项。

【富牛镇】 富牛镇位于岷江二桥以东，幅员面积85.03平方千米，与眉山城区隔江相望，分别与东坡区复盛乡、崇礼镇、太和镇、土地乡相邻。东风支渠、蟆颐堰支渠穿境而过，全镇辖16个村，1个社区，119个村民小组，人口5万余人。辖区内共有学校14所，其中公办初中1所，小学2所，十二年一贯制中学1所，大学3所，幼儿园8所，卫生院2个，金融储蓄单位2个。2016年全镇国民生产总值5.67亿元，比2015年（下同）增长12.6%；全社会固定资产投资1.42亿元；三产增加值增速22%，农村居民转变为三产经营者792人，农民人均纯收入1.5万元，增长12.3%。粮食总产量1.87万吨。加工蔬菜种植面积1200公顷、水果种植面积1000公顷，渔业生产1800吨，特色优质红心猕猴桃种植80公顷，意大利塔罗科血橙93.33公顷，不知火等优质水果面积133.33公顷。全年完成村级公益事业美丽新村项目文化广场建设5000平米，新建、改建村通公路20余千米，浆砌沟渠8000米，整治山坪塘24口，维修提灌站10余处，修复水毁工程20余处。完成全镇16个村111个村民小组耕地确权，成立镇土地流转公司。启动刘堰、玉龙、曾庙等3个村838.87公顷土地整理，新增耕地54.67公顷，耕地质量9～10级，建成高标准基本农田727.6公顷。完成曾庙村川师大第八附中的优质果蔬生产基地的流转31.07公顷。全年为902户城乡低保户发放低保金183万元。集中供养农村五保、城乡孤儿38人，分散供养74人，发放生活费47万元。实施临时生活救助92人次6.48万元；上报大病医疗救助150人次，审批救助金额25万元。全年城镇新增就业135人，农村小额人身保险参保8662人次；城乡居民医疗保险参保4万人，参保率98%；城乡居民养老保险缴费1.25万人，参保率97%；办理失地农民养老保险613人次。孕前健康检查450人，发放独生子女父母奖励、奖扶以及特扶资金240余万元。强化血吸虫病、狂犬病、艾滋病、结核病等重大疫情防治。查螺246.1万平方米，灭螺81.2万平方米，血检1万人。救助贫困残疾人170人，贫困精神病患者免费住院治疗45人；提供法律援助110人次。新发展党员22人，转正预备党员20人；优秀青年15人应征入伍。帮助建档立卡贫困户产业就业774人，低保政策兜底418人，医疗救助扶持405人。为所有建档立卡贫困户购买医疗保险，为23户低保兜底的建档立卡贫困低保兜底资金补差。慰问老党员664人、困难党员、群众603人；实施危旧房改造51户，新建住房1户；产业扶贫补贴农户800余人，补助资金75万元；教育扶贫资助贫困大学生6人。全镇投入各类扶贫资金近2000万元，镇干部捐款3.2万元补助。完成松林苑1449套安置房3500余人安置、结算、入住及商业门市分配；完成富牛大道北段景观绿化带、三水厂、五馆一中心、蟆颐统征等项目10余个，开展穆家沟水库征迁，征用土地25.33公顷，拆迁群众400户1300余人，完成棚改货币化安置521户。完成牛路口4、5组土地遗留问题对下结算，牛路口村土地统征。全年拆除违章建筑800余平方米，严厉打击抢搭抢建行为，规范建房管理。协调小组开展工作近100次。

（岷东新区管委会）

农业
Agriculture

综述

2016年，全市农作物总播种面积43.76万公顷，比2015年(下同)增长0.6%，其中粮食作物29.8万公顷、油料作物5.72万公顷、药材2584公顷、蔬菜5.99万公顷；粮食产量170.44万吨，增长1.1%，其中小春粮食29.61万吨、大春粮食140.83万吨、油菜籽10.59万吨、茶叶2.24万吨、水果97.85万吨、蔬菜163.07万吨。全年肉类总产量29.75万吨，下降1.8%，其中猪肉20.06万吨、牛肉7400吨、羊肉7600吨、牛奶13.8万吨、禽蛋5.54万吨。全年水产品养殖面积1.58万公顷，增长2.5%，水产品产量11.95万吨，增长6.9%。全年造林8940公顷，年末森林面积34.7万公顷，森林覆盖率48.6%、增长5.2%。水资源总量47亿立方米，水域面积600平方千米，水库总数322座，有集雨面积大于200平方千米以上的河流14条。全年水利建设总投资10.55亿元，解决农村居民11.21万人安全饮水问题。全年新增耕地427公顷，基本农田保护面积21.97万公顷，建成高标准农田9.43万公顷。年末农业机械总动力206.12万千瓦，年内机耕作业面积26.02万公顷，主要农作物(小麦、水稻、玉米、油菜)综合机械化水平61.2%，全年修建机耕便民道1931千米，维修改造提灌机械3259台3.45万千瓦，新增提灌站33座，新增提灌机械总动力803千瓦，实现有效灌溉面积6.4万公顷。全市农林牧渔业总产值293.55亿元，增长6.2%，其中农业130.78亿元、林业7.96亿元、牧业131.46亿元、渔业17.49亿元、服务业5.86亿元。农业、林业、牧业、渔业、服务业产业结构比为22.3∶1.4∶22.4∶3∶1；农林牧渔业增加值172.72亿元，其中农业89.18亿元、林业5.36亿元、牧业63.63亿元、渔业11.27亿元、服务业3.28亿元。全年农村居民人均可支配收入13935元、增长9.2%，农村社会稳定。

(管韬)

种植业

【概况】 2016年，眉山市种植业实现农业增效、农民增收，粮食总产170.44万吨，比2015加增加1.89万吨；种植业产值130.77亿

2016年10月31日，农业部原党组成员、中国农产品市场协会会长张玉香(前排右二)视察第八节中国泡菜展销会。

2016年11月15日，全国果茶绿色发展经验交流会在丹棱县召开。

元；“东坡味道”产业销售收入670亿元；农民人均种植业增收522元。

【“东坡味道”千亿产业】 2016年，全市围绕“做严标准、做响品牌、做优基地、做强集群、做大市场”，推动“东坡味道”千亿产业发展，提高“东坡味道”影响力。“东坡味道”13个门类销售收入670亿元，比2015年（下同）增加87亿元，其中泡菜152亿元、粮油145亿元、果蔬110亿元、畜产品81.5亿元、餐饮63.5亿元、乳制品30亿元、水产品26亿元、茶叶25亿元、调味品13.3亿元、糖果糕点12亿元、酒类4.4亿元、森林食品4.2亿元、饮料3.1亿元。

【泡菜产业】 2016年，眉山市引进郫县最大民营豆瓣企业—恒星调味品有限公司，在中国泡菜城投资2.2亿元，建成恒星食品和味之浓食品两家公司。惠通公司与涪陵榨菜实现重组上市，投资3.6亿元建设二期工程。全市有泡菜企业64家，建成标准化生产线139条。创建国家级农业产业化龙头企业3家、省级农业产业化龙头企业9家，规模以上企业37家，亿元企业10家，获得中国进出口资格企业9家。“中国泡菜城”成功创建国家AAAA级景区，聚集泡菜龙头企业28家，成为“四川泡菜”加工中心，22户知名食品企业入驻泡菜风情街。全市泡菜企业提供生产一线就业岗位2.6万个，增加务工收入7.5亿元以上。全年泡菜加工量161万吨，泡菜产值152亿元，增加14亿元，保持全省第一。

【现代农业发展】 2016年，眉山市按照“全域覆盖、园区先行”，整合农业项目资金建设核心基地，新建特色效益农业标准化基地8000公顷，建成仁寿县河口乡柑桔种植基地、仁寿县富加镇枇杷标准园生产基地、洪雅县中山前锋茶叶主题公园、丹棱县梅湾高标准果园等新亮点，基本形成“一城三园七带”都市近郊型现代农业区域布局。完成新植和改造果、菜、茶等特色产业1.07万公顷，晚熟柑桔发展势头强劲，新植改造面积7800公顷。《优质杂柑新品种选育及高效栽培技术集成应用》获市政府科技进步一等奖、农业部农牧渔业丰收三等奖。全市蔬菜、水果、茶叶产量大幅增长。全年全市鱼种投放量1.89万吨，水产品总产量11.95万吨，渔业经济总产值42.6亿元，鱼苗繁育量保持全省第一，水产品总产量和渔业经济总产值全省第二。新

2017年11月15日，农业部副部长余欣荣（左二）到眉山调研柑桔标准园生产管理及技术发展情况。

茶韵洪雅县柳江镇杨村

建大中型沼气工程2处、小型集中供气工程2处，全市沼渣沼液综合利用6.67万公顷。围绕种养结合、循环农业，在洪雅县中保镇通过PPP模式建成种养循环现代农业示范区。

【粮油生产】 2016年，眉山市粮食播种面积29.8万公顷，粮油高产创建万亩示范片50片。粮食总产量170.44万吨、比2015年（下同）增加1.9万吨，油菜籽总产10.59万吨、增加3900吨。新建高标准农田2.16万公顷、高标准农田示范区9300公顷，高标准农田比例40%以上，形成“成乐”高速沿线0.67万公顷高标准农田示范带、仁寿珠嘉1333公顷现代粮食产业基地、洪雅中保2000公顷种养循环农业基地。新建和技术改造提灌站13座，恢复和新增控灌面积492公顷。

【农业信息化】 2016年，眉山市建成农业物联网示范基地6个，创建国家电子商务进农村综合示范县3个，开展电子商务的农业企业259个、专业合作社173个，举办丹棱网上不知火节、第二届京东网上枇杷节、青神“初恋果”网上椪柑节，年农产品网上交易额超过10亿元。

【农业机械化】 2016年，眉山市实施农机购置补贴资金2038.33万元，新增农机购置补贴机具4279台套，建设机耕便民道1930.9千米，主要农作物耕种收综合机械化水平61.2%。未发生较大及以上农机安全事故。眉山市获得四川省农田水利基本建设绩效考核农机项目二等奖。眉山市德心农机专业合作社被评为全国农机合作社示范社。

【农村经营管理】 2016年，眉山市完成土地确权登记24.6万公顷，确权登记成果通过专家组检查验收，优秀率100%；向承包农户颁发《农村土地承包经营权证》4.7万本。农村土地流转面积6.75万公顷，农村土地流转率38.8%，50亩以上规模经营面积3.84万公顷。家庭农场2296个，农民合作社2652个，新创建省级示范场社39个。

【农产品质量安全】 2016年，眉山市制订《眉山市创建省级农产品质量安全监管示范市实施方案》，启动整市创建。实施农产品品牌和质量安全示范基地创建奖补，开展农产品质量定期抽检、检执联动、准出准入试点，全年新认证和续展无公害农产品16个、绿色食品45个、有机转换品2个，全市“三品一标”产品保有量380个，“丹棱桔橙”被农业部确定获得为农产品地理标志示范样板。市级、县级和基地抽检样品1.3万个，总体合格率98%；省级农产品例行监测4次，菜果茶合格率99.7%、水产品合格率100%；完成市级风险监测4次，农产品总体合格率99.3%。

【农业行政执法】 2016年，眉山市推进农业行政执法规范化（强化年）建设，规范执法行为、执法程序、执法文书，所办案件全部上网

丹棱成为眉山生姜集散地

洪雅高庙古镇

公开，主动接受社会监督。探索行政执法双随机制，所有处罚案件纳入行权平台统一监管，做好行政执法与刑事司法衔接，全年未发生行政复议、行政诉讼、法制纪检部门问责事件。办结农业行政处罚一般程序案件（种植领域）119件，6卷案卷被评为省级优秀案卷，1卷案卷被农业部评选为全国优秀案卷。全年调解农业执法涉农纠纷50起，金额22.35万元。

【农业产业扶贫】 2016年，眉山市以柑桔、枇杷、茶叶、水产、优质粮油作为主导产业，在316个贫困村新发展特色产业4040公顷。围绕5个连片贫困地区开展中低产田土改造和高标准农田建设767公顷，新建和技术改造提灌站13座，恢复和新增控灌面积492公顷。在贫困村新增土地流转面积800公顷、达到8013公顷，培育新型经济主体1973个。开展“万名农技人员进万村”活动，组建果蔬、茶叶、粮油、植物、农产品质量安全5个技术指导专家小分队，制作“农业产业技术扶贫服务卡”500张、发放《农业产业扶贫技术培训教材》4500册，开展新型职业农民培训1562人，培养科技示范户3755户，开展技术培训1152次、受训农民5.06万人次。全年农业产业脱贫1.8万人。

（袁勇艺）

林 业

【绿海明珠】 2016年，全市完成投资6亿余元，义务植树339万株，新造林8700公顷，建成“绿色基地”133.33公顷，新创建“绿色校园”15所、“绿色医院”7家，新建“东坡竹园”等多个精品城市“绿肺”工程，新增多色谱林业景观带24千米，建成岷江水上绿色走廊7千米，完成环湖库区绿化78公顷，建成7个集镇“拥翠”工程，建成19个“绿色家园村”，新增园区绿化33亩，全市森林覆盖率48.61%，分别比全省、全国高12.59%、26.93%，城乡绿化覆盖率51.89%。

【第九届中国竹文化节】 2016年，眉山市举办首个国家级会节活动——第九届中国竹文化节，汇聚33个国家、4个国际组织、20个省（市、自治区）参会参展代表1000余人，现场交易竹制品9093.7万元、协议成交2.1亿元，签约竹产业重点项目21个，达成川内竹产业发展联盟战略合作协议1个，60余家中外媒体参与采访报道。

【青神竹编产业发展】 2016年，启动竹编产业“双百”工程。召开全市竹编产业“双百”工程推进千人大会，制发《关于进一步加快竹编产业发展的意见》，明确“十三五”期间，市财政首年安排3200万元，其余每年安排2000万元专项资金扶持竹编产业发展。各区县配套相关扶持政策，发展一批竹编专业乡镇、专业村（社）、专业大户。全年全市竹编产业产值10.6亿元，从业人员5.4万人。

【现代林业产业基地】 2016年，仁寿县、丹棱县、青神县完成年度省级项目投入800万元，新建核桃、雷竹、巨桉基地1460公顷，建生产便道28.75千米。青神县、彭山区分别被列入第三轮现代林业产业重点县示范县、新增项目县建设。全市成功创建现代林业产业提质增效示范区20个。

【林业生态旅游】 2016年，举办2016四川花卉（果类）生态旅游节分会场暨丹棱不知火及桃花生态旅游节，申报省级森林公园1个，洪雅林场玉屏山营地被国家林业局批准为全国首批9个森林体验试点示范基地之一。推进生态旅游扶贫攻坚，制定全市生态旅游扶贫规划，开展森林人家建设与等级评定，全市成功创建一星级森林人家9个、二星级森林人家12个，三星级森林人家6个，推荐省级四星级森林人家2个。全市生态旅游人数950万人次，生态旅游直接收入34.8亿元。

【天然林保护工程】 2016年，市农业局与区县签订天保工程目标责任书，继续停止天然林商品性采伐，落实管护责任，管护森林面积9.58万公顷，实施集体公益林生态补偿3.28万公顷。完善国有林业单位职工五项社会保险和政策性社会性支出补助政策，参保率100%。

【退耕还林工程】 2016年，眉山市退耕还林通过省级复查。完成2015年巩固退耕还林成果专项建设（涉林项目）任务，其中种植项目1.07万公顷，养殖项目244.56平方千米，菌类培殖项目9万袋（棒），全市专项建设完成。

【血防工程造林】 2016年，市农业局按照“兴林、抑螺、防病”综合治理标准，把兴林灭螺与农业产业结构调整、农村环境治理有机结合，结合不同自然条件，选择造林树种、造林模式和造林方式，建设林业血防工程林933.33公顷。

【集体林权制度改革】 2016年，全市实行集体林权主体改革“回头看”常态化，纠错林权证268本，涉及面积275.84公顷，新颁发林权证23本，涉及面积27.1公顷；规范林权流转，在全市推行林权流转最低限额保障制度；开展示范创建活动，多元培育经营主体，全年全市新培育林业经营主体7个，截止12月底，全市发展家庭林场61家、林业大户616户、专合组织92个；在青神县启动林权抵押贷款改革试点，探索新形势下如何解决林业生产融资难题；推动森林保险，全市森林保险参保面积25.73万公顷，实现除经济林以外，全市森林面积全覆盖。

【大熊猫国家公园建设】 2016年，市农业局成立工作领导小组，协调对接大熊猫国家公园拟纳入范围。多次与省林业厅沟通协调，确定眉山大熊猫国家公园划界范围方案，开展拟纳入范围内资产、人员核查工作。

【国有林场改革】 2016年，市农业局制订《眉山市国有林场改革实施方案》，经省国有林场改革领导小组批复同意。改革涉及全市三个国有林场，面积6.09万公顷、职工910人。

【森林防火】 2016年，全市建森林防火前端信息采集监控点6个，促进森林防火由“人防”向“技防”转型。继续开展森林防火“二三四”工程示范村创建活动，夯实全市森林防火基层基础，全市创建示范村116个。截至12月底，全市19年无较大以上森林火灾，森林火灾损失率控制在0.1‰以下。

【林业有害生物防治】 2016年，市农业局继续落实森防目标责任制，强化林业有害生物监测预报，加强松材线虫病枯死松树春、秋两季普查，制订控灾减灾预案，开展防治工作。全年全市发生各类林业有害生物1.2万公顷，防治1.04万公顷，无成灾面积发生。

【森林公安】 2016年，全市集中开展火案查处专项行动、打击破坏野生动物资源违法犯罪专项行动、林地行动等，立刑事案件45件，破案43件，办理涉林行政案件213件，收缴木材906.58立方米、野生动物534头（只），打击处理各类违法犯罪人员304人，罚款55.08万元，挽回经济损失300余万元。（刘渝南）

水 利

【概况】 2016年，全完成水利工程建设投入10.5亿元，巩固提升贫困村2.64万人饮水问题。市中心城区新建供水管网8.3千米，管网改造3.2千米，完成大中型灌区续建配套与节水改造18千米，治理水土流失面积88平方千米。新增有效灌面433.33公顷。

【骨干水利工程】 2016年，彭山县龚家堰水库扩建工程完成灌区续建配套部分建设任务；穆家沟水库取得省水利厅初设批复，青神县复兴水库扩建工程可行性研究报告送省发改委，等待审批立项；龙池寺水库完成枢纽工程建设。

【千湖之城建设】 2016年，全市恢复和新增水域面积26平方千米；“四湖”建设快速推进，“东湖”穆家沟水库初步设计并通过水利厅审批完成投资2亿元；“西湖”完成蓝妖庙水库、白马湖水库主体工程建设；“南湖”按照EPC建设模式，所有工程，投资约6000万元；北湖按照PPP模式完成项目包装入库，年底完成项目可研，正开展立项等前期工作。完成洪雅县总岗山水库除险加固工程和花溪渠病险水闸整治工程。

【农田水利基本建设】 2016年，全市完成小型农田水利重点县建设，整治渠道212.41千米，整治山坪塘270口，新建蓄水池440口，整治小型病险水库10座，完成农业综合开发项目2个；续建配套东坡区两河口水库灌区和仁寿县劳武水库灌区；完成仁寿县洪峰水库灌区、丹棱县安溪河流域水利血防项目建设工程通过新建渠道、整治山坪塘、石河堰、提灌站、新建蓄水池等方式，提高水量供给、增大水量输送，新增有效灌面433.33公顷。

【水利民生工程】 2016年，全市完成已批复的山洪灾害防治项目及中小河流治理及堤防整治，综合整治江河堤防3.9千米，中小河流综合治理项目新建护岸2.1千米，新建堤防2.8千米，综合治理3.5千米；综合治理水土流失88平方千米。第三水厂建设完成项目投资1.35亿元，完成工程总投资的

完成烂坝水库整治工程

39.48%，改造升级污水处理厂（一期）工程，排放标准由国家一级B标提升到一级A标。

【防汛】 2016年，全市落实防汛工作行政首长负责制，分级负责、部门负责、技术负责、岗位负责；建立市政府领导联系区县防汛抗旱及地质灾害防治制度；加强在建水电工程安全度汛管理。完成市级防汛抗旱指挥中心信息化系统运行维护，坚持汛期防汛会商制度，定期组织气象、水文等部门开展防汛趋势会商分析，研判汛情趋势，组织召开防汛会商会11次，及时传递省、市各类重要天气消息、雨情、汛情信息，编发汛情短信2.8万条次，各类防汛信息及时准确上传下达。加强应急保障和抢险演练。采购一批防汛物质，组织开展冲锋舟操作手培训。

【水资源管理】 2016年，实行最训、应急抢险演练，实现“四零目标”。严格的水资源管理制度，全面分解下达水资源管理“三条红线”（用水总量、用水效率、水功能区纳污控制指标），严格考核，考核结果通报各区县人民政府和市级相关部门。开展国家水资源监控能力建设项目，编制全年水资源保护规划。抓好东坡、洪雅、青神三区县省级节水型社会重点县建设，争取省级水资源费项目资金2130万元。

【水利脱贫攻坚】 2016年，市水务局解决2.65万人脱贫攻坚建卡贫困人口饮水问题，改善贫困村生活生产用水条件，为全市精准扶贫工作提供要素保障。做好仁寿县禄加镇盈坪村脱贫攻坚，投入资金706余万元，完成全村安全饮水项目、土地流转、乡村旅游等项目3个。24户建卡贫困户脱贫。

【水务综合执法】 2016年，市水务局开展执法巡查，以属地管理、分级负责为原则，日常巡查、重点巡查和专项巡查相结合，开展水行政执法巡查。全年全市开展水行政执法巡查189次，查处水事违法案件27起，发出责令停止水事违法行为通知书16份，罚款6万元。

（方媛）

四川省都江堰黑龙滩灌区管理

【概况】 2016年，四川省都江堰黑龙滩灌区管理处（以下均简称”黑管处”）内设办公室、劳动人事科、计划财务科、工程管理科、供水经营科、综合执法科、水政渔政科、发展与经营管理科、内部审计科、勘测设计室、黑龙滩水库地方海事所、黑龙滩水库管理站、李家沟水库管理站、渠首渠道管理

全域饮水工程之取水隧洞

整治后的思蒙河丹棱城区段

站、东干渠渠道管理第一站、东干渠渠道管理第二站、东干渠渠道管理第三站、南干渠渠道管理第一站、南干渠渠道管理第二站、南干渠渠道管理第三站、南干渠渠道管理第四站、南干渠渠道管理第五站、龙正渠道管理站、付加干渠渠道管理站。

【蓄水保水用水】 2016年，全年灌区总蓄水3.35亿立方米，其中黑龙滩水库蓄水2.98亿立方米（含死库容），李家沟水库950.4万立方米。灌区亩均用水量204立方米；补充灌区小（一）型水库及以下工程净水量3022万立方米。放出毛水量1.45亿立方米。完成灌溉面积6.08万公顷，实现灌区用水零纠纷、无水毁、少水量、保证灌区农业、社会经济、城市发展用水需求。

【项目建设】 2016年，黑管处争取项目资金6956万元。其中续建配套与节水改造禾加分干渠总投资3206万元；灌区146.1千米渠道重点维修养护总投资450万元；农业综合开发李家沟水库中型灌区节水配套改造项目3300万元。

【水源保护】 2016年，黑管处与市、（区）县环保部门、地方政府、公安派出所沟通协调，组织水质保护监督管理2160人次，出动船舶巡库360余航次，出动车辆巡查120余次。清理垃圾1135.5吨；无害化规范处置动物漂尸3006具；死鱼20.8吨；查处收缴“三无”船只4只；拆除水库违章建筑物、帐篷60余处；参加管委会组织的禁泳100余人次。设置监控点8处，聘请线人8人。保证水库水质常年为Ⅲ类水质标准。

【安全管理】 2016年，黑管处加强防汛管理，签定防汛责任书，落实防汛责任制，及时消除防汛安全病害和隐患。加强防汛值班值守，严格防汛指令，及时处理安全隐患，全年未发生安全事故。查处权属侵权事件6起。建立和完善相关工作检查机制和制度，加强三公经费和渠道管理站日常经费管理；加强职工安全教育、业务工作培训，强化政治理论和业务学习。

（都江堰黑龙滩灌区管理处）

通济堰灌区管理

【防汛抗旱】 2016年3月至5月灌区降雨次数最多的点增为19次，平均降雨量48毫米，比正常年份偏多，进口引进流量最低每秒41.5立方米，最高每秒48立方米；6月、7月灌区降雨次数明显增加，雨量较大，眉山管理站7月417毫米；8月降雨趋于正常；9月降雨量最多的思蒙180.9毫米；至10月10日，灌区汛期平均降雨量880毫米，降雨总量比2015年偏多2.5成。

【春灌用水】 2016年，通济堰管理处在春灌前恢复“通济堰灌区用水领导小组”和“灌区配水小组”，全灌区实现2.94万公顷水稻满栽满插。

【生态环保供水】 2016年，通济堰管理处支持千湖之城建设，为“五湖四海”、通惠河、醴泉河、西湖等配好水，为眉山城区、彭山区、青神县、新津县提供生态环保供水。

【工程建设】 2016年，通济堰管理处于2005年修建的渠首改造工程获中国水利工程优质（大禹）奖。水利组织稽查管理处全部工程建设，结果为零问题。

（岳蕾）

畜牧业

【生产情况】 2016年，全市贯彻落实畜牧“五大”发展理念，建设都市近郊型畜牧业，推进畜牧业转型升级和绿色发展，全年畜牧业产值131.46亿元。

【奶产业】 2016年，全市奶牛存栏6.45万头，主要有荷斯坦奶牛、西门塔尔奶牛、娟姗奶牛等品种。全市鲜奶产量13.8万吨。有蒙牛、新希望、菊乐三家乳制品加工企业，日处理鲜奶能力1400吨，乳制品加工企业产值23亿元。全市创建为国家（省）级标准化示范奶牛场8个，其中国家级标准化示范奶牛场4个，居全省第一。

【生猪】　2016年，推进生猪规模化、标准化养殖，全年生猪出栏281.72万头，年末生猪存栏192.5万头。年出栏生猪50头以上农户1.64万户，生猪规模养殖占总数的74.2%，有国家生猪标准化示范场3个，省级生猪标准化示范场12个。

【肉兔】　2016年，全市肉兔出栏2318.5万只，年末肉兔存栏776.49万只。年出栏肉兔500只以上农户7421户，肉兔规模养殖占总数的73.2%，良种化率98%。

【家禽】　2016年，全市家禽出栏3093.12万只，年末家禽存栏1327.51万只。年出栏肉鸡2000只以上农户3118户，肉鸡规模养殖占总数的85.8%，良种化98.1%。

【肉牛】　2016年，全市肉牛出栏6.2万头，年末牛存栏12.16万头。

【肉羊】　2016年，全市肉羊出栏58.28万只，年末山羊存栏39.36万只。

【标准化建设】　2016年，全市适度发展规模标准化养殖，新改扩建畜禽标准化养殖小区（场）70个，国家级标准化示范场1个、省级1个。全年新增现代畜牧业主1068户，培育家庭农场50个，新增专业合作社28个，联合专业合作社2个，培育畜牧企业7个。市政府办公室印发《关于加快推进畜牧业转型升级绿色发展的意见》，制定完善《生态示范牧场（家庭牧场）创建工作方案》及评定标准。推广种养循环、生产有机肥、生物利用等粪污资源化利用模式，变废为宝。加快设施建设，建设雨污分流、干湿分离系统、沼气池、爆氧池、贮粪池及生物氧化塘等设施。分类解决禁养区养殖场问题，结合城市发展和拆迁工作，关闭一批，搬迁有条件的养殖场（小区）和养殖专业户，治理无法搬迁的养殖场（小区）一批。全年关闭和搬迁196个。

【机制创新】　2016年，全市有畜牧专业合作社554个，带动农户5万余户。洪雅县新盛猪业专业合作社等7个畜牧专合社被省农业厅、省发改委、省财政厅等10个部门命名为四川省第八批农民合作社省级示范社，全市畜牧业市级农业产业化重点龙头企业14家。推广“寄养”“代养”“公司+农户”等模式，全年发展肉鸡代养户942户、生猪养殖户91户、鹌鹑合作养户244户；探索“互联网+畜牧”等模式，利用互联网做大市场，2016年全市“互联网+”畜产品销售产值4500万元。推进生猪、奶牛等政策性参保；开展育肥猪价格指数保险试点和鹌鹑特色农业保险试点，育肥猪入保8.19万头、鹌鹑22万只。

【项目建设】　2016年，全年向上争取项目12个，到位资金8551万元，市级财政落实畜牧专项资金1000万元。

【疫病防控】　2016年，全市免疫猪口蹄疫541.35万头、牛羊口蹄疫94.89万头、猪瘟540.65万头、高致病性猪蓝耳病469.8万头、小反刍兽疫23.88万头、高致病性禽流感4398.3万只、鸡新城疫2880.77万只。重大动物疫病做到应免全免，生猪免疫标识佩戴率100%。使用消毒药64.99吨，消毒养殖环境3821.16万平方米。全市动物各强制免疫病种抗体合格率92.7%~100%，全市无区域性重大动物疫情和动物源性公共卫生事件。

【畜产品安全】　2016年，全市开展兽药专项整治行动6次，查处案件11起，查处假劣兽药30千克；检查饲料经营门市1772家、立案调查处理3起，处罚3.88万元。产地检疫畜禽6158.32万头（只），无害化处理病死畜禽5.95万头（只），规模养殖场（小区）产地检疫申报受理率100%；全市114个生猪定宰点检疫人员驻厂（场）检疫，屠宰检疫生猪157.36万头。全年检测瘦肉精15.66万头份，生鲜乳监测抽样1425份。开展“三品一标”畜产品原料基地建设，全市建成17个无公害畜产品基地，8个畜产品获得无公害产品认定。

【脱贫攻坚】　2016年，全市畜牧系统实施畜牧扶贫“六个一”工程，整合畜牧项目资金2141.5万元开展畜牧产业扶贫，指导贫困户新（改、扩）建标准化圈舍3.72万平方米，扶贫养殖技术培训8850人次，产业脱贫5849人次，人均增收3396元。　（张涛）

眉山岷江现代农业示范园

【概况】　2016年，岷江现代农业示范园区（以下简称“园区”）管委会同东坡区、彭山区，围绕建成“全国领先的都市近郊型现代农业示范区”“统筹城乡深化农村改革试验区”目标，培育新型经营主体和服务主体，探索一三产业融合发展，整体推进园区建设。园区建设经验受到国家部委、省委、省政府领导肯定，接待各类各级团体入园参观调研100余次，农村改革经验被《人民日报》《新华社》《四川日报》等10余家媒体报道。

【培育业主经营】　2016年，园区

成立土地流转服务公司，引导农户采取信托方式规范流转土地经营权，发展适度规模经营，为业主入驻提供便捷服务。园区从项目、资金、用地、信贷、保险五个方面扶持业主，落实1000万产业扶持资金扶持精品产业，培育壮大“好味稻”、一心农机、天鑫农业、果怡农业等社会化服务主体，为园区新型经营主体提供“产供销”全程服务，保障产业发展。规模经营50亩以上的新型经营主体161户，经营面积3000公顷。其中，蔺草-晚稻、水稻、蔬菜轮作1333.33公顷，葡萄666.67公顷，蜜柚666.67公顷，特色水果及花卉333.33公顷。

【园区建设】 2016年，园区南门户聚居区164套住房完工，经营区完成A区展示中心、管理中心主体工程和入口绿化景观。中门户招商引资，四川明都花卉、四川绿森林等10余家公司落户门户区域，已完成4.6千米环形路建设，形成50公顷非洲菊、美国冬青观赏园、33.33公顷牡丹园、13.33公顷台湾百香果采摘园以及53.33公顷美国水果沙斯特金采摘园，其中明都花卉已完成种植区、观赏区和1500平方米花卉展示馆。北门户马林聚居区262套住房已全面完工并入住，完成红旗聚居区1046套住房主体工程建设；嘉年华项目区完成70户房屋拆迁和土地平整，投资7300万元，7000平方米的四个主体展馆、两个温室育苗馆以及一个主体餐厅开工建设。完成园区农旅观光干道两侧22.4千米多色葱兰种植，眉州河两旁长2千米绿地景观改造，建设1处竹制观景台，2处生态停车场，2个旅游厕所。已完成32处景观节点建设。新建蓝莓园—永丰、新桥高标准农田示范片、中门户兴崇—彭谢路旅游环线道路3处10千米，生产道路126千米，改造高标准农田300公顷。建成农旅观光干道33千米、骑游道23千米、旅游环线和生产通道600余千米，高标准农田3000公顷、标准化灌溉沟渠630余千米。

【信托土地流转】 2016年，园区成立区、乡镇、村三级土地流转服务机构和农村产权交易中心，形成“1+3”土地规范流转服务工作机制。收取土地风险防范金、复垦保证金210万元，土地流转服务费399万元，增强公司抵抗风险的能力，保障农民利益。流转土地3466.67公顷，流转率79.3%。

【农村金融】 2016年，园区创建“支农再贷款省级示范基地”，推进经营产权评估，开展土地经营权证质押贷款试点，形成政府、公司、园区、银行、新型农业经营主体“五方联动”的农村“两权”抵押贷款机制，“两权融资”经验在全省交流，园区与金融机构共同开发农村“两权”抵押贷款、农机具、农业设施抵押金融新产品14个，发放贷款8660万元。

【农业保险】 2016年，园区购买保险2000公顷，保费333万元，保额1.3亿元，其中，购买蔬菜保险1133.33公顷，蔬菜价格指数保险面积436.67公顷，水稻制种、葡萄、柚子等特色农业保险近1000公顷。

【农民货币安置】 2016年，园区马林、红旗、江渔三个“双挂钩”项目农户选择货币安置，搬迁农户1725户，其中货币安置户982户，占搬迁总数56.9%，江渔村货币安置500户，占项目区农户720户的69.4%。加强涉农项目形成的资产有偿使用，与两个企业签订有偿使用协议，金额300万元。将土地流转服务公司收取土地流转服务费，划转80万元到村集体，壮大村集体经济。开展宅基地有偿退出试点，增加农民财产性收入。

（岷江现代农业示范园区）

旅游业
Tourism

综　述

2016年，全市旅游产业发展稳中推进，旅游投资成为热点，转型升级加速推进，宣传营销有效拓展，旅游环境持续改善。全市接待游客3746万人次，旅游收入295亿元，总量分别为2011年的3.2倍、3.6倍。完成旅游项目投入83.5亿元。实现农村居民转变为三产经营者和从业者3.07万人。眉山市成为全省首个旅博会主题市。眉山被亚太旅游协会评为2016年度首选旅游目的地，获得价值50万美元的数字营销活动奖励。眉山连续两年被评为“四川旅游十强市”。全市有国家级森林公园、国家A级景区，国家、省、市级文化保护单位，省级风景名胜区120余处，其中国家A级景区17个，AAAA级景区7个、AAA级景区6个；旅行社8家，旅行社分社39家，旅行社网点69家；星级饭店10家，其中五星级饭店1家、四星级饭店1家，三星级饭店4家；有仁寿长岛洲际、彭山恒大、仁寿嘉斯曼、丹棱锦江等高标准旅游饭店；有规模农家乐700余家，其中星级农家乐81家；乡村旅游示范县3个；省级特色旅游商品购物点9个。

规划编制

2016年，共编制完成《眉山市自驾游汽车营地发展规划》《眉山市岷江旅游经济带发展规划》等旅游规划11个，全市旅游规划总数增至80个。全市旅游景区和旅游乡镇、村的规划编制基本完成。

招商引资

2016年，全市实现协议资金468亿元，中铁四川国际生态城、彭山康养产业园等重大旅游项目签约落户。中铁四川国际生态城成为2016年四川省最大的旅游招商项目。

项目建设

2016年，全市4个省级重点项目、8个国家基金项目、22个市级重点项目投入55.6亿元。七里坪旅游公司被评为2016年度中国百强旅游投资企业。黑龙滩长岛、岷黑快速通道进入2016年全国优选旅游项目。云中花岭项目作为2016年度四川优先旅游项目，在北京产权交易所发布。

品牌创建

2016年，青神国际竹艺城、中国泡菜城、仁寿湿地公园创建为国家AAAA级景区。黑龙滩创建为

2016年4月23日，启动“寻找眉山最美乡村”活动

2016年7月12日，市旅游局与携程旅行网签订战略合作协议

省级旅游度假区和省级生态旅游示范区。洪雅县创建为全省旅游强县。中国龙根书、“中国泡菜城”吉祥物-菹仔、竹石图、隐形观音，分获2016中国旅游商品大赛四川赛区银奖2个、铜奖2个。

乡村旅游

2016年，全市乡村旅游接待游客947.7万人次，收入56.2亿元。市旅游局与乐商行合作，开展“农家贷”活动，洪雅旅游协会瓦屋山分会获2000万元授信意向，与6家乡村旅游酒店签订共280万元农家贷意向协议，有效化解乡村旅游发展资金难题。新成立乡村旅游合作社8家，新建特色业态乡村旅游经营点15家。申报省级乡村旅游特色乡镇3个，精品村寨5个，精品特色业态经营点15个，特色业态经营点20个，民宿达标户13个。

旅游营销

2016年，眉山市被亚太旅游协会评为2016年新兴旅游目的地挑战项目（二、三线城市）首选旅游目的地，获得2017年亚太旅游协会峰会和亚太旅游协会旅游交易会参会资格，由猫途鹰公司提供价值50万美元数字营销活动奖励。作为全省主题市参加第三届四川国际旅游交易博览会，牵头负责特装馆布展工作、主题市宣传活动、旅游推介活动、东坡文化旅游表演、拓展活动等五大活动。央视1套和13套宣传眉山。全年举办第九届中国竹文化节、第八届中国泡菜博览会等旅游节会活动76个，节会旅游收入14.8亿元。推出“怀古眉山游”“康养眉山游”“休闲眉山游”“欢乐眉山游”4条精品旅游线路。

队伍建设

2016年，市旅游局与成都市旅游局加强旅游人才培养合作，采用“成都市导游员培训管理系统”开展年审培训。采取集中专题培训、组织专家下基层到景区实训、企业自训等方式累计培训旅游行业人员7550人次。组织市内等旅游景区、宾馆饭店等旅游企业管理人员参加赴台、赴港澳等旅游交流培训，增强旅游行业人才竞争能力。

行业管理

2016年，印发《2016年全市旅游安全工作要点》，层层签订目标责任书，旅游安全责任到岗、到人。春节、国庆、端午等重要节假日，市主要和分管领导带队，联合工商、公安等部门，开展重点景区、重点环节、重要节点拉网式排查整改，实现旅游安全“零事故”。在岷江东湖饭店组织开展旅游饭店电梯突发事件应急救援演练，提高从业人员应急能力。制定9条重点旅游线路参考价，督促旅行社规范经营，下架不合理低价游旅游产品，建立退货和投诉机制。全年开展联合和专项检查115次，处理旅游投诉12件、调处旅游纠纷19件，结案率100%。

（詹通）

商 贸

Trade

国内贸易

【招商引资】 2016年，全市完成商贸招商合同金额18.7亿元，重大项目世界500强项目2个（境外世界500强项目1个）。引进当当西南总部项目，占地20公顷，投资20亿元。引进广深国创动力产业园项目及四川国创成电池与新材料中心项目，一期投资3亿元。引进深圳大生农业产业项目，投资10亿元。

【电商物流】 2016年，全市电子商务交易额569.4亿元（含撮合交易），比2015年增长30%；网络零售额66.41亿元。全市建成6个电子商务孵化中心，培训电子商务人才1万余人。洪雅县入选国家级电子商务进农村综合示范县，丹棱县被评为省级电子商务进农村综合示范县。全市省级以上示范县增至4个。眉山苏宁采购有限公司苏宁彭山物流园区建设项目和四川铁通公铁物流股份有限公司青龙国际商贸物流城（三期）项目成功申报2016年四川省重点物流项目。

【美食餐饮】 2016年，全市创建“中国东坡美食文化名城”国家级荣誉称号。评审出四川餐饮名店4家，四川名火锅2家，川菜名菜（宴）23道，川菜烹饪名师15人。

2016年3月31日，眉山市电商扶贫产销对接会。

牵头承办“东坡味道”美食周活动，评出美食地标菜品50余道，吸引观众30余万人次，现场成交150余万元，协议成交额近1200万元。

【供销工作】 2016年，仁寿县被省供销社评为“基层组织发展示范县”，发展种养殖专业合作社和汽车销售、维修企业，争取基层组织发展资金106万元。丹棱县老峨山专业合作社评为“国家级农村专业合作社示范社”，丹棱县大雅红豆杉林木专业合作社评为“省级专业合作社示范社”。制订《眉山市彭山区“三位一体”农民合作经济组织联合会改革试验工作方案》，开展”三位一体”改革试验。

对外贸易

【利用外资】 2016年，全市外商投资到位资金1.1亿美元，位居全省第4位。全市新批外资项目11个，合同外资1.5亿美元；新增外资企业7家。新增的7家外资企业中，通过并购方式成立4家，新设立外资3家，其中陶氏化学为世界500强企业。另有2家外资企业增加注册资本，2家外资企业通过股权转让增加外资占比。

【外贸进出口】 2016年，全市外贸进出口总额2.08亿美元，居全

2016年10月31日至11月4日，眉山市“东坡味道”美食周活动在眉山市东坡区泡菜城风情街举行

省第3位。全年组织30余家次企业参加8次国际贸易对接活动。组织14家企业参加第119届广交会和第4届中国南亚博览会。

商贸管理

【社会消费】 2016年，全市实现社会消费品零售总额438.07亿元，比2015年（下同）增长12.7%。以“惠民购物全川行动”为平台，围绕汽车、家具、智能家电、数码产品、时尚服饰等升级型新产品，餐饮、家政养老、休闲旅游、文化信息等服务消费新热点，全市开展会展会节240余次，组织4200余家企业开展各类促销活动450余场次，销售（成交）额360余亿元。举办“中外知名电商企业眉山行”“首届四川国际竹制品交易博览会”等大型活动8次。筹备参加第十六届中国西部国际博览会、第三届四川旅游交易博览会等省级以上重点展会20余次。

【行政审批】 2016年，接办件169项，其中新办对外贸易经营者备案登记38项，对外贸易经营者备案变更登记93项，加工贸易审批21项，外商企业投资审批15项，举办会展备案1项，境外投资备案1件。

【特种行业管理】 2016年，市商务局完成典当、拍卖行业2015年度年审及核查，全市12家典当企业和10家拍卖企业全部通过年审及核查。开展典当、拍卖行业风险排查，未发现典当、拍卖企业有非法集资、吸收或变相吸收公众存款、发放高利贷情况。

【农村专合组织】 2016年，通过基层社领办、龙头企业带动、吸引农民工、大学毕业生回乡创办等方式推动专合组织发展，整合涉农资源，结合全市产业发展情况，明确建设重点，在全市重点建设水稻、水果、蔬菜、养殖、茶叶、竹编等专业合作社。全年基层供销社参股5户专业合作社。丹棱县老峨山专业合作社评为“国家级农村专业合作社示范社”，丹棱县大雅红豆杉林木专业合作社评为“省级专业合作社示范社”。

【安全稳定】 2016年，全市组织开展安全生产部门联合大检查，加强安全宣传教育培训，举办大型商贸流通企业安全生产专题培训1次。组织开展企业安全隐患排查600余次，排查整改企业、市场、商场等安全隐患80余个，全部整改。

（市商务局）

粮食商业

【粮食调控】 2016年，全市收购稻谷2.02万吨，眉山粮食购销核心指标全省第二名。全市粮食库存充裕、品种丰富、购销稳定、市场粮价平稳有序。争取政策性粮食销售促进全市粮食经济发展。全市12家企业参与竞买，竞买粮食7.17万吨；参与国家2013年和2014年重金属超标最低收购价稻谷处置，丹棱城关省粮食储备库中标，承贷处置粮食13.18万吨。

【重点项目建设】 2016年，全市在建项目20个，总投资1.05亿元。市粮食储备库投资2300万元的中央预算内现代粮食物流项目；市粮食储备库3000吨成品粮低温库、3万吨原粮低温库、四川丹棱城关省粮食储备库5万吨原粮低温库、彭山凤鸣国家粮食储备库2.5万吨原粮低温库、彭山国有粮食购销公司青龙粮食物流园2.5万吨原粮低温库和仁寿国家粮食储备库2.6万吨原粮低温储备库项目，总投资3946万元；市粮食储备库、彭山凤鸣国家粮食储备库、仁寿国家粮食储备库智能粮库建设项目，总投资600万元；东坡区眉城粮食购销公司、东坡区好味稻水稻专业合作社、东坡区稻麦香专业合作社粮食产后服务中心项目，总投资634万元；仁寿钟祥粮站始建仓库2.5万吨收纳库建设项目，总投资1400万元；眉山市粮油监测站检验检测能力建设项目，总投资460万元。

【“东坡味道”千亿粮油产业】 2016年，按照《眉山市粮食行业“东坡味道”粮油产业发展“十三五”规划》，全市粮食物流贸易总量435万吨，粮食加工转化产值148亿元、民营经济产值135亿元，分别比 2015 年增长 9.6%、12.5%。

【国企效益】 2016 年，全市国有及国有控股粮食购销企业盈利 2054 万元，其中丹棱县 1761.8 万元（主要是拍卖政策性粮食所得），各区县统算均实现盈利；以市为单位统算增长幅度超过全省平均增幅。以市为单位统算年末净资产增长幅度为 7.4%，超过全省平均增幅。

【放心粮油体系建设】 2016 年，全市完善“放心粮油”工程体系建设。在规范已建基地、示范企业、配送中心和示范店的同时，重点建设放心粮油质量安全追溯体系 1 个。

【民生工程】 2016 年，全市建成 9 个粮食产后服务中心，日烘干处理能力 1000 吨，解决粮食丰收后晒干难、保管难的问题。为农民烘干大小春粮食 6 万余吨，助农增收 1200 余万元；完成农户科学储粮小粮仓建设 8965 户，每年减少农户储粮损失 700 吨，助农增收 200 万元。

（市粮食局）

石油商业

【销售】 2016 年，中国石油眉山销售分公司（以下简称“公司”）销售油气 27.15 万吨，其中汽柴油 26.86 万吨，比 2015 年（下同）增长 6.11%。柴汽比 0.7，降 0.18；压缩天然气销量 2941 吨。公司账面利润 1359 万元、增长 149.81%，考核利润 2102 万元。吨油利润 50.6 元，吨油费用 346.68 元。上交税费 2653 万元，费用总额 9318 万元，控制在预算范围内。以“昆仑好客”便利店建设为重点，引入眉山系列泡菜、东坡肘子、龙眼酥等品牌土特产上架销售，建设“东坡味道”新卖点，展示地方风采；陆续增加旅游服务、科普宣传、票务代理、快递合作、广告业务等增值服务内容，满足不同客户群体需求。加油站由单一的加油站服务向“人·车·生活”综合服务驿站转变。全年非油收入 2372.9 万元，毛利 453.5 万元。

【网点建设】 2016 年，公司争取投资计划 2000 万元，新开发网点 1 个，技改加油站 1 座。修订完善公司零售网络现状分析及 2017–2019 年滚动发展规划，明确未来三年投资建设目标任务。

【油气回收改造】 2016 年，公司开展主要城区、交通要道、景区沿线等加油站升级达标和油气回收改造，截至年底，公司完成油气回收改造加油站 1 座，改造率 90%。

【规范化管理】 2016 年，公司完善加强以财务预算管理为核心、以内控及风险管控为手段的内部监管体系，完善配套“三重一大”等规章制度和业务流程，加强企业抗风险能力。推行以“神秘顾客访问、远程视频监控、日常巡检稽查”三位一体的现场监督考评机制，完善自助加油、间歇营业、弹性排班、错峰配送、分道加油等工作措施，提升加油站现场规范管理、运行效率和客户服务水平。开展创效攻关，加强 POS 刷卡佣金、加油卡充值等数据分析，通过协调银行调减佣金等降低财务成本；通过信息设备网上集中采购、旧耗材再次利用，节约信息维护费用；推广便携式远程监控设备的，逐步在施工现场、加油站关键部位运用。

【信息智能化工作】 2016 年，公司实现卡机联连动加油站 36 座，占在营加油站的 68%。加油站充值刷卡网点和旧村自助终端 47 个，方便客户刷卡加油和商品消费。更新升级 57 座加油站加管系统，更新升级 50 座加油站设备，在 53 座加油站开通支付宝和微信支付功能，增强软硬件支撑能力。推进和丰富完善快乐加油站智慧型升级方案，将车辆识别、加油卡、客户管

中石油眉山分公司快乐加油站被共青团四川省委、四川省人力资源和社会保障厅授予“青年文明号”

开展“3·15”诚信经营倡议活动

理等系统集成应用，构建大数据分析库，彰显以“互联网+”模式的智慧型引领带动作用。

【安全环保】 2016年，公司组织开展HSE及质量管理体系内审，保证HSE及质量管理体系有效运行和持续提升。加强安全环保与隐患治理，制定公司《安全环保质量计量工作运行大表》，明确责任和时效要求，保障安全环保质量计量工作的有序开展。加强安全巡查和反恐防控应急演练，全年抽查加油（气）站、非生产区域、交通车辆、施工场地等1368次，查出隐患问题826个，及时整改到位。

【风险防控】 2016年，公司加强风险防控体系建设，制定公司《风险防控体系建设实施办法》，重点管控涉及市场营销、投资建设、安全环保、质量计量、财务审计、劳动用工、行政法律、廉洁稳定等风险点264个。

【员工队伍】 2016年，公司开展加油站经理竞聘上岗，4名年轻人走上站经理岗位。选拔任用综合管理员7人，开展综管员培训与资格认证，考试合格率99%以上，全年持证上岗率100%。

（中石油眉山分公司）

烟草专卖专营

【概况】 2016年，眉山市烟草专卖局、四川省烟草公司眉山市公司辖东坡区、彭山区、仁寿县、洪雅县、青神县、丹棱县6个县级烟草专卖局（分公司）以及1个物流中心。从业人员397人。

【经营效益】 2016年，全市销售卷烟8.95万箱，比2015年（下同）下降3.37%；销售收入30.16亿元（含税），下降4.68%；税利8.13亿元，增长4.66%。

【专卖管理】 2016年，全市破获涉烟违法案件734起，案件金额1.33亿元，查缉“三烟”数量2005万支，居全省第5名，其中假烟数量1617万支，居全省第2名。

【公益事业】 2016年，四川省烟草公司眉山市公司捐赠30万元（眉山“金叶”敬老院4.8万元、眉山市儿童福利院3万元、仁寿县大化镇英雄村5万元、青神县河坝子镇16.7万元、四川省“圆梦村小”活动捐赠0.5万元）。

（眉山市烟草专卖局）

盐　业

【概况】 2016年，四川省盐业总公司东坡支公司位于科工园一路，眉山市盐政稽查处设在东坡盐业支公司内，有盐政执法人员33人。

【运销业务】 2016年，眉山市盐政稽查处深化改革，转换机制，全年销售盐产品5万余吨。

【盐政市场管理】 2016年，眉山市盐政稽查处重点打击非法贩运、经销、制售私盐行为，保证食盐质量，维护盐业市场秩序。在“5·15”开展以“坚持科学补碘，建设健康中国”为主题的宣传活动。汇同当地疾病预防控制中心工作人员在各辖区人口密集的城区、农贸市场设立防治碘缺乏病日宣传咨询点8个，出动宣传车18台次，盐政执法人员48人次，通过广播、电视、散发资料、现场设立加碘盐经销点等形式开展宣传活动，发放宣传资料4500份，接受咨询1600人次。

【盐政执法】 2016年，眉山市盐政稽查处出动执法车辆1240台次、盐政执法人员4960人次，重点对辖区各乡镇的大型副食批发市场、农贸市场、食品市场、城乡结合部食盐市场、腌腊制品加工场所、集体食堂、餐饮饭馆、锅炉软水、皮革、日化等企业进行检查。调查盐产品进货渠道和碘盐的合格率，维护食盐流通秩序，打击贩卖私盐的违法行为，维护盐业市场秩序。

（曹莹洁）

财政·税务

Fiscal and taxation

财　政

【全市预算执行情况】　2016年，全市地方一般公共预算收入90.3亿元，比2015年（下同）增长10%。全市地方一般公共预算支出216.01亿元，增长4.3%。一般公共预算支出中：一般公共服务支出24.1亿元，增长13.7%；公共安全支出11.42亿元，增长8.9%；教育支出37.85亿元，增长10.4%；社会保障和就业支出29.62亿元，增长4.1%；医疗卫生与计划生育支出25.13亿元，增长5.9%；节能环保支出4.83亿元，增长8.3%；资源勘探电力信息等支出6.08亿元，增长8.6%；国土海洋气象等支出1.68亿元，增长30.6%；住房保障支出8.74亿元，增长14.8%。全市地方一般公共预算收入90.3亿元，加上级返还性收入和转移性收入124.39亿元，地方政府债券转贷收入56.71亿元，调入预算稳定调节基金3.8亿元，上年结余收入1.78亿元，调入资金3.49亿元，收入总计280.47亿元；减一般公共预算支出216.01亿元，上解上级支出2.99亿元，地方政府债券还本支出54.97亿元，安排预算稳定调节金3.56亿元，收支品迭滚存结余2.94亿元，全部为结转下年支出。全年全市政府性基金收入99.47亿元，下降20%。全市政府性基金支出114.82亿元，下降9.8%。

【市级预算执行情况】　2016年，市级地方一般公共预算收入15.92亿元，下降8%。市级地方一般公共预算支出30.43亿元，为预算的93.9%，降15.9%。市级地方一般公共预算收入15.92亿元，加上级返还性收入和转移支付收入32.88亿元，地方政府债券转贷收入32.12亿元，上年结转项目结余收入1.31亿元，调入预算稳定调节基金2亿元，调入资金7148万元，下级上解收入5123万元，总收入85.46亿元；减当年一般公共预算支出30.43亿元，上解上级支出2640万元，地方政府债券还本支出25.9亿元，补助下级支出20.25亿元，地方政府转贷支出6.22亿元，安排预算稳定调节金4076万元，收支品迭滚存结余1.99亿元，全部为结转下年的支出。全年市级政府性基金预算收入33.67亿元，增长18.3%。市级政府性基金预算支出35.48亿元，增长25.4%。

【民生工程】　2016年，全市民生支出占一般公共预算支出的64.7%，全市全部财政支出中82.5%用于民生。其中十项民生工程财政投入资金41.2亿元；省政府下达的20件民生实事财政投入19.3亿元，为计划投入的121.4%。

【政府采购监管】　2016年，全市政府采购预算金额29.38亿元，实际采购金额24.62亿元，节约资金4.76亿元，资金节约率16.2%。修订印发《眉山市财政局关于取消协议供货采购实行网上竞价和商场直购有关事宜（修订）的通知》，规范商场直购及网上竞价行为；市财政局印发《关于规范政府采购进口产品管理的通知》，建立进口产品清单，加强进口产品管理，规范审核程序；市财政局、市公管办、市公共资源交易中心印发《进一步加强市级政府采购工作相关规定》，完善眉山市政府采购具体操作规则。

【保障性安居工程】　2016年，安排用于保障性安居工程建设资金1.16亿元（不含扩权县）。其中，中央和省级资金1.04亿元，市级资金1204万元。

【政府向社会力量购买服务】　2016年，市政府印发《眉山市政府购买棚户区改造服务管理暂行办法》，市级部门完成东坡城市湿地公园管理购买社会化服务、岷东新区管理购买社会化服务等项目涉及财政资金7992.5万元，政府向社会力量购买服务工作增效。

【国库集中支付】　2016年，市国

库支付中心建立预算单位、财政内部各业务科室、代理银行和人民银行相互制约清算制度。采用指标控制用款计划，用款计划控制支付，资金通过代理银行支付，人民银行金库清算的模式，推动和指导市级预算单位准确合理编制基本支出用款计划和项目支出用款计划，科学控制财政资金现金流量，确保财政资金安全。加强与税务、人行沟通协调，牵头组织调研、宣传，逐步提高全市纳税人签约率、联网扣税笔数和金额，推进批量扣税业务、银行端查询缴税和刷卡缴税业务。

【公务卡改革】 截至2016年12月底，市级208个独立核算单位发公务卡3897张，消费还款1.17万笔，累计消费2332万元，比2015年减少11.33%。推行公务卡结算，方便预算单位用款，减少现金流量，增强资金使用透明度，规范公务消费，防止违纪违规行为。

【三公经费监管】 2016年，市支付中心严格控制市级“三公”经费开支，全年市级“三公”经费支出3124万元，比2015年下降30.73%。

【支持教育发展】 2016年，落实财政教育投入法定增长任务。加强基础能力建设。编制《十三五教育体育事业发展规划》，科学规划发展蓝图。向上争取资金3.5亿元，完成教育基础设施建设1.5亿元，新建、改扩建校舍9万平方米，开展中心城区学校体育布局规划，启动东坡岛小学、苏辙中学建设，建成眉山市示范性综合实践基地，实施体育“两中心”建设。“全面改薄”项目进展位列全省第一。推进实施第二轮学前教育三年行动计划，开工建设公办幼儿园12所。完善城乡义务教育经费保障机制，全部免除义务教育阶段学生学杂费、作业本费，全部享受免费提供教科书和家庭经费困难寄宿生生活补助，实现义务教育阶段学生的“三免一补”。统一城乡义务教育生均公用经费基准定额，小学每生每年不低于600元、初中每生每年不低于800元。提高普通高中生均公用经费拨款标准，每生每年不低于300元。加强脱贫攻坚。认定工作义务教育保障达标，实施省级、市级公办示范性普通高中精准扶贫专项招生工作，全年精准扶贫投入资金1.3亿元，落实各项资助救助政策，惠及学生25万余人。全年市级财政安排教育支出2.05亿元。

【文化投入】 2016年，市财政安排文化产业发展专项资金3000万元、文体事业发展专项资金1000万元，用于文学、艺术、体育成就奖和乡镇文化站建设、村文化活动室建设、农村电影放映、社区书屋建设、广电事业发展、新闻出版事业发展、文物和非遗保护、其他体育事业等。全年全市完成公共文化服务体系建设大类20个5373项，总投资8500万元。新发展地面数字电视用户1.66万户；建设83个广播电视公共服务网点。全市11255个自然村广播电视村村通和1186个行政村村村响系统正常运行。启动市县广播电视台新媒体建设、广播电视公共服务网点建设、乡镇固定电影放映点建设等工程。建成乡镇出版物数字化发行网点8个。全市投入250万元，为每个农家书屋和社区书屋补充更新图书100册以上。经过近3年修缮，完成三苏祠建祠以来最大规模维修，总投资6722万元，4月19日重新开馆。

【科技投入】 2016年，市级财政加大科技投入，落实科技创新优惠政策，鼓励企业增加研发投入。全年市财政安排科学技术经费1300万元，其中科学项目补助和科学技术事业经费810万元，科技型中小企业创业投资补助资金100万元。

【农业投入】 2016年，市财政统筹安排专项资金5200万元，支持都市近郊型现代农业发展及农村基础设施建设；安排眉山岷江现代农业示范园区专项资金3000万元，支持园区重点项目建设；安排财政扶贫专项资金1000万元，推进脱贫攻坚；安排专项资金1500万元，支持“绿海明珠”建设及青神竹编产业发展；落实惠农强农补贴4.43亿元（退耕还林政策性补助及巩固退耕还林成果专项建设资金5336万元、农业支持保护补贴3.14亿元、农业机械购置补贴7527万元）。

【财政投资管理】 2016年，市财政安排征地拆迁安置资金7.13亿元，安排市级政府性工程资金5.51亿元，推进城市基础设施建设。统筹资金按时还本付息，全年拨付还本付息资金1.6亿元。

【财政投资评审】 2016年，市级政府投资项目156个，送审金额24.42亿元，审定金额21.98亿元，审减2.44亿元，综合审减率9.99%。其中，完成预算项目94个，送审金额24.21亿元，审减金额2.39亿元，平均审减率9.86%；完成结（决）项目62个，送审金额2042.79万元，审减金额513.67万元，平均审减率25.15%。

【交通投入】 2016年，市财政当年安排滨江大道东坡区段建设资金1.29亿元，累计安排5.67亿元。拨付眉山市工业大道东坡段工程款2628万元。拨付“四箭齐发”北向路段和岷东大道永寿至青神段补助资金6743万元。拨付市展通公交客运有限公司亏损补贴和眉山东站运营资金缺口2731万元。

【工业投入】 2016年，转变财政支持方式，市财政统筹安排工业发展资金2.15亿元，注资成立工业投资公司、增资中小企业担保公司，发挥财政资金撬动放大效应。严格执行市级园区财税政策，安排拨付园区扶持资金2.08亿元。加强项目核查，兑现工业企业转型升级、工业经济“开门红”和天府新区专项扶持资金2887万元。推进煤炭行业化解过剩产能，盘活工业企业闲置资产，支持四川启明星解困重振。完善国资预算体制机制，修订《眉山市市级国有资本收益收缴管理办法》，加强国有企业和国有资本管理。

【社会保障投入】 2016年，全市稳步推进机关事业单位基本养老保险制度改革，继续提高企业和机关事业单位退休职工基本养老金水平，全市退休职工25.66万人享受调整政策。完善城乡居民社会养老保险制度。全年，政府补贴5.22亿元，做好城乡居民社会养老保险，提高城乡居民社会养老保险参保率。建立全市统一标准的城乡居民基本医疗保险制度。提高城乡居民基本医疗保障水平，城乡居民基本医疗保险财政补助标准增至420元，各级财政投入资金11.91亿元。支持企业稳定就业。落实失业保险制度，支持企业稳定就业岗位，预防出现规模性失业，为87户企业发放失业保险稳岗补贴709万元。加大基本公共卫生服务经费投入。投入基本公共卫生服务专项资金1.35亿元。深化公立医院综合改革。巩固县级公立医院取消“药品加成”，按核定药品收入减少额的20%补助，10月，启动市级城市公立医院综合改革，市财政安排因城市公立医院取消药品加成补助资金141万元。加强社会保障。全市各级财政安排城市低保资金1.7亿元、农村低保资金2.65亿元，为困难群众最低生活提供保障。开展重特大疾病医疗救助，帮助重特大疾病贫困患者解决医疗困难，安排城乡医疗救助资金8372万元。扩大救助范围，城乡医疗救助范围由城乡低保对象、农村五保户，扩大到建档立卡贫困户、低收入重病患者、重度残疾人、低收入家庭老年人等特殊困难群体。

【会计管理】 2016年，市财政组织会计从业资格证、会计专业技术资格、注册会计师考试。全年全市会计从业资格考试1.87万人；会计专业技术全国会计专业技术资格考试报名3443人，其中初级资格报名考试人数2634人；注册会计师考试报名人数638人。参加2017年全国会计初级资格考试报名4844人。全年服务会计各类考试考生2.3万人次，培养壮大全市会计人才队伍。通过会议培训、网络平台宣传等多种方式宣传培训新会计制度新准则。组织培训全市行政事业单位财务人员3000余人次，重点宣传培训新《政府会计准则》，准则制度宣传全覆盖。推进行政事业单位内部控制建设。完成全市行政事业单位内部控制评价，按照以评促建、全面推开、重点突破原则，内部自行建设和外部专业机构辅导相结合，选择管理基础好、资金流量大的6个市级部门和单位实施行政事业单位内部控制，树立标杆和样板。

【财政内部控制体系建设】 2016年，推进财政内部控制建设。加强内部控制建设组织领导。全市各级财政部门均成立内控委，局长任主任，负责审议、决策内控重大事项。市财政局党组会就内部控制建设工作专题研讨4次，研究和指导局内部控制建设。全市各级财政部门反复研学财政部和省财政厅文件精神，结合自身实际情况，因地制宜制定内控制度建设实施方案。全市各级财政部门梳理自身业务流程，查找风险点，制定防控措施和业务操作规程，举办内部控制培训班13次，培训551人次。市财政局编制《内部控制体系建设项目竞争性磋商文件》，在市财政局外网和市公共资源交易网以公告形式，进行磋商邀请，经专家库抽取的专家组成的磋商小组综合评分，确定北京艾图新程科技有限公司作为为中选单位，负责具体实施，内控办协调解决问题，全市各级财政部门基本完成制定1个内控基本制度，专项内控办法71个，内控操作规程38个。市财政局初步建成“1+11+10+1”（1项基本制度；11项财政业务管理制度及操作流程；10项机关事务管理制度及操作流程；1项内部控制执行保障制度）内部控制体系。

【城乡医疗救助资金专项检查】 2016年，市财政部门组织开展自查，重点自查负责申请、拨付、管理和使用救助资金的财政、民政部门和乡镇，随机走访部分救助对象。在区县自查基础上，专项检查东坡区、彭山区和丹棱县，发现个别区县专户管理不规范、未及时将专项资金调入社保基金专户、未按照规定比例安排资金用于城乡医疗救助资金、基金累计结余过大、未按规定实现公告公示、现金发放救助资金等问题，下达整改通知，督促整改。

【非税收入收缴情况专项检查】 2016年，全市检查部门（单位）79个非税收入收缴情况，其中市级6个。市财政局抽查2个区县4家部门单位，重点检查国土、国资、交警和国有资产（资源）有偿使用收入较多的部门单位。发现违规设立收缴过渡账户，违规计征非税收入，违反“收支两条线”，欠缴非税收入，票据管理不规范。

要求被检查单位限时整改。

【严肃财经纪律和私设“小金库”专项检查】 2016年，全市，开展严肃财经纪律和私设“小金库”专项检查，检查单位154户，重点检查预算收入、预算支出、政府采购、资产管理、财务会计、票据管理和是否设立“小金库”。发现内控不健全、不规范，会计核算不正确、不规范，支出内容超范围、超标准，会计基础工作和非税收入管理不规范等问题。追缴财政资金6.05万元，实行专户存储8.71万元，调账634.36万元。

【会计监督检查】 2016年，全市开展会计监督检查，检查单位29户，其中农业龙头企业6户，行政事业单位23户。发现内控不健全、不规范，会计核算不正确、不及时，财务管理不规范，会计基础工作不扎实，非税收入管理不规范等问题。追缴财政资金57.29万元，调账342.38万元。

【预决算公开检查】 2016年，市财政局组织开展各区县2015年决算和2016年预算公开情况检查。主要检查公开的完整性、及时性、细化程度，部分科目数据的真实性。检查发现的问题，按照财政部统一处理口径下达处理决定书。

【扶贫专项资金检查】 2016年，市财政局组织各区县开展扶贫专项资金检查，主要存在部分项目实施进度和支付进度较慢等问题，通过督促、协调相关部门整改。

【农村义务教育薄弱学校改造专项检查】 2016年，市财政局组织各区县开展农村义务教育薄弱学校改造资金检查，发现部分项目实施进度滞后或资金使用部门不能及时提供有效且完善的付款依据，导致资金支付滞后等问题。督促区县项目主管部门加强督促指导项目实施单位加快项目实施进度，收集整理项目实施相关材料，主管部门和财政部门加强审核把关，加快资金使用和拨付进度。

【财政资金安全检查】 2016年，市财政局牵头，专项检查各区县财政局财政资金安全，主要检查岗位和人员管理、账户管理、财政资金收付管理、会计核算管理等方面，主要存在财政专户未归口国库管理机构统一管理，清理整顿财政专户不彻底，大额现金列支、不相容职务未分离，与银行对账不及时等问题。要求单位立即纠正。

【绩效监督检查】 2016年，按照“资金量较大、代表性较强、社会关注度高”要求，从民生保障、基础设施、产业发展、行政运行四大板块中，市财政局选择4个市级预算安排的项目开展绩效监督检查。存在进度滞后，资料不完整等问题，要求业务主管部门和项目实施方整改。

【滥发奖金津补贴和财务收支检查】 2016年，市财政局开展滥发奖金津补贴和财务收支检查，检查市级12家行政事业单位。发现内控不健全、不规范，会计核算不正确、不规范，支出内容超范围、超标准，会计基础工作和非税收入管理不规范等25个问题，限时整改。

【财政票据检查】 2016年，市财政局参与市级和区县部门、乡镇财政票据管理使用检查。发现串用财政票据、违规使用财政票据、出借财政票据等问题。要求单位立即纠正违法违规问题，给予16家单位警告处罚。

【内控管理】 2016年，全市各级财政部门开展14个科（股）室内部监督检查。主要检查财政部门内部业务机构履行财政管理工作职责的合法性、合规性和有效性，内部控制的完备性、合理性和有效性，以及接受上级财政部门和审计机关检查发现问题的整改落实情况等。发现内控制度不完善、科（股）室职能交叉，票据管理不规范，非税收入监管不到位等问题要求纠正和完善，优化岗位分工；重新开发非税收入单位征缴管理系统，在全市推广应用。

（王睿）

国家税务

【税收收入】 2016年，全市组织入库税收46.1亿元，比2015年（下同）增收12.4亿元。增长36.78%，税收规模列全省第9位。其中，企业所得税7.21亿元、增值税31.38亿元、消费税3.16亿元、车购税4.36亿元、个人所得税2万元。全市7个区县局税收收入全部增长。东坡区9.21亿元、仁寿县7.71亿元、彭山县6.69亿元、洪雅县3.73亿元、丹棱县1.32亿元、青神县3.64亿元、经开区10.25亿元。全市地方公共财政收入10.54亿元，增收4.63亿元，增长78.29%。市级地方公共财政收入2.45亿元，增长64.98%。

【税收优惠】 2016年，全市减免税12.62亿元。办理资源综合利用政策退税3600万元，残疾人就业退税4206万元。小微企业税收优惠政策受惠面100%，其中7628户小微企业减免企业所得税1746.51万元，为7.2万户次小微企业办理免征增值税3056.12万元。办理排量1.6L以下汽车减半征收车辆购置税3.29万辆，减征税款1.43亿元。办理出口退（免）税1.11亿元。

【税收改革】 2016年，全市完成营业税改征增值税（简称“营改增”）改革，从地税部门接收

"营改增"纳税人1.77万户，完成"营改增"试点纳税人申报6.54万户次，缴纳增值税10.02亿元，其中建筑业3.61亿元，房地产业2.79亿元，生活服务业2875万元，金融业1.29亿元，现代服务业1.36亿元，电信业2895万元，交通运输业3776万元，邮政业39万元。全市减税9.97亿元，其中前期已纳入营改增试点的交通运输业等行业减税8100万元，5月起新纳入营改增试点的建筑业等四大行业减税3.63亿元，原增值税纳税人累计减税5.53亿元。

【税收征管】 2016年，全市风险应对组织入库税收1.06亿元，其中加收滞纳金698.51万元。增值税进项税转出189万元，调整应纳税所得额1146.57万元，风险应对收入占同期税收2.72%。其中，开展金融行业、房地产业、政府融资平台、驾校行业、外来建安企业税收等重点行业税收风险管理，入库税款及滞纳金近2000万元；开展重点企业风险应对，补缴入库企业所得税1185.56万元，加收滞纳金277万元；开展重点事项风险管理，查补入库税款6019.14万元，缴纳滞纳金296.73万元，调减留抵1797.69万元。第三方涉税平台建设取得新突破，采集43个部门和3个要素企业100万余条涉税信息，应用数据完成15个专题的涉税风险任务推送，组织入库税款450万元。定制开发"网络爬虫"软件，从互联网"美团、糯米"等平台网站抓取数据，查补税款270万元。印发《眉山市深化国地税征管体制改革实施方案》，在全市范围内启动先行先试61项改革项目。深化国地税合作，"三联三同三共"严防税收流失国地税合作经验被上级认可。彭山区国税局、地税局和青神县国税局、地税局建成市级国地税合作示范单位，仁寿县国税局、地税局创建成全国百佳国地税合作示范单位。

2016年4月19日，市国税局志愿者开展"五个一"活动

【纳税服务】 2016年，市国税局举办纳税人学堂86期，培训纳税人1.85万户次。走访纳税人6057户，开展税企高层对话104户，召开税企座谈会43次。借助"线上+线下"办税平台，新增服务窗口38个，增加POS机43台，增配大厅人员42人，自助办税桌面和自助办税终端增至51台。设置营改增服务专区、专窗，开辟营改增绿色通道7个，开通营改增咨询专线12条，设置营改增咨询导税台7个、导税人员16人。全市"银税互动"签约合作银行27家，发放贷款1.65亿元，惠及企业133户。开展"营改增"大型宣传活动暨"春风杯——政策免费送，有奖问需求"主题活动。车辆购置税分局被市政府评为"五星级"政务服务窗口。

【依法治税】 2016年，市国税局组织开展税收宣传月、"法律七进""12·4"宪法日宣传等活动，拍摄法制宣传片《法治花开映税徽》。市国税局机关参加省级"法律七进"示范点创建，仁寿县局创建为全省国税系统法治税务示范基地。开展重点行业、重点区域专项整治，结案38户，查补入库税款1939万元，其中自查补税269万元。打击虚开发票等涉税违法犯罪活动，查办"1·18"专案、"6·14"专案以及"雪豹2016"专项行动等31起，抓捕犯罪嫌疑人20人，捣毁虚开团伙3个，查补入库税款1490万元，挽回税款损失8284万元，法院判决虚开案件1件，追究刑事责任1人，惩戒2户虚开案件当事人；全年查办100万元以上案件6起，查补1214万元。

【队伍建设】 2016年，市国税局组织选拔任用副科级干部4人，交流任职科级干部8人次，交流到地税局挂职14人，地税到国税挂职锻炼16人。集中学习520人次，业务讲学500人次，集中作业261人次。153人参加"业务大比武"国税考试，9人参加省局"业务大比武"获集体三等奖。市国税局市地税局开展初级会计师职称考前培训、税务师职业资格考前培训。组

2016年12月19日，市国税局与市农村信用联社"蜀信·银税卡"签约仪式

织开展绩效文化"六个一"活动，在全省作经验交流。派出"第一书记"助力"脱贫攻坚"工作。向中复村赞助公共服务维护资金3.5万元，为中复村贫困户赠送过冬过节生活必需品近2万元。组织干部职工走访慰问少数民族困难家庭，组织青年志愿者前往仁寿县洪峰乡古建九年制学校开展服务，为贫困学生提供"免费午餐计划"。

【党风廉政】 2016年，完成"两学一做"学习教育任务。深化"两个责任"清单制度，明确党组主体责任45条，党组书记责任13条，纪检组责任16条。开展全市系统廉政风险集中约谈33人次，逐项提出整改意见建议。全年开展明察暗访7次，发现风险问题12项，提出整改措施17条。全年监察立项8项，查纠有效疑点16个，发出监察建议20余条。丹棱、洪雅、仁寿3个县局连续3届被评为全省国税系统廉政文化建设示范单位。 （市国税局）

地方税务

【税收收入】 2016年，全市地税组织收入63.71亿元，比2015年（扣除2015年6-12月营业税基数）（下同）增长20.15%，收入规模及增幅分列全省第7位和第4位。其中税收收入60.63亿元、增长20.32%，税收规模及增幅分列全省第7位和第6位；地方级税收收入53.44亿元、增长19.19%；省级税收收入8.89亿元、增长32.04%；基金附加3.08亿元、增长16.87%；市以下地方公共财政预算收入47.21亿元、增长17.04%；市级地方公共财政预算收入9.58亿元、增长21.98%。

【依法治税】 2016年，全市地税推进依法治税，建立法律顾问制度，完善重大决策法律咨询、法律支持和合法性审核机制；完成8大类83项行政权力责任清单编制，并集中在网上公示、公开运行；清理全市地税税收规范性文件，全文废止3件，继续有效7件。推进依法行政示范基地和法治税务示范基地"双创"工作，开展省级依法行政示范单位仁寿县地税局"双创"工作督导和现场评估，指导其他区县地税局创建工作。推进公职律师建设，2人成为全省地税系统第一批公职律师。运用"金三"系统开展信息化税收执法督察，及时确认疑点和涉及纳税户数，涉及违规税金8200万元；对查出执法不规范问题，开展执法过错追究和通报批评，规范执法行为。开展"法律七进""三月法治宣传月""6月依法治市宣传月""七五普法"等普法宣传活动。

【税收改革】 2016年，全市地税推进征管体制改革，市地税局、市国税局制定征管体制改革实施方案及任务分解表，细化5大类21项改革任务。5月1日，营改增试点扩大范围，向市国税局移交建筑安装、房地产、金融保险、生活服务四个行业纳税人14160户，做好委托代征工作，市地税完成营改增后委托代征不动产销售和个人出租不动产增值税2742万元。7月1日起，实施资源税从价计征改革，除已改革的煤炭、天然气外，全市此次改革主要涉及的资源税品目10个，其中从价计征品目8个，从量计征品目2个。

【国税地税合作】 2016年，市地税局、市国税局召开合作联席会议2次，《国家税务局地方税务局合作工作规范（3.0版）》（以下简称《合作规范3.0版》）印发后，与市国地税局联合下发贯彻落实通知，明确37项基本合作事项、14项创新合作事项和3项眉山创新合作事项分工和责任科室。仁寿县国税地税局"五联五共"（共建办税服务厅、共同减并报送资料、共同办理税务登记、共同开展税收核定、共同发布涉税基础信息，联合

2016 年 5 月 12 日，四川城市职业技术学院学生参观市办税服务大厅

开展涉税审批、联合推行财税库银联网、联合开展纳税评估、联合开展税务稽查、联合开展基层党建）国地税合作经验获总局督查组肯定，被总局命名为全国国地税合作百家示范单位。彭山区国税局、地税局和青神县国税局、地税局被确定为全市合作示范单位。国地税联合通过金税三期决策二包搭建“国税增值税消费税正常申报、免抵调库、查补、提退、评估数据与城建税计税依据比对”模型，识别出风险纳税人 2090 户次。联合强化欠税规范化管理，开展建筑业、房地产业及金融业三大产业税源清理及欠税清缴，建筑安装行业纳税人发票专项检查，联合发布税收“黑名单”3 次，开展联合惩戒 14 次。

【税收征管】 2016 年，市地税局加强税收征管，汇算清缴 2015 年度企业所得税 2313 户，比 2014 年度增加 557 户，汇算面 99.19%；受理年所得 12 万元以上个人所得税自行纳税申报 3959 人，比 2015 年增长 2677 人、增长 208.81%；加强个人所得税全员全额明细申报管理，全年实现电子明细申报的单位 1.18 万户，明细覆盖率 91.79%，明细申报率 100%；推进存量房信息采集，完成存量房信息采集验收，进入数据的批量建模阶段；作为全省 6 个试点市州之一，全年市地税局开展“以地控税以税节地”工作试点，与市国土局联合制定《四川省眉山地方税务局眉山市国土资源局深化以地控税以税节地工作实施方案》，查增应税土地 7300 平方米，查补城镇土地使用税 118 万元；开展保险机构遵循《车船税管理规程》情况检查，规范代收代缴行为；落实《耕地占用税管理规程》，以“先税后证”抓好源头管控，加强农村占用基本农田建房和因污染、取土、采矿塌陷等损毁土地等行为耕地占用税征收管理；落实《城镇土地使用税管理指引》，完善税源明细信息采集，做好源头控管。

【税收信息化建设】 2016 年，市地税局加强税收信息化建设，推进眉山市经济社会综合信息平台建设，全年平台上传包括国税局、地税局、工商局、交通局、房管局、国土局、运管处等 41 个部门数据 8890 余万条，评估税款 4170 万元，入库税款 2250 余万元。加强税收风险管理，全年下发风险任务 2.44 万条，完成应对反馈 2.42 万条，风险识别命中率 96.52%，评估各项地方税费 2.48 亿元，入库税款及滞纳金 1.84 亿元，比 2015 年增

2016 年 5 月 24 日，市地税局举办“春风杯”政策免费送·有奖问需求现场抽奖活动

长8.36%；使用网络爬虫技术从团购网站抓取销售数据3000余条，通过搭建“团购商户收入差异分析”风险模型，将抓取信息与纳税人同期在地税申报的营业税计税依据比对，实现互联网涉税数据挖掘、整合、利用。

【纳税服务】　2016年，全市地税优化纳税服务，通过国地税共建办税服务厅，市国税局车购分局整合入驻市政务中心地税窗口，东坡、洪雅、丹棱地税在国税办税服务厅设立地税窗口，仁寿、彭山、青神国地税共建窗口，采取“一窗两人两机两系统”或“一窗一人一机双系统”服务模式等，实现服务“1+1>2”。9月1日起，全市地税5大类102个涉税业务实现全市通办；11月20日起，3大类12个事项实现省内通办。全年国、地税联合举办纳税人学堂35期，培训纳税人3030户次。加强纳税服务热线建设，全年办理热线2038件，办结率100%。完成2015年纳税信用等级评价工作，评定全市A级纳税信用等级41户，B级纳税信用等级1036户。开展银税互动，使纳税信用成为小微企业的信用资产，全年全市“银税互动”签约合作银行23家，发放贷款13496万元，惠及企业104户，解决社会就业人数1564人次。协助成立眉山市税务学会，搭建国地税与社会各界开展学术交流平台，涵盖国地税、企业、高校等82名会员。

【税收宣传】　2016年，全市地税围绕“聚焦营改增试点助力供给侧改革”主题，开展税收宣传。以税企专题座谈、纳税人专题学堂、编印《眉山纳税服务》专刊、印发《致全国营改增纳税人的一封信》等做好营改增、资源税改革专题宣传。国地税合作举办“春风杯-政策免费送有奖问需求”活动，邮寄发放“春风杯-政策免费送有奖问需求”调查问卷和税收优惠政策宣传册2万余份。市地税局、市国税局、建行眉山分行共同开展“银税互动”专题在线访谈活动。开展税收宣传进监狱等“法律七进”，高校学子参观办事服务大厅，H5创意征集评选，市、县（区）、所三级联动播放税务微电影等系列特色宣传活动。

【税收优惠】　2016年，市地税局严格落实各项税收优惠政策，全年减免各项税收6.21亿元。

【税务稽查】　2016年，市地税部门加强税务稽查信息化建设，初步建立案源管理“三库”（稽查对象分类名录库、税务稽查对象异常名录库、税务稽查执法检查人员分类名录库），实施“双随机”（稽查对象随机抽取与常规选案相结合，稽查人员随机抽取与指定选派相结合）案源管理模式；建立税收风险管理与税务稽查“选案、检查、审理”等多环节联席平台。加强稽查协作，制定《眉山市公安、税务机关联络机制运行暂行办法》、建立国地税稽查联席制度，国地税联合开展商业零售与批发企业发票使用情况专项整治，检查企业25户，查处违法企业19户，涉及非法发票1642份，查补税款294万元；国地税联合开展7户重点税源案件涉税检查。全年全市地税检查纳税人187户，其中立案检查47户，组织企业自查140户，实现查补入库收入2.4亿元，比2015年增加4075.13万元、增长19.57%。

【队伍建设】　2016年，市地税局制定党组和机关党委党建责任“两张清单”，全面落实从严治党责任；扎实开展“两学一做”学习教育、三个专题学习研讨、专题组织生活会和民主生活会、“两学一做”知识竞赛、三苏纪念馆参观学习、“重走长征路，重温革命情”等活动。加强班子和队伍建设，全年提拔副科级领导干部2人，交流转任干部20人；新招录公务员63人；围绕税收征管体制改革和金税三期运用，开展“全员大学习、岗位大练兵、业务大比武、能力大提升”活动，在省局比武考试中获得三等奖。深化税务绩效管理，印发《四川省眉山市地方税务局关于印发组织绩效管理和个人绩效管理等9项制度的通知》，建立全市地税组织绩效和个人绩效指标体系和考核体系，实现绩效考核“全覆盖”，连续3年获得全省地税系统绩效考核优秀等次。推动税务文化建设，形成“同乐”地税文化品牌及文化理念体系，开展“一局一品、一科（室）一训、一人一铭”等特色品牌文化创建活动和地税文化展厅文物征集活动、“传家风立家规树新风”和“五个一”创建等活动，市局机关保持全国文明单位荣誉。

（市地税局）

金融·保险

Finance and Insurance

金融协调管理

【信贷投放】 2016年，市政府金融办为全市各银行业金融机构提供综合协调服务。全市存款余额1676.64亿元，比2015年（下同）增加241.71亿元，增长16.84%；贷款余额747.48亿元，增加63.41亿元、增长9.27%。按照《眉山市信贷考核管理办法》《眉山市市本级可调控资金存放与银行支持地方发展挂钩考核办法》《眉山市金融支持创新创业实施方案》挂钩考核银行机构。

【银政企对接项目】 2016年，市政府金融办举办大型银政企对接会2场，向市内外银行机构推荐融资需求项目425个、金额688.96亿元，签约104个、金额122.4亿元。组织各级金融部门银行机构开展外贸出口企业融资对接会、旅游企业对接会、小微企业融资培训会、银税合作对接会等10余场次，签约项目18个、金额27.64亿元。

【信用社改制】 2016年，全市信用社改制组建工作有序推进，市农商行、丹棱农商行获准筹建，仁寿农商行、青神农商行挂牌营业，洪雅农商行进入改制程序。金融IC卡在全市公共服务领域的推广应用工作取得实质进展，青神、洪雅公交领域全域使用。

【企业融资】 2016年，市政府金融办制定小微企业金融支持政策措施，全年培育诚信小微企业400户，争取支小再贷款额度1亿余元和再贴现额度2亿元，累计新增小微企业贷款15余亿元。

【债券】 2016年，仁寿县资产经营有限公司发行非公开公司债券5亿元。眉山市宏大建设投资有限责任公司发行企业债券20亿元，公司债券10亿元。眉山发展（控股）有限责任公司发行公司债券12亿元。全年47亿元债券为市、县重点建设项目提供金融支持。

【企业上市】 2016年，市政府金融办组织证券公司等金融机构对全市150余家企业进行主板、创业板、新三板、四板上市和挂牌培训，建立有139家企业的眉山市上市企业后备资源库；3月，千禾味业食品股份有限公司在上交所主板上市。眉山德鑫航空设备股份有限公司、四川金象赛瑞化工股份有限公司、眉山车辆工业股份有限公司、四川西金联合电气股份有限公司、柯美特建材集团股份有限公司5家企业在新三板挂牌，洪雅竹元科技有限公司、四川眉山凯尔化工有限公司、洪雅力达水力发电设备有限责任公司、四川鑫佳盛铝业有限公司等7家企业在四板挂牌。截至年底，眉山市上市公司2家，新三板挂牌企业6家，区域性场外市场挂牌企业29家，上市和挂牌企业后备资源库企业139家，多层次资本市场体系建设初具规模。

【保险】 2016年，全市农村小额人身保险参保349.92万人，保费收入1.26亿元，赔付金额8120.13万元。产、寿险保费收入47.76亿元，比2015年（下同）增长16.88%，累计赔款及给付19.83亿元、增长49.27%。

【小额贷款】 2016年，全市有小额贷款公司15家，注册资金19.83亿元。年末贷款余额14.19亿元。

【融资性担保机构监管】 2016年，全市有融资性担保公司10家，其中政策性担保公司5家、商业性担保公司3家、互助式会员担保公司1家、分公司1家，注册资金11.22亿元，年末融资性担保余额11.92亿元。

【处非宣传】 2016年，市政府金融办组织大型集中宣传活动27次、参与18万人次；"六进"集中宣传活动36次、参与人数2万人次；发放或张贴宣传资料25万份；刊登报刊杂志文章20篇；电视台专题专访报道30余次；智慧眉山APP、眉山广电网站、微信、微博等网络媒体播发稿件68篇；移动、联通、电信发送处非宣传短信50余万条；271台公交车车载广告、418辆出租车顶灯显示屏以及各银行网点 LED 显示屏持续刊播宣传广告及标语。

【互联网金融风险排查】 2016 年，全市开展互联网金融风险专项整治活动。通过实地走访、电话暗访、接收举报信息和向相关机构询问等方式对全市纳入排查范围内的 908 家机构进行信息采集和摸底排查，遏制互联网金融风险的滋生和蔓延。

【预防非法集资】 2016 年，市政府金融办组织开展个案、风险线索清理排查，落实“早调查、早取证、早定性、早处置”原则，市金融办、市工商局、人行眉山市中心支行、眉山银监分局、市公安局等部门摸排“吉达机械”“张露平等人可疑交易”“千微（杭州）科技眉山分公司”等可疑风险情况。

【信息报送与通报】 2016 年，全市金融业信息沟通网络运行平稳。每月收集本地和异地金融机构信贷投放情况，在全市“一月一通报”，收集全市金融业改革、创新、发展经验和思路，以动态形式发送全市金融机构、区县政府金融办，择优报送市委、市政府、省政府金融办。

【金融精准扶贫】 2016 年，全市确定 17 个金融扶贫定点联系村，市政府金融办、人行眉山中支及辖内银行机构选派干部 13 人到贫困村担任驻村干部，帮助定点联系贫困村制定扶贫攻坚计划，协调争取上级惠民政策、资金和扶贫项目，排解矛盾纠纷。全市建立 2732 万元的扶贫小额信贷风险补偿基金。

【金融安全防控】 2016 年，全市金融机构无重大案件和安全事故发生，未出现因非法集资、民间借贷而引起的群体性事件，守住不发生系统性、区域性金融风险底线。

（谭璟烨）

银行业

【概况】 2016 年，全市银行业金融机构 19 家，营业网点 454 个（当年新增 6 个），从业人员 4862 人。全年金融业增加值 33.86 亿元，比 2015 年（下同）增长 14.3%；净利润 17.81 亿元，增加 1.35 亿元、增长 8.17%。

【资产业务】 2016 年，全市银行业金融机构资产总额 1787.16 亿元，增长 15.28%。其中，本外币各项贷款年末余额 747.48 亿元，比 2015 年（下同）增长 9.27%；全年新增贷款 63.41 亿元。年末不良贷款余额 24.02 亿元，减少 3.91 亿元，不良贷款比例 3.21%、下降 0.87%。

【负债业务】 2016 年，全市银行业金融机构负债总额 1730.12 亿元，比 2015 年（下同）增长 15.41%。其中本外币各项存款年末余额 1676.64 亿元、增长 16.84%；新增存款 241.71 亿元，增加 62.63 亿元。

【金融改革】 2016 年，辖区各银行业金融机构积极应对利率市场化、存款保险制度实施等改革措施影响。农业发展银行眉山市分行加大农村基础设施建设、扶贫攻坚、棚户区改造等领域信贷支持。农业银行眉山分行继续深化“三农金融事业部”改革，服务“三农”能力加强。农村信用社青神联社、仁寿联社改制为农村商业银行，眉山农村金融改革迈出新的步伐。

（人行眉山市中心支行）

中国人民银行眉山市中心支行

【概况】 2016 年，中国人民银行眉山市中心支行（以下简称“人行眉山市中心支行”）内设机构设办公室（党委办公室、后勤服务中心）、人事科（党委组织部）、宣传群工部、纪委监察室、货币信贷管理科（调查统计科）、金融稳定科、会计财务科、支付结算科（营业室）、反洗钱科、科技科、货币金银科、国库科、内审科、征信管理科、外汇管理科、保卫科 16 个科室（部），辖仁寿县、彭山区、洪雅县和青神县 4 个县（区）支行（洪雅县支行负责洪雅和丹棱两县业务），在册职工 187 人。

【货币信贷政策】 2016 年，全市银行业金融机构贯彻金融宏观调控政策，加大实体经济支持力度，年末各项贷款余额 747.48 亿元，比年初增加 63.41 亿元，增长 9.27%，其中法人金融机构新增贷款 25.63 亿元，符合调控预期。持续实施“千户百亿”诚信小微企业融资培育工程，全年新增培育成功中小微企业 181 户，新增贷款 19.91 亿元；全面实施新型农业经营主体主办行制度，重点支持新型农业经营主体 616 户，新增贷款 5.82 亿元；成功创建 4 个省级、19 个市级支农再贷款示范基地，支持示范产业 10 个；指导支持企业开展跨境人民币融资，结算金额 3.12 亿元。围绕国家产业政策，加大重点产业、重点项目、重点企业信贷支持；全市中小微企业和“三农”贷款分别较年初新增 47.92 亿元、42.66 亿元；投放创业贷款 15.44 亿元，支持创业就业主体 8714 个，带动 3.16 万人就业；新增个人住房贷款 25.73 亿元。参与专利权质押贷款试点，促进农业科技与金融结合。试点探索“互联网+农村+金融”模式，仁寿县推进电商与农村信用信息平台有效对接。

【支付结算】 2016 年，全市银行机构上线电信网络新型违法犯罪交易风险事件管理平台，建立涉案账户紧急止付、快速冻结、快速查询和信息共享机制，开展防范电信网络新型违法犯罪和打击非法买卖银行卡信息专项活动，保障社会公众资金和信息安全。辖区支付系统安全高效运行，通过支付系统清算资金490.36万笔10662.45亿元，比2015年（下同）分别增长70.8%、22.41%。全市银行卡存量1024.5万张，布放ATM机1335台、POS机2.38万台；发展特约商户1.28万户。创建省级银行卡刷卡无障碍示范区6个，市级银行卡刷卡无障碍示范区2个，县级银行卡刷卡无障碍示范区7个。全市2985个助农取款服务点实现行政村全覆盖，其中368个升级为功能完善的农村新型金融综合服务平台，建成27个助农取款优质服务示范点、9个农村金融综合服务示范站，2家农村信用社建成四川首批支付惠农示范行，全年助农取款服务点累计交易304.02万笔9.65亿元，以银行卡为基础的电子支付手段在全市农村地区的应用逐步扩大。22家支付机构向人民银行报备在眉山开展第三方支付业务，全年完成支付业务319.66万笔124.8亿元，分别增长277.51%、221.43%。

【经理国库】　2016年，人行眉山市中心支行办理全市各级次预算收入资金（含转移支付调拨资金）入库497.45亿元，与2015年（下同）基本持平；拨付各类财政款516.17亿元、增长17.92%；办理各类预算收入资金退付5.99亿元、增长84.31%。办理非税收入直缴入库3257.24万元；办理“村干部务工补贴”直接拨付补助资金429.33万元，惠及2000余人。财税库银横向联网电子缴税业务占比98.98%。配合财税部门推广“营改增”试点。组织发行凭证式国债1.26亿元、储蓄国债（电子式）2.03亿元；推广国债业务创新，办理国债约定转存161.35万元。

【人民币发行与管理】　2016年，人行眉山市中心支行构建以主办银行为依托，以主办网点为前沿的小面额钞币供应长效机制。开展人民币净化工程建设，加大残损人民币回收力度，市场流通人民币得到净化。推进冠字号码查询管理，金融机构付出大面额现金全部清分。建设集商业银行柜面服务为一体，服务功能多元化、服务流程规范化、服务质量标准化的综合服务示范网点40个。全年收缴假人民币148.92万元（公安机关63.6万元）。

【反洗钱】　2016年，人行眉山市中心支行现场金融机构3家、约见谈话1家、监管走访12家、监管辅导1家。分别与市检察院、市国安局签署《反贪污贿赂和反洗钱工作合作备忘录》《预防和打击危害国家安全、金融安全违法犯罪活动合作备忘录》。全年收到金融机构重点可疑交易报告6份，其中移送公安机关3份，上报分行3份，推动立案2起，协助国安、公安和检察机关开展案件排查23次，协助破案5起（部督案件1起）。培训管理层和一线洗钱员工反洗钱管理和操作技能1500余人次，发放宣传资料近5万份，为社会公众和客户30万余人开展政策宣传和咨询。

【外汇管理】　2016年，全市深化和实施直接投资货物贸易改革，推动贸易投资便利化，全年进出口总额2.08亿美元，其中出口1.89亿美元，进口1951万美元。向35户培育企业新增贷款2.56亿元人民币，贷款余额4.66亿元人民币，收汇6386.64万美元，结汇5569.68万美元，提供信用证、保函等产品1069.66万美元。

【存款保险】　2016年，人行眉山市中心支行开展全市8家法人银行业金融机构开展存款保险评级，对投保机构实施差别费率管理和保费核定。指导督促所辖8家法人银行业金融机构按制度要求缴纳存款保险，全年缴纳保费867.98万元。

【金融综合管理】　2016年，人行眉山市中心支行实施金融管理综合评价，量化考核17家银行业金融机构，评定工商银行眉山分行、建设银行眉山分行、邮储银行眉山分行、乐山市商业银行眉山分行、长城华西银行眉山分行、丹棱县农村信用联社为A等。开展农业银行眉山分行等2家银行业金融机构综合执法检查；开展专项执法检查中国银行眉山分行等5家银行业金融机构。指导广发银行眉山分行、成都农商行眉山分行接入人民银行金融服务管理体系。全年受理金融机构重大事项报告65期，核查3家银行业金融机构重大事项报送情况。

【金融消费权益保护】　2016年，人行眉山市中心支行健全金融消费权益保护工作机制，修订完善《眉山市银行业机构金融消费权益保护评价细则》，加大金融机构履行义务和投诉处理评价；建立风险提示制度，要求金融机构限时改进；完善金融消费权益保护走访、回访、新产品报备、评价、案例报送等“五项制度”，建立典型案例通报制度；构建金融知识宣传长效机制，开展“金融消费权益保护日”“金融知识普及月”等活动，全年组织金融机构开展广场宣传62次，宣传进高校21次、社区69次、农村81次，开展知识讲堂11场，发放宣传资料近23万份，现场接受宣传、咨询13万余人次。依托政府网站拓展电子政务服务平台，推进建立以“金融消费权益保护系统”为主干、12363电话和互联网站为两翼的咨询投诉受理、处理体系；全年受理金融消费者投诉62件，结案率100%、满意率97%。

【维护金融稳定】 2016年，人行眉山市中心支行完善涵盖银行、证券、保险、非银金融机构以及重点企业和市场的金融风险监测网络。通过资产质量真实性评估、同业业务现场督查、流动性压力测试、风险提示等方式，规范金融机构经营行为，提升稳健经营水平。开展互联网金融风险整治，梳理排查全市905家机构。配合市政府金融办、公安等职能部门处置非法集资风险。参与并推动基本解决金融诉讼案件执行难工作，协助有关银行处置企业信贷违约风险。

【信用体系建设】 2016年，人行眉山市中心支行联合市发改委双牵头开展《关于加强社会信用体系建设打造“诚信眉山”的意见》工作开展情况督查。推动制订《眉山市社会信用体系建设工作实施方案》，强化人民银行牵头建设的企业信用信息共享服务平台在地方社会信用公共基础设施建设中的核心地位。以“互联网+金融”模式，实施应收账款融资倍增计划，全年中征应收账款融资服务平台上传账款111笔，融资成交62笔52.65亿元。督促银行机构创新“银税通”“税金贷”银税合作信贷产品，全市发放银税互动贷款1.24亿元。

【服务群众与扶贫攻坚】 2016年，人行眉山市中心支行为联系镇仁寿县中岗镇购买计算机、空调、办公桌椅等办公设备；完善“金融爱心·留守儿童中心”配套设施，组织党员干部、团员、央行志愿者50余人次开展爱心活动9次，资助中岗镇学校改造学生食堂7万余元。为中岗镇粮丰村绿化荒山1公顷，投入1.4万元购买垃圾转运车1辆。帮助仁寿县景贤乡建立水果生产基金、柏柳村开展土地流转改革，推动建卡贫困户饮水工程改造，投入2.1万元为22户帮扶对象户和41户直接联系困难群众购买小鸡1260只（每户20只），助推精准帮扶对象养殖业发展；重大节日期间开展直接联系服务群众及脱贫攻坚帮扶对象走访慰问，200余人次，20余万元。仁寿县景贤乡柏柳村于年末按期摘帽，22户建卡贫困户10户验收脱贫。

（人行眉山市中心支行）

中国银行业监督管理委员会眉山监管分局

【概况】 2016年，中国银行业监督管理委员会眉山监管分局（以下简称“眉山银监分局”）设办公室、人事科、监察科、财务会计科、统计信息科、监管一科、监管二科、监管三科、案防办、仁寿办事处、彭山办事处、青神办事处、洪雅办事处内设部门13个，在职员工55人。全年银行业资产总额1787.16亿元、负债总额1730.12亿元，分别比年初（下同）增长15.28%、15.41%；利润18.75亿元；各项存款余额1618.04亿元、贷款余额747.48亿元，分别增长18.45%、9.27%；不良贷款余额24.02亿元，减少3.91亿元；不良贷款率3.21%、降0.87%。无重大金融案件和安全责任事故发生。

【市场准入管理】 2016年，眉山银监分局做出行政许可批复事项33项，其中核准机构新设5项、变更10项；核准高管任职资格18人。

【现场检查】 2016年，眉山银监分局开展现场检查3项，发现问题37个，发出现场检查意见书7份，提出整改意见24条；发现违规行为1起，立案查处。

【非现场监管】 2016年，眉山银监分局制定《关于进一步加强非现场监管工作的通知》，成立非现场监管委员会和7个专项风险防控小组。召开2次监管联席会，拟写分析报告14篇，提出18个风险点监管措施及建议。开展“两加强两遏制”回头看的机构自查督导和分局专项检查。制定《全面开展“两个加强、两个遏制”回头看工作实施方案》，明确领导职责和具体措施；督促机构制定“回头看”专项方案，报分局审查备案，开展专项督导5次。机构“回头看”自查全面完成，自查覆盖率和“以上查下”机构数量和业务量均达到银监会要求，发现问题324个，整改298个，问责302人。分局抽查3家法人机构，检查业务497笔、47.56亿元，发现问题27个，提出整改意见13条。

【金融服务】 2016年，眉山银监分局以“金融走进天府新区－眉山”银政企项目对接会为标志的14场项目对接活动，邀请673户企业，达成意向融资226.2亿元。截至9月，机构对接辖内150个重点项目，覆盖面93.75%；为重点项目发放贷款27.34亿元。引导银行业机构支持拆迁户货币化安置，6家机构与地方政府签订贷款投放合约，3家机构发放贷款1513户5.7亿元，贷款户数和余额比年初增长327.4%、653.04%。化解过剩产能，全年各机构对节能环保项目及服务贷款余额37.42亿元，发放技改贷款2100万元；银行业机构自主排查认定“僵尸企业”40户，退出和压缩产能过剩及重点关注行业贷款1.14亿元，绿色信贷发挥去产能引导作用。开展小微企业无还本“续贷”政策落实情况评估，推动小微企业“续贷”政策更好落地。开办小微企业续贷业务1090笔44.27亿元；规范服务收费，取消减免收费项目8项，调整收费项目2项。推动应急周转资金使用，办理转贷45笔9.54亿元。辖内机构降低贷款执行利率、免除中间业务手续费，向企业让利。贷款成本下降带来的去杠杆作用明显。推进精准扶贫，全年分局和5家机构对接帮扶贫困村7个，派出驻村干部3人，帮扶贫困户83户。督促眉山农商行与凉山州盐源县签订对接帮扶协议，制订帮扶方案。督导相关机构对接扶贫移民局、财政局等部门，落实相应政策。全年全市银行业机构发放扶贫小额信用贷款6111.61万元，户数2169户。开展消费者权益保护，组织“打击非法集资”“送金融知识进万家”集中宣传月活动，438个机构网点参与，集中宣传163次，设立宣传点130个，发出宣传资料25.19万份，发送宣传短信9.2万条，受众17.34万人。解决群众投诉问题，全年收到来电来信来访39件，全部办结。

【风险处置】 2016年，眉山银监分局着力应对信用风险，定期开展风险分析，分局成立信用风险防控小组，督导机构建立风险管控团队，制定信用风险防控年度计划，强化监督考核。对实施房地产、融资平台等重点领域动态监测。实施重点风险和大额不良贷款企业名单制管理。名单内企业贷款余额15.48亿元，要求机构逐户制定管控措施。加大清收处置不良贷款力度。通过核销、以物抵债、批量转让等方式处置存量不良贷款9.07亿元。做实案防和安保督查，全年开展案防督导2次，督查2次。辖内15家机构完成透明式键盘改造使用。开展机构安保检查4次，开展“安全生产月”“邮储信用社安全检查”等专项检查4次。推进“一专双录”建设，开展专项督导2次，实地验收2次，法人机构全面完成“一专双录”系统建设。妥善处理消费者投诉，开展消保专项检查2次，召开督导会2次。履行社会金融风险防范职责，完成辖内网贷风险整治阶段性工作，分局印发《眉山市P2P网络借贷风险专项整治工作实施方案》，牵头开展14家公司摸排，建立排查档案10份，完成重点风险企业检查1家。开展打击通讯诈骗活动。实施反通讯诈骗宣传、涉案账户查控系统建设检查2次。全面完成银行与公安部门“点对点”涉案账户查询和冻结止付工作机制建设。派出2个宣讲组在6所院校开展公益宣传，受众3600余人。

【银行业改革创新】 2016年，眉山银监分局推进农信社改制。全年开展改革推进专项督导6次，及时向市县党委政府反映改革遇到的困难和问题。争取到市县两级政府1.76亿元资金支持，解决历史包袱。青神县农商行开业，眉山农商行创立，仁寿农商行获准开业，丹棱农商行获准筹建。引进新机构。广发行眉山分行、成都农商行眉山分行开业，成立首家股份制商业银行分支机构。深化产品和服务创新。“银会合作眉山模式”在全国推广。为149个农业科技协会、151个专业合作社，4936家专业户提供贷款7.99亿元。“银税互动”有效推进，分局及9家机构与市县两级国税局、地税局签订银税战略合作协议，推出“税易贷”等产品，发放32户、金额4125万元。“两权抵押”不断探索，5家机构推出“惠农产权贷”等12个产品，发放两权抵押贷款134笔、贷款余额5109万元。

（眉山银监分局）

眉山市农村信用社

【概况】 四川省农村信用社联合社眉山办事处（简称“省联社眉山办事处”）是四川省农村信用社联合社（简称省联社）的派出机构，受权履行全市农村信用社的管理、指导、协调、服务职能。内设综合科、业务科、稽核科，兼管省联社信息科技中心眉山分中心，下辖仁寿联社、东坡联社、洪雅联社、丹棱联社、彭山联社、青神农商银行6家县级法人机构。2016年末，全市农村信用社各项存款余额510.73亿元，比年初（下同）增加63.21亿元，存款余额占全市市场份额的30.46%；各项贷款余额275.85亿元，增加23.61亿元。

【支持实体经济】 2016年，省联社眉山办事处围绕服务“三农”、服务小微、服务县域的市场定位和传统优势业务，发挥小微贷团队和机制优势，通过“扫商圈”“扫街道”和深化银企对接、优化流程限时办结等方式，支持小微和中小企业的发展。全年涉农贷款余额248.73亿元，比年初（下同）增加20.75亿元，占贷款总额的90.17%，小微企业贷款余额140.13亿元，增22.6亿元，实现“四个不低于”目标；创新信贷产品，抓住代发政府部门及事业单位公职人员工资优势，新推出“惠薪贷”“青民贷”等产品；调整信贷结构，结合国家宏观经济政策及眉山地区的实际情况，紧跟政府发展规划，对接服务市县重点企业、重点战略性新兴产业、货币化安置和棚户区改造等重点项目，做优、做精公司类业务。加强个人贷款营销，开办住房按揭类贷款。

【金融精准扶贫】 2016年，省联社眉山办事处推进贫困村、贫困户建档立卡和评级授信。全年评级授信3.35万户，授信额度5.38亿元，发放扶贫小额信用贷款2264户6176.3万元，余额5998.67万元；推进生源地助学贷款，全年发放助学贷款741万元；以产业扶贫为重点，支持新型农业经营主体带动扶贫，支持21家产业化龙头企业、38个专业合作社、73户家庭农场和80户专业大户，贷款余额5.97亿元。探索推进“两权”抵押贷款，有效发放土地承包经营权贷款6454.8万元。

【支付结算】 2016年，省联社眉山办事处，完成统一支付平台系统对大额、小额、网银互联、四川支付、行内支付汇路整体切换上线，做好扶贫小额信用贷款系统等上线工作。着眼城乡基础金融一体化和改善服务环境，围绕“户户有档有卡有授信额，村村有机有点有联络员”普惠金融目标，加快农村金融渠道、综合金融便民服务站建设，加大各类便民金融机具布放和发卡力度。全面推进电子银行在各领域的营销。洪雅联社与天然气公司对接，实现电子银行及自助设备缴纳天然气费业务；青神联社实现金融IC卡公交领域运用的上线运行，为全县居民出行提供刷卡乘车的便捷服务；彭山联社开通手机银行缴纳水费业务；东坡联社推广发放社保卡。12月19日，眉山四县两区国税局分别与辖内6家县级法人机构签订《蜀信联名卡项目战略合作协议》，“蜀信·银税卡”落地，实现三方共赢。

【案件防控】 2016年，省联社眉山办事处实行案防工作“一把手”责任制。组织召开全市农村信用社案防和安全保卫工作会议，案防和安全保卫工作早安排、早部署、早落实。督促指导各联社层层签订《案防、安全目标责任书》，落实案防责任。按季组织召开工作例会，通报案防形势，分析案件风险，提出工作要求。围绕“重点业务、重点环节、重点领域、重点机构、重要人员和关键岗位”开展案件风险排查。全年案件风险排查立项345项。开展异常行为人员排查。督促指导各联社定期做好排查，重点事项不漏项，关键环节不漏人，确保不留死角盲点，特别对涉毒、涉赌以及家庭发生重大变化的员工进行重点分析和排查，发现问题和苗头及时处置。加大重要岗位员工轮岗制度执行。全年无案件、无重大违法违纪违规事件、无重大责任事故和不稳定事件。

【深化改革】 2016年，省联社眉山办事处稳妥推进“农改商”工作。3月25日，眉山农商银行获得四川银监局筹建批复；11月29日，眉山农村商业银行股份有限公司创立大会暨股东大会第一次会议召开。12月1日，青神农商银行召开开业大会，在全市挂牌开业；仁寿农商银行做好开业筹备；丹棱联社有序推进改革进程；洪雅联社着力化解不良贷款，做好“农改商”监管指标达标。

（眉山农村信用社）

中国工商银行股份有限公司眉山分行

【概况】 2016年，中国工商银行股份有限公司眉山分行（以下简称“工行眉山分行”）下辖东坡区本部和彭山、丹棱、洪雅、仁寿、青神5个一级支行，分行机关设置部门11个，全辖物理网点20个，在职员工438人。

【存贷款业务】 2016年，工行眉山分行全部存款比年初（下同）净增20.61亿元；其中对公存款（不含同业存款），增加10.78亿元，储蓄存款增加14.8亿元。全年投放表内外融资55亿元，其中投放公司贷款39.17亿元，投放个人贷款10.56亿元。各项贷款净增12.92亿元；其中，法人贷款净增9.56亿元，个人贷款净增3.36亿元。

【资产质量】 2016年，工行眉山分行不良贷款比年初（下同）下降1988万元；不良贷款率1.67%，降0.49%。

【主要业务发展】 2016年，工行眉山分行支持重点产业发展，通过抢抓“同城”发展机遇，紧跟眉山经济形势发展，支持眉山交通建设，投放中铁建简蒲高速20亿元委托债权融资，为眉山住房公积金中心提供委托贷款3亿元，缓解公积金中心阶段性资金困难、加快房地产去库存；支持眉山天府新区建设，跟进天府新区招商引资项目，加强与仁寿视高、彭山青龙工业园区全面对接；多渠道满足小微企业资金需求，对遇到阶段性困难的企业均采取继续支持或维持融资的策略，不抽贷、不压贷，通过“以时间换空间”，稳定就业、稳定经济、稳定金融债权。2014-2016年，帮助65户企业缓解资金压力，贷款21.63亿元；发展个人信贷、借记卡、信用卡、个人结算、代理保险、第三方存管等零售业务，满足居民的各类金融服务需求，履行国有大型商业银行服务地方实体经济发展的政治责任、经济责任和社会责任。

【经营管理改革】 2016年，工行眉山分行以加快推进激励约束机制建设为重点，优化完善管理机制、分配机制、工作机制、保障机制，发挥资源投入在效益产出和重点工作推进中的“杠杆效应”；结合人力资源深化项目，强化人力成本约束，加大新业务、新模式和新业态的人力资源配置；推进网点轻型化、智能化建设，构建线上线下一体化服务营销新模式，实现网点功能由核算交易型向综合营销服务型转变；推进人才队伍建设，以实施人才兴行战略为引领，激发干部员工积极进取、健康向上正能量。

【内控案防】 2016年，工行眉山分行强化操作风险管控，开展全面风险管控专项治理，明确重点、落实责任、强化考核，将风险管控工作落到实处；强化信用风险管控，完善资产质量管控机制，特别是对不良贷款及剪刀差大户，落实逐户分析，综合施策，逐笔化解；强化案件和风险事件防控，加强员工思想教育，开展异常行为排查，保持零发案；争取监管单位支持，巩固和提升外部监管形象，开展银监“两加强两遏制回头看”专项检查，内控基础持续夯实，人行综合评价继续保持评价A级。

【服务工作】 2016年，工行眉山分行优化服务渠道，增强服务实体经济能力，以加快推进网点的改造和优化布局为主，以物理网点为轴心带动自助银行、助农取款点辐射周边重点乡镇，离行式自助服务点增至60家，提高客户办理业务便利性；加大各类自助设备投产力度，各类自助机具总量近200台，完善刷卡消费环境，丰富客户自助办理业务种类；不断健全服务组织管理，统筹抓好网点建设、经营、管理、服务、营销、考核等涉及网点经营管理工作，提高营业网点服务水平；推进网点综合化提升，持续开展指标分析、监测、通报和全辖网点的沟通、联系、指导，促进网点综合服务水平的提升；实施网点服务流程标准化建设和基本服务设施标准化管理，强化网点柜员、大堂经理、网点负责人等关键岗位的主动服务，构建随时、随地、随心的线上线下一体化服务模式，建设“客户满意”银行。 （杨晨曦）

中国农业银行股份有限公司眉山分行

【概况】 中国农业银行眉山分行建于1998年1月22日，同年12月成立眉山地区分行，1999年1月挂牌，2001年2月更名为中国农业银行眉山市分行，2009年更名为中国农业银行眉山分行。2016年，农行眉山分行辖东坡支行、彭山支行、仁寿县支行、洪雅县支行、青神县支行、丹棱县支行等6个县支行。

【经营指标】 2016年，全行各项存款余额314.4亿元，比年初（下同）增加29.3亿元；各项贷款余额101.5亿元，增加1.9亿元；中间业务收入1.6亿元。在眉山四大行中，农行各项存款余额占41.1%、个人存款余额占51.1%，各项贷款余额占34.48%，个人贷款余额占34.66%，中间业务收入占34.4%，六项指标均居四大行首位。突出重点项目信贷投放，为辖内交通、房建、旅游、棚改等重点建设项目提供信贷支持6亿元；争取政府主导的PPP、政府购买服务项目。加强银税互动，加快小微企业信贷投放，全行小微企业贷款余额102亿元，增加2.4亿元。推进“两权”抵押贷款试点，发放土地经营权抵押贷款1812万元；加强与省农担公司合作，“惠农担·粮易贷”实现100万元有效投放；推进金融精准扶贫，向建档立卡贫困农户发放“惠农贷”64笔263万元。全行涉农贷款增长10.9%，高于全行贷款平均增速5.5个百分点。

【内部管理】 2016年，围绕即农行的核心业务系统蓝海引擎上线后的IT架构优化和产品改造，提高产品创新和客户服务能力，推进安全管理和安防系统升级转型。组织市县行干部员工294人参加眉州监狱警示教育活动。开展“两学一做”学习教育，全辖66个基层党支部开展集中学习、专题研讨256期次，建立“共产党员示范岗”133个、“党员责任区”82个。表彰市分行爱岗敬业先进个人27人，推报省分行建功立业标兵5人、“十大员工之星”1人。开展青年创新创效活动，成立眉山分行“金色利剑”青年突击队，开展“百县千镇”服务返乡务工人员专项活动，开展专项宣传50余场次，派发各类宣传折页6000余份，赠送“春联”等小礼品5000余份，市分行青年突击队获省分行“优秀青年突击队”称号，彭山支行青年突击队荣获总行表彰。 （杨昊云）

中国农业发展银行眉山市分行

【概况】 2016年，中国农业发展银行眉山市分行（以下简称“农发行”）内设办公室、计划信息部、客户部、信贷与风险管理部、内部审计部、财务会计部、人力资源部、监察部、营业室9个部室。管辖仁寿、彭山、青神、丹棱、洪雅5个县区支行。有职工146人。

【业务范围】 2016年，农发行办理粮食、棉花、油料收购、储备、调销贷款。办理肉类、食糖、烟叶、羊毛、化肥等专项储备贷款。办理粮食、棉花、油料加工企业和农、林、牧、副、渔业的产业化龙头企业贷款。办理粮食、棉花、油料种子贷款。办理粮食仓储设施及棉花企业技术设备改造贷款。办理农业小企业贷款和农业科技贷款。办理农业基础设施建设贷款。支持范围限于农村路网、电网、水网（包括饮水工程）、信息网（邮政、电信）建设，农村能源和环境设施建设。办理农业综合开发贷款。支持范围限于农田水利基本建设、农业技术服务体系和农村流通体系建设。办理农业生产资料贷款。支持范围限于农业生产资料的流通和销售环节。代理财政支农资金的拨付。办理业务范围内企事业单位的存款及协议存款、同业存款等业务。办理开户企事业单位结算。发行金融债券。资金交易业务。办理代理保险、代理资金结算、代收代付等中间业务。办理粮棉油政策性贷款企业进出口贸易项下的国际结算业务以及与国际业务相配套的外汇存款、外汇汇款、同业外汇拆借、代客外汇买卖和结汇、售汇业务。办理经国务院或中国银行业监督管理委员会批准的其他业务。

【经营情况】 2016年，农发行各项贷款余额66.93亿元，比年初(下同)增加0.48亿元、增长0.72%。投放贷款24.25亿元，增加10.26亿元，累计收回各类贷款22.17亿元，多收5.11亿元。投放基金建设项目余额33.89亿元，增加25.8亿元、增318.91%。年末存款余额45.42亿元、增加28.24亿元、增164.38%，日均存款余额33.15亿元、增加19.02亿元、增134.61%。全行各项收入3.38亿元，各项支出2.19亿元，实现账面利润1.19亿元，增加1875万元，增18.68%。应计贷款利息3.1亿元，实际收回贷款利息2.99亿元，综合收息率96.5%，降3.33%。

【粮油收购信贷】 2016年，农发行以持粮油收购为点抓好粮油信贷。支持以政策性收储为重点的粮油信贷业务。在不“打白条”前提下防控风险，确保各级储备粮油增储、轮换和托市收购等政策性资金需求，在风险可控前提下、择优支持企业开展市场性收购，继续强化收购资金封闭管理。为取得2016年粮油收购贷款资格的6户企业、核定粮油收购贷款最高额度6.1亿元；受理各类粮油类贷款申请187笔，审批粮油贷款35.52亿元（含展期）；新增贷款中，向中央储备粮眉山直属库发放贷款5.89亿元。

【金融扶贫】 2016年，农发行“一把手”履行服务脱贫攻坚第一责任，各分管行领导和部门条线围绕服务脱贫攻坚，加强条线指导，落实上级行工作要求。加强与地方政府及发改委、扶贫办等部门工作联系，做好易地扶贫搬迁项目对接工作，掌握项目进展情况和资金需求情况，围绕市委市政府“1593”扶贫攻坚计划积极提供金融服务。开户行推行贷款项目库管理制度。做好易地扶贫搬迁专项建设基金管理。

【支持农业农村基础设施项目建设】 2016年，农发行把握总行中长期项目贷款支持重点和主要领域，以大力支持公司类客户农业开发和农村基础设施建设为重点，推动业务发展。全年营销中长期项目6个、申贷金额102.6亿元，其中获得总、分行批复项目2个19.6亿元；总行审批环节项目1个20亿元；上报至省分行项目2个22亿元。正在营销完善资料项目1个，拟申贷25亿元。开展平台贷款定向债券置换，完成置换债券购买任务，通过债券置换，贷款规模下降2.68亿元，涉及中长期贷款项目19个。全行有中长期贷款还款计划客户17户，收回贷款7.41亿元，实际收贷客户21户，收贷计划执行率410%，其中超计划还贷款客户11户。

【重点建设基金】 2016年，农发行加强与发改委等部门对接沟通，严把项目申报准入关，发挥农发行“稳增长、调结构、惠民生”的作用，基金业务工作被省分行表彰为前五批基金投放二等奖单位。截止年末，重点建设基金项目70个，投资余额33.89亿元，其中2016年基金项目50个26.05亿元。实际支付11.65亿元，支付率34.12%。

【中间业务】 2016年，农发行积极应对利率市场化挑战，引导全行员工树立“存款兴行、存款增效”理念，纠正“重贷轻存”旧观念，鼓励多渠道组织低成本存款，以贷吸存、以管增存、以利引存。在做好保险业务的同时，开办咨询顾问业务、国际业务，拓宽中间业务收入领域。

【风险管理】 2016年，农发行注重强化内控管理，防范合规风险。加强制度建设，结合业务实际，在全行推行规范化管理，防止制度盲区，出现各类风险；加强考核，提高制度执行力。推进精细化规范化管理，提高贷款调查质量。强化信贷管理，努力防控信贷风险。落实从支行领导到客户经理责任，尽职履责；抓好监测，及时预警风险信息，通过风险提示等方式及时预警。加强贷款审查，全年组织召开贷审委会议13次，审查信贷项目14笔1.66亿元。做好客户评级授信。采用新评级授信办法，通过加强信息反馈、系统操作规范化、标准化等措施，严标准细审核，保证客户评级授信结果的严肃性，准确性。成立贷后管理年活动领导小组，下发《关于印发〈中国农业发展银行眉山市分行关于开展贷后管理年活动的实施细则〉的通知》，组织开展再培训，推动贷后管理年活动。

（徐巍洧）

中国建设银行股份有限公司眉山分行

【主要业务指标】 2016年，中国

建设银行股份有限公司眉山分行（以下简称"建行眉山分行"）经营效益持续增长，考核利润3.53亿元。全年一般性存款日均新增26.72亿元，时点新增45.19亿元。贷款投放24.02亿元，其中对公贷款12.85亿元，个人贷款11.17亿元各项贷款余额68.2亿元新增7.73亿元。实现中间业务净收入1.12亿元，增长22.2%。不良贷款148.37万元，不良率0.02%。

【支持地方经济】 2016年，建行眉山分行向大资产业务转型，促进资产结构向信贷、投资、资产管理并重转变，推动重点项目。实现2.7亿元政府一类债务置换，政府债务置换投放资金10.2亿元；向眉山市住房公积金授信3亿元、投放1.3亿元。投放智慧柜员机46台，提升网点服务效率与客户感受水平。办理税易贷、善融贷、POS贷、投标贷、园保贷、薪金贷等新型大数据产品，降低企业融资门槛和融资成本，服务小企业的非成长之路贷款（包含大数据产品）年初新增9094万元。探索农村城镇化养老保障管理模式，项目10.6亿元，开始封闭运营。推动个人住房贷款投放，全年个人住房贷款新增额居全市同业第一位，推进"银医微信平台手机应用"项目，与全市主要医院搭建起微信手机移动支付平台，关注人数13万人，绑卡7万人；新增发放社保联名卡2万余张；为眉山市主要高校提供免费上门代收学费服务。全年组织消保宣传活动11次，接待客户现场咨询1300余人；制止3起诈骗行为。建立"东坡味道""川菜"电商平台；加大农村支付服务环境建设投入；开展洪雅县桃源乡结对帮扶活动，组织干部员工多次实地走访，帮助困难群众脱贫致富。

【安全保卫】 2016年，建行眉山分行印发《眉山分行2016年安全保卫工作要点》，明确安全保卫工作目标；完善行领导带班、中层干部值班制度；印发眉山分行出入营业网点现金区和自助设备加钞间管理要求；完善办公大楼和营业网点安全管理要求；层层签订"安全生产综合治理目标管理责任书"责任到人。制定全辖营业网点应急演练方案，规范全辖统一演练内容和演练频率；使演练贴近实战，开展离行、附行自助设备装卸钞，金库防抢演练；开展办公楼防火疏散应急演练。截止年末，全辖安全责任"零事故"，未发生人员伤亡和财产损失。

【风险防控】 2016年，建行眉山分行加强不良贷款催收处置，处置不良贷款245.14万元；开展信贷大检查2次和押品专项检查2次，检查范围全面覆盖，风险隐患早发现、早行动、早化解。强化反洗钱工作，上报重大可疑交易报告1份。

（建行眉山分行）

中国邮政储蓄银行股份有限公司眉山市分行

【概况】 中国邮政储蓄银行眉山市分行设10个部门，下辖6个区（县）支行。全市有营业网点100个（自营网点20个）。2016年，邮储银行眉山市分行存款余额37.21亿元；公司存款余额34.24亿元；发放贷款24.28亿元，结余27.54亿元，比年初增加3.35亿元。其中，工业贷款累计发放2.60亿元、涉农贷款发放11.87亿元、小型微型企业贷款发放5.97亿元。

【普惠金融】 2016年，邮储银行眉山市分行开展"两权"抵押贷款业务。11月1日成功发放全国首笔农房产权抵押贷款45万元。全年，"两权"抵押贷款共发放184笔，金额6055万元，列全市金融机构首位。依托"公司+农户"合作模式，与金新农、正邦、驰阳等公司建立合作关系，为下游经销商及养殖户提供贷款。全年，发放"公司+农户"农业产业链贷款102笔2571万元。支持创业就业，依托"银团合作"，开展"贷动青春"青年小额担保贷款。全年支持创业青年174户，发放贷款2058万元。

【服务创新】 2016年，投放自助存取款一体机30台，提供24小时金融服务自助机87台；存折取款机10台，新增自助银行点9个；全市20个网点密码键盘全部更换为交互式透明键盘。开展互联网+金融模式创新支付模式本地化，结合眉山市实际，搭建优友宝支付环境，客户足不出户就能享受优质金融服务。

【风险防控】 2016年，邮储银行眉山市分行落实案防责任，明确案防目标，将案件防控纳入机关部门负责人、区县支行领导班子绩效考核，签定案件防控责任书79份。开展"两加强、两遏制"回头看专项检查，全市区（县）局、支行按规定自查，自查率100%。在省分行组织开展"百日清收竞赛活动"中，获优秀组织单位三等奖。

【社会责任】 2016年，邮储银行眉山市分行参与眉山市"栋梁工程"捐资助学公益活动，向全行员工发出"献爱心、助栋梁"倡议，募集捐款1.69万元，被授予"眉山市2016年'栋梁工程'捐资助学活动爱心单位"荣誉称号。市分行协办参与纪念"五四"运动97周年暨"奋斗吧青春"创新创业主题服务月活动，市分行温青春行长现场发放120万元"贷动青春"青年创业小额担保贷款。申请开办扶贫"惠农易贷"小额贷款，为贫困户提供免抵押、免担保、低利率、享贴息的资金支持。全年向建档立卡贫困户投放扶贫小额贷款55笔227万元。全年金融IC卡发放10.02万张，其中社保卡5.14万张。（万昊）

中国人民财产保险股份有限公司眉山市分公司

【概况】 2016年，中国人民财产保险眉山市分公司（以下简称“人保财险”眉山市分公司）在全市范围内50个保险服务机构（市分公司1个、分支机构7个、保险营销服务部42个）；在乡镇设有保险服务站130个，村级保险服务点1222个。公司有城市、农村专业服务人员2000余人，理赔服务专用车120余辆，建立“365×24”工作制。全年保费8.17亿元，占眉山市市场份额的55.67%，支付各类赔款4亿余元，向地方政府上缴地方税金9674.32万元，各类捐款30余万元。荣获“省级最佳文明单位”“省级守合同重信用企业”“省级模范职工之家”和“经营绩效分类评价A类分公司”等荣誉称号。

【“95518”服务专线电话】 2016年，人保财险眉山市分公司加强“95518”服务专线建设，以“优质、高效、热情、周到”为服务宗旨，为保户提供24小时全天候服务，服务内容包括受理各类出险报案、受理各类保险投诉、保险咨询、提供紧急救援。在全国任何地方拨打95518，即可与当地的中国人民保险股份有限公司分支机构取得联系，并得到方便快捷、热情周到的保险服务，全年接到各类咨询、调度2万余次。

【规范经营】 2016年，人保财险眉山市分公司贯彻落实保监会各项文件精神，合规经营为底线，开展合规文化宣导，提升合规经营自觉意识；加强基层内控体系建设，健全内部监督机制，强化重点领域风险管控，全力提升风险防范能力，确保公司稳健经营、协调发展。

【客户服务】 2016年，人保财险眉山市分公司在全市系统内组织开展优质服务大讨论活动，建设客户俱乐部，为客户提供优质服务，进公司新发展战略，增强全体员工“大服务”意识，明确抓服务就是抓发展、抓效益在才能提高竞争力，增强经营过程中做好服务工作的自觉性，树立“机关为基层服务，二线为一线服务，全员为客户服务”大服务观念。

【服务“三农”】 2016年，人保财险眉山市分公司为农户和涉农企业提供综合性保险保障，累计为1200万次农户提供风险保障243亿元为90余万农户支付赔款5.1亿元，为近260万户无赔款农户支付“种植险无赔款优待”返还金3700万元；做到零投诉，实现社会、政府、农民三满意，为眉山农村经济发展保驾护航。探索改变传统的“抵押担保”模式，丰富农村融资主体，创新资金运用模式，最大程度让利于民，制定落实支持新型农业经营主体优惠政策，更好的服务于农村经济社会发展，加快推进农村金融产品和服务方式创新。7月，四川省首批险资直投支农融资项目启动签约仪式在彭山举行，为彭山区27户农户提供544万元融资支持。助力社会保障体系的建设和完善，做优社保业务经营平台，为眉山百姓提供多层次医疗保障；结合“新国十条”，主动承接政府转移的公共服务职能，做大社会治理经营平台，加大社会责任担当，保障地方社会治理安全稳定；主动参与灾害救助体系建设，增加城乡居民巨灾保险试点区域，扩大巨灾保险覆盖面，突出保险在防灾防损、保障民生和灾后救助等方面的功能和作用。（孟琼艳）

交通运输
Transportation

概 述

2016 年，眉山市启动实施“十三五”千亿综合交通大会战，实施挂图作战、挂星推进，强力推动交通项目建设。“十三五”间眉山综合交通规划项目总投资 1300 亿元，其中公路水路规划项目总投资超过 800 亿元，重点建设包括“三横六纵”高速公路网、“两横八纵六联两环”一级公路网、“三横九纵”铁路网、普通国省干线公路提档升级、农村公路改善提升、水运航道建设及道路运输服务等项目，到“十三五”末形成内通外畅、互联互通、水陆空立体发展的现代综合交通运输体系。全年综合交通建设投资 115.8 亿元，其中公路水路交通建设 92.8 亿元，实现“十三五”交通建设“开门红”。成都经济区环线简蒲高速公路简阳至仁寿古佛段、仁沐高速公路仁寿段实现功能性通车，一年通车两条高速公路，多次荣获省交通运输厅通报表彰。一级干线公路在建里程规模 150 千米，完工里程规模 66.7 千米，干线公路投资完成进度位列全省第三。全年完成新改建农村公路 450 千米，农村公路投资完成进度位列全省第一，全面启动“四好农村公路”示范县创建工作，彭山区作为试点，申报接受全省第一批考核验收。

高速公路建设

【成都经济区环线高速公路简阳至仁寿古佛段】 成都经济区环线高速公路简阳至蒲江段项目是成都经济区环线高速公路的南段，位于成都市、资阳市、眉山市境内，起于资阳市简阳市禾丰镇与成安渝高速公路相交对接德阳至简阳段，经眉山市仁寿县、彭山区、东坡区，止于成都市蒲江县天华镇，与蒲江至都江堰段对接，项目全长 126.33 千米，预算投资 146.68 亿元，其中眉山市境内长 76.4 千米，预算投资 91.8 亿元。全线有桥梁 113 座 22.27 千米，隧道 2 座 4228 米，双向六车道，设计速度每小时 100 千米，沥青混凝土路面，设枢纽互通 5 座（眉山市境内 2 座，分别为与成自泸高速公路交叉的古佛枢纽互通、与成乐高速公路交叉的永丰枢纽互通），一般互通 12 座（眉山市境内 7 座，分别为仁寿元通互通、松林互通、黑龙滩枢纽互通、东坡土地互通、眉山互通、悦兴互通、多悦互通）。项目采用 BOT 模式建设，授权眉山市牵头，眉山市、成都市、资阳市三市人民政府为项目实施的工作责任主体。2013 年 11 月，通过公开招投标，中国铁建投资有限公司和中铁二十局集团有限公司组成的联合体为中标投资人，组建项目公司中铁四川简蒲

成都经济区环线跨滨江大道高架桥建设

高速公路有限公司负责建设管理。2013年12月开工。2014年8月，全线开工建设。2016年12月31日简阳至仁寿古佛段61千米主线建成通车，投资34.5亿元，累计完成投资82.9亿元。省交通运输厅对高速公路施工标准化考核，评定成都经济区环线高速公路简阳至蒲江段为优秀。

【仁沐新高速公路仁寿段】 仁沐新高速公路北起仁寿县满井镇接遂资眉高速公路，经乐山市井研县、五通桥区、犍为县、沐川县，止于宜宾市屏山县新市镇与宜宾至攀枝花高速公路相连，全线长203.21千米，估算投资221.99亿元，双向四车道，路宽25.5米，设计时速每小时80千米，沥青混凝土路面。眉山市境内长27.08千米，估算投资20亿元，平均每千米造价7386万元。2012年完成工程可行性研究报告编制并通过评审，乐山、眉山、宜宾三市人民政府采取市企共建模式建设，授权乐山市交投公司开展项目前期工作。2013年引进四川省高速公路建设开发总公司负责项目建设运营管理，三市政府以土地入股方式建设。11月5日，仁沐新高速公路仁寿至井研试验段举行开工动员大会。2014年11月仁寿县开展征地拆迁，施工单位进场施工。2016年12月30日，全线主线建成通车，投资7.9亿元，累计投资16.8亿元。2016年省交通运输厅对高速公路施工标准化考核，评定仁沐新高速公路仁寿至井研段为优秀。

【成乐高速公路青龙场至眉山试验段扩容】 成都至乐山高速公路扩容工程位于四川省成都市、眉山市和乐山市境内，是连接成都双流机场与三市的重要快速通道，项目由主线和乐山城区过境复线两部分组成，项目主线划分为成都三环路川藏立交至青龙场段新建复线和青龙场至乐山段原路加宽两段，线路起点位于成都市三环路川藏立交，止于乐山张徐坝互通，在张徐坝互通顺接乐宜高速公路并与乐雅高速公路形成十字交叉，长129.93千米。乐山城区过境复线起于棉竹北枢纽互通跨青衣江大桥西侧桥台，顺接乐自高速公路乐山城区连接线，止于冷山枢纽互通，与乐雅高速公路十字交叉，顺接乐雅高速公路峨眉连接线，长11.36千米。扩容建设工程项目全线总长141.29千米，总投资估算207亿元，新建、扩建均为双向八车道，路宽40.5米，设计时速每小时100千米，沥青混凝土路面，其中眉山市境内长58.49千米，估算投资49.57亿元。2016年9月，成乐高速公路青龙场至眉山试验段经省发改委批准立项，建设工期三年，采用PPP模式，项目业主为四川成渝高速公路股份有限公司，2016年12月30日开工建设，当年完成投资1亿元。

【岷东大道遂资眉高速公路永寿连接线以北段】 眉山岷东大道起于青神县雷中坝（眉山乐山界），经东坡区、岷东新区、彭山区，接成都剑南大道（彭山双流界），路线全长约79千米，一级公路技术标准，设计速度每小时60~80千米，双向四至八车道，路幅宽度30~50米，沥青混凝土路面，穿城市规划区路段配套建设市政设施。按照统一规划、统一标准，属地管理、分步实施原则，分别由东坡区、彭山区、青神县和岷东新区管委会负责投资建设。项目由四川省交通运输厅交通勘察设计院、中国华西工程设计建设有限公司、深圳市市政设计研究有限公司等单位设计，四川合石工程咨询监理有限公司、河南同济路桥工程技术有限公司、四川省亚通公路工程监理所、中国华西工程设计建设有限公司等单位监理，太平洋建设集团公司、重庆中环建设集团有限公司、隧道集团工程有限公司等单位投资建设（施工）。2013年起分段开工建设彭祖山至黄龙溪段、岷东新区段、永寿至崇礼段、岷东新区至土地段、土地至彭山界段、东坡界至彭祖山段共46.6千米。至2016年12月，岷东大道遂资眉高速公路永寿连接线以北段46.6千米全面建成通车，累计投资27.3亿元。

干线公路建设

【滨江大道东坡至彭山段】 眉山滨江大道起于青神县城，经东坡区、彭山区，止于成都市新津县界接国道245线（原省道103线），全长67.4千米。一级公路，双向八车道，设计速度每小时60千米，路幅宽88米，沥青混凝土路面。按照统一规划、统一标准，属地管理、分步实施原则，分别由市级和彭山区、东坡区、青神县负责建设。项目由四川省交通运输厅交通勘察设计研究院、广东省冶金建筑设计研究院等单位设计，四川省公路工程监理事务所、四川京海路桥监理咨询有限公司等单位监理，江西省路桥工程集团有限公司、安徽开源路桥有限责任公司、四川圣蓝投资有限责任公司等单位投资建设（施工）。2013年10月起分段开工建设眉山岷江二桥至彭山界段、彭山彭祖新城段、东坡区界至彭山城区段共15.9千米。2015年彭山彭祖新城段4.2千米建成通车，眉山岷江二桥至彭山界段完成0.6千米主体工程。2016年6月28日东坡至彭山段11.7千米建成通车，累计投资14.5亿元。

【工业大道建设】 眉山工业大道路线起于东坡区与乐山市夹江县交

滨江大道

界处，顺接省道428线（原省道103线），经东坡区、彭山区，止于彭山新津界接成都大件外绕线，路线全长61.9千米，一级公路技术标准，设计速度每小时80千米，双向六车道，路幅宽度30米，沥青混凝土路面。按照统一规划、统一标准，属地管理、分步实施原则，由东坡区和彭山区负责投资建设。项目由中交远洲交通科技集团有限公司、中交第二公路勘察设计研究院有限公司、安徽省交通规划设计研究总院股份有限公司等单位设计，四川省亚通公路工程监理所等单位监理，四川蜀通股份有限公司、重庆市涪陵路桥工程有限公司、四川志德公路工程有限责任公司等单位建设（施工）。2013年起开工建设彭山石化园区段4.8千米，2015年底开工建设东坡区国道351线（原省道106线）至彭山界段共13.7千米，彭山石化园区段建成通车，取得省政府一级公路收费立项批复。2016年开工建设彭山谢家至青龙段9.3千米，完成东坡区国道351线至彭山界段全部路基工程，开展路面工程施工，累计投资17.95亿元。

【天府仁寿大道】 眉山天府仁寿大道起于国道351线（原省道106线）仁寿城东，绕仁寿县城，经大化、清水止于双流界，接成都天府大道，全长53千米，估算总投资70亿元，一级公路，双向八车道，设计速度每小时80千米，路幅宽80米，沥青混凝土路面。由仁寿县负责投资建设，成都市交通规划勘察设计院等单位设计，河南同济路桥工程技术有限公司等单位监理，四川交投建设工程股份有限公司等单位建设（施工）。2012年12月起分段开工视高段、清水段、仁寿县城至成都经济区环线段、成都经济区环线至成黑快速通道段共26.8千米，2015年建成视高清水段7.6千米，2016年建成成都经济区环线至成黑快速通道段路基4.86千米，路面1千米，完成投资4.35亿元，累计投资17.5亿元。

【大峨眉国际旅游西环线洪雅止戈至柳江段】 大峨眉国际旅游西环线起于国道351线（原省道106线洪雅延伸线），经洪雅洪川、止戈、东岳、花溪、柳江、高庙镇，止于与峨眉山市与洪雅交界处零公里，全长64.2千米（主线56千米，4条连接线8.2千米），一级公路，双向四车道，沥青混凝土路面。全线划分为两段设计，起点至柳江段32.15千米，设计时速每小时80千米，路幅宽21.5米；柳江至终点段23.8千米，设计时速每小时60千米，路幅度20米。项目由四川省交通运输厅公路规划勘察设计研究院和中铁二院工程集团有限公司设计，2013年8月6日开工，先期建设止戈五龙祠至柳江段22.3千米，核工业西南建设集团有限公司中标承建止戈五龙祠至东岳连接线段8.7千米，四川瑞通工程建设有限公司中标承建东岳连接线至柳江段13.6千米，成都久久公路工程监理有限公司监理，2015年基本完成路基桥梁工程，实施路面铺筑。2016年8月开工建设柳江至零公里段22千米，由中铁十六局中标承建，四川省亚通公路工程监理所监理。9月洪雅止戈至柳江段建成通车，完成投资2.2亿元，累计投资12亿元。

重点项目前期工作

【太和大道】 眉山太和大道起于东坡区东坡大道与科工园三路交叉处，经简蒲高速公路眉山互通，止于彭山区彭祖大道南段与凤鸣大道交叉口，全长9.66千米，一级城市主干道，路幅宽80米，双向八车道，设计时速每小时60千米，沥青混凝土路面，预算总投资16亿元，设计工程量为路基挖填方220万立方米、涵洞13道、桥梁一座107米，路面42万平方米，同步建设地下综合管廊、绿化亮化工程。项目划分为2个土建标段，1

个地下综合管廊标段，1个绿化亮化标段。业主为眉山市恒信交通投资建设有限公司，由中国市政工程西南设计研究总院有限公司设计，四川精正建设管理咨询有限公司、成都衡泰工程管理有限责任公司等单位监理。2016年8月10日开工建设土建一标段2.5千米，重庆建工第一市政工程有限责任公司中标承建。2016年10月8日开工建设土建二标段7.2千米，陕西建工第六建设集团有限公司中标承建，累计完成投资7100万元。

【岷黑快速通道】 眉山岷东新区至黑龙滩快速通道起于岷东新区岷东大道与植物园路交汇处，止于黑龙滩镇接黑龙滩快速路，全长7.26千米，按城市主干道标准建设，桥涵采用公路—I级荷载，沥青混凝土路面，概算总投资5.2亿元，其中岷东新区段3.17千米、宽50米、双向八车道，新华集镇段4.09千米、宽30米、双向六车道。业主为眉山市岷东开发投资有限公司，中铁二院工程集团有限公司设计，重庆巨能建设集团有限公司施工，四川精正建设管理咨询有限公司监理，2015年12月进场施工，2016年岷东段完成全部涵洞工程，完成路基土石方工程量的85%，新华集镇段基本成形路基，铺筑砂砾石4千米，完成全部桥梁工程下部结构，完成投资7000万元。

【天府大道与岷东大道连接线】 天府大道与岷东大道连接线起于天府新区仁寿视高中建大道，经清水镇、兴盛镇，至彭山区交界处，总长约10千米，设计标准为公路二级，双向四车道，设计速度每小时80千米，路基宽18米，沥青混凝土路面，总投资约2.34亿元。按照统一规划、统一标准，属地管理、分步实施原则，分别由彭山区、仁寿县负责建设。仁寿段全长7.65千米，总投资约1.91亿元，由中交第二公路交通勘察设计研究院有限公司设计，中北交通建设集团有限公司投资建设，四川正信监理工程咨询有限公司监理，正在进行路基、桥涵施工。彭山段全长1.7千米，总投资0.43亿元，由中交第二公路勘察设计研究院有限公司设计，完成施工图设计工作。

【天府大道仁寿连接线】 天府大道仁寿连接线起于天府仁寿大道一期工程与成黑快速通道路口，止于仁寿县城规划区，全长19.48千米，途经仁寿县清水、黑龙滩、大化、珠嘉、文林等4个乡镇。按一级公路标准进行设计，同时兼具部分城市配套功能，设计速度每小时80千米，路基宽80米，双向八车道，沥青混凝土路面。项目采取分期分段实施，由成都市交通规划勘察设计院、中国华西工程设计建设有限公司、中国市政工程西南设计研究总院有限公司等单位设计，四川交投建设工程股份有限公司、仁寿蜀南投资管理有限公司、中交第一公路工程局有限公司、四川发展土地资产运营管理有限公司、中国华西企业股份有限公司等单位投资建设，北京中交安通工程技术咨询有限公司、河南同济路桥工程技术有限公司、四川正信工程监理咨询有限公司、四川康立项目管理有限责任公司等单位监理。清水至成都经济区环线段4.86千米，2015年7月开工建设，铺筑沥青路面。成都经济区环线段至仁寿城区段10.5千米，2015年12月开工建设，正进行路基、桥涵施工。天府仁寿大道城区段4.2千米，2016年6月开工，累计完成投资13亿元。

【岷江一桥改建工程】 岷江一桥改建工程项目位于东坡区洪龙路，连接眉山中心城区与岷江东岸崇礼新城和泡菜园区主要通道，新建桥梁在原桥上游，与原桥净间距1米，引道起于二环东路，终点与泡菜园区物流主通道立交，止于水天花月景区大门附近，全长2381米，其中桥长1071延米，路基（桥梁）宽度34米，按双向六车道一级公路标准建设，设计速度每小时60千米，沥青混凝土路面，桥型采用双孔通航连续刚构，外观结合城市总体规划采用防古设计方案装饰建设，概算总投资2.9亿元，计划工期24个月。2016年10月开工建设，四川省交通运输厅公路规划勘察设计研究院设计，陕西建工机械施工集团有限公司中标施工建设，四川省亚通公路工程监理咨询有限公司负责监理，开展桥下部基础开挖，完成投资2000万元。

项目规划

2016年8月12日，《眉山市公路水路运输“十三五”发展规划》经眉山市人民政府常务会议审议通过，10月印发实施。《眉山市公路水路运输“十三五”发展规划》由成都市交通规划勘察设计院编制，经同济大学和交通部规划院优化完善。主要由高速公路、一级公路、普通国省干线、农村公路、水运发展和运输服务发展等规划构成，是构建内通外畅、互联互通、水陆空立体发展的现代综合交通运输体系的基础保障。规划全市公路水路交通运输项目总投资1300亿元，“十三五”期间完成投资800亿元。其中“三横六纵”高速公路网项目规划总投资366亿元，“十三五”期间完成203亿元；“两横八纵六联两环”一级公路网项目规划总投资566亿元，“十三五”期间完成318亿元；普通国省干线道提档升级项目规划总投资121亿元，“十三五”期间完成121

亿元；农村公路改善提升项目规划总投资 13 亿元，“十三五”期间完成 13 亿元。高速公路形成“三横六纵”市域高速公路网，即加快成都经济区环线高速公路、仁沐新高速公路建设，新开工建设成乐高速公路扩容、成宜高速公路，力争开工成雅高速公路扩容、成赤高速公路扩容、蒲井高速公路，加上已建成的乐雅和遂资眉高速，全市高速公路总里程达到 500 千米，实现县县通两条及以上高速公路，与相邻市均通高速。一级公路形成“两横八纵六联两环”一级公路网，即加快工业大道、滨江大道、岷东大道、天府大道、洪雅至峨眉山旅游快速通道建设，新开工建设环天府新区快速通道、天府大道眉山段、仁洪快速通道仁资段、红星路南延线、仁简快速通道、天府大道眉山段与岷东大道连接线、成赤高速公路仁寿互通至成宜高速公路连接线、眉山环城公路、黑龙滩环湖公路，总里程超过 600 千米，全面覆盖市中心城区、区县城区、重点工业园区和主要景区。普通国省干线实施提档升级，总里程超过 500 千米，实现国道全部达到二级及以上公路标准、省道半数达到二级及以上公路标准。重点推进国道 351 线富加至资阳段、国道 245 线青神段、省道 401 线眉山段、省道 308 线洪雅段等项目，实现县县有国道、县县有两条及以上省道，覆盖全市 94 个乡镇，覆盖率 73%。农村公路改造和新建总里程约 3600 千米，完成县乡道改善提升工程 530.6 千米、撤并建制村通村公路建设约 1000 千米、村道完善和窄路加宽约 1800 千米，新改建通村公路 302 千米，确保全市 316 个贫困村通标准硬化路，实现全市所有行政村通村道路达到 4.5 米四级路标准，满足开行农村客运条件。岷江彭山江口至乐山段航道工程建设按照“以航为主”开发任务，“由下至上”的开发顺序进行，在汉阳枢纽建成的基础上，建设虎渡溪枢纽、汤坝枢纽、尖子山枢纽和季时坝、张坎、江口三个梯级前期工作，完成黄龙溪至江口段航道整治项目建设，重点建设眉山港。运输服务发展重点实施交通枢纽、智能交通、公路养护、交通运输安全及应急保障、超限检测站、公交系统发展等专项规划，力求实现市中心城区至区县城区、市或区县城区至重点产业园区和 A 级以上景区、区县城区至重点乡镇公交全覆盖，鼓励有条件的乡镇、建制村开通公交，不具备条件的乡镇和村采用公交、客运换乘方式，推动城乡公交一体化。

民生工程

【“四好农村路”创建】 “四好农村路”是交通运输部、四川省政府确定的“十三五”农村公路建设重点工作。2016 年，市交通运输局指导协调全市“四好农村路”创建工作。以属地原则，由区县政府具体组织实施，按照建设好、管理好、养护好、运营好“四好农村路”创建标准，全面开展创建工作。全年全市新改建农村公路 600 千米，经审查考核，创建工作扎实，彭山区作为眉山市“四好农村路”创建示范县向省交通运输厅申报，接受省级考核。

【彭山机养中心建设】 彭山机械化养护中心位于彭山区彭溪镇省道 103 线旁，占地 1.49 公顷，2013 年 8 月开工建设，按照《四川省公路养护站及养护和应急保通中心外观形象设计标准》由彭山区第三建筑有限公司实施外观形象和内部装饰，2014 年 6 月经县政府批准划拨原庆丰公司土地作为机养中心建设用地，其中建筑物 2999 平方米作为公路养护管理工作和办公使用。2015 年 11 月完工，2016 年投入使用，总投资 2700 万元。彭山公路机械化养护中心主要承担彭山境内公路和城区道大中修工程及预防性养护工程、公路水毁应急抢险救援、公路保畅、应急抢通保通物资设备的储备保管等任务，逐步发展公路路面清扫、路肩清理、公路绿化等机械化作业业务。同时探索公路养护市场化道路逐步发展成为能承接周边各区市县公路大中修及公路新建项目的具有市场竞争能力的道路养护单位。中心配置有灌缝机 2 台、开槽机 2 台、清缝机 2 台、切割机 1 台、平板夯 1 台、吹风机 2 台、空压机 1 台、柏油喷雾器 1 台、液压动力站 1 台、液压破碎镐 1 个、南骏货车 1 辆、皮卡车 1 辆、装载机 2 台、压路机 3 台、铣刨机 1 台、洗扫车 2 辆、清洗车 1 台等机械设备。

【交通脱贫攻坚】 2016 年，市交通运输局按照“区县为主、属地包干”原则，在全市 107 个有农村公路建设任务的贫困村按路面宽度不低于 4.5 米标准建设 301.8 千米通村公路。突出“一把手总带头、分管领导抓落实”脱贫管理体制，强化主体责任，逐一落实工作责任，开展精准脱贫，实行“1+”结对帮扶（1 名县级干部+1 名科级以下干部对口帮扶 1 户贫困户，修缮联系户入户道路和房屋，给予生产生活补助），加强建设资金管理，严格建设质量管控，确保建设标准，量化考核，严格奖惩。截至年底，全市 107 个贫困村投入建设资金 1.05 亿元，建成通村公路 301.8 千米（东坡区 28 个村 64.7 千米、彭山区 10 个村 18.4 千米、仁寿县 32 个村 66.2 千米、洪雅县 10 个村

31.7千米、丹棱县10个村56.8千米、青神县17个村64千米），其中硬化村道69千米、加宽165.5千米，新建新村聚居点道路14.6千米、产业区道路21.7千米、旅游区道路31千米。全市316个贫困村通村公路全部达到脱贫交通条件，促进贫困地区农村公路建管养运协调发展。

公路安保工程

2016年，眉山市推进道路交通安全综合整治长效机制建设年工作，强化源头治理、路面管控，加快公路安保工程建设，制订《关于开展道路交通运输安全综合治理长效机制建设年行动的实施方案》，注重交通源头治理，组织全市各运输企业和驾校开展安全服务承诺，严格落实“黑名单”管理规定，抓行车动态监管。将综合整治纳入年度目标考核，实行责任倒逼、部门联动，整体推进，巩固专业治超队伍，全市128个乡镇全部建立交管办，配备专职人员463人，重点村劝导员1635人。加大安防工程、治超站点、监控设备等设施建设和整治投入力度，新建成公路安保工程8千米，完成2015年建成的214千米安保工程省级考核，完成公路标志线清理完善和非公路标牌广告清理整治，国省县乡四级公路路侧护栏应安尽安、全覆盖，道路交通事故死亡人数、道路养护成本、道路交通事故纠纷明显下降。

超限超载治理

2016年，眉山市投入3000万元完成东坡思蒙站、仁寿满井站、彭山谢家站、洪雅余坪站、丹棱群力站、青神黑龙站等6个国家二类超限检测站建设并投入使用。全市交通路政系统开展路面治超执法，依托全市各超限检测点，协调、配合公安交警部门实行联合治超，坚持24小时执勤，建立政府主导、多部门协作、联合执法、一站式查处的治超长效机制逐台称重检测货车，非法超限车辆严格按规定卸载。强化治超源头管理，全市运管部门与机动车维修企业、客运企业和驾校分别签订《禁止非法改拼装责任书》《安全服务承诺书》，利用运政违法行为信息共享平台查询系统，开展检查有违法行为的经营单位一律不予聘用；凡机动车综合性能检测不合格的，不准进入营运市场；重点货运装载源头单位全部落实运管、交警联合巡查、驻点监管；推进信息化应用及监控系统建设，加快重型载货汽车和半挂牵引车卫星定位装置安装。推进路面治超，全市路政系统以固定检测站为依托，实行路政、运政、交警联合驻站，建立路政养护联合巡查机制，超限一律卸载，超限20%以上一律处罚，加装栏板的货车现场切割，实现“一站式”查处。全年路面固定治超检测货车96.75万辆、查处超限货车0.75万辆、卸载货物5.85万吨，路面流动检测货车21.28万辆、查处超限货车1194辆次，超限率控制在0.8%以内，比省定超限率低3.2个百分点。治超工作在全省公路工作会上经验交流，道路交通安全综合治理工作经验在全省推广。

安全维稳

2016年，市交通运输局按照“安全第一、预防为主、综合治理”方针，开展“平安交通”建设，落实“一岗双责”、行业归口、属地管理责任，健全制度，完善安全生产责任机制，加强交通运输安全管理。道路运输强化源头管理，督促企业落实安全生产主体责任，加强驾驶员安全生产教育培训，提高驾乘人员安全生产意识和应急处理能力，严把驾驶员资质和车辆安全技术状况关；加强参营车辆技术状况检查检测，确保客运车辆技术状况良好运行正常；加强GPS监控，严格执行长途客车凌晨2~5时停车休息制度，防止驾驶员超速、超载、超疲劳驾驶等违规行为。严格落实客运车站“三不进站、六不出站”管理规定，加强车辆“例检例查”和“三品”检查，全年开展安全检查413次，检查企业1213家次，检查营运车辆7135辆次，整改安全隐患319处，查处违章1269起，查扣非法营运车辆197辆，查处客运违法行为28起。加强出租汽车市场监管，抓安全，重服务，以快捷安全、方便舒适的优质服务满足群众乘车需求。水上交通加强渡口码头安全管理，开展水上交通运输“大排查、大整治”活动和水上非法运输专项整治，落实水上交通安全管理责任，严把船舶适航关、船员适任关、安全航行关，加强重点船舶、重点时段、重点水域和重要环节监管，集中开展水上交通安全隐患治理。加强交通在建工程安全监管，开展“平安优质工程”“精品示范工程”创建活动，强化特大桥梁、特长和瓦斯隧道等重点工程施工安全检查。公路路政管理部门加强国道213线、245线、351线和省道305线等重点公路巡查，清除路障，确保公路安全通畅。加强安全隐患排查、专项整治、安全大检查等安全生产专项行动，开展明察暗访，全年督查发现整改隐患300余处，排查地质灾害隐患点39处，水上较大安全风险源12处，实行专人监控，及时处置。全市建成安保工程8千米，2015年度建成的214千米路侧护栏全部通过省级考核验收，安保工程实现国省县乡道路应安尽安，安全隐患路段全覆盖。全市水上交通未发生安全责任事故，连续20年保持“三为零”，道路运输未发生源头管理责任事故和较大以上安全事故，公路养护建设工程未发生安全责任事故，安全控制指标保持在省市下达的目标范围内，交通运输安全形势持续稳定。

交通行政执法

2016年，全市按照“服务为先、严抓重管”工作思路，开展打非治违，抓整治非法营运，维护道路运输市场经营秩序，保障行业稳定持续发展。印发《继续开展打击道路旅客运输非法营运专项整治行动工作方案》，明确工作目标、部门职责，建立长效机制，强化综合治理，开展联合督查。采取部门联动，与公安交警和特巡警密切配合，解决运管机构执法、取证难问题，与工商部门联合执法取缔非法开展专车宣传的商务活动和商业宣传广告；与法院对接，依法移送行政强制扣押到期的车辆实施诉前财产保全，到期未接受行政处罚的违法车辆申请强制执行，解决处罚执行到位难问题；督查通报工作不力单位，存在的问题定期召开联席会议，专题研究解决。舆论引导，形成关注整治良好氛围，通过电视台、报纸、网络、车载LED显示屏等方式，开展乘坐违法黑车危害、典型违法案件、合法运输服务方式推广等系列宣传，跟踪报道“打非治违”工作，争取群众对打非治违工作的理解和支持。构建打非治违大环境，争取横向、纵向协作，与雅安、乐山、成都周边市州联动，协调区县交叉联动执法，异地查扣非法营运车辆。开展联合执法20余次，异地布控查扣非法营运车辆12辆。突出重点，常态化管理见，集中摸排全市重点线路、重点区域的非法营运情况，在客运中心、车站广场、出租车停靠点开展密集执法检查，与公安交警建立路面综合巡查和固定设点检查相结合工作机制，在非法营运突出的重点线路和公安交警、派出所设立固定执法查验点，采取“白加黑”“5+2”、错时勤务、突击突查方式，查处非法营运车辆588辆。以疏为主，提升行业服务质量，增强从业人员服务意识，规范运输企业经营行为，以创新服务推动行业健康有序发展，以现代化服务理念提高旅客运输行业竞争能力。指导出租汽车企业推广“智出行”网络平台约车服务，1个月就接到有效定单3200余份，赢得出行群众支持。全年全市完成客运量4653万人次，客运周转量142477万人千米，货运量6129万吨，货运周转量495809万吨千米，综合周转量增速5.79%，全省排位第7。7月全省道路打非治违工作交流会在眉山召开，眉山经验在全省交流推广。

汽车维修检测

2016年，眉山市创新营运车辆技术管理模式，以点带面、稳步推进，在全市8家汽车综合性能检测机构，81家营运车辆二级维护企业建设信息化管理系统，完成车辆技术闭环管理、解决车辆技术管理最后“一公里”问题，2.7万辆营运车辆维护、检测信息化全覆盖。二级维护竣工检验纳入检测平台统一管理，营运车辆二级维护通过对接四川省二级维护信息化管理平台、四川省机动车维修竣工出厂合格证管理平台，形成道路运输车辆由二级维护完毕到竣工检验合格后方可出具合格证的信息化管理模式，用科技手段实现车辆技术闭环管理，营运车辆维护、检测信息化过程全覆盖。全市车辆技术管理工作增加信息化元素后，有效防范不检测就出具检测报告、检测过程中弄虚作假、不按规范检测，检测随意等违法违规行为。利用互联网优势、检测机构为公众提供全面服务，提升汽车综合性能检测服务品质，利用互联网传播范围广、交互沟通性强、全开放、传播速度快、经济等特点，引导检测机构使用检测平台的互联网展示功能将企业简介、营业时间、地点、联系电话、授权签字人员情况等基础信息在“阳光维修、阳光检测”微信公众平台予公开展示，开通互动功能，向车主提供预约检测，服务质量点评等。建立车主由“网上预约”到“现场服务”、最后“网上点评”的新型互联网发展模式，实现互联网+汽车检测，通过面向公众全面服务，提升汽车综合性能检测服务品质。

公共交通

2016年，全市城市公共交通完成客运总量6682.9万人次。城市公交新增及更换公交车90辆，其中新能源公交车60辆（市公交公司44辆，洪雅县16辆）；新增公交线路4条，其中中心城区新增公交线路3条（4路、5路、13路），投放5.5米小型公交车30辆，洪雅县新增公交线路1条（6路），投放新能源公交车16辆；新增夜班公交线路2条（巴士1路、13路），调整公交线路4条（3路、5路、7路、11路），补充线路运力，方便市民出行。成绵乐客运专线开通2对眉山东站至成都东站早晚始发定制列车，眉山长途汽车站开通成都和眉山周边周末景区直通车、开通眉山至成都市区晚间直达旅客往返商务车接送服务业务，解决眉山市民至成都和周末休闲旅游“早出晚归”问题。 （魏平）

表4　　2016年眉山市交通运输能力情况统计表

公路			
通车里程	总里程7724.82千米		
	其中	高速公路	386.58
		一级公路	111.36
		二级公路	347.63
		三级公路	340.79
		四级公路	5029.79
		等外公路	1508.68
公路密度	每百平方千米107.5千米（按国土面积算）		
	每万人25.8千米（按人口计算）		
通达程度	通公路乡镇128个		
	通公路村1186个		
客运站	总数181个		
	其中	一级站	
		二级站	
		三级站	
		四级及以下站	
营运车辆	总数24377辆		
	其中	客车1690辆3.94万座	
		货车22687辆14.02万吨	

内河			
通航里程	总里程280千米		
	其中	三级航道	
		四级航道	
		五级航道	
		六级航道	78.7
		七级航道	11.02
港口（码头）	80个		
水路客运量	客运	运量（万人次）	148
		周转量（万人千米）	320
营运船舶	总数246艘		
	其中	客船199艘4680座	
		货船47艘4383吨	
城市公交运输			
营运车辆	530辆		
公交线路	54条		
公交站	1017个		
运量	6683万人次		

邮政·信息业

Post and information industry

邮政管理

【概况】 2016年，全市邮政业务总量5.85亿元，居全省第五位，比2015年（下同）增长65.72%，增速居全省第一位；业务收入4.32亿元，居全省第十位，增长47.26%，增速居全省第一位；快递业务量1953.48万件，居全省第三位，增长142.53%，增速居全省第二位；快递业务收入1.98亿元，居全省第四位，增长126.83%，增速居全省第二位。全年全市快递业务量占邮政业业务量的58%，快递业务收入占邮政业业务收入的46%。快递业务量份额首次超过邮政企业，处于行业主导地位。从单个品牌发展来看，中通、圆通、远成、韵达和中国邮政速递物流股份有限公司眉山市分公司5个品牌的快递业务量占快递行业业务总量的82%。远成、中通、圆通、韵达、顺丰、中国邮政速递物流股份有限公司眉山市分公司6个品牌的快递业务收入占快递行业业务总收入的85%。市邮政管理局获省级表彰单位1次、个人1人次，市级先进集体表彰3次，市级个人表彰6人次。

【基础建设】 2016年，市快递品牌29个，邮政普遍服务网点239个，快递服务网点514个，其中法人企业32家，分支机构192家，末端服务网点290个，快递服务乡镇全覆盖，行政村通邮率93%。全年6家快递公司（眉山中通、眉山韵达、仁寿圆通、洪雅百世、杭州百世眉山分公司、洪雅申通）搬迁新的分拣场地。眉山中通企业场地面积增至2万平米。邮政企业结合自身特点与优势，开展邮政普遍服务创新发展。针对农村电商市场寄递业务发展，依托邮政“邮乐购”建设项目，以“N站合一”模式，探索“仓储+营销+寄递”一体化服务，力争“一县一特色，一季一活动”，提高邮政寄递业务在农特产品市场比重。快递企业通过搬迁分拣场地，增添安检机、传输带和监控系统等现代化设备，提升作业效率。仁寿申通利用品牌网络，优化资源配送，设立水果超市，门店、电商、快递同步经营。顺丰眉山分公司与区县水果基地深入合作，提供定制服务。瑞丰、叁陆伍，发展同城快递。全年全市电子商务类快件业务量1128.47万件，比2015年增长159.31%，占快递业务量的57.77%。

【机构组建】 2016年，县级邮政管理机构正式组建前，由各区县交通运输局承担寄递物流行业安全监管责任。7月18日，市委机构编制委员会下发《关于设立眉山市邮政业服务中心的批复》。明确“中心”为公益一类正科级事业单位，由市邮政管理局代管，核定事业编制5名，人员控制数2名，其中领导职数1名。人事、编制及经费按地方规定执行。启动县级邮政监管机构组建，仁寿县拟定组建方案报市委编委待批。

【普遍服务】 2016年，市邮政管理局开展邮政普遍服务监管。全年有邮政普遍服务网点数239处，其中邮政自办网点88个，邮政代办网点为151个；绿卡联网网点80个（不含银行网点20个）；ATM/CRS自助机具140台；报刊亭40个；便民服务站762个，社会自提点177个，三农服务站82个；邮运车辆82辆，邮路99条，邮路全程2531千米。全市各邮政网点均设置包裹揽收机构，全年收寄包裹70.65万件，收入907.12万元。123个邮政便民服务站叠加包裹业务，实现城乡区域全覆盖、无死角揽收。全市2014年后建成的住宅楼信报箱安装率100%。智能包裹柜新建110台，格口使用率98%，全年可投放邮件350万件；建成村邮站100处，总数增至250处；新建邮乐购服务站320处，总数增至814处。全市有86处邮政普遍服务自办网点叠加缴纳电费、话费充值、代购飞机汽车票、销售生活日用品及农资等便民服务点。开展农村地区邮政普遍服务合标检查。现场抽查东坡区10处、彭山区3处、仁寿县21处，洪雅县6处，丹棱县3处，青神县2处，全市有农村邮政普遍服务营业场所45处。未抽查到的网点，与市邮政分公司联合开展建制村通邮情况调查。检查全市56处建制村通邮情况。全市1116个建制村直接通邮1036个。调查全市9处空白乡镇邮政局所服务标准达标情况。建设村邮站，邮政便民服务站建设纳入2016年民生工程，依托青神服务农村电商示范点建设，累积建设示范站点（村邮站）107个，其中7个乡镇及电商服务中心（村邮站）、100个村社区电商公共服务站（村邮站），以加盟的形式开展运营，年末全市建成村邮站250个。开展邮票发行监督检查。组织邮政特邀社会监督员，监督检查《丙申年》生肖邮票、《灯塔》等邮票发行销售情况，做好检查数据汇总上报。抓好人民日报和机要寄递时限测试。选取市、县、乡镇三级机关部门，13个测试样本点开展《人民日报》投递时限测试，测试结果均为当天投递，未出现损毁或缺页情况。与洪雅县交通运输局联系，完成县级机要寄递时限测试。完成普遍服务创新专项调研。6月14日至15日，国家邮政局普服司司长王国栋率队莅临眉山，深入国家级农村电商示范县青神县，专题调研邮政扶贫及行政村通邮情况。眉山市邮政管理局作为跨省调研组分赴广安、西藏区林芝、拉萨、河北省承德等地开展专项调研。做好邮政特邀监督员管理。调整彭山区、洪雅县的监督员，全年收到监督员报表141份，监督员文章15篇。开展邮政专用标志车辆监督管理，全市有在用车辆82辆，全年新增27辆，停用1辆，报废12辆。开展“扫黄打非·清流2016”等专项整治活动，监督检查报刊发行企业、邮政营业场所、快递营业场所、报刊亭“扫黄打非”工作开展情况。开展行政审批、备案及服务监督检查。全年无普服网点行政审批，新增1处普遍服务营业场所备案；开展邮政普遍服务监督检查401人次，检查邮政营业场所92个，检查比例38.49%，行政处罚1起，处罚金2万元。

【市场监管】 2016年，市邮政管理局结合日常监管和专项行动联合执法检查，在G20峰会、第三届世界互联网大会、“双十一”等重大活动期间，检查寄递网点323处，下发责令改正通知书45份，作出行政处罚3起，罚款1.1万元。开展快递市场清理整顿专项行动。按照省邮政管理局统一部署，6月至12月，开展快递市场清理整顿专项行动，重点查处未经许可经营快递业务、未按规定办理变更手续、超地域范围经营等9类违法违规行为，协查快递业务经营许可申请6起，协查许可变更4起，受理分支机构申请、变更56起，受理快递末端网点备案108个。开展邮政行业统计。全面自查统计岗位设置、责任分工、制度建设、设备运行、台账整理、上报流程等内容，及时排除、完善盲区和薄弱点。组织中国邮政集团公司眉山市分公司、眉山市申通快递服务有限公司、眉山祥宇速递服务有限公司等10家主要企业统计专项检查。推动快递“三进”（进校园、进社区、进农村）工程。鼓励企业在四川工商学院、眉山职业技术学院建立快递超市。以四川工商学院为快递超市试点单位，组织市教育局、市快递协会及相关高校召开专项工作会，在网点标准化建设基础上，制定超市作业流程、费用标准、责任追究等规章制度，有序收派快件，解决快递人员在校门外摆摊的脏乱现象。与市电信公司接洽沟通，电信公司为全市“寄递e通”软件使用量身定制五项专属服务，为快递企业提供优惠政策，帮助企业降低运营成本。研究开发眉山市邮政业安全信息监管系统。成立软件开发领导小组，联系2家软件开发公司，推进快递网点规范化建设。组织快递协会参观双流圆通、中国邮政速递物流股份有限公司眉山市分公司、中通、百世分拣和仓储场地，指导企业场地规范化建设，调查远成快运双流分拨中心建设情况，鼓励企业利用资源优势，拓展乡镇、农村网络。建设快递服务制造业项目库，入库项目15个，累计业务量462.4万件、收入1926.4万元，直接服务的制造业累计产值1.56亿元。做好用户投诉、申诉。将党务政务服务热线工单受理工作纳入邮政业消费者申诉，设立申诉处理工作AB岗。全年处理市长热线投诉31件，国家邮政局申诉网站申诉444件次，回访用户满意率100%。通过消费者申诉处理，处理非法加盟1起、安全隐患1起。抓好“双十一”等快递业务旺季服务保障，成立邮政业业务旺季服务保障工作领导小组，通过召开专题会议，下发专项方案，要求各企业积极扩容场地、增加人员车辆储备、做好后勤服务保障、强化应急管理、保证服务水平，为快递旺季“两不”“三保”（全网不瘫痪、重要节点不爆仓，保畅通、保安全、保平稳）目标做好提供保障，“双十一”期间全市快递业务收派件总量221.80万件，比2015年增长60.16%，日均处理量22.18万件，增加8.33万件。收派件峰值达到27.19万件，撰写上报的《2016年“双十一”快递业务旺季服务保障工作情况的报告》得到市委书记李静肯定性批示。

【寄递物流清理整顿】 2016年，市邮政管理局开展寄递渠道清理整顿专项行动。市邮政、公安、国安、检察等部门，组织召开5次寄递渠道安全专题培训、应急演练，邀请法律顾问专题培训讲解《反恐怖主义法》、行业重点法律法规，要求在全面落实“实名收寄、开箱验视、过机安检”三个100%的同时，做到“三个100%”到位（100%教育培训到位、100%责任落实到位、100%过错追责到位），将各类违禁物品拦截在寄递渠道之外。层层签订安全生产责任书，明确主体责任与监管责任。市邮政管理局与法人企业、法人企业与分支机构、分支机构与一线收投员工层层签订《安全承诺书》《寄递渠道安全保障补充责任书》，责任分解落实到每个岗位、每个员工，做到“来源可追溯，去向可查证，责任可追究”。实施联动机制，与综治、公安、国安、交通、安监、工商等部门联动，全面检查企业落实“三个100%”。开展综合督查，3次开展各区县专项督导检查，及时通报督导结果。举办业务培训2次，明确区县监管职责与责任，强化责任层层分解传导，邮政行业寄递安全管理工作有序开展。安全监管成效突出，市委、市政府分管领导多次率队前往各区县、邮政、快递企业现场督导，省公安厅、省反恐办等领导莅临眉山督导工作。眉山中通快递有限公司被指定为全市社会治安防控体系建设工作会的参观单位，接受全市各部门、各区县相关代表160余人参观检查，眉山寄递渠道安全管理工作作为先进典型推荐拍摄工作经验电视片，在全省寄递物流安全管理工作总结会上作经验交流。

2016年“双十一”旺季高峰，市邮政管理局副局长熊静率队现场督导邮件、包裹分拣

【宣传教育】 2016年，市邮政管理局利用“3.15”消费者权益保护日、“6.26”国际禁毒日、“12.4”法制宣传日、“10.9”世界邮政日”等重要节点和日常检查，开展禁毒宣传、“诚信快递你我同行”主题宣传、反恐教育等活动。开展“上门送学”，为彭山区快递行业协会开展“安全管理”定制培训，提升区县及基层网点阵地建设、安全管理的规范化标准化水平。开展行政处罚案件集体学习讨论和专题培训、参加“以案说法”领导干部培训。加强行业人才培养，全年开展两次快递业务员职业技能鉴定考试，120人参加。复核全市快递业务员职业资格证书持证情况，复核130人，形成年度复核企业实际持证人员清单。加强行业新闻宣传，组织邮政特邀监督员、寄递企业通讯员召开新闻宣传培训，邀请眉山日报社记者专题讲解。全年上报新闻稿件含图片新闻24篇，政务信息53期，其中被《中国邮政快递报》采用2篇，被省邮政管理局编发39期。（张燕）

中国电信眉山分公司

【概述】 2016年，中国电信眉山分公司把握移动互联网大趋势，以网络和产品升级引领产业升级，以制度创新、技术创新、产品创新满足并创造消费需求，在基础网络建设、智慧政务建设、扶贫攻坚、惠民于实等领域取得一系列成果。

【市场经营】 2016年，围绕“收入核心”，坚持价值发展，强化客户经营。全年收入5.62亿元，比2015年（下同）增长10.11%；市场份额提升0.88%，坚持价值发展，新增天翼价值类套餐占比44.47%；消费金融用户占比58.62%；IPTV内容户均收入3.87元。强化客户经营，IPTV坚定推进内容战略，全市所有区县电视台接入，上半年用户数超广电；加大视讯和特权流量经营；加强存量保有，止损890万元。

【网络建设】 2016年，中国电信眉山分公司完成FTTH端口交付18万个。新建基站265个，新增高铁

覆盖、高速覆盖36个，室内覆盖31个。解决宽乡大建设后新增加的农村盲点，通过拆闲补盲新增C网基站42个，覆盖58个行政村光网。

【网络运营维护】 2016年，中国电信眉山分公司。综合化维护试点工作、运营分局三星达标通过集团、省公司检查验收。全面完成网络演进建设任务。

【信息化服务】 2016年，启动“扶贫攻坚”项目，为农民提供信息机和生活补贴；更新和完善“综治E通”平台，为全市5.1万80岁以上老人提供居家养老服务，开创“三级一抓手”居家养老新模式。中国电信眉山分公司全力承接建设运营“12345”眉山市党务政务热线平台项目。市委市政府发来感谢信，感谢中国电信高标准运营平台，将热线建成“民心线、知心线、暖心线、民情线”。

（中国电信眉山分公司）

中国移动通信集团四川有限公司眉山分公司

【概况】 2016年，中国移动通信集团四川有限公司眉山分公司（以下简称“眉山移动”）投入资金近10亿元，围绕“政府倡导的、社会关注的、群众需要的”，加快战略性信息基础设施建设，进一步提升网络品质、深入挖掘信息价值，推进信息普遍服务。6月，四川移动与眉山市政府签订“十三五战略合作框架协议”，确定把眉山作为全省网络基础设施建设和业务发展的重点支持区域，全力支持眉山加速信息化建设和发展进程。截至年底，全市有移动用户近180万户，全年运营收入超10亿元。

【4G无线网建设】 2016年，眉山移动推动4G网络全域升级至“4G+”（4.5G），正式发布“4G+”网络的商用服务，完成所有4G站点“4G+高清语音”“4G+视频通话”“4G+网络加速”网络升级。移动4G基站规模超3000个，4G网络综合覆盖率超过99%。聚焦市委、市政府提出的大峨眉国际旅游西环线战略和国家级、省级生态旅游点，加深、加厚4G网络覆盖，解决洪雅七里坪景区及沿线主要交通干线的移动网络覆盖。加大4G终端及优质应用推广，全市移动4G用户超100万户。

【家宽电视有线网建设】 2016年，眉山移动建成百兆城市群，实现所有乡镇及以上城区100兆移动光纤宽带接入服务并已完成20个极光宽带示范小区和500个宽带电视应用示范村建设。家庭宽带电视端口超过50万线，宽带电视用户25万户。划拨专项投资优先对全市省、市级贫困村如丹棱三合村、金华村进行宽带网络能力建设和信息化使用能力扶持，四个省级贫困村实现宽带电视、4G网络全覆盖，为全市“决战全面小康，全力精准扶贫”战略贡献力量。

【智慧城市建设】 2016年，眉山移动发挥本地客户规模、网络覆盖、政企行业项目运营经验、海量用户数据提取及分析利用能力、成熟的市场运营等企业综合运营优势，整合上下游资源，参与全市大数据中心过渡机房、各区县政法委雪亮工程、林业局森林防火平台、视频监控等项目建设，助力政府智慧运营。提升互联网能力，城域传输网从10G升级扩容至100G，CMNET省市出口带宽突破400G，市县带宽实现翻番；搭建本地大数据中心，视频监控接入能力增长2倍。启动移动通信枢纽第三局房建设。

【企业管理】 2016年，眉山移动以抓好党建作为最大政绩，开展“两学一做”学习教育和巡视整改“回头看”；优化党支部考核细则，将党建工作与生产经营任务融合纳入党员干部绩效考核中；开展嵌入式风险防控体系建设，用好监督执纪“四种形态”，强化责任落实和责任追究；整体党建工作在移动系统内评估考核中列全省第2。重视客户服务水平提升，严格执行实名制，发现并处置伪基站事件1起；立足企业优势助力地方开展精准扶贫，信息扶贫工作获人民邮电报、四川日报、四川电视台、华西都市报等多家省级主流媒体宣传报道。树企业正气、建团队和气、立员工志气。

（魏长林）

中国联合网络通信有限公司眉山市公司

【市场经营】 2016年，中国联通眉山分公司（以下简称”眉山联通”）收入1.75亿元，其中移动业务收入1.43亿元、固网业务收入3223万元；各类在网用户31.2万户。

【网络运营】 2016年，眉山联通投入1777.54万元，建设“上网最快、覆盖最广、体验最好”移动、宽带网络，沃4G网络规模扩大，新建基站152个，总量增至1236个，无线覆盖率91.1%，市区、县城城区、AAAA级以上旅游景点、跨省高铁等重点场景4G全覆盖。4G网络连接成功率99.87%。关口局全面实现IP化，固网IMS投入使用，通过4G网络实现的语音通话全面部署，4G网络提供高速率数据业务，同时提供高质量音视频通话。

【数字眉山建设】 2016年，眉山联通发展城市光纤建设，并向乡镇覆盖。启动全市网络光纤化改造二期建设，完成传统LAN、PON+DSL存量小区全光化改造，全网新建光纤到户端口1.2万个，一、二类乡镇及以上城区实现100%覆盖，三、四类乡镇实现50%以上覆盖。推进眉山信息化进程，为党政机关、金融单位、企业园区等提供一揽子信息化解决方案，推进智慧眉山发展。

【客户服务】 2016年，眉山联通驱动网络、业务、服务质量改善，全面推动服务转型。开展客户感知测评，改进重点问题、重点区域、重点产品服务质量，建立产品、渠道、网络客户体验评价体系，以客户体验倒逼公司内部流程、制度优化，提升运营效能。

（龙娟）

中国铁塔股份有限公司眉山市分公司

【概况】 2016年，中国铁塔股份有限公司眉山市分公司（以下简称“眉山铁塔公司”）有员工30人，设综合部、财务部、运营发展部、建设维护部、维护中心等5个部门及6个区域办事处。全年投资1.7亿元，有铁塔租户5252户。市公司及6个区域办事处加入本地规委会，获省三电办2016年“优秀单位”、省通管局2016年“优秀集体”称号，连续两年获市政府民生工程先进。

【业务运营】 2016年，眉山铁塔公司承接运营商塔类需求1965个，新增共享基站700余个。平均站址断电时长、故障处理及时率等主要维护指标均优于标准值。践行工匠精神，提升专业化建设能力，全年交付站址1418个，年度需求满足率99.2%。加快规划落地，完成两区四县总规和控规文本编制和行业会审，规划站址4123个，满足运营商2016-2030年网络发展需求；启动“铁塔选址吧”建设，利用互联网手段拓宽多元化选址渠道，解决疑难站址124个。强化工程质量管控，建立“互联网+现场”工程质量常态化管控体系，建立9个全省质量标杆站和工程工艺工序实训基地；实行“名单制”管理，组织合作方认证考试，挂牌上岗，确保合作伙伴人员稳定和素质合格；成立质监团队，通过云平台等手段远程定位，强化过程监督和评估，互联网质量检查合格率大幅上升。坚持100%客户响应，100%服务达标，开展超长超频退服站点整治，动环覆盖率98%以上，维护管理可视、可管、可控。启动维护能力大比武劳动竞赛，维护工作快速步入正轨。

【企业管理】 2016年，眉山铁塔公司立足生产运营实际需要，调整优化组织架构，启动运营合规性达标工作，持续完善基础管理体系建设。开展“两学一做”教育学习活动，组织观看中组部《榜样》系列宣教片深化廉洁教育。编制《标准化管理指导手册》，明确区域“六费两款一资产”业务流程，从组织建设、业务操作、风险防控、典型经验等四方面实施标准化，提升区域工作效率，项目入选总部“最佳实践”。参与“1593”扶贫攻坚，解决仁寿龙正镇石顶村、大化镇英雄村等15个贫困村“通信难”问题。通过共建共享减少700余座基站建设，节约建设投资1.5亿元，节约用地5万平方米，节约钢材7000吨，提供与信息通信基础设施建设相关就业岗位2000余个，为全市推进创新、协调、绿色、开放、共享发展奠定重要基础。搭建应急联合保障平台，配合三家运营商执行30余次联合保障，实施发电3000站次，应急发电保障率超过90%。

（眉山铁塔公司）

城乡建设与环境保护

Urban and rural construction and environmental protection

城乡规划

【概述】 2016年，眉山市城乡规划局（以下简称“市规划局”）坚持“三位一体”“五字方针”，注重生态环境保护和历史文脉传承，建设生态良好、环境优美、文化深厚、特色突出的眉山城市。按照城乡一体发展要求，进一步优化“一心两翼三带”市域城镇空间布局，推进东坡岛、东坡湖南片区、现代工业新城、岷东新区、彭祖新城、仁寿城北新城、洪雅江南新城、丹棱大雅新城、青神滨江新区以及试点镇、特色镇建设，指导区县、乡镇抓好新区、园区、景区建设。全年城镇化率比2015年增长1.9%，新增城镇建成区面积8.31平方千米，农村人口转变为城镇人口15.6万人。

【城市总规修编】 2016年，市规划局启动第四轮城市总体规划修编。市人大常委会审议通过《<眉山市城市总体规划（2010—2020）>实施评估报告》，省政府同意开展《眉山市城市总体规划（2015—2030）》修编。截至年末，完成总体规划纲要，正在修改完善。全市此次城市总体规划为构建“一城双核多组团”城市空间布局、建设百万人口大城市提供规划遵循和指引，掀起新一轮城市发展高潮。仁寿、洪雅、青神、丹棱四县城市总体规划获省政府批准。

【城市规划】 2016年，市规划局完成《眉山·中国樱花第一城概念规划》《眉山城市地下综合管廊建设专项规划》《大东坡湿地策划与规划》《主城区环卫设施设置规划》《现代住宅建筑坡屋顶形式研究》《眉山市幸福美丽新村农房建设导则和设计方案图集》等24项，完成《建筑形态与文化传承专题研究》等初步成果22项，中心城区由地上到地下、由功能到民生、由工作学习到休闲娱乐规划全覆盖。

【乡镇景区规划】 2016年，市规划局按结合绿色发展理念，优化完善42个重点镇规划，明确城镇开发边界，科学确定城镇发展规模，优化城镇空间布局，提升城镇品质，全年完成东坡区思蒙镇、洪雅县槽渔滩镇、丹棱县杨场镇、青神县黑龙镇等17个乡镇规划重新审视。其他乡镇规划陆续提交区县规划委员会重新审定。乡村建设规划和村庄规划试点工作，上报洪雅县为县域乡村建设规划试点，洪雅县瓦屋山镇复兴村、高庙镇黑山村上报为村庄规划试点。抓景区规划编制，完成中岩寺、槽渔滩风景名胜区总体规划修编，8月经省住建厅专家评审通过，实现风景名胜区总体规划覆盖率100%。

【园区新区规划】 2016年，市规划局按照“三位一体”要求，高起点、高标准、高水平抓好岷东新区、工业新城、青龙园区、视高园区等概念规划、详细规划及城市设计，包括《眉山经济开发区（扩区调位）控制性详细规划》《机械产业园区（甘眉工业园区南区）控制性详细规划及城市设计》《岷东新区非建设用地规划》《岷东新区水系专项规划》《岷东新区西片区通信基站设施专项规划》《彭祖新城控制性详细规划修编及城市设计》等，为园区新区有特色、无落差发展提供规划引领。助推园区提档升级，完成8个工业园区扩区调位、争创国家级开发区材料申报工作。

【国家历史文化名城创建】 2016年，市规划局组织完成三苏祠、眉州城墙、太和古镇、江口古街等六大历史文化街区的调研评估和保护整治规划，当年获市政府批准实施。

【完善规划管理法规】 2016年，市规划局完成《眉山市城乡规划条例》，市人大常委会审议通过，省人大常委会批准于2017年1月1日实施。《条例》为眉山市具有立法权后的首部实体法，通过立法方式保证规划的严肃性、延续性，确保城乡科学、有序、可持续发展。完成《眉山市城市规划管理技术规定（2016版）》，经市规划委员会审议通过，市政府批准实施。《规定》体现规划管理的科学性、创新性、操作性，创造规划的“眉山标准”。

【依法行政】 2016年，市规划局严格执行国家法律法规和规划技术规范，加强“六线五面两率两空间”管控，塑造良好的城市生态、文态、形态、业态。规范行政权力运行，坚持所有规划行政权力事项全部进驻政务服务中心，全年依法办理《建设项目选址意见书》45份、《建设用地规划许可证》28份、《建设工程规划许可证》133份、《乡村建设规划许可证》5份。

【审查审批】 2016年，市规划局所有规划和项目方案均由规划部门审查、专家技术评审、规划委员会审议“三级把关”，注重审查规划的科学性、系统性、超前性和项目方案的业态、文态、生态、形态，全年召开业务会41次，专家会38次，联席会9次，规委会5次，审查审批建设项目112个，面积195.63万平方米，其中房地产开发项目94个，面积130.96万平方米。推行三维仿真系统辅助规划管理，主要街道、重要节点、重大项目均纳入城市三维仿真模型中全方位、多角度分析研究，大幅提高规划管理信息化水平。开展规划公示，所有规划和项目方案均按程序公示，特别房地产项目方案调整，公示无异议后再按程序进行，最大程度保障利害关系人和群众的合法权益，全年公示规划和项目方案136个，公示率100%。

【测绘】 2016年，市规划局完成眉山市北部郊区1：500地形图测绘、眉山城区综合管网二期普查、老城区地形图修测及入库、工业园区三维城市建模等基础测绘项目10个。推广数字眉山地理信息公共平台应用，与省测绘局、各区县、市级有关部门建立合作平台，推进地理信息资源共建共享。加强行业管理，完成21家测绘单位资质年检、18家测绘单位年度测绘成果汇交、全市测绘地理信息市场信用管理系统的注册及审核。开展测绘专项保密检查，组织参加“美丽中国”第三届全国少儿手绘地图大赛。5月21日，与省地理信息局开展地质灾害防治应急测绘保障演练，国土资源部副部长、国家测绘地理信息局局长库热西·买合苏提莅临参加，给予此次演练及全市测绘地理信息工作高度评价。

【规划监督】 2016年，市规划局配合省政府派驻眉山城市规划监督员开展对彭山彭祖山、洪雅香花岭、青神中岩寺等专项督查。配合市人大常委会开展一年一度为期7天的《中华人民共和国城乡规划法》执法检查，推进规划法律监督常态化。配合市城乡规划监督委员会、“两代表一委员”、社会公众监督规划实施，推进规划监督全域化。全年发现违法违规建设行为28起，提出有益意见建议16条。指导区县、乡镇完善规划监督委员会职能职责、工作规程，构建起“市管到区县、区县管到乡镇、乡镇管到村社”的三级规划监督体系。

【执法监管】 2016年，市规划局完善违法建设共同监管责任机制，依托网格化服务管理体系，实现城市规划区违法建设监管全覆盖。下发《关于禁止违法建设的通告》，加大规划区及城区主次干道两侧及规划控制区内新建、扩建、改建违法建设工程查处力度，全年发现违法违规建设行为22起，立案查处22起，处罚金247万元。加强规划批后管理，督促建设项目按批准方案实施，有效遏制擅自改变建筑结构、位置、面积以及少报多建等违法违规行为，维护规划严肃性、权威性。

【规划核实】 2016年，市规划局完善规划核实程序、标准，按照批准的方案进行项目容积率、绿化率、建筑密度、间距、日照，全年核实规划83个，面积240万平方米，核发规划核实许可证83份，追缴土地出让金61.68万元、城建规费33万元。

（市城乡规划局）

城乡建设

【新型城镇化建设】 2016年，眉山市城镇建设投入222.9亿元，比2015年增长8.2%；新增城镇建成区面积8.31平方千米、城镇人口5.8万人。“两权”抵押、就地就近城镇化等工作取得明显突破。引入华夏幸福基业公司投资277亿建设彭山产业新城，华为大数据中心落户岷东新区；“两权”抵押贷款试点工作做法受到国务院副总理汪洋肯定性批示，就地就近城镇化经验做法被省政府推荐上报国务院办公厅。开展新型城镇化试点，聘请国家发改委城市中心、上海交通大学等从事城镇化试点的专家学者担任顾问，组建专家咨询委员会，为眉山试点工作建言献策、破解难题。全年召开试点启动会、推进会、培训会5次，培训近3000人次。

【房地产业】 2016年，全市房地产开发投资200亿元，比2015年（下同）增长19.2%；新开工550万平米、增长8.1%；商品房销售400万平方米、下降13%，去库存控制指标保持稳定，房地产业稳中有进。2月住建部在眉山市召开全国支持农民工和农民进城购房工作会；《人民日报》、中央电视台等中央主流媒体专题报道，30余批次的外地考察学习团来眉学习，“眉山经验”全国推广。出台《进一步支持农民工和农民进城购房的意见》《办好2016年元旦春节期间房交会促进房地产业健康发展的通知》《积极化解商品房库存促进房地产市场健康发展的实施意见》，从鼓励农村居民进城购房、商业用房、地下车库、二手房等方面，激发各类需求，化解商品房库存。建立动态跟踪服务台账，已开工的项目实行周推进、周服务，未开工的项目实行周跟踪、周督促，促开工、保投资、稳增长。全年为企业解决问题40个。针对民工工资、房地产开发销售、信访遗留问题等，实行台账管理，重点监管，包案化解，帮助龙跃熙炎景城等8个因资金链断裂的项目化解矛盾，有效化解凯旋国际公馆、金色春天等房屋买卖纠纷问题，全力处置银鹏九龙豪府、锦地上城等项目民工工资拖欠问题。

【棚户区改造】　2016年，全市棚户区改造开工1.8万户，开工率107%；货币化安置9110户，完成率166.6%。棚户区改造比2015年（下同）增加32.34%，货币化安置增加82.7%。市政府召开棚改工作专题会2次、现场推进会2次，市建设局市政府督查室等单位开展专项督查4次，随机抽查7次，专题通报9次。10次赴住建厅、国开行四川省分行、农行四川省分行争取资金，借力政府平台公司做好棚改债券发行。全年争取各类资金18.8亿元，发行棚改债券13.5亿元，成功申报国开行第一批政府购买棚改服务贷款项目11亿元。针对审计发现问题，分类建立台帐，3次会同市政府督查室、市审计局等单位整改指导，明确时限，细化举措，周统计、旬通报。年底相关问题全部整改到位。

【市政项目建设】　2016年，眉山市以33个市政民生项目为抓手，推进市政基础设施建设，完善城市功能，提升城市形象。全年实施市政项目建设33个。完工10个重点项目，其余23个项目有序推进。组建市杆管线办公室，城市地下管线统一管理和综合协调。解决“两宋荣光”眉州大道、苏洵公园新增工程、通惠河喷泉和东坡湖景观水车拆除等相关遗留问题。

2016年1月22日，举办全市2016年元旦春节房交会

【村镇建设】　2016年，全市村镇建设投资35.2亿元，乡、镇扩大镇域面积4.9平方千米，吸纳转移农业人口25434人。深化“百镇建设试点行动”，13个省级试点镇完成项目建设30个，投资4亿元。制定《眉山市新村扶贫2016年工作计划》，锁定全市农房建设、危房改造、农村廉租房目标任务，推进脱贫攻坚住房安全保障。全年完成农房建设1.17万户、危房改造1392户、农村廉租房359户。洪雅县瓦屋山镇复兴村、高庙镇花源村，青神县汉阳镇汉阳社区纳入中国传统村落名录，出台《眉山市传统村落保护和建设利用的指导意见》。

【建筑业】　2016年，全市完成建筑业产值298亿元，比2015年增长25.2%；新增建筑业企业23家，成建制劳务输出29.3万人，建筑劳务收入102.6亿元。眉山获准全省第五个建筑产业现代化试点城市，中建钢构落户仁寿视高园区并建成投产，中车集团眉山车辆厂模块化钢结构基地启动建设。市政府常务会审议制定《眉山市推动建筑产业化发展实施方案》，市住建局以巩固工程质量两年行动成果为契机，培育样板示范工程，全年召开现场观摩会4次，开展质量安全样板引路；制定安全检查工作流程，成立安全专家库，全面实施安全检查标准化；实行执法台账管理，划分片区、定人定责，常态巡查、全程督查、全部回访。在建工程全面实行民工工资台账管理，月检查、月通报。全年培训各类人员7995人次，其中岗位培训1663人次，特种作业操作培训780人次，“三类人员”培训4800人次，操作工人752人次。　（市住建局）

城市管理

【概况】 2016年，眉山市城管执法局将城市管理工作力度与人民群众呼声强度和管理对象接受程度相结合，与和谐城管构建进程融为一体，同频共振。推行管理与养护分离，乡镇垃圾运输、东坡城市湿地公园和岷东新区清扫保洁购买市场化服务、广告式果屑箱经营权拍卖“试水”成功，实现城管由“运动员”向“裁判员”的转变。环境治理“门前三包”变“五包”，指导社区制作张贴《社区便民服务指南》，疏堵结合治理“牛皮癣”顽症，街面更加整洁、环境更加优美。在全市政风行风群众满意度测评中荣获执法监督和综合管理类第二名。

【执法检查】 2016年，眉山市城管执法局依法执法、文明执法。实施“12345”工作法（一说服，二教育，三引导，四警告，五处罚），构建“服务、管理、执法”的“721”（用服务方式化解城市管理70%的矛盾、用管理措施解决城市管理20%的问题、用执法手段处理城市管理10%的违法行为）城市管理新模式，以教育为主，处罚为辅，文明执法，处理占道经营问题、开展烧烤炉灶进店、餐饮业油烟治理、流动摊点“四定”管理、临街面门市协议临时停车管理等活动，保障和维持城市高效、协调运行和城市功能正常发挥。城区夜市烧烤摊点炉灶进店整治全面完成，改善城区空气质量，规范街面市容秩序。

【园林管理】 2016年，眉山市城管执法局承办全省园林绿化工作会议，园林绿化管理眉山经验全省推广。“花小钱办大事”，为城区10万余株高大树木购买公众责任险，

2016年2月1日，住建部副部长陆克华（前排中）莅眉调研住房和城乡建设工作。

实现全民爱绿护绿意识提升、巩固创园成果、减少财政支出的“三赢”局面。眉山城区首个以竹类、竹文化为主，集科普、教育、竹博览为一体的东坡竹园建成开放。

【环卫工作】 2016年，全市生活垃圾处理方式由填埋式调整为焚烧发电式，实现垃圾处理历史性变革，生活垃圾处理得到根本性好转，一直困扰城管的环境污染得以有效解决，生活垃圾焚烧发电招商经验全市推广。

【市政管理】 2016年，眉山市城管执法局加强城区防汛应急演练，及时排查安全隐患。建成市政桥梁运行监控信息系统，城市桥梁实现电子信息化管理。修复处理人行道破损、车行道破损、雨水篦子破坏、井盖丢失等处理，为全市民众提供“道路平整、管道畅通”的市政环境。

【路灯管理】 2016年，眉山市城管执法局完成东坡湖沿岸石柱、蟆颐观等重点亮化项目，实施城市道路光彩亮化工程，采用路灯管理无缝模式，中心城区现形成“一街一景”“一路一特色”“一楼一特点”的道路亮化景观。 （马莉）

城乡环境综合治理

【概况】 2016年，眉山市城乡环境综合治理办公室（以下简称“市城乡治理办”）围绕《2016年全省城乡环境综合治理工作要点》，推动治理工作拓展延伸、提档升级，编制完成《眉山市城乡环境综合治理“十三五”专项规划》，推进全市城乡环境质量再上新台阶。眉山市城乡环境治理工作连续四年获全省住建系统一等奖。

【农村生活垃圾治理】 2016年，市城乡治理办贯彻落实住房城乡建设部等10部门《关于全面推进农村生活垃圾治理的指导意见》，提出建立村庄保洁制度、推行垃圾源头减量、全面治理生活垃圾、推进农业生产废弃物资源化利用、规范处置农村工业固体废物、清理陈年垃圾“六大任务”。全年全市新增

财政投入1800余万元专项用于农村生活垃圾治理，推动“因地制宜、分类收集、村民自治、市场运作”的“龙鹄模式”。“市场化保洁、专业化服务”的农村卫生保洁购买服务在全市推行，购买卫生保洁服务的乡镇和村庄比例逐步上升。全市1103个行政村全部建设有垃圾收集点，配备保洁人员，“户分类、村收集、镇（乡）运输、县处理”机制运转正常。

【农村污水治理】 2016年，市城乡治理办整合资源，利用新型城镇化建设、棚户区改造、农村环境连片整治等工作，统筹规划城乡生活污水处理设施，加快乡镇污水处理设施建设。全年全市新（改、扩）建污水处理厂（站）12个，新增污水收集管网46.3千米。截至年底，42个乡镇建设集中污水处理站（23个乡镇在建设中），114个行政村建有污水处理设施，592个行政村有效处理生活污水。全国农村生活污水治理示范县丹棱县按照“以城带乡、以供促排、城乡一体、全域治理”工作思路，提出“4个100%和两个达标”（村民环境保护自主参与率达100%、全县11个集镇生活污水收集处理率达100%、村庄及农村散户生活污水处理率达100%、非规模化畜禽养殖粪污处理及综合利用率达100%以及处理后生活污水达标排放、全县境内各集中式饮用水水源全部达标）工作目标。各项农村生活污水治理示范县建设项目稳步推进，完成项目可行性研究报告编制、选址、环评、土地预审和节能评估等工作。

【“五乱”“三线”治理】 2016年，市城乡治理办推行网格化管理，“五乱”“三线”治理，采取常态治理与攻坚整治相结合，突出重点，搞好城中村、城乡结合部、背街小巷、场镇、集贸市场、交通干线、河道沟渠等地的环境综合治理，巩固治理成效。全年全市清理卫生死角垃圾2200余吨，清理和规范流动商贩及占道经营2.1万余起，拆除违章设置户外广告3100余块，规范店招店牌5100余块，清除“牛皮癣”、小广告26万余处，治理机动车违章停放4.1万余起，治理施工现场扬尘污染292处，查处抛洒滴漏建筑垃圾车辆970余辆，清理水面漂浮物17380余吨、河道淤泥15800吨、河道障碍物150余处，整治入河排污口134个，改造背街小巷121条，改造城乡结合部4.99万平方米。

【宣传教育】 2016年，市城乡治理办加强舆论宣传监督，在媒体开设治理工作专题、专栏35个，专题报道全市环境治理工作。加强群众宣传，引导城乡居民树立生态文明理念，提高环境卫生意识，在公共场所设置治理工作宣传栏、标牌1700余个；举办城乡环境综合治理群众性主题宣传活动532次，宣传相关法律法规和文明卫生常识，教育引导群众除陋习，树新风。实施示范引导，组建志愿者服务队200余支、5600余人；开展志愿者服务活动800余次；成立文明劝导员队伍200余支2000余人，组织开展文明劝导行动2500余次。

【机制建设】 2016年，市治理办健全完善常态化的市、区县、乡镇、村社区四级城乡环境综合治理工作领导，区县、乡镇党委、政府为责任主体、相关部门各司其责，建立“网格化”管理、队伍建设、财政投入和教育引导等机制，执行督查、曝光、考核、问责制度。修订完善《眉山市城乡环境综合治理工作标准（试行）》，市政府印发《眉山市城乡环境综合治理工作标准》；修改完善眉山城区《社区环境综合治理工作评分考核办法》，街道办事处纳入“十佳”“较差”乡镇考评范围。

【村（居）民自治】 2016年，全市村民主动参与环境治理的热情高涨，“一事一议”交纳卫生费比例逐步攀升，全市交费近3000万元，进一步缓解农村生活垃圾治理“财政投入大、政府包袱重、安全隐患多、常态保洁难”问题。

（市城乡环境治理办）

环境保护

【环评审批】 2016年，眉山市环境保护局（以下简称“市环保局”）开展环评审批服务，全年市级完成环评审批建设项目106个，其中报告书31个、报告表45个、登记表30个（含备案）。提前介入、服务重大项目建设，落实重大项目环评审批提前介入服务制度，主动上门服务和指导，参与项目选址等前期工作，提供全程环保政策咨询服务，为青神县复兴水库扩建项目、彭山区陶氏化学丙烯酸乳液项目、四川能投鼎盛锂业有限公司年产5万吨电池锂盐生产项目1万吨锂盐建设工程项目、汤坝航电工程等20余个重大项目服务，向上争取协调，协助办理环评审批审查手续。强化园区管理，支持园区协调绿色发展，加强与市属园区协调，指导服务园区发展，研究解决园区环评审批相关问题，主动做好工业新城办项目前期审查，提出拟引进项目科学、合理环保建议意见和政策、技术咨询，开展“环评培训进园区”工作，深入金象、甘眉园区实行上门咨询、上门服务、上门宣传，宣传讲解项目环评审批相关知识，讲解环评要求，争取理解和支持。

【大气污染防治】 2016年，市政府成立以市长为组长，分管市领导为副组长的污染防治“三大战役”（大气、水、土壤）工作领导小组，与各区县和市级部门签订大气污染防治《目标责任书》，构建联防联控，齐抓共管工作格局。抓扬尘管控，以东坡岛为重点，辐射到中心城区和岷东新区等区域，带动全市各区县，集中抓好建筑施工、城区街道、道路施工等扬尘治理。完成206家加油站油气回收，划定高污染燃料禁烧区，落实专项资金推进煤改气，大中型餐饮单位全部安装油烟净化设施。全市实行机动车环保标志管理，建成机动车尾气检测机构10个，开展机动车尾气检测，实行高污染排放车辆禁行和限行，淘汰黄标车及老旧车5991辆。淘汰落后产能8家，燃煤小锅炉69台；建成区禁止新建燃煤锅炉，工业园区禁止新建20蒸吨以下的燃煤锅炉。抓秸秆禁烧，实现不见烟雾、不见火光、不见黑斑全域禁烧目标，扭转秸秆年年禁年年烧被动局面。抓城区企业治理，督促通威饲料公司等8家企业搬迁出城或“退城入园”，10家企业煤改清洁能源。抓烟花爆竹禁限放，春节期间，眉山中心城区实现烟花爆竹禁放，大气主要污染物浓度大幅下降。抓重污染天气应急处置，两次启动重污染天气黄色预警，采取重点企业减排、停止建筑工地土石方作业、增加洒水和机械化频次、人工增雨作业等强制应急措施，将污染的影响降低到最小。大气环境质量持续改善，达标率提高，全年眉山中心城区空气质量，优31天，良216天，比2015年提升4%，PM10、PM2.5、SO2、NO2、O3、CO分别比2015年下降2.5%、5.9%、21.4%、1.8%、7.8%、7.1%。

【水污染防治】 2016年，市环保局深化重点行业废水治理，开展涉磷、印染、造纸、食品加工等重点行业废水专项治理，开展全市62家涉磷、4家纺织印染、5家造纸企业及50余家泡菜企业开展废水深度治理，提高污染治理水平，减少污染物排放。推动产业结构转型升级，全面排查和取缔“10+1”小企业（小型造纸、制革、印染、染料、炼焦、炼硫、炼砷、炼油、电镀、农药和磷化工），关闭醴泉河流域造纸企业13家，淘汰产能26万吨，取缔炼油企业1家。推进重点小流域全面整治，场镇污染治理全面启动，完成66个建制村环境综合整治，完成醴泉河流域综合整治的5个子项目建设。编制《眉山市水体达标方案及其总体实施方案编制和良好水体保护方案》。实施水环境质量生态补偿，制定实施《眉山市岷江干流彭山段、东坡段跨界断面水质超标资金扣缴和生态补偿办法》，执行省“三江”（岷江、沱江、嘉陵江）流域生态补偿办法，激发流域各相关环境责任主体治理水环境污染内在动力，促进流域水环境质量改善。加强饮用水水源地保护，加强5个城市和56个农村建制乡（镇）集中式饮用水水源保护区保护，强化污染源整治，加强监管监测，全市乡镇集中式饮用水水质达标率83%以上，城镇集中式饮用水水源地除丹棱外达标率100%；全面启动集中式饮用水水源保护条例草案起草工作。全市水环境质量持续改善，全年岷江干流眉山入境断面南河馑坝子为四类、府河黄龙溪为五类水质，出境断面为四类水质，与2015年相比，主要污染指标总磷浓度下降17.4%，除总磷外，其它指标为三类。青衣江、黑龙滩水质达到三类。醴泉河、思蒙河、毛河水质为劣五类，与2015年相比，总磷浓度分别下降62.1%、28.1%、30.9%。

【土壤污染防治】 2016年，市环保局开展土壤风险源调查，对实地调查全市102家重点单位（有色金属矿采选、有色金属冶炼、石油加工、化工、焦化、电镀、制革、油气开采、其他涉重、涉危企业）各类工业园区、生活污染源、尾矿库、固废堆场、遗留场地等，掌握土壤污染风险源行业和区域分布状况、污染类型、周围敏感点、风险隐患等情况，建立市、区（县）土壤污染风险源环境管理档案，确定土壤重点监管企业名单和风险源清单。加强危险废物管理，严格依法审批，落实申报登记、管理计划、转移联单和跨市转移审批等制度。全年完成170余批次近4万吨危险废物审批。加强涉危废企业监管执法，开展涉危险废物环境违法犯罪行为专项执法检查，现场检查企业76家，责令限期整改。开展机动车危险行业危险废物管理专项整治，组织东坡区、彭山区100余家机动车维修业主开展危废管理培训讲座，指导企业危废管理，督促145家机动车维修企业落实危险废物定点贮存、规范管理、规范转移等相关制度。开展危险废物经营许可证办理，严格废弃电器电子审核，加强涉重金属行业污染防控，加大监督检查力度，确保环境安全。

【生态文明建设】 2016年，市环保局制订《眉山市生态文明体制改革实施方案》《眉山市环境保护督察方案》，全面实施生态文明体制改革，区县乡镇环保机构和人员全部配备到位。推进生态县创建，洪雅县成功创建国家级生态县，被环保部等12个部委联合评为首届“中国生态文明奖”。实施生态细胞创建，发展循环经济，建成金象化工、尼科国润等循环经济型企业、清洁生产示范园区，累计建成国家级生态乡镇13个，省级生态乡镇39个，省级生态村45个，市级生态村419个，生态文明家园

3106户。推进重点区域生态环境改善，开展黑龙滩良好湖泊治理，建成库区上游生态湿地20公顷；推进醴泉河流域污、府河流域、思蒙河流域综合项目，改善流域生态环境。向上争取各类环保资金2.7亿元。

【核与辐射安全监管】 2016年，市环保局加强全市重点核技术利用单位监督管理，重点监督检查同辐、金核、润祥等14家放射源使用单位和重点射线装置使用单位，组织全市放射源安全检查专项行动，及时指出问题，督促整改落实，确保全市辐射环境安全。加强电磁辐射环境管理，组织完成四川电信移动无线网扩容工程C网基站项目的竣工验收、铁塔公司2015年第一批无线网基站工程的环评审批。妥善处置麓湖国际小区、彭山观音七一村等基站投诉10余件次，处置率100%，群众满意率100%。严格辐射安全许可管理。延续丹棱医康个体诊所、仁寿妇幼保健院辐射安全许可证；为丰华纸业、金象化工、彭山谢家卫生院、仁寿视高卫生院等16家单位核发辐射安全许可证；变更东坡区富牛卫生院等3家单位辐射安全许可证；瑞能多晶硅4枚四类放射源送至省站收贮管理；蒙牛乳业气相色谱仪中镍-63放射源实行豁免管理。加强核与辐射安全培训，组织全市核与辐射从业人员287人参加全省第56期辐射安全与防护培训班；召开《四川省辐射污染防治条例》专项培训会，提高全市辐射工作人员安全意识和能力素质。

【环保宣传】 2016年，市环保局贯彻落实《十三五环境宣传教育工作纲要》，发挥“环保+”作用，构建环保大宣传工作格局，加强环境新闻宣传，讲述眉山环保故事，传播眉山环保声音。全年在国家、省、市级媒体刊播眉山环保信息100余期，在官网编辑上传全市环保系统工作动态信息200余条。开展环保新闻热点问题排查处理，加强舆情监测和管控，全年处置环保负面舆情20余起。

【环境监察执法】 2016年，市环保局贯彻执行新《中华人民共和国环保法》，按照源头严控、过程严管、违法严惩举措，加大环境监管执法力度，对各类环境违法行为“零容忍”。开展建设项目清理，清理环境保护违法违规建设项目684个，依法整改。严格环境监察执法，全年全市立案查处环境违法案件166件，处罚406万元，比2015年（下同）增长50%。其中实施按日计罚1件，查封扣押14件，限产停产6件，拘留移送1件，约谈44户企业负责人，责令8家企业搬迁出城。全市排污费入库2617万元，增长40%。通过严格执法，全市排污单位的环境管理水平、守法自觉性和达标率明显提高，全市各类环境污染投诉纠纷同比下降25%。

【环境监测】 2016年，市环保局每月实施地表水环境质量监测（国控断面1个、省控断面9个，其他断面16个）、国控跨市州界水质比对监测和饮用水源地例行监测，发布水质月报；每季度完成6个功能区噪声监测，全年监测对50个道路交通噪声、206个区域环境噪声。开展项目委托监测，服务经济社会发展，全年完成委托监测报告120个；开展区县环境质量委托监测，完成东坡区、丹棱县农村饮用水水源地水质监测，东坡区省控重点工业污染源的监督性监测，丹棱县农村环境质量监测等。开展污染源监督性监测，完成每季度重点污染源监督性监测、重点污染源在线比对监测；专项整治监测全市涉磷企业、印染企业和使用燃煤锅炉。推进自动站运维管理，加强全市5个水质自动站的日常运行管理，完成全市5个省控水质自动站和4个国控空气自动站上收以及彭山区、青神县、仁寿县空气自动站验收。加强环境监测能力建设，通过省质监局2016年检验检测机构资质认定复评审，水（含大气降水）和废水、环境空气和废气、噪声和振动、土壤底质及固废四大类190个检验监测项目（参数）具备相应国际标准、行业标准检测的能力。服务环境管理，加强境内通惠河水系交界断面监测，为通惠河分段治理提供技术支撑；分析研究董坝子水站水体高锰酸盐指数、松江水站水体氨氮等异常情况，发挥水质自动站预警作用，完成雅女湖水质及其周边污染源情况调查。

【环境应急管理】 2016年，市环保局推进环境应急体系建设，加强横向纵向联系，建立完善相邻市之间、市级部门之间、环保系统内部和区县环保局之间的环境应急联动机制，加强突发环境事件联防联控。深化环境应急联防联控机制，与安监、交通运输、气象、水利、公安消防等部门签订应急联动协议，与金象化工产业园区和铝硅工业园区加强联动，依托金象赛瑞化工股份有限公司和瑞能硅材料有限公司力量，建立专业环境应急救援队伍。加强环境应急演练，联合市安监局、市气象局、市消防支队和金象化工产业园区管委会、铝硅园区管委会，组织开展四川瑞能硅材料有限公司三氯氢硅泄露燃烧以及次生环境污染应急演练和金象赛瑞化工股份有限公司“甲醇储罐泄漏”环境应急处置演练。加强环境应急监测和演练，开展通惠河水质应急调查监测，醴泉河水质、金象园区氮肥生产使用企业排查应急监测，球溪河铁马焦化含酚废水漏排应急监测，成乐高速公路交通事故导致燃油运输车辆泄漏燃油的应急监测；参加省环境监测总站组织的“2016 年四川省环境应急监测演练”，全市环境应急管理能力逐步提升。

（市环保局）

教育·体育

Education and sports

综　述

2016年，全市有各级各类学校922所（民办471所）。其中，幼儿园466所、小学208所、初中124所、九年一贯制学校66所、高中28所、中职校16所、特校5所、高校9所。在校学生43.9万人。教职工3.25万人。

全市有各类体育场地2400个，业余体校6个，市级体育社会组织22个，县级62个。体育传统项目示范学校国家级1所、省级12所。国家青少年体育俱乐部11个。现有专职教练25人，体育教师1008人，各级社会体育指导员和体育骨干2173人。

2016年，眉山市教育体育局（以下简称市教体局）围绕“提高教育质量，促进教育公平；强化全民健身，提升竞技水平”目标，深化教育体育综合改革，精准实施脱贫攻坚，推进教体事业协调发展，各项目标任务全面完成。举办首届师生书画大赛等活动，建设东坡文化特色教育品牌。洪雅县县域内义务教育均衡发展通过省督导评估。高考本科上线率44.7%，一本上线比2015年增加776人。跨区域职教资源共建共享机制创新改革试点落户眉山。高校在校生5万余人。举办全市教体系统首届职工运动会，承办长板速降国际公开赛、省青少年足球（丙组）锦标赛等重大比赛。未发生一起重大安全事故、维稳事件和违纪违法案件。全年33项工作获市委、市政府表彰。

教育体育综合改革

【招生考试制度改革】 2016年，全市推进义务教育学校招生制度改革，执行义务教育招生政策，照“适龄、免试、就近”三大原则，划定学校招生服务区。推进中考招生改革，执行全省统一取消择校生政策，择校生招生计划纳入统招计划。全市统一招收艺体特长生，车城中学面向全市招收体育特长生，仁寿中学面向全市招收艺术特长生，录取体育特长生33人，艺术特长生35人。

【人才培养模式改革】 2016年，全市推进教育体育综合改革，全面完成省定15项和市定5项教育体育综合改革任务。制定《眉山市均衡配置义务教育资源促进教育公平专项改革方案》等专项改革方案4个。重视学生德智体美等综合素质的提高，眉山被省教育厅定为“普通高中综合素质评价改革试点区”之一。市政府办下发《眉山市进一步推进素质教育的实施意见》，推进素质教育发展。市教体局制发《关于开展“眉山市阳光体育示范校”等七类学校创建评选工作的通知》，评选市级阳光体育示范校、艺术特色学校等七类示范特色学校111所。眉山市“跨区域职教资源共建共享机制创新改革试点”被纳入第三批省级教育综合改革项目，开展德育、英语、信息技术一类、旅游服务类等8个学科（专业）联组的教研教改活动，共建三市市中职师生技能大赛机制、中职学生技能抽考机制、校企合作平台、中职学生学业水平测试机制、职教教研平台，共享优质职教资源。青神中职校遴选为现代学徒制试点学校。

【体育公共服务供给方式改革】 2016年，组织开展体育社会组织骨干培训2次，培训体育骨干52人。体育行政部门通过政府购买服务、项目资助等方式，支持各类体育社会组织开展活动9次。争取场馆开放资金802万元，体育系统公共体育场地全部免费对外开放，部分学校在不影响教学的前提下分时段免费对外开放。

教育扶贫攻坚

【教育和能力扶贫】 2016年，市教体局印发《眉山市教育保障考核实施细则》《教育脱贫攻坚专项督查方案》《教育扶贫救助基金使用管理办法》等，推进教育脱贫攻坚，义务教育办学条件有保障、控辍保学有保障、资助救助有保障、师资队伍有保障、办学行为有保障、考核问责有保障，完成2014年、2015年、2016年脱贫人口中接受义务教育学生认定。推行精准扶贫专项招生计划，对扶贫移民部门认定的贫困考生实施最高降分50分录取到示范高中的政策，全市贫困考生36人享受降分录取政策。

【对口帮扶】　2016年，市教体局“一对一”结对帮扶洪雅县余坪镇白马村、仁寿县大化镇曹河村贫困户，为联系的2个贫困村争取基础设施、产业发展项目和各级各类帮扶慰问资金物资366.67万元。开展“走基层、送温暖”募捐活动，募捐资金1.15万元。

教育重大项目建设

【资金争取】　2016年，全市向上争取资金3.5亿元，其中义务教育经费保障资金1.8亿元，学生资助资金7000万元，基础建设经费9000万元，其他资金1000万元。

【项目建设】　2016年，全市投入资金1.5亿元，新建、改扩建中小学校舍10万平方米。实施“全面改善贫困地区义务教育薄弱学校基本办学条件”工程，投资9800万元，建设校舍5.7万平方米。推进公办幼儿园建设，实施“第二轮学前三年行动计划”，新建和改扩建公办幼儿园12所。眉山市示范性综合实践基地项目建设基本完成，进入设备安装阶段。启动“两中心”项目建设，进入基础施工阶段。苏辙小学建成投入使用。扩大中心城区教育体育资源，编制中心城区教育体育ppp项目17个，完成可研、环评、立项等前期工作。

【跟踪引进高校建设】　2016年，市教体局加强引进高校跟踪服务。做好高校专业设置与地方经济建设有机衔接的服务，成都艺术职业技术学院的竹编专业和高职院农口专业建设得到加强，全市高校在校生5万余人。

基础教育

【学前教育】　2016年，市政府下发《加快发展学前教育的实施意见》。市教体局、市财政局、市发改委制发《关于普惠性民办幼儿园认定和扶持的实施意见》。开展《3~6岁儿童学习与发展指南》和提升保教质量学习培训。开展纠正“小学化”倾向和以“幼小协同、科学衔接”为主题的宣传教育活动。全市新评估市级示范幼儿园12所，确认市级示范园5所。在中心城区新建幼儿园2所，已进入招投标程序。组织300余人在青神县实验幼儿园召开全市省级示范园引领活动观摩研讨会。

【义务教育】　2016年，全市推进义务教育均衡发展。洪雅县通过省教育督导团督导评估。全年全市统筹安排进城务工人员子女入学9822人，其中市中心城区解决进城务工人员子女入学2324人。办学行为规范，全年无学校因办学行为不规范被查处通报。

【普通高中教育】　2016年，全市推进课程改革，洪雅中学云教学改革论坛成功举办。完成6次学业水平考试的领卷、组考、阅卷、成绩统计工作。指导仁寿县华兴中学成功创建省二级示范高中。组织召开高三“一诊”“二诊”考试及分析会，组织召开全市高中教育工作会。

【特殊教育】　2016年，贯彻落实《眉山市特殊教育提升计划（2014-2016）》实施方案。全市适龄残疾儿童少年在校生1728人，在特殊教育学校就读348人，普通中小学随班就读残疾学生1380人。

【德育工作】　2016年，在全市开展爱国主义读书教育、征文、夏令营等各类主题教育活动。创建“全国优秀家长学校”13所，眉山市荣获“全国规范化家长学校实验区”称号。成立“眉山文化传统乡土教材”编写小组，完成6部乡土教材编写，编撰《中华经典诵读·小学篇》免费发放10万余册给学生。组织师生到三苏祠、三苏博物馆开展校外实践活动。开展“校园文化十佳学校”评选活动，评选出10所特色鲜明的校园文化学校。评选出省市级三好、优干、先进班集体、优秀少先队员、优秀少先队辅导员、优秀少先队集体等450人次，东坡区广济初中李佳学生获“全国最美孝心少年”殊荣，到北京出席颁奖典礼，彭山区保胜乡中心小学学生王慧等8人获“四川省美德少年”称号。眉山市在全省中小学社会主义核心价值观教育经验交流暨德育工作会议上作经验交流发言。

【体卫艺国防教育】　2016年，落实中小学体育课程设置标准。5所学校通过省级阳光体育示范学校复查验收，评定市级阳光体育示范学校24所。建立定期组织综合性学生体育赛事制度，举办中小学生田径运动会和篮球、足球、乒乓球、跆拳道、羽毛球、棋类等比赛，全市中小学生田径运动会和中小学生棋类比赛规模均达1000人以上。11所学校创建为全国青少年校园足球特色学校。全面实施《国家学生体质健康标准》，将学生体质健康情况作为教育督导检查的重要指标。加强体育师资培训，邀请国家和省级专家，综合培训全市体育教师150余人。选派体育教师60余人参加国家和省级培训。开展学校卫生防疫、食品饮水安全等4次专项检查，艾滋病、血吸虫、结核病预防、禁毒教育，组织全市中等职业学校及高等院校防艾滋病的专题培训，学校开课率100%，新学生艾滋病防治知识知晓率95%。

贯彻落实《眉山市学校体育艺术五年行动计划》。组织举办“四川省第十二届中小学生优秀艺术人才大赛”眉山分赛区比赛活动和全市首届师生书画比赛，选评出区县优秀组织奖4个、组织奖2个，学校优秀组织奖17个；评出教师一等奖36名，二等奖54名，三等奖89名；中学组一等奖16名，二等奖23名，三等奖50名；小学组一等奖38名，二等奖50名，三等奖98名。一、二等奖作品在眉山市文艺中心展览，汇集编写成《墨韵东坡》一书。

配合空军招飞局选送录取合格优质生6人。东坡区实验初中获“空军青少年航校优质生源基地”荣誉。配合军分区做好暑期征兵工作宣传、资格审核等。4所学校被评为国防教育国家级示范校。

中等职业教育

【中职招生就业】 2016年，全市中职招生1.44万人，中职毕业1.25万人，就业签约率99%。眉山职业技术学院毕业2134人，就业签约率95.08%，四川大学锦江学院毕业4613人，就业签约率92.8%。

【职业教育基础】 2016年，全市争取中央、省、市各项职教专项资金3565万元。仁寿华达自筹资金700万元完成多功能实训楼修建和校门、学生运动场改造。仁寿新科自筹资金900万元完成学生宿舍楼建设。仁寿二职中完成综合艺术大楼主体工程建设。彭山职中完成整体新校搬迁。眉山电子完成学生运动场改造。东坡职中启动综合实训楼、学生宿舍楼、学生食堂建设。组织教师38人参加省级培训，选送老师2人出国培训，专业教师260余人参加示范课、研究课、说课、评课等活动。加强专业建设，青神职中新开设“中餐烹饪与营养膳食”“铁道车辆运用与检修”2个专业。加强中高职衔接，全市12所中职校与14所高职院校签订中高职衔接协议。召开中高职衔接推进会议8次。全市中职生1630人通过单招、对口升学考试圆大学梦，其中本科录取71人。

【“9+3”免费教育】 2016年，全市招收“9+3”学生575人，召开“9+3”管理工作座谈会2次。“9+3”学生共青团员1432人，参加党课培训288人，递交入党申请书269人，培养入党积极分子47人，预备党员2人。2013级毕业生138人，4人应征入伍，44人被大学录取，其余全部就业。

成人教育

2016年，全市实施劳动者终身职业培训体系建设计划，完成青年劳动者技能培训3110人，农村劳动力品牌培训2019人。组织成功创业者20人到眉山职业技术学院、川大锦江学院、四川工商学院开展创业培训23次，培训2.3万人次。

民办教育

2016年，贯彻落实《民办教育促进法》和民办教育各项政策规定。召开民办教育工作会，组织新的《民办教育促进法》宣传学习，开展民办教育各类政策清理，完善民办学校扶持政策和措施，鼓励社会力量举办教育。加强审批管理，完善民办教育设置审批工作机制、流程及评估细则，规范审批行为，确保审批严格、规范、透明。开展民办学校专项清理整顿，加强办学许可证管理，清理、整顿“四无”证件办学机构。开展民办教育机构年度检查，落实民办学校年检公告制度，限期整改27所办学机构。

体育工作

【群众体育】 2016年，全市贯彻实施《全民健身条例》，市政府制发《眉山市全民健身实施计划（2016-2020年）》。组织开展职工篮球赛、全民健身日、体育进社区等各类全民健身活动146次。全年免费向群众开放体育场馆63万人次。完善全民健身设施，争取中央、省资金275万元，建成农民体育健身工程29个、乡镇农民体育健身工程2个，社区多功能运动场1个；市级投入体彩公益金120万元，建成市级健身工程34个。行政村体育场地覆盖率53%，方便群众就地就近健身。举办社会体育指导员培训班7次，培训指导员500余人；实施国民体质免费监测1.45万人次。

【竞技体育】 2016年，全市实施田径、篮球、足球、皮划艇、赛艇等全市业余训练项目17个，注册运动员910人。派出24支代表队500多名运动员、教练员和工作人员参加2016年四川省青少年锦标赛，获8金6银7铜。输送运动员车林霄在2016年全国皮划艇锦标赛中获双人皮艇1000米第一名、四人皮艇1000米第四名，输送运动员罗雅丹在2016年全国赛艇锦标赛中获8人单桨2000米第二名，4人双桨2000米第四名；输送运动员谢铭杨在2016年全国武术套路锦标赛中获得三人对练第八名，在2016年全国武术套路冠军赛中获得三人对练第六名，并被授运动健将称号。眉山籍运动员黄文攀里约残奥会获5金1银，破5项世界纪录。全市各项目有运动员20人被选调到省上集训，其中谢铭扬选调进入省武术专业运动队，向省大专以上体育院校输送300余人。全市运动员19人被授予国家二级运动员称号。

【体育产业】 2016年，全市实施《眉山市人民政府关于加快发展体育产业促进体育消费的实施意见》，承办玉屏山长板降速国际公开赛、四川省高职院校大学生健美操比赛等省级以上赛事。培育彭山冬泳节等特色体育赛事品牌。体育彩票销售1.3亿元，为市县两级体育部门筹措公益金约800万元。

教育民生

2016年，全市教育民生工程全面完成目标任务。高校毕业生就业率94.3%。减免其他非民族地区家庭经济困难在园幼儿保教费8978人。免除除艺术类相关表演专业外的中职学生学费1.87万人。义务教育阶段免除学生学杂费、教科书和作业本费21.06万人。农村义务教育学生营养改善计划3370人。“三区”人才支持计划教师50人。提高公办普通高中办学经费22所。免除非民族自治地区建档立卡贫困家庭子女幼儿园保教费2448人。免费师范生定向培养70人。国家奖学金等资助普通高校学生200人。资助业余训练贫困学生运动员62人。家庭经济困难寄宿制学生发放生活补助2.33万人。免除家庭经济困难高中学生学费1.02万人。完成青少年体育活动中心项目建设任务。资助中等职业学生5050人。资助普通高中生1.47万人。资助地方属普通高校学生2100人。2016年秋季起，全省建档立卡贫困家庭中职学生和新入学的全日制本专科学生292人分别给于每生每年1000元和4000元学费补助和生活补助。

队伍建设

【队伍管理】 2016年，市政府下发《关于进一步加强中小学教师和校长队伍建设的意见》，市教育体育局制发《关于加强中小学师德建设的意见》《眉山市推进县（区）域内义务教育学校校长教师交流轮岗的实施办法》。全年全市新进教师490人，接收部属免费师范生12人。

【教师培训】 2016年，全市培训校（园）长和教师4.03万人次。举办首届初中校长全员提高培训192人。完成普通高中高三学科教师全员培训。完成市级培训团队组建。遴选市级骨干教师培养对象670人。彭山县为国家级“国培”项目县。教育专项扶贫培训仁寿县大化镇，培训农村教师240人次。

【先进表彰】 2016年，市政府制定《眉山市知名教师知名校长评选管理办法》，召开“眉山市第32个教师节庆祝大会”，表扬“眉山市知名教师”10人，“眉山市知名校长”5人，“眉山市优秀教师”85人，“眉山市优秀校长”13人；受省教育厅表扬“四川省优秀乡村教师”14人。

【教师职称评审】 2016年，市教育体育局制发《关于开展2016年度初、中级教师专业技术职务申报推荐工作的通知》《关于开展2016年度正高级、高级教师专业技术职务申报推荐工作的通知》，组织开展评审工作。过渡初级职务教师6738人、中级1.04万人、高级3218人。建立“重师德、重能力、重业绩、重贡献”教师评价制度，评审初级教师职务任职资格教师338人、中级525人，推荐评审高级职务任职资格教师965人、正高级职务任职资格教师6人。

【对口支教】 2016年，全市选派支教教师50人到凉山三县开展支教工作，选派支教教师21人到小金、金川和茂县开展藏区支教，选派副校长（东坡、仁寿各1名）2人参加精准援助彝区干部人才计划。接收教师、校长跟岗学习5人。

【教师资格认定】 2016年，全市举办中小学教师资格证笔试考试1次，1608人次参加考试。认定高中阶段教师资格925人。开展全市中小学教师资格定期注册工作，全年全市在编在岗教师注册1.26万人。

招生自考

【普通高校招生】 2016年，全市人参加各类普通高校招生统考2.15万人，其中1.95万人（文科8448人，理科1.1万人）报名参加全国普通高校招生统考。录取普通高校新生1.67万人（文科6226人，理科9238人，艺术1020人，体育232人）。全市职业高中、中师毕业考生1998人报名参加全省职教、高职对口招生统考，录取1397人，其中本科层次55人，专科层次1342人。

【成人高校招生】 2016年，全市参加成人高校招生考试3145人，其中文科661人、理科1714人、专升本 770 人，比 2015 年减少 1556 人、降 33.1%。被录取 2758 人，录取率 83%，其中高中起点专科录取 2106 人（文科 539 人，理科 1567 人），高中起点本科录取 7 人，专升本录取 645 人。

【高等教育自学考试】 2016 年，全市举办高等教育自学考试 2 次（东坡区 3 次），1.41 万余人报名参加考试（应用型专业考生 1.12 万人），报考 2.92 万科次（应用型专业考生 2.17 万科次），38 人取得毕业证书。

【非学历证书考试】 2016 年，报名参加全国计算机一至四级考试 9951 人次，报名参加全国英语一至三级的考试 6011 人次，在校大学生 2.07 万人次（四级 1.5 万人，六级 5674 人）报名参加全国大学英语四、六级考试。

教育科研

【科研课题立项与成果推广】 2016 年，全市教体系统立项省级课题 8 项，其中重点课题 2 项。立项省重点人文科学课题“四川省义务教育新课标背景下群文阅读推广与深化研究”子课题 3 项。获省阶段成果评奖一等奖 2 项、二等奖 5 项、三等奖 10 项，获奖总数及奖次居全省前列。获省第二届教育发展改革研究优秀成果评奖二等奖 4 项、三等奖 1 项。推广“新建学校校本培训有效性策略研究”等优秀教科研成果，全市 700 余人次参加。

【教学研究】 2016 年，成立高三学科中心指导组，开展高三一线教师全员培训，培训教师 1400 余人次。全市教师在各级各类刊物上发表文章 900 余篇。组织青年教师参加优质课竞赛，获一等奖 6 项、二等奖 12 项；参加省各类优秀成果展评，获一等奖 16 项、二等奖 24 项、三等奖 30 项；参加省各学科优秀论文评选活动，获一等奖 14 项、二等奖 30 项、三等奖 42 项。

教育装备与信息化

【教育装备】 2016 年，全市投入教育技术装备经费 1.11 亿，其中市级财政投入专项资金 700 万元，区县财政投入教育装备资金 1.027 亿元，装备数字教室 913 间、计算机网络教室 37 间、理化生实验室 11 间、小学科学实验室 15 间、中小学数学仪器 49 套、音体美器材 49 套、录播教室 62 套、探究实验室 62 套、3D 实验室 2 套、办公电脑 393 台、明厨亮灶 1011 套、数字校园 2 所、教育局信息中心 1 个，数字校园电视台 1 个、校园数字宣传系统 4 套、地理信息教室 2 个、教育培训视频会议系统 1 套（覆盖学校 82 所）。创建眉山市数字校园 8 所。

【教育信息化工作】 2016 年，全市推进“宽带网络校校通”工作，423 所中小学校联通互联网，互联网覆盖率 100%，其中 350 所学校通光纤，学校有线覆盖率 80%、无线覆盖率 30%。全市 81.51% 的教师，基础教育阶段 36.53% 以上的学生，注册激活实名制网络信息空间。推进教育学校应用，全市教师制作优课 1200 余节，在国家平台晒课 1056 节，市级推荐 78 节优课参加省级和国家级评审，其中 9 件课例参加教育部评审获奖。完成教师信息技术应用能力提升培训 9300 人。组织区县和学校参加四川省教育资源公共服务平台规模化应用试点，彭山区、青神县 2016 年列入四川省教育资源公共服务平台规模化应用试点县。

【两项考试】 2016 年，市教育局制定《关于 2016 年“中考”实验操作考试工作的通知》《关于做好 2016 年普通高中学业水平理科实验操作考查和高中通用技术实践操作考查工作的通知》。全市考生 2.24 万人参加初中理科实验操作考试，1.63 万人参加高中理科实验操作考试。1.6 万人参加高中信息技术学业水平考试。

教育督导

【机构和队伍建设】 2016 年，各区县加强督学专兼职队伍建设，设立专兼职督学，按每人负责 5 所学校标准配备责任督学，充实教育督导专业力量。组织督学参加全省两期专业培训，开展教育督导科研和交流，提高专业能力。

【督政工作】 2016 年，市教育督导团指导洪雅县推进义务教育均衡发展，开展过程督导和复核。对仁寿县推进义务教育均衡发展过程督导 2 次。组织开展专项督导，全市 2016 年薄弱学校改革任务全面完成。

【督学工作】 2016 年，加强中小学教育督导责任区建设，发挥责任督学作用，做好中小学责任督学经常性督导。推动东坡区、彭山区中小学责任督学挂牌督导，创新县（市、区）创建工作。督导检查各区县贯彻落实市政府《关于加快发展学前教育的实施意见》情况。开展中小学校园欺凌治理专项工作督导，完善校园欺凌事件月报和事件核查制度。

党风廉政建设

【党风廉政建设】 2016 年，市教体局制定《关于 2016 年党风廉政建设和反腐败工作的意见》，细化 6 个方面 30 项工作任务，层层签订目标责任书48份，专题研究党风廉政建设和反腐败工作9次。局派驻纪检组履行监督责任，完善“责任清单”“签字背书”、提交述廉报告等机制，加强机关直属事业单位廉洁教育，落实廉政谈话提醒制度。强化“三重一大”制度落实监督问责，加强廉政风险防控和动态监控，围绕基建工程、教辅征订、有偿补课、招生入学等开展6项专项督查，督促整改问题14个。

【政风行风建设】 2016年，全市教育系统落实中央八项规定、省委省政府十项规定和市委市政府六个坚持精神，推进正风肃纪长效化。开展教育领域不正之风专项整治，治理中小学补课乱收费、滥发教辅资料、教育扶贫领域虚报冒领民生资金等教育领域侵害群众利益的不正之风和腐败问题。指导区县教育系统开展内部审计。全市查处教师23人，清退补课费3.5万元。

法治建设

【依法行政】 2016年，市教育局党组中心组集中法律学习4天，机关干部集中学法12次，学法时间40小时以上。制定完善《党组会议事决策规则》《重大决策事项社会稳定风险评估实施办法》《工作规范系列规定》等制度，完善决策程序，加强决策执行情况跟踪督查和反馈调整。全年开展社会稳定风险评估工作2次。规范教育行政执法，推行“双随机一公开”“双公示”等制度，选派8人参加全市执法人员培训，申请办理执法证件12份。建立行政权力动态调整机制，完成眉山市教育体育局行政权力责任清单。全年办理录入行政权力事项927件。

【依法治校】 2016年，贯彻落实《全面推进依法治校实施纲要》《四川省关于深入推进“法律进学校”的实施意见（2014—2016）》，推进学校依法治校、依法治教工作。全市教育系统编写法治教育宣传读本35本，评出优秀读本28本。开展开学“法治宣传第一课”“法在校园、法在身边”征文评比等活动。全市收到征文作品339篇，评选出优秀教师奖60人、优秀学生奖150人优秀组织奖30个。印发法律知识试题20套。开展以法治宣传教育为主题的辩论赛100余场，演讲赛130场，征文比赛70场，法律知识竞赛40余场，观看法治微电影、动漫等1000余场。调整充实法治副校长和法治辅导员，全市中小学校全部配备法治副校长，培训教师300余人，培训法治副校长434名，举办法治专题讲座1113场。建设法治教育基地7个，组织学生到法治教育基地开展法治教育活动8.5万人次。市教体局、市法院开展“学生走进法院、讲座走进校园、学生旁听庭审、法官走进校园”活动，组织7批次学生到市区县法院观摩庭审接受教育。市教体局、市检察院下发《关于开展“法律进学校”巡讲活动方案》。全年创建市级依法治校示范校9所，认定市级依法治校示范校55所，创建省级依法治校示范校2所。

学校安全

2016年，东坡区、彭山区、洪雅县、丹棱县、青神县，投入经费1400余万元，建成校园安防和学校食堂食品安全监控平台。仁寿县投入14万余元，完善校车安全监控平台。全市44所消防重点学校均建成微型消防站。眉山市第一小学、仁寿华达学校建成消防体验馆。东坡区、彭山区、洪雅县、丹棱县、青神县提前完成“明厨亮灶”工程。眉山车城中学、东坡区第一幼儿园学生食堂被评为2016年度“四川省示范性标准化学生食堂”，经省教厅复查，青神中学学生食堂保留“四川省示范性标准化学生食堂称号”。眉山市第一小学、眉山科学职业技术学校被省政府应急办评为“四川省应急教育示范学校”。截止2016年底，全市有8所学校成功创建“省级应急教育示范学校”。参加全国首届“我是小小消防员”作文绘画大赛，青神县、东坡区选送参赛作品分别荣获全国绘画作品一等奖、三等奖。彭山区选送消防课件荣获四川省消防安全示范课。与人民日报平安校园杂志社深化合作，全面推广使用“眉山市中小学幼儿园安全预警及信息快播平台”，全市开通账号30余万个，全年无安全责任事故发生。

语言文字

2016年，贯彻落实《国家中长期语言文字处理事业改革和发展规划纲要（2012—2020年）》《国家通用语言文字法》。开展第19届普通话推普周活动，发放宣传资料1万余份，制作宣传横幅100余条。组织开展“四川省语言文字保护工程”，完成仁寿、青神两县试点。开展普通培训测试，全年举办培训班13期，培训2100人。（郝凌燕）

眉山职业技术学院

【概况】 眉山职业技术学院（以下简称“眉职院”）建筑总面积12.3万平方米，教学设备设施总价值4200余万元，馆藏纸质图书40余万册，在校学生7006人，专任教师300人。设有师范教育系、

2016年3月3日，国务院教育督导委员会督导组到眉山职业技术学院专项督查2016年春季学期开学工作。

农业技术系、商贸旅游系、工程技术系、文化艺术系、中等职业教育部、继续教育培训部等7个教学科研单位。

【扶贫工作】　2016年，眉职院承担峨边彝族自治县红花乡太坪村和东坡区富牛镇曾庙村扶贫工作，全年投入扶贫资金（物资折价）50余万元，举办各类培训12期，培训1587人次。

【队伍建设】　2016年，眉职院选拔任用中层正职干部3人，选派校领导2人参加省级培训，选拔干部5人参加中青年干部递进培训、女干部培训、新任中层干部培训等，组织县级干部15人参加“东坡讲坛—干部自主选学”培训。组织开展首届辅导员职业技能大赛，推进辅导员队伍专业化、职业化。引进高学历、高层次、紧缺专业等人才42人，选送教师8人攻读硕士和博士研究生。制定《“双师型”教师资格认定及管理办法》《教师实践锻炼管理办法》，认定“双师”素质教师215人。组织开展青年教师71人教学能力提升培训，选派教师82人参加境内外培训。取得中、高级专业技术职务任职资格20人。评选表扬优秀教师18人、教坛新秀7人、教坛新人7人。20人受到省、市、校三级先进个人表彰。教师团队代表四川省参加2016年全国信息化教学大赛荣获三等奖。

【省级示范性高职校建设】　2016年，眉职院完成省级示范性高等职业院校建设各项任务，完成验收点765个。累计投入示范建设资金4547.07万元。

【内涵建设】　2016年，眉职院创新合作育人模式，牵头组建由政府主导、行企融入的产、学、研、训一体化“东坡味道”食品产业学院。承办水稻“两高一优”（高产量、高效率、优质的农产品）生产竞赛活动。与小学、幼儿园共同开展“对口班”，实现“双导师”协同育人。依托眉山市职业教育集团，整合资源，开展现代学徒制试点。实施“一师两课”（每位教师完成1门课的整体设计，上1堂教改公开课）教改行动，开展教师教学设计竞赛活动，完成课程整体设计215门。优化专业人才培养方案24个，修订课程标准389门，建设在线开放课程7门，公开出版教材10部。新建改建校内实验实训室43个，新增校外生产性实训基地55个。

【招生就业】　2016年，眉职院录取高职新生2650人，其中单独招生586人、高考统一招生2064人，单招生源质量明显提高，高考统招分数基本稳定。网络教育招生238人，自考招生243人。以创新创业俱乐部为平台，整合校内外资源，建成创新创业实践中心3个、“创客空间”2个（社区化运营的工作空间，有共同兴趣的人们，通常是对电脑、机械、技术、科学、数字艺术或电子技术有兴趣、有特长的人可以聚会、社交、展开合作）。投入资金180余万元孵化项目9个，助力毕业生90余人创业。学生参加各级各类创新创业大赛19项次，获全国二等奖2项、三等奖1项，荣获省级二等奖1项，三等奖1项。全年大专毕业生2133人，一次性就业2028人。

【学生工作】　2016年，眉职院推进特色班集体项目创建，完成39项班集体特色项目结题答辩。开展“双室创建”（美化、创建文明寝室和教室）活动，美化教室72间、寝室872间。开展每月主题团日活动，参与团员5000余人次。开展学生社团指导和服务，开办业余团课，加强党、团、学干部队伍建设。围绕弘扬“东坡文化”组织开展第二课堂活动，举办大学生创新创业大赛、校园中华经典诵读大赛等校园文化活动。开展志愿服务，3个志愿者团队获评“三下乡”（文化、科技、卫生方面的内容知识让农村知道，促进农村文化、科技、卫生发展）国家级重点团队。支持学生参加各级各类体育

2016年11月，教师团队代表四川省参加2016年全国信息化教学大赛荣获三等奖

比赛，荣获省级及以上荣誉30余项。学生2人受邀参加四川青年文化代表团在美国加州举办的“多彩四川·月圆加州”文化交流活动。落实学生管理三级值班制度，完善《系（部）学生管理工作考核细则》，加强督促检查，增强考核实效。全年评出学生先进个人1900余人次、先进集体47个。评选和发放学生600余人奖助学金。

【科研工作和社会服务】 2016年，眉职院完成省社科院眉山分院“1221”工程，立项课题57项，《高职院校学生创业能力协同培养机制与其政策建议》被确认为2016年度四川省社会科学院市州县院所重点课题。结题省市级课题8项，教师发表论文200余篇，获省市级科研成果奖励8项。做好幼儿师资培训基地、现代农业技术培训基地、高技能人才培训基地、电子商务培训基地和职业技能培训鉴定中心工作，成功申报人社部和工信部建筑信息模型工程师考务管理定点机构。完成各级各类培训6215人次，技能鉴定1347人次，承接各类社会考试4.16万人次。

【人事制度改革】 2016年，眉职院修订《教师年度考核办法（试行）》，制定教师“三单三挂”（建立健全教师师德师风负面清单、教育教学能力测试与业绩清单、科研业绩清单等；实行挂钩绩效分配、挂钩专业技术职务评聘，挂钩评先选优与外出学习培训）管理制度。向上争取政策，提高编外人员待遇。服务外包保洁、水电土木维修等，解聘编外工勤人员66人，腾出用人指标充实教育教学和管理工作一线。

【依法治校】 2016年，眉职院发布实施学院《章程》。完善“三重一大”（重大事项决策、重要干部任免、重要项目安排、大额资金的使用，必须经集体讨论做出决定的制度）事项集体决策制度，修订党委会议、院长办公会议议事规则，修订管理制度80余项，编制重点岗位工作廉政风险防控措施和学校“十三五规划”（草案）61项。信息公开，畅通师生表达诉求和参与管理的渠道。眉职院被省依法治省领导小组办公室、省委宣传部、省教育厅、省司法厅认定为四川省第二批依法治校示范学校。

【服务保障】 2016年，眉职院完成校园400亩修建性详细规划。完成运动场、篮球场改造和机电与汽车综合实训用房建设等工程项目11个。全年争取运动场改造专项补助600万元、地方教育费附加46万元，全年项目经费支出2200余万元，采购设备设施支出1500余万元，新增固定资产近1300万元，维修改造食堂特色餐厅改造等工程项目25个。改造财务系统信息化，规范财务管理。改革后勤，利用市场机制提高后勤服务运行效率和质量。完善“自主经营，合作管理”食堂经营模式，师生就餐购物满意度大幅提高。专项整治校园环境卫生问题和水电浪费现象。开展法律法规、消防、交通、禁毒等专题性安全教育。排查和整治校园安全隐患，完善应急处置机制。加强学生公寓安全管理，规范校园交通秩序。加强学校及周边治安综合治理，校园内外更加平安、温馨、祥和。（陈婷婷）

四川大学锦江学院

【概况】 2016年，四川大学锦江学院（以下简称学院）办学实力和社会声誉提升。学校名列2016中国独立学院最佳专业排行榜第二位，1个专业荣膺中国独立学院六星级专业、4个专业获评中国独立学院五星级专业；入选2016年“回响中国”腾讯网教育年度总评榜“综合实力独立学院”10强；获中国民办教育协会高等教育专业委员会“创新创业教育师资队伍建设奖”。中国新闻网、人民网、新华网、凤凰网、光明网、中国青年网、华西都市报、成都商报等数十家主流媒体报道学校710余次。

【党团工作】 2016年，学院全体师生学习贯彻中共十八大、十八届五中、六中全会精神，开展“两学一做”学习教育。学校新增党支部2个，完成35个党支部换届和3个党支部补选，全年发展预备党员432人，转正预备党员455人。开办四川大学锦江学院第三期青年马克思主义者培养学校，培训学生干部240人。开展精品团日生活5次，校级优秀团组织生活观摩3次。全年发展新团员157人。

【统战工作】 2016年，学院成立眉山市无党派知识分子联谊会四川大学锦江学院分会。

【教学改革】 2016年，学院推进教学改革，加强内涵建设，提升教学质量，加强专业结构调整。完成计算机科学与技术、英语、会计学3个专业的四川省普通高等学校本科专业评估试点。召开“以专业评估为契机，推动专业内涵发展，提升人才培养质量”为主题的2016年教学工作会。成功申报经济与金融、食品科学与工程2个本科专业，市场营销、国际商务2个专科专业。工程造价、行政管理、动画三个专业获得学士学位授予权。完成首届“专升本”工作、2015年本科人才培养方案修订工作，启动2016年专科专业人才培养方案修订（制定）工作。完成1000余门课程教学大纲修订，启动必修课程中英文简介的制定工作。全年开设网络课程87门，1.5万人次选修。新建、扩建实验室项目9个；新建校外教学实习基地6个。加强经济学（金融方向）、酿酒工程、软件工程3个“四川省民办高校重点特色专业质量提升计划项目”的实验教学条件建设；启动商科实训中心建设。电子信息技术实验教学中心通过四川省教育厅“四川省实验教学示范中心建设项目”验收。18个校级教育教学改革项目（2013-2016年）通过专家组结题验收。4个四川省教学改革立项项目通过结题验收。

【队伍建设】 2016年，学院组织各类培训23场，组织全体辅导员专题培训学习18次。完成2016年度兼职教师的考评和聘任工作。开展劳务派遣人员用工引进工作，加强培训，严格考核，优化劳务人员管理。完成人事档案转存彭山区人才交流中心对接工作。与当地教育主管部门、相关小学及幼儿园衔接，为教职工子女入学提供便利。新聘特聘教授4人。取得中级专业技术职称教职工34人。开展首届“十佳优秀教师”评选工作，评选教师为10人四川大学锦江学院第一届“十佳教师”。组织教师申报四川省教育厅2017年科研项目20项，眉山市社会科学研究项目2项。完成2012年学校青年科研基金项目、四川省教育厅2013年科研项目、四川省教育厅2014年科研项目结题验收，14个项目通过结题验收。全年教职工获得校内外荣誉、奖励219项，发表论文58篇，主编或参编出版专著1部、教材1部，其中获四川省第11届哲学社会科学成果二等奖1项，眉山市第11次哲学社会科学成果一等奖1项，三等奖2项。1名教师获得四川省人民政府先进个人通报表扬；4名教师在四川省思想政治理论课“精彩一课”讲课比赛中，获得二等奖3个，三等奖1个；1名教师在四川省第四届“导航名师”大学生创新创业指导课程教学大赛中获三等奖。

【制度建设】 2016年，完成学校章程及配套制度的审定及章程的上报核准。学校以章程建设为契机，完善教学、学生管理、财务、人事、行政等管理制度16项。

【学生管理】 2016年，学院选聘专职教师162人担任2016级班主任，配合辅导员开展学生学业和心理指导。开展心理专题讲座和心理咨询活动，建立新生心理健康档案。组织3次特色主题班会和3次特色主题班级活动观摩会。开展以“违纪违规·安全”为主题的学生班会。加强“三风”建设。加强新生入学教育；实施学生课堂出勤规范管理；抓考试管理，加强考风建设。

【素质培养】 2016年，学院实施学生素质“五大养成计划”（绅士淑女养成计划、学养拓展计划、健身行动计划、特长培养计划、志愿服务计划）。成立一川洄梦广播剧社、ERP创新实践协会、3D打印社等社团，学术性社团举办特色活动64次，例行活动100余次，讲座52次。举办演唱会、书画大赛、地球一小时活动、假面舞会等周末活动40余次。开展关爱弱势群体、支农支教、赛会服务、城乡综合治理、心理抚慰等志愿服务活动205项。学校作为G20财长和央行行长成都会议的两个主要志愿者提供单位之一，选派志愿者110余人参加会议服务。

【创新创业教育】 2016年，学院完成4000人次创新创业学分认定。创新创业训练计划项目校级项目19项，省级项目14项。开展“互联网+”创新创业大赛。与地方科技局、创新创业孵化园签订校政企三方合作协议，为学生创新创业提供指导和服务。建立眉山市彭山区“知识产权工作站”，为学生申请专利申请补贴10万元。学校创新创业俱乐部投入使用面积1460平方米，入驻创新创业团队20支。

大学生创新创业俱乐部被命名为第二批“四川省大学生创新创业俱乐部”，获建设资金100万元。为30个创业团队申请补贴30余万元；邀请校外专家和各界创业精英到校开设创新创业讲座，举行数10场“创业沙龙”暨创业分享会，开展SYB创业培训30期。学生在省级以上竞赛中获奖184项，其中学科竞赛奖148项。申请国家专利158项，获实用新型专利授权2项。

【就业考研】 2016年，学院举办大型校园双选会，邀请到用人单位262家，提供就业岗位7200余个，举办专场招聘会32场。本科毕业生就业率达95.87%。2016届毕业生中，196人通过国家考研分数线，57人被国外知名高校录取。

【信息化建设】 2016年，学院完成教务与财务、宿管与迎新系统、招生系统与迎新系统等数字资源整合。完成校园卡及一卡通系统和圈存系统的升级。通过四川省教育厅组织的高校教育信息化试点项目验收。

【后勤服务】 2016年，学院推进后勤成本控制和精细化管理。优化后勤服务保障体系，提高服务质量。加强预算管理，扩大预算管理范围，新增4个部门业务预算。加强物资采购成本控制，加强资金计划管理、固定资产管理和物资储备管理。按国家“营改增”政策要求，完成认证、申报、培训工作。学校被授予“高校园林式校园”“高校节约型校园”称号，学生公寓15栋被授予“高校标准化公寓”称号。

【校园安全】 2016年，学院加强人防、技防、物防建设力度，强化保卫人员岗位意识，规范执勤行为，加强学校治安、消防和门卫管理。加强与地方公安、国安等部门联系沟通，及时处理校地共涉治安案件。加强校园巡逻和治安保卫，校园内治安巡逻纳入区公安局巡警大队的巡逻范围。加大东大门、北门广场的整治力度，保证学校车辆、人员进出畅通。

【校园建设】 2016年，学院调整校园建设总体规划。修建锦江大道人行天桥；景观公园东北角公厕及景观叠水工程；临时排球场、足球场的建设；彭溪河道及景观改造土建部分和彭溪河老河道、南大门路基回填；东坡桥、东坡路的建设工程；学生食堂二楼、锦江学术会堂装饰改造工程；单双杠区域改造工程；彭溪河改造学校高压专线迁移工程和景观公园部分水电管线安装工程；食堂三楼露台、篮球场、羽毛球场、校史馆等12个项目改造。

【教育交流与合作】 2016年，学院加强学生留学咨询和宣讲服务工作，开展宣讲会15场，推进校际合作项目，与英国胡弗汉顿大学、英国博尔顿大学、泰国正大管理学院、瑞士酒店管理学院、美国北佛罗里达大学、日本鹿儿岛大学开展的2+2、3+1、MBA、交换生等项目均取得成效。开展学生暑期赴美带薪实习项目和暑期英、美访学（夏令营）项目，促进学生跨文化交流和社会实践活动。举办美国北佛罗里达大学师生12人参加为期三周的“川大锦江中文项目”。美国领升国际职业经理人海外志愿服务活动两次走进学校，举办讲座5场。美国、日本、韩国、英国、德国、加拿大、泰国等19所大学和教育机构的校长、代表、专家教授应邀到校交流访问。

【大型活动】 2016年，学院举行“梦想之旅”中国大学生励志系列公益讲座、春季川渝英语辩论交流会、创业课堂——创业青年进高校巡讲、第七届世界华语辩论锦标赛（四川赛区）、中国战略管理研究学术年会、四川省高等院校计算机基础教育研究会2016年学术年会等大型活动和重要会议。

【十周年校庆】 2016年，学院建校十周年，完成30余万字的校史编写出版和校史展，展出照片1000余张，省级以上奖状、奖牌、奖杯、证书等1000份。绘画书法摄影展展出校内师生优秀作品100余件。确定学校吉祥物、校树、校花，完成寓意及形象设计。完成学校画册和校庆特刊编印。完成学校118项规章制度汇编。完成校歌歌词的创作。完成学校十周年校庆VI标识系统的设计及应用。邀请李肇星、龙永图、于丹、郎咸平、丁学良、靳埭强等专家学者，举办历时一个月21场高端学术讲座。开展一个月的文体活动。举行一场校庆庆祝大会和文艺晚会。

（四川大学锦江学院）

科学技术

Science and technology

概　述

2016年，全市科技系统围绕市委、市政府工作部署，着力发挥创新在供给侧结构性改革中的关键作用，瞄准产业转型升级拐点，聚焦实施创新驱动发展战略，科技创新和体制机制创新双轮驱动，依靠科技创新培育发展高端产业，加强成果转化应用，围绕新动能培育推进大众创新创业，突出问题导向深化科技创新体制改革，完善体制机制激发科技人员创新动力，科技创新发展，科技先导作用显现，走出一条具有眉山特色的创新之路。

平台建设

2016年，全市新增1家省级工程技术研究中心“四川省紧固件工程技术研究中心”，认定市级工程技术研究中心7家，省（市）工程技术研究中心36家。新增高企9家，总数达到63家，全年高新技术产业总产值320亿元。青神易网电子商务有限公司创建为省级科技企业孵化器，青神县竹艺众创空间创建为省级众创空间。彭山创业孵化园“三人行众创空间”成为国家级众创空间。

科技项目

2016年，眉山市科学技术局（以下简称“眉山市科技局”）组织实施市级以上科技计划项目128项，其中省级科技项目50项，争取省级无偿项目资金4000余万元。实施省、市重大科技成果转化项目36项，项目总投资12亿元。

科技成果

2016年，市委、市政府设立1000万元科技成果转化和科研项目补助专项资金。完成科技成果鉴定24项，3项科技成果获2015年省科技进步奖，其中二等奖2项、三等奖1项。1项科技成果拟获2016年省科技进步奖一等奖。1项专利获“第十八届中国专利奖”优秀奖。技术合同交易额7800万元。

科技金融

2016年，眉山市科技局组织28家企业参加第五届中国（西部）高新技术产业与金融资本对接推进会，一家企业路演，一家签约，五个项目进入成果汇编。四川环龙新材料有限公司现场成功签约成都涌顺泰股权投资管理基金中心，获得360万元股权投资。组织16家企业参加第四届中国（绵阳）科技城国际科技博览会，2家企业参加投融资机构与企业对接专场会。

科普活动

2016年，全市开展“科技之春”“科技活动周”“科技下乡”“保护知识产权宣传周”等科技下乡集中示范服务活动。在仁寿视高工业园区重点企业举办专利质押融资政策专题宣讲会，在四川工商学院、眉山高职院开展知识产权知识专题宣讲会。全年组织知识产权培训班11场次，培训县处级人员100余人次，企业300家企业，企事业单位人员840余人次。“中国知识产权远程教育眉山分站”全年培训学员3.52万人次，培训规模居全国144个分站第4位。

农业科技

2016年，全市新建“洪雅县雅连产业科技示范园区”“眉山市碧螺春绿茶机械加工特色产业农业科技示范园区”等市级农业科技园区6个，培育市级专家大院6个。组织实施农业科技成果转化项目6个。向省科技厅争取30万元科技扶贫专项，在东坡区实施种养殖生产技术培训，培训新型农民1000人次。

知识产权

2016年，全市申请专利1452件，申请发明专利555件。中车眉山车辆有限公司成功申报为“国家知识产权示范企业”，茂华食品有限公司成功申报国家知识产权优势企业。全市转化实施专利技术1880项，实现产值94亿元。组织联合执法和专利专项执法检查12次，登记专利标注产品300余件，查处假冒专利案件13起。

（刘桥华）

传 媒

Media

广播电视

【主题宣传】 2016年，眉山市广播电视台开设《开创新局面实现新跨越》《决战扶贫攻坚实现"两个率先"》《两学一做党旗飘扬——奋战一百天全力促发展》《治国理政新思想新实践》《创建文明城市建设美好眉山》等专栏30余个，播出广播电视新闻近万条。完成2016年"绿海明珠、千湖之城、百园之市"工作推进电视直播大会、竹文化节开幕式、全省污染治理"三大战役"重大项目集中开工仪式等直录播20余场。拍摄2016市情招商宣传片"天府眉山新区域西部发展新活力""东坡故里天府眉山"等专题片、宣传片30余部。

【对外宣传】 2016年，眉山市广播电视台围绕工作的重点、亮点、特点，突出"眉山成效""眉山经验""眉山模式""眉山制造"等开展对外宣传稿件数量和质量双提升。在省级以上新闻媒体播发新闻469余条，在四川卫视发稿保持全省第一方阵。电视新闻355条（中央电视台54条），广播新闻114条（中央人民广播电台10条），其中，在央视《新闻联播》头条播出2条，在四川卫视《四川新闻联播》头条播出11条。在央视一套《新闻联播》头条播出"土地流转'转'出农村新活力"；《新闻联播》中播出"让法立到百姓心坎里""四川眉山：多种形式'送学下乡'"；《今日说法》栏目播出"小撒探会特别报道：维权最后一公里"，在央视播出"小康全家福，一个不能少""打通'宽带中国'最后一公里""开局'十三五'：新房改让每个家庭住有所居"等新闻稿件。

【媒体活动】 2016年，市广播电视台开展大型媒体活动14次，举办"青春眉山创赢未来"首届青年电子商务创新创业大赛、第二届少儿故事大王比赛、眉山市第二届少儿春晚、"2016萌娃拜年"活动、"2016欢乐乡村行"活动、"2016五一房产汽车文化节"。

【新媒体建设】 2016年，市广播电视台新版"智慧眉山"APP推出，发展用户3万户、总数超过3.3万户。与北京中科大洋科技发展有限公司合作，搭建媒体采编发布系统，改版升级手机新闻客户端"智慧眉山"，升级眉山广播电视台官方网站为网络电视台，"智慧眉山"广播电视节目同步直播、七天回看、自办节目在线点播，便民信息查询、美食导航等更多便民功能。新建立"眉山电视台·法治眉山""眉山广播电视报·乐享眉山""眉山新视界文化传媒"微信公众号，形成一网、一端、八微（台官方微博，"眉山广播电视台""眉山综合广播""每日快报""法治眉山""乐享眉山""眉山新视界文化传媒""MSTV阳光问廉"等微信公众号）的新媒体产品集群。

【新闻作品奖】 2016年，眉山市广播电视台广播电视节目参加省、市广播电视节目政府奖评选，获得省级优秀奖2件，市级优秀奖26件，省级提名奖18件；市级提名奖6件。57件作品获2016年眉山新闻奖，其中特等奖2件，一等奖11件。

【创新工作】 2016年，市纪委、市广播电视台创办全媒体直播节目《阳光问廉》开播。首期《阳光问廉》以"直面作风问题，助力脱贫攻坚"为主题，整合纪检监督、群众监督、媒体监督，聚焦民生，直面问题，围绕群众反映的贫困户识别不精准、贫困村第一书记未全脱产驻村、脱贫攻坚项目推进不到位等问题展开报道。

【电影放映】 2016年，市文广新局成立文化惠民电影小分队，在全市放映公益电影1.34万场。全市城市影院票房收入5800万元。

【广播电视户户通工程】 2016年，全市完成脱贫攻坚广播电视户户通建设任务，实现4.6万脱贫人口均能收到广播电视。完成全市89个广播电视公共服务网点建设，东坡区地面数字电视发射点由金山大厦搬迁至白马发射台；东坡区白马发射台、丹棱凉风顶发射台、青神穆加梗发射台，仁寿汪洋、团结山发射点纳入中央无线数字化工程并开工建设。

【广播电视安全】 2016年，全市多次组织检查安全播出工作，排查安全播出隐患，未发生安全播出事故。市广播电视台、公安、无线电管理委员会开展黑广播整治专项行动，打掉“黑广播”4个。

【广播电视宣传管理】 2016年，全市评出2015年度广播电视节目奖市级优秀奖40件、市级提名奖56件；全市15件作品参加省级广播电视节目奖评比，获得省级优秀奖3件、提名奖10件；在“美丽四川——美食”影视作品创作推动活动中，全市获优秀奖1件、提名奖1件；全市2件作品获全省第五届广播电视公益广告创作大赛三等奖。

（市广播电视台、市文广新局）

新闻出版

【公共服务】 2016年，全市建设乡镇出版物数字化发行网点8个，构建“一平台+多网点+优服务”新型发行服务体系。统筹做好农家书屋和社区书屋补充更新。按照“七统一”原则，强化书屋日常管理，探索“建、管、养”长效机制。全市投入250万元，为每个书屋补充更新图书100册以上，开展全民阅读“七进”活动，营造“全民读书，终身学习”氛围。接受海南省文广新体局学习考察，强化电子阅报屏管理和使用。贯彻实施“大众创业，万众创新”发展战略，以作品版权登记制度改革为契机，推进作品版权登记工作。全年登记作品版权2253件。

【印刷业】 2016年，全市印刷行业139家单位参加年度核验，其中，出版物印刷企业5家、包装装潢印刷企业42家、其它印刷品印刷企业92家。印刷企业资产总额10.38亿元、工业总产值8.75亿元、工业增加值1.65亿元、工业总产出9.09亿元、销售收入8.35亿元、利润总额5607.87万元、营业税金及附加902.45万元、从业人员3382人。

【发行业】 2016年，全市有出版物发行单位121家，从业人员500人。全年出版物销售总额1.55亿元、利润总额2220.72万元。

（周阳）

眉山日报社

【宣传工作】 2016年，眉山日报社做好市委、市政府2016年“十项工作”重点宣传报道，及时报道各区县和市级部门工作推进情况动态新闻，推出理论文章和言论，发稿件图片2000余件；宣传市“三会”、市第四次党代会，发稿件图片600余件；宣传贯彻落实市三届七次党代会精神，发稿件图片1400余件。围绕市委、市政府中心工作开辟宣传栏目，加强言论评论工作，在重点宣传战役中，推出评论员文章；抓宣传策划工作，在“三大工程”建设等宣传中推出系列报道；在《眉山日报·博周刊》推出探索眉山历史文化名人系列报道42期；围绕市委、市政府中心工作组织推出“视觉眉山”新闻摄影图片专版26期。采写的农民进城购房、文化下乡、脱贫工作、重点工程重点项目开工建设、三苏祠重新开馆、“三大工程”建设和直接联系服务群众等新闻在《人民日报》、新华社、中新社、《经济日报》《四川日报》等省级以上主流媒体发稿243条。通过开展报纸有奖纠错等活动，实现重大政治性、政策性宣传“零差错”。

【网站建设】 2016年，眉山网、眉山在线、微信、微博等新媒体围绕市委、市政府中心工作做好宣传，采购拓尔思采编平台，完成技术参数修改和调试，12月投入使用；2016年眉山网被大西南网盟评为十大最具创新力网站，被全国地市网络媒体评为十大最具创新力品牌，《我们想有户口，想继续读书!》系列报道、《美神无声：五个聋哑孩子的创业梦》《风雨相伴八十载百岁夫妻同庆生》《眉山老客运站退役》等网络新闻作品获“2016全国地市网络媒体最佳新闻奖”；眉山在线新闻客户端、眉山日报数字报、东坡老家论坛等和眉山网日综合点击率122万次，东坡老家论坛会员45万人，微博、微信粉丝14万人，眉山在线新闻客户端用户3万人。

【经营管理】 2016年，眉山日报社创新经营方式，成立航拍工作室，推广媒体+旅游创收模式，在旅博会期间传媒公司通过承办会节服务—媒体走进眉山活动实现经营创收，围绕“三大工程”建设等搞好经营，取得较好社会效益和经济效益。

【事业发展】 2016年，眉山日报社推进媒体融合发展和新闻中心建设，加大新媒体人才储备，硬件设备投入200余万元；加强宣传创新，通过创新宣传形式取得的效果，受到市委、市政府领导表扬和读者肯定；承办市委重大活动创新，报社宣讲分团制作宣传资料、宣传视频、宣传挂图等前往区县6个乡镇和社区宣讲中共中央总书记习近平“七一”重要讲话精神和省委八次全会精神。

【党风廉政建设】 2016年，组织观看警示教育电教片、领导上廉政党课等廉政教育活动5次。完成领导干部个人事项报告、年度述廉等工作。

【组织建设】 2016年，眉山日报社落实党组中心组月末学习理论、法规制度。组织学习中纪委六次全会、中共中央总书记习近平“2·19”新闻舆论重要讲话精神、省纪委五次全会精神、中央六中全会精神、省委八次全会精神和市四次党代会精神。开展“走基层，转作风，改文风”活动，推出一批新闻作品。举办报社内部新闻采编业务培训班4期，20余人次参加省内外相关业务培训，承办1期东坡文化市民大讲堂。 （眉山日报社）

文 化
Culture

综 述

2016年，全市有文化事业单位38个。其中文化市场执法队伍7个；文化馆7个，图书馆7个，文物管理所6个，博物（陈列、纪念）馆1个，美术馆2个，电影公司3个。全年获国家级表彰的先进个人1项，市文广新局被评为全省新闻出版广电系统先进集体，全系统获省级部门表彰奖励8项。统计工作、全民阅读活动工作（指标）进入全省前列。十大民生工程等14项工作被市委、市政府通报表彰。在全省文化事业发展18项文化发展指标中，有4项进入全省前7，其中2项指标排名全省第2。

2016年2月8日，在眉山城区激情广场举办“眉山东坡大舞台”春节系列广场文化活动

文艺创作与文化活动

【文艺创作】 2016年，市文广新局组织全市文艺工作者参加各类艺术赛事。油画《聆听》作为四川省唯一的油画类代表参加第十一届中国艺术节优秀美术作品展；在全国第八届村歌大赛中，《醉在天府花海》荣获“中国十佳村歌”“中国村歌好声音银奖”“中国村歌作词银奖” “中国村歌作曲银奖”；在西南民歌展演中《青羌情歌》获“十佳创作作品”奖；在第二届“群星璀璨”四川省群文美术书法摄影优秀作品展中，美术类获二等奖1件、三等奖2件，书法类获三等奖1件，摄影类获三等奖1件；在四川省“唱响四川——百姓喜爱的歌曲”音乐创作工程评选活动中，获二等奖2件、三等奖5件，11件优秀作品入选省音协年度优秀作品集《踏歌集》；在省人社厅、省文化厅、省劳务开发暨农民工工作领导小组主办的“非常梦想”—四川省第二届农民工原创文艺作品大赛中，眉山市美术类获一等奖1件、二等奖1件，书法类获一等奖1件，二等奖1件，歌词类获二等奖1件，小说类获三等奖1件，诗歌类获二等奖1件；在四川省美术家协会和四川美术馆主办的第五届四川省青年美术作品展览评选中，仁寿籍青年雕塑家李长青的《乡村戏班》获雕塑类最高奖（优秀奖），在四川省第八届中小学生艺术展演活动（舞蹈）中学组一等奖1件；四川电视台2016“童星逐梦”少儿跨年晚会一等奖1件；四川省第八届中小学生艺术展演活动（舞蹈）小学组一等奖1件；第五届国际青少年文化艺术交流周开幕式演出金奖1件；第十届青少年舞蹈大赛金奖3件；四川省第二届

青少年艺术新秀大赛特等奖1件。

【群众文化活动】 2016年，全市开展群众文化活动2305场，参与群众300万人次。市级组织开展2016年“眉山东坡大舞台”文化惠民乡村行、“同圆中国梦·共建新眉山”文化惠民活动、“魅力管乐·春天序曲”交响管乐音乐会、木偶童话剧《木偶奇遇记》巡演、大型现代川剧《还我河山》、原创情景歌舞剧《竹韵天下》、舞剧《家》和第九届中国竹文化节“竹影婵娟”大型公益演出、“4·23世界读书日”全民阅读活动、读书点亮乡村生活、“童心梦想·阳光成长”关爱留守儿童、文化惠民季启动仪式暨“越舞越好看”城市擂台赛决赛等系列文化惠民。组织参加四川省第二届群众广场舞大赛，眉山市广场舞《请到乡村走一走》获四川省第二届广场舞大赛三等奖。市图书馆被国家图书馆学会授予“全民阅读示范基地”荣誉称号。

【图书馆活动】 2016年，市图书馆新办借书卡1451张，持证读者7583人，到馆读者10.04万人次；新增藏书2.56万册，书刊外借9.91万册次，网站点击量134万人次。延伸服务触角，建立多个馆外阅读服务点，包括设立咖啡图书馆、乡村小学爱心图书室、市医学会阅读点、市戒毒所阅读点、启明星妇女儿童之家。举办“4·23世界读书日”“小故事大舞台”绘本表演比赛、“光影伴书香”、亲子读书会、小小图书管理员活动、“国学知识考考你”趣味问答活动、“阅读伴我成长新年寄语”活动、“爸爸妈妈陪我过暑假”“最爱必修课”“红色记忆知识问答竞赛”“走进三苏祠走近三苏人生”等全民阅读活动。设立“廉政文化建设图书推荐”专架、“两学一做”图书专架，举办《走进2016》《书香中国》《青春之歌——中国共产主义青年团团史》等公益图片展12场。举行《文化眉山之文化立市》《摄影技巧与作品赏析》《修身与人的生存和发展》文化市民大讲堂3期，《小学生常见疾病及预防》以及《小升初你准备好了吗》”系列讲座。参加数字图书馆推广工程举办的各类活动，包括“网络书香过大年”系列活动、“大众美育馆——小画笔，画世界”全国少年儿童图文创作征集活动、“童音诵古韵，经典有新声”2016年全国少儿诗词在线诵读活动，其中“童音诵古韵，经典有新声”活动成绩喜人，市图书馆获省图书馆颁发的2016年全国少儿诗词在线诵读活动组织奖外，选送陈冠旭少年成为全国诵读小状元；全市有5名少年荣获诵读小达人称号；17名少年获幸运小诗童称号。加强信息宣传，开通微信、微博公共平台，活动信息被各类媒体报道超300条，其中包括国家公共文化网、中国新闻图片网、中国新闻出版网、光明图片网、《中国文化报》、中国报道、省人民政府网、省文化厅网、四川新闻网、《四川日报》等国家级、省级媒体。市图书馆荣获全国“红色记忆——优良传统代代相传”全国少年儿童红色记忆主题摄影大赛组织奖，选送的摄影作品有9幅获奖、微视频作品3人获奖；获省图书馆颁发的2016年网络书香过大年活动组织奖。

2016年4月14日在四川工商学院举行“魅力管乐·春天序曲”交响管乐音乐会

【文化馆活动】 2016年，市文化馆推进“全民艺术普及”工作。举办市民公益艺术培训班，开设民族民间舞培训、声乐培训、软笔书法培训、中国画培训4项课程。全年举办3期15个班次，参训学员近500人次。举办合唱艺术普及知识讲座、《洞察力与视觉表达》摄影知识讲座、插花艺术培训讲座等艺术知识普及活动。组织举办“魅力管乐·春天序曲”交响管乐音乐会等艺术欣赏普及活动。加大免费开放力度，公示免费开放项目内容，制订文化馆工作人员守则，确保免费开放服务质量。全年为20余支业余文艺队伍提供免费场地服务，免费开放服务群众3万余人次。开展文化惠民展演活动，承办2016年“眉山东坡大舞台”春节系列广场文化活动、文化惠民乡村行活动、文化惠民社区行演出活动。特邀成都市木偶皮影剧团在全市开展为期9天的木偶童话剧《木偶奇遇记》巡演活动，观众学生近5000人。组织文化志愿者到扶贫联系村彭山区同乐村青龙二小，开展“童心梦想·阳光成长”关爱留守儿童志愿服务活动。组织文化志愿者80余人参加“传承雷锋精神共建大爱眉山”志愿服务活动。承办“重温长征史·共圆中国梦”眉山市纪念红军长征胜利80周年老干部合唱比赛、“深入生活·扎根人民”主题实践活动文化惠民汇报演出。大型群众文化赛事获佳绩，组织选送作品参加省文化馆第二届“群星璀璨”四川省群文美术书法摄影优秀作品展览，获二等奖1名、三等奖4名、优秀奖9名、入展5名；组织编排广场舞《请到乡村走一走》参加“欢跃四季·舞动天府”四川省第二届百姓广场舞大赛获三等奖。组织排练合唱作品参加文化部主办的“永远的辉煌”——第十八届中国老年合唱节。组织创作歌曲《青羌情歌》参加文化部全国公共文化发展中心、文化厅主办的第二届西南民歌展演，获“十佳创作作品”奖。组织选送摄影作品参加黄河流域九省区第十届“大河上下．家乡情怀”优秀艺术摄影作品展，《高原之晨》等4幅作品入选。加强人才队伍建设，举办戏剧小品创作理论培训、舞蹈创编培训班，音乐舞蹈创作采风活动等。加强文化志愿者队伍建设，国画家庄朝华入选省文化厅“春雨工程”——全国文化志愿者边疆行活动，仁寿县文化馆“艺术抚贫”项目获省群众文化学会、省文化馆2016年四川省“十佳”文化志愿服务项目。发挥数字平台作用，开辟数字文化服务新阵地，在线举办“捕捉精彩瞬间，记录点滴生活”市民手机摄影比赛，征集到作者100余人的近500幅作品。

【美术馆活动】 2016年，市美术馆组织艺术家42人次，前往彭山、仁寿、洪雅、青神、丹棱开展免费送春联活动，书写1800余幅赠送市民。开展眉山人画眉山走进仁寿写生展活动，参与活动艺术家40余人，期间创作作品200余幅，精选作品60幅于劳动节期间在仁寿县文化馆展出，并出版作品集。完成眉山市第二届书画临摹展作品收稿评审及作品印制，收到全市两区四县艺术家精心临摹书画作品200余件，评选出入展作品101件，其中获奖作品13件，在苏辙公园文联艺术中心展出。

文化阵地建设

【队伍和图书馆建设】 2016年，全市有乡镇（街道）综合文化站131个，专（兼）职文化专干186人；村（社区）文化室1355个。组建群众文艺队伍1550支，群众文艺指导员720人，群众文艺骨干2.06万人，培养乡土文化能人257人。全市6个图书馆入选国家等级名录（一级馆1个，三级馆5个）。

【文化基础建设】 2016年，全市免费开放文化馆7个、图书馆7个、乡镇（街道）综合文化站131个、农家（社区）书屋1355个，每周免费开放时间40小时以上。完成2015—2016年国家公共文化服务体系制度设计课题——《眉山市丹棱县群众自办文化建设和扶持研究》课题研究报告。

文化市场监管

【日常管理】 2016年，全市新增互联网上网服务营业场所81家，总数增至561家；歌舞娱乐场所6家，总数增至293家；印刷企业4家，总数增至136家；影院2家，总数增至10家。全市贯彻落实《艺术品经营管理办法》，调查摸底统计全市艺术品经营单位，开展艺术品市场法制宣传周活动。推广全国文化市场技术监管与服务平台应用，推进文化市场数字化、标准化、规范化管理，完成数据激活。推进行政审批规范化建设，调整优化行政权力责任清单，完成表格编制。开展文化市场政策措施落实及行政审批规范化建设专项检查。重点指导东坡区、仁寿县迎接省文化厅专项督查，文化市场行政审批项目全部通过全国文化市场技术监管与服务平台办理。市文广新局政务服务中心窗口被市政府评为三星级窗口，群众满意率100%。引导互联网上网服务场所和娱乐场所转型升级，涌现吉伦多网吧、骇客网吧、欢乐迪KTV等示范场所。引导文化市场经营单位组建眉山市互联网上网服务协会和眉山市文化娱乐行业协会。规范发展规模网吧、量贩式歌城、院线影院等大型场所，推动娱乐市场规范化、规模化、品牌化发展。

【扫黄打非】 2016年，全市“扫黄打非”工作围绕重大活动、重点工作、重要节点，提早安排、周密部署、狠抓落实，以净化出版物市场环境为主线，以查堵政治性非法出版物为重点，强化日常监管，组织开展“固边”“清源”“净网”“秋风”“护苗”等系列专项行动，保持“扫黄打非”高压态势。完善“扫黄打非”工作责任制，实行“扫黄打非”季度分析报告制度，研究解决重大问题，推动各项工作开展。加强网络“扫黄打非”，制定印发《网上“扫黄打非”工作联席会议制度》，全年删除有害信息695条，取缔和关闭非法网站112家。重点办理东坡区东坡金城和眉山市书香节“盗版图书论斤卖”重大案件。全年立案9件，办结9件，其中眉山市“3·10微信传播淫秽物品案件”被列为全省挂牌督办大案要案，东坡区法院依法判决涉案人员，震慑违法犯罪分子。全年全市检查出版物市场经营单位1679家次、印刷复制企业1321家次，收缴违法出版物1.51万件，警告4家次，取缔2家次。整合“扫黄打非”进基层81个示范点资源，全市划分网格3550个，其中社区网格1139个、农村网格2411个，招聘专职网格员1204人、兼职网格员534人，签订责任书，利用网格员宣传，扩大“扫黄打非”工作在农村的影响力。

【文化市场综合执法】 2016年，全市执法队伍细化规范并公布自由裁量权，完善执法立案调查，依法严格行政处罚，强化案例警示教育。全年检查文化经营场所1.04万家次，受理文化市场举报12件，全市办结。全市文化市场立案118件，办结114件，其中娱乐场所4家，均为歌舞娱乐场所违禁歌曲禁止内容类案件。互联网上网服务营业场所102家，印刷企业2件，出版物市场8件，音像制品经营单位1家次，文物案件1件，罚款53.42万元，停业整顿14家，吊销许可证4家，取缔7家，警告88家次。

文化产业

【概况】 2016年，全市文化传媒和文化娱乐业新增文化经营单位144家，新增就业1454人，东坡宋城、洪雅县幺麻子食品有限公司分别被列为省级文化产业试验园区和省级文化产业示范基地。

【文化旅游业】 2016年，眉山东坡宋城项目、丹棱县白塔大雅堂文化旅游风景区建设项目、七里坪省级文化艺术村创建工程3个项目入选《2016中国文化产业重点项目手册》；“大峨眉”国际旅游区柳江古镇旅游综合开发、精索广告传媒“互联网+”“三位一体”文化产业链式发展新模式、九巷十坊、大旺山、一文印务海德堡多色彩印技改项目、黑龙滩长岛8个项目入选《2016四川文化产业重点项目推介册》。组织参加第十二届深圳文博会。开展第二届文化消费季活动。

【文化传媒业】 2016年，市文广新局申报丹棱唢呐英雄汇、竹韵天下等项目入选全省重点音乐产业项目。全市影院院线实现区县全覆盖，鼓励太平洋影城、星美影城等企业做大做强。

【文化娱乐业】 2016年，全市娱乐行业营业收入增速明显，太平洋影城万景追梦城店、仁寿童话、丹棱音乐派等新建娱乐项目投入使用。建立与报社、新视界传媒、广电网络公司等相关单位联系机制，重点指导各区县做好名录库整理和收据收集上报，做好文化传媒和文化娱乐统计。

文物保护

【国家历史文化名城创建】 2016年，印发《2016年创建国家历史文化名城实施方案》，分解创建工作责任。起草《眉山市文物保护管理办法》（初稿）并征求相关部门和单位的意见，纳入市人大立法工作；完成纱縠行、眉州古城墙、太和古街、罗平古镇、江口古镇、彭山北外街6个历史文化街区保护规划。

【可移动文物】 2016年，全面完成第一次全国可移动文物普查，全市登录可移动文物6512套、3.93万件。

【不可移动文物】 2016年，国家保护单位三苏祠投入8000余万元完成建祠以来最大规模维修，4月19日重新开馆。东坡区省保护单位连鳌山石刻维修及周边环境整治项目实施方案经省文物局审批；完成彭山区江口崖墓保护规划并报批。江口沉银遗址抢救性考古发掘工作经国家文物局批准，并下达项目经费；洪雅县省保单位修文塔维修及周边环境整治，进入后期；编制丹棱县国保单位丹棱白塔保护规划；仁寿县牛角寨石窟纳入川渝石窟调查重点项目；青神县国保单位中岩寺摩崖造像保护规划与中岩寺景区开发规划相结合修改编制。

【考古发掘】 2016年，经国家文物局批准，四川省文物考古研究院、国家文物局水下文化遗产保护中心、彭山区文物保护管理所联合组成考古队进行江口沉银遗址考古发掘；复兴村铜山遗址考古调查工作开展顺利。

【打击文物犯罪】 2014年，彭山江口沉银文物被盗案发生后，全市公安和文物部门紧密配合，辗转10余个省市，投入警力3000余人次，2016年，成功破获彭山江口沉银案。打掉盗掘团伙10个，摧毁倒卖文物网络9个，追缴涉案文物千余件，其中三级以上文物99件。受到国家文物局表扬。

非物质文化遗产保护认定

【非物质文化遗产】 2016年，眉山市人民政府公布第六批眉山市非物质文化遗产代表性项目名录13项，其中市级2项、东坡区5项、彭山区1项、仁寿县2项、洪雅县2项、丹棱县1项。省级非遗项目竹琴传承人夏福寿被文化厅公布为第六批省级非物质文化遗产项目代表性传承人。开展非遗项目传承人精准服务活动，走访慰问全市78岁以上市级非遗传承人。组织非遗项目青神竹编、刘氏匾联木刻、谢氏木雕、钦斋泥塑等参加第三届国际旅博会和第九届中国竹文化节展示展演活动。

【非遗数据库建设】 2016年，综合运用文字、录音、录像、图片等各种方式，真实、系统、全面记录全市非遗项目名录，完成全市非遗项目名录和代表性传承人资料收集整理，导入工作有序开展。

【文化遗产日活动】 2016年，与市摄影家协会，在全市举办“非遗传承，人人参与”首届非物质文化遗产大赛。100余人参赛，征集作品1000余幅，106幅作品获奖，新发现非遗资源项目10余项。在三苏祠开展“锦绣眉山·魅力非遗”首届摄影大展，106幅入展的作品主题鲜明、内容丰富，吸引民众2万余人观展，增进社会对非遗项目的认识和了解，开展非遗进校园活动，在市一小、东坡小学等3所小学举办非遗摄影展、东坡文化讲座，开展传统工艺非遗项目现场展示展演，让学生近距离感受传统文化魅力。

【保护工作】 2016年，在第三届四川国际旅游交易博览会上，眉山成为唯一现场非遗展示展演主题展馆。在“川渝石窟保护利用座谈会”上，确定20项“十三五”期间急需实施的项目。其中，眉山入选项目5项，眉山牛角寨石窟、郑山刘嘴石窟、中岩寺等三处国家保护单位立项。文化遗产日期间，开通眉山文化遗产网和眉山文化遗产微信公众号，刊登文化遗产图文资料，发动网友参与文化遗产保护工作，对文化遗产保护工作建言献策。20余家媒体宣传全市非遗保护工作，中国新闻图片网、新浪、搜狐、网易、腾讯、人民网、新华网、四川在线眉山频道、智慧眉山、眉山日报等在主要时段、重要版面报道。

三苏祠博物馆

【灾后保护维修】 2016年，三苏祠保护三期工程、展陈改造提升工程、消防工程、安防工程、清水工程相继竣工验收，完成建祠以来最大修建工程总投资8172万元。

【东坡宋城建设管理】 2016年，调整步行街区物理隔离方案，严格步行街区管控，机动车辆限时段通行，非机动车辆定点停放。规范店招店牌，拆除不规范店招21个、店旗10个、LED显示屏7个，清除户外广告80余幅；维修路灯120余盏、石墩花钵16个，拓宽（维修）防腐木花箱30个，补栽花草1000余株。采用外包购买服务、实现景区卫生干净、整洁。加强广场管理，明确广场舞活动时间、地点、音量，实现景区群众文化活动健康有序开展。加强日常巡逻与监管，查处破坏景区公共设施事件5起，景区社会治安良好。

【宣传营销】 2016年，市文广新局策划三苏祠博物馆、三苏纪念馆重新开馆系列活动，中央电视台、中央人民广播电台、新华社、《人民日报》等30余家媒体跟踪报道开馆活动。与眉山各大饭店、旅行社合作；完成景区网络运营平台——“品东坡”文化旅游平台第一阶段建设，微信公众平台投运，PC官网、移动终端官网、微博进入测试阶段。策划“等您一句话唤醒东坡魂”有奖征集推广语等活动。举办“诵经典、习礼仪、拜三苏”“三苏祠小小讲解员”、三苏祠2016中秋文化活动、《三苏评传》首发活动、紫砂壶巡展等活动；组织参加2016年第七届博物馆及相关产品与技术博览会、第三届四川国际旅游交易博览会、第十六届中国西部国际博览会等重大展览活动；启动歌曲《眉山菜谱》、电视连续剧《苏门三杰》《橙树花香》、电视片《千古风流——中华眉山三苏经典作品朗诵会》等展示三苏风采影视产品的创作拍摄。

【文物保护】 2016年，全馆争取到每年三苏祠可移动文物（藏品）征集及日常维护费200万元，确保文物名木古树管理资金；完成可移动文物普查；馆藏文物10件；园林养护外包给专业机构，三苏祠负责监督管理。

【文化产业】 2016年，全馆争取到位文化产业专项资金590万元。开发三苏文化产品20余种，成功与7家合作商签约。

【教育研究】 2016年，全馆挖掘三苏廉政思想，编写出版《苏轼的人生风范》一书，发表《从“题砚教子”看苏氏家风传承》；总结古建筑历史及维修技艺、园林特点，编写出版《古祠新生》《三苏祠古建筑技术报告》等纪实读本；开展馆藏文物研究，撰写发表《文人雅士的清旷之乐——三苏祠藏品<西园雅集图>》《三苏祠藏清代“纪批苏诗”版本概说》《明代天启<苏米志林>刻本漫谈》等论文。推动三苏文化进机关、进学校、进部队、进企业等教育活动，开办三苏文化公益讲座。

（周阳）

档案工作

【数字档案馆（室）建设】 2016年，市档案馆加大数字档案馆（室）系统推广应用，建立单位用户486个。与市检察院联合建设检察档案大数据共享平台，实现检察档案资源互联互通和共享利用。各区县投入馆藏档案数字化专项经费483万元，建立目录数据177.7万条、全文数据1066.85万页。

【档案接收征集】 2016年，市档案馆依法接收档案进馆，优先接收婚姻、工程项目、重大活动及涉民等档案，全市接收各类档案7067卷、9.72万余件。开展地方特色档案征集，征集视频音像档案2638个、名人书法、照片及资料等162册（张）。

【档案查阅利用】 2016年，加快馆藏涉民档案数字化，建立完善电子检索体系，开展民生档案异地查档、跨馆服务，方便、快捷服务群众。全市接待利用群众2.19万人次，查阅利用档案3.48万卷次，复印资料5.94万页，出具证明1.42万份。

【档案馆舍建设】 2016年，市档案馆新馆、东坡区档案馆新馆建设列入市政府和东坡区政府议事日程，洪雅县新馆竣工，建筑面积5700平方米。中央、省下拨彭山区档案新馆资金计划836万元，已完成项目选址和设计。

【档案法治建设】 2016年，市档案局编制印发《眉山市档案法治宣传教育第七个五年规划（2016-2020年）》。市档案局、市人力资源和社会保障局、市法制办等10个单位行政执法检查。检查全市单位96个。加强档案法律法规宣传，组织200余人次参加有奖法律知识抢答、发宣传资料1万余份，接待群众咨询2000余人次。

【项目档案工作】 2016年，市档案局开展“项目档案工作提升年”活动，检查、指导136个重大建设项目单位档案工作，完成4个重大建设项目档案竣工验收、136个项目档案登记备案，指导园区和城镇建设做好档案工作。

【民生档案工作】 2016年，市档案局做好农村土地承包经营权确权登记颁证档案工作指导检查，6个区县土地确权登记工作县级综合检查验收合格。青神县指导中介机构集中开展全县土地确权档案的整理，洪雅县10个乡镇土地确权工作通过验收。配合主管部门做好社保、医保、国土、卫计等民生档案的业务指导，促进档案规范管理。

【精准扶贫档案工作】 2016年，市档案局加强扶贫档案业务指导、培训，组织人员到泸州市参观学习。在6个村开展扶贫档案示范活动，指导建立贫困村、贫困户档案，构建县、乡镇、村、户减贫档案工作体系。

【规范化管理】 2016年，市档案局贯彻新修订、新颁布的档案工作规章、标准，推进档案业务规范化建设，完成115个单位档案工作规范化管理的复查、认定工作。

【档案安全】 2016年，全市各级档案馆开展消防培训和演练，组织安全巡检，集中开展安全执法检查，落实人防、物防、技防措施。全市数字化加工数据送甘肃省档案馆备份。做好数字化加工、数据管理和网络的安全工作。

【档案宣传和档案文化建设】 2016年，市档案局以“档案与民生”为主题，集中举办档案文化讲座、公众开放日、宣传咨询等系列宣传活动，各级主流媒体、新媒体走进档案馆宣传报道。制作宣传展板29个，发放宣传资料4000余份，接待群众咨询500余人次。向各级上报档案工作信息160条，被《中国档案报》采用2条、《四川档案》采用13篇（条）、中国档案资源网及资讯网采用56条、省档案局网采用125条、市政府外网采用16条、市级以上媒体采用9条。加强档案文化产品开发，《东坡英烈》《抗日战争时期的洪雅》等13部档案资料出版发行。

【档案队伍建设】 2016年，市政府办印发《眉山市档案事业发展“十三五”规划》。市档案局组织开展“档案与民生”征文和我为“兰台作贡献”活动，上报征文13篇、调研心得10篇。选派档案人员参加省局业务培训，全市举办档案业务培训班16期1091人次。

（市档案局）

地方志工作

【依法治志】 2016年6月，眉山市地方志编纂委员会办公室更名为眉山市地方志工作办公室（以下简称“市地方志办”），履行主管全市地方志工作职责。市地方志办与各区（县）志办签订地方志工作目标责任书，两次督促检查区（县）志办落实情况。市地方志办、市法制办开展市国土资源局、市住建局等8个部门地方志工作执法检查。开展市志承编单位业务培训和督促、指导。市政府办公室印发《眉山市地方志事业第十三个五年发展规划（2016-2020年）》，明确要求各级各部门要加强组织领导，坚持依法治志，通过编修优秀的地方志书和开发利用地方志成果，推动眉山经济社会发展。

【修志工作】 2016年，市地方志办组织完成首轮《眉山市志》初稿自然环境、政党、政府等24篇正文分纂，约300万字。组织评审《眉山市国税志》，市政府批复出版《眉山市政法委志》《眉山市检察志》。指导洪雅县开展《柳江古镇志》编纂工作。洪雅县出版全市首部村志《大安村志》。

【年鉴工作】 2016年，市地方志办组织全市129个市级部门撰稿人员和区县志办业务人员年鉴业务培训，改革版面设计，突出地方特色。12月，《眉山年鉴（2016）》公开出版，全书采用全彩印刷，60余万字。

【旧志抢救整理】 2016年，市地方志办指导区县开展旧志整理。仁寿县完成6个版本旧志抢救和整理，形成《仁寿县旧志集成》；丹棱县完成清朝4部、民国2部共6部旧志出版；与西华大学合作，开展清嘉庆《眉州属志》点校重印；彭山区抢救整理乾隆版《彭山县志》，完成前期录入、点校等工作。

【地情开发】 2016年，《眉山地方志》由2015年季刊改版为双月刊，增设《刊中刊》，全彩印刷，页码增至100页，每期策划一个文化专题。市委书记李静、市长罗佳明均对《眉山地方志》作出肯定性批示。市地方志办受邀参加在吉林长春举办的全国地方史志期刊工作会，并受到表扬。1月27日，"方志眉山"微信公众号开通运行，设工作动态、志说眉山、有声方志三个大栏目，以"讲述眉山故事，存史育人资政，实现互动交流"为目标，每周定期推出1~2条动态信息，主要反映眉山美食、节日故事、眉山文化村落、眉山历史名人等内容。升级地方志网站，网站专业性与地方特色相结合。启动《眉山史录》（5册）系列丛书编纂，主要反映眉山古桥、古码头传说等系列地方历史文化内容，参与全市中小学乡土教材编写，与市广播电台合作，7月1日起，以调频广播开播《被遗忘的历史》《这里是眉山》两档专栏，利用车载电台宣传地方志文化。其中，《这里是眉山》为滚动播出栏目，每两个节目之间宣传地方文化，每天滚动播放15次，每次约3分钟，全年播出33期。《被遗忘的历史》为专题栏目，专题介绍眉山文化，全年播出洪雅师道戏等非物质文化遗产相关内容及其他专题栏目17期。在《博周刊》开设"探秘眉山历史名人"专栏，每周推出1期刊载眉山历史名人的生平、现实意义等内容，全年推出45期。

【课题研究】 2016年，市地方志办成立"东坡家训"课题组、"东坡美食文化"课题组和洪雅柳江文化课题小组，分别由市委、政府主要领导任组长，全年课题已顺利结题，其中，"三苏家风研究"课题受到省委领导肯定，并在《巴蜀史志》（2016年第6期）、《天府智库》（2016年第31期）全文刊载。向省地方志办申报完成《刍议地情资源开发与利用》《试析"依法治志"》课题，推动地方志事业科学、健康发展提供合法途径。通过开展系列课题研究、探讨，培养年轻人才方志理论与编纂能力。

（市地方志办）

卫生

Hygiene

卫生事业管理

【概况】 2016年，全市有卫生机构2044个，其中疾病预防控制中心7个，卫生执法监督所7个，妇幼保健院7个，中心血站1个，单采血浆站2个，血防站2个，医院52个，卫生院130个，诊所（门诊部）322个，社区卫生服务中心11个，村卫生站（室）1486个。床位1.67万张，其中医院床位1.03万张，卫生院床位数5391张。有卫生人员2.06万人，其中卫生技术人员1.52万人。执业（助理）医师5645人，注册护士6357人，药剂人员771人，技师（士）783人，其他技术人员614人。每千人口有卫生技术人员5.06人、医师1.88人、注册护士2.12人。

【卫生改革】 2016年，医改工作纳入市委、市政府对县（区）人民政府及成员部门单项目标绩效管理。市政府办印发《眉山市2016年医疗卫生体制改革重点任务》《眉山市深化医药卫生体制改革工作绩效考核办法》《眉山市深化医药卫生体制综合改革试点方案》。市卫生计生委制订《巩固完善县级公立医院综合改革的实施方案》，巩固取消“药品加成”成果，让利7000余万元，其中门诊2200万元、住院4800万元。启动城市公立医院改革试点，眉山被确业为第四批公立医院改革国家联系试点城市，制定《眉山市城市公立医院综合改革试点工作实施方案》，市人民医院、市妇幼保健院等6家城市公立医疗机构于10月1日起全面实施取消药品加成改革，让利800余万元。推进医疗服务价格结构性调整，首轮调整8项医疗服务价格，全面启动医疗服务价格结构性调整，降低大型医用设备检查、检验等医疗服务价格150项。

【分级诊疗】 2016年，印发《眉山市巩固完善分级诊疗制度的实施方案》，全市三级、二级医院均与基层医疗卫生机构、民营医院组建医疗联合体，全市基层医疗卫生机构实现与县（区）和市、省级医疗机构的双向转诊，县级医疗机构病床使用率88.96%，县域就诊率90.6%。

【基本药物和药械采购】 2016年，全市政府办医疗机构全部实施基本药物制度，实行集中采购、统一配送。全市171家医疗机构参加药品集中招标采购，上网采购率100%，按期回款率100%，阳光采购积分上报率100%，平均积分合格率100%，平均积分101.45分，全省靠前。二类疫苗和部分医用试剂纳入阳光采购。

【健康服务业】 2016年，市卫生计生委制订《关于加快推进医疗卫生与养老服务相结合实施方案》，重点推进市中医医院东坡区秦家镇新星医疗养护中心、龚村养护中心项目（床位600余张），在新院区建设中规划建设医疗养护中心（床位1000张）。发挥资源优势，发展生物科技康养、中医药康养、森林度假康养、长寿养生康养等特色健康产业，指导“峨眉半山七里坪中医养生与抗衰老产业示范基地”“洪雅玉屏山森林康养客户服务中心”“彭山长寿养生”等建设健康相关产业特色知名品牌，在全省中医药产业发展座谈会上交流发言。

【社会办医】 2016年，制订《眉山市关于促进社会办医加快发展的实施方案》，大力实施“社会资本办医促进工程”，全市新执业民营医疗机构44个，新增民营医院床位比2015年增长12%，社会办医床位占总数的25%。

【卫生项目建设】 2016年，全市争取中央基本建设投资项目7个、资金8132万元，拟纳入“十三五”卫生计生储备项目库18个；优化“十三五”中心城区医疗卫生机构规划布局，完成市妇幼保健院、市疾控中心等11个PPP项目前期工作，市人民医院二期工程实施主体施工，市中医医院开工建设，彭山、仁寿、洪雅、丹棱、青神县级中医医院、妇幼保健院、疾控中心迁建（扩建）项目顺利推进。全市卫生项目进度、质量和安全监管工作居全省前列，在全省卫生规划财务工作会作经验交流。

【卫生监督与食品安全】 2016年，完成市、县（区）卫生和计划生育综合监督执法体系改革，开展监督执法全过程记录首批试点，积极推行“双随机一公开”监管工作，全市卫生行政处罚案件124件，罚没金额22.13万元。重点开展“非法疫苗”专项整治，实现监督覆盖率100%；开展医疗机构日常巡查和医疗卫生、传染病防治专项检查，检查医疗卫生机构2000余家次；开展学校卫生日常监督和春季学校传染病防控、生活饮用水卫生、中高考学校卫生安全专项监督，检查各级学校1443所次；将2687家公共场所卫生纳入日常监督，监督覆盖率100%；完成22家消毒产品生产企业监督检查，建立消毒产品生产企业基础档案；建成职业健康检查机构7家，配备专业技术人员89人（取得检查资格医师50人）；检查64家集中式供水单位、77家二次供水单位，完成11家涉水产品生产经营企业监督检查和产品抽检。加强食品安全监测能力建设和风险评估，建立市级食品安全风险监测会商机制，开展食品安全风险监测培训，完成风险监测461份。开展食品安全标准备案，配合打造“东坡味道”，完成备案管理82份。

【行政审批】 2016年，市卫生计生委梳理完善行政权力责任清单275项。规范行政权力运行平台运行，录入报警案件及时处理率、报警案件办结率均为100%。取消市、县（区）行政审批项目前置条件11项，调整由申请人自行编制（提供）行政审批项目前置条件1项。市本级受理和办结行政审批和其他服务事项440件，办结率、满意率均为100%。

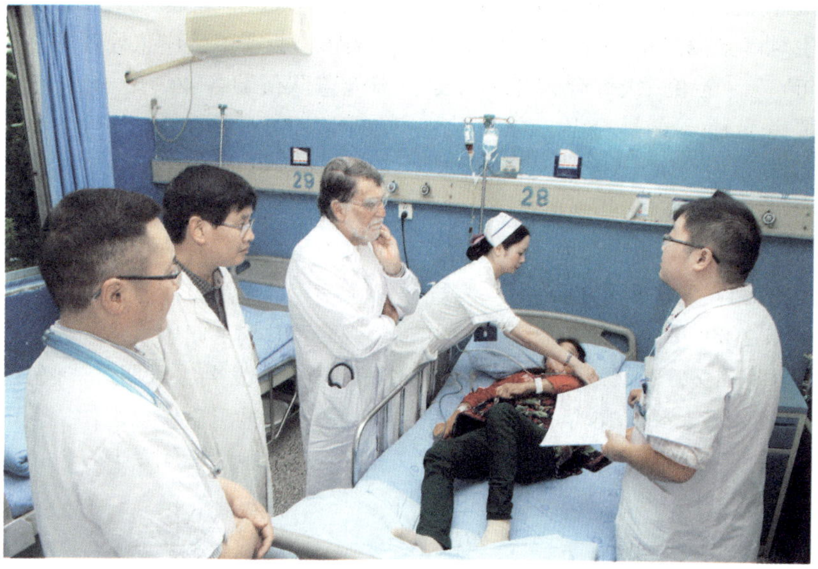

2016年9月28日，德国肾病专家雷门斯托教授到市人民医院进行为期十多天的临床指导与教学工作

【基本公共卫生服务】 2016年，全市全面开展“国家基本公共卫生服务项目宣传季”活动。落实国家12大类45小项基本公共卫生服务项目，全市建立居民电子健康档案287.40万份，建档率96.13%；儿童、孕产妇、高血压、糖尿病管理率分别达98.12%、98.84%、70.76%、61.45%，中医健康管理率39%，老年人健康管理服务实现数量和质量双提升，洪雅县代表眉山市接受省卫计委、省财政厅组织的绩效考核，列全省第七位，仁寿县代表眉山市在全省基本公共卫生服务均等化指导中心主任工作会上作经验交流。

【医政药政管理】 2016年，全市改善医疗服务，巩固“服务百姓健康行动”和“三好一满意”活动成效，二级以上医院推行节假日、双休日门诊和同级医疗机构检验检查结果互认，全部开展优质护理服务（三级病房覆盖率100%、二级96.95%），13家医院开展预约诊疗，推行“先诊疗、后结算”；市人民医院开通微信预约挂号，微信预约率15%，患者就医满意度90%。

【医疗质量管理】 2016年，全市调整充实32个市级医疗质控中心专家组成员，推行质控中心双主任制。二级以上医疗机构全部开展临床路径，三级医院出院患者临床路径管理1.54万人次。市人民医院通过三级甲等综合医院现场评审。市人民医院检验科、眉山心脑血管病医院心内科获省级重点专科立项。加强医院控费管理，全市医疗卫生机构医药总收入29.81亿元，公立医院门诊病、住院人次均医药费用分别比2015年增长6.53%、7.90%。

【纠纷处理机制】 2016年，全市三级医疗机构和90.30%的二级医疗机构参加医疗责任保险，基层医疗卫生机构实现全覆盖。二级以上医疗机构全部开展“平安示范单位”创建。全年全市报告医疗纠纷146起，行政调解8件，全部结案。

【城乡对口支援】 2016年，市卫

生计生委制订《眉山市城乡医疗卫生对口支援工作方案（2016-2020年）》，全市三级综合医院对口支援民族地区（小金县、金川县）和省贫县（武胜县）人民医院，县级综合医院对口支援民族地区（小金县、金川县）中心卫生院，派出对口支援每月99人次，参与诊疗2.89万人次，开展手术320例，巡回医疗、义诊2.22万人次。

【中医事业】 2016年，全市98%的乡镇卫生院、所有社区卫生服务中心设立中医科（室），所有中医医院建立“治未病”科室，农村、社区中医药服务量45.10%。市卫生计生委争取省级项目及健康产业项目36个，到位项目资金1292万元。仁寿县中医医院创建三级乙等中医医院，市中医医院通过大型中医医院巡查。建立市级中医护理重点专科评审验收标准，仁寿县中医医院老年病科为省级重点中医专科建设单位。推进中医对外合作交流，阿曼国、以色列等专家团队到眉开展对外交流及区域合作，海南省中医药管理局专程考察市中医医院骨伤康复和医养融合产业，国家中医药管理局副局长闫树江莅眉调研，肯定眉山市中医药工作。市中医医院被认定为四川省针灸学校教学医院；举办眉山市中医药传承人员培训班、中药临床应用改革创新培训班、中医药执法培训班和讲师团培训班等。指导仁寿县申报创建全国基层中医药工作先进单位。市卫生计生委制订《眉山市中医药“十三五”发展规划》，拟订《中医药健康服务发展规划（2016—2020年）》。《眉山市关于同步推进公立中医医院综合改革实施意见》，全面推进中医医院医改工作。

【卫生应急】 2016年，全市卫生计生部门、疾控机构、二级以上综合医院全部设立应急科室，落实专（兼）职人员。筹建突发中毒事件应急队、反恐卫生应急处置队，配备应急队伍装备40套，组织开展专业培训1次。市卫生计生委编制《眉山市突发中毒事件卫生应急预案》《眉山市卫生应急工作手册》，开展卫生应急综合演练4次。做好寨卡病毒、手足口病应对工作，跟踪观察黄热病区归国人员5人；做好传染病高发期、汛期、节假日、重大活动期间卫生应急工作，全市无突发公共卫生事件发生。

2016年10月，市人民医院接受“三甲”医院创建现场评审。

【基层卫生】 2016年，全市开展基层医疗机构规范化建设和社区卫生服务提升工程，推进“建设群众满意的乡镇卫生院”活动，向省卫计委推荐2015-2016年度候选乡镇卫生院16个。争取中国西部研究与发展促进会社会扶贫工作委员会对基层医疗能力提升项目支持，为乡镇卫生院、社区卫生服务中心全覆盖配置远程诊疗设备，建立远程诊疗系统。举办全市基层卫生技能竞赛，在全省决赛中获团体二等奖、全科医疗团队组二等奖和三个单项奖。推进乡村（社区）医生与居民签约服务，全市100.45万户居民签约，签约率94.58%。

【人事管理与教育科研】 2016年，完成全市妇幼保健机构与计划生育指导机构资源优化整合，完成健康教育所、专病防治机构整合到疾控机构。印发《眉山市关于开展乡村卫生计生人员一体化管理试点的实施意见》，确定彭山区、丹棱县、青神县为全市乡村卫生计生人员一体化管理试点县。引进博士研究生1人、硕士研究生3人。受理卫生专业高级职称评审报名195人，组织7273人参加各类资格考试。组织农村订单定向医学生16人签订协议并入学。招聘全市第二批全科医生特设岗位计划试点人员30人。全市继续医学教育覆盖率100%，学分达标率94%。市人民医院、市妇幼保健院、市中医医院、仁寿县人民医院、仁寿县中医医院成功申报省级护士规范化培训试点培训基地，市人民医院招收首批学员41人。举办市级专委会学术活动11次，培训1502人次。接受医疗事故技术鉴定案例19例，完成鉴定案件12例，鉴定属医疗事故7例。

【规划统计】 2016年，市卫生计生委拟订《眉山市“十三五”卫生计生事业发展规划》并完成专家论证，制订《眉山市中医药发展“十三五”规划》《眉山市“十三五”医疗机构设置规划（2016－2020）》等单项规划。全市17个省级统计监测点、7个市级监测点，数据质量达省级监测点标准。

【信息化建设】 2016年，推进“互联网+医疗”建设，启动市级区域人口健康信息平台项目建设工作，完成一期建设项目。完成市、县（区）卫生信息数据中心软件升级。融入“健康四川”服务平台，所有三级医疗机构完成接入，实时公布儿科、妇产科门诊号源信息及住院床位使用信息。完成全部公共卫生服务、基本医疗服务功能部署，完成管理信息系统升级和医保报账接口软件升级。推进居民健康卡建设。1家三级、2家二级医疗机构通过省上数字化医院评审。完成全市贫困人口疾病和就医数据库建设，实现医疗机构信息系统对贫困人口全覆盖识别标识，精准识别率100%。

【无偿献血】 2016年，开展无偿献血进高校、企事业团体、机关及“捐献青春热血·托起生命的希望”“世界献血者日为爱助跑”“人民公仆奉献热血”等无偿献血宣传主题活动30余次，发放宣传资料3万余份。全年全市自愿无偿献血1.90万人次，献血量36599U，其中400毫升献血比例92.06%。眉山被评为2014－2015年全国无偿献血先进城市。

爱国卫生

【概况】 2016年，市政府印发《关于进一步加强新时期爱国卫生工作的实施意见》，爱国卫生工作纳入对区县政府目标考核，东坡区将爱卫工作纳入政府年度综合目标考核。

【卫生单位创建】 2016年，市卫生计生委制定《眉山市卫生创建评审工作指导意见（试行）》，建立眉山市爱国卫生咨询评审专家库，全市新创建国家卫生乡镇6个（居全省第四）、省级卫生乡镇11个，洪雅县完成省级卫生县城复审，全市省级卫生县城（城市）覆盖率100%，省级卫生乡镇、卫生村覆盖率分别为36.70%、32.50%。

【病媒生物防制】 2016年，全市病媒生物防制经费纳入政府财政预算，开展春季秋集中消杀灭工作，仁寿县发动群众自助投药，预防疾病传播流行。

【健康教育和控烟】 2016年，推进健康素养促进项目，全市播放公益广告25部，开展健康巡讲86场次，印发各类健康知识宣传资料8.15万份。开通工作微信公众订阅号，开展健康知识进机关、进社区集中宣传活动9次。

【城乡环境整洁行动和农村改厕】 2016年，市卫生计生委印发《眉山市城乡环境卫生整洁行动实施方案（2016－2020年）》《督导方案》，指导丹棱县完成城乡环境卫生综合治理创新项目建设。推进农村改厕工作，全市农村无害化卫生厕所普及率81%。

人口与计划生育

【目标绩效管理】 2016年，全市出生3.87万人，比2015年（下同）增长3.83%，自然增长率3.74‰，增长0.16‰，符合政策生育率99.50%，比省政府下达目标任务（95%）高4.50%。

【流动人口管理】 2016年，推动流动人口卫生计生基本公共服务均等化，推进东坡区、彭山区均等化示范点建设，青神县创建省级计划生育“三结合”示范县。加强流动人口信息交换平台应用情况督查，强化信息采集和系统信息维护，信息交换平台流动人口重点信息反馈率98.80%、接收率99%、及时率97.50%。完成全国流动人口动态监测抽样调查、流出人口抽样调查任务。实施流动人口电子婚育证明，流入人口电子婚育证明查验率99%。

【计生宣传教育】 2016年，全市各级卫生计生部门均设置宣传科室，建立新闻发言人制度。全年在主要媒体刊登人口计生稿件1127篇，其中国家级12篇、省级280篇、市级835篇。开展全面两孩政策宣传，提高群众政策知晓率。妥善处理“山东问题疫苗”事件，全年无涉及卫生计生重大负面舆情。

【计生文化建设】 2016年，开展2016年元旦春节计划生育“三下乡”活动19次，慰问基层人口计生工作者70人、计生困难家庭268户、农村困难独生女120人、农村空巢老人70人、留守儿童120名、困难农民工家庭25户，开展文艺演出9场，发放宣传资料和宣传品16万份。

【政策法规】 2016年，全市推进计划生育证件办理制度改革，全面开通网上办证，推行全程代办和“一站式”服务。落实社会抚养费征收管理体制改革，严肃查处违法生育行为。推进全面两孩政策平稳实施，全年受理生育登记2.98万对（一孩1.64万对，二孩1.34万对），新办、补办《独生子女父母光荣证》13余万本。全市农村计划生育家庭奖励扶助对象9.48万人、省级计划生育特别扶助对象4362人、市级特别扶助对象498

人、农村和享受城镇低保独生子女父母奖励对象42.66万人，兑现奖励、扶助资金1.41亿元。推动流动人口卫生计生基本公共服务均等化，推进东坡区、彭山区均等化示范点建设，青神县创建省级计划生育“三结合”示范县。

（市卫生计生委）

疾病预防控制

【传染病发病率】 2016年，眉山市传染病发病率继续保持全省先进行列。全年全市告甲乙类传染病4395例，发病率147.15/10万，比2015年下降0.43%，位居全省倒数前五位。推进东坡区国家级和仁寿县、彭山区省级艾滋病综合防控示范区建设，东坡区艾防创新工作在全国、全省经验交流发言。

【预防控制】 2016年，东坡区、仁寿县通过省级免疫规划示范区验收，开展产科单位新生儿预防接种信息录入工作，免疫规划疫苗单苗报告接种率98%以上。

【艾滋病防治】 2016年，东坡区国家级艾滋病综合防治示范区建设在全国、全省作经验交流。市疾控中心3篇艾滋病防治学术论文编入“全国艾滋病学术大会”论文汇集。全市申请社会组织参与艾滋病防治国家级基金项目5个。非洲7国艾滋病防治官员和专家莅临眉山市考察学习防治工作经验。组织开展“12·1”世界艾滋病日宣传活动。市防艾办制定艾滋病防治目标管理责任书，市卫计委召开美沙酮戒毒药物维持治疗市级工作组会议和艾滋病性病丙肝防治工作会议及学校艾滋病防治工作会，举办2016年全市艾滋病监测培训班，加强哨点监测和知晓率调查工作督导。开展艾滋病防治知识现场宣传咨询活动7次，全面分析眉山市艾滋病疫情，并上报省。制定男男性行为哨点监测和流动人群宣传方案并指导实施，完成梅毒防控规划中期评估，督导区县疾控中心4次，报送艾滋病防治信息18条。全市艾滋病初筛检测34.21万人次，艾滋病感染者（病人随访）检测比例89.57%，美沙酮戒毒药物维持治疗年保持率84.85%。暗娼干预8773人，男男同性性行为者干预1242人，针具交换覆盖1361人。

【血吸虫病防治】 2016年，市疾控中心抓好螺情、病情监测，全年无急血病例发生。全市6个区县均设立监测点，开展血吸虫病监测工作。全市开展血吸虫病健康教育评估工作，以市为单位达到血吸虫病传播阻断标准。开展眉山市2016年血吸虫病疫情处置应急演练。洪雅县、青神县通过消除血吸虫病考核验收。

【结核病防治】 2016年，全市发现并治疗活动性肺结核病人1342例，总体到位率96.58%，筛查率100%，治愈率94.68%。开展“3·24”世界防治结核病日宣传，印刷宣传物品5000份。开展百千万志愿者结核病防治知识传播行动，招募135人，向省级推荐优秀志愿者3人。举办规划管理、学校、实验室技术培训班3期，督导区县3次。青神县通过第二轮省级结核病综合防治示范区验收。

【狂犬病防治】 2016年，全市报告狂犬病病例3例，全市实施报告犬伤就诊患者2.56万人，全年实施伤口处置、接种狂苗、注射狂犬病免疫球蛋白1651人。

【地方病和慢病防治及健康体检】 2016年，市疾控中心开展慢病常规监测，全市各级各类医疗机构通过死因登记报告信息系统报告死亡病例1.85万例，粗死亡率6‰。报告恶性肿瘤发病2250例，死亡2098例。创建全民健康生活方式健康支持性环境7个，开展主题宣传活动10余次，培训健康生活方式指导员600余人，利用电视、报纸、展板等开展宣传活动，发放宣传资料2万余份、健康支持性工具（控盐勺、控油壶等）1.2万支。东坡区巩固省级慢病综合防控示范区成果，仁寿县、洪雅县启动慢病综合防控示范区创建工作。东坡区、洪雅县开展农村癫痫防治管理项目。青神县开展国家成人慢病与营养监测。市级和洪雅县接受消除麻风病危害规划（2011—2020年）中期评估省级督查，指导洪雅县开展1例麻风病现症病人随访及密切接触者筛查。

完成2016年碘盐监测和碘缺乏病监测任务，全市碘盐覆盖率100%，碘盐中位数32.7毫克，碘盐合格率100%，合格碘盐食用率98%。东坡区、彭山区及仁寿县完成碘缺乏病监测，碘盐中位数25.78毫克，合格碘盐食用率100%，儿童尿碘中位数每升157.35毫克，甲肿率6%，孕妇尿碘中位数每升155.15毫克。开展以“科学补碘建设健康中国”为主题的碘缺乏病防治日宣传活动。洪雅县在燃煤污染型氟中毒监测中氟斑牙检出率0.49%，尿氟正常率100%，调查户中玉米、辣椒、腊肉均为自然干燥，不再以煤为燃料。东坡区、洪雅县开展碘缺乏病和地氟病健康素养促进行动项目并达到预期成效。完成各类从业人员健康体检5000余人，合格办证率100%。接待咨询服务9000余人，残疾从业人员免费体检10余人。

【霍乱、不明原因肺炎等传染病防控】 2016年，市疾控中心加强重点场所、重点人群霍乱等肠道传染病监测，全市未发现霍乱和疑似霍乱病例。在市人民医院（哨点医院）开展流感监测，全年报告流感样病例9929例，占门诊病例的2.06%，采样检测904例，检出B型流感病毒26例、季H3流感病毒30例、新甲H1流感病毒1例。开展不明原因肺炎、SARS及人禽流感预警病例主动搜索工作，未发现病例。开展登革热蚊媒监测，监测白纹伊蚊6次，布雷图指数维持在5以下，全市未发现登革热疫情。全市报告手足口病4946例，比2015年增长48.48%，其中重症手足口病41例，死亡1例。检测手足口病样本328份，检出阳性262份。

【寄生虫病防治】 2016年，全市报告疟疾病例9例，均为输入性病例，个案录入和疫点处置率100%。开展"4.26全国疟疾日"宣传活动，举办输入性疟疾疫情处置桌面推演。全市实现消除疟疾达标。东坡区、仁寿县、丹棱县、青神县开展疟疾媒介调查，仁寿县开展消除疟疾健康教育评估，东坡区、洪雅县、丹棱县、青神县开展土源性线虫病监测。

【其他病防治】 市卫生计生委制发《眉山市进一步加强精神卫生工作实施方案》《关于实施以奖代补政策落实严重精神障碍患者监护责任的实施意见》，落实全面筛查、治疗、管理、救助"四个全面"政策，仁寿县、洪雅县启动慢病综合防控示范区创建工作。

【疫情和传染病管理】 2016年，市疾控中心落实专人负责疫情信息管理、监控。全市所有建制乡镇卫生院及以上医疗机构实行网络直报。按周、月汇总分析疫情数据，形成疫情简报和主要传染病预测预报。全年全市发病数居前五位的分别是肺结核、乙肝、梅毒、丙肝和艾滋病。死亡43人（艾滋病37人、狂犬病3人、肺结核3人），比2015年增长2.38%。报告发病上升幅度较大的病种主要是布病、猩红热、乙脑、钩体和艾滋病。下降明显的病种为麻疹、伤寒和痢疾。加强传染病自动预警信息系统管理，全市预警信息428条，均响应。

【突发公共卫生事件应急处置】 2016年，市疾控中心加强突发公共卫生事件监测、培训和报告工作，强化应急物资储备。严格疫情值守制度，保证信息畅通，做到组织、人员、技术、物资"四落实"，开展卫生应急专业培训。及时跟进，规范处置，消除隐患，及时排除洪雅感染性腹泻及细菌性痢疾聚集性疫情。

【免疫规划】 2016年，市疾控中心开展预防接种规范管理专项活动，严格儿童入托入学预防接种证查验，强化流动儿童主动搜索管理。保持高水平常规免疫接种。全市免疫规划疫苗常规免疫各单苗报告接种率98%以上。组织完成省抽中的彭山区接种率抽样调查，基础免疫和加强免疫各疫苗接种率均在95%以上。强化疑似异常反应监测，全市报告AEFI病例177例，其中一般反应156例、异常反应13例、偶合1例、待定7例。维持脊灰、麻疹控制目标。全市集中开展适龄儿童含麻疹成份疫苗和脊灰疫苗查漏补种，脊灰疫苗补种率95.70%，麻疹疫苗补种率76.53%。做好AFP、麻疹监测，全市报告流调AFP病例13例，均为脊灰排除病例。报告疑似麻疹风疹监测病例71例，实验室确诊风疹1例，排除麻疹风疹病例报告率10万分之2.34。推进预防接种信息化建设。全面实施预防接种单位在线百度地图查询与服务。4月起，全市医疗机构产科开展新生儿预防接种信息录入，提高新生儿管理覆盖率，免疫规划目标儿童管理工作关口前移。推广互联网+预防接种信息化管理模式，利用手机预防接种APP构建接种医生（儿童家长）沟通信息渠道。全市建成数字化预防接种门诊8个。加强疫苗冷链管理。完成脊灰疫苗转换工作，做好三价脊灰疫苗回收处理，完成替换疫苗（二价脊灰疫苗和灭活脊灰疫苗）培训、宣传、下发接种等工作。妥善应对山东问题疫苗事件。做好新旧《条例》转换期间二类疫苗供应保障，规范二类疫苗采购与管理。加强一类疫苗常规管理，做好计划调节分配，防止疫苗断供、失效浪费。做好冷链设备维修、更新和管理，疫苗冷库安装实时温度监控系统。举办两期免疫安全与规范管理培训班，特邀国家、省专家授课，市县乡三级免疫规划专业人员480人参训。结合"4·25""7·28"宣传日，开展宣传。开设预防接种门诊家长课堂（妈妈班），提高家长免疫规划知识知晓率，促进医患和谐互信，组织参加全省第一届"家长课堂"宣讲比赛获优秀组织奖和三等奖。开展单项重点工作专项督导，评审复审"AAA"级预防接种门诊，指导预评东坡区、仁寿县免疫规划示范区创建。

【食品安全风险监测】 2016年，全市应监测食品样品327份，实际监测366份，完成各类食品委托样监测135件。全市开展食源性疾病病例信息采集和异常病例监测工作的哨点医院19个，区县全覆盖。区县疾控中心均参加食源性疾病（包括食物中毒）报告工作。全年11个哨点医院报告食源性疾病病例信息135例，食源性疾病暴发事件9起，发病61人，其中住院治疗47人。开展人群合理膳食指导，覆盖乡镇和街道办事处133个，覆盖率 100%，覆盖人群 158 万。监测水样 817 份，其中农村水样 668 份、城市水样 185 份，农村饮用水、市政集中式供水监测覆盖率和任务完成率均为 100%。完成各类委托水样监测 14 件。完成中心城区公共场所（类别涉及旅店、文化娱乐场所和理发店等）监测 60 家，合格 57 家；监测件数 562 件，合格 544 件；检测样品项数 1633 项，合格 1591 份。完成全市一次性卫生用品监测 15 家，监测环境样品 128 件，合格 124 件，监测产品样品 28 件，合格 27 件。完成中心城区医疗机构监测 4 家，全年监测 2 次，监测全覆盖，监测样品 157 件，合格 148 件。组织开展职业性放射性疾病监测、医用辐射防护监测和重点职业病监测。完成中心城区直管医疗机构从放工作人员每季度个人剂量计换发，换发个人剂量计 717 人份，个人剂量监测率 100%。组织东坡区和洪雅县疾控中心开展 4 所中小学校开展学生健康体检和教学环境监测，全市体检中小学生 1200 人，教室监测 12 间。全面完成病媒生物（鼠、蟑螂、蚊、蝇）密度监测。布放诱蚊灯 160 笼，捕获蚊 5104 只，蚊密度为每笼每小时 2.65 只；布放诱蝇笼 135 个，捕获各种蝇 128 只，蝇密度为每笼 0.93 只。布放鼠夹 6600 个，捕获各类鼠共 10 只，捕获率 0.15%。布放粘蟑纸 1980 张，侵害率 12.59%。

【卫生检验】 2016 年，市疾控中心加强实验室质量控制，完成仪器设备检定，规范开展平行测定、加标回收、质控样品等质控活动 260 次（项），参加国家、省级质控考核 39 项。完成 2015 年中财食品安全风险监测能力建设项目 9 套仪器设备安装验收、调试和培训；完成 2016 年中财结核病能力建设快速药敏鉴定系统采购项目和安装验收及人员培训；2016 年《食品安全监测能力建设（第二批）》项目设备采购进入招标程序。加强业务培训，举办全市寄生虫病防治技术竞赛短期培训班、艾滋病检测新规范（2015 年）培训班、结核病药敏培养实验室技术培训、尿碘检测方法现场培训、疟疾消除达标血片镜检技术培训。完成全市 20 个艾滋病筛查实验室和 46 个检测点考评，按 20%比例抽取检测单位开展督导和 1 个检测点验收。督导全市所有结核病痰检和培养实验室 4 次；现场考核 6 个区县疾控中心疟疾消除达标；完成成都中医药大学实习生 6 人带教实习任务。科学开展各项检验检测工作，完成美沙酮治疗门诊 HIV 初筛检测 274 人，检出阳性 19 人，确证阳性 3 人，即往阳性 15 人。开展梅毒检测，查出阳性 10 人，丙肝检测查出阳性 158 人。全市艾滋病筛查室送检样本 726 份，确证阳性 638 人。医疗单位要求治疗的 1159 例 HIV 感染者做 CD4 检测，检出需抗病毒治疗 258 人。对医疗单位开展治疗的 HIV 感染者 990 份样本，病毒载量检测 645 人，为临床治疗提供依据。完成流感病毒核酸检测 887 人份，查出甲型 41 份，乙型 26 份，禽流感病毒核酸检测 10 人份，无阳性结果。手足口病病毒核酸检测 328 人份，阳性 258 人份。开展环境监测 76 个样无阳性结果。麻疹、风疹核酸检测 20 人份，结果送省复核，复核区县疾控中心 77 份血清样结果。完成结核病药敏试验 65 份，疟疾血片复核 328 张。完成公共场所卫生样品检测 419 份。监测食品风险 250 个样 120 个指标，复核 30 个理化超标样。开展生活饮用水 236 个样 65 个指标检测，其中新开展检测项目 3 项。检测公共场所卫生 537 个样 3 个指标。检测医院消毒效果监测 135 个样 5 个指标的。检测一次性卫生用品消毒效果 41 个样 5 个指标。检测食品生产厂送检样品 132 个样 72 项指标。协助区县疾控中心检测完成农村饮用水 522 个样 7 个指标。指导区县疾控中心检测尿碘 900 个样、水碘 10 个样。从业人员健康体检肠道致病菌 5663 人次。

（市卫生计生委）

妇幼保健

【孕产妇管理】 2016 年，全市孕产妇系统管理率 98.58%，高危孕产妇管理率 100%，全市孕产妇住院分娩活产 2.73 万人，住院分娩率 99.98%，机构剖宫产率为 42.59%。全市孕产妇死亡率是 13.29/10 万。艾滋病、梅毒、乙肝感染孕产妇管理率 100%。

【婴幼儿管理】 2016 年，全市婴儿、5 岁以下儿童死亡率分别为 3.59‰、5.38‰。全市 7 岁以下儿童保健覆盖率 97.41%，3 岁以下儿童系统管理率 97.93%，6 个月内纯母乳喂养率 84.51%。艾滋病、梅毒、乙肝感染孕产妇所生的儿童管理率 100%。

【新生儿管理】 2016 年，全市新生儿遗传代谢病筛查采血 2.7 万人，筛查率 99.09%。听力筛查 2.23 万人，筛查率 81.64%。全市领取《出生医学证明》2.84 万张，废证 156 张。

【妇幼保健卫生】 2016 年，市妇幼保健院组织开展妇幼卫生重大项目，妇女病“两癌”（宫颈癌、乳腺癌）筛查、“三病”（艾滋病、梅毒、乙肝）项目、“免费婚前医学检查”“新生儿疾病筛查”，组织产儿科适宜技术、儿童母婴保健技术、重大项目等培训 10 余次，培训市、区县级妇幼保健人员1000余人次。开展全市妇幼卫生质控、工作督导10次182人，召开妇幼保健工作例会、孕产妇、新生儿死亡评审、病残儿鉴定、计划生育手术并发症鉴定12次。宣传妇幼保健知识，健康教育工作督导6个区县2次，制作教育传播资料6种，发放宣传资料1.49万份，开展健康教育宣传活动11次。

【妇幼保健】 2016年，市妇幼保健院通过三乙复评，洪雅县妇幼保健院创建二级乙等妇幼保健院，创建爱婴医院3家。开展免费计划生育手术9000例，妇女病普查96万人，查环查孕110.05万人次，病残儿医学鉴定10人，计划生育手术并发症市级复核鉴定15人。强化卫生应急管理，全市卫生计生部门、疾控机构、二级以上综合医院全部设立应急科室，配备应急队伍装备40套，组织开展专业培训1次。编制《眉山市突发中毒事件卫生应急预案》《眉山市卫生应急工作手册》，开展卫生应急综合演练4次。

（市卫生计生委）

眉山市人民医院

【“三甲”医院创建】 2016年，眉山市人民医院开展“三甲”医院创建。10月，经省卫计委医院评审委员会组织评审组评审合格，成为国家三级甲等综合医院。

【公立医院改革】 2016年，眉山市人民医院按照市政府办公室《关于眉山市城市公立医院综合改革试点工作实施方案》，10月1日零时起，实施以“取消药品加成”为主的城市公立医院综合改革。开展城乡医院对口支援，派遣医务人员10人赴小金县和金川县开展对口支援。通过采取多种支援模式，提高受援医院能力。派出专家组赴金川县和小金县指导医院“二甲”创建和复评迎检。成立双向转诊服务窗口、制定双向转诊服务流程，逐步规范双向转诊。9月，医院开通互联网+医联体远程会诊系统，建立以本院为核心，眉山中铁医院、青神县人民医院，洪雅县人民医院三家医联体联盟医院开展远程会诊机制。

【医疗服务】 2016年，眉山市人民医院开展微信公众号预约服务，实施预约挂号、分时段就诊，微信支付费用、提供专家门诊出诊查询、检验报告查询等便民措施。通过微信预约挂号、门诊大厅现场预约挂号、自助挂号机预约挂号等方式实施预约诊疗服务，缓解群众看病难问题。在门诊部各诊室和药剂科窗口安装叫号系统，安装影像报告和化验单自助打印系统，解决患者看病“三长一短”现象。

【医疗质量管理】 2016年，眉山市人民医院修订完善医院工作制度、岗位职责、诊疗常规和技术操作规范。重新清理医疗技术目录。申请备案开展临床基因扩增检验实验室及包括三级以上普外科内镜在内的22种限制临床应用的医疗技术。修订完善2015年版医疗质量控制指标体系。全院开展近21专业81个病种临床路径工作。4月开通单病种质量管理直报系统，规范医疗行为，提升同质化医疗水平。加强医院25个市级医疗质量控制中心建设，通过技术指导培训，严格监督考核，提高基层医疗机构质量管理与质量控制能力。

【科研教学】 2016年，眉山市人民医院申报市级科研立项9项，《眉山市住院患者急性肾损伤流行病学调查及分析》申报省卫计委科研立项。获得市级科技进步奖3项，市级科研成果鉴定4项。全年举办6项省级、5项市级继教培训。获准为四川省护士规范化培训基地。医院检验科通过省级医学重点专科立项评审，消化内科、内分泌科、神经内科通过市级医学重点专科立项。心内科、胃肠外科、肝胆胰乳腺外科、妇科、产科、骨科、呼吸内科通过市级甲级重点专科的动态管理评审。

【人才队伍建设】 2016年，眉山市人民医院落实“人才兴院、科技强院”战略，加大人才引进与送培力度。全年招聘人员38人，其中专业技术人员27名。落实省市人才“引智”行动，引进德国肾内科透析专家1人。引进中组部博士服务团成员心胸外科博士1人。全年选派医护人员59人前往上级医院进修、专培，安排260余人次参加外出短期培训。

【健康扶贫】 2016年，眉山市人民医院，制订《眉山市人民医院健康扶贫医疗卫生保障实施方案》。在门诊大厅、住院入院处设置健康扶贫知识宣传栏，通过简单易懂的言语就健康扶贫工作重点知识，提高贫困患者认知度；贫困人口就诊精准识别率100%。在25个科室设置50张病床作为贫困人口就医专用病床；所有建档立卡贫困患者在本院就诊，实行先诊疗后结算制度，不缴纳住院预付款，住院报销不设起付线。9月12日，本院县域内建档立卡贫困人口住院实现个人住院费用“零支付”。

【业务数据】 2016年，眉山市人民医院门诊102.40万人次，比2016年（下同）增长13.2%；出院4.56万人次，增长3.9%；手术2.09万台次，增长14.1%；急诊6.60万人次，增长17.2%；体检2.25万人次，增长25.2%。

（杨柳）

眉山市妇幼保健院

【概况】 2016年，市妇幼保健院有职工235人，其中卫生专业技术人员194人。全院有开放床位100张。9月，建成一星数字化医院。11月，通过三级乙等妇幼保健院等级复评。

【业务数据】 2016年，全院收治门诊病人23.19万人次，比2015年（下同）增长19.5%；收治住院病人6199人次、下降4.9%；住院手术1901例、增长123例；抢救危急重症718人次，危重病人抢救成功率99.58%；床位使用率90.32%，平均住院日4.94天。

【妇幼管理】 2016年，全院孕妇建卡3568人，比2015年增加111人，孕产妇保健3.78万人次。生产活婴3155人，儿童保健建卡3671人，儿童保健3.22万人次。院内孕产妇艾滋病、梅毒和乙肝检测率100%；艾滋病感染产妇抗病毒药物应用率100%，感染产妇所娩婴儿抗病毒药物应用比例100%；乙肝表面抗原阳性孕产妇所娩婴儿乙肝免疫球蛋白注射率100%。全年签发《出生医学证明》3028张，换发13张，废证5张。6月，开展免费产后亲情式家庭访视服务活动，由妇女保健科和儿童保健科医务人员上门服务，开展产妇和新生儿常规体检及健康指导，促进母婴健康，家庭访视84人。

【学科建设】 2016年，儿童保健科新开展口腔涂氟防龋、6月龄婴幼儿眼病筛查、过敏原检查及弱视治疗。医学影像科新开展4D输卵管造影。新生儿科提供早产儿精细化护理，模拟宫内环境，提高安全感，使用水床防皮肤压伤，预防呼吸暂停发生；建立自体母乳库，接收住院患儿母乳，开展母乳喂养，降低早产儿及危重儿喂养不耐受情况。

【科研带教和对口支援】 2016年，新生儿科被授予市级甲级重点专科。医院设立医学科研伦理委员会。“不孕症患者中盆腔结核发病情况及诊治的临床研究”获市级科技进步奖二等奖。12月，启动与国家卫生计生委医药卫生科技发展研究中心合作课题“维生素A、D水平与孕期子痫前期相关性研究”。全年医院接收进修生19人，实习生44人。外派对口支援医疗机构10人。

【人才队伍建设】 2016年，全院加强人才引进和招聘，招聘各类技术人员24人，完成公招人员7人聘用。引进硕士研究生2人（含高级职称1人），2人参加华西医院专科护士培训，4人参加省三级医院进修学习。派出参加各类短期学习班、研讨会70余人次，组织全员讲座，传授新知识、新技术，加强中青年骨干培养。

【公立医院改革】 2016年，眉山市妇幼保健院制定《眉山市妇幼保健院城市公立医院综合改革试点工作实施方案》。制发《眉山市妇幼保健院关于取消药品加成调整医疗服务价格的通知》，10月1日零时起实行药品零差率销售（中药饮片除外），调整8项医疗服务价格。

（市妇幼保健院）

眉山市中心血站

【采供血】 2016年，眉山市中心血站自愿无偿献血采集率100%，自愿无偿献血1.9万人次，献血731.98万毫升；其中400毫升献血1.75万人次，献血比例92.06%；农村自愿无偿献血7808人次，献血比例41.01%；红细胞分离率99%。献血量比2015年增长7.15%，千人口献血率12.70‰。血液分离率99.51%。全年供应临床红细胞类665.36万毫升，成分血比例99%；供应血浆418.51万毫升；供应冷沉淀41.88万毫升；供应浓缩血小板125.76万毫升。红细胞类供应量增长5.46%。

【无偿献血宣传招募】 2016年，眉山中心血站完善无偿献血志愿者服务管理。招募注册志愿者44人，培训志愿者6次，有志愿者145人参加无偿献血志愿宣传服务。“3·5雷锋日”“6·14世界献血者日”等节日，组织“捐献血青春热血托起生命的希望”“世界献血者日为爱助跑”“人民公仆奉献热血”等大型无偿献血宣传主题活动30余次，发放宣传资料3万余份，1885人次参加无偿献血，采集血液63.76万毫升。在各区县组织团体献血活动，制定献血周计划、月计划和年度计划，每周、每月统计分析，及时与献血办沟通，保证血液库存量，满足临床用血需要。举办血站开放日活动。举办“血站开放日”活动，4名新闻媒体界代表和40名四川科技职业学院的学生代表到血站了解采供血工作。开展无偿献血知识宣传进校园系列活动。在四川大学锦江学院、四川科技职业学院等高校开展无偿献血知识宣传讲座6次。提高全市青少年无偿献血意识，培养乐于奉献、互助互爱优良品质，促进无偿献血工作可持续发展。通过报刊、电视、网络等新闻媒体宣传无偿献血，在中国输血协会网、四川新闻网、眉山日报、文明眉山网站等媒体报道32篇。及时报道献血情况及感人事迹。

【稀有血型献血管理】 2016年，眉山市中心血站召开第十三界稀有血型联谊暨招募培训会，稀有血型代表、市卫生计生委领导、各区县献血办负责人等80余人参加。表彰2015年应急献血先进个人48人，通过表彰培训，让稀有血型献血者了解无偿献血相关法律法规知识，提高献血热情。建立稀有血型应急档案库，新登稀有血型献血者55人，全市在册并保持通讯联系献血者150人，组织稀有血型应急献血58人次，稀有血型献血二次以上献血比例占51.33%，保证全市稀有血型病人用血及时、安全、足量。

【质量管理】 2016年，眉山中心血站执行《血站管理办法》《血站质量管理规范》《血站实验室质量管理规范》，保证血液从采集到发放严格执行《血站技术操作规程（2015版）》及血站质量体系文件等规范要求，全年无质量事故发生。加强血液检测，无漏检、错检，预防经血传播疾病的发生。全年酶免检测标本1.88万人份，核酸检测标本1.61万人份，检测符合率100%。定期召开质量分析会，汇总和针对性分析质量状况，分析、改进出现不合格项。全年召开质量分析会6次。强化体系运行监控。每月从人、机、料、法、环、信、监等方面监控血液采集、血液制备、血液检测、血液储存和供应等采供血全过程尤其是各环节关键控制点和涉及的全部工作场所。计算机信息系统审核验证数据修改和维护申请共23份，确保数据准确和系统可操作性。按计划开展质控工作，全年抽检血液、采供血关键物料、关键设备、工艺卫生等1729次，统计分析结果。加强不合格项和不合格品管理。发现不合格项12项，均按程序处理。落实验证近50项（包括提高性改进）改进措施。组织内审，邀请成都市血液中心、绵阳市中心血站和资阳市中心血站专家参加眉山血站内审，接受国家卫生计生、省血液管理中心分别组织的“血液安全技术核查”，改进检查中提出的问题。完善站内交叉感染的组织构架和流程，防止站内感染和职业暴露发生。

【教育培训】 2016年，眉山市中心血站组织站级培训10次27学时，培训内容包括职业道德教育、临床输血新知识新观念、临床咨询、征询体检、消防安全知识和演练等。科室培训50学时以上。组织卫技人员58人参加远程继续医学教育培训，取得相应学分，参学率100%。参加国家级培训9人，省级培训9人，市级培训4人。3人取得全国血站核酸扩增检测实验室技术人员培训合格证，4人取得医院感染管理岗位培训合格证。卫技人员继教学分达到25分，学分构成比例符合要求。组织专业技术人员57人参加继续教育公需科目网络培训并取得合格证。制定采供血机构从业人员资格考试方案，考核3名新进人员输血相关法律法规、血站规章制度、安全与卫生、签名的法律责任、医德医风等。

【临床输血质控中心管理】 2016年，眉山市中心血站提供储血点和医疗机构临床用血相关业务技术支持，推广科学合理用血和指导临床输血。回复临床咨询13份，处理血液临床反馈信息35份。制定《眉山市新开展临床输血的医疗机构风险评估标准》《眉山市临床输血质控中心管理办法》《严重输血不良事件报告制度》，开展洪雅骨科医院、眉山口腔医院、青神东城医院输血技术工风险评估；技术指导仁寿鳌峰骨科医院输血科建设工作。指导仁寿县成立临床输血质控分中心。举办眉山市临床输血质量控制培训会，特邀四川省临床输血质量控制中心主任、四川省人民医院检验科副主任饶绍琴教授和血液内科王晓冬教授现场授课。全市二级以上医疗机构输血科、内科、外科、妇科临床医生及血站工作人员80余人参加培训会。

（眉山市中心血站）

人民生活与社会保障

People's life and social security

主要商品价格

【成品油】 2016年上半年，全市成品油价格主要受国际原油市场中非洲、南美、中东等石油国地缘动荡以及加拿大野火肆虐造成原油供应减少，以及美国原油库存大幅下降、页岩油成本高生产缩减等因素影响，除年初下降外基本呈上涨，下半年受市场供应过剩、美元间歇性走强、欧佩克可能达成冻产协议的消息持续发酵等因素影响，震荡比上半年频繁，全年成品油价格运行呈5降10涨，震荡运行后呈上涨走势，年底全市成品油93号、97号汽油、0号柴油每升价格分别为6.39元、6.89元、6.05元，综合均价每升6.33元，比年初上涨16.79%，比2015年（下同）同期上涨14.67%，全年均价每升5.73元、跌3.37%，成品油全年均价与上年一样呈下降趋势，幅度与上年比收窄。

【建材】 2016年，受供给侧改革、原材料价格上涨以及公路治理超限等因素影响，建材价格总体呈现上涨。其中水泥价格上半年受供需比较稳定呈先扬后抑小幅震荡走势后略有上涨，下半年主要受原材料价格上涨以及公路治理超限等因素出现持续上涨，12月趋稳，全年年初和7月水泥价格最低，年底最高。12月32.5、42.5强度水泥价格每吨分别为420元、490元，与1月和上年同期比分别上涨31.25%、28.95%，全年均价每吨分别为349元、413元，比2015年均价分别上涨9.06%、12.23%。

平板浮法玻璃价格上半年除4月份受成本、市场略有复苏等因素影响，出现小幅上涨，其它时间运行稳定，下半年7月受需求不足出现小幅下降，9月受公路治理超限等因素影响出现较大幅度上涨，之后运行稳定，年底平板浮法玻璃价格为每平方米25元，比年初上涨19.05%，比上年同期上涨8.70%，全年均价每平方米23元，比上年同期上涨4.55%。

胶合板、密度板价格1~10月运行稳定，11月受公路治理超限等因素影响出现上涨，年底胶合板、密度板价格分别为每张61元、98元，比年初和上年同期上涨8.93%、3.16%，全年均价每张57元、96元，比上年分别下降1.72%、上涨1.52%。

【水电气】 2016年1月和6月，眉山市工业用电价格进行2次下调，最后下调后工业用电（普通工业）价格每千瓦时0.85元，比2015年底降幅度1.73%。其它工业用水、非居民生活用天然气价格全年运行稳定，价格分别为每吨4元、每立方米2.56元。

【化肥】 2016年，化肥价格受供应过剩、需求不足、出口不利等因素影响，比上年年呈弱势运行态势，无论是春耕备耕生产期间，还是其它季节化肥价格均无好转趋势，年初至年底基本呈下跌走势，个别品种中途略有反弹，但均显乏力。12月监测的化肥中尿素、碳酸氢铵、过磷酸钙、氯化钾、复合肥（三元，氯基，含氮磷钾各15%）、复合肥（三元，硫基，含氮磷钾各15%）均价分别为每千克1.8元、0.69元、0.67元、3.18元、2.38元、2.86元，与1月同期相比分别为下降4.76%、持平、下降1.47%、1.24%、12.82%、7.74%。1~12月化肥综合均价每千克1.96元，比上年下降5.31%，与前几年相同全年化肥总体水平呈连续下跌态势。

【生猪、仔猪】 2016年，生猪、仔猪价格与往年比处于历史较高价位，其中受产能下降、阶段性供应不足、环比压力以及节日效应等因素影响，上半年眉山市生猪、仔猪价格基本呈持续上涨走势，而仔猪价格涨幅比生猪大。到下半年第二季度受供应趋缓生猪价格结束上半年上涨走势，呈现小幅震荡后季初与季末比基本持平，而仔猪价格继续呈小幅震荡上涨，比上半年涨幅收窄，之后生猪、仔猪价格呈现下降。接近年底12月受需求增加生猪、仔猪价格略有反弹。其中6月生猪、仔猪价格处于全年最高价位，最高价位分别为每50千克1052元、每千克31.56元，比全年最低时增长25.24%、75.72%，年底生猪、仔猪价格分别为每50千克898元、每千克20.84元，比年初分别上涨1.70%、16.04%。全年生猪、仔猪周报均价每50千克942元、每千克24.96元，比上年均价上涨21.86%、46.31%。

【玉米】 2016年，总体受玉米供大于求因素影响，玉米价格处于监测历史低位。全年总体运行呈下跌态势，中途受运输到货多少、新陈玉米季节上市等因素影响，出现小幅涨跌。其中上半年基本持续下降，第三季度有所回升，第四季度又出现下降。全年最低价位处于10月份的每千克2.05元，比年初最高时降17%。年底均价每千克2.08元，年初降15.45%，全年周报均价每千克2.23元，比上年均价降18.61%。

彭山区青龙玉米批发市场监测情况，上半年1～5月比较平稳，在每千克2.06元附近小幅变化，6月受陈玉米逐渐减少等因素影响出现明显上涨，最高上涨到每千克2.22元，最低时每千克2.02元，增长9.91%，9月后受新玉米上市水分含量高出现下降，接近年底11、12月又运行比较平稳。全年震荡运行后年底与年初相比呈现下降，降幅2.40%，年底价格每千克2.03元，全年玉米批发均价为每千克2.09元，比上年下降14.69%。

麦麸价格除1月出现小幅上涨，在2、3、6、10月份出现小幅下降外，其他月份运行稳定，12月价格为每千克1.93元，比1月降13.45%，全年均价每千克2.03元，比上年均价降12.5%。

育肥猪配合饲料批发价监测期间均价为每千克3.07元。

【农药】 2016年10月出现小幅涨跌外，其它时间段运行稳定，全年运行后年底比年初略有下降，12月多菌灵、草甘膦异丙胺盐、阿维菌素、乙草胺价格为每100克3元、每100毫升4.15元、7.9元、8.57元，比年初分别下降6.25%、2.35%、1.86%、0.35%。全年均价除草甘膦略有上涨，其它均略有下降。

【农膜】 2016年，农膜中的棚膜、地膜价格全年除3月出现小幅上涨，其它时间段运行稳定，上涨幅度分别为1.13%、0.66%，全年均价分别为每千克15.14元、15.28元，比上年分别上涨0.93%、下降1.61%。

农资中水稻、玉米种子价格监测期间运行稳定，综合均价为每千克54.75元、28.63元，比上年上涨2.45%、2.69%。

【油菜籽】 2016年，全市油菜籽前期长势好，油菜籽总产量10.46万吨，比2015年（下同）略增，加上油菜籽收购政策由中央转到地方，不再实行临时收储政策，眉山市油菜籽收购价格水平呈下降，在收购期间呈小幅上涨走势，最后一期收购均价为每50千克237元，比第一期收购均价比上涨5.33%，整个收购期间收购均价为每50千克233元，上年同期收购均价相比下降8.27%。

【桑蚕茧】 2016年，受桑蚕茧收购期间不同季节质量影响，眉山市桑蚕茧收购期间收购价格呈小幅下降走势，最后一期收购均价为每50千克1581元，第一期收购均价下跌9.66%。受2016年桑蚕茧产量有所下降，以及丹棱县申报现代茧业基地县抬高收购价格等因素影响，眉山市桑蚕茧收购价格水平比2015年（下同）呈上涨，收购期间平均收购价为每50千克1642元，上涨10.42%。

【居民服务】 2016年，眉山市城市居民服务价格大部份保持稳定，部份有所变化。公路货运价格受上半年成品油价格呈上涨影响，公路货运价格7月出现上涨，涨幅5.80%；下半年成品油价格小幅有涨有跌，监测期间公路货运价格运行稳定。全年公路货运均价为每吨公里0.71元，比2015年降10.13%。

宾馆住宿价格。与往年运行态势基本一样，2016年宾馆住宿价格在春节、国庆两个重大节假日期间出现上涨，节后很快又恢复原价（眉山宾馆普通标间平常时间保持每间158元），春节、国庆上涨幅度不同，其中春节期间普通标间上涨为每间196元，涨幅24.05%，国庆期间普通标间上涨为每间168元，涨幅6.33%。

医疗服务价格。医疗服务价格中人均门诊费用、人均床日费用全年运行呈小幅震荡，最后一期监测的均价为每人次212元、每床日975元，比1月分别下降12.03%、上涨8.09%，全年监测期间均价为每人次220元、每床日952元，比2015年分别下降1.93%、上涨10.37%。

2016年10月1日零时起，全市实行药品零差率销售（中药饮片除外），调整部分医疗收费项目，其中监测的诊察费、床位费、护理费分别调整为每人次13元、每床日18元、每天26.00元，涨幅为160%、50%、85.71%，为多年来首次调整。

农贸市场摊位费。2016年集市摊位租金仍然稳定，但摊位卫生费比上年略上涨，影响农贸市场摊位费出现小幅上涨，上涨后均价为每月平方米 184 元，比 2015 年上涨 1.33%。

居民服务价格中的交通运输中的公交车普票、出租车租价、长途客运；居住中的物业服务费、居民用水用电、污水处理费、管道天然气、液化石油气；电信电视中的座机、手机资费、电视收视费、上网费；医疗中的注射费、手术费、放疗费、检查费、检验费；教育中的高中学费、托儿保教费（公立）；旅游中的景点门票、停车费，全年运行稳定，与 2015 年价格持平。

【粮食】 2016 年 11 月前供需平稳，全市粮食价格运行稳定，接近年底市集贸市场粮食进价有所上涨，影响粮食均价略有上涨，超市粮食价格除促销外全年都稳定。年末眉山市大米、珍珠米、面粉均价分别为每 500 克 2.36 元、3 元、2.35 元，比年初和 2015 年同期上涨 4.42%、1.01%、持平，全年均价比上年面粉持平，其它略有上涨。

【肉类】 2016 年，受生猪供应阶段性不足影响和节日效应影响，第一季度猪肉价格震荡频率和幅度相比 2015 年同期加大，处于较高价位，比 2 月最高上涨到每 500 克 17.75 元，比当月最低时上涨 14.52%，二季度较平缓。下半年受生猪供应逐渐趋缓，基本呈稳中下降走势，12 月受制做腌腊制品需求增加略有上涨，全年震荡运行后，年底比年初上涨 1.67%，年底猪肉（肋条肉）价格为每 500 克 15.25 元，全年均价每 500 克 15.79 元，比 2015 年上涨 18.37%；鸡肉、牛肉价格全年运行稳定，均价分别为每 500 克鸡肉（鸡场鸡）14.5 元、牛肉（牛腩）29.5 元，全年均价与 2015 年持平。

【淡水鱼】 2016 年，全市淡水鱼价格全年总体运行基本稳定，鲫鱼在 2、5 月受供应偏紧、进货困难分别出现两次上涨，最高涨到每 500 克 12 元，比年初比上涨 26.32%，到年底呈稳中下降走势。草鱼、花鲢价格与上年比涨跌幅度基本相同，呈小幅涨跌。12 月，以上三种鱼类每 500 克均价分别为 11 元、8.5 元、9.5 元，比年初分别上涨 15.79%、持平、持平，全年均价为 500 克 10.96 元、8.5 元、9.63 元，比上年分别上涨 14.17%、持平、上涨 0.73%。

【食用植物油】 2016 年，受成本变化影响，厂家相应调整食用植物油价格，食用植物油价格中调和油、桶装菜籽油除上半年 4、5 月分别出现小幅上涨、下跌外，其他时间段运行稳定，12 月调和油、桶装菜籽油均价为每 5 升 60 元、68.4 元，比年初和上年分别上涨 5.45%、下跌 1.27%，全年均价分别为 5 升 58.97 元、69.93 元，调和油比上年上涨 1.82%、桶装菜籽油基本持平。

【鸡蛋】 2016 年，全市鸡蛋价格走势震荡相对趋缓，其中上半年受春节、端午期间消费等因素影响出现上涨，之后受节庆需求下降出现下降，上半年运行后呈震荡下降走势，下半年受前期天气热，产蛋量下降，后期中秋节对鸡蛋需求增加等因素影响，基本呈上涨走势，全年震荡运行后基本持平，最高价格 2 月每 500 克 5.5 元，最低价 8 月 4.25 元，年底鸡蛋价格每 500 克 4.9 元，比年初下降 6.67%，2015 年下降 2%，全年均价每 500 克 4.66 元，比 2015 年下降 9.86%。

【蔬菜】 2016 年，受气温、季节上市、节假日效应等因素影响，蔬菜价格全年震荡后基本持平，气温对蔬菜价格影响较大。第一季度受寒冷天气、春节消费习惯等因素影响，蔬菜价格出现持续较大幅度上涨，春节后受前期低温气候影响供应偏少比 2015 年下降不多，综合均价仍在较高价位运行。2 月蔬菜价格最高，周报月均价每 500 克 3.86 元，第三季度受雨季、持续高温等因素影响，监测的蔬菜品种综合均价呈持续上涨走势，到年底蔬菜价格受供应趋缓趋于回落，1~12 月监测的其中 10 类（油菜年初、年底才有）蔬菜周报月综合均价分别为每 500 史 2.75 元、3.86 元、3.81 元、3.15 元、2.37 元、2.26 元、2.44 元、2.67 元、2.95 元、3.39 元、3.25 元、2.78 元，全年综合均价每 500 克 2.97 元，比 2015 年上涨 9.59%，上涨幅度比 2015 年略有扩大，且处于较高价位。

【其它主副食品】 2016 年，监测的调味品和调料类中大蒜（瓣蒜）第一季度受前年大蒜价格偏低，主产区种植积极性下降，产量减少造成供应持续偏紧，承接前期持续小幅上涨趋势继续上涨，涨幅加大，之后受供应趋缓持续回落。下半年受供应不足等因素影响呈持续上涨态势，12 月出现趋稳迹象，年底处于最高价位为每 500 克 9.16 元，比年初最低时上涨 40.92%，全年均价为每 500 克 7.91 元，比 2015 年上涨 90.14%；全年花椒价格运行呈稳中上涨，11 月涨到每 500 克 82.67 元，涨幅 18.66%，其它时间段运行稳定，全年均价每 500 克 71.84 元，比 2015 年上涨 7.40%；全年方便面、干辣椒价格运行稳中下降，各自在 7 月、10 月出现下降，降幅分别为 16.67%、9.20%，全年均价分别为每袋 2.75 元、每 500 克 24.75 元，比 2015 年分别上涨 4.56%、下降 6.39%；全年价格稳定的是矿泉水、食用盐、豆腐，保持在每瓶 1.55 元、每 500 克

3.75元、每500克1.50元，全年均价食用盐上涨17.92%，其它均持平。牛奶、白砂糖价格运行较稳定，个别月份小幅调整后恢复原价，其它时间段运行稳定，全年均价分别为每盒2.99元、每500克（袋装）9.29元，比2015年分别上涨2.04%、1.53%；生姜（老姜）价格全年呈小幅震荡向下，年底均价每500克4.08元，比年初下降16.90%，全年均价每500克4.12元，比2015年分别下降30.05%。

（发展改革委）

2016年2月26日，眉山市新春大型招聘会在激情广场举行

社会事务

【殡葬管理】 2016年，加强农村公益性公墓建设管理，全市建成农村公益性公墓20个。市委办、市政府办印发《关于全域推行绿色殡葬的实施意见》，明确总体目标和具体任务，建立领导小组，召开全市绿色殡葬工作推进会。各区县制定推行绿色殡葬贯彻实施意见。洪雅县制订农村公益性公墓建设规划，在高庙镇和柳江镇试点，彭山区莲花公墓、东坡区金顶山公墓、仁寿县飞泉山公墓等社会公墓制定规划方案，推进墓区公园化、景区化、生态化。四川省将眉山作为省级节地生态安葬试点地区。3月1日至4月4日，全市祭祀人员44万人次，出场机动车辆7万余台次。加强殡葬改革宣传，市民政局、彭山区民政局在莲花公墓举办“纪念毛泽东等老一辈革命家签名倡导火葬60周年暨眉山市第四届集体公益生态葬仪式”，营造殡葬改革良好环境；引导媒体加强宣传，重点宣传殡葬管理法规政策和殡葬改革重大意义，宣传惠民殡葬、绿色殡葬、和谐殡葬；汇编《2016·清明眉山影响》，宣传“文明祭扫、生态殡葬”。市殡仪馆开展国家级殡仪服务标准化试点，开展文明单位创建活动，提升服务质量和水平。全市免除基本丧葬费8762人695万元；火化遗体1.67万具，火化率77%，火化区火化率95%以上。彭山区、洪雅县、丹棱县、青神县实现全民惠民殡葬，东坡区、仁寿县免除面90%。

【未成年人保护】 2016年，全市推广仁寿县“1685”工作模型，形成“政府+社会+家庭”三位一体未成年人社会保护格局。4月起，全市开展农村留守儿童摸底排查，一人一表建档立卡，形成农村留守儿童数据档案库。摸底排查出农村留守儿童2.56万，其中未登记户口218人、患病及残疾474人、家庭经济情况困难1395人、家庭监护情况较差2568人。在全市开展农村留守儿童“合力监护、相伴成长”关爱保护专项行动，市民政局联合相关部门开展“五落实一行动”（落实家庭监护责任、强制报告责任、临时监护责任、控辍保学责任、户口登记责任，开展依法打击遗弃行为行动），通过购买社会组织服务，开展摸排出的监护状况较差留守儿童2568人一对一需求评估、精准关爱、结对帮扶、监护能力提升，整合政府、企业、社会组织、爱心人士等资源，构建留守儿童健康成长保护网络。市政府在东坡区富牛小学举行“合力监护相伴成长”眉山市农村留守儿童关爱保护项目启动仪式，促进留守儿童保护。

【救助管理】 2016年，全市实施流浪未成年人和老年人主动保护性救助，街头救助经常化。成立眉山市反家庭暴力庇护中心，做好寻亲服务、滞留人员安置和家庭暴力受害人庇护救助工作。组织开展“寒冬送温暖”“夏季送清凉”“6·19救助机构开放日”等专项救助活动。规范管理使用救助补助资金。完成全市农村留守儿童入户调查。全年全市救助流浪乞讨人员4345人，其中未成年人234人。仁寿县救助站被省厅评为“四川省救助管理文明单位”。

【婚姻登记】 2016年，全市办理国内结婚登记3万对，离婚登记1.21万对，补领结婚登记1.88万对，补领离婚登记799对，补录婚姻历史数据56.85万件。规范婚姻登记记录证明出具工作，婚姻登记合格率100%。推进婚姻登记工作标准化、信息化建设，组织参加婚姻登记员培训，改善和提升婚姻登记窗口服务环境。开展结婚颁证仪式、婚姻家庭辅导服务、和谐婚姻文化建设。加强婚姻登记高峰期应急管理，推行法定节假日和特殊日婚姻登记预约制。开展数据补录，区县完成建国以来婚姻登记档案历史数据补录工作。加强婚姻登记与公安、法院等部门数据共享。市民政局市广播电视台、市妇联主办“2016金秋·我们相爱吧”大型相亲活动，倡导婚恋文明、弘扬社会新风，共创和谐社会。丹棱县婚姻登记免工本费。

【收养登记】 2016年，全市完成9个收养家庭评估和7例送养（国外送养3对）工作，形成初具规模的收养评估体系，为省厅制定省级收养能力评估工作规范提供实践经验。落实生父母有特殊困难无力抚养的子女和社会散居孤儿收养相关政策。全市办理国内收养登记41件，收养登记合格率100%。

（市民政局）

社会保险与保障

【五险统征】 2016年，完成全市“五险统征”机构、人员、经办整合，全市参保企业实行“五险”统一征收。

【机关事业单位养老保险】 2016年，全市推进机关事业单位养老保险改革，完成近10万人的数据清理。

【医疗保险】 2016年，全市提高医疗保险报销封顶线，城镇职工、城乡居民医保每年最高限额分别达每人25万、20万元。制定系列居民医保惠民政策，下调乙类药品和诊疗项目自付比例，探索精神疾病专科病人住院医疗费用按床日付费，打破报销比例限制等。

【建档立卡贫困人口医疗保障】 2016年，开展政府为全市12.1万建档立卡贫困户代缴补充医疗保险，实行门诊特殊救助“一卡一窗一站式”费用结算贫困人口县域内“零支付”，政府兜底资金额度居全省前列。

【医保智能审核】 2016年，全市开展医保智能审核，完善驻院代表管理制度，追回违规违约费用420余万元，减少医保基金开支1000万余元。

【异地就医即时结算】 2016年，推进异地就医即时结算，全市异地就医备案1.4万人，支付医疗费用5623万元。

【大病保险】 2016年，全市城乡居民大病保险基本覆盖，为1.2万人报销大病费用5801万元。

【工伤保险】 2016年，全面执行建筑行业参加工伤保险制度，全市新开工项目参保率100%。实行工伤保险浮动费率管理，行业风险类别由三类划分为八类，调整基准费率及费率浮动办法。

【稳岗补贴】 2016年，推进“三去一降一补”工作，全市安置计划内去产能企业职工740余人；降低企业养老保险、失业保险和生育保险缴费费率，累计为企业减负1亿余元；发放稳岗补贴709万元，惠及职工1.3万人。

【基层平台建设】 2016年，加强基层平台标准化建设，全市清理公共服务项目，制作服务项目办事指南，标准化率98%。44项经办服务项目向乡镇（街道）延伸。

【信息网络、咨询平台建设】 2016年，全市制发社会保障卡310万张。“12333”人社服务热线运行，接受咨询8.4万次。

【劳动保障监察】 2016年，全市排查矛盾纠纷突出问题62个，涉及金额1.4亿元。严重拖欠工资的11家企业和6名承包人媒体曝光通报。及时处理企业欠薪、欠保问题，受理案件903件，为1.2万人追讨工资1.09亿元。

【劳动人事争议调解仲裁】 2016年，深化“诉非衔接”，全市受理仲裁案件2416件，涉案金额6779万元，调解成功率90.6%，到期结案率100%。

【依法行政】 2016年，成功创建“眉山市依法行政示范单位”。开展劳动人事法律法规“七进”活动40余次，受理信访事项1537件，办结率100%，息诉息访率96%。市人社局被省委省政府表彰为法制宣传教育先进集体。

【行政权力清理】 2016年，明确行政权力84项，全部纳入行权平台管理，严格按规定时限和程序开展工作。全面推进103项公共服务事项落地落实。

【行政审批】 2016年，完成劳动能力鉴定702人次。工伤认定1493人次，退休审批647人。办理行政复议和行政诉讼案件46件。

（张艺）

老龄工作

【老龄工作机制建设】 2016年，市委编办、市委农工委、市防震减灾局、市粮食局、市政府金融办等增补为市老龄委成员单位，市老龄委成员单位增至38个。

【老年优待】 2016年，市老龄办贯彻落实《眉山市老年优待规定》，市老龄办、市民政局、财政局、市政府金融办制发《关于开展老年人意外伤害保险的实施意见》，将扶贫、脱贫对象家庭老年人和低保对象家庭老年人全部纳入政府兜底参保对象；将城乡三无、农村五保老人群体和优抚对象老年人全部纳入政府统保对象，保费支出由同级政府统筹解决。将全市老年人全部纳入投保范围，提高意外住院津贴，降低伤亡赔付。全年全市老年人参加意外伤害保险12.26万人，占投保条件老年人的24%，出现老年人意外伤害6350件，理赔505.66万元，赔付额比例82.51%。提高高龄补贴标准，其中80~89周岁老年人每月不低于20元，90~99周岁老年人每月不低于80元，100岁以上老年人每月不低于500元。全年发放高龄津贴5000余万元。

【主题教育活动】 2016年，市老龄委主办，市老年协会承办的纪念红军长征胜利80周年诗词诵读文艺汇演，市委副书记、市长罗佳明出席活动并讲话，提出把老龄事业发展好，把老年组织建设好，把老年活动开展好，把老同志关心照顾好要求。市政府举行2016年“敬老月”活动启动仪式和“孝亲敬老楷模”先进事迹报告会，通报表扬全市老龄工作先进单位45个、老龄工作先进个人40人和孝亲敬老楷模40人。

【老龄问题调研】 2016年，全市上报省老龄问题调研报告8篇，上报市政府调研报告1篇，其中丹棱县老龄办撰写的《探索老年人参与基层社会治理的途径和方式》、国家统计局眉山调查队撰写的《探索眉山养老产业助推协调发展研究》调研报告获省调研成果一等奖；市防震减灾局撰写的《仁寿县玛瑙村贫困老年人的现状和脱贫措施的探讨》获省调研成果三等奖。眉山市被省老龄办评为“全省老龄政策调研先进单位”。

【老年组织建设】 2016年，市老龄办举办全市老龄工作业务培训，培训全市老龄工作分管领导、老龄系统工作人员、乡镇老年协会会长228人。开展示范性基层老年协会创建活动，认定东坡区苏祠街道办事处白虎滩社区等35个基层老年协会为眉山市示范性基层老年协会。

【创新工作】 2016年，市老龄办、市委老干部局创建微信公众平台，开通“眉州夕阳红”微信公众号。以“服务老年人、传播正能量”为宗旨，以“在眉山，我们陪您慢慢变老”为主线，开设涉老动态、正能量、康乐年华等栏目。

（市老龄办）

眉山市老年大学

【概况】 2016年，眉山市老年大学有管理人员9人，聘任授课教师16人，班主任（助教）16人。全年设音乐、广场舞、形体舞等58个教学班，招收学员4814人次，在校学员1500余人。

【教学管理】 2016年，市老年大学组织全体教职员工学习中共十八大、十八届五中全会精神及《老年人权益保障法》。组织参加省、市学习、经验交流会和培训，提高教职员工业务素质。科学设置教学初、中、高级班。教授中因人施教、因材施教、耐心示范，让学员更好更快地掌握知识和技能。

【对外宣传】 2016年，市老年大学加强宣传，鼓励通讯员和全校教师、学员积极投稿，宣传报道学校动态和各专业教学情况，办《校园简报》7期，采用稿件89篇，其中2篇稿件被眉山电视台采用，《四川老年教育通讯》采用3篇；《晚霞报》采用3篇；利用送文化进村（社区）、开展老年志愿者活动等，宣传党的政策、老年人防骗知识、展示新时期老年人风采，引导老年朋友珍惜生命、崇尚科学、健康生活。

【拓展教学】 2016年，市老年大学开拓第二、三课堂教学。组织书法志愿者20余人在眉山东坡金城写送春联450余幅；市老年大学师生2000余人载歌载舞，庆祝中国共产党成立95周年，纪念红军长征胜利80周年，演出《没有共产党就没有新中国》《十送红军》《红军赞歌》等文艺节目30余个，歌颂中国共产党的丰功伟绩和伟大祖国的辉煌成就；市老年大学志愿者服务队60余人利用暑期到洪雅县王坪村慰问演出，共组织表演舞蹈、声乐、萨克斯、柔力球、诗朗诵、金钱板等节目20余个，为村委会赠送书画作品，受到村民们欢迎；市老年大学组队参加市老协“纪念红军长征胜利80周年”诗词诵读会和市委老干部局“纪念红军长征胜利80周年”合唱比赛；组织师生1300人在眉山东坡湿地公园开展全民健身健步走活动；组队参加四川省“放歌十月唱响金秋”中老年合唱比赛；在阳光音乐广场开展送文化进社区暨建校8周年庆文艺演出活动，全校师生和社区居民2000余人共同联欢，师生表演节目20余个，展出书画作品150余幅。开展评选优秀学员活动，评选表彰年度优秀学员118人。各专业结合实际开展形式多样、内容丰富的第二课堂活动。

（眉山市老年大学）

社会福利

【城乡居民最低生活保障】 2016年，市民政局印发《关于调整城乡居民最低生活保障标准的通知》，城乡低保保障标准分别提高到城市每月420元、农村每年3120元（彭山区3300元），城市低收入家庭认定标准提高每月720元。城乡每人每月低保月人均补助分别达到266元、156元。全年全市共纳入城乡低保1691万户1971万人，累计保障234.56万人次、支出保障金4.38亿元。

【低保兜底扶贫】 2016年，全市开展低保普查、精准识别、复核认定及全面排查等，反复核查辖区内农村低保政策落实情况、农村低保制度与扶贫开发政策衔接情况、贫困人口低保兜底情况等。全市将建档立卡贫困户中丧失劳动能力、无法通过产业扶持和就业帮助实现脱贫的贫困家庭1.85万户全部纳入农村低保，完成贫困人口4.3万人兜底扶贫，彭山区、丹棱县、青神县全面完成脱贫任务。

【困难补贴】 2016年，全市年收入低于国定扶贫标准的农村低保对象，按其年收入与国定扶贫标准差额的50%一次性增发特殊生活补贴，发放9.72万人1031.36万元。向符合条件的困难残疾人按照每人每月60元标准发放困难残疾人生活补贴（东坡区每人每月80元），全年发放困难残疾人生活补贴28.59万人次2712.1万元。

【城乡医疗救助】 2016年，市政府印发《眉山市城乡困难群众医疗救助暂行办法》，扩大救助范围，提高救助标准。建立完善城乡医疗救助一站式服务系统和《眉山市建档立卡贫困人口医疗救助实施方案》。全年救助困难群众27.10万人次，发放医疗救助金8050万元。其中，彭山区实施慈善基金医疗救助，筹集慈善医疗救助金20万元，对医疗救助后仍然困难的群众发放慈善医疗救助金16.15万元，救助48人。

【特困人员供养】 2016年，全市提高特困人员供养标准，分散供养标准每人每月331元，集中供养标准达每人每月462元，均高于全省供养标准低限。开展失能、半失能特困人员摸底排查，以购买服务方式请第三方机构评估特困人员失能情况。建设失能特困人员集中供养点。东坡区政府办印发《关于进一步健全特困人员救助供养制度的通知》，开展档立卡贫困户、农村特困人员、城市特困人员的失能情况专业评估鉴定，投入200余万元建成东坡区失能特困人员集中供养点1个，改造床位40张，入住失能特困人员18人。在全市推进农村敬老院标准化建设，编纂《眉山市农村敬老院服务标准体系》，制定服务标准76项，8个敬老院开展服务标准化试点，11月通过国标委验收。

（市民政局）

区县概况

Districts and counties survey

东坡区

【概况】 东坡区位于成都平原西南边缘，地处岷江中游，属成都平原经济圈，是眉山市政治、经济、文化中心。2016年，全区幅员面积1330平方千米，辖15个镇、8个乡、3个街道，年末户籍人口88.49万人，其中女性44.17万人。全年国内生产总值（GDP）382.2亿元、比2015年（下同）增长8.6%。其中，第一产业增加值46.3亿元、增长4%；规模以上工业增加值增长10.3%；第三产业增加值122.1亿元、增长9.6%。一、二、三产业比例由12.4∶56.7∶30.9优化为12.1∶55.9∶32，工业增加值占GDP的48.5%，第三产业增加值占GDP的32%。全区人均GDP45492元，增加3524元、增长8.3%。全年地方财政收入48.56亿元、增长11.21%。居民储蓄存款余额38.41亿元、增长14.6%。社会消费品零售总额152.2亿元、增长12.8%。

【农业经济】 2016年，全区农业农村经济持续稳定发展。全年农林牧渔总产值77.93亿元，比2015年（下同）增长3.7%；实现增加值47.02亿元、增长4%。第一产业增加值46.27亿元、增长4%，对经济增长的贡献率为5.8%，拉动经济增长0.5个百分点。向上争取项目资金1480万元，招商引资到位3亿元，引导工商资本下乡6亿元。完成林权确权登记、复兴乡山祠村集体资产股份合作制改革试点，宅基地腾退试点有序开展。建成农村产权交易市场，成立区农村土地流转服务总公司、区农业和中小企业融资担保有限公司。都市近郊型现代农业加快发展，新建高标准农田0.31万公顷，新培育现代农业业主410户、家庭农场129个、专业合作社20个、省级农业产业化龙头企业5户。绿色食品标准化原料基地通过农业部续展认定，茂华食品有限公司被评为农业产业化国家重点龙头企业。

【工业经济】 2016年，全区工业经济持续稳定增长。工业增加值185.31亿元，比2015（下同）增长9.0%，对经济增长的贡献率为51.5%，拉动经济增长4.4个百分点。其中规模以上工业（年主营业务收入2000万元以上企业，区考核口径，下同）增长10.3%；年末规模以上工业企业130户。引进伟光汇通投资50亿元的东坡文化旅游产业开发、万达集团投资20亿元的万达广场、川泰百车汇投资10亿元的新能源和智能汽车生产等多个含金量高、带动力强的重大产业投资项目。全年新引进项目38个、到位资金176亿元。实施500万元以上项目281个，其中基础设施类68个、农业类41个、工业类81个、三产及其他项目91个。新开工华西医药产业园、区人民医院改扩建等项目87个，竣工通威公司搬迁、富生电器高效节能电机制造等项目76个。年度“十大新开工重点项目”开工率100%、“十大竣工投产重点项目”主体竣工率100%。“中国泡菜城”成为全国泡菜展销永久会展地，“西部药谷”入围全国药品上市许可持有人试点园区，“眉山田园型智能产业新城”PPP项目入选国家20部委联合公布的第三批示范项目。成功举办第八届中国泡菜博览会、中国药师大会。千禾味业主板上市，惠通食品、富生电器、天联药业分别重组上市。吉香居公司泡菜优势微生物智能反应器项目获全省科技进步一等奖。龙蟒福生公司建成营养生长素微生物发酵技术国家地方联合工程实验室。规模以上工业总产值325亿元、增长14.5%、入库税金4亿元。泡菜食品、生物医药、机械电子三大产业产值204亿元，占工业总产值的63%。

【民营经济】 2016年，全区民营经济持续快速发展。民营经济增加值249.42亿元，按可比价计算比2015年8.9%，占GDP比重的65.3%，对GDP的贡献率为

64.0%。全年民间投资总额181亿元，占全区固定资产投资的59.7%。

【商贸旅游和对外经济】 2016年，全区第三产业增加值122.15亿元，比2015年（下同）增长9.6%。第三产业增加值占GDP的32%，对经济增长的贡献率为34.6%，拉动GDP增长3个百分点。新建乡镇、村级电商服务站点42个，建成川西南农特产品电商交易中心，四川蜀商电子商务有限公司开展跨境电商合作。伊藤洋华堂、永辉超市开业运营，东坡印象商业水街、东坡里商业水街建设有序。花海桂花湖、“东坡醉月”月季花博览园等特色乡村旅游观光基地加快建设，“中国泡菜城”成功创建国家AAAA级景区。旅游收入72.4亿元、增长31.2%。全年贸易进出口总额7088万美元、增长41.1%。其中，出口6539万美元、增长57.4%；进口549万美元、下降36.9%。全年实际利用外资4894万美元、增长6.45倍。

【财税、金融、保险】 2016年，全区地方财政收入48.56亿元，比2015年（下同）增长11.21%。其中，地方财政一般公共预算收入20.16亿元、增长24.5%。地方财政支出49.88亿元、增长9.35%。其中，地方财政一般预算支出40.64亿元、增长7.6%。全区有金融机构55家，银行12家、保险29家（其中财险15家、寿险14家）、证券5家、小额贷款公司4家、融资担保公司5家。本地银行机构存款余额681.99亿元，占全市的40.68%份额，增加109.38亿元、增长19.1%；贷款余额318.86亿元，占全市的42.66%，增加27.56亿元、增长9.46%。保费收入24.83亿元，占全市的52%，增加23.9亿元、增长17%。其中财产险收入7.3亿元、增长9.8%；人身险收入16.6亿元、增长20.3%。证券交易量1274.42亿元，占全市的90%，下降61.75%。小额贷款公司注册资本7亿元、贷款余额5亿元，融资担保公司注册资本2.81亿元、在保余额2亿元。金融机构从业人员1.8万人（银行3523人、保险1.4万人、证券400人、小贷及融担公司90人）。上缴税金3.39亿元（银行2.16亿元、保险1.17亿元），增长25.75%。

【基础设施建设】 2016年，全区公路通车里程1452公里，其中等级公路1452千米。完成货物周转量39.22亿吨千米，增长0.06%。完成旅客周转量3.37亿人公里，下降0.13%。全年电信业务总量2015年增长30.1%。全区光纤覆盖家庭26.58万户，固定宽带接入用户约17万户；4G移动基站1800余个，行政村（社区）宽带项目覆盖率100%。完成三苏雕像片区、原区委党校片区旧城改造，雕像国际广场、万景追梦城成为城市新地标。东坡湖南片区“三纵三横”市政道路、崇礼新城富崇大道加快建设。建设三苏历史文化名镇，新建成崇仁公园、三苏文化广场。交通路网更加完善，建成遂资眉高速连接线、岷东大道土地至彭山段，成昆铁路扩能改造东坡段、简蒲高速东坡段等综合交通项目进入收尾阶段，启动太和大道、岷江一桥改造工程。新建和改造通村公路98千米，整治危（病）桥、漫水桥5座。

【环境整治】 2016年，全区实施农村生活垃圾治理、面源污染治理、环境综合整治、污水治理提升工程，取缔无证照违法生产排污企业14家。“西湖”白马湖水库、蓝妖庙水库、“南湖”湿地公园初具形象，“东湖”穆家沟水库开工。新增、恢复水域面积5平方千米，森林覆盖率35.6%，城乡绿化覆盖率50%。

【社会事业】 2016年，全区完成省市区民生工程项目119项、民生大事20件，民生支出占财政支出的比重超过80%。实施“1578”特色助残工程，关爱救助贫困残疾人2万余人次。推进大众创业、万众创新，建成东坡创客孵化园。完成社保“五险”统征，社会保险实现扩面增量。建设龚村区域性养老服务中心、金花失能五保老人集中供养点。实施巩固提升工程，解决农村3万余人安全饮水问题。“中国泡菜城”、经开区新区5个安置区主体工程基本竣工。

全区有各级各类学校281所，在校学生9.47万人，其中公办学校133所（幼儿园45所、小学47所、初中29所、九年制学校3所、普通高中7所、职业高中1所、特殊教育学校1所）学生7.16万人，民办学校147所（民办职业学校3所、普通教育学校4所、幼儿园140所），有青少年校外教育基地1所。有教职工1.18万人，其中公办教职工8302人（在岗5105人，离退休3197人），民办教职工3542人。科学编制城区学校规划，加快青衣中学建设，建成苏辙小学。学前三年毛入园率89.7%，九年义务教育巩固率95%，高中阶段毛入学率94.2%。全年全区高考本科上线2675人，本科硬上线万人比连续20年居全市第一。资助学生2.98万人次2230万元，解决进城务工人员2322人随迁子女在中心城区学校接受义务教育。

全区城乡居民健康档案规范化电子建档80.04万份，建档率95.6%。免费救治晚血病人376人次；免费救助血检阳性者1.12万人次，全区无急性血吸虫病例发生。全区纳入“低保”范围人员4.45万人，其中城市2.98万人，农村2.48万人；“低保”资金计划支出1.43亿元，其中城市0.97亿元，农村0.46亿元。农村五保户供养1683人，其中集中供养1515人、分散供养168人；拨付五保供养资金667.44万元。设立1000万元扶贫小额信贷分险基金、500万元教育扶贫救助基金、500万元医疗扶贫救助基金，投入10.5亿元改善贫困区域基础设施、调整产业结构，实现扶贫线、低保线“两线合一”。完成177户、506人易地扶贫搬迁，减少贫困人口9623人，顺利通过省、市评估检查验收。

【人民生活】 2016年，全区常住人口84.12万人，其中城镇人口45.77万人，新增城镇建成区面积0.4平方千米，城镇化率54.8%比2015年（下同）增长1.54%。年末城镇登记失业人员5191人，城镇登记失业率4.3%。全区城镇居民人均可支配收入2.97万元，增加2442元、增长9.0%；农村居民人均可支配收入1.54万元，增加1304元、增长9.3%。城镇居民恩格尔系数34.3%，比2014年（下同）下降0.6%；农村居民恩格尔系数38.7%、降2.4%。

（万沚林）

表5　2016年度眉山市东坡区乡镇简况表

单位	行政区域面积（平方千米）	居委会（个）	村委会（个）	耕地面积（公顷）	GDP（万元）	固定资产投资（万元）	农民人均收入（元）
通惠街道	14.82	9			258465	285001	
大石桥街道	20.89	11			283101	301240	
苏祠街道	10.94	14			242729	298632	
白马镇	43.51	1	7	1506	68398	80326	16431
象耳镇	18.33	1	4	505	283537	241515	16762
太和镇	40.25	2	9	1387	243663	97124	14989
悦兴镇	52.67	1	11	2355	75409	46231	14542
尚义镇	52.64	2	18	3056	136821	511671	16350
多悦镇	76.44	1	12	2855	121371	56320	15303
秦家镇	84.44	1	14	2956	128101	41230	15044
万胜镇	71.93	1	12	2222	125410	78993	15095
崇仁镇	75.44	2	9	1684	159783	98000	14527
思蒙镇	75.72	1	15	2135	205612	98460	16214
修文镇	95.73	1	14	1894	281809	222571	15218

续上表

单位	行政区域面积（平方千米）	居委会（个）	村委会（个）	耕地面积（公顷）	GDP（万元）	固定资产投资（万元）	农民人均收入（元）
松江镇	63.16	4	13	1996	316158	110023	16519
崇礼镇	54.81	2	12	1436	220156	593500	15413
富牛镇	54.37	5	7	1785	61545	167208	16418
永寿镇	47.62	2	15	2369	210843	62130	15605
三苏乡	85.39	1	12	2638	87905	41025	15459
广济乡	65.92	1	7	2175	66201	17231	15470
盘鳌乡	76.19	2	8	1845	44760	50069	14489
土地乡	35.39	1	6	1507	23358	27032	14700
复盛乡	29.58	1	5	1215	41215	81563	14293
复兴乡	29.44	1	9	1751	63306	19325	15150
金花乡	32.35	1	7	1325	48238	22005	14267
柳圣乡	22.70	1	6	1094	24374	16230	14071
合计	1330.67	70	232	43691	3822268	3664655	352329

彭山区

【概况】 彭山区地处四川盆地川西平原南缘丘陵地区，岷江中游，东邻仁寿县，南接东坡区，西与蒲江县、邛崃市交界，北与新津县、双流县相连。地势西北高，东南低。地形分为东西两边低山丘陵、中部平原。主要山脉有东山龙泉山、西山总岗山。岷江由北向南纵贯境内，构成中部冲积平原，中部为开阔的平坝区，占总面积的32%。境内最高点“北平观”位于彭山区西北15千米的保胜乡石柱村，海拔711.6米；最低点“石牛栏”位于原永丰乡尖山子，海拔410米。属亚热带湿润气候区，气候温和，四季分明，雨量充沛，多夜雨，空气湿润，日照少。2016年，境内气温偏高，降水增加，日照正常。年平均气温18.4℃，比2015年下降0.5℃；年日照时数1140小时；年总雨量1032.4毫米；平均相对湿度76%。全区总面积465.08平方千米，辖2街道8镇3乡，年末户籍总人口33.20万人，耕地面积132.58平方千米，城镇化率52.14%，人口出生率11.69‰，人口自然增长率3.73‰，森林覆盖率36.3%。

2016年，彭山地区生产总值（GDP）134.10亿元，增长8.7%；全社会固定资产投资227.30亿元、增长14.1%。地方财政收入30.53亿元、增长17.5%；地方财政一般预算收入15.12亿元，同口径增长13.3%；财政收入占GDP比重为23%。社会消费品零售总额48.39亿元、增长13.0%。第一产业增加值13.7亿元、增长3.9%；第二产业增加值80.70亿元、增长9.1%；第三产业增加值39.70亿元、增长9.5%。三次产业对经济增长的贡献率分别为 4.6%、63.8%、31.6%，分别拉动经济增长 0.4、5.5、2.8 个百分点，三次产业结构优化为 10.2∶60.2∶29.6。全年非公有制经济增加值 84.03 亿元，按可比价格计算增长 9.0%。非公有制经济占 GDP 的 62.7% 增长 0.9%，对经济增长的贡献率为 63.9%，拉动经济增长 5.5 个百分点。其中，非公有制经济第一产业增加值 7.82 亿元，增长 9.0%，第二产业增加值 54.55 亿元、增长 9.3%，第三产业增加值 21.66 亿元、增长 8.2%。招商引资到位资金 134.97 亿元，规模以上工业增加值增长 10.2%；城镇居民人均可支配收入 2.94 万元、增长 8.8%；农村居民人均可支配收入 1.54 万元、增长 9.6%。

2016 年，全省农村“两权”（农村宅基地使用权和集体建设用地使用权）抵押贷款现场会在彭山召开。彭山土地流转“四步机制”（三级土地预推—平台公开交易—资质审查前置—风险应急处理）全国推广，新闻联播、人民日报数次聚焦报道。

【工业经济】 2016 年，全区工业增加值 70.62 亿元，比 2015 年（下同）增长 8.9%，对经济增长的贡献率为 55%，拉动经济增长 4.8 个百分点。工业性固定资产投资 84.09 亿元、增长 6.4%。有规模以上工业企业 106 户，工业总产值 366 亿元，主营业务收入 331.55 亿元、增长 10.5%；产销率 98.6%；利润 14.29 亿元、下降 22.8%；轻工业增加值增长 9.9%，重工业增加值增长 9.7%。股份制企业增加值增长 9.8%；外商及港澳台企业增加值增长 8.9%；其他经济类型企业增加值增长 14.9%。全区在建施工项目 153 个，竣工项目 87 个。新签约项目 15 个，10 亿元以上重大项目 4 个，协议引资 343 亿元。投资 300 亿元的华夏幸福产业新城签约，格力电工二期、苏宁云商二期、当当网、甲骨文等重大项目落户彭山。全年争取资金 11.3 亿元。支持鼓励企业上市融资，西金电子在新三板上市。新培育规模以上工业企业 8 户，全区规模以上企业 106 户。坚持创新驱动，投入技改资金 50 亿元，支持立顿洗涤、思念食品等企业转型升级。实施品牌战略，彭山经开区被命名为省级商标战略示范园，成功创建化工高新技术产业基地和知识产权示范园区。成眉石化园区强势崛起，四川禹王建成投产，陶氏化学、中明环保等项目加快推进。产业发展转型提质。彭祖山、江口古镇、北外街、岷江航电等重点项目开局。国润新材料、联合利华纳税上亿元，进入全市前三强。县域经济发展跻身全省重点开发区和市辖区县第 15 位，县级经济综合评价提升 4 位。

全区主要产品生产形势良好。在统计的 27 种工业产品中，有 18 种产品产量增长，增长面 66.7%。全年，生产合成洗涤剂 17.16 万吨、水泥 223.49 万吨、元明粉 67.58 万吨、饮料酒 1198 千升、饲料 120.91 万吨、家具 25.78 万吨、无纺布 2.43 万吨、食用植物油 10.12 万吨、自来水 891 万立方米、速冻食品 6.80 万吨。

【固定资产投资】 2016 年，全区全社会固定资产投资 227.3 亿元，比 2015 年（下同）增长 14.1%，其中，基本建设投资 149.42 亿元、增长 18.5%；房地产开发投资 25.90 亿元、下降 29.2%；更新改造投资 47.18 亿元、增长 38.8%。分产业，第一产业投资 7.39 亿元、增长 52.1%；第二产业投资 84.37 亿元、增长 6.6%；第三产业投资 135.53 亿元、增长 17.7%。第一、二、三产业投资分别占全社会投资的 3.3%、37.1%、59.6%。

【国内贸易和对外经济】 2016 年，全区社会消费品零售总额 48.39 亿元，比 2015 年（下同）增长 13.0%。其中，批发业 5.15 亿元、增长 12.5%；零售业 36.89 亿元、增长 12.7%；住宿业 0.51 亿元、增长 13.7%；餐饮业 5.84 亿元、增长 14.8%。城镇实现零售额 27.69 亿元、增长 12.5%；乡村实现零售额 20.70 亿元，增长 13.6%。全年外贸进出口总额 2251 万美元、增长 15.5%。其中，出口 172 万美元，进口 2079 万美元。全年实际利用外资 1500 万美元。

【农村经济】 2016 年，全区农林牧渔业总产值 24.56 亿元，现价比 2015 年（下同）增长 6.4%；农林牧渔业增加值 14.07 亿元，按可比价计算增长 3.9%；农民人均可支配收入 1.54 万元、增长 9.6%。全年种植业增加值 5.66 亿元、增长 3.3%。农作物总播种面积 3.64 万公顷，其中粮食作物 2.45 万公顷、油料作物 4443 公顷、药材 2265 公顷；蔬菜 3419 公顷。粮食总产量 15.28 万吨，下降 0.2%；油料产量 1.05 万吨，增长 2.9%；蔬菜产量 5.25 万吨，增长 6%；水果产量 5.79 万吨，增长 2.9%。依托粮油高产创建示范片建设项目，以点带面，建立以公义、凤鸣、谢家等乡镇为中心的水稻万亩高产创建示范片 2 个；以锦江、牧马、武阳等乡镇为中心的油菜万亩高产创建示范片 2 个、1933.33 公顷；以锦江、牧马等乡镇为中心的马铃薯万亩高产创建示范片 2 个，辐射带动全区油菜生产。引进推广粮油作物新品种 32 个。成功申报国家地理标志保护产品 1 个，绿色食品认证 12 个，无公害产品 11 个，东坡味道产业产值115亿元。

建设精品葡萄、优质柑橘、红心猕猴桃等6大优势产业，面积9200公顷。培育四大新型经营主体3208家，其中，在工商注册登记的农民合作社237家、家庭农场467家。建成农产品冷链集散中心3个，育苗基地4个，农产品初加工企业9个，形成“互联网+农业”农产品电子商务平台，创建全国葡萄新品种科研基地，启动农产品质量安全溯源体系建设，建设农产品区域品牌“彭山田野·礼”。制定全区“一园两翼”的农旅发展战略，形成“智慧”岷江、“乐活西山”“康养东山”等新兴业态。以“四好村”创建为目标，建成刘家大院等现代意义（乡愁）的幸福美丽新村66个，创建省级“四好村”11个，建立观音果园雅筑、武阳荷风晓月、黄丰橘园春晓等18个文化阵地典型。

全年畜牧业增加值6.14亿元、增长2.2%。全年出栏肉猪35.31万头、下降4.1%；出栏牛3586头、增长1.9%；出栏羊4.71万头、增长3.7%；出栏家禽343.02万羽/增长0.2%。肉类总产量3.84万吨、下降2.1%。禽蛋产量5774吨，牛奶8610吨。全年林业增加值3900万元、增长12.1%。年末森林面积1.71万公顷。渔业增加值1.50亿元、增长12.3%、养殖面积1255公顷，水产品产量1.67万吨。

2016年，全区农机总动力27.89万千瓦，综合机械化水平66.5%。机收稻麦1.68万公顷，助农增收3600万余元。争取到位项目资金1110万元，示范推广农机新技术2项。实施农机购置补贴项目，确保满足农民群众购机需求，中央补贴资金全部结算。新建提灌站10座，维修改造提灌站580台5800千瓦。新建（整治）机耕道305千米。

【农村体制改革】 2016年，全区集中流转土地面积9866.67公顷，流转率58%，经验全国交流、推广。开展农村“两权”抵押贷款，推出农村“两权”抵押贷款新产品14个，发放贷款302笔1.64亿元。“两权”抵押贷款经验被人民银行成都分行列为全省“样板”，全省两权融资现场会在彭山召开。彭山区组建家庭农场联盟，组合分散的生产、经营力量，带领家庭农场抱团发展、提标提质、对接市场、节支增效，降低农业生产成本，提升农业综合效益。探索“产权+股份”农民权益保障体系，增加农民财产性收入。推行“五证合一、一照一码”，新发展民营企业560户、个体工商户1917户。农村宅基地自愿有偿退出和集体经营性建设用地入市探索初见成效。彭山区被中宣部确定为全国农村改革宣传主阵地之一，深化农村改革工作被评为“2016年四川省十大经济事件”。

【第三产业】 2016年，全区第三产业增加值39.7亿元，比2015年（下同）增长9.5%。全年接待游客559.38万人次、增长23.4%；旅游总收入43.63亿元/增长24.6%。确定“一园两翼”（岷江现代农业主题公园；东山养生文化体验度假旅游区、西山忠孝文化生态田园旅游区）乡村旅游发展产业格局。岷江农业主题公园（农业嘉年华项目），整合各类资金（政府和工商资本）近2亿元，农业生态主题旅游度假区初具雏形。以长寿养生为主题，持续办好各类品牌特色乡村旅游会节，成功举办彭祖朝山节、黄丰橘花节、观音葡萄节等会节活动，拉动消费。举办土地项目推介会，包装推介乡村旅游项目20个。落地一批农养、旅养结合项目，彭祖酒庄通过四星级（省级）农家乐评选，向阳农场、田园丰情、秦家园通过三星级农家乐评选；寿星谷景区申报AAA级景区。突出城市品牌，包装推出系列“彭山”产品。与成都驴妈妈国际旅游社有限公司签订旅游合作框架协议，推出围绕养生度假为主题的彭祖山—五湖四海—岷江农业园区彭山一日游和彭祖山—五湖四海—岷江农业园区—恒大金碧天下彭山二日游线路。制作印象彭山、玩转彭山攻略画册，闲说彭山的书籍；包装并推出以葡萄、猕猴桃、米枣为主题的彭山味道，彭祖旅游书签，武阳古陶，彭山印象主题茶杯等一批旅游产品；指导企业开发一系列八百寿“老彭百礼酒”、牧马山“桑葚养生酒”等旅游产品。

发展生产性服务业，海尔仓储、普海仓储建成投运，青龙国际物流中心成为省级物流聚集区。聚焦发展生活性服务业，恒大、复地、东星航空等三产旅游项目顺利推进，伟业广场提档升级，新希望城试运营，文企经贸Q版挂牌。推进互联网+，引进苏宁云商、京东安邦等电商企业，“彭山造”网上交易额突破3亿元。新培育恒大酒店、苏宁眉山采购公司、东华酒业、紫恒庄园、摩尔赛尔商务酒店、凯盛家纺等规模以上批零住餐企业。

【建筑和房产业】 2016年，全区建安工程投资189.38亿元，建筑业增加值10.09亿元，比2015年（下同）增长10.2%。全区具有资质总承包的建筑企业12个，建筑业企业房屋建筑施工面积247.81万平方米，房屋建筑竣工面积139.88万平方米。房地产开发投资25.90亿元、降29.2%。商品销售面积68.59万平方米、增1.5%；

销售额 37.77 亿元、增长 20.8%。

【交通运输和信息业】 2016 年，彭山区公路里程 572.6 千米，其中等级公路 372.3 千米、高速公路 34.2 千米。全年客运量 1914.1 万人次，比 2015 年（下同）下降 37.1%；全社会旅客周转量 2.45 亿人千米。全社会货运量 333.1 万吨，下降 8.1%；全社会货物周转量 5.13 亿吨千米，下降 17.8%。邮电主营业务收入 2.22 亿元，增长 8.7%。全区固定电话用户 5.9 万户，增长 0.9%；移动电话用户 29.67 万户，增长 10.9%；宽带用户 11.14 万户，增长 26.1%。

【财政金融保险】 2016 年，全区地方财政收入 30.53 亿元，比 2015 年（下同）增长 17.5%；地方财政一般预算收入 15.12 亿元、增长 13.3%，其中税收收入 9.13 亿元、增长 5.2%；地方财政一般预算支出 26.38 亿元、增长 2.9%。到位政府性投融资 10 亿元，年末全区金融机构各项存款余额 191.40 亿元、增长 15.5%；其中城乡居民储蓄存款余额 135.89 亿元、增长 13.9%。金融机构各项贷款余额 87.13 亿元、增长 13.5%。全年保费总收入 2.47 亿元、增长 15.8%，其中财产保险保费收入 8097 万元、人身险保费收入 1.66 亿元。全年处理各项赔款和给付金额 4242 万元，其中财产险赔付金额 3461 万元、人身险短期赔付金额 781 万元。

【城乡建设】 2016 年，全区投入城市建设资金 6.1 亿元，建设十里樱花花堤生态长廊、迎宾大道生态景观等 5 条道路景观，完成前程路景观绿化提升工程。“花漾彭山”“光彩彭山”建设有序推进。完成城南片区、八五新区片区等 18 条道路新改建工程，城市道路黑化率 95%以上。启动城市长寿绿道、仙女湖森林公园、东山彩林等城市品质提升项目。推进“三箭齐发”工程，完成建设 39.8 千米，滨江大道、岷东大道建成通车，工业大道开工建设。成昆复线彭山段完工，彭山火车站站改工程完成。尖子山航电工程顺利推进。新客运中心站投入使用。按照四好公路标准，完成华彭路、高保路等 4 条农村公路品质提升。推进千湖之城、绿海明珠、百园之市三大工程，新增恢复水域面积 5.2 平方千米，城区绿化覆盖率 43.3%，新建城镇公园（广场）14 个。实施小流域治理“河长制”，城乡污水处理厂建设项目成为全市唯一省级 PPP 示范项目；畜禽养殖场关停（户）43 家、整治 239 家，建成投运污水处理厂 5 座，水域治污取得阶段性胜利，经验全省推广。空气达标率 66%。

【社会事业】 2016 年，全区财政投入民生和社会事业资金 18.45 亿元，民生占公共财政支出的 72%。全年申请专利 253 件，其中专利授权 68 件；全区有各类专业技术人员 1.02 万人，其中农业技术人员 1452 人。全年举办科技培训 140 次 2.1 万人次。区财政投入科学技术支出 555 万元。全年教育支出 2.87 亿元。全区共有小学 15 所，专任教师 881 人，在校学生 1.29 万人；普通中学 16 所，专任教师 828 人，在校学生 9327 人。全区学龄儿童入学率 100%，初中毕业生升学率 95.2%，高中升学率 91.2%，高考本科上线率 38.3%。本科上线 573 人，重本上线 171 人。优化城乡教育资源布局，总投资 6500 万元的新职高投入使用，第四小学主体完工，建设新一中、实验小学。免除义务教育阶段在校学生的学杂费 3.62 万人次，下拨公用经费补助 1357 万元。设立“彭山区教育扶贫救助基金”专户，落实专项资金 300 万元，审批通过 771 人申请，拨付救助基金 23.54 万元。投入资金 200 万余元，安装 71 所公、民办学校“明厨亮灶”和校园安保系统。成立眉山彭山教育促进会，筹集奖励资金 260 万元。开展全国规范化家长学校创建，3 所学校成功创建为“全国优秀家长学校”，青龙初中创建为市级依法治校示范校。年末全区有文化馆 1 个，文化站 13 个，公共图书馆 1 个，博物馆 1 个，青少年宫 1 个，体育馆 36 个，电视台 1 个。全年组织文化馆、站活动 230 次，举办展览 2 个，组织文艺演出 26 次，创作文艺作品 10 件，全年组织大型文体活动 3 次，参加 8 万人次。发展体育文化事业，完成公园山、区体育馆改造升级。建设江口古街、北外街，建成幸福美丽新村文化院坝 3 个；建成青龙龙都社区等 9 个综合文化服务中心，建成 2 个广播村村响向组组响延伸示范点；总投入 48 万元的区图书馆残疾人阅览室建成投入使用；“彭祖太极功”成功申报眉山市非物质文化遗产；启动江口沉银遗址考古发掘；老鹰岩摩崖造像保护规划获省政府批准；创作的舞蹈《JUSTLIKEFIRE》参加北京第五届国际青少年文化艺术交流周开幕式演出获得金奖。全年财政投入医疗卫生支出 2.55 亿元。全区有医疗卫生机构 243 个，床位 1394 张，医疗技术人员 1514 人，其中执业（助理）医师 601 人。全区新型农村合作医疗参合率 100%，5 岁以下儿童死亡率 5.49‰，婴儿死亡率 4.33‰，产妇住院分娩率 100%。所有基层医疗卫生机构实现与区和市、省级医疗机构双向转诊，区域就诊率 90%。药械集中采购合格率 100%。彭山区观音镇创建国家卫生乡镇。代表四川省接受全国八省省际血防联防联控交叉检查，获专家组好评，完成螺点调查和GPS定位，在全省工作会上作经验交流。区疾控中心创建为二级机构，所有乡镇预防接种门诊达到“A级”以上标准，全面实行日接种。全年新增城镇就业4556人，城镇登记失业2468人，城镇登记失业率控制在4.2%以内。年末，全区有社会养老机构19所，城镇居民最低生活保障2356人，农村居民最低保障7030人。建设大学生创业孵化园，入驻团队59个，带动创业就业500余人。落实就业扶持政策，为彭山区“4050“灵活就业人员954人发放社保补贴474万元。全年发放创业担保贷款3551.7万元，直接扶持自主创业515人（高校毕业生64名），贷款金额511.5万元。建设甲骨文高端技术人才创新创业基地，为园区培训高端技术人才，通过平台辐射吸纳行业高端人才和企业入驻园区。推进大众创业万众创新，三人行创客空间被评为国家级众创空间。完成30个市级贫困村、5个区级贫困村摘帽，4067户1.18万人脱贫。加强易地扶贫搬迁，89户254人入住新房。推进安置区建设，高速公路出口安置区一期交付安置，观音椿巅安置区主体完工，莲花、牧马新镇等安置区加快建设，全年新分配安置房3008套，入住安置群众1.09万人。城乡基本养老保险实现全覆盖，医保、低保等应保尽保。发挥财政兜底作用，农村低保标准由3120元提高到3300元。

（蔡贵明　刘黔玲）

表 6

2016 年度眉山市彭山区乡镇简况表

乡镇名称	辖区面积(平方千米)	耕地面积(公顷)	年末人口数(人)	行政村(个)	村民小组(个)	社区和居民委员会(个)	社区和居民委员会小组(个)	财政收入(万元)	国内生产总值				农业生产总值						农村居民可支配入(元)
									合计(万元)	第一产业	第二产业	第三产业	合计(万元)	农业	林业	牧业	渔业	农林牧渔服务业	
凤鸣街道	36. 48	1466. 66	104000	7	43	9	130	2548	332940	13340	131908	187692	23331	7769	382	10241	4428	511	16116
彭溪街道	17. 33	701. 33	38200	4	50	1	9	1349	131369	6625	77856	46888	12333	3371	204	6463	1958	337	16809
观音镇	28. 53	1008	29264	7	64	1	7	2713	174469	9017	148962	16490	17798	5872	238	10068	1163	457	16134
青龙镇	43. 70	800. 2	39523	8	68	1	12	2274	440602	10440	363943	66519	21541	7198	396	11630	1829	488	16288
公义镇	40. 79	1632	25139	8	56	1	5	1310	35146	10541	15204	9401	19093	6839	525	9708	1500	521	15224
谢家镇	46. 95	1968. 46	25363	8	67	1	13	1091	53700	14595	17257	21848	26134	9115	472	13600	2305	642	15453

续上表

乡镇名称	辖区面积（平方千米）	耕地面积（公顷）	年末人口数（人）	行政村（个）	村民小组（个）	社区和居民委员会（个）	社区和居民委员会小组（个）	财政收入（万元）	国内生产总值				农业生产总值						农村居民可支配入（元）
									合计（万元）	第一产业	第二产业	第三产业	合计（万元）	农业	林业	牧业	渔业	农林牧渔服务业	
江口镇	49.00	965.33	17918	9	59	1	10	924	33807	11501	11104	11202	19333	7982	744	8939	1167	501	15100
黄丰镇	36.76	1240	18343	9	47	1	5	685	31249	13349	9797	8103	22202	8874	403	10822	1496	607	15493
牧马镇	31.48	1242	18103	5	39	1	5	733	26138	9468	9340	7330	17008	4451	406	9443	2208	500	15170
保胜乡	34.68	1181	13039	6	48	1	4	298	17827	10440	1768	5619	18288	4846	476	11156	1355	455	14876
义和乡	36.40	1308.73	15543	5	40	0	0	710	21964	9701	8140	4123	17209	5450	407	9521	1369	462	15193
锦江乡	34.037	1052.87	13647	6	42	1	3	929	18154	7417	5007	5730	12601	4379	770	6276	777	399	14852

续上表

乡镇名称	辖区面积（平方千米）	耕地面积（公顷）	年末人口数（人）	行政村（个）	村民小组（个）	社区和居民委员会（个）	社区和居民委员会小组（个）	财政收入（万元）	国内生产总值				农业生产总值						农村居民可支配入（元）
									合计（万元）	第一产业	第二产业	第三产业	合计（万元）	农业	林业	牧业	渔业	农林牧渔服务业	
武阳镇	28.95	1132.47	20326	6	41	1	10	467	23355	10535	6796	6024	18625	6518	376	9746	1496	489	15032
合计	465.08	13257.85	342539	88	664	20	213	14854	1340720	136969	807082	396969	245496	82664	5799	127613	23051	6369	15405

注：耕地面积、年末人口数、财政收入由各乡镇提供，其余数据均由区统计局提供，辖区面积来源于《彭山县土地利用总体规划（2006—2020年）》。

仁寿县

【概况】 仁寿县位于四川省中南部，东与资阳、简阳市连界，南与威远、荣县、井研县接壤，西与东坡、彭山区、青神县相连，是蓉遵高速路过地带。仁寿县为农业、人口、丘陵大县。全县有一个少数民族乡，汉、回、彝、藏等33个民族，少数民族人口占全县总人口的0.45%，森林、旅游、矿产、农副产品等资源丰富。2016年，全县幅员面积2607.92平方千米，其中县城规模35平方千米，耕地面积7.95万公顷，森林覆盖率37.5%。辖37个镇、23个乡。年末总人口157.40万人，人口自然增长率比2015年（下同）下降19.3‰。

2016年，仁寿县推进全域天府新区战略，经济结构不断优化。全县地区生产总值（现价）367.9亿元，其中第一产业增加值73.69亿元、第二产业增加值183.51亿元、第三产业增加值110.7亿元。三次产业对经济的贡献率分别为14.1%、11%、74.9%，分别拉动经济增长1.14、1.1、7.49个百分点。不变价计算的国内生产总值367.2亿元、增长8.1%，其中第一产业增加值72.41亿元、增长3.9%，第二产业增加值197.31亿元、增长9.4%，第三产业增加值97.48亿元、增长8.8%。三次产业比由2015年的20.5：53.1：26.4调整为20：49.9：30.1。人均地区生产总值3万元、增长8.6%。全县民营经济增加值21.59亿元、增长8.4%，比GDP增速快0.3个百分点，占全县GDP的58.7%。

【农业】 2016年，全县农林牧渔业总产值（现价、下同）129.07亿元。农业总产值（现价）57.42亿元。突出“粮、猪、果、菜”主导产业，快速推进现代农业示范园建设，建设都市近郊农业、观光农业。主要农副产品产量粮食83.41万吨、增长1.65%，棉花506吨、增长3.27%，油料4.32万吨、增长4.68%，蔬菜53.03万吨、增长5.98%，水果53.74万吨、增长6.51%，糖料1.5万吨、降2.31%。全年造林面积2186公顷，林业产值2.5亿元。畜牧业产值59亿元。牛存栏2.09万头、增长0.95%，生猪存栏83.43万头、降3.42%，猪出肥115.13万头、降4.21%，山羊出栏41.02万只、增长3.42%，兔出栏1078.67万只、增长2.18%，家禽出栏1086.7万只、增长5.15%，猪、牛、羊肉产量9.13万吨、降3.33%，其中猪肉8.35万吨、降3.85%，禽蛋产量2.77万吨、增长3.58%，禽肉产量1.925万吨、增长5.73%。水产品产量4.85万吨，增长6.69%。渔业现价产值7.13亿元。

【工业和建筑业】 2016年，全县规模以上工业企业169户，工业对GDP的贡献率34.5%，拉动GDP增长3.7个百分点。全社会工业总值514.2亿元，工业增加值151.7亿元，比2015年（下同）增长7.3%。规模以上工业企业产值422.7亿元，增加值124.7亿元、增长8.6%。全年工业产品销售收入416.7亿元，利润总额37.95亿元，产销率99.1%。工业主要产品产量原煤103.4万吨、降22.6%，焦炭25.8万吨、降20.4%，电力电缆2.9万千米、增长7.4%，纱2.5万吨、增长13.6%，布4647万米、增长10.6%，服装4.21万件、降0.7%，水泥187.3万吨、增长17.9%，硅酸盐水泥熟料123.8万吨、增长18.1%，商品混凝土178.2万立方米、增长12.4%，鲜冷藏冻肉2.5万吨、降53.7%，耐火材料99.9万吨、降0.5%，瓷质砖3118.5万平米、增长13.7%，家俱105.6万件、增长29.7%，电动车15.9万辆。全县总专包建筑业企业36户，建筑企业总产值96.6亿元、增长25.6%。

【固定资产投资】 2016年，全县固定资产投资316.8亿元，比2015年（下同）增长13.2%。其中工业固定资产投资97.34亿元、降4.9%；基本建设投资141.36亿元、增长15.8%；更新改造投资89.4亿元、增长14.3%。房地产开发投资74.86亿元、增长6.9%。商品房销售面积139.17万平方米、增长3.8%，销售额61.9亿元。

【交通、邮电和旅游业】 2016年，全县全社会交通运输完成公路旅客周转量27.68亿人公里、增长7.3%，公路货物周转量15.22亿吨公里、增长10.8%。交通区位由交通节点向区域次枢纽转变，形成以高速公路、国省干线公路、快速通道为主骨架，县、乡、村道为依托的交通路网结构。全县高速公路通车里程124千米，国道和县乡道通车里程1268.6千米，村社道水泥路通车里程4100余千米，水泥路通村率100%，开通城乡公交线路14条。年末固定电话用户16.35万户；移动电话83.58万部。全年接待旅游人数796万人次（增长19.2%）旅游收入69.54亿元，增长53.2%。

【商贸服务业】 2016年，全县全社会消费品零售总额152.61亿元，比2015年（下同）增长12.4%。批发零售业零售额131亿元，增长12.2%；住宿餐饮业零售额21.61亿元，增长14.1%；城镇零售额81.39亿元，增长11.5%；乡村零售额71.22亿元，增长13.5%。

【财政金融】 2016年，全县地方

公共财政收入22.02亿元，比2015年（下同）增长10.1%，其中税收收入12.16亿元。地方公共财政支出63.52亿元，增长7%。年末全社会存款余额492.85亿元，增长14.2%；城乡居民储蓄余额395.53亿元，增长12.5%。全社会贷款余额200.16亿元，增长6.4%。

【科教、卫生和体育事业】 2016年，全县设立创新创业孵化中心、中小微企业孵化区、科技企业孵化器，建成省级创新型企业3户，鑫统领集团等企业实现专利技术成果转化，全年专利授权235件。全县有小学在校学生6.82万人，普通中学在校学生5.8万人，中等职业教育学校在校学生1.05万人，小学学龄儿童入学率100%。四川科技职业学院、中国武警警官学院天府校区、四川工程信息学院招生。全县有医疗卫生机构72个，医疗卫生机构床位数5052张，医院卫生院技术人员3619人，其中执业医师1237人。全县有体育场馆2个，剧场、影剧院1个，公共图书馆总藏书量21.5万册。

【城市建设和环境保护】 2016年，仁寿县城城区面积35平方千米，城镇化率35.28%比2015年增长1.48%。全县森林面积10万公顷，森林覆盖率37.5%，污水处理厂4个，城区生活污水处理率85%。全县建成公园17个。总投资32.5亿元、占地386.67公顷的以中央水体公园、仁寿城市湿地公园、文化公园、响水六坊公园为轴线的城市生态水体文化长廊顺利推进，其中中央水体公园、仁寿城市湿地公园、响水六坊公园开园投用。全年平均气温18.5℃，平均降水量973.4毫米。

【人口和人民生活】 2016年，全县户籍人口55.62万户157.4万人，其中男性81.5万人，女性75.9万人。全年出生1.38万人、死亡7823人。全县常住人口121.92万人。全年城镇居民可支配收入2.79万元，比2015年（下同）增长8.5%。农村居民可支配收入1.26万元，增加1060元、增长9.2%。全县有社会福利收养性单位94个、床位1.26万个，城镇居民最低生活保障1.2万人。城镇基本养老保险参保18.67万人，城镇基本医疗保险参保7.66万人。参加失业保险2.4万人。参加农村新型合作医疗100.55万人，参加新型农村社会养老保险74.67万人。

（李竹均　曾娟）

表7　2016年仁寿县乡镇简况表

单位	辖区面积（平方千米）	社区居民委员会（个）	村民委员会（个）	农村社会基础设施			居民小组（个）	农村经济社（个）	总人口（人）	耕地面积（公顷）	国内生产总值（当年价、万元）	粮食产量（吨）	农村居民人均可支配收入（元）
				自来水受益村（个）	通有线电视村（个）	通宽带村（个）							
文宫镇	59.52	2	11	8	11	11	21	79	37814	1007.6	63970	15027	15563
禾加镇	26.49	2	7	3	7	7	13	53	23777	1500.4	56808	8323	12478
龙马镇	42.66	2	11	8	11	—	10	99	27477	1993.7	49906	15603	12064
方家镇	46.15	1	9	9	9	1	4	104	28221	2221.5	31392	18137	12810
文林镇	97.02	38	—	—	—	—	266	—	158533	3046.8	686754	18842	14447
大化镇	66.25	2	12	12	12	12	8	87	35535	2507.8	73010	14944	13927
高家镇	58.23	1	10	1	10	1	14	80	24139	1809.7	23631	13911	13030

续上表

单位	辖区面积（平方千米）	社区居民委员会（个）	村民委员会（个）	农村社会基础设施			居民小组（个）	农村经济社（个）	总人口（人）	耕地面积（公顷）	国内生产总值（当年价、万元）	粮食产量（吨）	农村居民人均可支配收入（元）
				自来水受益村（个）	通有线电视村（个）	通宽带村（个）							
中农镇	28.72	1	9	9	9	9	2	85	20605	1562.5	21558	9146	12251
禄加镇	54.29	1	15	15	15	15	4	128	36269	2872.6	41157	18064	13182
宝飞镇	43.19	1	14	14	14	14	5	123	31689	2026	87205	13407	13995
彰加镇	51.02	3	12	12	12	12	23	89	33795	2910.8	53248	18434	12384
慈航镇	60.47	2	12	11	12	12	11	97	33741	3562.9	60186	20663	13289
汪洋镇	72.69	5	18	7	18	18	28	107	60078	3326.1	314481	19438	13831
钟祥镇	52.58	5	6	3	6	6	36	50	35273	2820.7	62248	21194	12834
始建镇	43.48	1	13	5	13	9	4	96	12113	3243.3	40017	30169	12143
满井镇	64.14	3	10	6	10	10	23	67	13651	3633.3	98909	20531	13691
富加镇	70.91	4	18	14	18	18	21	157	66138	3961.7	118868	31688	13211
龙正镇	57.74	5	7	7	7	7	42	57	29174	2412.6	144271	15269	13873
黑龙滩镇	150.50	6	17	13	17	16	50	140	51386	3519.9	96372	19408	13004
清水镇	65.28	2	10	3	10	10	11	76	27210	2439.1	43841	15288	13172
视高镇	50.04	9	—	—	—	—	80	—	31665	1376.3	673172	18780	14540
北斗镇	52.34	2	10	10	10	10	14	78	38075	3066.3	53241	17579	11389
虞丞乡	37.34	—	5	5	5	1	—	35	7363	913.5	8695	6335	12147
青岗乡	29.46	—	9	9	9	9	—	56	15536	1470.5	13781	8455	12552
古佛乡	22.59	—	5	5	5	5	—	40	15518	1152	14355	9519	12625
板燕乡	22.76	—	6	4	6	—	—	37	14232	1040.7	13197	11895	12065
石咀乡	20.96	1	4	4	4	4	12	43	14824	116.2	11374	11268	11458
藕塘乡	20.46	1	5	5	5	5	12	48	13968	1249.5	12405	11655	11209
玉龙乡	21.59	1	6	6	6	6	7	58	16833	1226.3	14295	10972	11844

续上表

单位	辖区面积（平方千米）	社区居民委员会（个）	村民委员会（个）	农村社会基础设施			居民小组（个）	农村经济社（个）	总人口（人）	耕地面积（公顷）	国内生产总值（当年价、万元）	粮食产量（吨）	农村居民人均可支配收入（元）
				自来水受益村（个）	通有线电视村（个）	通宽带村（个）							
合兴乡	17.51	—	5	5	5	2	—	34	11697	946.3	10418	10366	13013
促进乡	19.53	—	5	5	5	—	—	40	9996	1030.6	8835	10190	11307
鸭池乡	19.14	—	5	—	5	5	—	31	11095	1018	8794	6249	10721
双堡乡	30.80	—	8	7	8	6	—	76	19421	1772.3	15803	7174	11905
河口乡	23.29	—	7	7	7	7	—	75	14716	1173.2	11704	7835	11914
板桥乡	19.54	1	6	6	6	6	—	66	13250	1199.2	11599	9214	12546
元通乡	30.76	—	6	6	6	6	—	60	21427	1592.8	23675	14318	11482
向家镇	30.10	1	4	4	4	4	12	38	18114	1326.3	15181	8342	11534
里仁乡	36.78	1	4	4	4	4	9	29	16551	1782.5	23234	14516	12232
兴盛镇	36.49	2	3	2	3	3	14	25	14713	1881.1	42668	13899	12609
兆嘉乡	22.48	—	6	6	6	6	—	39	10549	1094.5	11671	7284	12554
宝马镇	53.96	—	12	12	12	12	—	86	31061	2832.5	83292	19031	12545
珠嘉镇	53.02	—	11	11	11	11	—	90	34853	2955.5	30509	24962	13124
鳌陵乡	38.47	—	6	5	6	6	—	46	12823	625	17375	5228	12709
观寺镇	38.08	1	9	8	9	6	4	66	28035	1901.5	33441	14425	12596
中岗乡	38.32	—	9	4	9	9	—	79	21919	1648.1	20379	14929	12034
龙桥乡	58.90	—	11	5	11	11	—	116	26170	2563.5	25902	23046	13286
曲江镇	36.21	1	7	1	7	1	6	59	20301	1769.3	19739	11367	11187
城堰乡	40.16	—	7	—	7	1	—	54	12645	1481.2	13499	8676	11295
谢安乡	33.03	1	8	8	8	8	8	56	19598	1849.1	18103	11800	10862
新店乡	27.48	1	9	1	9	7	1	58	20183	1411.4	18532	15954	12733
天峨镇	47.49	1	10	10	10	10	6	95	21151	2166.8	56076	5926	11846

续上表

单位	辖区面积（平方千米）	社区居民委员会（个）	村民委员会（个）	农村社会基础设施			居民小组（个）	农村经济社（个）	总人口（人）	耕地面积（公顷）	国内生产总值（当年价、万元）	粮食产量（吨）	农村居民人均可支配收入（元）
				自来水受益村（个）	通有线电视村（个）	通宽带村（个）							
识经镇	29.34	1	7	7	7	7	9	66	17025	1221.9	15261	6249	11293
凤陵乡	33.26	—	9	3	9	9	—	68	19049	1950.7	17415	13804	12626
涂加乡	32.25	1	7	7	7	7	14	42	16579	1752.3	13119	10508	11814
四公镇	35.62	1	7	7	7	3	6	51	18352	1614.3	21554	9598	12595
松峰乡	31.08	—	8	3	8	8	—	47	14992	1423.6	19532	7567	10995
曹家镇	61.25	1	10	5	10	10	6	78	23597	2247.5	30687	16642	13767
景贤乡	43.11	—	7	7	7	2	—	40	10142	1418.2	9576	9214	11239
农旺乡	39.14	1	11	—	11	11	2	98	25431	2229.2	25822	17782	11313
洪峰乡	52.13	—	9	5	8	9	—	65	14560	1895.7	23241	13928	11857
合计	2607.92	116	504	369	503	425	818	4042	1574031	79534	3060844	833967	—

洪雅县

【概况】 洪雅县地处四川盆地西南边缘，东接夹江县、峨眉山市，南邻金口河区、荥经县、汉源县，西抵雨城区、名山县，北交丹棱县。地势由西南向东北倾斜，处于全国地形第一阶梯与第二阶梯的结合部。全县幅员面积1896.49平方千米，最高峰为天宝山主峰光咚咚山（海拔3172米），最低处为县东北余坪镇青衣江畔的芦溪口（海拔417.5米）。境内气候温和，雨量充沛，属亚热带湿润性气候。2016年，年平均气温17.1℃，比2015年降低0.7℃。最高气温37.5℃（8月25日），最低气温零下3.1℃（1月25日）；年总降水量1468.7毫米，较上年增加247.6毫米；平均相对湿度82%，年日照总时数1003.4小时。境内主要自然灾害为干旱、暴雨、强雷暴等。全县辖15个乡镇，138个村、21个社区，1011个村民小组、142个居民小组，年末总人口35.08万人，其中常住人口30.83万人，出生人口4024人，死亡人口2665人，人口出生率12.78‰、死亡率7.21‰，人口自然增长率5.57‰。

2016年，全县地区生产总值108.53亿元，比2015年（下同）增长8.4%。其中第一产业增加值16.16亿元，增长4%；第二产业增加值63.68亿元，增长9.1%；第三产业增加值28.7亿元，增长9.4%。一、二、三产业对国民经济增长的贡献率分别为6%、65.5%、28.5%，三次产业的结构由15∶59.5∶25.5调整为14.9∶58.7∶26.4。按常住人口计算，全县人均GDP3.53万元，增长7.9%。民营经济增加值69.7亿元，增长8.7%。占全县国内生产总值中的64.2%，对全县经济增长的贡献率为67.6%，拉动经济增长5.7个百分点。全县民营经济增加值中，第一产业增加值9.55亿元，增长5%；第二产业增加值46.49亿元，增长9.4%；第三产业增加值13.64亿元，增长8.9%。社会消费品零售总额38.81亿元，增长12.9%；地方公共财政预算收入9.01亿元，增长11.5%；总支出22.11亿元，增长8.6%；金融机构各项存款余额146.17亿元，增长15.6%，其中住户存款余额

117.37 亿元，增长 11.8%。争取国家专项建设基金项目 8 个 8.71 亿元；争取上级转移支付资金 7.06 亿元、地方政府债券资金 10.48 亿元；争取其他项目资金 7.51 亿元。

【工业、农业和旅游业】 2016 年，全县工业增加值 58.19 亿元，比 2015 年（下同）增长 9.2%。全县规模以上工业增加值增长 10.1%，规模以上工业企业 39 家，工业销售产值 60.3 亿元，增长 19.4%。工业产品产销率 96.48%，产品主营业务收入 51.67 亿元，增长 9.77%。利润 1.87 亿元，增长 13.7%。全县农作物播种面积 3.86 万公顷，增长 0.4%。其中粮食作物播种面积 1.96 万公顷，占总播种面积的 50.8%，生产粮食 12.81 万吨，增长 1.4%。肉类总产量 2.8 万吨，下降 2%。年末奶牛存栏 4.15 万头，全年产牛奶 8.6 万吨。全年出栏生猪 29.75 万头、家禽 271 万只。城镇消费品零售总额 19.15 亿元，增长 12.1%；乡村消费品零售总额 19.66 亿元，增长 13.6%。批发业收入 2.1 亿元，零售业收入 31.42 亿元，住宿业收入 1.12 亿元，餐饮业收入 4.17 亿元。全年接待游客 818.64 万人次，增长 20.3%；旅游社会总收入 64.5 亿元，增长 23.3%。全年进出口总额 2411 万美元，增长 28.9%，其中进口 19.49 万美元、出口 2392 万美元。

【固定资产投资和建筑业】 2016 年，全县开工建设重点项目 96 个，建成 32 个，固定资产投资 115.89 亿元，比 2015 年（下同）增长 13%。其中第一产业 4.41 亿元，增长 94.3%；第二产业 20.47 亿元，增长 12.7%；第三产业 91.01 亿元，增长 10.9%。按种类分，基本建设投资 84 亿元，增长 13.4%；更新改造投资 19.78 亿元，下降 11.1%；房地产开发投资 9.8 亿元，增长 182.2%。民间投资 84.33 亿元，增长 37.1%。5000 万元以上项目投资 90.91 亿元，增长 10.6%。省重点项目“大峨眉”国际旅游西环线五龙祠至柳江段建成通车，柳江至终点段开工建设；七里坪旅游综合开发、“大峨眉”国际旅游区（洪雅）、瓦屋山国家森林公园生态旅游整体开发、文体中心等 8 个市重点项目推进加快。商品房施工面积 75.99 万平方米，增长 16.2%；商品房销售面积 9.12 万平方米，下降 64.8%。

【招商引资】 2016 年，全县新签约项目 20 个，协议投资 138 亿元。水环境治理、江南康养新城等 7 个 PPP 项目稳步推进。5 月 24 日，上海农业科技有限公司投资超 10 亿元的“美丽乡村·梦里茶香”茶兰陀项目在东岳镇团结村开工。6 月 28 日，全市 2016 年第三批重点项目集中开（竣）工暨“大峨眉”国际旅游西环线（柳江至零公里）项目开工。全年全县与贵阳银行成都分行签署银企战略合作协议；与中国五冶集团有限公司签署“江南康养新城基础设施项目”合作框架协议；与北京亚洲酒店举行百亿绿色发展项目推介会暨签约，推介项目总投资 314 亿元，涉及旅游、康养、农业等 4 大类 32 个项目。

【生态建设】 2016 年，成立县生态文明建设办公室、县健康产业办公室。严惩重处露天焚烧等行为，县城环境空气质量优良天数 277 天，达标率 75.7%；全县环境空气质量优良天数 300 天，达标率 82%。开展城区、乡镇集中式饮用水源地水质监测，全县饮用水达标率 100%。加强青衣江流域水环境生态补偿监测，青衣江流域洪雅出境断面平均水质常年达国家Ⅱ类标准。处理好保护与发展的关系，划定环保红线，预留发展空间。洪雅获“中国生态文明奖”。

【城市建设】 2016 年，江南新城控制性详细规划完成编制。城南商业广场加快推进。滨江路景观改造工程竣工，关圣街棚户区整治完成，引青入城二期完工，“山水洪雅灯光秀”建成投用。开展私搭乱建、电动三轮车、犬只管理等专项整治，拆除违法建设 2.14 万平方米，市民满意度提升。全县城市化率 40.76%，比 2015 年增长 0.96%。

【脱贫攻坚】 2016 年，全县易地扶贫搬迁 79 户 233 人。创新小额扶贫贷款机制，完成小额扶贫贷款 1235.74 万元。精准脱贫 1992 户、5640 人，33 个市级贫困村全部退出，脱贫攻坚工作获省级验收考核肯定。评选省级“四好村”7 个。

【人民生活】 2016 年，全县城镇居民人均可支配收入 2.78 万元，比 2015 年（下同）增长 8.6%；人均消费支出 1.79 万元，下降 9.5%；恩格尔系数 33.2%，下降 3.4%。农民人均可支配收入 1.45 万元，增长 8.9%；人均生活消费支出 1.31 万元，增长 9.2%；恩格尔系数 34.6%，下降 4.5%。全年城镇新增就业 4660 人，失业人员再就业 782 人，就业困难对象实现再就业 429 人，城镇登记失业率控制在 4.2%以下。创业培训 300 余人次，培育创新创业人才 200 余人，提供担保贷款 305 万元；发放大学生创业补贴 42 万元，帮助高校毕业生 43 人创业。年末，城乡居民社会养老保险参保 17.37 万人，企业职工基本养老保险参保 2.61 万人，城镇职工基本医疗保险参保 2.17 万人，城乡居民基本医疗保险参保 29.04 万人，工伤保险参保 1.94 万人，生育保险参保 1.78 万人，失业保险参保 8758 人。

【对外影响】 2016年，洪雅县获准为国家有机产品认证示范创建区、国家级电子商务进农村综合示范县、省旅游强县、省现代农业建设示范县等。瓦屋山被评为“四川十佳国家级森林氧吧”，七里坪成为首批国家中医药健康旅游示范基地，玉屏山成为全国首批森林体验基地。举办中国旅游发展北京对话·眉山七里坪峰会、玉屏山长板速降国际公开赛等活动。3月4日，以越南计划投资部对外经济关系司副司长阮氏青芳为团长的越南政府代表团，考察世界银行四川小城镇发展项目洪川镇环境综合治理项目（“引青入城”项目）建设情况。8月27日至30日，“第二届中国洪雅·峨眉半山七里坪国际抗衰老健康产业发展论坛”在七里坪度假区召开。12月17日至18日，洪雅应邀参加中国生态文明论坛海口年会暨中国生态研究与促进会第二届会员代表大会，并作经验交流。

（白银福）

表 8

洪雅县 2016 年度乡镇情况简表

乡镇	辖区面积（平方千米）	村（个）	社区（个）	常住人口（人）	耕地面积（公顷）	国内生产总值（万元）	财政收入（万元）	农民人均可支配收入（元）	主要农产品产量							
									粮食（吨）	油料（吨）	出栏生猪（头）	水果（吨）	蔬菜（吨）	茶叶（吨）	奶牛存栏（头）	产奶（吨）
洪川镇	80.03	10	7	74546	2903.07	252523	5420.9	16113	15558	1359	33767	1439	10242	312	3625	6998
止戈镇	46.03	5	2	18340	1870.25	86176	633	15798	11132	1281	21181	615	6525	1626	2137	8204
三宝镇	38.60	6	1	11740	1034.21	18121	800	13441	5986	419	15868	128	6386	636	2626	6431
花溪镇	61.00	8	1	15706	1896.89	20250	702	16922	7835	662	8541	244	6167	1331	2127	4653
余坪镇	99.35	15	1	32816	4976.61	71628	1812	14040	23199	2478	51315	1477	14436	1726	3205	6879
槽渔滩镇	87.73	8	2	17532	1098.69	34858	1109.49	16084	6669	520	44633	368	2174	2017	2147	4931
中保镇	67.66	8	1	18998	2182.34	98059	1030	15139	9903	815	32425	772	11835	734	1611	3015
东岳镇	115.30	11	1	23332	2839.85	55127	1248	15984	11406	712	20157	187	5816	1778	16574	31386
柳江镇	160.39	9	1	17897	1282.06	58864	1432.76	15233	5405	314	14962	72	2550	967		

续上表

乡镇	辖区面积（平方千米）	村（个）	社区（个）	常住人口（人）	耕地面积（公顷）	国内生产总值（万元）	财政收入（万元）	农民人均可支配收入（元）	主要农产品产量							
									粮食（吨）	油料（吨）	出栏生猪（头）	水果（吨）	蔬菜（吨）	茶叶（吨）	奶牛存栏（头）	产奶（吨）
高庙镇	234.21	10	1	17078	980.24	109942	936	15281	4396	41	7579	—	1244	250		
瓦屋山镇	694.73	26	1	17227	239.42	44320	3013	13997	3810	31	9814	62	3261	106		
中山乡	40.13	5	1	12390	1620.25	27504	728	15219	8552	1181	12802	478	5913	2744	1884	3256
将军乡	54.24	6	1	16834	1376.62	186128	2012	14973	7664	600	11143	569	2593	1308	5357	6057
汉王乡	70.87	7		9658	927.91	16590	146	14754	5098	151	9939	—	854	2088	231	435
桃源乡	46.22	4		4214	252.02	5235	580	12800	1515	24	3390	38	888	360		
合计	1896.49			308308	25480.43	1085325	21603	225778	128128	10588	297516	6449	80884	17983	41524	82245

丹棱县

【概况】　丹棱县地处四川盆地西南边缘，岷江以西，青衣江以东，总岗山南麓，眉山市中部偏西。东与眉山市东坡区毗邻，东南和乐山市夹江县接壤，南与洪雅县相连，西与雅安市名山县为邻，北与成都市蒲江县联接。辖区面积448.94平方千米。丹棱县人民政府所在地丹棱镇，东北距成都市100千米，东距眉山市30千米，西南距乐山市65千米，西距雅安市85千米。106省道横跨东西，县道丹蒲路、丹夹路纵贯南北。乡（镇）、村、社道四通八达，形成以县城为中心的交通网络。自隋开皇十三年（593）至2016年，丹棱县已建制1423年。丹棱县属河源丘陵地区。邛崃山支脉总岗山（一名长秋山，古称可暮山）横亘于县之西北境，连绵约60千米。县域地势西北高，东南低，由西北向东南逐渐低平，形似一面斜坡。最高点在县境西北张场镇老峨山，海拔高程1142米；最低点在县境东南杨场镇徐坝村，海拔高程450米。丹棱县气候属亚热带气候，其显著特征是：四季温和，冬无严寒，夏无酷暑，冬干春旱，夏涝秋雨，阴天偏多，日照偏少。

2016年，全县年平均气温17.1℃，较多年平均16.7℃，偏高0.4℃；年极端最高气温36.2℃，较多年极端最高气温38.3℃，偏低2.1℃；年极端最低气温零下2.9℃，较多年极端最低气温零下3.7℃，偏高0.8℃；年总降雨量1256.2毫米，较多年平均1157.9毫米，偏多8%；年总日照时数836.7小时，较多年平均939.8小时，偏少11%。2016年超过1981-2010年三十年历史极值的数据较多，其中2月份最大降水量56毫米较历史值偏多9%，10月份极端最高气温29.9℃较历史值偏高0.3℃，年最大积雪深度1厘米较历史值偏多0.6厘米，年最多大风日数为2日，较历史值偏多1日。全县辖5个镇、2个乡，年末全县总人口16.34万人，当年出生人口1922人。人口自然增长率4.37‰。

2016年，全县地区生产总值（GDP）54.3亿元，比2015年（下同）增长8.5%。其中，第一产业增加值10.6亿元，增长4.2%；第二产业增加值29.5亿元，增长9.6%；第三产业增加值14.2亿元，增长9.5%。第一、二、三产业对经济增长的贡献率分别为10%、61.7%、28.3%；分别拉动经济增长0.85%、5.24%、2.41%。三次产业结构比由2015年的20.1：54.7：25.2优化为19.5：54.4：26.1。全年非公有制经济增加值33.3亿元，增长8.8%，占GDP的61.4%，对GDP贡献率64.7%，拉动经济增长5.5个百分点。其中一产业增加值4.8亿元、增长7%，二产业增加值21.3亿元、增长9.5%，三产业增加值7.2亿元、增长7.6%。

【工业】　2016年，全县全部工业增加值23.3亿元，比2015年（下同）增长9.8%，对经济增长的贡献率50.1%，拉动经济增长4.3个百分点；其中规模以上工业增加值增长10.1%，降4.3%；42户规上企业工业总产值53.31亿元，增长15.7%，主营业务收入48.5亿元，增长13.9%，收入上亿元的企业14户。全年工业企业实现利润总额2.9亿元，同比增长78.1%，利润500万元以上企业9户，千万以上的5户。工业总产值突破60亿元，规模以上工业增加值年均增长15.1%。投入资金3.2亿元，建成6平方千米丹棱工业园区，完善水电气、管网等基础设施；新增入园企业65家，产业集中度85%，建成省级知名品牌示范园区。规模以上企业42家，中车丹齿获市政府质量奖，为力帆、比亚迪等企业独家配套纯电动汽车圆柱齿轮；柯美特集团销售收入突破5亿元，其型材产品被评为“全国消费者满意产品”；明宏光学研发的光学玻璃成像透镜成为丹棱县国家重点新产品；兴晟锂业碳酸产品在天津渤交所上市；新高峰“依能”品牌获全国十大瓷片称号；瑞迪佳源等9家工业企业成为直接出口企业。获批“国家高新技术企业”4家，建成“省级企业技术中心”3个。建立“政产学研用”联盟，与省机械研究设计院签订战略合作协议；建成全市首家省级中小企业创业基地。

【农业】　2016年，实施全省现代农业、现代林业、现代畜牧业强县项目，都市近郊产业体系和“东坡味道·丹棱特产”农产品市场销售体系基本建成。发展“一县四品”特色产业基地3.4万公顷。成功申报“中国桔橙之乡”，建成标准化桔橙产业示范园；建成面积超6700公顷、产值超10亿元的全国最大优质不知火生产基地，丹棱桔橙获国家农产品地理保护标志；全国果茶绿色发展经验交流会在丹举行；赴北京、上海等地举办桔橙推介会，举办中国首届桔橙产业发展高峰论坛等系列活动，种植面积、产量、销售单价、农民收入四个翻番。“大雅柑”成为全省自主研发的桔橙新品种。“丹棱冻粑”成功注册国家地理标志证明商标和国家地理标志保护产品。创建省级标准化畜牧示范场5个，畜禽良种化率98.5%。制定鼓励家庭农场发展系列扶持政策，发展家庭农场202

家、现代农业业主 2845 户、种养业大户 3194 户；培育省市农业龙头企业 10 家、专合社 196 家；创建农产品无公害（绿色、有机）认证 11 个。

【第三产业】 2016 年，按照“全域景区化”理念编制《中国大雅家园总体规划》《丹棱县乡村旅游发展规划》；旅游投入 20.6 亿元，形成“三山一堂一湖一村”旅游新格局，成功创建“四川省乡村旅游示范县”，编制推介全域乡村公园项目；开启“民宿+度假”乡村旅游新模式，幸福古村被评为“全国特色景观旅游名村”；双桥镇梅湾村被评为“中国乡村旅游模范村”“国家美丽宜居村庄”；丹棱桃花源景区创建成以乡村旅游为主的国家 AAA 级旅游景区。建成大雅堂博物馆及公园，大雅堂景区成为丹棱文化、旅游和城市新地标；大雅新城商业综合体开街。全年接待旅游人数 259.1 万人次，比 2015 年（下同）增长 27.4%，旅游总收入 20.38 亿元，增长 29.7%。

【项目工作】 2016 年，全县引进项目 103 个、到位资金 202 亿元，向上争取项目 1620 个、资金 36.3 亿元。外贸进出口 6423 万美元。大深 001—X1 天然气井钻成投运，日可采量 30 万方米以上，X4 井完成钻井工程，年底产量测试。豪月食品在深圳前海股权交易中心挂牌。

【民生】 2016 年，全县养老保险参保 11.76 万人，其中城乡居民养老保险参保 8.96 万人，参加企业职工养老保险 2.26 万人，机关事业养老保险参保 5331 人。城乡居民基本医疗保险参保 14.43 万人。失业保险参保 6376 人。工伤保险参保 9620 人。生育保险参保 7797 人。新增就业 2462 人，城镇失业率控制在 4% 以内。投资 1.58 亿元，建成 34.2 千米“奔康大道”；易地扶贫搬迁 1156 人，集中安置 94 户 249 人；低保线与贫困线“两线合一”，全县贫困人口 3565 人享受低保；发放扶贫小额信贷资金 425 户 1161 万元；通过省级脱贫攻坚验收考核。投入民生资金 16 亿元，完成省、市、县定民生工程及民生大事 107 项；新增就业 2864 人，城镇失业登记率 4.1%；发放创业补贴和创业担保贷款 88 万元；城乡居民基本养老保险覆盖 8.96 万人，城乡居民基本医疗保险参保率 95%；建成国家Ⅱ级应急避难场所 2 个，完善应急避难点 18 个；完成危旧房棚户区改造、公共租赁住房 811 套。全面取消县级公立医院药品加成，建立乡村医生退出机制，建成投运县妇幼保健院，启动县中医医院建设，组建 2 个医疗联合体；完成中央项目唐河小学、杨场小学少年宫建设；完成民间文化院坝建成 50 个。开展“治爆缉枪”专项行动；侦破公安部督办“2.5”特大生产、销售伪劣产品案，“6.24”系列跨省盗销摩托车案等重特大案件；主办侦查员“133”模式入选全国公安改革案例；仁美镇成功创建省级安全社区；全年无重大安全责任事故、重大环境污染违法事故和重大食品药品事故发生。

【城市建设】 2016 年，全县投入 7.2 亿元改造提升老城区，南翼文化新城成为聚集人气、文气、商气城市新中心；东翼产业新城成为聚集企业、人力、财力的发展新支撑。大雅堂公园建成开放，配套完善大雅广场等公共服务设施。完成大雅路、新二水厂、熊河碥棚户区等城建项目 168 个；制定鼓励农民进城落户政策，农民进城购房 2600 套；新增建成区面积 1.6 平方千米，新增城镇人口 2.2 万人，推进 6 个场镇综合开发，城镇化率比 2015 年增长 6.9%。拆除危旧房 4244 户，新增耕地 271.67 公顷；全域实施土地整理，新增耕地 558.13 公顷。完成省整县推进新农村建设县任务，全域基本建成幸福美丽新村。实施城乡“交通建设大会战”，总投资 13 亿元，新建遂资眉高速丹棱段、老峨山旅游快速通道、丹棱大道、丹名路一期、十里桃花红 5 条道路，改扩建丹蒲路、丹夹路等大小道路，总里程 430 千米。全县通村、通组道路硬化率 100%。实施“国家小型农田水利重点县”项目建设，整治山坪塘 189 座，新建蓄水池 218 口，新建和整治沟渠 160 千米。全部场镇开通天然气，完成新农村电气化建设。

（罗德斌　王巧奇　万玲）

表 9　丹棱县 2016 年简况表

乡镇名称	辖区面积（平方千米）	村民委员会（个）	居民委员会（个）	人口（人）	农业总产值（万元）	工业增加值（万元）	农村居民人均可支配收入（元）	主要农产品 粮食（吨）	牛奶产量（吨）	油菜（吨）	出栏肉猪（头）
丹棱镇	59.34	10	6	42762	47546	93094	16401	9928	430	852	34638
杨场镇	90.82	12	1	31998	33228	105132	16215	20491	1336	1991	41654
仁美镇	34.14	8	—	18467	21530	2789	14262	10325	1713	936	22234
双桥镇	89.57	14	—	32881	36601	26964	15863	17314	2627	1327	41815
张场镇	95.86	16	1	23943	24635	3673	12365	11913	2295	1222	35684
石桥乡	23.28	4	—	4143	4737	815	13928	2939	233	175	7579
顺龙乡	55.93	6	—	9159	11142	672	12392	6513	332	482	17430
合计	448.94	70	8	163353	179419	233139	15068	79423	8966	6985	201034

青神县

【概况】　青神县位于川西平原西南边缘，北接东坡区，南邻乐山，西望峨眉，地理位置优越，地貌呈盆状结构。青神县先后被誉为南方丝绸之路、岷江古航道小峨眉、中国椪柑之乡、中国竹编艺术之乡。2016 年，全县总面积 387 平方千米，其中耕地 9360 公顷。辖 7 个镇、3 个乡。年末总人口 19.75 万人，人口自然增长率 3.74‰，城镇化率 38.97%，比 2015 年（下同）增长 1.49%；全县森林覆盖率 46.5%，增 0.4%。

2016 年，全县地区生产总值 70.2 亿元，增长 8.3%。其中第一产业增加值 9.05 亿元，第二产业增加值 36.27 亿元，第三产业增加值 24.88 亿元，分别增 4.3%、9.2%、9.1%；三次产业分别带动经济增 0.6、5.1、2.6 个百分点；全县非公有制经济增加值 45.73 亿

2016年，市投促局局长王世林率队调研甘眉园区金属新材料产业。

元，增长8.6%；地方公共财政预算收入4.64亿元，增长13.1%；城镇居民可支配收入2.78万元，增长8.5%；农村居民人均可支配收入1.48万元，增长9.4%；金融机构各项存款余额87.41亿元，增长14.2%；全年保费收入1.43亿元，增长6.4%；全社会固定资产投资68.27亿元，增长12.3%；社会消费品零售总额25.30亿元，增长12.7%；招商引资到位资金36.73亿元，下降1.09%。

【工业经济】 2016年，青神县坚持发展机械产业为主导工业经济。宏瑞钢构二期，德鑫航空三期20个项目竣工投产，秦禾机械铁路电气化接触网生产线技改等项目稳步推进。全县规模以上机械产业19户，产值35.3亿元，比2015年（下同）增长8.9%。县工业开发区形成“三纵一横”骨干路网，污水处理厂建成投用，盘活10家工业闲置资产。全年实施工业项目40个，投入30.85亿元，全部工业总产值107.8亿元，增长12.73%，入库税金2.03亿元，增长80.4%；利税总额5.17亿元，增长11.6%。工业创新转型成效初显。德恩精工引进智能机器人100台，青城机械配置龙门加工中心等高端设备50余台，四川丹甫新上数字化组合机床、自动化检测设备20余台（套）。新增规模以上工业企业2户，规模以上工业增加值增率全市第一。

【特色农业】 2016年，全县农业生产投入4亿元，夯实农村基础设施建设。以椪柑产业为主导，推进四大产业环线，建成优质椪柑基地6700公顷，优质茶叶基地3300公顷，特色茶柑种植和林下养殖基地700公顷，高标准农田3300公顷。建设“东坡味道—青神椪柑”品牌，拓宽销售渠道，椪柑网上销售额5000万元。建成现代竹林基地1.23万公顷，竹产业总值16亿元，从业3.5万人。全年农牧渔业增加值4.27亿元，增长4.2%；获2016年度全省农民增收工作先进县，全省现代林业产业示范县。

【中国竹文化节】 2016年，青神举办第九届中国竹文化节，历时3天。建成国际竹艺博物馆，竹林湿地三期等17个配套项目，完成竹艺创意设计大赛，竹韵天下文艺晚会等14个配套活动。全世界33个国家、4个国际组织、20个省、1000余名代表参会，竹产业签约项目21个，金额41亿元。60余家中外新闻媒体报道，发布稿件200余条，官网点击率9万余次，青神

2016年11月2日，“走进眉山·共谋发展”2016年眉山市优势产业推介会暨签约仪式在成都举行

形象得以提升。青神获“国际竹编之都”“竹编艺术传承国际范例奖”称号，南城兰沟村获评“中国竹编第一村”。

【创新创业】 2016年，全县13个市级贫困村摘帽，贫困人口4111人实现脱贫，通过省级考评验收。实施大众创业万众创新战略，新登记小微企业269户，培育个体工商户1033个，获省民营经济发展先进县。全年获专利授权102件，其中发明专利25件，举办第六届全国大学生“创业、创新、创意”挑战赛四川赛区决赛。在全市推进林地经营权流转证，经济林木（果）权证抵押贷款，推进“营改增”试点改革。电商创新创业孵化园建成开园，新发展网站500余家，网上零售4.5亿元。

【依法治县】 2016年，全县完成责权清单动态调整，开展依法行政示范单位创建，落实行政执法责任制。县人大及常委会开展法律监督政协开展民主监督，办理人大代表批评建议意见26件，政协委员提案46件，人大代表、政协委员满意或基本满意率100%。启动实施“七五”普法，推进“法律七进”和法制示范创建，开展百名法学法律工作者百场法制讲座、首届十佳法制人物评选，村（社区）党群集中活动日等活动。落实领导干部法治档案和年度述法制度，完善法律顾问制度。加强社会治安防控体系建设，深化网络化服务管理，完善“诉非衔接”多元化解决纠纷体系。河坝子镇成功创建省级安全社区。 （周国玉）

表 10　　2016 年青神县乡镇简况表

乡镇名称	辖区面积（平方千米）	村民委员会（个）	居民委员会（个）	人口（人）	耕地面积（公顷）	固定资产投资（万元）	农业产业增加值（万元）	工业增加值（万元）	农民人均可支配收入（元）	主要农产品产量			
										粮食（吨）	水果（吨）	油料（吨）	肉类（吨）
青城镇	12.4	1	9	38797	383	228010	4446	107475	16371	3503	298	321	963
南城镇	19.5	6	2	19201	673	104700	6500	90799	16263	6602	1004	703	1286
黑龙镇	31	11	2	27309	1125	117922	7336	99261	15775	9499	571	985	2695
西龙镇	75.6	11	1	26955	2095	91141	11069	37049	14451	20716	6377	1772	3022
瑞峰镇	49.2	6	1	14174	835	27935	7988	4865	13880	7817	3381	756	2250
汉阳镇	21.6	4	1	10358	470	48390	7044	626	14661	4262	3501	468	1268
河坝子镇	25.6	5	1	10632	724	10141	9561	1801	14328	7490	3494	475	1732
白果乡	82.3	15		22710	1377	24159	17852	3526	14381	14253	29756	1033	3252
高台乡	20.3	5	1	12667	731	16972	9333	1245	14992	7576	9858	559	1427
罗波乡	49.5	7		14684	947	13324	9370	2806	14553	9065	4430	793	2193
合计	387	71	18	197487	9360	682694	90499	349453	14811	90783	62670	7865	20088

人物

character

2016年眉山市市级各部门领导干部名录

中国共产党眉山市委员会

书记李静，副书记罗佳明（2月任职）、黄剑东（9月任职）、宋朝华（2月离任）、刘十庆（9月离任），常委祝云、王光彩、黄秀川（9月任职）、周孝平、樊亮才（9月任职）、汪宏（10月任职）、付庆一（11月任职）、汪树槐（11月任职）、宣迅（9月离任）、姜怡（9月离任）、邓正权（9月离任）、杨勇（4月离任）、张习（9月离任），秘书长汪树槐（11月任职）、黄跃（11月离任），副秘书长陈瑞林（11月任职）、吴江（11月离任）、冉登祥（9月任职、11月离任），钟维钦（9月任职、11月离任），杨志忠（6月离任）、杨成芬（11月离任）、宋良勇（6月离任）、彭国超、王军（11月离任）、康勤、李秀英（6月任职）、李祝才（3月离任）、王麒铭、廖宇勇（9月任职）、代贤军（11月任职）、阮永忠、彭盛东（12月任职）、徐炯（11月任职）、王建祥（11月任职）

眉山市人民代表大会常务委员会

主任贺文（11月离任）、刘十庆（11月任职），副主任何久伦（11月离任）、陈大权（11月离任）、陈万忠、李建章、李永高、王晓丽（11月任职）、宋仕祥（11月任职），秘书长徐智勇，副秘书长廖明清（12月离任）、袁敏、钟开全（10月离任）、杨昌勤（10月任职）

眉山市人民政府

市长宋朝华（2月离任）、罗佳明（3月任职），副市长邓正权（10月离任）、辜永忠（11月离任）、吴爱玲（11月离任）、钟毅（4月离任）、付庆一（11月离任）、汪树槐（11月离任）、祝云（11月任职）、毛洪涛（11月任职）、唐宏、曹晖（11月任职）、罗毅（11月任职）、冉登祥（11月任职）、肖忠良（11月任职），市长助理崔永伟，秘书长肖忠良（12月离任）、吴江（12月任职）

中国人民政治协商会议眉山市委员会

主席王影聪，副主席梁勇、立胡左格、黄玉蓉、祝明洪、杨常沙、余自生、钟维钦、周强（11月任职）、王志敏、朱建文（11月离任），秘书长胡建辉（11月任职）、陈泽文（11月离任），副秘书长刘忠义（12月任职）、宋洪芳、刘云福（11月离任），兼职副秘书长黄锐、江林、甘晓红、代贤军（11月离任）

纪检、法院、检察院

中国共产党眉山市纪律检查委员会

书记祝云（9月离任）、汪宏（9月任职），副书记魏文彪（9月离任）、俞红梅（11月任职）、王世林（9月离任）、杨燕昭、骆仕明（11月任职），常委宋梅（12月离任）、梁昌秋（9月离任）、徐正刚、罗维、曹宇春（9月离任）、邓世虎（11月任职）、徐国（11月任职）、刘卓（11月任职），机关党委书记徐国（11月离任）、袁琳（9月任职），副县级室主任万凯、张健、王云华（10月任职），市委巡视联络办主任李安翔（12月离任）

市监察局

局长魏文彪（9月离任），副局长宋梅（12月离任）、宋章华

市纪委派出纪工委（市监察局监察分局）

书记（局长）吴建文，委员（监察员）郑强、王泽华、罗晓玲

市委巡察办

主任宋梅（12月任职），副主任李安翔（12月任职）

眉山市中级人民法院

院长刘楠（1月离任）、张能，常务副院长彭惠琴，副院长李光

祥、彭国成、高茜、戴洪斌（7月任职）、蹇峰，纪检组长王建勇，政治部主任王世忠，机关党委书记陈映明，执行局局长韩胜

眉山市人民检察院

检察长吕皓，常务副检察长陈卫东，副检察长林建新、林泽明、张勇勤，纪检组长李林坤（10月离任）、李群（10月任职），政治部主任段瑞林，机关党委书记蒋志全，反贪污贿赂局局长李懿（10月任职）

市检察院检查委员会

专职委员申亚辉、彭林泉

市检察院司法调解中心

专职副主任徐建国

党群系统工作部门

市委办公室

主任陈瑞林（11月任职）、吴江（11月离任），副主任彭盛东（12月离任）、徐炯（11月离任）、王建祥（11月离任），副县级纪检员汪洪萍

市委机关党委

书记何丹丹

市目标绩效办

主任徐驰（11月离任）

市委常委办公室

主任黄秀航（3月任职、9月离任）

市委督查室

主任李祝才（3月离任），副主任黄秀航（3月离任）、黄文利（10月任职）、聂川

市机要局（市密码管理局）

局长查庆生、副局长汪英、专职密码督察员侯德明

市委保密办（市国家保密局）

主任（局长）李树伦，调研员黄绍平

市委党史研究室

主任徐永利，副主任张茂丹（1月任职）

市委、市政府接待办

主任王麒铭，副主任刘轶、王军

市委组织部

部长姜怡（9月离任）、黄秀川（9月任职），常务副部长王晓丽（11月离任）、杨成芬（11月任职），副部长胡彬（11月离任）、何万高、唐亚平（11月离任）、曾丽霞（11月任职）、杨志华、周代军、刘波，副县级纪检员伍懿（9月离任）、白海涛（10月任职）

市委党建办

主任胡彬（11月离任）

市委党员干部现代远程教育中心

主任曾静

市非公有制经济组织和社会组织工作委员会

书记周代军，副书记廖锦（9月离任）、冯晓东（10月任职）

市人才办

主任廖鹏

市委老干部局

局长杨志华，副局长艾小林（4月免职）

市老干部活动中心

主任陈军

市委宣传部

部长周孝平（11月离任）、付庆一（11月任职），常务副部长曾丽霞（11月离任）、胡彬（11月任职），副部长邓敏、王涛、杨成芬（11月离任）、杨红（9月任职），部务委员罗明、吴永枢，副县级纪检员周天才

市精神文明建设办公室

主任王涛，副主任彭书君（5月离任）、王全中（11月任职）

市委对外宣传办公室、市政府新闻办公室

主任杨成芬（12月离任），副主任李伦（9月离任）、王建国

三苏文化研究院

院长方永江

市互联网信息办公室

副主任涂瑛

市委统战部

部长黄玉蓉（11月离任）、王光彩（11月任职），常务副部长杨波（11月离任）、杨帆（11月任职），副部长钟云胜、何忠、周殿志（9月任职），副县级纪检员周殿志（9月离任），部务委员潘波（12月离任）

市民宗局

局长何忠

市委政法委

书记杨勇（4月离任）、周孝平（10月任职），常务副书记王加宾，副书记赵樱、徐金华（4月任职），政治部主任蔡仕华，副县级纪检员林波

市社会治安综合治理委员会办公室

主任赵樱，副主任徐金华（4月离任），戴宇（10月离任）

市委维护社会稳定领导小组办公室

主任王加宾，副主任杜光俊

市矛盾纠纷“大调解”协调中心

专职副主任刘正国

市法学会

专职副会长雷永辉

市委政研室

主任王军（11月离任）、代贤军（11月任职），副主任周光普、曾建军（10月任职），副县级纪检员夏德强

市委防邪办

主任李树明，副主任邱晓峰

市直机关工委

书记俞红梅，副书记梁建军、彭怀安，副书记、纪工委书记佘华

市委群工部

部长杨志忠（6月离任）、李秀英（6月任职），副部长杨乐园

（10月离任）、胡刚、毛秦蓉，副县级纪检员杨学良

市信访群众疏导调解中心

专职副主任符玉芳

市委编办

主任唐亚平（11月离任）、曾丽霞（11月任职），副主任郑高庆、李晓莉，副县级纪检员贾国平

市事业单位登记管理局

局长王馨婧

市信息管理中心

主任李智

市委农工委

主任陈明芳，副主任钟涛、王英哲，副县级纪检员周泮羽

眉山市农业产业化办公室

主任李俊

市总工会

主席王光彩（6月任职）、祝云（6月离任），党组书记、常务副主席李伟（12月任职）、张利铭（12月离任），副主席缪川勋、喻素彬，经费审查委员会主任魏爱武，纪检组组长陶建文

共青团眉山市委

书记梁宁，副书记宋萍

市妇联

主席李红（12月离职），副主席王学芳、曹煦

市工商联

主席周强，党组书记、常务副主席钟云胜，副主席黄锐，秘书长刘前线

市科协

党组书记、主席李伟（11月免职），党组书记常伟（11月任职），主席王利清（11月任职），副主席梁成穗、蒋国珍

市文联

主席王影聪（11月离任）、王莉茹（11月任职），党组书记、副主席李国莲（11月离任），副主席顾伶俐

市社科联

主席周孝平（11月离任）、付庆一（12月任职），党组书记副主席马湘君，副主席李广平

市残联

理事长王艳，副理事长张平松、彭洪，纪检组长黄毅梅

市残疾人康复中心（市康复中心医院）

院长彭洪

市红十字会

会长吴爱玲，专职副会长余平

市政府工作部门

眉山市人民政府办公室

主任杨帆（12月离任），副主任胡屏、李永康（12月离任）、赵强，纪检组长李军

市政府研究室

主任王茂槐（12月离任），副主任黄文利（11月离任）

市政府应急管理办公室

主任周吉勋（12月离任），副主任吴天文

市政府目标督查办公室（市民生工程领导小组办公室）

主任潘春梅

市政府机关党委

书记李妍

市政府信息公开办公室（市效能建设办公室、市政务公开领导小组办公室）

主任段琼

市信息化工作管理办公室

主任邵兵祥

天府新区眉山管委会

主任陈开军，副主任符雪梅（7月离任）、付聪（2月任职）

眉山市人民政府热线服务中心

主任杨敏（3月离任）

眉山市政府应急指挥中心

主任暂缺

市政府三产办

主任周强，副主任杨伟东、廖礼仁

市人防办

主任陈瑞林（12月离任），副主任邓洪刚（9月离任）

市投资促进局

局长王世林（9月任职），副局长邓川（10月离任）、余敏、邹镜洋，纪检组长刘光友

市政府驻外经济合作局

市政府驻北京经济合作局局长刘洋

市政府驻成都经济合作局局长张红玲（10月离任）

市政府驻广东经济合作局局长冯晓东

市政府驻上海经济合作局局长周波（5月任职）

市政府驻江苏经济合作局局长宋萍

市政府驻浙江经济合作局局长李亮

市政府驻武汉经济合作局局长周波（5月离任）

市发展和改革委员会

主任兰文军（10月离任）、邹汝林（12月任职），副主任兰华（12月离任）、黄海波（10月离任）、牟长海、郭建华（10月任职）、董勇刚（10月任职），总经济师罗雪梅，纪检组长余冬梅，机关党委书记郑敏璐

市以工代赈领导小组办公室

主任邓刚

市项目工作领导小组办公室

董勇刚

市招标投标管理办公室

主任王雪平

市综合交通枢纽办公室

主任兰华（12月离任），副主任李钟铃

市物价局

局长兰文军（10月离任）、邹汝林（10月任职）

市价格监督检查局

局长李垚

市经济和信息化委员会

主任王岳（4月离任）、白灵贵（4月任职），副主任何健、张仕兵，纪检组长邓德均，总经济师徐庆中，机关党委书记高鹏

市中小企业局

副局长赖崇华，主任助理刘义宇

市无线电管理处

处长伍飞龙

市教育体育局

局长廖仁军，副局长周俸贵、姚小虎，纪检组长尹曦，机关党委书记孙志军

市政府教育督导团

总督学郭子明

市招生办公室

主任刘力

眉山广播电视大学

校长叶志华（12月离任），副校长刘淑群

市教科所

所长谢宏

市科技局

党组书记陈付生，局长陈付生（11月离任）、彭远畅（12月任职），副局长张刚、左永成，纪检组长杨光华

市知识产权管理处

处长宋洪芳

市公安局

局长辜永忠（10月离任）、罗毅（10月任职），常务副局长岳剑，副局长金育林、王怀轩、李文彬、刘长林、王正祥、邢光华，纪委书记刘志彬，机关党委书记管生文，政治部主任何升俊

市公安局交警支队

支队长李文彬，政委伍利民

市公安局刑事侦查支队

支队长李柳，政委阳涛

市公安局特巡警支队

支队长甘志伟，政委王胜

市公安局国保支队

支队长李国辉

市公安局园区分局

局长余崇强，政委潘峰

市民政局

局长万俊才（12月任职）、余自生（12月离任），副局长李述清、杨海涛、史跃平，纪检组长郑剑坤

市老龄办

主任李述清，专职副主任程杰

市双拥办

主任郑忠东

市司法局

局长万超，副局长朱海波、叶忠文、牟锐，政治部主任吕光进，纪委书记雷广才，机关党委书记徐勇

市人民调解指导中心

专职副主任蒋励

市财政局

局长刘友洪（12月任职）、宋仕祥（11月离任），副局长覃建华、邱云祥、张勇、王继（9月离任），纪检组长徐燕茹，总会计师胡明军，机关党委书记李光

市农发办

主任苏长芬

市政府驻京联络处

主任王继（9月离任）、刘汉学（11月任职），副主任刘汉学（11月离任）、李旭锋

市财政监督检查局

局长侯德宽

市国库集中支付中心

主任冉晓天

市人力资源和社会保障局

局长何万高，副局长王平、陈亚、尹万军、彭玉霞，纪检组长钟少云，机关党委书记张敏

市就业局

局长朱蜀骥

市社保局

局长刘长明

市医疗保险管理局

局长陈建明，副局长戴虹

市职称改革工作办公室

主任曾学令

市人力资源和社会保障信息中心

主任曾国林

市人力资源服务中心

主任何万高

市人事考试中心

主任杨国芝

公务员管理办公室

主任蒋勇

劳动保障监察支队

支队长柯文渊

市环境保护局

局长江昌清（11月离任）、钟建国（12月任职），副局长李智勇、周学梅（11月离任），纪检组长邱永贵，总工程师许政

市环境监察执法支队

支队长赵友中

市环境监测中心

站长宗贵仪

市住房和城乡建设局

局长肖巍（10月离任）、梅斌（12月任职），副局长曾涛、王新东、张旭冬、黄磊，纪检组长刘天舒，机关党委书记周文强，总工程师范建平（12月任职）

市房地产管理局

局长朱典祺

市村镇建设办公室

主任郭恩

市住房保障办公室

主任万永高

市建设监察支队

支队长李远君

市交通运输局

局长顾贵鹏（10月离任）、江昌清（12月任职），副局长汪文毅、覃建伟、韩顺江、牟德明，机关党委书记崔秀丽，纪检组长陈行（9月离任）、文万红（10月任职），总工程师何永列

市公路管理局

局长刘小伶，副局长陈艾、魏勇刚

交通技工学校

副校长江朝明、苏志宏

运管处

处长汪卓然

交通战备办

专职副主任陈继刚

地方海事局

局长黄松建

市交通重点工程建设推进办公室

主任宋鹏

市水务局

局长李俊，副局长胡庆、郑绍飞、梁启明、李正清，纪检组长朱润祥，总工程师艾阳泉，机关党委书记文琼

市防汛抗旱指挥部办公室

主任王成宏（11月免职）

市水务综合执法监察支队

支队长朱科良

市农业局

局长熊英，副局长潘志辉（3月离任）、余茂军、白炼、刘艺，总农艺师程军，纪检组长魏众侪

市农机事业局

局长熊英，副局长汪建军

市农机监理所

所长潘智勇

市泡菜产业推进办公室

主任潘志辉，副主任张川、王淞

市水产渔政局

局长彭建安

市林业局

局长王澄琳（11月离任）、郭才文（12月任职），副局长钟利东、胡宝林、叶志远，纪检组长李群尧

市森林公安局

局长李域安，政委徐强

森林防火指挥部

专职副指挥长白文超

市商务局

局长李秀英（6月离任）、王继（6月任职），副局长刘继桂（12月离任）、杨美凭、张文清，纪检组长陈勇

市博览事务局

刘继桂（12月离任）

市供销社

主任廖小宁（10离任），副主任李崛

中国国际贸易促进委员会眉山市委员会

会长牟建霖，副会长杨勇

市文化广播影视新闻出版局

局长田禾，副局长彭蜀宁（11月离任）、吕泓、尹鸿（10月任职）、曲红、朱龙飞，纪检组长徐松，机关党委书记粟红

三苏祠博物馆

馆长陈仲文

市文化馆

馆长郑蕊

市图书馆

馆长赵学军

市美术馆（东坡书画院）

法定代表人尹鸿

市文化市场综合执法支队

支队长宿绍伦

市非物质文化遗产保护中心（市文物保护研究所）

主任杨宇

市广电新闻出版公共服务中心

法定代表人师征

市电影发行放映公司

法定代表人熊保权

市卫生计生委

主任彭锋，副主任李晓萍、王吉宏、梁小林、黄大贤、陈辉（2月离任）、扎西（9月任职）、李连镇（12月任职），纪检组长徐容，机关党委书记李亚斌

市爱卫办

主任夏炬光（11月离任）、副主任彭家兴

市疾病预防控制中心

主任谌俊平、副主任冷军、苏涛、肖擎

市卫生和计划生育监督执法支队

支队长暂缺

市审计局

局长彭惠琴（6月离任）、杨志忠（6月任职），副局长张征、刘志勇、兰可、魏聂（6月离任），总审计师张亚平，纪检组长李建辉

经责分局

局长辜青霞（12月离任）

市统计局

局长郭才文，副局长余素芬、蔡卫东、王斌（1月任职），纪检组长胡玲，总统计师邹水清

市社会经济调查队

队长刘志勇

市旅游局

局长黄劲松，副局长毛林、李四清、涂勇，纪检组长孙丽琴

市外事侨务台湾工作办公室

主任李红（12月任职），副主任杨涛、潘素梅，纪检组长施丹

市法制办公室

主任袁大可，副主任白刚

市行政调解指导中心

专职副主任郝乾江（10月离任）

市城市管理行政执法局

局长王泽文（11月离任）、副局长袁卫彬、时正权、罗敏、杜强伦（10月任职），纪检组长帅劲东、机关党委书记陈虹、总工程师潘波（12月任职）

市城管执法局行政执法支队

支队长白仲华

市园林局

王美金

市粮食局

局长钟建国（12月离任），副局长刘毅、孙绍全，纪检组长管志祥

市畜牧局

局长万俊才（12月离任）、杨忠（12月任职），副局长刘云东、余明鑫、苏学文，纪检组长赵敏

市奶业发展办公室

主任蔡健（12月离任）、张自学（12月任职），专职副主任徐彬

市规划局

局长刘友洪（11月离任）、王泽文（12月任职），副局长张乐勤、胡徐（12月任职）、张光志、苏品文（9月离任），纪检组长舒平，总规划师黄兴林

市城乡规划设计院

院长李勇刚

市国有资产监督管理委员会

主任贺俊明，副主任岳志云、张岷、武靖宇、齐勇（10月任职），纪委书记周文军

市开发性金融合作办公室

主任帅奇

市安全生产监督管理局（市安全生产委员会办公室）

局长（主任）吴光鉴（11月离任）、严明宇（11月任职），副局长（副主任）张帆、洪卫刚、陈一江，纪检组长杨梅

市安全监察支队

支队长叶伟

市食品药品监督管理局

局长杨云峰，副局长杨国芳、郑晓、曾扬、吴甚儒、蒋卫东，纪检组长邹泽香，食品安全总监杨鹏旭

市工商行政管理局

局长胡建辉（12月离任）、贺建文（12月任职），副局长卓红梅、吴学东、何建琼，机关党委书记王刚，纪检组长沈映波

市质量技术监督局

局长王绪，副局长袁勤、瞿泽林、宋忠宁，纪检组长杜平，机关党委书记杨志祥，总工程师祝佳梅（1月任职）

市党务政务服务中心

主任康勤，副主任阚建军、余加建、杨敏，纪检组长曾翠仙，机关党委书记史习元

眉山现代工业新城办公室

主任梅斌（12月离任）、胡波（12月任职），副主任冯献忠

市城乡环境综合治理办公室

主任万廷建，副主任杨琴、魏积分

岷东新区管委会

管委会主任黄锦鸿、管委会副主任向加琪、邓世虎（11月离任）、邹和良（9月离任）、向涛、殷良平、陈其军（9月任职）

甘眉工业园区

党工委书记刘文德（3月离任）、夏荣升（9月任职），管委会主任夏荣升（9月离任）、彭盆（9月任职），党工委副书记、管委会常务副主任倪纲，管委会副主任杨青松（11月任职）

眉山铝硅产业园区

党工委书记刘文德（3月离任）、夏荣升（9月任职），管委会主任夏荣升（9月离任）、彭盆（9月任职），党工委专职副书记王龙海（9月任职），纪工委书记王龙海（9月离任），管委会副主任杨卫东、彭盆（9月离任）、李荣（3月任职）、杨青松（11月任职）

眉山金象化工产业园区

党工委书记宋骥（10月离任）、付畅文（10月任职），党工委副书记、管委会主任付畅文（10月离任）、车智勇（10月任职），党工委专职副书记王风，管委会副主任杨志刚、范旺、张亮、周劲风（10月任职），纪工委书记李永超

岷江现代农业示范园区管委会

党工委书记、管委会主任宋良勇（7月离任），党工委书记廖宇勇（10月任职），党工副书记、纪工委书记谭正中，管委会副主任周志军、李国成

市国土资源局

局长徐成良，副局长胡昆明、李杰，纪委书记曾艳，机关党委书记何萍，总工程师吴建清

土地储备中心

主任刘杰

国土资源执法监察支队

支队长彭玉聪

市地质环境监测站

站长邓鸿杰

市国税局

局长任晓（10月离任）、徐萍（10月任职），副局长郭英雷、刘辉、杨映平、邓波（4月任职）、张学锋，纪检组长张君梅，总经济师杨小平（4月任职），总会计师刘忠荣（7月任职），机关党委书记张晓娟

市地税局

局长冯勇，纪检组长王泊，副局长李祥、卓玉梅、肖山，机关党委书记刘正中，总会计师傅畅江，总经济师罗建忠

市气象局

局长冯志宏，副局长杨静、张弛，纪检组长孙洪述

国家统计局眉山调查队

队长程志春，副队长贾恒、卢建林，纪检组长张玲华

市邮政管理局

局长覃建伟，副局长熊静

市人大常委会工作部门

市人大常委会办公室

主任廖明清（12月离任）、岳燕（12月任职），副主任易洪涛

市人大法制委

主任委员陈建，副主任委员余荣霞（11月离任）、周泽（11月任职）

市人大财经委

主任委员廖明清（11月任职）

市人大城环资委

主任委员刘继桂（11月任职），副主任委员李艳（11月任职）

市人大教科文卫委

主任委员黄玲（11月任职）

市人大常委会研究室

主任黄玲（12月离任）、杨加盛（12月任职）

市人大常委会人代工委

主任王仲成，副主任杨加盛（12月离任）

市人大常委会内司工委

主任雷建勇（12月任职），副主任周泽（12月离任）、余荣霞（12月任职）

市人大常委会财经工委

主任杨建林（11月离任），副主任金玉康（11月离任）

市人大常委会城环资工委

主任王再奎（11月离任），副主任岳燕（11月离任）、邓策（11月离任）

市人大常委会农工委

主任李启明，副主任陈静辉

市人大常委会教工委

主任林晓（11月离任），副主任李艳（11月离任）

市人大常委会法工委

主任雷建勇（12月离任），副主任李鑫刚

市人大常委会预算工委

主任赵晓明（12月任职）

市政协工作部门

市政协办公室

主任刘云福（11月离任），副主任刘洋、刘雪萍（6月离任），机关党委书记刘忠义（12月离任），副县级纪检员章亚梅

市政协委员联络处

处长邹明光（11月离任）

市政协研究室

主任刘忠义（12月任职），代贤军（11月离任）

市政协提案委

主任刘云福（11月任职）、刘坤（11月离任），副主任：康琅

市政协经科委

主任蔡健（11月任职）、余浩（11月离任），副主任隋敏杰

市政协农业委

主任杨晓宁，副主任吴英

市政协法群委

主任夏炬光（11月任职）、曾乐斌（11月离任），副主任艾鸿举

市政协教文卫委

主任刘泽军，副主任李昌明

市政协学习文史委

主任王莉茹（11月离任），副主任李勇

市政协民宗委

主任杨波（11月任职）、何德全（11月离任），副主任周利芳

市政协资环委

主任彭蜀宁（11月任职）、张利铭（11月任职）

市政协委员联络委

主任刘雪萍（6月任职）

直属事业单位

中共眉山市委党校

校长：黄秀川，常务副校长：李明清，副校长：胡永恒、李建伟，校务委员：李太权、刘艳、张健，机关党委书记：曹阳，副县级班主任：吴冬梅

市社会主义学校

院长王光彩

眉山日报社

总编胡鲜明，副总编吴仲渊（10月离任）、朱卫红、王永刚、姚永亮，纪检组长张益明，机关党委书记邱文清

市机关事务管理局

局长贺建文（11月离任）、周吉勋（12月任职），副局长陈智红、杨大勇、董武（11月任职），纪检组长郑贤柱

市档案局（馆）

局（馆）长庞红梅，副局（馆）长徐强，纪检组长张世东

市地方志编纂委员会办公室

主任杨文，副主任刘光伟

市住房公积金管理中心

主任王杰，副主任周祝君，纪检组长陈春宇，总稽核袁延

市扶贫移民局

局长杨大兴，副局长魏忠鑫、刘俊辉、罗志军

市公共资源交易中心

主任李付贵，副主任余永忠、吴山，纪检组长郭静，总工程师余发金，副县级干部邓艳梅、高俊明

市政府金融办公室

主任邓见文，副主任王军、陈滔（9月离任）、姚文第（10月任职）

市防震减灾局

局长陈仲池，副局长叶彬

市广播电视台

台长王军（11月任职）、周小川（11月离任），副台长雷金贵、张剑、乐俊清，总编辑古伯良，纪检组长张浩军

四川省通济堰管理处

处长倪修武，副处长张茂华、雷雨来、王志文，纪委书记赵宇燕，工会主席李忠孝

四川省都江堰黑龙滩灌区管理处

处长肖伟胜，党委书记胡庆（12月离任），副处长张乃禄（12月任职）、李超，纪委书记苏红兵（12月离任），副县级干部黄廷统，处党委委员吴洪波

眉山市人民医院

党委书记刘宏眉，院长、党委副书记王建民，党委副书记朱利红，副院长戚刚、许志忠、龙鸿川、张锐、陈辉（2月离任）、李连镇（12月任职），纪委书记、工会主席杨晓枫，总会计师徐榕（11

月任职）

市妇幼保健院

院长张奕，副院长刘绪义、黄建文、谢红、扎西（9月挂职），工会主席李凤英

眉山职业技术学校

党委书记王元珑，副书记、院长徐井万，副书记刘晓琼，纪委书记张献华，副院长张望、胡洪安（4月任职），工会主席彭书君（4月任职），正县级干部邓永前（1月离任）

民主党派

民革眉山市总支委员会

主委宋洪芳，副主委魏毅、刘沫

民盟眉山市委员会

主委杨常沙，副主委胡志中、江林，秘书长江林

民建眉山市委员会

主委祝明洪，副主委周惠、罗永田、陈静辉（兼秘书长）

民进眉山市委员会

主委梁勇，副主委王利清（11月任职）、周强（8月离任）、喻旭、甘晓红，秘书长甘晓红

农工党眉山市总支委员会

主委袁敏，副主委龙惠、李晓萍、彭洪

九三学社眉山市基层委员会

筹备组组长陈东翔，副组长邓洪刚、赖崇华、王莉茹，办公室主任钟伟

无党派知识分子联谊会

会长陈宏斌，常务副会长彭远畅，副会长蒋天华、汪志超、岳志红、雷建军、万永福、吕勇、陈豫川、宋章华、陈蜀黔、徐燕，秘书长邹超

军队系统

眉山军分区

司令员樊亮才，政治委员张习（7月离任），副司令员崔广成（12月离任），参谋长刘权，政治部主任廖诚周，后勤部部长王贺利

武警眉山市支队

支队长赵玉臣，第一政治委员辜永忠（11月离任）、罗毅（11月任职），政治委员李华，副支队长肖广，副政治委员陈世胜，参谋长黄晓平（12月离任）、施杨德（12月任职），政治处主任杜祥鑫，后勤处处长何昭昕（5月离任）、王敏（5月任职）

眉山市公安消防支队

支队长李文川（4月离任）、谢北洋（6月任职），政治委员李健，副支队长胡长友（6月离任）、周云、冉铁，司令部参谋长王建华，政治处主任刘钢，后勤处处长唐兴盛（4月离任）、熊配林（6月任职），防火处处长周明

金融系统

中国人民银行眉山市中心支行

行长李玉辉，副行长谢红、杨淮、邓湘海，纪委书记梁戈宁

中国银行业监督管理委员会眉山监管分局

局长刘松明（9月离任）、明洋（9月任职），纪委书记杨德勇，副局长税军、彭铭军，副调研员王宏坤

中国农业发展银行眉山市支行

行长万永利，副行长刘继忠、杨柯、袁野

中国工商银行股份有限公司眉山支行

行长杨洁（2月任职），副行长刘天勇（11月离任）、朱德惠，纪委书记陈晓燕

中国建设银行股份有限公司眉山支行

行长刘思东，副行长曾猛、黄宗兰、魏有泉（12月离任）

中国农业银行股份有限公司眉山支行

行长任健，副行长郭向东（2月任职）、张刚（2月离任）、吴涛（5月任职）、尹鹏、吴奇（5月离任）、张扬（6月任职）

四川省农村信用社联合社眉山办事处

党委书记、主任仇智勇，副主任杨宁远，纪委书记刘勇（8月任职），党委委员曾映红

中国邮政储蓄银行有限责任公司眉山市支行

党委书记、行长温青春，副行长张勇、赵琴、袁平（8月任职）

中国人民财产保险股份有限公司眉山市分公司

总经理陈军，副总经理杨泽兵、黄德波，总经理助理姚进

市属以上企事业单位

四川大学锦江学院

常务副校长阙海宝，党委书记韦泰旭，副校长王金顺、杨家仕、林宇、熊伟，工会主席刘富德

中车眉山车辆有限公司

董事长郑平，总经理潘树平，副总经理雷自原、肖颖、黄核仁、杨鸣、危勇（9月离任）、王云东（9月离任）、曹平（9月任职）、王治军（9月任职），总工程师杨鸣，财务总监危勇（9月离任）、王治军（9月任职），党委书记郑平，副书记潘树平、王志强（9月离任）、王云东（9月任职）

眉山发展（控股）有限责任公司

董事长彭晓宇，总经理胡明述，监事会主席万义，纪委书记罗寒，副总经理王靖宇、汪涛、张华，总工程师刘海平

岷江东湖饭店

董事长徐继红

眉山市烟草专卖局（公司）

局长（经理）四朗彭措，党

组书记四朗彭措（8月任职）、周平（8月离任），副经理杨海智，纪检组长张六一，副局长罗健

中国石油眉山销售分公司

总经理钟云环，党委书记、副总经理李俊，副总经理高佳宾、贾进，总会计师金利歆

眉山电力公司

总经理、党委副书记张建明，党委书记、副总经理金富怀，副总经理闵向东、杨迎春、李伟、肖磊，纪委书记田伟，副总经理、工会主席刘开金

眉州监狱

监狱长陈波（1月离任）、程勇（3月任职），政委程勇（3月离任）、余龙云（9月任职），纪委书记唐毅，副监狱长贾良伦、周永贵（8月离任）、田承军、李建忠、雷明刚、张生兵、杨建，工会主席杨彬

中国移动通信集团四川有限公司眉山分公司

总经理肖峰，副总经理石勇、杨镇澜（11月离任）、李莉、包希睿（11月任职）

中国联合网络通信有限公司眉山市分公司

总经理叶坤（1月任职）、田家（1月离任），副总经理向洋、杨勇、蒋为

中国铁塔眉山市分公司

总经理王容，副总经理王晓强

2016年眉山市各区县领导干部名录

东坡区

中共东坡区委

书记李明舟（10月离任）、孙剑（10月任职），副书记孙剑（10月离任）、宋骥（10月任职）、郭建国（10月任职）、严明宇（10月离任）、刘友洪（10月离任）、王泽文（10月离任），常委郭建国（10月离任）、李胜华（4月离任）、廖小宁、李莉（10月离任）、王全中（9月离任）、邹成双、陈霞、游方全、李顺奎（9月任职）、李维义（10月任职）、杨静（10月任职）、廖锦（10月任职）

东坡区人大常委会

主任黄怡（4月离任）、张晓勇（4月任职），副主任杨华国（11月离任）、陈贤云（11月离任）、李莉（11月任职）、张友清、万仲科（11月离任）、岳志红（11月任职）、刘然国（11月任职）

东坡区人民政府

区长孙剑（11月离任）、宋骥（11月任职），常务副区长李胜华（4月离任）、郭建国（4月任职，10月离任）、廖小宁（11月任职），副区长廖小宁（11月离任）、岳志红（11月离任）、王正祥、林全（2月任职）、李维义（11月离任）、冷青峰（11月离任）、邹和良（11月任职）、赵飞宇（11月任职）、周学梅（11月任职）、张妍（11月任职）

政协东坡区委员会

主席张晓勇（4月离任）、李胜华（4月任职），副主席彭德方（10月离任）、童应林（11月离任）、田中文、张燕、马琴（11月任职）

彭山区

中共彭山区委

书记梁磊，副书记罗万东、郭红、王艳（11月离任，挂职）、许磊（11月离任，挂职）、林挺（12月任职，挂职），常委李洪强、蒋会强、马炜、李勇刚、袁利民（9月任职）、陈行（9月任职）、郭益（9月任职）、董武（8月离任）、罗焱（9月离任）、郭茂（9月离任）、姚文第（9月离任）、李忠云（9月离任）

彭山区人大常委会

主任、党组书记钟建成，党组副书记：郭茂（10月任职）、罗会华（10月离任），副主任郭茂（11月任职）、余玺樟、廖伟（女，11月任职）、胡志中（11月任职）、罗会华（11月离任）、王洪（11月离任）、周惠（11月离任）

彭山区人民政府

区长罗万东，副区长李洪强、罗任飞（挂职）、周惠（11月任职）、王鹏（10月任职）、段永勤（10月任职）、王松（11月任职）、梁兰（11月任职）、蒋会强（11月离任）、姚文第（11月离任）、廖伟（11月离任）、胡志中（11月离任）、郭益（11月离任）、赵飞宇（11月离任）

政协彭山区委员会

党组书记、主席谭福轩，党组副书记卓德松（10月任职）、郑玉忠（10月离任），副主席卓德松、喻旭、毛太忠、王娜（11月任职）、郑玉忠（11月离任）

仁寿县

中共仁寿县委

书记秦彪（10月任职）、冉登祥（10月离任），副书记顾贵鹏（9月任职）、秦彪（10月离任）、杨建（10月任职）、王世林（3月离任）、商志忠、颜晓平（7月离任）、贺德颖（11月离任），常委王军、孙碧红（4月离任）、骆仕明（9月离任）、明宇、杨建（10月离任）、杨红（9月离任）、骆三勇、杨述州（8月任职）、谢志（9月任职）、杨乐园（9月任职）、李伦（10月任职）、杨红兵（10月任职）、陈宏忠（9月离任）。

仁寿县人大常委会

主任陈林（11月任职）、谢六一（10月离任），党组书记谢六

一，副主任陈宏忠（11月任职）、彭森茂（6月离任）、杨建文（10月离任）、曾翔、郭建英、代平（11月任职）。

仁寿县人民政府

县长顾贵鹏（11月任职）、秦彪（10月离任），副县长王军、骆三勇（11月离任）、杨红兵（11月离任）、黄世文（11月离任）、徐燕、胡波、毛超英（11月任职）、邱磊（11月任职）、陈双成（11月任职）。

政协仁寿县委员会

主席商志忠（11月离任）、黄海波（11月任职），党组书记黄海波（11月任职）、商志忠（11月离任），副主席王碧仙、邓世明（3月离任）、汪志林（11月离任）、杨建文（11月任职）、张红（11月任职）、孟强（11月任职）

洪雅县

中共洪雅县委

书记阳运良，副书记宋良勇（6月任职）、王晨曦、岳剑（11月离任）、陈斌（11月离任），常委郭建华（9月离任）、尹斗芳、韩杰、杜强伦（9月离任）、尹鸿（9月离任）、李国华、张川、李警（8月离任）、王成慧（12月离任）、苏品文（9月任职）、曹春宇（9月任职）、万勤芳（10月任职）、何世文

洪雅县人大常委会

主任李文新，副主任王利洪、李文祥（11月离任）、曾国春（11月离任）、李康平（11月离任）、刘明（11月任职）、袁学祥（11月任职）、李雅秋（11月任职）

洪雅县人民政府

县长阳运良（7月离任）、宋良勇（7月代理，11月任职），副县长郭建华（10月离任）、韩杰（11月任职）、彭远畅（11月离任）、万勤芳（11月离任）、周茂云、何玉花（11月任职）、张锐、卢飞凤（下派挂职）、王成慧（12月离任）、姜定波（11月任职）、杨曲冰（11月任职）

政协洪雅县委员会

主席王里（3月任职）、李启明（3月离任），副主席李建全、李文祥（11月任职）、王成宏（11月任职）、伍加修（11月离任）、李李（11月离任）、刘明（11月离任）

丹棱县

中共丹棱县委

书记钟维钦（10月离任）、朱莉（9月任职），副书记朱莉（10月离任）、黄秀航（9月任职）、夏荣升（1月离任）、李祝才（3月任职），常委齐勇（11离任）、陈剑、杨昌勤（10月离任）、王枫、李红兵（10月离任）、何文华、陈正华、熊明（9月任职）、伍懿（9月任职）、钟开全（9月任职）、杨华（10月任职）、杨益民（10月任职）

丹棱县人大常委会

主任彭红勤，副主任何卫刚（11月离任）、蒋天华（11月离任）、梁大卿（11月离任）、李红兵（11月任职）、郑立新（11月任职）、李庆学、刘萍（11月任职）

丹棱县人民政府

县长朱莉（10月离任）、黄秀航（11月任职），副县长齐勇（11月离任）、王枫（11月任职）、熊明（9月任职，挂职）、赵生林（9月任职，挂职）、王鹏（10月离任）、曾贤清（11月任职）、邱鹏（11月任职）、何玉花（10月离任）、毛咏梅（11月任职）、肖琳（11月任职）、杨华（11月离任）、吉君福（11月任职）、杨益民（11月离任）

政协丹棱县委员会

主席李学权，副主席彭和均、蒋天华（11月任职）、伍艳霞（11月任职）、毛咏梅（11月离任）、郑立新（11月离任）、宋俊华（11月离任）

青神县

中共青神县委

书记胡国民（10月离任）、肖巍（10月任职），副书记徐琳、王茂奎（11月离任）、代贤军（11月离任）、杨德志（10月任职），常委肖巍（10月任职）、徐琳、杨德志、李忠云（10月任职）、周吉华、胡勇、常伟（10月离任）、车智勇（10月离任）、柏晓明（10月离任）、郭慧彬（10月任职）、谢志（10月离任）、梁昌秋（10月任职）、戴宇（10月任职）、侯锐（11月任职）、蔡建川（10月任职）

青神县人大常委会

主任李志国，副主任张福英（11月离任）、李幼林（11月离任）、周志开、吴小萍、丁志福（11月任职）、王盛祥（11月任职）

青神县人民政府

县长徐琳、副县长李忠云（10月任职）、王碧华、田波（10月任职）、郝乾江（10月任职）、杨江海（10月任职）、宋麒麟（10月任职）、王方（10月任职）、车智勇（10月离任）、侯锐（11月离任）、王利清（12月离任）、蔡建川（11月离任）

政协青神县委员会

主席罗兴建，副主席罗泽志（11月离任）、汪志超、谭永忠（11月离任）、曾晓宇、王进儒（11月任职）、涂成钢（11月任职）

表 11 获全国性表彰的先进个人一览表

姓名	单位	获奖称号	授奖单位
毛洪涛	市政府办公室	四川省 2016 年度享受政府特殊津贴人员	国务院
宿绍伦	市文化市场综合执法支队	全国文化市场综合行政执法优秀个人	国家文化部
胡 象	眉山中车物流装备有限公司	火车头奖章	中华全国铁路总工会
魏 伟	中车眉山车辆有限公司工会	2013—2016 年度全国铁路体育先进个人	中华全国铁路总工会
邓 涛	眉山市中级人民法院	全国法院先进个人	最高人民法院
钟 成	眉山市中级人民法院	全国法院联络工作先进个人	最高人民法院
黄凡芮	眉山发展和改革委员会	全国优秀价格认定人员	国家发展和改革委员会价格认证中心评
闫 玥	中行眉山市中心支行	2015 年度网络信息工作先进个人	中国人民银行
陈 英	四川大学锦江学院图书馆	主编的教材《科技信息检索（第六版）》获 2016 年全国高校信息素养教育研讨会教材大赛三等奖	教育部高等学校图书情报工作指导委员会
赵士元	四川大学锦江学院计算机学院	蓝桥杯全国软件和信息专业人才大赛—软件创业团队赛优秀指导教师	工业和信息化部人才交流中心
丁 莎	四川大学锦江学院计算机学院	蓝桥杯全国软件和信息专业人才大赛—软件创业团队赛优秀指导教师	工业和信息化部人才交流中心
赵 强	四川大学锦江学院体育教学部	2016 年全国中学生田径运动会优秀裁判员	赛事组委会
王 潇	四川大学锦江学院宣传部	2015 年度中国高校校报好新闻评选版面类三等奖	中国高校校报协会
刘定畅	四川大学锦江学院宣传部	中国高校校报好新闻评选消息类三等奖	中国高校校报协会

续上表

姓名	单位	获奖称号	授奖单位
梁　苗	四川大学锦江学院影视动漫学院	第14届中国大学生广告艺术节学院奖春季赛“优秀指导教师”	中国广告协会、中国大学生广告艺术节学院奖组委会
王少文	四川大学锦江学院艺术学院	教育部国家教师科研基金十二五教育科学规划重点课题《新课改下课堂教学方法与手段的有效性研究》（课题批号CTF120862）子课题《艺术设计学科中创新思维能力的形成因素实证分析》获得基础教育科研成果一等奖。	教育部国家教师科研专项基金管理办公室
钟　舒	四川大学锦江学院艺术学院	第14届中国大学生广告艺术节学院奖春季赛“优秀指导教师”	中国广告协会、中国大学生广告艺术节学院奖组委会
蒋玉飞	四川大学锦江学院土木工程学院	“第二届全国高等院校工程造价技能及创新竞赛”优秀指导教师	中国建设工程造价管理协会、住房和城乡建设部高等学校工程管理和工程造价学科专业指导委员会
蒋玉飞	四川大学锦江学院土木工程学院	全国高等院校工程造价技能及创新竞赛（本科组）优秀指导老师	中国建设工程造价管理协会等
李建红	四川大学锦江学院会计学院	第二届“税友衡信杯”全国税务技能大赛（本科组）总决赛指导老师三等奖	中国高等教育学会高等财经教育分会
欧阳玉涵	四川大学锦江学院会计学院	2016年全国应用型人才综合技能大赛金蝶云管理创新杯优秀指导教师	全国应用型人才综合技能的大赛组委会
赵贵芝	四川大学锦江学院会计学院	2016年全国应用型人才综合技能大赛金蝶云管理创新杯优秀指导教师	全国应用型人才综合技能的大赛组委会

表12　获省委、省政府表彰的先进个人一览表

姓名	单位	获奖称号	授奖单位
辜苹珂	市公安局治安管理支队	全国第九届残疾人运动会暨第六届特殊奥林匹克运动会四川省筹备工作先进个人	省委、省政府
曾啟洲	团市委	全国第九届残疾人运动会暨第六届特殊奥林匹克运动会四川省筹备工作先进个人	省委、省政府
龚　睿	眉山发展和改革委员会	四川省“4·20”芦山强烈地震灾后恢复重建先进个人	省委、省政府

续上表

姓名	单位	获奖称号	授奖单位
高　山	市公安局刑事侦查支队	全省优秀共产党员	省委
毛洪涛 周　彦、 任旭林、 张正勇	市政府办公室	《管理会计与控制技术、核心能力建设与企业业绩——基于中国施工企业293个工程项目的调查分析》获四川省第十七次社会科学优秀成果奖三等奖	省政府
谭林婧	四川大学锦江学院校团委	通报表扬先进个人	省政府

表 13　　获省厅级表彰的先进个人一览表

姓名	单位	获奖称号	授奖单位
杨　颖	眉山军分区司令部	军事训练先进个人	省军区
李顺奎	东坡区人武部	安全管理先进个人	省军区
何世文	洪雅县人武部	优秀党务工作者	省军区
李　蛟	眉山军分区	优秀共产党员	省军区
卢　伟	仁寿县人武部	三等功	省军区
张燕翔	市检察院	2013—2015年全省检察机关先进个人	省人民检察院
何旭杨	市检察院	2016年涉农惠民扶贫领域预防职务犯罪宣讲比赛一等奖	省检察院
袁　枫	市检察院	全省检察机关鉴定人出庭作证业务竞赛活动法医病理专业第一名	省人民检察院
干　劲	市检察院	全省检察机关司法警察片区技能比武绵阳片区男子射击第三名	省人民检察院
张　颖	市人社局	维护稳定工作先进个人	省政法委、省人社厅
赵　波	市人社局	2015—2016公有经济企业人才统计先进个人	省人社厅

续上表

姓名	单位	获奖称号	授奖单位
邓　平	市人社局	2015—2016 工资福利统计优秀工作人员	省人社厅
雷　达	市人社局	2015—2016 农劳统计优秀工作人员	省人社厅
廖惠英	市人社局	2015—2016 综合统计优秀工作人员	省人社厅
陈　琪	市人社局	2015—2016 事业单位人员统计优秀工作人员	省人社厅
杨　凯	市人社局	2015—2016 工伤保险统计优秀工作人员	省人社厅
宋　娟	市人社局	2015—2016 公务员统计优秀工作人员	省人社厅
余兴福	市地税局	金税三期工程上线工作先进个人	省地税局
徐德祥	市地税局	金税三期工程上线工作先进个人	省地税局
王炳哲	市地税局	金税三期工程上线工作先进个人	省地税局
郑超中	市地税局第一直属税务分局	金税三期工程上线工作先进个人	省地税局
朱　羿	市地税局第一直属税务分局	金税三期工程上线工作先进个人	省地税局
李志超	市地税局第一直属税务分局	金税三期工程上线工作先进个人	省地税局
何欣忆	彭山区地税局	金税三期工程上线工作先进个人	省地税局
徐孟鸿	彭山区地税局	金税三期工程上线工作先进个人	省地税局
邓久明	东坡区地税局	金税三期工程上线工作先进个人	省地税局
黄　强	洪雅县地税局	金税三期工程上线工作先进个人	省地税局
李佳莉	丹棱县地税局	金税三期工程上线工作先进个人	省地税局
伍凌浩	市地税局第二直属税务分局	金税三期工程上线工作先进个人	省地税局
徐　凯	彭山区地税局	金税三期工程上线工作先进个人	省地税局
许　刚	仁寿县地税局	金税三期工程上线工作先进个人	省地税局
杨　涛	青神县地方税务局	金税三期工程上线工作先进个人	省地税局

续上表

姓名	单位	获奖称号	授奖单位
陈智强	市邮政管理局	2016 年度优秀公务员	省邮政管理局
景　佳	市国土资源局	2015 年度全省国土资源系统政府信息公开工作先进个人	省国土资源厅
曾泽君	市国土资源局	四川省国土资源管理系统先进个人	省人社厅、省国土资源厅
刘建富	眉山市安全监管局	2016 年度四川省安全社区建设先进个人	省政府安委会办公室
赵　维	眉山市安全监管局	2016 年度全省安全生产宣传工作先进个人	省政府安委会办公室
江朝明	眉山市公路路政管理支队	2015 年四川省道路交通安全综合整治工作先进个人	省道路交通安全综合治理委员会、省人社厅
田　禾	市文广新局	省新闻出版广电系统先进个人	省人社厅、省新闻出版局
曲　红	市文广新局	省非物质文化遗产保护工作先进个人	省人社厅、省文化厅
程　勇	眉州监狱	先进个人	省人社厅、省司法厅
刘中央	眉州监狱	先进个人	省人社厅、省司法厅
汪永能	眉州监狱	先进个人	省人社厅、省司法厅
曾　勇	眉州监狱	先进个人	省人社厅、省司法厅
刘宏眉	市人民医院	四川省卫生计生系统先进个人	省人社厅、省卫计委、省中医药管理局
朱再志	市人民医院	第三届四川省卫计委有突出贡献中青年专家	省卫计委
李　倩	眉山职业技术学院	建党 95 周年全省高校优秀共产党员	省委教育工作委员会
邓惠明	眉山职业技术学院	建党 95 周年全省高校优秀党务工作者	省委教育工作委员会
黄　艳	眉山职业技术学院	2016 年四川省高等职业院校“体育工作先进个人”	省教育厅
于海平	眉山职业技术学院	2016 年四川省高等职业院校“体育工作先进个人”	省教育厅
廖仲宾	中车眉山车辆有限公司铸钢分公司	四川省敬业奉献模范	省委宣传部、省文明办

续上表

姓名	单位	获奖称号	授奖单位
甘俊林	中车眉山车辆有限公司货一车间	四川省技术能手	省人社厅
王　强	中车眉山车辆有限公司工艺技术部	四川省技能人才培育突出贡献个人	省人社厅
张志发	中车眉山车辆有限公司货一车间	5 月“敬业奉献好人”	省精神文明办
李　健	市消防支队	嘉奖	省公安厅
胡长友	市消防支队	三等功	省公安厅
邓先华	市消防支队	三等功	省公安消防总队
张金科	市消防支队	三等功	省公安消防总队
岳佳峰	市消防支队	三等功	省公安消防总队
宋林峰	市消防支队仁寿县大队	三等功	省公安消防总队
王建华	市消防支队	嘉奖	省公安消防总队
熊配林	市消防支队东坡区大队	嘉奖	省公安消防总队
刘文金	市消防支队仁寿县大队	嘉奖	省公安消防总队
岳佳峰	市消防支队	后勤建设标兵	省公安消防总队
孙宜全	市消防支队仁寿县大队书院街中队	公安消防部队士官优秀人才奖二等奖	公安部消防局
余林峰	眉山市中级人民法院	全省法院办案标兵	省高级人民法院
唐寅书	眉山市中级人民法院	全省法院岗位标兵	省高级人民法院
刘　楠、李　挺	眉山市中级人民法院	全省法院系统第十八届学术讨论会优秀奖	省高级人民法院

续上表

姓名	单位	获奖称号	授奖单位
杨 欢	眉山市中级人民法院	“弘扬雷锋精神．践行核心价值观” 主题活动一等奖	省精神文明办
陈 伟	眉山市中级人民法院	全省文化建设优秀文艺节目创作活动先进个人	省高级人民法院
王世忠	眉山市中级人民法院	全省文化建设活动个人三等功	省高级人民法院
韩 胜	眉山市中级人民法院	荣誉天平奖章	省高级人民法院
王 华	眉山市中级人民法院	荣誉天平奖章	省高级人民法院
刘 军	眉山市中级人民法院	荣誉天平奖章	省高级人民法院
王素琼	眉山市中级人民法院	荣誉天平奖章	省高级人民法院
陈 燕	眉山市中级人民法院	荣誉天平奖章	省高级人民法院
陈继兵	眉山市中级人民法院	荣誉天平奖章	省高级人民法院
黄 萍	眉山市中级人民法院	荣誉天平奖章	省高级人民法院
李 东	眉山市中级人民法院	荣誉天平奖章	省高级人民法院
王正文	眉山市中级人民法院	荣誉天平奖章	省高级人民法院
魏 东	眉山市中级人民法院	荣誉天平奖章	省高级人民法院
辛利平	眉山市中级人民法院	荣誉天平奖章	省高级人民法院
程旭东	眉山市中级人民法院	荣誉天平奖章	省高级人民法院
邓海燕	眉山市工商联	2016 年度全省工商联系统宣传工作先进个人	省工商联

续上表

姓名	单位	获奖称号	授奖单位
徐孝阵	眉山发展和改革委员会	全省价格监测工作先进个人	省发改委
曹　虹	眉山银监分局	2016 年度监管标兵	四川银监局
李　馨	眉山银监分局	2016 年度监管标兵	四川银监局
吴可佳	眉山银监分局	小微企业金融服务工作“先进个人”	四川银监局
唐　洋	眉山银监分局	信访工作先进个人	四川银监局
杨　琴	眉山市城乡环境综合治理办公室	四川省爱国卫生先进个人	省爱卫会
罗尚勇	眉山市贸促会	2012—2016 年度贸促工作先进个人	省贸促会
石剑峰	市委群工部	2015 年度“优秀通讯员”	省信访局
赵文远	中行眉山市中心支行	2015 年度成都分行青年岗位能手	中国人民银行成都分行
肖　琨	中行眉山市中心支行	成都分行 2015 年度“优秀共青团干部”	中国人民银行成都分行团委
姚　瑶	中行眉山市中心支行	成都分行 2015 年度“优秀共青团员”	中国人民银行成都分行团委
宋海英	中行眉山市中心支行	2014-2015 年度优秀党务工作者	中国人民银行成都分行
余　艳	中行眉山市中心支行	2014-2015 年度优秀共产党员	中国人民银行成都分行
田　庆	中行眉山市中心支行	中国人民银行第四届职工羽毛球比赛女子单打第 10 名	中国人民银行工会
梁戈宁	中行眉山市中心支行	弘扬中华美德，传承良好家风”女职工征文活动一等奖	中国人民银行成都分行
谢　榭	中行眉山市中心支行	弘扬中华美德，传承良好家风”女职工征文活动一等奖	中国人民银行成都分行
姚　瑶	中行眉山市中心支行	2015 年度远程培训论坛优秀版主	中国人民银行人事司培训处

续上表

姓名	单位	获奖称号	授奖单位
金中华	眉山市委农工委	2016 年度全省农工委（办）系统信息工作先进个人	省委农工委
王 林	四川大学锦江学院招生就业处	四川省第四届“导航名师”大学生创新创业指导课程教学大赛（本科组）三等奖	省教育厅、省人社厅
张文学	四川大学锦江学院白酒学院	“基于传统药曲的新型发酵食品开发项目”科技进步奖一等奖	省食品科学技术学会
赵盈盈	四川大学锦江学院白酒学院	“基于传统药曲的新型发酵食品开发项目”科技进步奖一等奖	省食品科学技术学会
柳吉良	四川大学锦江学院外国语学院	“第五届天府翻译奖优秀成果”译著类三等奖	省翻译协会
翟 希	四川大学锦江学院外国语学院	“第五届天府翻译奖优秀成果”译著类三等奖	省翻译协会
何思颖	四川大学锦江学院外国语学院	“第五届天府翻译奖优秀成果”译著类三等奖	省翻译协会
刘 隆	四川大学锦江学院外国语学院	第七届“外教社杯”全国高校外语教学大赛四川赛区综合组三等奖	省教育厅高等教育处等
刘 隆	四川大学锦江学院外国语学院	2016“外研社杯”四川省大学英语挑战赛指导一等奖	“外研社杯”四川省大学生英语挑战赛组委会
杨 娥	四川大学锦江学院外国语学院	“外研社杯”四川省大学生英语挑战赛指导特等奖	“外研社杯”四川省大学生英语挑战赛组委会
杨 娥	四川大学锦江学院外国语学院	“外研社杯”四川省大学生英语挑战赛指导二等奖	“外研社杯”四川省大学生英语挑战赛组委会
邬 娜	四川大学锦江学院外国语学院	2016 年全国大学生英语竞赛（省级）三等奖指导教师	“外研社杯”四川省大学生英语挑战赛组委会
王 弋	四川大学锦江学院外国语学院	2016“外研社杯”四川省大学英语挑战赛指导三等奖	“外研社杯”四川省大学生英语挑战赛组委会
张龙成	四川大学锦江学院思政教学部	四川省思想政治理论课“精彩一课”讲课比赛二等奖	省教育厅
徐 骄	四川大学锦江学院思政教学部	四川省思想政治理论课“精彩一课”讲课比赛二等奖	省教育厅
青雪燕	四川大学锦江学院思政教学部	四川省思想政治理论课“精彩一课”讲课比赛二等奖	省教育厅

续上表

姓名	单位	获奖称号	授奖单位
宋银梅	四川大学锦江学院思政教学部	四川省思想政治理论课“精彩一课”讲课比赛三等奖	省教育厅
赵士元	四川大学锦江学院计算机学院	互联网+大学生创新创业大赛四川省赛区优秀指导教师	省教育厅
程迪迪	四川大学锦江学院体育教学部	2016年四川省高校武术套路比赛“优秀教练员“优秀裁判员”	省教育厅
赵　强	四川大学锦江学院体育教学部	2016年全省青少年田径运动会优秀裁判员	省教育厅
唐银春	四川大学锦江学院体育教学部	2016年四川省大学生乒乓球比赛荣获“优秀教练员”称号	省教育厅
唐书华	四川大学锦江学院体育教学部	2016年四川省青少年跆拳道锦标赛体育道德风尚奖裁判员	大会组委会
郭泰豪	四川大学锦江学院体育教学部	第19届CUBA中国大学生篮球联赛（四川）预选赛优秀教练员	大会组委会
马　龙	四川大学锦江学院体育教学部	四川省第十九届CUBA中国大学生篮球联赛（四川赛区）优秀教练	成都市高等学校体育协会
母海燕	四川大学锦江学院宣传部	获四川省教育厅2017年科研项目立项	省教育厅
王少文	四川大学锦江学院艺术学院	“理想之光·四川省第七届教师美术作品双年展”优秀奖	省美术家协会
游娅娜	四川大学锦江学院艺术学院	2016四川省大学生工业设计大赛优秀指导教师奖	省教育厅
胡　玉	四川大学锦江学院学生工作处	G20财长和央行行长会志愿者工作先进个人	四川省G20财长和央行行长会筹备工作领导小组（共青团四川省委代）
古　巍	四川大学锦江学院土木工程学院	“中海达杯”第二届（2016）四川省大学生测绘技能竞赛非专业组四等水准测量二等奖	省教育厅
古　巍	四川大学锦江学院土木工程学院	“中海达杯”第二届（2016）四川省大学生测绘技能竞赛非专业组四等水准测量三等奖	省教育厅

续上表

姓名	单位	获奖称号	授奖单位
古　巍	四川大学锦江学院土木工程学院	“中海达杯”第二届（2016）四川省大学生测绘技能竞赛非专业组二级导线测量三等奖	省教育厅
古　巍	四川大学锦江学院土木工程学院	“中海达杯”第二届（2016）四川省大学生测绘技能竞赛非专业组团体三等奖	省教育厅
古　巍	土木工程学院	“中海达杯”第二届（2016）四川省大学生测绘技能竞赛非专业组团体三等奖	省教育厅
古　巍	土木工程学院	四川省第三届大学生结构设计大赛建工组优胜奖	省教育厅
李　倩	土木工程学院	四川省第三届大学生结构设计大赛“岩土组”二等奖优秀指导教师	省教育厅
吴辉辉	四川大学锦江学院土木工程学院	“中海达杯”第二届（2016）四川省大学生测绘技能竞赛非专业组四等水准测量二等奖	省教育厅
吴辉辉	四川大学锦江学院土木工程学院	“中海达杯”第二届（2016）四川省大学生测绘技能竞赛非专业组四等水准测量三等奖	省教育厅
吴辉辉	四川大学锦江学院土木工程学院	“中海达杯”第二届（2016）四川省大学生测绘技能竞赛非专业组二级导线测量三等奖	省教育厅
吴辉辉	四川大学锦江学院土木工程学院	“中海达杯”第二届（2016）四川省大学生测绘技能竞赛非专业组团体三等奖	省教育厅
吴辉辉	四川大学锦江学院土木工程学院	“中海达杯”第二届（2016）四川省大学生测绘技能竞赛非专业组团体三等奖	省教育厅
许信	四川大学锦江学院土木工程学院	优秀党员	省教育厅

市委、市政府表彰的先进个人

一、2015 年度创业工作先进个人（44 名）

（一）高校毕业生创业明星

杨祎东　坡区大亩山畜禽养殖农场负责人
林蛟美　兰蒂沙发厂总经理
朱　江　四川境美装饰设计有限公司总经理
贾　强　四川果怡农业科技有限公司总经理
张籍友　紫藤家庭农场负责人
阮　强　仁寿阮小二蜜柚种植园总经理
祝　丽　洪雅古摄影婚纱影楼董事长
刘　彪　丹棱县傲体健身俱乐部总经理
钱丽丹　四川恒乐电器有限公司总经理
陈　晨　青神县甜蜜蜜文化传媒有限公司总经理

（二）高校毕业生创业新星

窦青蓝　眉山沐阳商贸有限公司总经理
伍佳颖　眉山爱朵酒店总经理
陈明超　眉山江联网络科技有限公司总经理
王傲骨　彭山区安能物流信息咨询部总经理
聂小鹏　眉山市思凡信息科技有限公司总经理
胡　圣　胡木匠家装建材总汇董事长
张小颖　仁寿爱婴教育咨询有限公司总经理
徐孝勇　四川金色浓乡电子商务有限公司总经理
朱润平　润雅鲜肉店总经理
曾　枝　洪雅县清源家庭农场负责人
刘浩然　丹棱县华宇农资刘浩然加盟店总经理
高　伟　蒙娜丽莎瓷砖专卖店总经理

（三）返乡创业明星

吴天军　眉山市大成包装有限公司总经理
孟　鑫　四川蜀商电子商务有限公司总经理
周永洪　四川永洪果蔬种植有限公司总经理
李利红　笑语倚竹家庭农场负责人
代翠英　仁寿农二哥食品贸易有限公司总经理
李志高　四川福仁缘农业开发有限公司董事长
付志洪　四川雅雨露茶业有限责任公司董事长
何平洪　雅县和平乡村酒店总经理
骆美霖　丹棱县美辉苗木家庭农场负责人
刘　冬　青神东坡丈母娘美食有限公司总经理

（四）返乡创业新星

陈永胜　四川逸维服饰有限公司眉山分公司总经理
徐仲清　眉山百禾源蔬菜配送有限公司总经理
陶敏江　四川蓝鲸智能科技工程有限公司总经理
赵永留　彭山诚信食品厂董事长
朱红均　仁寿县宝马乡御馨生态农庄总经理
郭建彬　四川三品农业开发有限公司总经理
白朝波　洪雅县桑果园酒业有限公司董事长
白　平　洪雅上善农业科技有限公司负责人
黄相立　丹棱县大雅红豆杉家庭农场负责人
王　桃　丹棱县羊羊得益羊肉馆大雅店负责人
黄章华　青神县富华竹木门厂总经理
吴勇智　青神县小吴生态家庭农场负责人

二、2015 年度“绿海明珠”大会战工作先进个人（100 名）

彭　博　东坡区委农工办工作人员
石冬如　东坡区教体局局长
石元辉　东坡区水务局水土资源监督站站长
王　垦　东坡区通惠街道办事处副主任
周福华　东坡区松江镇山坝村党支部书记
赵刚东　坡区悦兴镇元宝村党支部书记
王水清　东坡区柳圣乡政府工作人员
梁　磊　彭山区委书记
谭福轩　彭山区政协主席
邓　强　彭山经开区党工委书记
吴　刚　彭山经开区工作人员
符洪林　彭山区林业局局长
张　萍　彭山区园林局局长
王太勇　彭山住房和城乡规划建设局局长
明　宇　仁寿县委常委
舒乾渊　仁寿县林业局局长
徐　维　仁寿县森林公安局副局长
易清文　仁寿县钟祥镇党委书记
傅陈君　仁寿县虞丞乡党委书记
杨丽倚　仁寿县藤艺园林绿化工程有限公司工程部经理
骆学文　仁寿县蜀色天香总经理
彭远畅　洪雅县政府副县长
刘联欣　洪雅县委农工办主任
徐　磊　洪雅县住房和城乡建设局办公室主任
孔令兵　洪雅县林业局局长
刘伟洪　雅县林业局营林股股长
车博洪　雅县园林绿化管理所所长
宋佳忠　洪雅县余坪镇党委副书记、镇长
吉君福　丹棱县委办公室主任
王　玉　丹棱县机械产业园区群众服务中心主任
赵桂春　丹棱县住房和城乡规划测绘建设局局长

曹　辉　丹棱县整县推进新农村建设办公室主任
余庭洋　丹棱县林业局副局长
黄玉祥　丹棱县园林所所长
陈显锋　丹棱县林业局营林股工作人员
宋文贤　青神县委农工办主任
鲁丽芬　青神县工业开发区企业服务中心副主任
帅艳林　青神县林业局总工程师
陈建如　青神县林业局营林股股长
郭良才　青神县西龙镇党委副书记、镇长
陈建六　青神县黑龙镇政府副镇长
杨　娟　青神县高台乡党委副书记、乡长
封　涛　眉山军分区后勤部助理员
李安翔　市委巡视工作联络组办公室主任
刘红军　市中级人民法院行装处副处长
张　瑾　市人民检察院行装处工作人员
邹耀莹　市委办公室保卫科科长
邓　廉　市政府办公室秘书六科副科长
赵秀珍　市政协办公室书画室主任
廖　锦　市“两新”党工委副书记
闵　娜　市委宣传部副主任科员
何　中　市委统战部副部长、市民宗局局长
季　敏　市法学会学术部副主任
袁　巍　市委政研室办公室主任
黄桂云　市直机关工委纪工委办公室主任
代开华　市委群工部副调研员、办案科科长
胡思明　市委编办副主任科员
周泮羽　市委农工委副县级纪检员
周　泽　市人大常委会内司工委副主任
牟长海　市发展改革委副主任
刘　鲜　市教体局基础教育科工作人员
孟苏坡　市公安局交警支队非机动车管理所所长
颜鹏飞　市财政局农业科工作人员
李良媚　市人力资源和社会保障局副主任科员
肖　巍　市住房和城乡建设局局长
冷　璐　市交通运输局建管科工作人员
李素芳　市运管处办公室主任
毛泽勤　市水务局水土保持预防监督管理站站长
叶志远　市林业局副局长
龙述德　市林业局绿化造林科科长
张　驰　市林业局种苗站站长
张正群　市林业局野保站站长
肖燕霞　市林业局工作人员
吉　佳　市“绿海办”工作人员
赖腾跃　市“绿海办”工作人员
代　姣　市卫生计生委办公室工作人员
毛　林　市旅游局副局长
王泽文　市城管执法局局长
李　波　市城管执法局办公室主任
徐新春　市园林局副局长
颜碧英　市园林局园林养护科副科长
陈　涛　市园林局绿化技术科副科长
刘云东　市畜牧局副局长
张建军　市城乡规划局信息中心主任
冷　勇　工业新城办工作人员
管志祥　市粮食局纪检组组长
邹和良　岷东新区管委会副主任、东坡区富牛镇党委书记
李国成　眉山岷江现代农业示范园区管委会副主任
廖勇刚　眉山岷江现代农业示范园区服务中心主任
彭德军　眉山发展公司资产管理部主任
曹　煦　市妇联副主席
刘　平　市机关事务管理局服务管理科科长
杨文莉　市扶贫移民局办公室主任
李　霞　市广播电视台办公室副主任
李吉祥　市地税局机关服务中心副主任
桂　豪　市气象局办公室副主任
陈红敏　人行眉山市中心支行办公室副主任
尹烈昌　中国电信眉山分公司办公室副主任
肖　珊　中国联通眉山分公司办公室工作人员
周明伟　915 地质队队长

三、2015 年度“千湖之城”大会战工作先进个人（40 名）

游方全　东坡区委常委
李维义　东坡区政府副区长
胡　徐　东坡区泡菜产业园区党工委书记
孙晓冬　眉山“中国泡菜城”管委会住建部部长
王志军　东坡区水务局局长
彭　刚　东坡区扶贫移民局副局长
胡应江　东坡区白马镇党委书记
彭世红　东坡区象耳镇副镇长
郭　茂　彭山区委常委
邓　强　彭山经开区党工委书记
黄远树　彭祖新城管委会常务副主任
柴洪军　彭山区水务局局长
周亚琳　彭山区黄丰镇党委副书记、镇长
冉登祥　仁寿县委书记

明　宇　仁寿县委常委
杨　斌　仁寿县财政局局长
黄茂良　仁寿县住房和城乡建设局局长
苏海清　仁寿县水务局局长
杨曲冰　洪雅县财政局局长
王康洪　洪雅县国土资源局副局长
文春秀　洪雅县水务局建设股股长
黄建军　洪雅县农业和畜牧局局长
杨　华　丹棱县政府副县长
宋诗利　丹棱县环境保护局局长
邓　棱　丹棱县交通运输局局长
戴铁琴　丹棱县水务局副局长
刘志鸿　丹棱县人防办主任
吴　进　青神县财政局财政投资评审中心主任
彭建中　青神县航电办主任
邹　建　青神县水务局副局长
王盛祥　青神县林业局局长
刘　欣　青神县汉阳镇党委副书记、镇长
宋　梅　市纪委常委、市监察局副局长
林激光　市人民检察院办公室副主任
段　阅　市委办公室秘书一科副科长
钟开全　市人大常委会副秘书长
张　耀　市政府办公室秘书六科副科长
万艳刚　市委组织部公务员科科长
韩　讯　市网络舆情中心工作人员
张　军　市爱国宗教团体办公室副主任
吴　渊　市法学会副主任科员
杨学良　市委群工部副县级纪检员
王英哲　市委农工委副主任
徐　阳　市发展改革委农经科科长
何升俊　市公安局政治部主任
王志刚　市财政局农业科科长
吴建清　市国土资源局总工程师
王　敏　市环境保护局总量科科长
张　全　市环境保护局农村科副主任科员
王新东　市住房和城乡建设局副局长
李　耀　市住房和城乡建设局培训中心主任
秦学军　市交通运输局建设管理科科长
朱欣兰　市交通运输局建设管理科副科长
李　俊　市水务局局长
胡　庆　都江堰黑龙滩灌区管理处党委书记、市水务局副局长
郑汉明　市水务局副调研员
邹　翔　市水务局建设管理科工作人员
梁　殷　市水产渔政局水生动物防疫检疫科科长
张祺云　市林业局高级工程师
粟　红　市文广新局机关党委书记
兰　可　市审计局副局长
吕燕芳　市旅游局产业发展科科长
郭丽娟　市城管执法局办公室工作人员
侯群莲　眉山市市政设施管理处副处长
黄　庆　市城乡规划局规划设计院副院长
欧志国　市畜牧站站长
胡　涛　市安全生产监察执法支队二大队大队长
徐　燕　市党务政务服务中心主任科员、业务科副科长
邹和良　岷东新区管委会副主任、东坡区富牛镇党委书记
刘　锐　岷东新区管委会副调研员
石　磊　眉山金象化工产业园区管委会规划建设局工作人员
张　华　眉山发展公司副总经理
钟　伟　眉山发展公司项目管理部副主任
钟　文　市政协研究室信息调研科科长
薛　伦　市公共资源交易中心办公室主任
杨大兴　市扶贫移民局局长
古伯良　市广播电视台总编辑
陈雨岭　市防震减灾局综合科副科长
李秀兰　市气象局人工影响天气办公室主任
余　艳　人行眉山市中心支行货币信贷管理科科员
余尧尧　建行眉山分行业务部副经理

四、2015 年“百园之市”大会战工作先进个人（57 名）

汤　洋　东坡区住房和城乡规划建设局规划股股长
何　波　东坡区秦家镇党委书记
李忠云　彭山区委常委、政法委书记
王太勇　彭山区住房和城乡规划建设局局长
曾云刚　仁寿县住房和城乡建设局副局长
辜文超　仁寿县城乡规划局副局长、人防办主任
何永良　洪雅县政府党组成员、正县级干部
林泽蓉　洪雅县城乡规划局局长
张西明　丹棱县规划局局长
庹　立　丹棱县丹棱镇党委副书记、镇长
彭　利　青神县住房和城乡规划建设局建设股股长
何跃华　青神县汉阳镇党委书记

安 娜 市纪委案件审理室正科级纪检员
彭 涛 市人民检察院行装处干警
徐 驰 市目标绩效办主任
王瑞蕊 市委办公室秘书五科副科长、主任科员
高 峰 市委办公室信息科副科长
黄 松 市政府办公室秘书八科工作人员
辜鹏宇 市政府督查室科员
李 丹 市政协办公室法群科科长
赵利芳 市委组织部综合科科长
蒋湘英 市委宣传部文学艺术科科长
胡文宜 市委统战部经联科副科长
李 林 市委政法委办公室副主任
徐 敏 市委群工部办案科工作人员
王俊凌 市委农工委新农村科科长
邓 策 市人大常委会城环资工委副主任
任洪波 市发展改革委体改科副科长
何 波 市经济和信息化委产业政策科工作人员
李学辉 市教体局计财科副科长
黄相明 市民政局副调研员、市减灾中心主任
吴雪强 市财政局投资管理科科长
郑利飞 市人力资源和社会保障局工作人员
刘六一 市国土资源局土地开发整理中心主任
肖 巍 市住房和城乡建设局局长
曾 涛 市住房和城乡建设局副局长
罗瀚炜 市住房和城乡建设局城建科工作人员
郑汉明 市水务局副调研员
王 川 市农业局植保站工作人员
龙述德 市林业局绿化造林科科长
祝茂菁 市商务局办公室科员
权 娅 市文广新局非物质文化遗产保护中心工作人员
涂 勇 市旅游局副局长
吴晓红 市园林局工程师
高 菡 市园林局工程师
尹晓兵 市城乡规划局副调研员
帅 奇 市开发性金融合作办主任、市资产经营有限公司董事长
袁大可 市法制办主任
钟建国 市粮食局局长
王安明 市住房和城乡建设局岷东新区分局局长
赵云军 眉山岷东开发投资有限公司总经理
袁 恒 东坡区象耳镇党委副书记、镇长
李林峰 眉山岷江现代农业示范园区规划建设部工作人员
王允浩 眉山日报社记者
谭璟烨 市政府金融办综合科副科长
曾 宇 市广播电视台总编室副主任
张露露 市城乡环境治理办综合科工作人员

五、2015 年度十大民生工程和 20 件民生大事工作先进个人（100 名）

李胜华 东坡区委常委、区政府副区长
王崇贵 东坡区委组织部副部长、区人力资源社会保障局局长
蒋 薇 东坡区政府应急办副主任
石冬如 东坡区教体局局长
唐晓黎 东坡区悦兴镇党委副书记、镇长
李洪强 彭山区委常委、区政府副区长
游德华 彭山区政府办公室主任、区民生办主任
王松彭 山区委组织部副部长、区人力资源社会保障局局长
叶云华 彭山区民政局局长
游德成 彭山区扶贫移民局局长
冉登祥 仁寿县委书记
秦 彪 仁寿县委副书记、县政府县长
黄世文 仁寿县政府副县长
黄茂良 仁寿县住房和城乡建设局局长
杨 毅 仁寿县城乡规划局局长
廖建如 洪雅县政府办公室主任、县民生办主任
袁学祥 洪雅县委组织部副部长、县人力资源社会保障局局长
刘权超 洪雅县国土资源局局长
刘友波 洪雅县交通运输局局长
向永君 洪雅县水务局局长
齐 勇 丹棱县委常委、县政府副县长
易玉琴 丹棱县教体局局长
李水泉 丹棱县卫生计生局局长
梁 萍 丹棱县医保中心主任
顾建峰 丹棱县张场镇党委书记
徐 琳 青神县委副书记、县政府县长
王学清 青神县民政局局长
张 苗 青神县卫生计生局局长
曾游江 青神县住房和城乡规划建设局局长
杨 宏 青神县教体局局长
荣小东 市纪委纪检五室主任
刘 嘉 市纪委组织部副部长
何禹衡 市委办公室综合调研室副主任
周 娜 市委办公室秘书三科科长
潘春梅 市政府督查室主任

辜鹏宇　市政府督查室科员
彭　义　天府新区眉山管委会项目管理科科长
邓　敏　市委宣传部副部长
徐文渊　市网络舆情中心九级职员
黄　琴　市群众工作中心八级职员
罗露露　市群众工作中心九级职员
王　玲　市直机关工委组织部部长
李先芬　市委农工委副调研员
管　韬　市委农工委统筹城乡科副主任科员
黄海波　市发展改革委副主任
王水东　市教体局办公室主任
余　明　市教体局学生资助管理中心工作人员
吴中云　市民政局救灾科科长
王　羽　市民政局社会救助科副科长
龚美艳　市法律援助中心科员
梁居中　市财政局预算科工作人员
刘　韦　市财政局办公室工作人员
王晓佳　市人力资源和社会保障局职业技能鉴定指导中心主任
潘晓丽　市人力资源服务中心公共服务部部长
邹　伟　市国土资源局土地统一征用中心副主任
陈俊文　市国土资源执法监察支队副支队长
申渊明　市环境保护局生态科科长
张　全　市环境保护局农村科副主任科员
代　芳　市住房和城乡建设局住房保障办工作人员
刘　帅　市交通运输局综合规划科科长
张　军　市公路管理局安全保卫科科长
晋　磊　市水务局农村供水总站负责人
方　媛　市水务局办公室工作人员
熊　英　市农业局局长、市农机局局长
白　炼　市农业局副局长
刘渝南　市林业局办公室副主任
张　海　市林业局造林科科员
严　敏　市商务局服务业发展科科员
熊保权　市文广新局副调研员
周泽萍　市卫生计生委规划财务和信息科科长
费　翼　市卫生计生委妇幼健康服务科科长
宋晓静　市审计局财政审计科科长
何　莉　市审计局社保科副科长
涂　勇　市旅游局副局长
杨海燕　市旅游局办公室主任
邓德利　市城管执法局环卫处副处长
米　晋　市城管执法局设施管理处工作人员
张　涛　市畜牧局办公室副主任
徐　彬　市奶业发展办副主任
李旭敏　市安全监管局危化科副主任科员
王　亮　市食品药品稽查支队三大队大队长
钟建国　市粮食局局长
刘　毅　市粮食局副局长
冯国春　东坡区富牛镇党委副书记、镇长
万　义　眉山发展公司监事会主席
张晓葵　市总工会保障部部长、帮扶中心主任
曾敞洲　团市委办公室主任
宋跃琴　市妇联发展部部长
葛胜利　市残联办公室主任
陈永强　市残联残疾人服务中心主任
蒋　萍　眉山日报社记者
刘　娟　眉山日报社记者
陈怡林　市扶贫移民局扶贫开发科副科长
张浩军　市广播电视台纪检组组长
王　欧　市广播电视台新闻中心副主任
彭韵霖　市城乡环境治理办工会主席
余　艳　人行眉山市中心支行货币信贷管理科工作人员
王　林　中国电信眉山分公司网络建设部副总经理
蒋维平　眉山邮政分公司总经理
王　容　中国铁塔眉山分公司总经理

六、2015 年度维稳、综治、大调解、群众和信访工作先进个人

（一）维稳工作先进个人（100 名）

李　明　舟东坡区委书记
邹成双　东坡区委常委、政法委书记
王正祥　市公安局副局长、东坡区政府副区长、区公安分局局长
王崇贵　东坡区委组织部副部长、区人力资源社会保障局局长
李　建　东坡区委政法委副书记、区委维稳办主任
姚鹏飞　东坡区委群工部副部长
万进平　东坡区公安分局副局长
王利平　东坡区住房和城乡规划建设局局长
黎玉新　东坡区苏祠街道党工委副书记、办事处主任
胡碧俊　东坡区崇礼镇党委书记
梁　磊　彭山区委书记
郭　益　彭山区政府副区长、区公安分局局长

龚　涛　彭山区委办公室副主任、宣传部副部长、区委外宣办（区政府新闻办）主任
陆晓辉　彭山区委维稳办应急处突股股长
彭　凯　彭山区经济和信息化局副局长
曾　理　彭山区凤鸣镇党委书记
李桂平　彭山区公义镇党委书记
任　柱　彭山区保胜乡党委书记
冉登祥　仁寿县委书记
杨　红　仁寿县委常委、宣传部部长
胡　波　仁寿县政府副县长、县公安局局长
陈文华　天府新区仁寿视高党工委专职副书记
彭绍华　仁寿县委政法委副书记
杨道勋　仁寿县发展改革局副局长、县项目办主任
阳旭跃　仁寿县公安局国保大队副大队长
李　铭　仁寿县公安局特警大队三中队副中队长
刘　刚　仁寿县就业服务管理局局长
高军义　仁寿县住房和城乡建设局信访办干部
尹　伟　仁寿县视高镇党委副书记
张　峰　仁寿县龙马镇党委书记
王　里　洪雅县政协党组书记
李国华　洪雅县委常委
袁学祥　洪雅县委组织部副部长、县人力资源社会保障局局长
周建华　洪雅县委政法委常务副书记、县委维稳办主任
余家宏　洪雅县国土资源局副局长
史学平　洪雅县将军乡党委书记
赵尚利　洪雅县东岳镇党委书记
陈奇志　洪雅县余坪镇党委书记
钟维钦　丹棱县委书记
杨益民　丹棱县政府副县长
刘礼斌　丹棱县人民法院副院长
商加梁　丹棱县委维稳办干部
黄方泉　丹棱县公安局常务副局长
严忠池　丹棱县丹棱镇党委书记
胡国民　青神县委书记
胡　勇　青神县委常委、政法委书记
贺　勇　青神县工业开发区管委会综合服务部部长
杨勇建　青神县委政法委副书记、县委维稳办主任
杨　宏　青神县教体局局长
刘建林　青神县南城镇党委书记
曹宇春　市纪委常委
乔劲松　市中级人民法院刑二庭庭长
余红旗　市人民检察院侦察监督处副处长
何禹衡　市委办公室综合调研室副主任
胡　屏　市政府办公室副主任
郝雪宏　市政府应急办工作人员
邹开坤　市委组织部干部二科副科长
周　彬　市网络舆情中心工作人员
黄　伊　市委统战部党派科副科长
王加宾　市委政法委常务副书记、市委维稳办主任
陈新国　市委政法委副县级干部、市综治办督查督办科科长
王　斌　市委维稳办应急处突科副主任科员
吕　瑛　市直机关工委办公室主任
李其芬　市委群工部接访科科长
张红英　市事业单位登记管理局行政许可科科长
庄泽明　市委防范处理邪教办综合科科长
刘光友　市投促局纪检组组长
何　勇　市发展改革委副调研员
徐庆中　市经济和信息化委总经济师
张会全　市教体局监察内审科副科长
钱海波　市公安局经侦支队副支队长
杜　海　市公安局国保支队案侦大队大队长
曾　涛　市法律援助中心副主任
覃建华　市财政局副局长
曾　锐　市军转办管理服务科科长
唐大学　市国土资源局信访科科长
欧乙成　市环境保护局宣教法制科主任科员
汪　洋　市住房和城乡建设局建管科工作人员
许晓东　市交通运输局办公室副主任
赵　平　市卫生计生委监察内审科科长
詹　通　市旅游局办公室工作人员
余慧中　市外侨台办秘书科科长
张　涛　市畜牧局办公室副主任
凌汶青　市国资委企业监管科副科长
杨北海　市安全监管局主任科员
魏　来　市食品药品监督稽查支队副支队长
王立业　工业新城办综合科副科长
邹和良　岷东新区管委会副主任、东坡区富牛镇党委书记
刘　琳　甘眉（铝硅）工业园区社会事业局副局长
王　风　眉山金象化工产业园区党工委专职副书记

李林峰 眉山岷江现代农业示范园区规划建设部工作人员
曾敢洲 团市委办公室主任
王 磊 眉山日报社采访中心记者
刘 畅 市机关事务管理局安保科科长
李 霞 市地方志办科员
魏 林 市政府金融办保险证券科科长
肖永俊 眉山国安局四支队支队长
朱妍颖 眉山银监分局办公室科员
王 锦 国网眉山供电公司办公室主任
吴继伟 中国移动眉山分公司综合部经理

（二）综治工作先进个人（100 名）

孙 剑 东坡区委副书记、区政府区长
严明宇 东坡区委副书记
李 群 东坡区人民检察院检察长
姜智宇 东坡区委办公室副主任、区网格化服务中心主任
石冬如 东坡区教体局局长
文 伟 东坡区公安分局副局长
伍 强 东坡区司法局局长
邹卫东 东坡区悦兴镇党委书记
朱永忠 东坡区永寿镇党委书记
冷 斌 东坡区思蒙镇党委书记
胡照林 东坡区三苏乡党委书记
罗万东 彭山区委副书记、区政府区长
郭 红 彭山区委副书记
巨晓峰 彭山区委办公室副主任、区网格化服务中心主任
罗鸿翔 彭山区教体局局长
刘良贵 彭山区公安分局副局长
刘 跃 彭山区彭溪镇党委书记
许晓飞 彭山区牧马镇党委书记
秦 彪 仁寿县委副书记、县政府县长
商志忠 仁寿县委副书记、县政协主席
刘崇清 仁寿县文林工业园区管委会副主任、文林镇党委书记
毛超英 四川省现代粮食产业仁寿示范园区管委会副主任、仁寿县富加镇党委书记
唐金贵 仁寿县综治办副主任
唐 杨 仁寿县信访维稳信息中心副主任
高童全 仁寿县公安局副政委
姜 楠 仁寿县卫生计生局副局长
黄 健 仁寿县文林镇矛盾纠纷大调解中心专职副主任
廖国中 仁寿县汪洋镇党委副书记
张胜根 仁寿县富加镇综治办主任
张 勇 仁寿县大化镇党委副书记
尹斗芳 洪雅县委常委、政法委书记
周茂云 洪雅县政府副县长、县公安局局长
谢宏志 洪雅县委政法委副书记、县综治办主任
陈家全 洪雅县公安局副局长
杨 光 洪雅县卫生计生局副局长
史 历 洪雅县柳江镇党委书记
蒋应兴 洪雅县群众工作中心主任
李良春 洪雅县网格化服务中心主任
朱 莉 丹棱县委副书记、县政府县长
王 鹏 丹棱县政府副县长、县公安局局长
郑永全 丹棱县网格化服务中心主任、县综治办副主任
何新文 丹棱县司法局局长
李水泉 丹棱县卫生计生局局长
谌德友 丹棱县杨场镇党委书记
常 伟 青神县委常委
王碧华 青神县政府副县长、县公安局局长
涂兵奎 青神县委政法委常务副书记、县综治办主任
张志华 青神县公安局副局长
杨长金 青神县黑龙镇党委书记
何为民 青神县高台乡党委书记
徐学志 市纪委派出纪工委（市监察局监察分局）监督检查科科长
李建伟 市中级人民法院办公室副主任
张春林 市人民检察院办公室主任
段 阅 市委办公室秘书一科副科长
贝文礼 市政府应急指挥中心工作人员
左小芳 市政协办公室综合科科长
陈雪洁 市委组织部办公室科员
吴永枢 市委宣传部部务委员
周玉萍 市爱国宗教团体办公室主任
赵 樱 市委政法委副书记、市综治办主任
戴 宇 市综治办副主任、市委政法委办公室主任
罗 强 市综治办综合科科长
李 翔 市委维稳办信息调研综合科科长
佘 华 市直机关工委副书记、纪工委书记
符玉芳 市信访群众疏导调解中心专职副主任
刘巧灵 市委编办综合科科员
邱晓峰 市委防范处理邪教办副主任

侯德明　市委机要局专职密码督查员
陈径舟　市人大常委会内司工委办公室主任
陈　军　市发展改革委办公室主任
张景宝　市教体局副主任科员
宋　强　市公安局禁毒支队民警
刘　溢　市公安局治安支队民警
陈　颖　市民政局信访科科长
叶忠文　市司法局副局长
黄靖淇　市财政局行政政法科副科长
杨　勇　市人力资源和社会保障局信访科科长
王世钢　市国土资源局办公室副主任
刘文权　市住房和城乡建设局信访科科长
涂　勇　市交通运输局安全科科长、市地方海事局副局长
冯　攀　市商务局外资科科长
王伟国　市卫生计生委监察内审科工作人员
李　姣　市社会经济调查队社情民意科科长
杨　中　市城管执法局科员
武靖宇　市国资委副主任
李　其　市安全监管局办公室工作人员
曾　扬　市食品药品监管局副局长
雷淼淼　市工商局办公室科员
龙春蓉　市质监局办公室副主任
李春燕　市法制办综合科科长
宋林蓬　岷东新区管委会综治维稳群众工作办公室主任
熊德斌　东坡区修文镇凌江村党支部书记
杨志刚　眉山金象化工产业园区管委会副主任
袁琳团　市委副调研员、组宣部部长
王学芳　市妇联副主席
张萍市　工商联维权投诉中心副主任
廖文凯　眉山日报社记者
李　瑛　眉山国安局三支队副支队长
杨卓林　消防支队防火处监督指导科科长
刘　波　中国电信眉山分公司政企部副总经理

（三）优秀网格员（100名）

卫　庆　东坡区苏祠街道学道街社区网格员
唐晓莉　东坡区苏祠街道小北街社区网格员
韩勤杰　东坡区苏祠街道为民巷社区网格员
梁双燕　东坡区苏祠街道东郊社区网格员
钟　玲　东坡区苏祠街道环湖中路社区网格员
吴　娟　东坡区大石桥街道明星社区网格员
王　欢　东坡区大石桥街道江公社区网格员
陈媛媛　东坡区大石桥街道旭光社区网格员
徐秀娟　东坡区大石桥街道普田社区网格员
黄旗惠　东坡区大石桥街道高灯社区网格员
黄　祥　东坡区大石桥街道明星社区网格员
廖　霞　东坡区大石桥街道江公社区网格员
王芋晔　东坡区通惠街道先锋社区网格员
石　磊　东坡区通惠街道崇义社区网格员
宋　佳　东坡区通惠街道先锋社区网格员
费　璐　东坡区通惠街道先锋社区网格员
刘培培　东坡区通惠街道瓦窑社区网格员
游　颖　东坡区通惠街道平春社区网格员
郑　丹　东坡区松江镇松江社区网格员
郭艳梅　东坡区复盛乡新街社区网格员
付翠彬　东坡区土地乡荷花村网格员
张弟英　东坡区尚义镇马庙村网格员
李水霞　东坡区三苏乡伏龙社区网格员
王跃忠　东坡区盘鳌乡盘鳌村网格员
詹元良　彭山区观音镇观音村网格员
徐　静　彭山区凤鸣镇城中社区网格员
李媛媛　彭山区凤鸣镇城中社区网格员
吴晓玲　彭山区凤鸣镇城东社区网格员
袁　丹　彭山区凤鸣镇城东社区网格员
潘丽群　彭山区凤鸣镇南星社区网格员
张　惠　彭山区凤鸣镇城西社区网格员
肖　燕　彭山区凤鸣镇网格长
郑利苹　彭山区公义镇网格长
秦　梅　仁寿县文林镇金马路社区网格员
廖玉慧　仁寿县文林镇金马路社区网格员
李　陶　仁寿县文林镇奎星阁社区网格员
吕介英　仁寿县文林镇奎星阁社区网格员
魏建群　仁寿县文林镇南坛路社区网格员
杨　燕　仁寿县文林镇坝达社区网格员
刘　杰　仁寿县文林镇书院路社区网格员
程均辉　仁寿县文林镇陵阳社区网格员
王　琴　仁寿县文林镇江家坝社区网格员
钟雅丽　仁寿县文林镇嘉南社区网格员
杨　觅　仁寿县文林镇建设路社区网格员
周明英　仁寿县文林镇北燕社区网格员
潘锡兰　仁寿县文林镇陵州路社区网格员
潘建明　仁寿县文林镇城南社区网格员
林玉洁　仁寿县汪洋镇富民社区网格员
夏　琴　仁寿县汪洋镇人民社区网格员
李　玲　仁寿县汪洋镇网格化服务中心工作人员
何江霞　仁寿县视高镇河心社区网格员
卢　丽　仁寿县视高镇奋勇社区网格员

王孟平 仁寿县视高镇河心社区网格员
肖进春 仁寿县龙正镇龙驹社区网格员
汪 记 仁寿县富加镇江西社区网格化服务站副站长
黄 琴 仁寿县富加镇江西社区网格员
曾文新 仁寿县富加镇天贵社区网格化服务站副站长
黄福强 仁寿县满井镇广桥村网格员
张慧英 仁寿县慈航镇市合社区网格员
唐忠勇 仁寿县禄加镇石坪村网格员
肖 慧 仁寿县文宫镇文化社区网格员
尹 慧 仁寿县清水镇水铺社区网格员
辜利丽 仁寿县龙马镇马家社区网格员
彭 琴 仁寿县农旺乡网格化服务中心工作人员
蒋 丽 仁寿县曲江镇网格化服务中心工作人员
袁海杰 仁寿县曹家镇网格化服务中心工作人员
高 莉 仁寿县观寺镇南华社区网格化服务站工作人员
王小惠 仁寿县中岗镇天宫村网格员
陈家毅 仁寿县四公镇网格化服务中心工作人员
方汝燕 洪雅县洪川镇广场社区网格员
杨 萍 洪雅县洪川镇广场社区网格员
李 霜 洪雅县洪川镇阳光社区网格员
刘 丹 洪雅县洪川镇临江社区网格员
徐亚琴 洪雅县止戈镇五龙村网格员
钟仕超 洪雅县将军乡前进村网格员
王 庆 洪雅县高庙镇花源社区网格员
王玉梅 洪雅县花溪镇唐坝社区网格员
刘 瑶 洪雅县中保镇平乐社区网格员
徐国蓉 洪雅县三宝镇川江社区网格员
余佳琴 洪雅县汉王乡建设村网格员
沈兴萍 洪雅县中山乡前锋村网格员
陈 蔚 洪雅县桃源乡武陵村网格员
夏利均 丹棱县丹棱镇城西社区网格员
张 滢 丹棱县丹棱镇城西社区网格员
吉 燕 丹棱县丹棱镇桂花村网格员
李小燕 丹棱县杨场镇金牛社区网格员
刘 波 丹棱县仁美镇场镇网格员
尤 欢 丹棱县双桥镇场镇网格员
陈隆丹 丹棱县张场镇长流村网格员
黄 丹 丹棱县顺龙乡幸福村网格员
吴 杰 青神县青城镇凤阳社区网格员
杨慧君 青神县青城镇凤阳社区网格员
郭燕萍 青神县青城镇花园社区网格员
徐筱晴 青神县青城镇花园社区网格化服务站工作人员
游方洪 青神县青城镇花园社区网格员
周 燕 青神县青城镇文林社区网格员
郑龙琴 青神县青城镇文林社区网格员
赵晓琴 青神县青城镇网格化服务中心网格员
刘丽娟 青神县瑞峰镇场镇网格员
罗茂菲 青神县高台乡新柳社区网格员

（四）调解能手（100名）

余 放 东坡区司法调解中心专职副主任
熊 楠 东坡区人民检察院控告申诉科科长
程 静 东坡区矛盾纠纷大调解协调中心专职副主任
王海英 东坡区委群工部副部长
李庆军 东坡区公安分局调解中心主任
周永宁 东坡区人民调解指导中心专职副主任
豆晓英 东坡区住房和城乡规划建设局调解中心主任
何 杰 东坡区卫生计生局调解中心主任
窦 斌 东坡区法制办主任
刘利平 东坡区大石桥街道江公社区党支部书记
余继祖 东坡区太和镇党委书记
周俊如 东坡区金花乡人大主席
伍 波 东坡区柳圣乡党委书记
何 波 东坡区秦家镇党委书记
熊利民 东坡区广济乡党委书记
彭月忠 东坡区三苏乡望苏村党支部书记
张彦成 眉石化园区纪工委书记
郭 红 彭山区人民检察院司法调解中心专职副主任
刘 斌 彭山区司法局法宣股股长
赵桂英 彭山区司法局青龙司法所副所长
夏跃鹏 彭山区人力资源社会保障局大调解协调中心专职副主任
邓学奎 彭山区卫生计生局大调解协调中心专职副主任
王妍菁 彭山区法制办工作人员
吴玉君 彭山区江口镇政法委书记
彭晓红 彭山区彭溪镇兴崇村村委会主任
周 宇 彭山区黄丰镇政法委书记
伍从凯 彭山区义和乡大调解协调中心专职副主任
冯 胜 彭山区锦江乡大调解协调中心专职副主任

杨泓熙 仁寿县诉调对接中心审判员
张巍耀 仁寿县人民法院视高法庭庭长
颜 利 仁寿县人民法院行政审判庭审判员
王雪英 仁寿县人民法院富加法庭审判员
何 丽 仁寿县委办公室纪检员
陈德宽 仁寿县政府办公室主任
杨水明 仁寿县人大常委会信访办主任
唐 强 仁寿县矛盾纠纷大调解协调中心副主任
黄 英 仁寿县信访群众疏导调解中心主任
彭 娟 仁寿县人民调解指导中心副主任
瞿燕群 仁寿县司法局龙正司法所司法助理员
王姗姗 仁寿县司法局汪洋司法所司法助理员
袁 涛 仁寿县行政调解指导中心副主任
王 莺 仁寿县工商质监局公平交易法规股副股长
刘 永 仁寿县满井镇矛盾纠纷大调解协调中心副主任
王昆鹏 仁寿县慈航镇党委副书记、镇长
彭益建 仁寿县禄加镇党委副书记
汤翠清 仁寿县大化镇人民调解员
易芹恩 仁寿县观寺镇党委副书记
赖加洪 仁寿县中岗镇党委副书记
李继成 洪雅县人民法院院长
龙 科 洪雅县人民检察院检察长
王维华 洪雅县矛盾纠纷大调解协调中心副主任
周明亮 洪雅县委群工部群众疏导中心副主任
李玉林 洪雅县司法局余坪司法所所长
王 翔 洪雅县司法局东岳司法所司法助理员
杨碧玉 洪雅县人力资源社会保障局副局长
曾建国 洪雅县国土资源局法规股股长
凌增学 洪雅县住房和城乡建设局副局长
田利军 洪雅县法制办主任
徐 军 洪雅县医疗纠纷人民调解委员会主任
徐 祥 洪雅县高庙镇党委副书记、政法委书记
周玉全 丹棱县矛盾纠纷大调解协调中心专职副主任
钟秀芬 丹棱县群众工作中心主任
宋鸿祥 丹棱县公安局丹棱派出所所长
陈 斌 丹棱县司法局丹棱司法所所长
赵吉明 丹棱县人力资源社会保障局副局长
李浩凯 丹棱县国土资源局地环站站长
饶正大 丹棱县杨场镇党委副书记
周 杰 丹棱县仁美镇党委副书记
张云贵 丹棱县双桥镇党委副书记
彭映松 丹棱县顺龙乡副乡长
钟建成 青神县人民法院汉阳法庭庭长
冯 净 青神县人民法院民事庭庭长
陈建军 青神县人民检察院控申科科长
任佳锌 青神县委群工部政策法规股股长
艾 勇 青神县司法局罗波司法所所长
朱虹雨 青神县司法局青城司法所所长
左国军 青神县司法局河坝子司法所所长
陈晓梅 青神县土地储备中心主任
张建明 青神县青城镇文林社区党支部书记
马学彬 青神县高台乡诸葛村村委会主任
罗 洁 市中级人民法院速裁庭审判员
张晓飞 市人民检察院民事行政检察处助理检察员
刘正国 市大调解协调中心专职副主任
赵 玮 市综治办基层信息调研科科长
高海英 市群众工作中心副主任
曾全顺 市经济和信息化委副调研员
张会全 市教体局监察内审科副科长
罗金晶 市公安局信访处副主任科员
李海鹏 市公安局交警支队直属一大队事故中队中队长
商勇洪 市司法局干部人事科副科长
李秀英 市劳动监察支队监察二科科长
魏志平 市国土资源局城区国土资源站副站长
王 进 市住房和城乡建设局政策法规科工作人员
陈 刚 市交通运输局副调研员
李 陈 市水务局办公室主任
何 兵 市农业局政策法规科科长
李正平 市卫生计生委医政科科长
杨海燕 市旅游局办公室主任
宋林蓬 岷东新区管委会综治维稳群众工作办公室主任
周 威 东坡区修文镇党委副书记

（五）群众和信访工作先进个人（100 名）

郭建国 东坡区委常委、区纪委书记
李胜华 东坡区委常委、区政府副区长
陈 霞 东坡区委常委、组织部部长
颜 毅 东坡区人民法院常务副院长
罗丽珍 东坡区委维稳办副主任
李 卫 东坡区委群工部部长
童秀强 东坡区劳动监察大队大队长
李 华 东坡区通惠街道党工委书记

彭德贵　东坡区尚义镇党委书记
刘锦兵　东坡区万胜镇党委书记
李忠云　彭山区委常委、政法委书记
严开义　彭山经开区党工委副书记、管委会主任
黎文林　彭山区委办公室副主任、群工部部长
袁智勇　彭山区公安分局国保大队大队长
陈建华　彭山区司法局副局长
柴洪军　彭山区水务局局长
王仲文　彭山区谢家镇党委书记
梁　兰　彭山区武阳镇党委书记
冉登祥　仁寿县委书记
秦　彪　仁寿县委副书记、县政府县长
商志忠　仁寿县委副书记、县政协主席
陈宏忠　仁寿县委常委、政法委书记
陈文华　天府新区仁寿视高党工委专职副书记
吴菊芬　仁寿县委群工部副部长、县政府信访局局长
凌　涌　仁寿县委办公室副主任
彭绍华　仁寿县委政法委副书记
王小君　仁寿县公安局副政委
李陆君　仁寿县劳动监察大队大队长
杨　毅　仁寿县城乡规划局局长
周进东　仁寿县文林镇党委副书记
谭　勇　仁寿县汪洋镇党委书记
易清文　仁寿县钟祥镇党委书记
魏正良　仁寿县大化镇党委书记
陈世良　仁寿县石咀乡党委书记
阳运良　洪雅县委书记、县政府县长
陈天蓉　洪雅县委群工部部长
杨一勤　洪雅县应急办主任
祝尚伟　洪雅县公安局经侦大队大队长
罗竞舸　洪雅县金融国资局局长
杨林华　洪雅县洪川镇党委书记
彭远兴　洪雅县中山乡党委书记
齐　勇　丹棱县委常委、县政府副县长
陈　剑　丹棱县委常委、政法委书记
兰文庆　丹棱县委群工部部长、信访局局长
唐建康　丹棱县钾钠化工产业园区党工委书记
张延东　共青团丹棱县委书记
杨继红　丹棱县总工会副主席
徐　琳　青神县委副书记、县政府县长
王思进　青神县委群工部部长
徐炳全　青神县委组织部副部长、县人力资源社会保障局局长
余　鹏　青神县青城镇党委书记
何跃华　青神县汉阳镇党委书记
严　懿　市纪委（监察局）信访举报中心工作人员
王素琼　市中级人民法院立案庭副庭长
王璐琪　市人民检察院控告申诉处副处长
李敬熹　市委办公室秘书二科副科长
方　芝　市信息化办综合科副科长
刘雪萍　市政协办公室副主任
陈　璐　市委组织部主任科员、综合科副科长
周　璐　市网络舆情中心副主任
李敏良　市委统战部副调研员、办公室主任
张照涓　市委政法委执法督查督办室主任
祝鸿涛　市委维稳办协调督办科科长
胡　刚　市委群工部副部长
毛秦蓉　市委群工部副部长
于　游　市委编办督查调研科科长
余荣霞　市人大法制委副主任委员
罗金晶　市公安局信访处副主任科员
徐作霖　市公安局特巡警支队民警
郭　劲　市公安局特巡警支队民警
窦维刚　市公安局特巡警支队民警
冯继芳　市财政局信息中心工作人员
任晓东　市国土资源局城区国土资源站站长
彭　潇　市环境保护局环境稽查与收费科工作人员
刘天舒　市住房和城乡建设局纪检组组长
陈功炜　市住房和城乡建设局信访科工作人员
王　蕾　市水务局办公室工作人员
杜小飞　市农业局农经站工作人员
杨美凭　市商务局副局长
陈仲文　三苏祠博物馆馆长、“东坡宋城”管委会主任
潘　毅　市文广新局办公室主任
王文君　市统计局办公室副主任
杨海燕　市旅游局办公室主任
胥尚龙　市畜牧局办公室主任
黄珂琦　市食品药品监管局办公室副主任
唐铖良　市工商局办公室工作人员
牟万卉　市粮食局办公室主任
周　平　甘眉（铝硅）工业园区社会事业局工作人员
赵　军　眉山金象化工产业园区社会事业局副局长

周德勤　市宏大建设投资有限责任公司总经理
陶建文　市总工会纪检组组长
谢　玲　市妇联权益工作部部长
张　萍　市工商联维权投诉中心副主任
姜　英　市残疾人托养服务中心工作人员
舒　林　眉山日报社机关党委副书记、办公室主任
帅小康　市委市政府接待办接待二科科长
黄建刚　市机关事务管理局办公室主任
何　刚　市扶贫移民局信访科科长
刘桠萍　市政府金融办地方金融监管科科长
梁园康　眉山国安局办公室副主任

七、2015 年度工业发展先进个人（100 名）

冷青峰　东坡区政府副区长
杨　程　眉山经开区新区纪工委书记
徐金如　眉山“中国泡菜城”管委会经济发展部部长
邹汝刚　眉山机械产业园区投资服务局局长
黄立林　东坡区经济和信息化局副局长
岳　松　东坡区统计局局长
罗万东　彭山区委副书记、区政府区长
徐　伟　彭山经开区管委会副主任科员
常盛成　眉石化园区管委会副主任
赵景宏　彭山区经济和信息化局副局长
张　莉　彭山区统计局总统计师
骆三勇　仁寿县委常委、县政府副县长
段永勤　天府新区仁寿视高管委会副主任
熊华颖　仁寿县文林工业园区经济发展局企业服务中心主任
陈　刚　仁寿县经济和信息化局局长
毛自林　仁寿县统计局局长
李国华　洪雅县委常委
牟利华　洪雅县工业园区管委会副主任
祝国平　洪雅县经济和信息化局局长
李元江　洪雅县统计局局长
何文华　丹棱县委常委、县政府副县长
殷　泓　丹棱县机械产业园区管委会副主任
王明权　丹棱县经济和信息化局节能监察中心主任
蒋　念　丹棱县统计局副局长
胡国民　青神县委书记
杨　莉　青神县工业开发区管委会企业党建办工作人员
黎志红　青神县经济和信息化局副局长
冯鹏英　青神县统计局工业办主任
吴建文　市纪委派出纪工委书记
庞云鹏　市人民检察院预防处处长
熊　丹　市委督查室副主任
邹　伟　市委办公室主任科员
唐　锐　市委办公室秘书五科副科长、主任科员
高　峰　市委办公室信息科副科长
罗晓璇　市人大常委会办公室副调研员、财经工委办公室主任
李　强　市政府办公室秘书七科副科长
肖显军　市政府研究室调研科副科长
王杰宇　天府新区眉山管委会综合科科长
刘伟巍　市政协办公室提案科科长
张　微　市委组织部干训科科长
涂　瑛　市委宣传部网信办副主任
胡文宜　市委统战部经联科副科长
李　林　市委政法委办公室副主任
曾建军　市委政研室城市经济科科长
梁建军　市直机关工委副书记
石剑峰　市委群工部政策法规科科长
周德林　市委农工委产业经济发展科科长
张　龙　市委机要局技术科科长
余　敏　市投促局副局长
文晓东　市发展改革委工业交通科科长
王　岳　市经济和信息化委主任
胡　波　市中小企业局局长
邓德均　市经济和信息化委纪检组组长
张仕兵　市经济和信息化委副主任
徐庆中　市经济和信息化委总经济师
赖崇华　市中小企业局副局长
邱　涵　市经济和信息化委产业政策科科长
曾　健　市经济和信息化委技术创新科科长
李学辉　市教体局计财科副科长
许晓梅　市科技局发展计划科科长
骆俊杰　市公安局交警支队副支队长
朱海波　市司法局副局长
程　瑜　市财政局经建科科长
姜茂青　市就业服务管理局就业科科长
曾锡云　市国土资源局规划科工作人员
李　红　市环境保护局行政许可科科长
高　峰　市交通运输局工程师
温贵宾　市泡菜产业推进办产品质量安全监管科科长
刘继桂　市商务局副局长、市博览事务局局长

刘亦科　市文广新局市场管理科副科长
王承蓉　市审计局行政事业审计科科长
余鑫伟　市统计局工业科科员
岳志云　市国资委副主任
郑　晓　市食品药品监管局副局长
崔晓庆　市工商局副主任科员
陈　昊　市质监局质量管理科副科长
赵永胜　市党务政务服务中心业务科副主任科员
王　浩　工业新城办投资服务中心主任
雷廷康　市法制办执法监督科科长
曾　瑛　甘眉（铝硅）工业园区管委会经济发展局局长
范　旺　眉山金象化工产业园区管委会副主任
蒋　婷　眉山发展公司融资经理
高亦静　市总工会办公室主任
周宗林　市工商联副调研员、经济科科长
万晓红　眉山日报社记者
江露市　公共资源交易中心交易评审科科长
宿丽霞　市政府金融办银行科科长
赖浩琪　市国税局货物和劳务税科科员
肖　山　市地税局副局长
言　波　人行眉山市中心支行货币信贷科信贷政策管理员
余　慧　眉山银监分局统计信息科科长
王朝平　国网眉山供电公司营销部主任
吴　宇　市供排水总公司副总经理
符美辉　中国电信眉山分公司总经理
肖　峰　中国移动眉山分公司总经理
叶　坤　中国联通眉山分公司总经理
王　容　中国铁塔眉山市分公司总经理
贾　进　中国石油眉山销售分公司副总经理
万小卫　中石油西南油气田分公司输气管理处仁寿输气作业区技术办副主任
王　亮　眉山火车站站长

八、2015 年度都市近郊型现代农业发展工作先进个人（100 名）

李维义　东坡区政府副区长
岳志成　东坡区泡菜产业园区管委会副主任
刘进德　东坡区委农工办副主任
邹　炜　东坡区政府信息公开和电子政务办公室主任
秦应春　东坡区农业局局长
王　忠　东坡区畜牧局局长
邹卫东　东坡区悦兴镇党委书记
熊利民　东坡区广济乡党委书记
郭　红　彭山区委副书记
郭　茂　彭山区委常委
张鸿涛　彭山区委农工办主任
凌茂君　彭山区农业局局长
张　奇　彭山区畜牧局局长
李桂平　彭山区公义镇党委书记
冉登祥　仁寿县委书记
秦　彪　仁寿县委副书记、县政府县长
明　宇　仁寿县委常委
陈青松　天府花海观光农业园区党工委书记、管委会主任
王建明　天府花海观光农业园区党工委副书记、纪工委书记、仁寿县清水镇党委书记
林剑英　四川省现代粮食产业仁寿示范园区党工委书记、管委会主任
黄健康　仁寿县委农工办纪检员
郑　燕　仁寿县旅游局局长
魏泽安　仁寿县畜牧局局长
易清文　仁寿县钟祥镇党委书记
彭远畅　洪雅县政府副县长
罗清明　洪雅县委农工办副主任
黄建军　洪雅县农业和畜牧局局长
王鹏程　洪雅县中保镇党委书记
帅明华　洪雅县余坪镇副镇长
付志洪　洪雅县中山乡前锋村党支部书记、四川省雅雨露茶业有限责任公司董事长
徐卫斌　丹棱县委农工委主任
赵　进　丹棱县水务局局长
谢　明　丹棱县农业局总农艺师
罗　斌　丹棱县畜牧局副局长
梅雪松　丹棱县双桥镇党委书记
曹　华　丹棱县杨场镇党委副书记、镇长
胡国民　青神县委书记
徐　琳　青神县委副书记、县政府县长
杨燕强　青神县竹编产业园区党工委书记、管委会主任
涂　英　青神县委农工办副主任
邹　建　青神县水务局副局长
谢金明　青神县农业和畜牧局局长
张　健　市纪委案件审理室副县级室主任
黄　丽　市委办公室综合调研室副主任
邹　伟　市委办公室主任科员
李欣雨　市委办公室秘书三科副科长

程荟惠　市人大常委会办公室行政科副科长、研究室宣传科科长
雷国华　市政府办公室秘书一科科长
陈彦娟　市政府督查室副主任
刘　辉　市政府办公室科员
干　力　市委组织部组织三科科长
瞿　波　市委组织部研究室副主任、主任科员
刘　敏　市委宣传部新闻出版科科长
冷劲涛　市委维稳办应急处突科科长
石　磊　市委政研室社会事业科科长
王　惠　市委编办党群科科长
钟　涛　市委农工委副主任
李　俊　市农业产业化办公室主任
董理平　市精神文明办创建科科长
李佳勇　市投促局投资促进信息中心工作人员
唐　瑛　市发展改革委农经科工作人员
姜子伟　市教体局政策法规科科长
宋子龙　市教师继续教育培训中心工作人员
段　清　市民政局办公室主任
蒋　莉　市司法局律师工作科科长
邱云祥　市财政局副局长
林　伟　市水利水电工程质量监督站副站长
夏润金　市防汛办科员
王孝国　市农业局经济作物站站长
伍春华　市泡菜产业推进办综合科科长
蒋　睿　市林业局办公室主任
李宏伟　市林业局产业发展科负责人
孙鸿雅　市文广新局公共文化科科长
黄大贤　市卫生计生委副主任
罗　明　市社会经济调查队农村经济调查科科长
黄富兰　市旅游局产业发展科工作人员
刘刚岭　市园林局园林养护科副科长
万俊才　市畜牧局局长
牟　柯　市畜牧局奶业发展管理科科长
谢洪梅　市城乡规划局东坡分局副局长
邹泽香　市食品药品监管局纪检组组长
佘　勇　市质监局标准化科科长
许明勇　市粮食局仓储产业科科长
余　畅　眉山岷江现代农业示范园区服务中心副主任
杨晓宁　市政协农业委主任
张晓葵　市总工会保障部部长、帮扶中心主任
李珂团　市委工农青年部部长
李　红　市妇联主席
蔺晓东　市工商联维权投诉中心工作人员
李勇军　眉山日报社记者
刘文秀　市委市政府接待办接待一科副科长
杨　文　市地方志办主任
刘俊辉　市扶贫移民局副局长
骆建军　市政府金融办保险证券科工作人员
乐俊清　市广播电视台副台长
杨　梅　市城乡环境治理办综合科工作人员
张　弛　市气象局副局长
宋杰红　国家统计局眉山调查队住户科科长
倪　修　武通济堰管理处处长
李　超　都江堰黑龙滩灌区管理处副处长

九、2015 年度综合交通大会战工作先进个人（52 名）

郭昌玉　东坡区综交办主任
王　欢　东坡区综交办副主任
陈万强　东坡区综交办副主任
郭　桦　东坡区交通运输局财务股股长
钟　彬　东坡区太和镇党委副书记、镇长
姚文第　彭山区委常委、区政府副区长
谢玉民　彭山区交通运输局局长
张富洪　彭山区国资局局长
柳树君　彭山区铁建办主任
谢　红　彭山区黄丰镇党委书记
杨红兵　仁寿县政府副县长
袁贵发　仁寿县重交办主任
邱晓康　仁寿县交通运输局农建办主任
刘建祥　仁寿县重交办党支部书记
李国强　仁寿县重交办综合规划股股长
杜强伦　洪雅县委常委、县总工会主席、槽渔滩旅游风景区党工委书记
杨曲冰　洪雅县财政局局长
刘友波　洪雅县交通运输局局长
李雅秋　洪雅县发展和改革局局长
杨益民　丹棱县政府副县长
赵桂春　丹棱县住房和城乡规划测绘建设局局长
张　铭　丹棱县交通运输局工会副主席
谌德友　丹棱县杨场镇党委书记
王茂奎　青神县委副书记
彭建中　青神县航电办主任
赵萍祥　青神县交通运输局重推办主任
宋麒麟　青神县瑞峰镇镇长
高　峰　市纪委电教中心主任
王　伟　市委办公室主任科员

高思敏　市政府办公室秘书一科科员
叶　伟　市委组织部办公室副主任、主任科员
董勇刚　市项目办主任
廖仲秋　市发展改革委副调研员
陈　涛　市发展改革委科员
王　华　市综交办综合科科长
周小茹　市公安局交警支队秩序科副科长
代　莉　市财政局经济建设科主任科员
冷　浩　市医保局科员
陈　飞　市国土资源局城区国土资源站副站长
李　红　市环境保护局行政许可科科长
彭荣宁　市住房和城乡建设局招标办负责人
刘小伶　市公路管理局局长
牟德明　市交通运输局副局长
胡建林　市交通重点工程建设推进办副主任
杜丽斌　市公路管理局农建科科长
周凌云　市高速办工作人员
王晓洪　市水土保持预防监督管理站副站长
宋学贵　市护林防火站（市野生动物保护站）副站长
刘志勇　市审计局副局长
周　勇　市城乡规划局办公室主任
杨　军　眉山岷东开发投资有限公司董事长
李晓玲　市扶贫移民局副调研员

十、三苏祠“4·20”芦山地震灾后抢救保护维修工程先进个人（60名）

姚　兵　东坡区外侨台办主任
李旭忠　东坡区委宣传部副部长、区文联主席
景建华　市公安局东坡区分局苏祠派出所所长
杨宇春　东坡区文物保护管理所所长
徐世超　东坡区委督查室工作人员
赵宇良　东坡区苏祠街道办事处副主任
蒲艳焱　东坡区下大南街社区党总支书记
张海燕　东坡区下西街社区党总支书记
邱　鹏　市纪委副县级纪检员
王麒铭　市委副秘书长、市委市政府接待办主任
熊　丹　市委督查室副主任
肖敏奇　市人大常委会办公室秘书科科长
陈小红　市政府办公室秘书九科科长
吴梁红　市政协办公室副调研员
毛　冉　市委宣传部文化产业科科长
邹　宇　市委宣传部文化产业科副科长
杨　旭　市委宣传部办公室副主任
李　喆　市委宣传部网络宣传教育科副科长
杨　波　市委统战部常务副部长
李敏良　市委统战部副调研员、办公室主任
蔡仕华　市委政法委政治部主任
罗少军　市发展改革委招管办副主任
陈　军　市发展改革委办公室主任
刘　霞　市公安局交警支队直属二大队东坡宋城中队中队长
宋琪龄　市财政局教科文科科长
徐　欢　市财政局教科文科工作人员
王丰收　市住房和城乡建设局城建科工作人员
崔　轶　市质安站监督股副股长
徐　松　市文广新局纪检组组长
李　刚　市文广新局财务科科长
肖　锋　市文广新局政策法规科科长
张志刚　市文广新局文物保护科主任科员
杜　静　市文广新局人事监察内审科副科长
贺慧清　市审计局投资审计分局局长
刘明军　市审计局法制科科长
毛　林　市旅游局副局长
涂　勇　市旅游局副局长
张　云　市城管执法局东坡宋城执法大队副大队长
李　锐　市城乡规划局城市监察支队支队长
周　浪　市城乡规划局城市规划科副科长
岳志云　市国资委副主任
袁大可　市法制办主任
彭　洪　市残联副理事长、市残疾人康复中心（市康复医院）主任（院长）
沈荣均　市文联秘书长、办公室主任
余　毅　眉山日报社记者
钟雨薇　市公共资源交易中心工程师
陈晓宇　市广播电视台新闻中心主任
杨卓林　消防支队防火处监督检查指导科科长
陈仲文　三苏祠博物馆馆长、“东坡宋城”景区管委会主任
潘庆宏　三苏祠博物馆副馆长
邹　敏　三苏祠博物馆副馆长
黄　建　“东坡宋城”景区管委会专职副主任
李　林　“东坡宋城”景区管委会综合协调科科长
谢秋晖　三苏祠博物馆财务部主任
张　锐　三苏祠博物馆保卫部主任
张建华　三苏祠博物馆项目办主任
林小平　三苏祠博物馆园林基建部主任

周云容　三苏祠博物馆办公室主任
徐　丽　三苏祠博物馆保管陈列研究部主任
苏学文　眉山苏氏宗亲联谊会秘书长

十一、2015 年度统战工作先进个人（100 名）

陈　霞　东坡区委常委、组织部部长
侯继作　东坡区委统战部常务副部长
黎洪义　农工党东坡区支部主委
梁　磊　彭山区委书记
卓德松　彭山区政协副主席、区委统战部部长
吴链市　黄埔同学后代联谊会彭山分会会长
冉登祥　仁寿县委书记
商志忠　仁寿县委副书记、县政协主席
王碧仙　仁寿县政协副主席、县委统战部部长
彭远畅　洪雅县政府副县长
余　松　洪雅县委组织部常务副部长
曹仕鑫　洪雅县爱国宗教团体办公室主任
杨昌勤　丹棱县委常委、县总工会主席
罗碧霞　丹棱县委组织部常务副部长
刘仕云　丹棱县委统战部常务副部长、县工商联党组书记
胡国民　青神县委书记
杨德志　青神县委常委、组织部部长
曾亚祥　青神县委统战部常务副部长
李永亮　市中级人民法院政治部组织人事处副处长
余　琴　市人民检察院政治部工作人员
何丹丹　市委机关党委书记
伍晓雯　市政府办公室人事科科长
鲁星军　市委组织部副主任科员
董理平　市精神文明办创建科科长
杨　波　市委统战部常务副部长
周玉萍　市爱国宗教团体办公室主任
蔡仕华　市委政法委政治部主任
夏德强　市委政研室副县级纪检员
罗家强　市直机关工委群团部部长
毛秦蓉　市委群工部副部长
李楠桦　市委编办信息管理中心七级职员
陈明芳　市委农工委主任
廖安林　市人大常委会研究室办公室主任
周　丽　市投促局对外合作科（人事监察科）科长
郑敏璐　市发展改革委机关党委书记
赖崇华　市中小企业局副局长
徐萨萨　市教体局机关党委副书记
刘　雯　市科技局办公室副主任
王浩林　市公安局国保支队副支队长
陈建忠　市公安局政治部干部人事处处长
宋章华　市监察局副局长
吴仲华　市民政局社会事务科科长、福彩眉山分中心主任
唐　蓉　市司法局司法鉴定管理科科长
杨　健　市财政局行政政法科科长
何秋萍　市人力资源和社会保障局工作人员
冯　华　市国土资源局人事科科长
周学梅　市环境保护局副局长
王瑞斌　市房管局八级职员
周　颖　市交通运输局人事教育科副科长
徐　旸　市水务局人事和内审科副科长
邱钰净　市农业局人事科科长
周桂如　市林业局办公室主任科员
杨美凭　市商务局副局长
彭蜀宁　市文广新局副局长
李晨曦　市医疗事故鉴定办公室主任
张亚平　市审计局总审计师
李　姣　市社会经济调查队社情民意调查科科长
徐昕昕　市旅游局市场促进科科长
欧　庆　市外侨台办外事科科长
马　婷　市城管执法局机关党委副书记
赵　敏　市畜牧局纪检组组长
郭建兵　市城乡规划局办公室副主任
程　亮　市国资委工作人员
胡　凌　市安全监管局主任科员
张　敏　市食品药品监管局人事科（监察内审科）副科长
王　刚　市工商局机关党委书记
吉　勋　市质监局副主任科员
余加建　市党务政务服务中心副主任
雷廷康　市法制办执法监督科科长
管志祥　市粮食局纪检组组长
刘建华　岷东新区管委会办公室主任
尹华强　甘眉（铝硅）工业园区党群工作局副局长
李永超　眉山金象化工产业园区纪工委书记
蔡　雒　眉山岷江现代农业示范园区服务中心工作人员
何德全　市政协民宗委主任
高亦静　市总工会办公室主任
邱小莉　市关工委办公室主任

谢　玲　市妇联权益部部长
李成军　市科协办公室主任
谭晓芳　市工商联维权投诉中心职员
胡雪怡　市残疾人服务中心工作人员
赖永毅　市文联创联部主任
李建伟　市委党校副校长
罗　林　眉山日报社编辑中心编辑
赵巾晶　市委党史研究室综合科副科长
李　伟　市公共资源交易中心政府采购科科长
辜良俊　市机关事务管理局办公用房管理科科长
徐　强　市档案局副局长
胡艳平　市地方志办地情开发科副科长
黄雪梅　市扶贫移民局社会扶贫科科长
周　莉　市政府金融办地方准金融机构管理科科长
廖　凯　市广播电视台监察室主任
彭昭阳　市人防办工作人员
陈春宇　市住房公积金管理中心纪检组组长
陈晓芳　市城乡环境治理办督查科工作人员
陈　勇　眉山国安局主任科员
张　丽　市国税局机关党办主任
李　芊　市地税局人事科科员
孙洪述　市气象局纪检组组长
鲜　涛　国家统计局眉山调查队副主任科员

十二、第七届中国泡菜展销会先进个人（100 名）

胡　徐　东坡区泡菜产业园区党工委书记
李胜华　东坡区委常委、区政府副区长
范纯文　东坡区泡菜产业园区党工委副书记、管委会主任
李　莉　东坡区委常委、宣传部部长
邹成双　东坡区委常委、政法委书记
岳志红　东坡区政府副区长
王正祥　市公安局副局长、东坡区政府副区长、区公安分局局长
李维义　东坡区政府副区长
蹇清华　东坡区泡菜产业局局长
秦应春　东坡区农业局局长
黄永祥　东坡区交通运输局局长
万进平　市公安局东坡区分局副局长、特警大队大队长
蒋伯浩　东坡区委区政府接待办主任
吴建民　东坡区农业局副局长
邹　炜　东坡区政府信息公开和电子政务办公室主任
胡碧俊　东坡区崇礼镇党委书记
朱永忠　东坡区永寿镇党委书记
郑　强　市纪委派出纪工委委员（市监察局监察分局监察员）
陈　强　市委办公室秘书一科科长
张华建　市委办公室秘书二科科长
胡　洋　市委办公室秘书四科科长
白　帆　市委办公室干部管理科副科长、主任科员
何　莲　市人大常委会办公室行政科科长
廖宇勇　市政府副秘书长
李　妍　市政府机关党委书记
李　芸　市政府办公室秘书六科科长
方　芝　市信息化办综合科副科长
姚迪雅　市政协办公室秘书科科员
廖　鹏　市人才办主任
何　艳　市委宣传部对外宣传科科长
李　碧　市思想政治工作研究会副秘书长
吴　耐　市网络舆情中心九级职员
李　闯　市志愿者服务中心九级职员
汪艳玲　市委政法委副调研员、政治部副主任
杨乐园　市委群工部副部长
乐　军　市委农工委政策调研科科长
黄玉屏　市农业产业化办公室副主任
凌莉莉　市农业产业化办公室七级职员
余　敏　市投促局副局长
刘　洋　市政府驻北京经合局局长
刘桥军　市政府驻成都经合局工作人员
陈志宇　市政府驻江苏经合局副局长
刘　琴　市政府驻广东经合局工作人员
王远波　市政府驻上海经合局局长助理
秦元刚　市学生资助管理中心主任
蒲　进　市科技局农村科科长
徐河清　市公安局纪委副书记、督察支队支队长
邹业欣　市公安局办公室民警
郭晓东　市公安局特巡警支队主任科员
冯卫昂　市公安局交警支队直属一大队崇礼中队中队长
李　刚　市公安局交警支队直属二大队巡逻一中队中队长
许　巍　市公安局交警支队直属三大队巡逻二中队民警
辜苹珂　市公安局治安支队副支队长
陈继培　市公安局治安支队民警

徐　静　市司法局公证工作科科长
邱云祥　市财政局副局长
陈天元　市环境保护局办公室副主任科员
魏　吉　市住房和城乡建设局办公室副主任
韩顺江　市交通运输局副局长
黄　科　市交通运输局运管科科长
黄　威　市道路运输管理处运管科负责人
熊　英　市农业局局长、市农机局局长
潘志辉　市泡菜产业推进办主任
魏众侪　市农业局纪检组组长
张　川　市泡菜产业推进办副主任
王　淞　市泡菜产业推进办副主任
袁勇艺　市农业局办公室主任
王利群　市农业局计财科科长
汪泽君　市农业局产业发展和市场信息科科长
梁　勇　市泡菜产业推进办特色农产品推广科科长
李　曦　市农机局提灌科科长
冯　攀　市商务局办公室主任
陈志全　市商务局市场建设科负责人
严　敏　市商务局服务业发展科科员
何佩瑶　市文广新局工作人员
陈星旭　市卫生计生委药政科科长
杨荐钧　市审计局企业审计科科长
邓云祥　市旅游协会秘书长
邓　科　市友协、侨联、台联副秘书长
谢志伟　市环卫处处长
王　勇　市环卫处环卫五所副所长
黄坤展　眉山市市容管理支队副支队长
张　丽　市城管执法支队女子执法大队副大队长
贺俊明　市国资委主任
王永忠　市食品药品监管局主任科员
王　刚　市工商局机关党委书记
夏　宁　市质监局质检所所长
张莹团　市委工作人员
李晓林　市工商联维权投诉中心职员
李勇军　眉山日报社记者
刘　轶　市委市政府接待办副主任
王　军　市委市政府接待办副主任
孙建英　市接待服务中心副主任
辜　澎　市委市政府接待办综合科科员
吕　利　市委市政府接待办接待二科工作人员
王唯英　市会议中心工作人员
刘　杜　市广播电视台办公室主任
罗　康　市气象局办公室工作人员
杨卓林　消防支队防火处监督指导科科长
邓天虎　四川工商学院团委副书记

十三、2015 年度国土资源管理工作先进个人（89 名）

柳　强　东坡区财政局局长
王利平　东坡区住房和城乡规划建设局局长
龚琳峦　市国土资源局东坡区分局法规股副股长
岳玉平　东坡区大石桥街道党工委书记
刘锦兵　东坡区万胜镇党委书记
罗万东　彭山区委副书记、区政府区长
李洪强　彭山区委常委、区政府副区长
严开义　彭山经开区党工委副书记、管委会主任
钟　杰　市国土资源局彭山区分局局长
潘　森　彭山区城乡规划局局长
王　军　仁寿县委常委、县政府副县长
李文学　仁寿县国土资源局局长
邹建军　仁寿县国土资源局土地利用股股长
杜　璟　仁寿县国土资源局总工程师
朱　刚　仁寿县国土资源局执法监察大队大队长
杨一勤　洪雅县政府应急办主任
杨曲冰　洪雅县财政局局长
刘权超　洪雅县国土资源局局长
朱　莉　丹棱县委副书记、县政府县长
蹇俊超　丹棱县国土资源局局长
李小川　丹棱县国土资源局办公室主任
彭利强　丹棱县丹棱镇副镇长
丁志福　青神县财政局局长
刘　刚　青神县国土资源局党组成员
刘　竣　青神县规划局局长
黄　颖　青神县南城镇党委副书记、镇长
王泽华　市纪委派出纪工委委员（市监察局监察分局监察员）
罗晓玲　市纪委派出纪工委委员（市监察局监察分局监察员）
姚俊辉　市中级人民法院民一庭审判员
唐　部　市中级人民法院民二庭审判员
唐　璐　市人民检察院反渎职侵权局干警
山　涛　市人民检察院反贪污贿赂局助理检察员
杨志忠　市委副秘书长、群工部部长
詹　瞩　市委常委办副主任
白　帆　市委办公室干部管理科副科长、主任科员
杨　容　市人大常委会办公室综合科科长

王永江　市人大常委会办公室副调研员、城环资工委办公室主任
汪志宇　市政府办公室秘书二科副科长
赵　睿　市政府督查室副主任
张　雅　天府新区办项目管理科副科长
杨　敏　市政协办公室经济科科长
舒妍丹　市政协办公室教文科科长
龙均臣　市“两新”党工委综合科科长
李昕晔　市委宣传部干部监督管理科副科长
雷永辉　市法学会专职副会长、市委政法委政策法律研究室主任
刘　恒　市委编办政编科副科长
甘凌枫　市委农工委政策调研科科员
何启秀　市发展改革委投资科工作人员
刘非林　市经济和信息化委产业园区科科长
刘才亮　市教体局职业教育与成人教育科科长
伍绍乐　市公安局经侦支队主任科员
张　兵　市公安局交警支队特勤大队副大队长
刘　娟　市民政局民间组织管理科科长
王　亮　市司法局办公室副主任、主任科员
张劲涛　市财政局预算科科长
钟　琳　市财政投资评审中心八级职员
李　勇　市人力资源和社会保障局就业促进科科长
徐成良　市国土资源局局长
彭玉聪　市国土资源执法监察支队支队长
张　全　市环境保护局农村科副主任科员
肖　巍　市住房和城乡建设局局长
宋　鹏　市交通重点工程建设推进办公室主任
黄　亮　市防汛抗旱指挥部办公室综合科科长
董　敏　市农业行政执法支队副支队长
宋学贵　市护林防火站（野生动物保护站）副站长
曲　红　市文广新局副局长
杨　博　市审计局金融审计科科长
王仕胜　市旅游局项目办主任
郝乾江　市行政调解指导中心专职副主任
王泽文　市城管执法局局长
苏学文　市畜牧局副局长
郭　文　市城乡规划局产业规划管理办公室主任
刘　军　市国资委行政事业资产科科长
雷　泽　市安全监管局行政许可科科长
杨鹏旭　市食品药品监管局食品安全总监
郑雪丹　市党务政务服务中心网络管理中心七级职员
冀　腾　市国土资源局总部经济区分局工作人员
余　容　市国土资源执法监察支队主任科员
万家义　市国土资源局铝硅产业园区分局局长
魏　国　市国土资源局金象化工产业园区分局局长
胡明述　眉山发展公司总经理
宋建平　市宏大建设投资有限责任公司副总经理
钟云胜　市委统战部副部长、市工商联党组书记、常务副主席
黄海波　眉山日报社记者
李　震　市公共资源交易中心交易组织科科长
罗志军　市扶贫移民局副局长
杨　勋　市广播电视台新闻中心记者
吴学东　市工商局副局长
李江华　市地税局财务与行为税科科员

十四、眉山市关心下一代工作

（一）先进个人（100名）

严明宇　东坡区委副书记、区关工委主任
许春华　东坡区关工委常务副主任
胡方中　东坡区关工委常务副主任
雷农田　东坡区关工委常务副主任
胡碧英　东坡区关工委副主任
李志康　东坡区关工委副秘书长
陈秀容　东坡区关工委委员
孟中华　东坡区教育局关工委秘书长
李　恒　东坡区青少年社会实践基地校长
陈俊忠　东坡区三苏路小学校长
张朝禄　东坡区苏祠街道关工委常务副主任
王金品　东坡区白马镇退休干部
吕红玲　东坡区悦兴镇中心小学德育主任、金色阳光家园志愿者服务队队长
陈少文　东坡区崇礼镇韩宾村党支部书记
李艳梅　东坡区永寿镇中心小学少先队大队辅导员
冷明章　东坡区柳圣乡关工委执行主任
向成福　东坡区思蒙镇中心小学校长
王　艳　彭山区委副书记、区关工委主任、市残联理事长李淑群彭山区关工委常务副主任
岳嵩高　原彭山区关工委常务副主任
付　超　彭山区法院常务副院长、关工委执行主任
祝　军　彭山区教体局副局长、关工委执行主任
张文晖　彭山区农业局纪检组组长、关工委主任

曾卫平　彭山区电子政务办关工委主任、《今日彭山》总编辑
卓　维　彭山区青少年宫主任
诸海蒂　彭山区人民医院团支部书记
王佑泽　彭山区青龙镇党委书记
谭　铃　彭山区青龙镇龙都社区关工委主任
曾　理　彭山区凤鸣镇党委书记、关工委主任
曾　玲　彭山区谢家镇关工委办公室工作人员
王靖如　彭山区义和乡关工委常务副主任
杨　红　仁寿县委常委、宣传部部长、县关工委主任
吴茂军　天府新区仁寿视高管委会办公室主任、关工委副主任
苏华文　仁寿县检察院关工委执行主任
杨久文　仁寿县政法委关工委执行主任
黄曙光　仁寿县住房和城乡建设局关工委执行主任
李凤凰　共青团仁寿县委书记、关工委秘书长
王玉琴　仁寿县供排水公司关工委执行主任
钟　剑　仁寿县救助管理站站长
李　杰　仁寿县文林镇党委副书记、关工委主任
罗成章　仁寿县文林镇关工委执行主任
卓廷秋　仁寿县龙正镇关工委执行主任
杨　忠　仁寿县宝飞镇党委副书记、关工委主任
李伯川　仁寿县禄加镇关工委执行主任
孙泽明　仁寿县禾加镇关工委执行主任
马学良　仁寿县方家镇关工委执行主任
邱华文　仁寿县曲江镇党委书记
许　斌　仁寿县观寺镇党委副书记、关工委主任
李志君　仁寿县新店乡党委副书记、关工委主任
罗伦文　仁寿县里仁乡关工委执行主任
杨永忠　仁寿县识经乡白凤九年制学校校长
杨洪荣　仁寿县向家镇关工委执行主任
张淑芳　仁寿县河口乡关工委执行主任
王仕全　仁寿县景贤乡关工委执行主任
杜强伦　洪雅县委常委、县总工会主席、县关工委主任
沈星仲　洪雅县关工委执行主任、县关心下一代基金会秘书长
雷国纪　洪雅县关工委常务副主任
白丽霞　洪雅县教体局教育股副股长、县少先队总辅导员
朱开华　洪雅县实验小学校长
李　进　洪雅县关工委办公室工作人员
祝　丽　洪雅县大学生创业就业促进会会长
王永康　洪雅县“五老”志愿者
王春枝　洪雅县“五老”网吧义务监督员
李高文　洪雅县洪川镇关工委执行主任
徐　伟　洪雅县将军乡团委书记、关工委干部
钟仕海　洪雅县槽渔滩镇党委副书记
任春洪　洪雅县槽渔滩镇关工委执行主任
曾建清　洪雅县中山乡关工委执行主任
杨昌勤　丹棱县委常委、县总工会主席、县关工委主任
吴成孝　丹棱县关工委常务副主任
杨凤玲　丹棱县关工委副主任
胡　萍　丹棱县教育体育局关工委秘书长
彭虹桥　丹棱县杨场镇党委委员
夏考碧　丹棱县双桥镇关工委副主任
曹夕祥　丹棱县双桥镇刘坡村党支部书记
庞夕友　丹棱县张场镇关工委执行主任
吕　佳　丹棱县张场镇团委书记
严传光　丹棱县顺龙乡关工委执行主任
胡成福　丹棱县石桥乡关工委执行主任
代贤军　市政协副秘书长、研究室主任，青神县委副书记、县关工委主任
侯清富　青神县革命老区建设促进会会长
郭建军　青神县委政法委办公室主任、关工委副主任
张　聪　共青团青神县委书记
王　军　青神县妇联主席
李　杨　青神县关工委办公室工作人员
唐立新　青神县图书馆馆长
杨　凯　青神县青城镇花园社区党委书记
杨　芳　青神县党务政务服务中心纪检组组长
涂晓波　青神县罗波乡中小学校校长
童　苗　青神县高台乡党委副书记、乡长
卓明安　市关工委常务副主任
孟光安　市关工委常务副主任
滕为民　市关工委常务副主任
李为果　市关工委常务副主任
苏东荣　市关心下一代基金会秘书长
梁宁团　市委书记
邱小莉　市关工委办公室主任
周　觅　市关工委办公室副主任科员
汪艳玲　市委政法委副调研员、政治部副主任、市政法系
统　关　工委办公室主任

吴　为　市教体局关工委副主任

（二）突出贡献奖（9名）

牟刚俊　市关工委执行主任、市关心下一代基金会理事长

王宗会　市关工委常务副主任

吴宗银　市关工委常务副主任

余德槐　东坡区关工委执行主任

谢先琴　彭山区关工委常务副主任

彭自如　仁寿县关工委常务副主任

杨在云　洪雅县关工委常务副主任、县关心下一代基金会理事长

文学华　丹棱县关工委执行主任

刘学文　青神县关工委执行主任

（三）荣誉奖（9名）

杨仕祥　市关工委常务副主任

王尚先　市关工委常务副主任

陈和久　市关工委常务副主任

周定远　东坡区关工委副主任

何图琴　原彭山区关工委常务副主任

李英堂　原仁寿县关工委执行主任

周从西　洪雅县关工委常务副主任、县关心下一代基金会监事会主席

杨大儒　原丹棱县仁美镇关工委执行主任

李彻新　青神县关工委常务副主任

十五、2015年度主动作为创一流先进个人（266名）

李明舟　东坡区委书记

孙　剑　东坡区委副书记、区政府区长

严明宇　东坡区委副书记

邹成双　东坡区委常委、政法委书记

游方全　东坡区委常委

王正祥　市公安局副局长、东坡区政府副区长、区公安分局局长

江学刃　东坡区发展和改革局局长

黄永祥　东坡区交通运输局局长

胡应江　东坡区林业局局长

熊利民　东坡区永寿镇党委书记

胡照林　东坡区三苏乡党委书记

梁　磊　彭山区委书记

罗万东　彭山区委副书记、区政府区长

郭　红　彭山区委副书记

李洪强　彭山区委常委、区政府副区长

李忠云　彭山区委常委、政法委书记

游德华　彭山区政府办公室主任

谢玉民　彭山区交通运输局局长

柴洪军　彭山区水务局局长

邱　磊　彭山区观音镇党委书记

梁　兰　彭山区武阳镇党委书记

冉登祥　仁寿县委书记

秦　彪　仁寿县委副书记、县政府县长

商志忠　仁寿县委副书记、县政协主席

王　军　仁寿县委常委、县政府副县长

骆仕明　仁寿县委常委、县纪委书记

黄世文　仁寿县政府副县长

陈双成　仁寿县委办公室主任

陈德宽　仁寿县政府办公室主任

代　平　仁寿县委组织部副部长、县人力资源和社会保障局局长

袁贵发　仁寿县重交办主任

袁　兵　仁寿县审计局局长

傅陈君　仁寿县文宫镇党委书记

阳运良　洪雅县委书记、县政府县长

尹斗芳　洪雅县委常委、政法委书记

韩　杰　洪雅县委常委、县纪委书记

尹　鸿　洪雅县委常委、宣传部部长

李国华　洪雅县委常委

张　川　洪雅县委常委、组织部部长

万勤芳　洪雅县政府副县长

周茂云　洪雅县政府副县长、县公安局局长

何永良　洪雅县政府党组成员、正县级干部

钟维钦　丹棱县委书记

朱　莉　丹棱县委副书记、县政府县长

陈　剑　丹棱县委常委、政法委书记

何文华　丹棱县委常委、县政府副县长

吉君福　丹棱县委办公室主任

肖　琳　丹棱县政府办公室主任

严忠池　丹棱县发展改革局局长

刘　萍　丹棱县财政局局长

顾建峰　丹棱县张场镇党委书记

胡国民　青神县委书记

徐　琳　青神县委副书记、县政府县长

车智勇　青神县委常委、县政府副县长

谢　志　青神县委常委、县纪委书记

蔡建川　青神县政府副县长

杨江海　青神县委办公室主任

徐　鹏　青神县政府办公室主任

范建忠　青神县委政策研究室（目标办）主任

刘建林　青神县南城镇党委书记

魏文彪　市纪委副书记、市监察局局长
杨燕昭　市纪委副书记
王　伞　市纪委第三纪检监察室主任
彭惠琴　市中级人民法院常务副院长
李光祥　市中级人民法院副院长、市司法调解中心主任
李建伟　市中级人民法院办公室副主任
乔劲松　市中级人民法院刑二庭庭长
陈晓华　市中级人民法院民二庭副庭长
陈卫东　市人民检察院常务副检察长
耿世军　市人民检察院反贪局副局长
李　琴　市人民检察院公诉处处长
刘　君　市人民检察院政治部综合宣传处副处长
吴　江　市委常务副秘书长、办公室主任
宋良勇　市委副秘书长，眉山岷江现代农业示范园区党工委书记、管委会主任
康　勤　市委副秘书长、市党务政务服务中心主任
汪洪萍　市委办公室副县级纪检员
周　娜　市委办公室秘书三科科长
陈万忠　市人大常委会副主任
钟开全　市人大常委会副秘书长
肖忠良　市政府秘书长
杨　帆　市政府常务副秘书长、办公室主任
黄劲松　市政府副秘书长、市旅游局局长
邹汝林　市政府副秘书长、天府新区仁寿视高党工委书记
梅　斌　市政府副秘书长、工业新城办主任
杨大兴　市政府副秘书长、市扶贫移民局局长
廖宇勇　市政府副秘书长
刘伟巍　市政协办公室提案科科长
王晓丽　市委组织部常务副部长
廖　锦　市两新党工委副书记
伍　懿　市委组织部副县级纪检员
曾丽霞　市委宣传部常务副部长
王国川　市委宣传部理论科科长
杨　波　市委统战部常务副部长
潘　波　市委统战部部务委员
王加宾　市委政法委常务副书记、市委维稳办主任
赵　樱　市委政法委副书记、市综治办主任
罗家强　市直机关工委群团部部长
杨乐园　市委群工部副部长
朱鸿飞　市委编办综合科科长
陈明芳　市委农工委主任
罗颖健　市委农工委办公室主任
王　庆　市委老干部局工作人员
徐玉彬　市委保密办（市国家保密局）综合科科长
李泽刚　四川党政网眉山管理中心主任
邓　川　市投促局副局长
余　敏　市投促局副局长
程　才　市投促局新能源产业科科长
兰文军　市发展改革委主任、市物价局局长
董勇刚　市项目办主任
龚　睿　市发展改革委国民经济综合科科长
白灵贵　市经济和信息化委主任
黄　琪　市经济和信息化委副县级干部、综合科科长
廖仁军　市教体局局长
郝凌燕　市教体局语委办主任
罗美群　市教体局人事科科长
宛露曦　市教体局学校安全管理科科长
陈付生　市科技局局长
杨　辉　市科技局高新科科长
岳　剑　市公安局常务副局长
李国辉　市公安局国保支队支队长
曾建兵　市公安局交警支队副支队长
余自生　市民政局局长
李述清　市民政局副局长、市老龄办主任
刘　娟　市民政局民间组织管理科科长
文玉林　市司法局法宣科科长
宋仕祥　市财政局局长
谢小英　市财政局监督检查一科科长
吴雪强　市财政局投资管理科科长
何万高　市委组织部副部长、市人力资源和社会保障局局长
陈建明　市医疗保险管理局局长
潘晓丽　市人力资源服务中心公共服务部部长
周　伟　市人力资源和社会保障局政策法规科科长
徐成良　市国土资源局局长
胡昆明　市国土资源局副局长
刘杰市　土地储备中心主任
任江平　市国土资源局土地利用管理科科长
许　政　市环境保护局总工程师
贺勇刚　市环境监察执法支队副支队长
李　祥　市环境监测中心环境监测室主任

肖　巍　市住房和城乡建设局局长
万永高　市住房保障办主任
朱典祺　市房管局局长
杨　波　市住房和城乡建设局行政许可科科长
顾贵鹏　市交通运输局局长
陈　行　市交通运输局纪检组组长
杜丽斌　市公路管理局农村公路建设管理科科长
江朝明　眉山交通技工学校副校长、市公路路政管理支队支队长
李　俊　市水务局局长
朱润祥　市水务局纪检组组长
李上策　市水务局水政水资源科科长
李　霞　市供排水总公司营销服务部部长
熊　英　市农业局局长、市农机局局长
程　军　市农业局总农艺师
王　淞　市泡菜产业推进办副主任
王利群　市农业局计财科科长
王澄琳　市林业局局长
李宏伟　市林业局产业科负责人
吉　佳　市林业局绿化造林科科员
刘继桂　市商务局副局长、市博览事务局局长
郑　蕊　市文化馆馆长
殷灿新　市文广新局非遗科科长
管卿熙　市文广新局人事监察内审科科长
彭　锋　市卫生计生委主任
李晓萍　市卫生计生委副主任
梁小林　市卫生计生委副主任
刘宏眉　市人民医院党委书记
杨志忠　市审计局党组书记
兰　可　市审计局副局长
杨　博　市审计局金融审计科科长
郭文才　市统计局局长
彭　冲　市统计局人口与社会科技统计科科长
李四清　市旅游局副局长
杨　涛　市外侨台办副主任
王泽文　市城管执法局局长
白仲华　市城市管理行政执法支队支队长
谢志伟　市环卫处处长
李　波　市城管执法局办公室主任
苏学文　市畜牧局副局长
徐　彬　市奶业发展办专职副主任
刘友洪　市城乡规划局局长
邹敏璐　市城乡规划局村镇规划科副科长
龚家莹　市城市规划监察支队科员
凌汶青　市国资委企业监管科副科长
吴光鉴　市安全监管局局长
王　兵　市安全生产监察执法支队科员
杨云峰　市食品药品监管局局长
吴甚儒　市食品药品监管局副局长
蒋卫东　市食品药品监管局副局长
邹泽香　市食品药品监管局纪检组组长
胡建辉　市工商局局长
卓红梅　市工商局副局长
田仲兵　市工商局办公室主任
杨云胜　市工商局企业科科长
瞿泽林　市质监局副局长
魏平川　市质监局质量管理科科长
谭俊杰　市质监局办公室主任
曾翠仙　市党务政务服务中心纪检组组长
王　浩　工业新城办投资服务中心主任
徐溧谦　市法制办法规科科长
牟万卉　市粮食局办公室主任
王　岳　岷东新区党工委书记
向　涛　岷东新区管委会副主任
曹雪岗　市国土资源局岷东新区分局局长
王　卫　市城乡规划局岷东新区分局局长
彭　盆　甘眉（铝硅）工业园区管委会副主任
童　年　甘眉（铝硅）工业园区管委会科员
宋　骥　眉山金象化工产业园区党工委书记
付畅文　眉山金象化工产业园区管委会主任
王　风　眉山金象化工产业园区党工委专职副书记
刘　洋　眉山金象化工产业园区招商局副局长
杨舒云　眉山岷江现代农业示范园区管委会产业发展部部长
张利铭　市总工会党组书记、常务副主席
高亦静　市总工会办公室主任
梁　宁　团市委书记
程　辉　团市委学少部部长
李　红　市妇联主席
周　杨　市妇联办公室副主任
李　伟　市科协主席
蒋国珍　市科协副主席
钟云胜　市委统战部副部长、市工商联党组书记、常务副主席
刘前线　市工商联党组成员、秘书长
王　艳　市残联理事长
潘　瑾　市残联康复科科长

顾伶俐　市文联副主席
李广平　市社科联副主席
李　莉　市贸促会副调研员
李太权　市委党校校务委员
席　涓　眉山日报社采访中心副主任
赵巾晶　市委党史研究室副主任科员
余发金　市公共资源交易中心总工程师
黄建刚　市机关事务管理局办公室主任
杨　婧　市档案信息服务中心副主任
刘光伟　市地方志办副主任
罗志军　市扶贫移民局副局长
王　军　市政府金融办副主任
雷金贵　市广播电视台副台长
陈晓宇　市广播电视台新闻中心主任
史学超　市住房公积金管理中心洪雅管理部主任
岳　燕　市住房公积金管理中心会计核算科副科长
徐建平　市城乡环境治理办督查科科长
代　杰　市防震减灾局工作人员
梅　艳　眉山国安局副局长
张学锋　市国税局副局长
阚　洪　市国税局办公室主任
侯　瑶　市国税局财务管理科科长
冯　勇　市地税局局长
肖　山　市地税局副局长
王　永　市地税局办公室主任
张永建　市地税局机关党办主任
彭学琴　市气象局气象信息中心主任
熊　静　市邮政管理局副局长、纪检组组长
王　娟　国家统计局眉山调查队农业调查科科长
杨　春　人行眉山市中心支行征信管理科科长
郑碧权　人行眉山市中心支行货币金银科科长
李雪萍　人行眉山市中心支行支付结算科副科长
蔡　莉　眉山银监分局监管一科科长
侯　倩　眉山银监分局统计信息科副科长
胡　徐　东坡区泡菜产业园区党工委书记
范纯文　东坡区泡菜产业园区管委会主任
邓　强　彭山经开区党工委书记
严开义　彭山经开区党工委副书记、管委会主任
陈青松　天府花海观光农业园区党工委书记、管委会主任
林剑英　四川省现代粮食产业仁寿示范园区党工委书记、管委会主任
牟利华　洪雅县工业园区管委会主任
何　杰　洪雅县七里坪旅游度假区管委会主任
滕文学　青神县工业开发区管委会副主任

十六、第九届中国竹文化节筹办工作先进个人（100名）

罗兴建　青神县政协主席
代贤军　市政协副秘书长、研究室主任、青神县委副书记
周吉华　青神县委常委、宣传部部长
蔡建川　青神县委常委、政法委书记
杨燕强　青神竹编产业园区党工委书记、管委会主任
万红樱　青神县委常委办主任
姜贵腾　青神县委办公室副主任
余卫红　青神县委县政府接待办主任
王盛祥　青神县林业局局长
张　强　青神县公安局副局长、交管大队大队长
张　聪　共青团青神县委书记
陈　智　武警支队青神县中队中队长
刘建林　青神县南城镇党委书记
张　磊　成都艺术职业学院青神校区团委书记
张　全　中国移动青神分公司总经理
李正义　东坡区交通运输局副局长
周　钟　东坡区松江镇党委书记
王麒铭　市委副秘书长、市委市政府接待办主任
何禹衡　市委办公室综合调研室副主任
周凌燕　市委办公室干部管理科科长
陈　强　市委办公室秘书一科科长
李敬熹　市委办公室秘书二科副科长
胡浩峰　市政府办公室综合一科科长
李　芸　市政府办公室秘书六科科长
方　芝　市信息化办发展规划科科长
邓　廉　市政府办公室秘书六科副科长
王建国　市委外宣办（市政府新闻办）副主任
李　碧　市思想政治工作研究会副秘书长
吴海军　市委外宣办新闻中心主任
潘斐然　市委宣传部文学艺术科副科长
王　斌　市委政法委副主任科员
苏明芳　市委群工部督察督办科科长
罗　丽　市人大常委会农工委办公室主任
余　敏　市投促局副局长
浦倩婕　市投促局农副产品和生物医药产业科科长
徐　阳　市发展改革委副县级干部、农经科科长
邱　涵　市经济和信息化委产业政策科科长

刘才亮　市教体局职业教育与成人教育科科长
骆俊杰　市公安局交警支队副支队长
程小军　市公安局交警支队直属一大队教导员
吴　凯　市公安局交警支队秩序科科员
张德伟　市公安局特巡警支队一大队副大队长
曹自权　市公安局警卫处处长
姚　宏　市公安局情报支队副支队长
肖华廷　市公安局治安支队民警
李世伟　市公安局信息通信处民警
王　锐　市公安局反恐处科员
王廷华　市公安局岷东新区分局副局长
王志刚　市财政局农业科科长
陈天元　市环境保护局办公室副主任科员
曾　涛　市住房和城乡建设局副局长
陈　东　市住房和城乡建设局办公室主任
陈　刚　市交通运输局副调研员
钟利东　市林业局副局长
胡宝林　市林业局副局长
蒋　睿　市林业局办公室主任
余文姬　市林业局产业科科长
李宏伟　市林业局产业科负责人
张祺云　市林业局高级工程师
蒋继英　市林业局主任科员
程　翔　市森林公安局科员
曾　艳　市林业局工作人员
赖腾跃　市林业局工作人员
杨美凭　市商务局副局长
钟鹏程　市商务局服务业发展科副科长
张丽娟　市文广新局艺术科科长
周　阳　市文广新局工作人员
王　霞　市中医医院干部保健科科长、医务科副科长
黄　雨　市审计局科员
涂　勇　市旅游局副局长
杨　涛　市外侨台办副主任
欧　庆　市外侨台办外事科科长
谢志伟　市环卫处处长
兰　飞　市城市管理行政执法支队副支队长
刘晓琴　市国资委工作人员
吴甚儒　市食品药品监管局副局长
车智勇　眉山金象化工产业园区党工委副书记、管委会主任
刘伟巍　市政协提案委提案科科长
李珂团　市委工农青年部部长
程辉团　市委学少部部长
易珂琳　团市委志工部负责人
李晓林　市工商联经济科职员
古良驹　眉山日报社记者
刘　娟　眉山日报社记者
王　军　市委市政府接待办副主任
孙建英　市接待服务中心副主任
李欣凌　市委市政府接待办接待科科员
乐俊清　市广播电视台副台长
刘　宇　市广播电视台技播中心主任
邵郑宇　市城乡环境治理办督查科科员
陈文楷　眉山国安局副调研员
徐洪刚　市气象台台长
周云消　防支队副支队长
何秋莹　国网眉山供电公司电力保障班班长
陈骥煜　兴能天然气公司管网所所长
李文华　眉山天然气公司副经理
孙雪峰　市供排水总公司总经理
杜林波　中国电信眉山分公司网络运营部专业管理
梁　雷　中国联通眉山分公司网优中心主管
王夕强　四川工商学院水电班班长

十七、2016 年度全市支持创业就业工作先进个人（43 名）

（一）大学生创业明星

黄　邹　眉山市甄新鲜电子商务、四川甄品电子商务总经理
余名界　眉山市程夫人商贸有限公司负责人
范珂铭　四川创能新能源材料有限公司负责人
朱云锋　慕远网络科技有限公司总经理
徐　莉　四川橘源农业有限责任公司总经理
宋梓伊　仁寿县大化镇凡特幼儿园负责人
陈　松　洪雅县金桂苑山庄负责人
白桓瑞　洪雅县四川师范大学附属元迪幼儿园负责人
郭　晨　四川省雅购电子商务有限公司负责人
徐　骁　四川嘉汇环境科技有限公司董事长

（二）大学生创业新星

徐　寒　临时微影视设计工作室总经理
郑继辉　眉山市苏果源水果专业合作社总经理
张丽思　眉山市凌阳企业管理咨询有限公司负责人
邓　凯　四川凯承百年餐饮有限管理公司负责人
刘奇林　仁寿星辰医疗美容有限责任公司总经理

李佳悦　仁寿县曹家镇聚福农家总经理
王　梦　王梦服装店负责人
唐诗蕾　眉山骄傲的小鸟农业有限公司负责人
邱兴波　丹棱县鲜果橙电子商务有限公司负责人
张家川　四川美迪生态农业科技发展有限公司总经理
陈怡轩　豪装饰工程有限公司总经理
刘　鑫　眉山大智无疆商贸有限公司负责人

（三）返乡创业明星

蒲莉梅　眉山市东坡观音生态畜禽养殖专业合作社负责人
陈　静　眉山市绿森林农业科技有限公司董事长
吕志勇　彭山区棚森家庭农场董事长
张贵华　四川裸伊谷生态旅游开发有限公司董事长
夏　冬　四川田夫农业开发有限公司总经理
黄　东　洪雅县尚品酒楼负责人
张和军　洪雅县黑山雅莲人家负责人
徐　相　丹棱县亿鸿电子科技有限公司负责人
欧腾龙　青神县阳光钱柜餐饮娱乐有限公司董事长
赵小波　青神竹制品网络科技有限公司总经理

（四）返乡创业新星

黄　卫　眉山洪鑫机械经营部负责人
袁　伟　眉山市东坡区长红休闲山庄总经理
孙长良　眉山市东坡区奥蒂莎婚纱影楼总经理
朱双德　橘香苑家庭农场负责人
袁愈和　四川省琅玉瓷业有限公司总经理
黄　聃　四川绿地景泰农业有限公司总经理
李　琴　仁寿益鑫农业开发有限公司总经理
李朝云　洪雅县云香蔬菜种植专业合作社总经理
董仁志　丹棱县涵平家庭农场、丹棱县智扬专业合作社负责人
李　平　丹棱县黄金源家庭农场负责人
吴　丹　青神县天香国色生态农业开发有限公司负责人

十八、2011—2015年全市法治宣传教育先进个人（100名）

张曾翔　东坡区委宣传部副部长、区精神文明办主任
张　涛　东坡区委统战部副部长、区民宗局局长
窦海生　东坡区卫生计生局局长
熊　丽　东坡区委政法委纪检员
肖文伟　东坡区委政研室副主任
方　顺　东坡区经济和信息化局总经济师
唐　薇　东坡区人民法院办公室工作人员
何　建　东坡区教育局监审股副股长
陈　曦　东坡区民政局优抚股副股长
李华碧　东坡区司法局法宣股股长
段绪昶　东坡区人力资源和社会保障局劳动人事争议仲裁办主任
许世良　彭山区人大常委会法工委主任
胡凤翔　彭山区委宣传部副部长、区委外宣办（区政府新闻办）主任
袁杰科　彭山区委远教中心副主任、区委组织部办公室主任
彭玲玉　彭山区委办公室信调股股长
苏向阳　彭山区青龙镇初级中学校长
晏　佳　彭山区水务局水政和水保工作站副站长
宋　康　彭山区城市行政执法局法规股股长
赖育兰　彭山区民政局基层政权区划地名股股长
陈　汐　彭山区司法局江口司法所所长
曾定平　彭山区司法局观音司法所所长
胡　波　仁寿县政府副县长、县公安局局长
杨学文　仁寿县供销合作社主任
辜良英　仁寿县委外宣办主任
李学辉　仁寿县政府法制办主任
唐金贵　仁寿县综治办副主任
陈建强　仁寿县人民法院办公室副主任
王维未　仁寿县人民检察院未成年人刑事案件检察科科员
蔡卫宇　仁寿县公安局法制大队副大队长
李　颜　仁寿县司法局办公室科员
税　波　仁寿县司法局文林司法所司法助理员
苏世军　仁寿县新店乡矛盾纠纷大调解协调中心副主任
阳运良　洪雅县委书记
王晨曦　洪雅县委副书记
尹斗芳　洪雅县委常委、政法委书记
李濰瑶　洪雅县司法局法宣股科员
李梦璇　洪雅县司法局法宣股工作人员
付红霞　洪雅县城市行政执法局办公室主任
袁桂林　《今日洪雅》杂志社记者
李玉林　洪雅县司法局余坪司法所所长
王述林　洪雅县中保镇合江村党支部书记
李万泽　洪雅县瓦屋山镇党委副书记、政法委书记
陈　剑　丹棱县委常委、政法委书记

彭代勇　丹棱县委政研室副主任
黄　弢　丹棱县委宣传部副部长、县精神文明办主任
牟仕珍　丹棱县人民检察院未成年人刑事案件检察科科长
李利红　丹棱县教体局行政许可股股长
王　磊　丹棱县公安局法制大队民警
殷　花　丹棱县司法局副局长
何光远　丹棱县地税局政策法规股股长
胡慎连　丹棱县司法局杨场司法所所长
王　维　青神县依法治县办工作人员
张志华　青神县公安局副局长
汤　莉　青神县司法局科员
肖　莉　青神县民政局办公室工作人员
宋建明　青神县经济和信息化局信访维稳与安全股股长
蒲国英　青神县民族宗教事务局局长
张建明　青神县青城镇文林社区党委书记
辜义君　青神县黑龙镇党委副书记、政法委书记、综治办主任
鲁建文　青神县实验初级中学校长
袁　琳　市纪委机关党委书记
程　波　市精神文明办未成年人工作科科长
周　凡　市委政研室农村经济科科长
石剑峰　市委群工部政策法规科科长
雷光朝　市委编办综合科副科长
罗颖健　市委农工委办公室主任
郑有毅　市投促局主任科员
蒲　进　市科技局农村科科长
朱海波　市司法局副局长
周　伟　市人力资源和社会保障局政策法规科科长
曾泽君　市国土资源局法规科科长
申渊明　市环境保护局生态科科长
王　进　市住房和城乡建设局政策法规科工作人员
李　玲　市交通运输局政策法规科工作人员
朱科良　市水务综合执法监察支队支队长
何　兵　市农业局政策法规科科长
陈煜博　市森林公安局法制督察科科长
李锡波　市文广新局政策法规科副科长
徐士艳　市卫生计生委政法科（行政许可科）科长
朱冬梅　市审计局直属分局副局长
刘　娟　市统计局法规科科长
张丛文　市旅游局工作人员
靳利珍　市城管执法局法规科科长
胥尚龙　市畜牧局办公室主任
杨　磊　市安全监管局法规宣传教育科科长
龙　雁　市食品药品监管局科员
刘　朝　市工商局科员
吴　灵　市质监局法规科副科长
罗建平　市党务政务服务中心网络管理中心副主任
李　昂　市法制办公管科副科长
缪川勋　市总工会副主席
孙　亮　眉山职业技术学院保卫科科长
袁潇雅　市委党校办公室主任
廖文凯　眉山日报社记者
赵　君　市档案局办公室主任
魏忠鑫　市扶贫移民局副局长
赵　静　市政府金融办综合科工作人员
张浩军　市广播电视台纪检组组长
杨静寒　市国税局政策法规科副科长
罗建忠　市地税局总经济师

十九、2015年度“走基层”暨干部直接联系服务群众工作先进个人（101名）

谢敬源　东坡区食品药品监督管理局局长
邹卫东　东坡区悦兴镇党委书记
毛青春　东坡区人民法院政治部主任
李勇刚　彭山区委常委、组织部部长
袁　玲　彭山区人民检察院副检察长
刘利平　彭山区直机关工委纪工委书记
罗建伍　仁寿县畜牧局生产科教站副站长
吴　瑞　仁寿县财政局预算股副股长
黄志强　仁寿县政府办公室行政股股长
王怡洁　洪雅县委组织部干部
曾　钧　洪雅县交通运输局机关党支部书记
李辛珠　洪雅县财政局监督股股长
吉君福　丹棱县委办公室主任
贾荣梅　丹棱县委组织部部务委员
赵　进　丹棱县水务局局长
杨德志　青神县委常委、组织部部长
李仕贵　青神县委干部直接联系服务群众工作领导小组办公室主任
郑　亮　青神县河坝子镇党委书记
郑思静　市中级人民法院司调中心干部
杨明华　市人民检察院机关党委副书记

周　川　市委办公室秘书四科副科长
李　毅　市人大信息中心工作人员
蒋　毅　市政府办公室副调研员、机关党委副书记
左小芳　市政协办公室综合科科长
郭　瑞　市委组织部干部一科副科长
李昕晔　市委宣传部干部监督管理科副科长
杜宜军　市委统战部主任科员
汪艳玲　市委政法委副调研员、政治部副主任
袁　巍　市委政研室办公室主任
杨　方　市直机关工委调研员
黄桂云　市直机关工委纪工委办公室主任
石剑峰　市委群工部政策法规科科长
贾国平　市委编办副县级纪检员
罗颖健　市委农工委办公室主任
陈　莉　市委防范处理邪教办宣教调研科科长
汪志祥　市委老干部局副调研员
郑有毅　市投促局主任科员
徐宏坤　市发展改革委主任科员
唐　彬　市经济和信息化委非公处工程师
罗树平　市教体局职业教育与成人教育科工作人员
杨　文　市科技局主任科员
邝文杰　市公安局机关党委副书记
李尚友　市监察局公开信访举报中心九级职员
鲜　鹏　市民政局办公室副主任
白　玉　市司法局副主任科员
苏思儒　市财政局办公室工作人员
王　霖　市人力资源和社会保障局机关党委专职副书记
何　萍　市国土资源局机关党委书记
贺勇刚　市环境监察执法支队副支队长
李　钦　市住房和城乡建设局工作人员
刘永柱　市交通运输局人事教育科工作人员
孟　刚　市水务局机关党委副书记
李　曦　市农业局农机提灌科科长
余文姬　市林业局产业科科长
杨美凭　市商务局副局长
粟　红　市文广新局机关党委书记
邓　琼　市审计局直属分局副局长
刘志勇　市社会经济调查队队长
刘　侃　市旅游局旅游执法支队工作人员
刘为佳　市外侨台办秘书科副科长
彭岷舸　市城管执法局机关党委办公室工作人员
张震中　市畜牧局副调研员
舒　平　市城乡规划局纪检组组长
周文军　市国资委纪委书记
陈显锋　市安全监管局调研员
王天垠　市工商局人事监察内审科科长
汪　虹　市质监局机关党委专职副书记
黄建春　市党务政务服务中心办公室主任
王立业　工业新城办综合科副科长
雷廷康　市法制办执法监督科科长
王悦颖　岷东新区党群工作部工作人员
黄　睿　甘眉（铝硅）工业园区管委会副主任科员
曾爱华　东坡区象耳镇组织委员
杜晓恩　眉山岷江现代农业示范园区管委会办公室主任
高亦静　市总工会办公室主任
何　明　市妇联副调研员
徐贤君　市科协科普部部长
王元珑　眉山职业技术学院党委书记
曹　阳　市委党校机关党委书记
熊　剑　眉山日报社眉山网总编辑
贺　杰　市委市政府接待办接待一科科长
吴　川　市委党史研究室征编研究科科长
赵雪红　市公共资源交易中心办公室工作人员
辜明芳　市机关事务管理局副调研员
赵　君　市档案局办公室主任
贺　瑜　市地方志办综合科科长
赵安祥　市扶贫移民局移民规划安置科科长
魏　林　市政府金融办保险证券科科长
张　川　市广播电视台工会副主席
余美静　市人防办综合科工作人员
杨　慧　市住房公积金管理中心九级职员
曾　科　市城乡环境治理办综合科工作人员
孙　明　市防震减灾局科技监测科科长
廖冉洁　市国税局稽查局审理科科员
宋伟琴　市地税局机关党办科员
李　庆　市气象局业务科科长
杨　益　国家统计局眉山调查队办公室主任
杨　彬　眉州监狱工会主席
言　波　人行眉山市中心支行征信管理科副科长
张健明　国网眉山供电公司总经理
周　平　市烟草专卖局党组书记

二十、2015年度信息工作先进个人（50名）

帅　婷　东坡区委办公室科员

刘钰坤　东坡区政府办公室工作人员
杨　光　彭山区委办公室信调股股长
葛　强　洪彭山区委办公室督查室副主任
曾　敏　彭山区政府办公室副主任
张潇丹　彭山区政府办公室信息股股长
陈永文　仁寿县委办公室信息股股长
雍　俊　仁寿县委办公室信息股科员
黄　娥　仁寿县政府办公室工作人员
宋　镇　仁寿县政府办公室科员
郑　洋　洪雅县委办公室信息调研股科员
方静阳　洪雅县政府办公室信息调研股副股长
王志伟　丹棱县委办公室副主任
宋　伟　丹棱县政府研究室主任
王彬雁　丹棱县政府督查室主任
陈　平　丹棱县双桥镇政府科员
王　维　青神县委办公室信调股股长
任　和　青神县委办公室信调股科员
江　涛　青神县政府办公室信调股科员
王婧筱　市纪委派出纪工委监督检查科科长
高　峰　市委办公室信息科副科长
唐晨铭　市委办公室信息科科员
文万红　市政府办公室秘书七科科长
高思敏　市政府办公室秘书一科科员
杨　威　市委组织部办公室副主任、举报中心主任
韩　讯　市网络舆情中心九级职员
朱科翰　市法学会学术部主任
侯富群　市委群工部网络投诉受理科科长
何　潜　市投资促进信息中心主任
罗唐梅　市发展改革委办公室工作人员
王　涛　市经济和信息化委信息化科工作人员
郝凌燕　市教体局语委办主任
吴冬梅　市知识产权管理处副处长
樊　维　市公安局办公室科员
杨晓东　市军休服务管理中心副主任
李　亮　市人力资源和社会保障局副主任科员
欧乙成　市环境保护局法宣科副主任科员
李悄然　市住房和城乡建设局办公室科员
朱　丽　市交通运输局办公室工作人员
方　媛　市水务局办公室工作人员
陈小芳　市农业局产业发展与市场信息科科员
钟鹏程　市商务局服务业发展科副科长
王文君　市统计局办公室副主任
张宏彬　市旅游局信息中心副主任
徐　旭　市安全监管局办公室副主任
田　炜　市工商局办公室副主任
刘　莉　市质监局办公室副主任
游　蕾　市党务政务服务中心网络管理中心副主任
陈雨娇　市国税局办公室科员
余　艳　人行眉山市中心支行货币信贷管理科科员

二十一、2015 年度城市规划区征地拆迁安置工作先进个人（90 名）

李胜华　东坡区委常委、区政府副区长
廖小宁　市供销社主任、东坡区委常委、区政府副区长
王正祥　市公安局副局长、东坡区政府副区长、区公安分局局长
杜明琅　东坡区政府党组成员
李福明　东坡区大石桥街道党工委副书记、办事处主任
周文武　东坡区大石桥街道人大联络员
杨舜雄　东坡区大石桥街道人武部部长
王开琪　东坡区大石桥街道维稳副书记
黎玉新　东坡区苏祠街道党工委副书记、办事处主任
李桂彬　东坡区苏祠街道人大联络员
王林君　东坡区苏祠街道人武部部长
唐建华　东坡区苏祠街道国土和规划建设所所长
赵　武　东坡区通惠街道党工委副书记
辛政洲　东坡区通惠街道党工委副书记、纪工委书记
王华清　东坡区通惠街道办事处副主任
干俊英　东坡区通惠街道劳保所主任
罗朝宇　东坡区太和镇拆迁办主任
赵　曦　东坡区松江镇维稳副书记
代泽奎　东坡区崇礼镇人大主席
赵思泽　东坡区尚义镇副镇长
汪长军　东坡区拆迁办政策法规科科长
姜仲义　东坡区拆迁办政策法规科副科长
张启红　东坡区盘鳌乡党委副书记、乡长
杨　志　全市国土资源局东坡区分局副局长
刘　松　市国土资源局东坡区分局统征中心主任
袁国银　东坡区城市开发办副主任
蹇小平　东坡区征补办政策法规股股长
罗昌军　东坡区征补办安置补偿股副股长
王　欢　东坡区综交办副主任

姚良全　东坡区人民法院副院长
杨秀芳　东坡区财政局支付中心工作人员
毛晓麟　东坡区审计局局长
韩伦彪　市公安局东坡区分局开发区派出所所长
李　鸣　市公安局东坡区分局特警大队训练中队副中队长
余振利　东坡区信访群众疏导调解中心专职副主任
王云华　市委办公室信息科科长
唐　锐　市委办公室秘书五科副科长、主任科员
胡浩峰　市政府办公室综合一科科长
侯　宏　市政府办公室秘书二科科长
陈瑾豪　市政府研究室综合科科长
潘斐然　市网络舆情中心、市互联网不良与违法信息举报中心副主任
余政延　市委外宣办新闻中心九级职员
符志兴　市法学会秘书长
李　育　市法学会科员
周云伟　市委群工部办信科科长
苏明芳　市委群工部督查督办科科长
王永波　市公安局特巡警支队巡逻一大队科员
王　慧　市公安局治安支队主任科员
王雪梅　市民政局基层政权社区建设区划地名科科长
王　羽　市民政局社会救助科科长
吴雪强　市财政局投资管理科科长
何燕敏　市财政局投资管理科科员
杨力帆　市预算编审中心九级职员
程元培　市人力资源和社会保障局养老与失业保险科科长
李艳琳　市社保局征缴一科副科长
邹　伟　市土地统一征用中心副主任
任晓东　市城区国土资源站站长
蒋学明　市国土资源执法监察支队二大队大队长
黄世江　市国土资源执法监察支队副支队长
费　佳　市土地统一征用中心副主任
杜　俊　市国土资源执法监察支队主任科员
黄　涛　市国土资源执法监察支队科员
解　斌　市国土资源局地籍管理科科员
陈炳铮　市土地统一征用中心科员
肖　巍　市住房和城乡建设局局长
吴军勇　市国有土地上房屋征收与补偿中心主任
邓德伟　市国有土地上房屋征收与补偿中心副主任
唐明安　市水务局供排水管理科科长
周泽萍　市卫生计生委规划财务科科长
褚　冰　市卫生计生委项目办主任
郑　伟　市审计局副调研员
叶勇军　市审计局社会保障审计科科长
白　刚　市法制办副主任
徐溧谦　市法制办法规科科长
王　卫　市城乡规划局岷东分局局长
毛军红　市城乡规划局城市规划监察支队副支队长
吴明翔　市城乡规划局城市规划监察支队副支队长
白仲华　市城市管理行政执法支队支队长
兰　飞　市城市管理行政执法支队副支队长
陈建刚　市城市管理行政执法支队七大队大队长
邹和良　岷东新区管委会副主任、东坡区富牛镇党委书记
袁建忠　岷东新区管委会征地拆迁办公室主任
肖文成　岷东新区管委会征地拆迁办公室副主任
冯国春　岷东新区管委会主任助理，东坡区富牛镇党委副书记、镇长
邓琪麟　东坡区富牛镇征迁服务中心主任
朱　科　国网眉山供电公司发展策划部主任
季　唯　国网眉山供电公司建设部专责
陈骥煜　兴能天然气公司管网所部长
王　浩　兴能天然气公司市场开发部开发员
朱慧明　市供排水总公司副总经理

二十二、2015 年度审计工作先进个人（79 名）

李胜华　东坡区委常委、区政府副区长
徐　敏　东坡区审计局财金股股长
李洪强　彭山区委常委、区政府副区长
黄　昊　彭山区审计局局长
王　科　仁寿县政府办公室副主任
徐　强　仁寿县审计局总审计师
雷雨田　洪雅县审计局局长
王宇雄　青神县审计局局长
陈吉华　青神县审计局常务副局长
郑必轩　丹棱县审计局副局长
谢　英　丹棱县审计局副局长
徐　宏　杰市纪委纪检二室副主任、正科级纪检员
晏　涯　市中级人民法院办公室网管中心主任
胡　玲　市人民检察院行政装备处副处长
胡　洋　市委办公室秘书四科科长

黄毅超　市人大常委会人代工委办公室主任
陈　平　市政府办公室行政科科长
刘伟巍　市政协办公室提案科科长
李　青　市委组织部干部监督科副科长
白海涛　市委宣传部办公室主任
潘　波　市委统战部部务委员
林　波　市委政法委副县级纪检员
吕　瑛　市直机关工委办公室主任
徐　敏　市委群工部办案科科员
张红英　市事业单位登记管理局行政许可科科长
金中华　市农业产业化办公室七级职员
范　磊　市投促局办公室工作人员
李明伟　市发展改革委监察内审科科长
祝媛媛　市经济和信息化委非公有制经济管理处处长
曾　锐　市教体局计财科科长
陈明伟　市科技局主任科员
王世昌　市公安局审计处副处长
李　丽　市殡葬管理处处长
雷广才　市司法局纪委书记
张劲涛　市财政局预算科科长
廖惠英　市就业服务管理局科员
贺　斌　市国土资源局调研员
刘润秋　市环境保护局财务科科长
张旭东　市住房和城乡建设局副局长
尹　媚　市交通运输局监察内审科工作人员
唐宏光　市水务局财务与经济管理科科长
王利群　市农业局副调研员、计财科科长
钟　玲　市林业局工作人员
祝茂菁　市商务局科员
高旭霞　市文广新局工作人员
曾　娟　市卫生计生委规划财务与信息科工作人员
张　征　市审计局副局长
王文君　市统计局办公室副主任
黄　艳　市旅游局旅游执法支队支队长
曾　珍　市外侨台办华商投资促进服务中心科员
李　梅　市城管执法支队五大队副大队长
沈爱琼　市畜牧局计划财务科工作人员
阚碧清　市城乡规划局城市规划监察支队副支队长
贺俊明　市国资委主任
杨　梅　市安全监管局纪检组组长
杨秀玲　市食品药品监管局财务科科长
张代坤　市工商局计划财务科科长
史习元　市党务政务服务中心机关党委书记
李春燕　市法制办综合科科长
赵　萍　市粮食局副调研员
伍　艳　岷东新区管委会监察审计局副局长
刘海平　眉山发展公司总工程师
魏爱武　市总工会经费审查委员会主任
袁琳团　市委副调研员、组宣部部长
宋跃琴　市妇联发展部副部长
张继成　市科协副调研员
程群先　市工商联主任科员
潘　瑾　市残联康复科科长
胡志蓉　市文联主任科员
宋　强　市社科联科员
崔晓梅　市公共资源交易中心工作人员
罗建明　市机关事务管理局财务科科长
杨　婧　市档案局信息中心副主任
段正权　市地方志办编审科科长
陈怡林　市扶贫移民局扶贫开发科副科长
谭璟烨　市政府金融办综合科副科长
黄燕英　市广播电视台财务部副主任
宋　雅　市住房公积金管理中心监察内审科副科长
李晓芳　市地税局监察室副主任、审计科副科长

市委表彰的先进个人

一、全市优秀共产党员、优秀党务工作者

（一）优秀共产党员（80名）

龚长清　东坡区大石桥街道普田社区文体队队长
王林武　市公安局东坡区分局思蒙派出所教导员、康复（救助）中心主任
余继革　东坡区烈士陵园管理处主任
兰　韬　东坡区三苏乡党委副书记
王　利　东坡区人民检察院党组成员、反贪局局长
魏铭宏　眉山经开区新区管委会办公室副主任
万荷君　东坡区苏祠街道白虎滩社区党支部书记
周加友　东坡区教育局办公室主任
赵　武　东坡区秦家镇党委委员
伍兴安　东坡区三苏乡伏龙社区党支部书记
苏培永　东坡区太和镇党委委员
黄先斌　东坡区土地乡荷花村党支部书记
李明新　东坡区永寿镇永德村党支部书记

刘成忠 东坡区驻西藏流动党支部书记
贾 强 眉山市硕仙农业技术服务有限公司总经理
刘良贵 市公安局彭山区分局副局长
魏中全 彭山区第一中学教师
廖 红 彭山区中医医院护士
徐 军 彭山区互联网不良与违法信息举报中心主任、义和乡岐山村党支部第一书记
朱双建 彭山区黄丰镇双塘村党支部书记
李晓珊 彭山区凤鸣镇城东社区党总支书记
郑雪莲 四川吉龙化学建材有限公司党支部副书记、采购部部长
宋小英 彭山区武阳镇纪委副书记、党政办主任
李春华 彭山区义和乡喻沟村村委会主任
吴建国 彭山区公义镇安监所副所长
陈双成 仁寿县委办公室主任
代 平 仁寿县委组织部副部长、县人力资源社会保障局党组书记、局长
陈德宽 仁寿县政府办公室党组书记、主任
袁 兵 仁寿县审计局党组副书记、局长
李 巍 仁寿县投资促进局党组副书记、局长
王继伟 仁寿县民政局党组书记、局长
温晓燕 仁寿县林业局党组书记、局长
杨 斌 仁寿县财政局党组书记、局长
吴茂军 天府新区仁寿视高管委会办公室主任
曹 霞 仁寿县档案局馆务股副股长
陈世仙 仁寿县汪洋镇大勇社区党支部书记
冯志强 仁寿县富加镇政府工作人员、柳沟村党支部书记
张文波 仁寿县满井镇友好村党支部书记
曾兴华 中天丹琪科技有限公司设备管理员
廖栋才 仁寿县文林镇个私协会文林分会党支部书记
钟明刚 洪雅县公安局洪川派出所临江社区警务室民警
彭红洪 雅县中医医院急诊科护士长
周英洪 雅县委组织部组织二股股长
李方华 洪雅县三宝镇李槽村党支部副书记、村委会主任
朱小根 眉山市雅自天成茶业有限公司党支部书记
刘金阳 洪雅县政府办公室保卫科工作人员
何开伟 洪雅林场副场长
李发有 洪雅县瓦屋山镇自新村村委会主任
杨晓丹 洪雅中学校教师
黄 文 丹棱县委办公室督查股股长、张场镇廖店村党支部第一书记
黄 炜 丹棱县纪委常委、纪检监察一室主任
杨皓程 丹棱县丹棱镇社区卫生服务中心副主任
古丽利 丹棱职业高级中学团委书记
宋鸿翔 丹棱县公安局丹棱派出所所长、党支部书记
王寿华 丹棱县华天瓷业有限公司行政部主任、党支部书记、工会主席
顾建峰 丹棱县张场镇党委书记
王彬雁 丹棱县政府办公室督查室主任
高 强 青神县椪柑产业办公室综合管理股股长、白果乡白云村党支部第一书记
郑 欢 青神县流动党员服务中心主任（挂职小金县委组织部副部长、结斯乡王家寨村党支部第一书记）
吴勇智 青神县瑞峰镇中岩村5组党员
万红缨 青神县委常委办主任
曾游江 青神县住房和城乡规划建设局局长
贾靖宇 青神县竹编产业园区管委会副主任
黄 颖 青神县南城镇党委副书记、镇长
高成全 青神县汉阳镇新路村党支部书记
高 山 市公安局刑事侦查支队科员
杨庆平 市人力资源和社会保障局专业技术人员管理科科长（挂职金川县委组织部副部长）
牟永洪 市交通建设工程造价管理站副站长
刘非林 市经济和信息化委产业园区科科长
唐子龙 市纪委办公室副主任
文万红 市政府办公室秘书七科科长
王 斌 市委政法委副主任科员
唐 密 市卫生计生委办公室主任
王 帅 市动物卫生监督所副所长
刘建华 岷东新区管委会办公室主任、党群工作部部长
邱燕飞 四川飞云铝业有限公司党支部书记、总经理
叶春建 四川金象赛瑞化工股份有限公司党委委员、生产装备部党支部书记
何汶钟 眉山富临运业有限公司安全处处长
朱冬梅 眉山职业技术学院教师
肖冬梅 眉山市人民医院心内科护士长

（二）优秀党务工作者（50名）

徐进军　四川惠通食业有限责任公司党支部书记
毛青春　东坡区人民法院政治处主任、机关党总支书记
邹　曦　东坡区委组织部组织股股长
丁志勇　东坡区财政局机关党总支书记
郭成章　四川水天花月旅游度假有限公司党支部书记
李　塑　东坡区悦兴镇党委委员
李　静　东坡区安监局科员、金花乡红陵村党支部第一书记
何　涛　东坡区秦家镇党委副书记、纪委书记
何　喜　东坡区复盛乡党委委员
彭　艳　彭山区委组织部副部长、区委编办主任、区事业单位登记管理局局长
梁　兰　彭山区武阳镇党委书记
余　波　彭山区财政局党组书记、局长
王佑泽　彭山区青龙镇党委书记
付卫平　彭山区委组织部部务委员、组织股股长
梁学红　彭山经开区党工委党群工作部部长
袁　玲　彭山区人民检察院副检察长、机关党总支书记
罗　涔　仁寿县纪委副书记
王锡权　仁寿县宝马镇党委书记
贺志辉　仁寿县始建镇党委书记
张　峰　仁寿县龙马镇党委书记
傅陈君　仁寿县文宫镇党委书记
雷文忠　仁寿县卫生和计划生育局党委书记、局长
张　俊　仁寿县委两新党工委副书记
毛　鑫　仁寿县兴盛镇党委副书记
何良慧　仁寿县识经镇党委副书记、镇长
吴　怡　仁寿县委党建办副主任
朱黎英　仁寿县公安局政治处副主任
付志洪　洪雅县中山乡前锋村党支部书记
姜定波　洪雅县委办公室主任、机关党委书记
王　义　洪雅县将军乡党委副书记、纪委书记
黄　彬　洪雅县委组织部组织一股股长、东岳镇团结村党支部第一书记
宋加平　洪雅县余坪镇天池村党支部书记
王　艳　洪雅县洪川镇组织委员
何建琼　洪雅县槽渔滩镇党政办主任
王述林　洪雅县中保镇合江村党支部书记
贾荣梅　丹棱县委组织部部务委员
吉君福　丹棱县委办公室主任、机关党委书记
刘　恒　丹棱县顺龙乡党委副书记、纪委书记
王　婷　丹棱县石桥乡党政办副主任
邱含忠　丹棱县党务政务服务中心主任、机关党总支书记
杨选华　青神县人大机关党总支委员、城环资工委主任
李红旭　青神县直机关纪工委书记
黄　莉　青神县汉阳镇党委副书记、纪委书记
余　鹏　青神县青城镇党委书记
李小红　四川德恩精工科技股份有限公司党支部委员
屈　凌　市委组织部干部一科科长
周　娜　市委办公室秘书三科科长
李昕晔　市委宣传部干部监督管理科副科长
李　恒　市国税局办公室副主任、机关第二党支部书记
邓仕荣　东坡区象耳镇农林村党支部书记

市政府表彰的先进个人

一、眉山市见义勇为勇士（9名）

周志全　东坡区崇礼镇石子村7组
何光安　东坡区崇仁镇清水村4组
何明清　东坡区崇仁镇清水村4组
周六文　彭山区彭祖大道南段162号
代　广　仁寿县满井镇战斗村8组
吴洪明　仁寿县钟祥镇针匠街77号
朱琮华　仁寿县合兴乡1000号
李水源　仁寿县珠嘉镇国和村10组
吕　洪　洪雅县槽渔滩镇青江街3号

二、2015年道路交通安全综合整治工作先进个人（100名）

欧阳波　市公安局东坡区分局交警大队思蒙中队中队长
吴　东　市公安局东坡区分局交警大队多悦中队中队长
易　科　东坡区交通运输局路政大队法规办主任
杜宇鹏　东坡区交通运输局路政大队稽查一中队中队长
孙　强　东坡区交通运输局运管所副所长
张　书　东坡区砂石管理办公室主任
朱柯旭　东坡区思蒙镇人民政府副镇长
郭　益　彭山区人民政府副区长、市公安局彭山区分局局长

彭国英　彭山区人民政府办公室纪委书记
杨刚市　公安局彭山区分局副局长、交警大队大队长
谢玉民　彭山区交通运输局局长
杨华良　彭山区砂管办工作人员
杨　岚　市公安局彭山区分局交警大队工作人员
邓迎红　彭山区交通运输局路政大队长
赵华中　彭山区经济和信息化局工作人员
钟海波　彭山区农机局工作人员
苏长福　彭山区青龙镇交管办主任
杨代福　彭山区公义镇交管办主任
张　继　彭山区江口镇交管办主任
徐　刚　仁寿县人民政府督查室督查督办股股长
王　砂　仁寿县人民政府督查室干部
夏　辉　仁寿县工商质监局市场监督管理股股长
王茗森　仁寿县安监局综合股副股长
李双全　仁寿县经济和信息化局安全股长
叶　雷　仁寿县公安局巡警大队交巡警中队三中队指导员
杨先锋　仁寿县公安局交警大队富加中队中队长
林　桦　仁寿县公安局交警大队文宫中队副中队长
周智勇　仁寿县公安局交警大队钟祥中队副中队长
徐　雷　仁寿县公安局交警大队汪洋中队副指导员
唐　鉴　仁寿县公安局交警大队龙正中队民警
夏　伟　仁寿县公安局交警大队禾加中队民警
张成刚　仁寿县交通运输局路政大队大队长
李　强　仁寿县交通运输局路政大队中队长
王　理　仁寿县交通运输局路政大队中队长
余祝文　仁寿县交通运输局路政大队法规股股长
李林峰　仁寿县交通运输局路政大队钟祥检测站站长
刘治江　仁寿县交通运输局路政大队八里检测站站长
代　涛　仁寿县道安办工作人员
段永杰　洪雅县人民政府办公室副主任
彭　杰　洪雅县公安局交警大队城区中队副中队长
宋　寒　洪雅县公安局交警大队柳江中队民警
黄　梗　洪雅县公安局特警大队三中队中队长
文洪兵　洪雅县交通运输局路政大队副大队长
杨曲云　洪雅县交通运输局路政大队余坪检测站副站长
黄元兵　洪雅县交通运输局运管所稽查大队大队长
饶　波　洪雅县城市行政执法局办公室工作人员
任朝利　洪雅县财政局企财股股长
赵国祥　洪雅县槽渔滩镇交管办工作人员
李书文　洪雅县将军乡交管办工作人员
熊　杰　洪雅县高庙镇交管办工作人员
彭小红　丹棱县法制办主任
黄定春　丹棱县丹棱镇交管办主任
何云华　丹棱县顺龙乡交管办主任
詹　松　丹棱县石桥乡交管办主任
何　健　丹棱县整治办工作人员
游金鑫　丹棱县交通运输局路政大队工作人员
谢志仙　丹棱县安监局副局长
彭　伟　丹棱县公安局交警大队巡逻中队副中队长
李技刚　青神县西龙镇交管办主任
刘　实　青神县南城镇党政办主任
曾柯嘉　青神县国土资源局地矿股股长
张小娟　青神县人民政府督查室工作人员
吕岸峰　青神县公安局交警大队巡逻中队副中队长
王骏驰　青神县青城镇人民政府副镇长
程　萍　青神县农业和畜牧局工作人员
何　叶　青神县交通运输局路政大队法规室副主任
赵思晋　市政府办公室秘书三科副科长
颜伟强　市经济和信息化委副主任科员
张景宝　市教育体育局副主任科员
腾　锐　市公安局交警支队秩序科科长
陈少飞　市公安局交警支队宣传科民警
王　轲　市公安局交警支队直属一大队太和中队中队长
杨良全　市公安局交警支队直属一大队巡逻三中队副中队长
赵志宏　市公安局交警支队直属一大队巡逻三中队副指导员
胡　勇　市公安局交警支队直属一大队民警
曾继丹　市公安局交警支队直属二大队法宣中队指导员
纪明祥　市公安局交警支队直属二大队思蒙中队副中队长
杨　敏　市公安局交警支队直属二大队巡逻一中

队副中队长
许　巍　市公安局交警支队直属三大队巡逻二中队民警
许文彪　市公安局交警支队直属三大队巡逻二中队民警
田梓廷　市监察局副县级纪检员
朱卉容　市司法局法律援助中心科员
熊　狮　市国土资源局土地利用管理科科员
肖　沁　市住房和城乡建设局安全科科长
余　瑾　市交通运输局运管处稽查大队大队长
朱欣兰　市交通运输局建设管理科副科长
何向淼　市交通运输局路政支队检测站副站长
徐　明　市交通运输局路政支队稽巡查大队大队长、新义检测站站长
潘智勇　市农业局农机监理所所长
钟雪芹　市农业局农机监理所证照科科长
温洁颖　市商务局市建科科员
陈建钢　市城管执法局执法七大队大队长
涂建平　市安监局监察执法支队副支队长
陈　聪　市安监局综合监管科工作人员
何　磊　市工商局市场科科员
陈　昊　市质监局质量监督科科长
黄卫中　甘眉（铝硅）工业园区修文镇交管办副主任
彭世红　眉山金象化工产业园区象耳镇人民政府副镇长
李　喆　市政府新闻办网络宣传教育科副科长
刘良才　市道安办工作人员

三、眉山市知名教师、知名校长和眉山市优秀教师、优秀校长

（一）眉山市知名教师（10人）
刘　芳　眉山师范学校附属小学
王怀福　四川省眉山第一中学
陈继红　眉山职业技术学院
张安强　眉山市彭山区第一中学
任继超　眉山市彭山区第二中学
胡小飞　仁寿师范附属小学
杨雪梅　仁寿县鳌峰初级中学
杨倡林　四川省仁寿第一中学校南校区
沈露红　洪雅县实验小学校
张　丽　四川省丹棱中学校

（二）眉山市知名校长（5人）
徐长华　眉山市第一小学
罗金福　四川省眉山中学校
付登超　仁寿县华兴中学（初中部）
陈大伟　四川省洪雅中学校
张泽军　青神县学道街小学校

（三）眉山市优秀教师（85人）
刘　瑶　眉山市第一幼儿园
梅桂芳　眉山市第一小学
叶玉萍　眉山师范学校附属小学
黄　洋　四川省眉山车辆厂小学
苏　林　四川省眉山中学校
李飞鸿　四川省眉山中学校
徐世友　四川省眉山中学校
唐　华　眉山职业技术学院
徐　成　眉山卫生职业学校
宋明全　眉山市东坡区苏南小学
杨利国　眉山市东坡区思蒙镇中心小学
唐玉如　眉山市东坡区永寿镇中心小学
文艳红　眉山市东坡区多悦镇中心小学
周福临　眉山市东坡区崇礼镇中心小学
汤志勇　眉山市东坡区富牛镇中心小学
郭继玲　眉山市东坡区修文镇中心小学
姚良洪　眉山市东坡区实验初级中学
罗　平　眉山市东坡区第二初级中学
唐　旭　眉山市东坡区象耳镇初级中学
万春桥　眉山市东坡区松江镇初级中学
刘俊虹　眉山市东坡区太和镇初级中学
李贵军　眉山市东坡区盘鳌乡初级中学
黄　超　眉山市东坡区永寿高级中学校
杨光福　眉山市东坡区教育局教学研究室
唐　议　眉山市彭山区第二小学
刘晓燕　眉山市彭山区鹏利小学
袁　宏　眉山市彭山区彭溪镇中心小学
张　林　眉山市彭山区黄丰镇中心小学
张　帆　眉山市彭山区凤鸣镇灵石小学
刘晓莉　眉山市彭山区观音镇初级中学
段根秀　眉山市彭山区武阳镇初级中学
张　翔　眉山市彭山区谢家镇第一初级中学
吴锦秀　眉山市彭山区第一中学
叶榆茂　眉山市彭山区职业高级中学
汤　玲　仁寿县幼儿园
王　毅　仁寿县龙马镇中心小学
邓淑英　仁寿县禄加镇中心小学
袁群玲　仁寿县藕塘乡中心小学
苏　维　仁寿县珠嘉镇三溪小学
黄　荣　仁寿县高家镇小学校

黄国琴　仁寿县满井镇小学校
乐玉英　仁寿县慈航镇小学校
葛勤慧　仁寿县兴盛镇小学校
瞿燕飞　仁寿县满井镇大十小学校
刘德学　仁寿县始建镇初级中学校
张西梅　仁寿县富加镇五福初级中学校
李海鹰　仁寿县珠嘉镇三溪初级中学
崔　健　仁寿县鳌峰初级中学
辜建全　仁寿县龙桥乡初级中学
李雪英　仁寿县凤陵乡骑虎初级中学校
苏　强　仁寿县宝飞镇初级中学校
王志强　仁寿县禄加镇鹤鸣九年制学校
程　杰　仁寿县曹家镇谢山九年制学校
何进安　仁寿县龙正镇金顺九年制学校
邓俊华　仁寿县洪峰乡古建九年制学校
杨　梅　仁寿县富加镇新富九年制学校
刘伟能　四川省仁寿第一中学校南校区
刘碧英　四川省仁寿第一中学校北校区
杜　维　四川省仁寿县第二高级职业中学
孙江云　仁寿县特殊教育学校
刘阳群　洪雅县第一小学校
何应军　洪雅县瓦屋山镇中小学校
李秀丽　洪雅县中保镇中心小学校
何　艳　洪雅县实验小学校
王玉萍　洪雅县花溪镇初级中学校
杨　曦　洪雅县实验中学校
余新华　四川省洪雅中学校
余中文　四川省洪雅中学校
宋满珍　洪雅县槽渔滩镇晓兰中学
樊　丽　洪雅县致远学校
左碧琴　丹棱县城区小学校
李　霞　丹棱县双桥镇中隆小学校
毛志鸿　丹棱县仁美镇初级中学
杨兰英　丹棱县张场镇初级中学
郑海燕　四川省丹棱中学校
何丽红　四川省丹棱中学校
李秀芬　四川省丹棱职业高级中学校
范丽琴　青神县实验幼儿园
兰红英　青神县实验小学
欧　建　青神县学道街小学校
宋　丽　青神县南城镇中心小学校
涂晓红　青神县西龙镇中心小学校
赵利群　青神县初级中学校
窦　义　青神县南城镇初级中学校
吴　敏　青神中学校

（四）眉山市优秀校长（13人）

邵建军　眉山市东坡区修文镇中心小学
葛兴洪　眉山市东坡区实验初级中学
罗康林　眉山市彭山区青龙镇第一小学
王洪伟　眉山市彭山区第一中学
邓春兰　仁寿新区淑曦幼儿园
罗翠华　仁寿县珠嘉镇三溪小学
黄尚彬　仁寿县鳌峰初级中学
郭建华　仁寿县龙正镇金顺九年制学校
吕仲辉　四川省仁寿第一中学校南校区
朱开华　洪雅县实验小学校
魏才学　洪雅县洪川镇新庙中心小学校
汪九均　四川省丹棱中学校
辜长生　青神县初级中学校

四、2015 年度安全生产工作先进个人（100 名）

何齐贤　东坡区安全监管局综合股股长
杨　义　市公安局东坡分局治安管理大队大队长
贺　明　东坡区交通运输局运输安全股股长
王利平　东坡区住房和城乡规划建设局局长
黄　林　眉山经济开发区新区管委会工作人员
李光亮　东坡区金花乡党委书记
李先毅　东坡区万胜镇安办主任
赵万鹏　东坡区万胜镇安办工作人员
谢玉民　彭山区交通运输局党委书记、局长
王太勇　彭山区住房和城乡规划建设局局长
孙　卫　彭山区安全监管局副局长
杨　茗　彭山区安全生产监察执法大队大队长
周绍华　彭山经开区管委会环安局局长
喻建勇　彭山区彭溪镇镇长
邱　磊　彭山区观音镇党委书记
王仲文　彭山区谢家镇党委书记
章　静　彭山区锦江乡乡长
王　科　仁寿县人民政府办公室副主任
王雄英　仁寿县交通运输局安全运输股工作人员
彭　磊　仁寿县安全生产监察执法大队大队长
叶延波　仁寿县煤矿驻矿安监员工作站驻矿安监员
段真龙　仁寿县公安局副局长、交警大队大队长
范群英　仁寿县龙正镇安监员
黄　辉　仁寿县满井镇党委书记
曾庆方　仁寿县大化镇镇长
胡学文　天府新区仁寿视高管委会环境保护和安全监管局局长

刘友波　洪雅县交通运输局党委书记、局长
冯学东　洪雅县教育体育局党委书记、局长
牟学刚　洪雅县安全监管局综合股股长
李鹏洪　雅县交通警察大队副教导员
刘燕兵　洪雅县洪川镇安办主任
胡兴祥　洪雅县高庙镇党委委员、武装部长、副镇长
方　军　洪　雅县国土资源局党组成员、副局长、矿管办主任
胡国华　洪雅县汉王乡党委书记
伍仕波　洪雅县中保镇镇长、安办主任
刘建设　丹棱县安全监管局纪检组长
杨　旭　丹棱县公安交警大队大队长
舒　杰　丹棱县公路路政管理大队大队长
徐青林　丹棱县机械产业园区管委会经济发展局副局长
梁国军　丹棱县城管办副主任
刘玉文　丹棱县石桥乡副乡长
詹　松　丹棱县石桥乡安办主任
郭　锐　青神县安全监管局安全监管股股长
沈　玲　青神县安全监管局办公室主任
周小龙　青神县安全监管局办公室工作人员
杨　强　青神县交通管理大队副大队长
艾弟云　青神县初级中学校总务处主任
蒋　勇　青神县罗波乡武装部副部长、副乡长
鲁礼平　青神县水务局安办工作人员
兰晓东　青神县高台乡副乡长
杨　波　市纪委派出纪工委综合预防科科长
张继宏　市人民检察院行装处处长
邹耀莹　市委办公室保卫科科长
金光阳　市委统战部副调研员、民宗科科长
吴天文　市政府应急办副主任
文万红　市政府办公室秘书七科科长
邵庆国　市发展改革委副主任科员
杨吉江　市经济和信息化委信访维稳科科长
胡俊英　市教育体育局安全管理科科长
张永生　市公安局治安管理支队民警
胡　燕　市卫生计生委办公室副主任
崔伟杰　市人力资源和社会保障局工作人员
周　林　市国土资源执法监察支队四大队大队长
张　钰　市环境保护局科员
肖　沁　市住房和城乡建设局安全科科长
韩顺江　市交通运输局副局长
黄子钦　市水务局办公室工作人员
钟雪芹　市农机监理所证照管理科（行政许可科）科长
杨　军　市林业局防火办副主任
钟鹏程　市商务局服务业发展科副科长
郭一宵　市旅游局质量规范管理科副科长
邓德利　市环境卫生管理处副处长
刘晋秀　市粮食局流通监督科副科长
任学东　市安全监管局危化监督科科长
夏　放　市安全监管局职业卫生监督科科长
王　中　市安全监管局纪检监察室主任
毛明亮　市安全监管局行政许可科副科长
蒲晓东　市工商局信用信息科科长
刘永忠　市质监局特种设备安全监察科科长
徐仲义　市质监局特种设备安全监察科副科长
银　航　市气象局防雷中心副主任
阚尔康　眉山甘眉（铝硅）工业园区管委会安全监管局局长
李　海　眉山金象化工产业园区管委会安全监管局局长
冯国春　岷东新区管委会主任助理、富牛镇党委副书记、镇长
叶雷蕾　市国资委董监办八级职员
缪川勋　市总工会党组成员、副主席
王建华　市公安消防支队司令部副参谋长
王　峥　市公安消防支队防火监督处助理工程师
宋忠权　市公安局交通警察支队直属二大队副大队长
黄　伟　市公安局交通警察支队直属一大队副大队长
刘良才　市道路综合整治办工作人员
涂建平　市道路综合整治办工作人员
魏建红　市文化市场综合执法支队副支队长
杨　建　市道路运输管理处副处长
彭怀宇　市地方海事局安全科副科长
张颖杰　市安全监察执法支队一大队大队长
王　兵　市安全监察执法支队科员
王慧娟　市安全监察执法支队科员
李　其　市安全生产事故救援指挥中心职员
张　允　市矿山救护队队员

五、2015 年度征兵工作先进个人（19 名）

彭世红　东坡区象耳镇政府副镇长、人民武装部部长
周　琰　东坡区修文镇政府副镇长、人民武装部部长

任　康　彭山区人民武装部军事科参谋
胡　波　仁寿县政府副县长、公安局局长
陈德宽　仁寿县政府办公室主任
杨建伟　仁寿县卫生和计划生育局副局长
郑　巍　洪雅县槽渔滩镇政府副镇长、人民武装部部长
詹　建　丹棱县卫生和计划生育局医政股股长
张志华　青神县公安局副局长
李正平　市卫生计生委医政医管科科长
项　辉　市公安局治安支队综合基础大队大队长
杨朝学　东坡区通惠街道人民武装部部长
游翎瀚　彭山区武阳镇政府副镇长、人民武装部部长
徐廷卫　彭山区观音镇政府副镇长、人民武装部部长
邓应军　仁寿县人民武装部军事科参谋
陈大军　仁寿县慈航镇政府副镇长、人民武装部部长
曾大东　洪雅县止戈镇政府副镇长、人民武装部部长
彭大田　丹棱县丹棱镇政府副镇长、人民武装部部长
徐勇刚　青神县人民武装部军事科职工

六、2011—2015 年度妇女儿童工作先进集体（100 名）

洪艳梅　东坡区民政局副局长
周　勇　东坡区统计局副局长
文俊芳　东坡区人民法院刑庭庭长
段小容　东坡区人民检察院未成年人刑事案件检查科科长
卢　卫　东坡区妇联纪检组长
邵映红　市公安局东坡区分局警务保障室副主任
刘　茜　市公安局东坡区分局政治处二级警员
肖净议　东坡区水务局妇委会主任
万桂珍　东坡区大石桥街道鱼山社区妇女主任
江　霞　东坡区教育局工作人员
陈惠莘　东坡区文旅体新局工作人员
李桂平　彭山区公义镇党委书记
罗鸿翔　彭山区教体局局长
宋碧梅　彭山区总工会常务副主席
胡意宏　彭山区财政局副局长
蔡贵明　彭山区人力资源社会保障局党委副书记
周　慧　彭山区卫生计生局副局长
秦国华　彭山区民政局双拥办主任
谢　丽　彭山区委统战部办公室副主任
王　琦　彭山区公安分局人事队建股股长
秦　彪　仁寿县委副书记、县政府县长
杨　红　仁寿县委常委、宣传部长、总工会主席
徐　燕　仁寿县政府副县长
王继伟　仁寿县民政局局长
杨　斌　仁寿县财政局局长
李　娟　仁寿县政府办公室纪检组长
李长青　仁寿县政府教育督导室主任、教体局副局长
刘　艳　仁寿县政府办公室信息股股长
祝立中　仁寿县统计局副局长
黄晓莉　仁寿县公安局国保大队教导员
钟秋月　仁寿县宝飞镇组织委员
刘贤莉　仁寿县富加镇妇联主席
白玉芹　仁寿县妇幼保健院副院长
万勤芳　洪雅县政府副县长
罗方元　洪雅县委组织部副部长、县党联办主任
杨曲冰　洪雅县财政局局长
刘兆琼　洪雅县余坪镇党委副书记、纪委书记
杨洪琴　洪雅县政府办公室副主任
吴　琳　洪雅县公安局副政委
尹　洪　洪雅县人力资源社会保障局副局长
冷晓玲　洪雅县妇联副主席
刘明忠　洪雅县民政局救济股股长
王素君　丹棱县人民法院纪检组长
彭代勇　丹棱县委政研室副主任
刘　玉　丹棱县人力资源社会保障局城乡居保中心主任
郑旭东　丹棱县老龄办副主任
陈国琴　丹棱县石桥乡纪委副书记
王圆源　丹棱县统计局工作人员
毛　焰　青神县汉阳镇妇联主席
李晓梅　青神县司法局社安股股长
李贵美　青神县民政局办公室副主任
万菊花　青神县河坝子镇安家坝村党支部书记
吴红梅　青神县青城镇花园社区居委会委员
王　英　青神县妇幼保健院保健部主任
梁　丹　市中级人民法院刑一庭副庭长
彭　燕　市人民检察院政治部教育处处长
马滢瀛　市委办公室副调研员
罗　丽　市人大常委会农工委办公室主任
陈彦娟　市政府督查室副主任
万　堃　市政府应急指挥中心应急指挥科副科长

舒妍丹　市政协办公室教文科科长
王　娟　市委组织部办公室主任
吴俊瑾　市两新党工委组织科长
张晓帆　市网络舆情中心主任
周玉萍　市民主党派机关事务管理中心主任
郑敏璐　市发展改革委机关党委书记
郭子明　市政府教育督导委员会总督学
宛露曦　市教体局基础教育科科长
曹　雄　市教体局基础教育科干部
邱晓媛　市公安局园区分局政工监督室主任
黄　河　市民政局事务科工作人员
王　斐　市民政局福利科工作人员
唐　蓉　市司法局司法鉴定科科长
赵　蕾　市财政局财税法规科科长
彭玉霞　市人力资源和社会保障局副局长
代崇玉　市人力资源和社会保障局监察室主任
贾　蓓　市国土资源局法规科工作人员
刘晓琴　市环境保护局环境监测中心站工程师
李　钦　市住房和城乡建设局工作人员
袁　琳　市水务局人事和内审科主任科员
梁　殷　市水产渔政局动物防疫检疫科科长
陈　恋　市林业局产业科科员
单　靓　市商务局综合科科长
孙鸿雅　市文广新局公共文化科科长
李晓萍　市卫生计生委副主任
陈俊芬　市献血办公室主任
谢　红　市妇幼保健院副院长
刘志勇　市统计局社会经济调查队队长
康翌捷　市统计局人口和社会科技统计科科员
欧　庆　市外侨台办外事科科长
张　霞　市法制办审改科主任科员
李晓玲　市扶贫移民局副调研员
廖　焱　市工商局人事科主任科员
梁鸿宇　市质监局人事监察内审科科长
喻素彬　市总工会副主席、女工委主任
袁琳团　市委副调研员
曹　煦　市妇联副主席
罗　佳　市妇联家儿部科员
张　玲　市科协学协会中心工作人员
胡雪怡　市残疾人服务中心工作人员

七、2016年小春农作物秸秆禁烧与综合利用工作先进个人（73名）

潘柯材　市委宣传部网络监督管理科科长
赵　睿　市人民政府督查室副主任
周　怡　市人民政府办公室秘书七科副科长（主任科员）
李　兵　市人民政府办公室秘书九科副科长
申小军　市环境保护局农村科科长
尹　晖　市环境监察执法支队综合科科长
简子渊　市环境保护局城市科副主任科员
白　炼　市农业局副局长
刘德芬　市农业局土肥站站长
吕文中　市监察局党风政风监督室主任
宛露曦　市教体局基础教育科副科长
黎　明　市公安局城西派出所副所长
程　瑜　市财政局经济建设科科长
朱欣兰　市交通运输局建设管理科副科长
朱　珠　眉山电视台广播中心主任
殷　勇　眉山日报社记者
刘清禄　金象化工产业园区管委会主任科员
赵志彪　甘眉（铝硅）工业园区管委会干部
李　晟　岷东新区管委会干部
陈玉平　东坡区环境保护局局长
徐勇东　坡区农业局农艺师
邹卫东　东坡区教育局局长
黄　蛟　东坡区公安分局太和镇派出所所长
石冬如　东坡区总工会常务副主席
何　波　东坡区通惠街道党工委书记
朱柏芳　东坡区万胜镇党委书记
杜贵林　东坡区崇仁镇党委书记
倪　伦　东坡区崇礼镇党委书记
梁　霄　东坡区金花乡党委书记
赵飞宇　彭山区人民政府副区长
张怀庆　彭山区人力资源社会保障局局长
唐建超　彭山区人民政府应急办主任
郭　谦　彭山区公安分局凤鸣镇派出所副所长
钱　磊　彭山区环境监察大队副大队长
刘　跃　彭山区彭溪镇党委书记
王仲文　彭山区谢家镇党委书记
梁　兰　彭山区武阳镇党委书记
任　柱　彭山区保胜乡党委书记
罗　云　彭山区环境保护局纪检组长
徐　刚　仁寿县人民政府督查室主任
李　讯　仁寿县纪委（监察局）第二纪检监察室主任
卢华琼　仁寿县环境保护局总工程师
高童全　仁寿县公安局副政委
王元根　仁寿县城乡环境综合治理办公室副主任

徐治华　仁寿县龙正镇副镇长
王德安　仁寿县北斗镇农业服务中心主任
辜小洪　仁寿县黑龙滩镇镇长
徐　雪　仁寿县兴盛镇三产办主任
李　波　仁寿县钟祥镇产业发展办公室干部
车智勇　青神县人民政府副县长
余　鹏　青神县青城镇党委书记
游　文　青神县黑龙镇党委书记
杨　娟　青神县高台乡党委书记
程慧东　青神县环境保护局局长
文　敏　青神县环境保护局副局长
黄义容　青神县南城镇副镇长
曾惠容　青神县百事康农业环保科技有限公司总经理
李　波　洪雅县人民政府督查股股长
杨林华　洪雅县洪川镇党委书记
伍仕波　洪雅县中保镇党委书记
牟秋鸿　洪雅县东岳镇党委书记
刘卫权　洪雅县止戈镇党委书记
喻志高　洪雅县公安局副局长
付加楷　洪雅县农牧局副局长
胡禾艳　洪雅县环境保护局副局长
朱　莉　丹棱县人民政府县长
何文华　丹棱县人民政府副县长
胡　曦　丹棱县仁美镇党委书记
王忠良　丹棱县张场镇镇长
何迎春　丹棱县双桥镇党委副书记
宋诗利　丹棱县环境保护局局长
曹茂洪　丹棱县环境保护局副局长
蒋汉勇　丹棱县环境保护局生态股副股长

八、眉山市血吸虫病防治工作先进个人（100名）

岳志红　东坡区人大委员会副主任
李来军　东坡区教育局干部
周文家　东坡区水务局干部
易　敏　东坡区农业局农村经营管理站副站长
郑光利　东坡区林业局营林股股长
窦海生　东坡区卫生计生局局长
李建林　东坡区卫生计生局副局长
王燕梅　东坡区卫生计生局干部
刘进财　东坡区新闻中心电视部主任
万学祥　东坡区血防站常务副站长
王志祥　东坡区血防站副站长
汪文锋　东坡区金花乡政府血防办主任
罗　涛　东坡区秦家镇党政办主任
吴明远　东坡区崇礼镇中心卫生院医师
黄泽华　东坡区崇仁镇血防医生
左方根　东坡区广济乡济光村书记
何铭玲　彭山区地防办主任
徐　中　彭山区水务局水利工作站站长
邓敏志　彭山区林业局项目办主任
乔　璐　彭山区卫生计生局疾控股股长
兰　强　彭山区血防站站长
绕则太　彭山区血防站副站长
徐建斌　彭山区血防站药剂科科长
许仲辉　彭山区血防站预防科科长
杨　玲　彭山区血防站医生
杨开华　彭山区义和乡党委书记
候明攀　彭山区谢家镇政府副科级干部
王　郁　彭山区谢家镇第二卫生院院长
李　伟　彭山区义和乡卫生院副院长
李明全　彭山区江口镇双合村卫生站乡村医生
雷文忠　仁寿县血防办主任、卫生计生局局长
姜　楠　仁寿县血防办副主任、卫生计生局副局长
叶　青　仁寿县财政局干部
喻春和　仁寿县水务局干部
周玉龙　仁寿县农业局干部
黄明忠　仁寿县林业局干部
王荣科　仁寿县卫生计生局疾控股股长
吴鹏远　仁寿县畜牧兽医局干部
张建雄　仁寿县疾控中心主任
黄　河　仁寿县疾控中心副主任
王　勇　仁寿县疾控中心血防科科长
崔三明　仁寿县疾控中心血防科副主任医师
杨　凯　仁寿县疾控中心血防科副科长
吴光文　仁寿县方家镇党委书记
曾文勇　仁寿县清水镇中心卫生院公共卫生科科长
余建军　仁寿县洪峰乡卫生院院长
万勤芳　洪雅县委常委、统战部部长
李争鸣　洪雅县教体局教育股股长
王　澜　洪雅县财政局社保股股长
杨　光　洪雅县卫生计生局副局长
牟艳琳　今日洪雅杂志社编辑
何　建　洪雅县动物疫病控制中心主任
白宏伶　洪雅县疾控中心主任
吴　莹　洪雅县疾控中心地防科科长
伍艳红　洪雅县洪川镇社区卫生服务中心公共卫

生科科长
付从珍　洪雅县中山乡卫生院公共卫生人员
权雯洁　丹棱县政府办公室信调股干部
徐　超　丹棱县目标绩效办主任
周卫东　丹棱县财政局机关党委书记
戴轶琴　丹棱县水务局副局长
曾永燕　丹棱县农业局土肥站站长
毛自信　丹棱县林业局营林股副股长
敖春龙　丹棱县卫生计生局疾控股股长
杨俊凯　丹棱县动物疫病控制中心主任科员
范建儒　丹棱县疾控中心血防科科长
徐仕明　丹棱县仁美镇人大主席
荀永良　丹棱县杨场镇杨坝村支部书记
王兴虎　丹棱县杨场镇中心卫生院执业医师
程建军　青神县教体局教育股副股长
陈建如　青神县林业局营林股股长
段彬如　青神县卫生计生局副局长
王朝阳　青神县卫生计生局疾控股股长
张学祥　青神县疾控中心主任
周翠娥　青神县疾控中心地慢科科长
饶　舜　青神县罗波乡党委书记
沈　铁　青神县白果乡党委委员、组织委员
王萌梅　青神县高台乡副乡长
金中华　市委农工委产业办干部
杨晓婷　市发展改革委社会事业科科长
曹　雄　市教体局基教科干部
许晓梅　市科技局计划科科长
刘世平　市水务局水务管理处副处长
董　敏　市农业局农业行政执法支队副支队长
刘晓宇　市林业局干部
李　谋　市卫生计生委副调研员
刘世洪　市卫生计生委疾控科副科长
祝　睿　市法制办综合科副科长
余明鑫　市畜牧局副局长
郑建华　市畜牧局兽医兽药管理科科长
陈燕利　眉山日报社记者
谢佩峰　市广播电视台新闻中心副主任
王德军　武警眉山支队卫生队队长
谌俊平　市疾控中心主任
冷　军　市疾控中心副主任
罗桂英　市疾控中心疾控科科长
李　娟　市疾控中心疾控科副科长
黎　勇　市疾控中心公卫主管医师
张　瀚　市疾控中心公卫执业医师
黄先奇　市动物疫病控制中心副主任
沈爱梅　市动物疫病控制中心副主任

九、眉山市 2012—2016 年防汛减灾工作先进个人（79 名）

孙　剑　东坡区委书记
曾静海　东坡区人民政府研究室副主任
胡春福　东坡区秦家镇党委书记
赵　翔　东坡区松江镇人民政府镇长
徐　华　东坡区防汛抗旱指挥部办公室主任
彭洲贵　东坡区水务局防汛股股长
彭　义　东坡区财政局农财股股长
刘加斌　东坡区盘鳌乡人民政府水利站站长
唐建超　彭山区政府应急办主任
程　轲　市公安局彭山分局副政委
张　萍　彭山区市政园林管理局局长
李永红　彭山区河道管理处处长
赵品栋　彭山区锦江乡人民政府副乡长
陈永忠　彭山区凤鸣街道办事处平乐社区支部书记
明　宇　仁寿县委常委、县纪委书记
苏海清　仁寿县水务局局长
闵　力　仁寿县气象局办公室主任
魏金花　仁寿县国土资源局地质环境监测站副站长
杨　刚　仁寿县防汛抗旱指挥部办公室工作人员
胡建林　仁寿县视高镇河心社区支部书记
李联志　仁寿县公安消防大队战士
肖金花　仁寿县汪洋镇农业服务中心水利员
阳运良　洪雅县委书记
伍秋军　洪雅县安全监管局局长
郑　杰　洪雅县气象局副局长
伍仕波　洪雅县中保镇党委书记
刘卫权　洪雅县止戈镇党委书记
蒋玉兵　四川槽渔滩水电股份有限公司总经理助理、电厂厂长
杜小波　洪雅县水务局规划和项目股副股长
陈月海　洪雅县消防大队河坝中队战士
杨　华　丹棱县委常委、统战部长
周蓬廷　丹棱县政府应急办主任
李浩铠　丹棱县国土资源局党组成员
居　锐　丹棱县住房城乡建设局质安站副站长
何云华　丹棱县顺龙乡人民政府安办主任
胡　均　丹棱县双桥镇人民政府农业办主任
王碧华　青神县副县长、公安局长

陈　洪　青神县政府应急办主任
吴晓燕　青神县气象局局长
曾柯嘉　青神县国土资源局地矿股股长
陈晓明　青神县白果乡副乡长
彭远林　青神县复兴水库饮用水水源保护管委会主任
吴海军　市委外宣办新闻中心主任
陈彦娟　市政府督查室副主任
袁　琪　市政府办公室秘书一科科员
张　丽　市政府应急办工作人员
杨　洋　眉山军分区参谋
郭慧兵　眉山军分区青神县人武部部长
熊　毅　武警眉山支队司令部装备股参谋
王　贵　消防支队东坡区大队百坡路中队战士
唐　瑛　市发展改革委副主任科员
杨吉江　市经济和信息化委信访维稳科科长
张景宝　市教体局学校安全管理科副科长
何　刚　市公安局园区分局副局长
但林臣　市公安局治安管理支队主任科员
肖　蓉　市减灾中心副主任
杨　川　市军队离退休干部服务管理中心工作人员
王志刚　市财政局农业科科长
邓鸿杰　市国土资源局地质环境监测站站长
闵金波　市国土资源局地质环境科科长
季孟伦　市住房和城乡建设局城建科科长
文　刚　市房管局物业管理科科长
涂　勇　市交通运输局安全监督科科长
李正清　市水务局副局长
丁春燕　市水务局水利处副处长
林　伟　市水利水电质量监督站副站长
夏润金　市防汛抗旱指挥部办公室科员
贾现文　市农业局农业技术推广站副站长
郭汤顺　市商务局办公室副主任
单程松　市卫生计生委科员
程　锋　市城管执法局中队长
侯群莲　市政设施管理处副处长
孙绍全　市粮食局副局长
王　兵　市安全生产监察执法支队大队长
李晓玲　市扶贫和移民工作局副调研员
朱　君　市气象局气象台预报员
肖　丹　市气象局公共气象服务中心预报员
何　骐　岷江水文水资源勘测局局长
刘　锐　岷东新区管委会副调研员

附录

Appendix

表 14　获全国性表彰的先进集体

获奖单位	获奖称号	授奖单位
眉山市	国土资源节约集约模范市	国土资源部
东坡区	全国残疾人工作先进单位	国务院残疾人工作会员会
彭山区观音镇果园村党支部	全国先进基层党组织	中共中央
市政府办	全国第九届残运会暨第六届特奥会筹备组织工作先进集体	中残联
眉山市国土资源局	2015 年度市级国土资源政务信息网上公开示范单位	国土资源部
眉山市国土资源局	2016 年度国土资源报刊读报用刊工作先进单位	中国国土资源报社
眉山市交通运输局	2014—2015 年度全国交通运输企业精神文明建设先进集体	交通运输部
眉山市总工会	2015 年工会财务工作先进单位	中华全国总工会
市公安局交警支队车辆管理所	二等车辆管理所	公安部
四川大学锦江学院青年志愿者协会——奔跑吧少年儿童健康成长计划	第三届中国青年志愿服务项目大赛银奖	团中央、文明办、民政部、水利部、中残联、中国志愿服务联合会
2015 年度全国“五四红旗团委（团支部）”	彭山区彭溪镇毛店村团支部	团中央
2015 年度全国“五四红旗团委（团支部）”	东坡区通惠街道团工委	团中央

续上表

获奖单位	获奖称号	授奖单位
洪雅高庙镇七里坪村团支部“打造活力七里”项目	入选2015年“全国农村基层团建创新项目”	团中央农工部
东坡区西部计划项目办	2015—2016年度优秀服务县项目办	全国大学生志愿服务西部计划项目办
彭山区西部计划项目办	2015—2016年度优秀服务县项目办	全国大学生志愿服务西部计划项目办
市消防支队东坡区大队党委	先进基层党组织	公安部政治部
眉山市中级人民法院	全国老年法律维权工作先进集体	最高人民法院
邮储银行眉山市分行	银团合作优秀项目	中央金融团工委
邮储银行眉山市分行	银团合作优秀派出机构	中央金融团工委
眉山市发展和改革委员会	全国价格监测质量考核工作优秀单位	国家发展和改革委员会
眉山市价格认证中心	全国价格认定工作先进机构	国家发展和改革委员会
中国人民银行眉山市中心支行团委	青年成才计划获得2015年度“我与央行共奋进”精品活动	中国人民银行团委
中国人民银行眉山市中心支行货币信贷管理科（调查统计科）	全国青年文明号	中国人民银行
四川大学锦江学院	第五届全国大中学生海洋文化创意设计大赛优秀组织单位奖	国家海洋局宣传教育中心、中国海洋大学、国家海洋局北海分局
四川大学锦江学院	全球互联网多语种域名技术应用示范单位	中国互联网信息中心
四川大学锦江学院	创新创业教育师资队伍建设奖	中国民办教育协会高等教育专业委员会
四川大学锦江学院	全国高校商业精英挑战赛总决赛最佳院校组织奖	教育部高等学校经济与贸易类专业教学指导委员会等
四川大学锦江学院	全国高校商业精英挑战赛“智欣联创杯”国际贸易竞赛一等奖	教育部高等学校经济与贸易类专业教学指导委员会等
四川大学锦江学院	全国高校商业精英挑战赛“智欣联创杯”国际贸易竞赛一等奖	教育部高等学校经济与贸易类专业教学指导委员会等
四川大学锦江学院	中国校友会网2016年“综合实力排行榜100强”第三位	中国校友会网
四川大学锦江学院	2016年“回响中国”腾讯网教育年度总评榜“综合实力独立学院”10强	腾讯网

续上表

获奖单位	获奖称号	授奖单位
四川大学锦江学院	中国高校校报好新闻三等奖 3 项	中国高校校报协会
眉山市东坡区盘鳌乡	全国计划生育协会乡级先进单位	国家计划生育协会
洪雅县瓦屋山镇瓦屋山社区	全国计划生育协会村级先进单位	国家计划生育协会
青神县高台乡麻柳村	全国计划生育协会村级先进单位	国家计划生育协会
眉山市信息化工作管理办公室	2016 年度政务网站领先奖（全国第十一名）	中国信息化研究与促进网
眉山市三人行创业服务有限公司	全国第三批众创空间	科技部
市人社局	2016 年度《中共劳动保障报》新闻宣传工作先进单位	中国劳动保障报社
四川省创鑫服装有限公司配电班班组	质量信得过班组	全国总工会、全国妇女联合会等

表 15　获省委、省政府表彰的先进集体

获奖单位	获奖称号	授奖单位
市政府办	2011—2015 年全省法治宣传教育先进集体	省委、省政府
市人社局	2011—2015 全省法治宣传教育先进集体	省委、省政府
“好味稻”合作社党支部	全省先进基层党组织	省委
市残联	全国第九届残疾人运动会暨第六届特殊奥林匹克运动会四川省筹备工作先进集体	省委
市委群工部机关党支部	全省先进基层党组织	省委
市政府办	全国第九届残运会暨第六届特奥会突出贡献单位	省政府
市科技局	2015 年度四川省专利奖	省政府

表 16　**获省厅级表彰的先进集体**

获奖单位	获奖称号	授奖单位
市政府办	2013—2015 年四川省政府系统办公室工作先进集体	省政府办公厅
市政府办	2015 年度全省政务信息工作先进集体	省政府办公厅
眉山市青神县人武部	基层建设先进旅团级单位	省军区
仁寿县人武部党委	先进旅团级单位党委	省军区
彭山区人武部	军事训练先进单位	省军区
洪雅县人武部	安全管理先进单位	省军区
丹棱县人武部机关党支部	先进基层党支部	省军区
市政府应急管理办公室	四川省地质灾害防治工作先进集体	省人社厅、省国土资源厅
眉山市委组织部	2015 年全省党内统计报表良好等次	省委组织部
眉山市委组织部	2015 年公务员统计工作良好等次	省委组织部
市检察院	2015 年度全省市分州院绩效管理考评二等奖	省人民检察院
市检察院	2016 年市级检察院报送信息先进单位	省人民检察院
彭山区检察院	2013—2015 年全省检察机关先进集体	省人民检察院
彭山区检察院司法警察大队	全省检察机关司法警察片区技能比武绵阳片区建制队综合成绩第二名	省人民检察院
彭山区检察院司法警察大队	全省检察机关司法警察片区技能比武绵阳片区建制队理论比赛第三名	省人民检察院
彭山区检察院司法警察大队	全省检察机关司法警察片区技能比武绵阳片区建制队擒敌拳比赛第二名	省人民检察院
彭山区检察院司法警察大队	全省检察机关司法警察片区技能比武绵阳片区建制队警棍术第三名	省人民检察院
彭山区检察院司法警察大队	全省检察机关司法警察片区技能比武绵阳片区建制队救护基本知识第一名	省人民检察院
彭山区检察院司法警察大队	全省检察机关司法警察片区技能比武绵阳片区建制队想定作业第二名	省人民检察院

续上表

获奖单位	获奖称号	授奖单位
市检察院	四川省档案工作先进集体	省档案局
市文广新局	统计工作先进单位	省新闻出版广电局
市文广新局	省新闻出版广电系统先进集体	省人社厅、省新闻出版广电局
市文广新局	“书香天府·全民阅读”先进集体	省委宣传部、省新闻出版广电局等
市城乡规划局	2015年度住房城乡建设目标绩效考核住房城乡建设类一等奖	省住房和城乡建设厅
市城乡规划局	2015年度市（州）测绘地理信息管理工作目标考核第一名	省测绘地理信息局
市城乡规划局	四川省“美丽中国”第三届国家版图知识竞赛和少儿手绘地图大赛组织奖第一名	省测绘地理信息局
市地税局	“十二五”税收法治建设先进单位	省地方税务局
市地税局	金税三期工程上线工作先进单位（三等奖	省地方税务局
市地税局	绩效管理优秀	省地方税务局
市地税局	营业税、资源税收入完成好的单位	省地方税务局
市地税局	资源税从价计征改革工作成绩突出的单位	省地方税务局
市地税局	营业税、资源税税制改革调研工作突出的单位	省地方税务局
市地税局	2016年度“互联网+税务”行动计划评优一档	省地方税务局
市地税局	财产和行为税重点工作进展表现突出的单位	省地方税务局
市地税局	财产行为税收入完成好单位	省地方税务局
市地税局	财产行为税税收政策落实好的单位	省地方税务局
市地税局	财产行为税第三方采集工作完成好的单位	省地方税务局
市地税局	2015年度收入规划核算工作优良单位	省地方税务局

续上表

获奖单位	获奖称号	授奖单位
市地税局	2015年度电子税务管理工作情况优秀单位	省地方税务局
市地税局	2015年度征管和科技发展工作优秀单位	省地方税务局
眉山市旅游局	全省旅游工作综合目标绩效考核先进单位	省旅游产业领导小组办公室
市就业局	2015年度就业创业服务工作先进单位	省就业局
市就业局	2015年度失业保险工作先进单位的通报	省就业局
市就业局	2015年度互联网+公共招聘先进单位的通报	省就业局
市人事考试中心	2015年度全省人事考试工作为优秀	省人事考试中心
市医保局	2015年度基金财务报表获奖单位	省医疗保险管理局
市医保局	2015年度统计报表获奖单位	省医疗保险管理局
市人社局	四川省第二届“敬老文明号”单位	省老龄工作委员会
市人社局	人力资源社会保障部办公厅关于2016年《中国劳动保障报》新闻宣传工作情况的通报	人力资源社会保障部办公厅
市就业局	市州优秀合作机构	省大学生创新创业活动中心
市就业局	统计工作考核先进单位	省人社厅
市就业局	实名制动态管理工作成绩突出单位	省就业局
市就业局	全省园区企业用工监测工作成绩突出单位	省就业局
市人事考试中心	全国人力资源社会保障系统2014-2016年度优质服务窗口	人社部
眉山市代表团	第六届农民工技能大赛团体优胜三等奖	省第六届农民工技能大赛组委会
市就业局	四川省大学生创新创业活动中心优秀合作机构	四川省大学生创新创业活动中心
眉山市邮政管理局	2016年度“好”市州领导班子	省邮政管理局

续上表

获奖单位	获奖称号	授奖单位
眉山市不动产登记中心	四川省青年文明号	省人社厅、共青团四川省委
眉山市	2015-2016 年高标准农田建设全省第一名	省高标准农田建设工作联席会议办公室
眉山市	2016 年度农田水利基本建设国土资源项目全省第二名	省人民政府农田水利基本建设指挥部
眉山市国土资源局	2015 年度四川省绿化模范单位	省绿化委员会
眉山市	2015 年度市（州）耕地保护暨国土资源管理目标考核全省第一名	省国土资源厅
眉山市	全国第三届国土资源节约集约模范地级市	省国土资源厅
眉山市国土资源局	2015 年度“厅长信箱”来信办理通报表扬	省国土资源厅
眉山市国土资源局	2015 年“走基层、解忧难、化积案、维权益”主题活动优秀组织单位	省国土资源厅
眉山市国土资源局	2015 年度 12336 工作优秀单位	省国土资源厅
眉山市国土资源局	2015 年市州国土资源局信访维稳工作全省第一名	省国土资源厅
眉山市国土资源局	2015 年度全省国土资源系统政府信息公开工作先进单位	省国土资源厅
眉山市国土资源局	2015 年度市（州）国土资源局耕地保护暨沟通资源管理先进单位	省国土资源厅
眉山市国土资源局	四川省国土资源管理系统先进集体	省人社厅、省国土资源厅
眉山市安全监管局	2016 年度四川省安全社区建设先进集体	省政府安委会办公室
眉山市安全监管局	2016 年度全省安全生产宣传工作先进单位	省政府安委会办公室
眉山市交通运输局	全省交通运输系统“六五”普法先进集体	省交通运输厅
眉山市交通运输局	2015 年度全省公路养护统计年报暨公路数据库电子地图更新维护优秀单位	省交通运输厅公路局
眉山市交通运输局	2015 年度交通造价管理工作优秀单位	省交通运输厅建设工程造价管理站

续上表

获奖单位	获奖称号	授奖单位
眉山市交通运输局	2015年度全省交通运输系统目标绩效管理先进单位	省交通运输厅
眉山市交通运输局	2016年度交战工作目标管理先进单位	省交通战备办公室
眉山市交通运输局	2016年四川省交通运输执法形象大提升竞赛三等奖	省交通运输厅
眉山市道路运输管理处	2015年道路运输工作目标完成先进单位	省交通运输厅道路交通运输管理局
眉山市道路运输管理处	2015年道路运输安全管理目标完成先进单位	省交通运输厅道路交通运输管理局
眉山市交通运输局洪雅县运管所	2015年全省交通运输行政执法评议考核优秀单位	省交通运输厅
眉州监狱	先进集体	省人力资源和社会保障厅、省司法厅
四川省创鑫服装有限公司四车间QC（智能管理）小组	优秀QC（智能管理）小组	省经济和信息化委员会、省质量技术监督局等
市防震减灾局	2016年度政务信息工作三等奖	省地震局
市直机关工委	2015年度全省城乡环境综合治理“进机关”活动先进单位	省直机关工委
市畜牧局	获2016年度农业发展综合目标考核第一名	省农业厅
市总工会	2015年度全省工资集体协商提质增效专项考核二等奖	省总工会
市总工会	2015年度工会工作目标考核二等奖	省总工会
市总工会	2015年度工会领导班子考核二等奖	省总工会
市总工会	2015年度四川省“安康杯”竞赛先进集体	省总工会
市总工会	2015年度市、州和省产业（局）工会财会工作综合考核特等奖	省总工会
市总工会	2015年度市、州和省产业（局）工会经费收缴单项考核市、州二组一等奖	省总工会

续上表

获奖单位	获奖称号	授奖单位
市总工会	2015年度工会经审工作规范化建设考核A级单位	省总工会
市总工会	2016年度全省工会法律工作劳动争议调解二等奖、劳动法律监督二等奖、法律援助微博三等奖、OA系统经费补助三等奖	省总工会
市总工会	四川省“创新创效金点子”合理化建议征集活动先进集体	省总工会
市人民政府	全省质量考核第5名	省质量强省工作领导小组
市质监局	全省质监系统2015年度信息化建设先进单位	省质监局
市质监局	2015年全省质监系统政务信息第2名	省质监局
师范教育系总支委员会	建党95周年全省高校先进基层党组织	省委教育工作委员会
市城管执法局	全省城市管理类工作一等奖	省住房和城乡建设厅
市公安局	四川省防范和处理邪教工作先进集体	省人社厅、省政府防范和处理邪教问题办公室
市公安局	全省公安工作目标考核一等奖，记集体二等功	省公安厅
市公安局交警支队	四川省卫生单位	省爱国卫生运动会
市公安局	中国禁毒报优秀组织单位	四川省禁毒委员会办公室
东坡区分局调解中心	全国公安信访窗口示范单位	省公安厅
市公安局信访处	全省公安信访窗口示范单位	省公安厅
洪雅县公安局指挥中心信访室	全省公安信访窗口示范单位	省公安厅
市公安局	2015年四川省道路交通安全综合整治工作先进集体	省道路交通安全综合治理委员会、省人社厅
彭山区公安分局	2015年四川省道路交通安全综合整治工作先进集体	省道路交通安全综合治理委员会、省人社厅

续上表

获奖单位	获奖称号	授奖单位
市公安局	2015 年度全省公安机关执法质量考评工作优秀组织单位	省公安厅
丹棱县公安局	2015 年度全省公安机关执法质量考评工作县级优秀单位	省公安厅
青神县公安局	2015 年度全省公安机关执法质量考评工作县级优秀单位	省公安厅
青神县公安局	全省公安机关执法质量考评成绩突出单位	省公安厅
市公安局侦破省督“sd1510”专案组	集体二等功	省公安厅
仁寿县公安局	集体二等功	省公安厅
市公安局警务保障处	集体二等功	省公安厅
市公安局治安管理支队	银行业金融机构第四轮安全评估工作先进集体	省公安厅、中国银监会四川监管局
市公安局	第十六届西部国际博览会成功举办作出突出贡献的单位	省委办公厅、省政府办公厅
东坡区公安分局警务保障大队	全省公安机关“210 工程”建设成绩突出集体	省公安厅
洪雅县公安局警务保障室	全省公安机关“210 工程”建设成绩突出集体	省公安厅
彭山区公安分局警务保障室	全省公安机关“210 工程”建设成绩突出集体	省公安厅
市公安局侦破“2·5”生产销售伪劣产品专案组	集体二等功	省公安厅
市公安局	减轻基层公安机关 110 接处警工作负担专项治理工作先进集体	省公安厅
市公安局警务督察支队	减轻基层公安机关 110 接处警工作负担专项治理工作成绩突出部门	省公安厅
市公安局治安管理支队	四川省维护稳定工作先进集体	省政法委、省维稳领导小组、省人社厅

续上表

获奖单位	获奖称号	授奖单位
市关工委	四川省关心下一代工作先进集体	省关工委、省委老干局、省文明办、团省委
团市委	四川省青少年网络安全知识竞赛二等奖	团省委
眉山市车辆厂小学少先队大队	四川省优秀少先队集体	省委宣传部、省人社厅等六部委
东坡区通惠小学少先队大队	四川省优秀少先队集体	省委宣传部、省人社厅等六部委
彭山区彭溪镇中心小学少先队大队	四川省优秀少先队集体	省委宣传部、省人社厅等六部委
彭山区第三中学少先队大队	四川省优秀少先队集体	省委宣传部、省人社厅等六部委
青神河坝子镇中心小学少先队大队	四川省优秀少先队集体	省委宣传部、省人社厅等六部委
丹棱镇小学校少先队大队	四川省优秀少先队集体	省委宣传部、省人社厅等六部委
眉山市第一小学六（1）中队	四川省优秀少先队集体	省委宣传部、省人社厅等六部委
丹棱张场镇小学校五（1）中队	四川省优秀少先队集体	省委宣传部、省人社厅等六部委
青神学道街小学二（2）中队	四川省优秀少先队集体	省委宣传部、省人社厅等六部委
洪雅实验小学校五（3）中队	四川省优秀少先队集体	省委宣传部、省人社厅等六部委
洪雅县第一小学三（4）中队	四川省优秀少先队集体	省委宣传部、省人社厅等六部委
仁寿县禾加镇林场小学校二（2）中队	四川省优秀少先队集体	省委宣传部、省人社厅等六部委
仁寿县鳌峰初级中学八（5）中队	四川省优秀少先队集体	省委宣传部、省人社厅等六部委
仁寿城北小学三（1）中队3小队	四川省优秀少先队集体	省委宣传部、省人社厅等六部委

续上表

获奖单位	获奖称号	授奖单位
眉山市硕仙农业技术服务有限公司	第三届“创青春”四川青年创新创业大赛暨第七届高校毕业生创业大赛铜奖	省委组织部、省委宣传部、省经信委等11部门
市消防支队党委	好领导班子	省公安厅
市消防支队	消防执法质量考评先进单位	省公安消防总队
市消防支队	消防工作考核优秀单位	省人民政府消防安全委员会
市消防支队纪委	先进纪委	省公安消防总队党委
市消防支队纪委	先进纪委	省公安消防总队党委
眉山市中级人民法院	全省法院信息化工作先进集体	省高级人民法院
眉山市中级人民法院	保持省级文明单位荣誉	省精神文明办
眉山市中级人民法院	全省法院调研工作二等奖	省高级人民法院
眉山市中级人民法院	全省法院政工工作一等奖	省高级人民法院
眉山市中级人民法院	全省法院执行工作目标管理综合考核二等奖	省高级人民法院
眉山市中级人民法院	全省法院争创“两个一流”二等奖	省高级人民法院
眉山市中级人民法院	基层基础建设先进单位	省高级人民法院
眉山市中级人民法院	全省法院微电影创作大赛优秀奖	省高级人民法院
眉山市中级人民法院	通联工作先进单位	省高级人民法院
眉山市中级人民法院	全省法院司法统计分析重点课题成果三等奖	省高级人民法院
眉山市中级人民法院	全省法院优秀调研成果二等奖	省高级人民法院
眉山市中级人民法院	全省法院教育培训工作先进集体	省高级人民法院
眉山市中级人民法院	全省法院网络司法拍卖工作先进集体	省高级人民法院
眉山市中级人民法院	全省法院司法保障工作综合成绩一等、财务管理一等、装备管理二等、两庭建设二等、政府采购和固定资产管理二等	省高级人民法院
眉山市中级人民法院	全省法院涉港澳台司法事务工作二等奖	省高级人民法院
眉山市中级人民法院	全省法院案例工作二等奖	省高级人民法院

续上表

获奖单位	获奖称号	授奖单位
眉山市中级人民法院	全省法院信息化工作先进集体	省高级人民法院
眉山市中级人民法院	全省法院少年法庭工作三等奖	省高级人民法院
眉山市中级人民法院政治部	全省法院政工工作一等奖	省高级人民法院
眉山市中级人民法院政治部	推进法院文化建设奖	省高级人民法院
眉山市中级人民法院	全省法院“基本解决执行难”信息宣传调研工作一等奖	省高级人民法院
眉山市工商联	2016 年度全省工商联系统宣传工作先进单位	省工商联
眉山市工商联	2013—2016 年度工商联维权工作先进单位	省工商联
眉山银监分局	2016 年度统计调研工作考核评比二等奖	四川银监局
眉山市城乡环境综合治理办公室	四川省爱国卫生先进集体	省爱国卫生运动委员会
眉山市城乡环境综合治理办公室	2016 年度住房城乡建设系统“一等奖”	省城乡环境综合治理工作领导小组办公室
眉山市贸促会	2012—2016 年度全省贸促系统先进集体	省贸促会
眉山市人民政府防汛抗旱指挥部办公室	四川省防汛抗旱先进集体	省政府防汛抗旱指挥部、省人社厅
眉山市人民政府防汛抗旱指挥部办公室	四川省防汛抗旱先进集体	省政府防汛抗旱指挥部、省人社厅
市委群工部	2015 年度“优秀通联单位”	省信访局
市委群工部	2015 年度创建“三无”先进集体	省信访局
市委群工部	2015 年度信访信息化建设及应用先进集体	省信访局
市委群工部	2015 年度“三查三促三争当”活动先进集体	省信访局
市委群工部	2015 年目标绩效考核获得一等奖	省信访局
中国人民银行银行眉山市中心支行	2015 年度目标管理先进单位	人民银行成都分行

续上表

获奖单位	获奖称号	授奖单位
中国人民银行眉山市中心支行团委	成都分行2015年度五四红旗团委	人民银行成都分行团委
中国人民银行银行眉山市中心支行机关第一党支部	2014—2015年度先进基层党组织	人民银行成都分行
中国人民银行眉山市中心支行工会	太极组表演三等奖	人民银行成都分行工会
中国人民银行眉山市中心支行支付结算科	人民银行职工“十佳提案	人民银行成都分行
市住房公积金管理中心	2016年度目标考核一等奖	省住房和城乡建设厅
眉山市委农工委	第四届四川农业博览会先进集体	四川农业博览会组委会
眉山市委农工委	2016年度全省农工委（办）系统信息工作先进单位	省委农工委
眉山市委农工委	2016年度全省优秀市（州）农工委（办）	省委农工委
四川大学锦江学院	高校节约型校园（2016年度）	省教育厅
四川大学锦江学院（学生公寓15栋）	高校标准化公寓（2016年度）	省教育厅
四川大学锦江学院	高校园林式校园（2016年度）	省教育厅
四川大学锦江学院	G20财长和央行行长会志愿者工作“先进组织”	四川省G20财长和央行行长会筹备工作领导小组办公室志愿者部
四川大学锦江学院	第三届中国青年志愿服务项目大赛四川省赛“银奖”	共青团四川省委四川青年志愿者协会
四川大学锦江学院	第三届中国青年志愿服务项目大赛四川省赛“金奖”	共青团四川省委四川青年志愿者协会
四川大学锦江学院	志愿四川“第七届四川省青年志愿者优秀组织”	共青团四川青年志愿者协会
四川大学锦江学院	四川省高校校报好新闻一等奖1项，二等奖1项，三等奖1项	四川省高校校报协会

续上表

获奖单位	获奖称号	授奖单位
市卫计委	四川省爱国卫生先进集体	省爱卫会
市卫计委	全省艾滋病防治信息工作先进单位	省重传办
市卫计委	2015年市州卫生计生部门绩效管理工作考核结果优秀部门	省卫计委
市卫计委	基层卫生岗位技能竞赛二等奖	省卫计委、省总工会
市卫计委	基层卫生岗位技能竞赛全科医疗团队知识竞答二等奖	省卫计委、省总工会
市卫计委	基层卫生岗位技能竞赛团体奖	省卫计委、省总工会
市卫计委	首届“健康四川·大美医者”评选活动先进集体	省卫计委
市卫计委	2015年市州中药管理局绩效管理工作考核优秀部门	省卫计委
市卫计委	四川卫生计生系统先进集体	省人社局、省卫计委、省中管局
市卫计委	基层卫生岗位技能竞赛团体奖	省卫计委、省总工会
市卫计委	2016年全省市县两级人口健康信息平台建设先进单位	省卫计委
市卫计委	2015年度全省卫生计生财务年报编制工作先进单位	省卫计委
市卫计委	全省爱国卫生工作先进集体	省爱卫会

市委、市政府表彰的先进集体

一、2015 年度全市支持创业就业工作先进集体

（一）支持创业就业工作先进集体（36 个）

1. 区县

（1）创业工作先进集体

东坡区委、区政府，彭山区委、区政府，
青神县委、县政府

（2）就业工作先进集体

仁寿县委、县政府，洪雅县委、县政府，
丹棱县委、县政府

2. 市级单位、部门

市委办公室、市政府办公室
市委组织部、市委宣传部
市委农工委、市投促局
市发展改革委、市经济和信息化委
市教体局、市科技局
市财政局、市人力资源和社会保障局
市农业局、市林业局
市商务局、市旅游局
市畜牧局、市工商局
市总工会、团市委
市妇联、市残联
眉山日报社、市广播电视台
市国税局、市地税局
人行眉山市中心支行、省联社眉山办事处
邮储银行眉山市分行、市三产办

（二）促进就业先进企业和培训机构（46 个）

1. 市内促进就业先进企业

四川省惠通食业有限责任公司
四川省川南酿造有限公司
四川李记酱菜调味品有限公司
四川省眉山恒通印铁包装有限公司
四川龙蟒福生科技有限责任公司
彭山川娃子食品厂
四川方格电子商务有限公司
四川同庆南风有限责任公司
中建钢构四川有限公司
四川省万阳电缆有限公司
四川莱福德科技有限公司
四川倍特电动车有限公司
四川双陆医疗器械有限公司
四川洪雅县幺麻子食品有限公司
四川丰元机械制造有限公司
洪雅力达水力发电设备有限责任公司
四川瑞迪佳源机械有限公司
丹棱县实验幼儿园
四川丹甫环境科技有限公司
四川青神美联家居制品有限公司

2. 市外促进就业先进企业

西藏通泽实业有限公司
深圳川华胜餐饮管理有限公司
领地房地产集团股份有限公司
蓬溪县琪英菌业有限公司
天津东坡酒家
重庆木湾农业发展有限公司
呼和浩特市竹筒记餐饮有限公司
北京陈康林野生真菌研究所
四川燎源工程设备有限公司
四川仁吉粉业集团有限公司
云南省药品科技开发经营有限公司
沃顿国际（香港）有限公司
成都艾克美酒店管理有限责任公司
瑞丽市翼龙汽车销售服务有限公司
烟台市熊老头餐饮服务有限公司
四川达沃斯股份（集团）有限公司
昆明川棱机电有限公司
山东圣德石油化工有限公司
重庆晶鑫航空货物运输代理有限公司
西藏玉松竺实业有限责任公司

3. 促进就业先进培训机构

眉山联众职业技能学校
中国水电七局高级技工学校
眉山市仁寿县华达中等职业学校
眉山电子职业技术学校
丹棱县就业训练中心
青神县川华职业技术学校

二、2015 年度“绿海明珠”大会战工作先进集体

（一）先进集体（40 个）

1. 区县（3 个）

彭山区委、区政府，洪雅县委、县政府，
青神县委、县政府

2. 市级单位、部门（37 个）

市纪委（监察局）、市委办公室
市人大常委会办公室、市政府办公室
市政协办公室、市委组织部
市委宣传部、市委政法委
市直机关工委、市委群工部

市委编办、市委农工委
市发展改革委、市教体局
市财政局、市人力资源和社会保障局
市住房和城乡建设局、市交通运输局
市水务局、市农业局
市林业局、市商务局
市卫生计生委、市审计局
市旅游局、市城管执法局
市畜牧局、市城乡规划局
市国资委、工业新城办
市粮食局、岷东新区
眉山岷江现代农业示范园区、眉山发展公司
市妇联、市扶贫移民局
市城乡环境治理办

三、2015 年度“千湖之城”大会战工作先进集体（40 个）

（一）区县（3 个）
东坡区委、区政府，仁寿县委、县政府，
丹棱县委、县政府
（二）市级单位、部门（37 个）
市纪委（监察局）、市人民检察院
市委办公室、市人大常委会办公室
市政府办公室、市政协办公室
市委组织部、市委宣传部
市委统战部、市委政法委
市委群工部、市委农工委
市发展改革委、市公安局
市财政局、市国土资源局
市环境保护局、市住房和城乡建设局
市交通运输局、市水务局
市农业局、市林业局
市文广新局、市审计局
市旅游局、市城管执法局
市畜牧局、市城乡规划局
岷东新区眉山金象化工产业园区
眉山发展公司、市公共资源交易中心
市扶贫移民局、市广播电视台
市气象局、人行眉山市中心支行
眉山“中国泡菜城”

四、2015 年“百园之市”大会战工作先进集体（40 个）

（一）综合工作（14 个）
1. 区县（3 个）
东坡区委、区政府，彭山区委、区政府，
青神县委、县政府
2. 市级单位、部门（11 个）
市委办公室、市人大常委会办公室
市政府办公室、市政协办公室
市发展改革委、市财政局
市住房和城乡建设局、市林业局
市城管执法局、市城乡规划局
岷东新区
（二）单项工作（26 个）
1. 区县（3 个）
仁寿县委、县政府，洪雅县委、县政府，
丹棱县委、县政府
2. 市级单位、部门（23 个）
市纪委（监察局）、市人民检察院
市委组织部、市委宣传部
市委统战部、市委政法委
市委农工委、市委群工部
市经济和信息化委、市教体局
市民政局、市人力资源和社会保障局
市国土资源局、市水务局
市农业局、市文广新局
市旅游局、市法制办
眉山日报社、市政府金融办
市广播电视台、市城乡环境治理办
市目标绩效办

五、2015 年度十大民生工程和 20 件民生大事工作先进集体（40 个）

（一）区县（6 个）
东坡区委、区政府，彭山区委、区政府，
仁寿县委、县政府，洪雅县委、县政府，
丹棱县委、县政府，青神县委、县政府
（二）市级单位、部门（34 个）
市纪委（监察局）、市委办公室
市政府办公室、市委宣传部
市直机关工委、市委群工部
市委农工委、市发展改革委
市教体局、市民政局
市财政局、市人力资源和社会保障局
市国土资源局、市环境保护局
市住房和城乡建设局、市交通运输局
市水务局、市林业局
市文广新局、市卫生计生委
市审计局、市旅游局
市城管执法局、市畜牧局
市粮食局、岷东新区
市总工会团市委

市妇联、市残联
眉山日报社、市扶贫移民局
市广播电视台、市城乡环境治理办

六、2015 年度维稳、综治、大调解、群众和信访工作先进集体

（一）维稳工作（40 个）
1. 区县（3 个）
东坡区委、区政府，仁寿县委、县政府，
青神县委、县政府
2. 市级单位、部门（34 个）
市纪委（监察局）、市中级人民法院
市人民检察院、市委办公室
市政府办公室、市委组织部
市委宣传部、市委统战部
市委政法委、市委群工部
市委农工委、市发展改革委
市经济和信息化委、市教体局
市公安局、市民政局
市司法局、市财政局
市人力资源和社会保障局、市国土资源局
市住房和城乡建设局、市水务局
市农业局、市商务局
市外侨台办、市畜牧局
市食品药品监管局、市法制办
岷东新区、眉山金象化工产业园区
眉山日报社、市扶贫移民局
市政府金融办、眉山国安局
3. 区县单位、部门（3 个）
彭山区委维稳办洪雅县委维稳办
丹棱县委维稳办
（二）综治工作先进集体（40 个）
1. 区县（3 个）
洪雅县委、县政府，丹棱县委、县政府，
青神县委、县政府
2. 市级单位、部门（31 个）
市纪委（监察局）、市中级人民法院
市人民检察院、市委办公室
市人大常委会办公室、市政府办公室
市政协办公室、市委组织部
市委宣传部、市委政法委
市直机关工委、市委群工部
市委编办、市委防范处理邪教办
市发展改革委、市教体局
市公安局、市民政局
市司法局、市财政局
市人力资源和社会保障局、市环境保护局
市文广新局、市林业局
市卫生计生委、市旅游局
市城管执法局、市安全监管局
岷东新区、团市委
眉山国安局
3. 区县单位、部门（6 个）
东坡区综治办、仁寿县综治办
东坡区网格化服务中心、彭山区网格化服务中心
洪雅县网格化服务中心、丹棱县网格化服务中心
（三）大调解工作先进集体（40 个）
1. 区县（3 个）
彭山区委、区政府，丹棱县委、县政府，
青神县委、县政府
2. 市级单位、部门（10 个）
市中级人民法院、市委政法委
市委群工部、市经济和信息化委
市公安局、市司法局
市人力资源和社会保障局、市住房和城乡建设局
市旅游局、市广播电视台
3. 区县单位、部门（27 个）
东坡区人民法院、东坡区委政法委
东坡区司法局、东坡区大石桥街道
东坡区白马镇、彭山区人民法院
彭山区委政法委、彭山区住房和城乡规划建设局
彭山区观音镇、仁寿县委群工部
仁寿县司法局、仁寿县交通事故人民调解委员会
仁寿县诉调对接中心、仁寿县文林镇
仁寿县钟祥镇、洪雅县人民法院
洪雅县司法局、洪雅县矛盾纠纷大调解协调中心
洪雅县公安局交警大队、丹棱县人民法院
丹棱县公安局交警大队、丹棱县矛盾纠纷大调解协调中心
丹棱县丹棱镇人民调解委员会、青神县人民法院
青神县司法局、青神县汉阳镇
青神县矛盾纠纷大调解协调中心
（四）群众和信访工作先进集体（40 个）
1. 区县（3 个）
东坡区委、区政府，彭山区委、区政府，
仁寿县委、县政府
2. 市级单位、部门（34 个）
市纪委（监察局）、市中级人民法院
市人民检察院、市委办公室
市人大常委会办公室、市政府办公室
市政协办公室、市委组织部

市委宣传部、市委统战部
市委政法委、市直机关工委
市委群工部、市发展改革委
市经济和信息化委、市教体局
市公安局、市民政局
市司法局、市财政局
市人力资源和社会保障局、市交通运输局
市林业局、市卫生计生委
市审计局、市城管执法局
市城乡规划局、市国资委
市安全监管局、市党务政务服务中心
市法制办、岷东新区
市机关事务管理局、市广播电视台
3. 区县单位、部门（3个）
洪雅县委群工部、丹棱县委群工部
青神县委群工部

七、2015年度工业发展先进集体

（一）工业发展（20个）
1. 区县（3个）
彭山区委、区政府，仁寿县委、县政府，
东坡区委、区政府
2. 市级单位、部门（17个）
市纪委（监察局）、市委办公室
市政府办公室、市委组织部
市委宣传部、市委政法委
市委群工部、市人大常委会财经工委
市投促局、市经济和信息化委
市科技局、市财政局
市环境保护局、市审计局
市统计局、市政协经科委
市目标绩效办
（二）园区建设（5个）
1. 区县（2个）
青神县委、县政府丹棱县委、县政府
2. 园区（3个）
天府新区仁寿视高区域、眉山"中国泡菜城"
彭山经开区
（三）"以工为主、统筹城乡"（10个）
市委农工委、市发展改革委
市国土资源局、市安全监管局
甘眉（铝硅）工业园区、眉山金象化工产业园区
青神县工业开发区、仁寿县文林工业园区
丹棱县工业园区、眉山经开区新区
（四）"六大攻坚行动"（5个）
1. 区县（1个）
洪雅县委、县政府
2. 市级单位、部门、园区（4个）
市人力资源和社会保障局、洪雅县工业园区
成眉石化园区、眉山机械产业园区
（五）税收和主营业务收入综合前10强工业企业
四川金象赛瑞化工股份有限公司
中车眉山车辆有限公司
蒙牛乳业（眉山）有限公司
四川德恩精工科技股份有限公司
四川省川南酿造有限公司
千禾味业食品股份有限公司
四川科伦药业股份有限公司仁寿分公司
四川省洪雅青衣江元明粉有限公司
四川丹甫环境科技有限公司
四川省吉香居食品有限公司

八、2015年度都市近郊型现代农业发展工作先进集体（43个）

（一）区县
1. 综合工作（3个）
仁寿县委、县政府，洪雅县委、县政府，
青神县委、县政府
2. 重点工作（3个）
东坡区委、区政府，彭山区委、区政府，
丹棱县委、县政府
（二）市级单位、部门（37个）
市纪委（监察局）、市委办公室
市政府办公室、市委组织部
市委宣传部、市委统战部
市委政法委、市直机关工委
市委群工部、市委编办
市委农工委、市投促局
市发展改革委、市经济和信息化委
市科技局、市财政局
市人力资源和社会保障局、市国土资源局
市环境保护局、市住房和城乡建设局
市交通运输局、市水务局
市农业局、市林业局
市商务局、市审计局
市统计局、市旅游局
市外侨台办、市畜牧局
市工商局、市粮食局
眉山岷江现代农业示范园区、市扶贫移民局
市气象局、国家统计局眉山调查队
人行眉山市中心支行

九、2015年度综合交通大会战工作先进集体（30

个）

（一）区县（3个）

东坡区委、区政府，彭山区委、区政府，

仁寿县委、县政府

（二）市级单位、部门（27个）

市纪委（监察局）、市委办公室

市政府办公室、市委组织部

市委宣传部、市委群工部

市委农工委、市发展改革委

市公安局、市财政局

市人力资源和社会保障局、市国土资源局

市环境保护局市、交通运输局

市水务局、市林业局

市审计局、市畜牧局

市城乡规划局、市安全监管局

岷东新区、眉山发展公司

眉山日报社、市公共资源交易中心

市扶贫移民局、市广播电视台

市综交办（市铁建办）

十、2015年度乡镇经济综合实力前10强和排位上升最快前10位乡镇名单

（一）2015年度乡镇经济综合实力前10强

东坡区象耳镇、彭山区青龙镇

仁寿县视高镇、仁寿县文林镇

东坡区松江镇、东坡区修文镇

青神县青城镇、仁寿县汪洋镇

洪雅县洪川镇、丹棱县丹棱镇

（二）2015年度排位上升最快前10位乡镇

仁寿县宝马镇、洪雅县桃源乡

青神县河坝子镇、青神县瑞峰镇

洪雅县瓦屋山镇、青神县汉阳镇

彭山区江口镇、洪雅县余坪镇

洪雅县汉王乡、彭山区锦江乡

十一、2015年度党风廉政建设先进集体名单（40个）

（一）区县（3个）

彭山区委、区政府，丹棱县委、县政府，

青神县委、县政府

（二）市级单位、部门（37个）

市纪委（监察局）、市中级人民法院

市人民检察院、市委办公室

市人大常委会办公室、市政府办公室

市政协办公室、市委组织部

市委宣传部、市委统战部

市委政法委、市直机关工委

市委群工部、市委编办

市委农工委、市投促局

市发展改革委、市经济和信息化委

市教体局、市公安局

市民政局、市司法局

市财政局、市人力资源和社会保障局

市交通运输局、市商务局

市卫生计生委、市审计局

市外侨台办、市国资委

市党务政务服务中心、市法制办

岷东新区、市总工会

市机关事务管理局、市国税局

国网眉山供电公司

十二、三苏祠“4·20”芦山地震灾后抢救保护维修工程先进集体（38个）

（一）区县（1个）

东坡区委、区政府

（二）市级单位、部门（37个）

市纪委（监察局）、市委办公室

市人大常委会办公室、市政府办公室

市政协办公室、市委宣传部

市委统战部、市委编办

市发展改革委、市公安局

市财政局、市人力资源和社会保障局

市国土资源局、市环境保护局

市住房和城乡建设局、市水务局

市林业局、市文广新局

市审计局、市旅游局

市城管执法局、市城乡规划局

市国资委、市安全监管局

市工商局、市法制办

市文联、眉山日报社

市委市政府接待办、市公共资源交易中心

市广播电视台、消防支队

农工党眉山、市总支三苏祠博物馆

北京清尚建筑装饰工程有限公司

四川开禧古建筑园林工程有限公司

北京国文琰文物保护发展有限公司

十三、2015年度统战工作先进集体（40个）

（一）区县（3个）

仁寿县委、县政府，洪雅县委、县政府，

丹棱县委、县政府

（二）市级单位、部门（37个）

市纪委（监察局）、市人民检察院

市委办公室、市人大常委会办公室

市政府办公室、市政协办公室
市委组织部、市委宣传部
市委统战部、市委政法委
市直机关工委、市委群工部
市委编办、市委农工委
市投促局、市发展改革委
市经济和信息化委、市人力资源和社会保障局
市公安局、市财政局
市住房和城乡建设局、市水务局
市林业局、市卫生计生委
市审计局、市旅游局
市城管执法局、市安全监管局
岷东新区、眉山金象化工产业园区
眉山岷江现代农业示范园区、市总工会
团市委、市工商联
市残联、市扶贫移民局
眉山国安局

十四、第七届中国泡菜展销会先进集体（80个）

（一）综合协调先进集体（6个）
东坡区委、区政府、市委办公室
市政府办公室、市农业局（市泡菜产业推进办）
市商务局（市博览事务局）、市委市政府接待办
（二）活动承办先进单位（41个）
1. 牵头单位（7个）
市委宣传部、市委农工委
市公安局、市交通运输局
市审计局、市城管执法局
眉山“中国泡菜城”
2. 配合单位（34个）
市纪委（监察局）、市人大常委会办公室
市政协办公室、市委组织部
市委政法委、市委群工部
市投促局、市教体局
市科技局、市司法局
市财政局、市环境保护局
市住房和城乡建设局、市文广新局
市卫生计生委、市旅游局
市外侨台办、市国资委
市食品药品监管局、市工商局
市质监局、团市委
市工商联、眉山日报社
市广播电视台、市机关事务管理局（市会议中心）
市气象局、消防支队
四川工商学院、市政府驻北京经合局
市政府驻成都经合局、市政府驻上海经合局
市政府驻广东经合局、市政府驻江苏经合局
（三）接待工作先进单位（33个）
市发展改革委、市经济和信息化委
市民政局、市人力资源和社会保障局
市国土资源局、市水务局
市林业局、市统计局
市畜牧局、市城乡规划局
市安全监管局、市党务政务服务中心
市法制办、市粮食局
市总工会、市妇联
市科协、市残联
市贸促会眉山职业技术学院
市委党校、市公共资源交易中心
市档案局、市扶贫移民局
市政府金融办、市人防办
市住房公积金管理中心、市城乡环境治理办
市防震减灾局、市国税局
市地税局、国家统计局眉山调查队
岷江东湖饭店

十五、2015年度国土资源管理工作先进集体（30个）

（一）区县（3个）
东坡区委、区政府，丹棱县委、县政府，
青神县委、县政府
（二）市级单位、部门（27个）
市纪委（监察局）、市委办公室
市政府办公室、市委组织部
市委宣传部、市委政法委
市委群工部、市投促局
市发展改革委、市经济和信息化委
市公安局、市财政局
市人力资源和社会保障局、市国土资源局
市住房和城乡建设局、市农业局
市林业局、市交通运输局
市城乡规划局、市安全监管局
市党务政务服务中心、甘眉（铝硅）工业园区
眉山金象化工产业园区、眉山岷江现代农业示范园区
团市委、市公共资源交易中心
市扶贫移民局

十六、眉山市关心下一代工作先进集体

（一）先进集体（40个）
东坡区委、区政府，东坡区卫生计生局，
共青团眉山市东坡区委、东坡区苏祠街道办事处

东坡区悦兴镇金光村村委会、彭山区委、区政府
彭山区司法局关工委共青团、眉山市彭山区委
彭山区彭溪镇关工委、仁寿县委、县政府
仁寿县委政法委共青团、仁寿县委
仁寿县关工委、仁寿县广播电视台
仁寿县家长学校总校、仁寿县青岗乡党委
仁寿县大化镇水利社区关工委、洪雅县委、县政府
共青团洪雅县委、洪雅县中保镇关工委
洪雅县止戈镇莲花村关工小组、丹棱县委、县政府
共青团丹棱县委、青神县委、县政府
共青团青神县委、青神县南城镇党委
市关工委、市纪委
市委办公室、市政府办公室
市委组织部、市委宣传部
市直机关工委、市教体局
市民政局、市司法局
市财政局、市党务政务服务中心
团市委、市委党校
（二）爱心企业奖（11 个）
眉山市金府房地产开发有限公司
眉山市阳光置业房地产开发有限公司
四川万景房地产开发有限公司
四川省川南酿造有限公司
眉山市玫瑰园房地产开发有限公司
四川水天花月旅游度假有限公司
彭山亨达实业有限公司
仁寿鑫达房地产开发有限公司
四川洪雅七里坪半山旅游开发有限公司
丹棱县华顺出租汽车有限公司
四川德恩精工科技股份有限公司

十七、2015 年度主动作为创一流先进集体（91 个）

（一）区县（6 个）
1. 一等奖
东坡区、青神县
2. 二等奖
彭山区、丹棱县
3. 三等奖
仁寿县、洪雅县
（二）市级单位、部门（48 个）
1. 经济单位（17 个）
市住房和城乡建设局、市发展改革委
市投促局、市经济和信息化委
市财政局、市交通运输局
市城乡规划局、市林业局
市水务局、市委农工委
市农业局、市统计局
市国土资源局、市审计局
市地税局、市旅游局
市工商局
2. 政法维稳单位（5 个）
市委政法委、市公安局
市委群工部、市中级人民法院
市人民检察院
3. 党政群单位Ⅰ类（16 个）
市委办公室、市政府办公室
市纪委（监察局）、市委组织部
市委宣传部市教体局
市城管执法局、市卫生计生委
市安全监管局、市食品药品监管局
市人力资源和社会保障局、市民政局
市委统战部、市党务政务服务中心
市扶贫移民局、市科技局
4. 党政群单位Ⅱ类（6 个）
市科协、团市委
市残联、市总工会
市妇联、市工商联
5. 市人大常委会、市政协机关（4 个）
市人大常委会办公室、市人大常委会人代工委
市政协办公室、市政协研究室
（三）园区（12 个）
1. 新区和工业园区（7 个）
眉山“中国泡菜城”、天府新区仁寿视高区域
眉山金象化工产业园区工业新城办
青神县工业开发区、彭山经开区
洪雅县工业园区
2. 岷东新区、旅游和农业园区（5 个）
岷东新区、眉山岷江现代农业示范园区
天府花海观光、农业园区七里坪旅游度假区
四川省现代粮食产业、仁寿示范园区
（四）区县单位、部门（25 个）
东坡区委办公室、东坡区政府办公室
东坡区经济和信息化局、东坡区崇礼镇
东坡区悦兴、镇彭山区委群工部
彭山区发展和改革局、彭山区城市行政执法局
彭山区凤鸣镇、仁寿县公安局
仁寿县财政局、仁寿县住房和城乡建设局
仁寿县国土资源局、仁寿县文林镇

仁寿县视高镇、洪雅县委办公室
洪雅县政府办公室、洪雅县环境保护局
洪雅县洪川镇、丹棱县纪委
丹棱县国土资源局、丹棱县张场镇
青神县委组织部、青神县林业局
青神县青城镇

十八、第九届中国竹文化节筹办工作先进集体(86个)

(一) 综合工作 (13个)
青神县委、县政府市林业局
市委办公室、市政府办公室
市人大常委会办公室、市政协办公室
市委宣传部、市公安局
市住房和城乡建设局、市商务局
市委、市政府接待办团市委
青神竹编产业园区

(二) 活动承办 (73个)
东坡区委、区政府市委统战部
市委政法委、市直机关工委
市委群工部、市委编办
市委农工委、市委老干部局
市委机要局、市投促局
市发展改革委、市经济和信息化委
市教体局、市科技局
市民政局、市司法局
市财政局、市人力资源和社会保障局
市国土资源局、市环境保护局
市交通运输局、市水务局
市农业局、市文广新局
市卫生计生委、市审计局
市统计局、市旅游局
市外侨台办、市城管执法局
市畜牧局、市城乡规划局
市国资委、市安全监管局
市食品药品监管局、市工商局
市质监局、市党务政务服务中心
市法制办、市粮食局
岷东新区、甘眉(铝硅)工业园区
眉山金象化工产业园区、市总工会
市妇联、市科协
市工商联、市贸促会
市委党校、眉山日报社
市机关事务管理局、市档案局
市地方志办、市扶贫移民局
市政府金融办、市广播电视台
市人防办、市城乡环境治理办
市防震减灾局、眉山国安局
市气象局、武警支队
消防支队、国网眉山供电公司
兴能天然气公司眉山天然气公司
市供排水总公司中国电信眉山分公司
中国移动眉山分公司中国联通眉山分公司
市委维稳办四川工商学院
成都艺术职业学院青神校区

十九、2016年度全市支持创业就业工作先进集体

(一) 支持创业就业工作先进集体 (39个)
1. 区县
(1) 创业工作先进集体
东坡区委、区政府,彭山区委、区政府,
青神县委、县政府
(2) 就业工作先进集体
仁寿县委、县政府洪雅县委、县政府
丹棱县委、县政府
2. 市级单位、部门
市纪委(监察局)、市委办公室
市政府办公室、市委组织部
市委宣传部、市委农工委
市投促局、市发展改革委
市经济和信息化委、市教体局
市科技局、市财政局
市人力资源和社会保障局、市农业局
市林业局、市商务局
市文广新局、市旅游局
市畜牧局、市工商局
市党务政务服务中心、市总工会
团市委、市妇联
市残联、眉山日报社
市广播电视台、市政府三产办
市国税局、市地税局
人行眉山、市中心支行省联社眉山办事处
邮储银行眉山市分行

(二) 促进就业先进企业 (40个)
1. 市内促进就业先进企业
通威股份有限公司四川分公司
四川鑫统领混凝土有限公司
四川青木制药有限公司
四川省眉山万家好饲料有限公司
四川富生电器有限责任公司

眉山市三人行创业服务有限公司
格力电工（眉山）有限公司
四川龙腾铁路器材有限公司
四川西金联合电气股份有限公司
四川黑龙滩长岛国际旅游度假中心有限公司长岛天堂洲际酒店
四川华气清源科技有限公司
仁寿腾飞屹阳大酒店
仁寿县兴怡采家私有限公司
四川新希望乳业有限公司洪雅阳平分公司
四川欧冠新型建材有限公司
洪雅峨眉雪芽茶业有限公司
柯美特建材集团股份有限公司
丹棱县生态源农业发展有限公司
四川彩虹制药有限公司
四川宏瑞钢结构有限公司
2. 市外促进就业先进企业
和泓（厦门）生物技术有限公司
成都联众兴业钢铁有限公司
东莞市贝多电子有限公司
北京蜀乡竹林风味酒楼
北京居桢会缘餐饮管理有限公司
保山交通旅行社有限公司腾冲分社
广州市江记贸易有限公司
云南林德建筑劳务有限公司
珠海市横琴新区富丽劳务有限公司
江苏同安堂文化传播有限公司
云南世州酒店有限公司
常州市宏兴建筑劳务有限公司常州分公司
锦汇建设集团有限公司
重庆旗能电铝有限公司
宝利根南通精密模塑有限公司
北京智博宝通传媒股份有限公司
四川新都大丰迈特橱柜有限公司
大连乾元达建设工程有限公司
广州科通展览有限公司
北京竹神世纪商贸有限公司

二十、2011—2015 年全市法治宣传教育先进集体（40 个）

（一）区县
东坡区洪雅县
青神县
（二）市级单位、部门
市纪委（监察局）、市中级人民法院
市人民检察院市委办公室、市人大常委会办公室、市政府办公室
市政协办公室、市委组织部
市委宣传部、市委统战部
市委政法委、市委政研室
市直机关工委、市经济和信息化委
市教体局、市公安局
市民政局、市司法局
市财政局、岷东新区
市妇联国网、眉山供电公司
（三）区县单位、部门
东坡区大石桥街道、东坡区实验初级中学
彭山区司法局、彭山区凤鸣街道
彭山区青龙镇龙都社区、仁寿县司法局
仁寿县满井镇第二初级中学、仁寿县清水镇石鼓村
洪雅县洪川镇张花园社区、洪雅县三宝镇
丹棱县司法局、丹棱县杨场镇狮子村
丹棱明宏光学有限公司、青神县青城镇
青神县学道街小学

二十一、2015 年度“走基层”暨干部直接联系服务群众、干部驻村帮扶、建设“四支队伍”先进集体

（一）“走基层”暨干部直接联系服务群众工作先进集体（56 个）
1. 区县（6 个）
彭山区、青神县
洪雅县、东坡区
仁寿县、丹棱县
2. 市级单位、部门（50 个）
市纪委（监察局）、市中级人民法院
市人民检察院、市委办公室
市人大常委会办公室、市政府办公室
市政协办公室、市委组织部
市委宣传部、市委统战部
市委政法委、市直机关工委
市委群工部、市委编办
市委农工委、市委老干部局
市委保密办、市委机要局
市投促局、市发展改革委
市经济和信息化委、市教体局
市公安局、市民政局
市司法局、市财政局
市人力资源和社会保障局、市国土资源局
市环境保护局、市住房和城乡建设局

市交通运输局、市农业局
市林业局、市商务局
市文广新局、市卫生计生委
市审计局、市统计局
市旅游局、市城管执法局
市畜牧局、市城乡规划局
市工商局、市党务政务服务中心
市粮食局、团市委
市工商联、市扶贫移民局
市地税局、国家统计局眉山调查队
（二）干部驻村帮扶工作先进集体（51个）
1. 区县（6个）
丹棱县、仁寿县
东坡区、彭山区
洪雅县、青神县
2. 市级单位、部门（45个）
眉山军分区、市纪委（监察局）
市中级人民法院、市人民检察院
市委办公室、市人大常委会办公室
市政府办公室、市政协办公室
市委组织部、市委宣传部
市委统战部、市委政法委
市委政研室、市直机关工委
市委农工委、市委防范处理邪教办
市发展改革委、市教体局
市科技局、市公安局
市交通运输局、市水务局
市统计局、市国资委
市安全监管局、市食品药品监管局
市质监局、岷东新区
眉山发展公司、市总工会
市残联、市社科联
市贸促会、眉山职业技术学院
市机关事务管理局、市档案局
市地方志办、市扶贫移民局
市政府金融办、市公共资源交易中心
市城乡环境治理办、市防震减灾局
市国税局、市气象局
人行眉山市中心支行
（三）建设“四支队伍”服务群众先进集体（56个）
1. 区县（6个）
青神县、东坡区
彭山区、仁寿县
丹棱县、洪雅县
2. 市级单位、部门（50个）
市纪委（监察局）、市中级人民法院
市人民检察院、市委办公室
市人大常委会办公室、市政府办公室
市政协办公室、市委组织部
市委宣传部、市委统战部
市委政法委、市直机关工委
市委群工部、市委编办
市发展改革委、市教体局
市公安局、市民政局
市财政局、市人力资源和社会保障局
市环境保护局、市交通运输局
市农业局、市林业局
市文广新局、市卫生计生委
市旅游局、市外侨台办
市城管执法局、市城乡规划局
市党务政务服务中心、工业新城办
市法制办、岷东新区
甘眉（铝硅）工业园区、眉山金象化工产业园区
眉山岷江现代农业示范园区团市委
市妇联、市科协
市工商联、市残联
市委党校、眉山日报社
市地方志办、市广播电视台
市人防办、市住房公积金管理中心
市地税局、国网眉山供电公司
二十二、2015年度信息工作先进集体（33个）
（一）区县
1. 区县党委（3个）
彭山区委、青神县委
丹棱县委
2. 区县政府（3个）
丹棱县政府、仁寿县政府
彭山区政府
（二）市级单位、部门（27个）
市教体局、市住房和城乡建设局
市委宣传部、市人力资源和社会保障局
市民政局、市委组织部
市投促局、市农业局
市科技局、市国税局
市工商局、市商务局
市经济和信息化委、市委政法委
市党务政务服务中心、市公安局

市发展改革委、市质监局
人行眉山、市中心支行市纪委（监察局）
市水务局、市旅游局
市委群工部、市环境保护局
市统计局、市安全监管局
市交通运输局

二十三、2015年度城市规划区征地拆迁安置工作先进集体（25个）

东坡区委、区政府，市中级人民法院
市人民检察院、市委政法委
市委群工部、市公安局
市财政局、市国土资源局
市环境保护局、市住房和城乡建设局
市水务局、市卫生计生委
市审计局、市城管执法局
市城乡规划局、市法制办
岷东新区、眉山发展公司
国网眉山供电公司、市目标绩效办
市政府督查室、市拆迁办
东坡区苏祠街道东坡区大石桥街道
东坡区通惠街道

二十四、2015年度审计工作先进集体（40个）

（一）区县（3个）

东坡区委、区政府，彭山区委、区政府，
仁寿县委、县政府

（二）市级单位、部门（37个）

市纪委（监察局）、市中级人民法院
市人民检察院、市委办公室
市人大常委会办公室、市政府办公室
市政协办公室、市委组织部
市委宣传部、市委统战部
市委政法委、市直机关工委
市委群工部、市委编办
市发展和改革委委、市教体局
市公安局、市民政局
市财政局、市人力资源和社会保障局
市国土资源局、市环境保护局
市住房和城乡建设局、市交通运输局
市水务局、市农业局
市林业局、市卫生计生委
市审计局、市统计局
市旅游局、市城管执法局
市城乡规划局、市国资委
市安全监管局、市食品药品监管局
岷东新区

二十五、眉山市组织参加中国西部（四川）进口展暨国际投资大会先进集体

（一）区县（6个）

东坡区委、区政府，彭山区委、区政府，
仁寿县委、县政府，洪雅县委、县政府，
丹棱县委、县政府，青神县委、县政府

（二）园区（4个）

岷东新区、甘眉（铝硅）工业园区
眉山金象化工产业园区、天府新区眉山管委会

（三）市级单位、部门（22个）

市委办公室、市政府办公室
市委外宣办、市委农工委
市投促局、市经济和信息化委
市监察局、市财政局
市商务局、市文广新局
市旅游局、市外侨台办
市法制办、市国资委
工业新城办、市工商联
市供销社、市贸促会
市委市政府接待办、市公共资源交易中心
市广播电视台、眉山日报社

市委表彰的先进集体

全市先进基层党组织（63个）

眉山市好味稻水稻专业合作社党支部
东坡区大石桥街道党工委
东坡区崇仁镇党委
眉山岷江现代农业示范园区东坡片区党委
东坡区食品药品监督管理局机关党支部
东坡区委办公室机关党支部
四川茂华食品有限公司党支部
东坡区柳圣乡五圣村党支部
东坡区尚义镇熊公村党支部
东坡区多悦镇海珠村党支部
东坡区崇礼镇韩宾村党支部
东坡区苏南小学党支部
彭山区发展和改革局机关党委
彭山区谢家镇邓庙村党支部
彭山区保胜乡连桥村党支部
彭山区委宣传部机关党支部
彭山区创业孵化园青年创客党支部

彭山区彭溪镇毛店村党支部
彭山区牧马镇天宫村党支部
仁寿县彰加镇潘家村党支部
仁寿县视高镇党委
仁寿县大化镇红塔村党支部
仁寿县黑龙滩镇高枞村党支部
仁寿县宝飞镇果园村党支部
仁寿县方家镇斑竹村党支部
仁寿县龙正镇石顶村党支部
仁寿县四公镇双桥村党支部
仁寿县曲江镇爱武村党支部
四川倍特电动车有限公司党支部
仁寿县中医医院党总支
仁寿一中北校区党总支
仁寿县水务局机关党委
仁寿县北斗镇党委
洪雅县止戈镇展望村党支部
洪雅县柳江镇杨村村党支部
洪雅县东岳镇东岳村党支部
洪雅县藤椒协会党支部
洪雅县实验幼儿园党支部
洪雅县花溪镇兴胜村党支部
洪雅县高庙镇鲜湾村党支部
丹棱县仁美镇党委
丹棱县委宣传部机关党支部
丹棱县双桥镇团林村党支部
四川瑞迪佳源机械有限公司党支部
丹棱县教研室党支部
青神县高台乡诸葛村党支部
青神县西龙镇党委
青神县人力资源和社会保障局机关党支部
青神县黑龙镇桥楼村党支部
青神县实验小学党支部
眉山德鑫航空设备股份有限公司党支部
市委群工部机关党支部
市党务政务服务中心机关党委
市直机关工委机关党支部
市投促局机关党委
市教体局机关党委
市公安局机关党委
市质监局机关党委
市扶贫移民局机关党支部
市地税局机关党委
东坡区富牛镇河东村党支部
蒙牛乳业（眉山）有限公司党支部
中国电信眉山分公司党委

市政府表彰的先进集体

一、2015 年度眉山城区环境综合治理网格化管理工作先进

集体（40 个）
东坡区人民政府、市纪委（监察局）
市委办公室、市人大常委会办公室
市政府办公室、市政协办公室
市委组织部、市委宣传部
市委政法委、市委政研室
市直机关工委、市委编办
市发展和改革委委、市经济和信息化委
市教育体育局、市公安局
市财政局、市人力资源和社会保障局
市国土资源局、市环境保护局
市住房和城乡建设局、市交通运输局
市林业局、市商务局
市文化广电新闻出版局、市卫生计生委
市城管执法局、市粮食局
市城乡规划局、市国资委
市食品药品监督管理局、市工商局
市城乡环境综合治理办公室、市总工会
团市委、市妇联
市防震减灾局、东坡区大石桥街道办事处
东坡区苏祠街道办事处、东坡区通惠街道办事处

二、2015 年度依法行政工作先进集体（40 个）

（一）区县政府（3 个）
彭山区政府、仁寿县政府
丹棱县政府
（二）市级部门（37 个）
市政府办公室、市发展和改革委委
市经济和信息化委、市监察局
市教体局、市科技局
市公安局、市民政局
市司法局、市财政局
市环境保护局、市住房和城乡建设局
市水务局、市农业局
市林业局、市商务局
市文广新局、市卫计委
市审计局、市统计局
市旅游局、市畜牧局

市城乡规划局、市国资委
市安全监管局、市食品药品监管局
市工商局、市质监局
市党务政务服务中心、市粮食局
市档案局、市地方志办
市扶贫移民局、市国税局
市地税局、市气象局
国家统计局眉山调查队

三、2014—2015 年星级服务中心和服务窗口

（一）星级服务中心（4 个）

1. “五星级”服务中心（1 个）

仁寿县党务政务服务中心

2. “四星级”服务中心（1 个）

眉山市党务政务服务中心

3. “三星级”服务中心（2 个）

彭山区党务政务服务中心、市车管所分中心

（二）星级服务窗口（23 个）

1. “五星级”服务窗口（6 个）

市工商局窗口、市公安局出入境管理处窗口、市国税局窗口、市地税局窗口、市城管执法局窗口、市住房和城乡建设局窗口

2. “四星级”服务窗口（6 个）

市安全监管局窗口、市交通运输局窗口、市卫计委窗口、市质监局窗口、市人力资源和社会保障局许可窗口、市林业局窗口

3.“三星级”服务窗口（11 个）

市食品药品监管局窗口、市人防办窗口、市公安局许可窗口、市社保局窗口、市国土资源局窗口、市住房公积金中心窗口、市供排水公司窗口、市文广新局窗口、市委编办窗口、市发展和改革委委窗口、市环境保护局窗口

四、2015 年道路交通安全综合整治工作先进集体（50 个）

（一）区县政府

洪雅县人民政府、丹棱县人民政府
彭山区人民政府、东坡区人民政府
仁寿县人民政府、青神县人民政府

（二）市级单位

市政府办公室、市监察局
市安监局、市农业局
岷东新区、市公安局交警支队
市交通运输局路政支队

（三）基层单位

市公安局交警支队直属一大队
市公安局交警支队直属二大队
市公安局东坡区分局交警大队三苏中队
市国土资源局东坡区分局、东坡区交通运输局路政大队
东坡区农业局、东坡区安监局
东坡区太和镇人民政府、彭山区交通运输局
彭山区安监局、彭山区农机局
彭山区彭溪镇人民政府、彭山区观音镇人民政府
彭山区保胜乡人民政府、仁寿县人民政府办公室
仁寿县公安局、仁寿县安监局
仁寿县交通运输局、仁寿县公安局交警大队
仁寿县交通运输局路政大队、仁寿县大化镇人民政府
仁寿县龙正镇人民政府、仁寿县富加镇人民政府
洪雅县公安局、洪雅县安监局
洪雅县交通运输局、洪雅县国土资源局
洪雅县花溪镇人民政府、洪雅县柳江镇人民政府
丹棱县石桥乡人民政府、丹棱县张场镇人民政府
丹棱县公安局、丹棱县交通运输局
青神县公安局、青神县交通运输局
青神县西龙镇人民政府、青神县南城镇人民政府

五、2015 年度安全生产工作先进集体（40 个）

（一）区县（6 个）

东坡区人民政府、彭山区人民政府
仁寿县人民政府、洪雅县人民政府
丹棱县人民政府、青神县人民政府

（二）市级单位、部门（34 个）

市纪委（市监察局）、市人民检察院、市委办公室、市政府办公室（市政府应急办、天府新区眉山管委会）、市委组织部、市委宣传部、市委统战部、市委政法委、市委编办、市发展和改革委委（市粮食局）、市经济和信息化委、市教体局、市公安局（市交警支队）、市民政局、市财政局、市人力资源和社会保障局、市国土资源局、市环境保护局、市住房和城乡建设局、市交通运输局（市运管处、市海事局）、市水务局、市林业局、市商务局、市卫生计生委、市审计局、市旅游局、市城管执法局、市安全监管局（市安办）、市质监局、甘眉（铝硅）工业园区、眉山金象化工产业园区、市总工会、团市委、市公安消防支队

（三）省政府安委会新命名的“四川省安全社区”乡镇（8 个）

东坡区万胜镇、彭山区彭溪镇
仁寿县大化镇、仁寿县满井镇

洪雅县洪川镇、丹棱县石桥乡
青神县罗波乡、青神县高台乡

六、2015 年度征兵工作先进单位（13 个）

东坡区富牛镇政府、彭山区公义镇人民武装部
仁寿县公安局、仁寿县卫生和计划生育局
洪雅县教育体育局、丹棱县公安局
青神县中学校
东坡区苏祠街道办事处、彭山区牧马镇人民武装部
仁寿县文林镇政府、洪雅县高庙镇政府
丹棱县张场镇政府、青神县瑞峰镇政府

七、2011—2015 年度妇女儿童工作先进集体（40 个）

仁寿县政府、洪雅县政府
丹棱县政府、东坡区财政局
东坡区人力资源社会保障局、东坡区卫生计生局
东坡区妇联、彭山区政府办公室
彭山区委组织部、彭山区统计局
彭山区妇联、仁寿县大化镇政府
仁寿县卫生计生局、仁寿县妇联
洪雅县教体局、洪雅县卫生计生局
洪雅县统计局、丹棱县教体局
丹棱县卫生计生局、丹棱县妇联
青神县教体局、青神县卫生计生局
青神县广播电视台、青神县妇联
市纪委（监察局）、市中级人民法院
市委办公室、市人大常委会办公室
市政府办公室、市政协办公室
市委组织部、市委宣传部
市发展和改革委委、市教体局
市民政局、市财政局
市人力资源和社会保障局、市卫生计生委
市统计局、市妇联

八、2016 年小春农作物秸秆禁烧与综合利用工作先进集体

（一）区县政府（6 个）
东坡区人民政府、彭山区人民政府
仁寿县人民政府、青神县人民政府
洪雅县人民政府、丹棱县人民政府
（二）市级部门（11 个）
市政府办公室、市委宣传部市环境保护局
市农业局市监察局、市教育体育局
市公安局市财政局、市交通运输局
眉山电视台、眉山日报社

九、眉山市血吸虫病防治工作先进集体（40 个）

（一）区县（3 个）
东坡区、彭山区
仁寿县
（二）市级单位、部门（10 个）
市教体局、市民政局
市财政局、市国土资源局
市水务局、市农业局
市林业局、市卫生计生委
市畜牧局、市疾控中心
（三）区县单位、部门（27 个）
东坡区卫生计生局、东坡区血防站
东坡区土地乡政府、东坡区多悦镇政府
东坡区万胜镇政府、东坡区盘鳌乡政府
彭山区地防办、彭山区农业局
彭山区畜牧局、彭山区血防站
彭山区保胜乡政府、仁寿县财政局
仁寿县卫生计生局、仁寿县畜牧局
仁寿县疾控中心、仁寿县方家镇政府
仁寿县青岗乡政府、洪雅县卫生计生局
洪雅县农牧局、洪雅县余坪镇政府
丹棱县卫生计生局、丹棱县畜牧局
丹棱县杨场镇政府、丹棱县仁美镇政府
青神县政府办、青神县农牧局
青神县卫生计生局

十、眉山市 2012—2016 年防汛减灾工作先进集体（41 个）

（一）市级单位、部门（20 个）
市委宣传部、市委农工委
市政府办公室、市政府应急办
眉山军分区、东坡区人武部武警眉山支队直属大队第一中队
市公安消防支队、洪雅大队河坝中队市经济和信息化委
市公安局、市民政局
市财政局、市国土资源局
市住房和城乡建设局、市交通运输局
市水务局、市防汛抗旱指挥部办公室
市商务局、市城管执法局
市气象局、岷江水文水资源勘测局水情预报科
（二）区县单位、部门（21 个）
东坡区人民政府、东坡区水务局
东坡区通惠街道办事处、东坡区两河口水库管理处

彭山区政府办公室、彭山区水务局

彭山区江口镇人民政府、仁寿县国土资源局

仁寿县防汛抗旱指挥部办公室、仁寿县鳌陵乡人民政府

仁寿县石咀乡人民政府、洪雅县国土资源局

洪雅县防汛抗旱指挥部办公室、洪雅县城市行政执法局

洪雅县柳江镇人民政府、丹棱县交通运输局

丹棱县水务局、丹棱县张场镇人民政府

青神县水务局、青神县国土资源局

青神县瑞峰镇人民政府

表 17　　2016 年度眉山市科学技术进步奖

序号	成果名称	评奖等级	主要完成单位	主要完成人员	推荐单位
1	铁路货车制动装置惯性故障攻关	一等奖	眉山中车制动科技股份有限公司	杨建平、安鸿、孙加明、肖维远、余越川、吕超、肖晨、申燕飞、刘毅	市科技局
2	优质杂柑新品种选育及高效栽培技术集成应用	一等奖	眉山市经济作物站、中国农业科学院柑桔研究所、眉山市农业科技教育站、眉山市东坡区经济作物站、仁寿县农业科教站、丹棱县农业局多经站	王孝国、邓洪庚、彭良志、李永安、邱军、陈德勇、黄波、王小华、李培	市农业局
3	高耐磨新型热塑性弹性体管道专用料	二等奖	四川鑫成新材料科技有限公司	陈晓梅、刘洪理、陈军	仁寿县科技局
4	低温钾碱高得率竹纤维材料生产技术及应用	二等奖	四川省西龙生物质材料科技有限公司	周骏、刘建兵、帅云洪、朱清云、范武毅、罗昌丽、张雪萍	青神县科技局
5	出口毛里塔尼亚铁路货车研制	二等奖	中车眉山车辆有限公司	杨诗卫、韩金刚、冯创友、肖八励、陶斌、祝笈、王爱民	眉山机械产业园区管委会
6	CL-PM950 自动上料喷锚车的研制	二等奖	四川省创力隧道机械设备有限公司	江俊、张宝平、罗林	丹棱县科技局
7	四川眉山家庭肉鸡场标准化生产技术集成与应用推广	二等奖	眉山市畜牧站、眉山温氏畜牧有限公司	唐家、范小锋、徐忠贵、宋起贤、汪小涛、梁伯勋、杨艳萍	市畜牧局

续上表

序号	成果名称	评奖等级	主要完成单位	主要完成人员	推荐单位
8	鲜食葡萄限产提质增效集成技术示范推广	二等奖	四川果怡农业科技有限公司	杨志明	彭山区科技局
9	秋水仙碱联合中小剂量强的松治疗 Graves 眼病临床疗效探讨	二等奖	市人民医院	黄令一、李爱平、伍丽霞、王秀华	市卫生计生委
10	不孕症患者中盆腔结核发病情况及诊治的临床研究	二等奖	市妇幼保健院	辛亚兰、游润芳、秦琦、刘素芳、辜艳丽、王流强、戴凯	市卫生计生委
11	无痛胃镜下组织胶注射联合套扎治疗对食管胃底静脉曲张破裂出血防治的研究	二等奖	市人民医院	高元平、郝卫刚、易文全、秦莉、王轶佳、胡晓静	市卫生计生委
12	基于特高压智能电网的大截面高强度钢芯铝合金绞线的研制与开发	三等奖	四川中天丹琪科技有限公司	唐海燕、汤十明、缪小林、钟议清、吴雪锋	仁寿县科技局
13	高速电气化铁路接触网零部件	三等奖	四川龙腾铁路器材有限公司	李建军、胡登辉、季冬、张冰玲、石跃富	彭山区科技局
14	高石灰石掺量水泥专用助磨剂研制及应用	三等奖	鑫统领建材集团有限公司	张大康、曾君、封培然、吴建越、龙卫红	仁寿县科技局
15	出口摩洛哥 KZ58-MAR 型石砟漏斗车研制	三等奖	中车眉山车辆有限公司	杨诗卫、李建超、胡小平、盛震风、祝笈	眉山机械产业园区管委会
16	符合 UIC 标准的 MUB 型铁路车辆空气制动系统研制	三等奖	眉山中车制动科技股份有限公司	吕超、肖维远、孙加明、安鸿、朱宇	市科技局

续上表

序号	成果名称	评奖等级	主要完成单位	主要完成人员	推荐单位
17	物流系统专用自动纠偏带式输送机	三等奖	眉山德鑫航空设备股份有限公司	何迎春	青神县科技局
18	马克斗桔橙新品种的选育推广	三等奖	青神县农业和畜牧局	徐海涛、王孝国、罗宇、杨小刚、商载益	青神县科技局
19	即食金针菇加工关键技术研究及应用	三等奖	四川大自然惠川食品有限公司	喻文建、王述建、余登平、刘记良、余正勇	东坡区科技局
20	大雅柑桔橙新品种	三等奖	四川丹棱中友优新柑桔母本园、丹棱县科学技术局、丹棱县农业局	陈波、文荣中、吴安玉、谭后根、李仕鸿	丹棱县科技局
21	彩色多普勒超声在上肢动脉阻塞性疾病中的应用研究	三等奖	眉山心脑血管病医院	赵仁军、刘英、杨加惠、郭磊磊	市卫生计生委
22	血液透析留置针建立扣眼的可行性研究	三等奖	仁寿县人民医院	余秀峰、姚玉蓉、徐吉先、吴云霞、伍莉	仁寿县科技局
23	眉山地区不同人群戊型肝炎病毒感染率调查	三等奖	市人民医院	徐峰、范红松、王雅、刘玉英、张祺	市卫生计生委
24	气囊仿生助产临床应用研究与推广	三等奖	仁寿县妇幼保健院	袁春花、肖兵、张俊英、陈利群、彭俊文	仁寿县科技局
25	机械通气患者行小儿电动牙刷结合口腔冲洗法的效果研究	三等奖	仁寿县人民医院	卢孝莉、彭艳、周科敏、谢文英、石小英	仁寿县科技局

表 18　　2016 年市委重要文件目录

序号	字号	责任者	标题	日期
1	眉委发〔2016〕1 号	市委 市政府	关于强力推进创新驱动转型发展奋力冲刺任期目标的决定	2016. 2. 1
2	眉委发〔2016〕2 号	市委	关于印发《市委常委会 2016 年工作要点》的通知	2016. 2. 1
3	眉委发〔2016〕5 号	市委	关于印发《市委常委会践行“三严三实”行为规范》的通知	2016. 5. 5
4	眉委发〔2016〕6 号	市委	关于进一步抓落实促改革的实施意见	2016. 6. 16
5	眉委发〔2016〕7 号	市委 市政府	关于 2016 年党风廉政建设和反腐败工作的意见	2016. 6. 21
6	眉委发〔2016〕9 号	市委 市政府	关于进一步加快竹编产业发展的意见	2016. 8. 19
7	眉委发〔2016〕10 号	市委	关于深化“三大工程”实施“五大行动”推进绿色发展建设美丽眉山的决定	2016. 9. 26
8	眉委发〔2016〕11 号	市委	关于印发中国共产党眉山市第四次代表大会报告的通知	2016. 11. 30
9	眉委发〔2016〕12 号	市委 市政府	关于印发《眉山市法治宣传教育第七个五年规划（2016—2020 年）》的通知	2016. 12. 27

表 19　　2016 年市政府重要文件目录

序号	字号	发文标题	日期
1	眉府发〔2016〕1 号	关于贯彻落实省政府促进经济稳定增长和提质增效推进供给侧结构性改革政策措施的实施意见	2016. 4. 29
2	眉府发〔2016〕2 号	贯彻落实大众创业万众创新若干政策的实施意见	2016. 1. 8
3	眉府发〔2016〕3 号	关于取消 35 项市本级中央指定地方实施行政审批事项的通知	2016. 1. 12
4	眉府发〔2016〕4 号	关于授予四川景地基地集团有限公司等 29 各慈善组织企业个人眉山慈善奖荣誉称号的决定	2016. 1. 12
5	眉府发〔2016〕5 号	关于印发水污染防治行动计划眉山市工作方案的通知	2016. 1. 25
6	眉府发〔2016〕6 号	关于授予周志全等 9 名同志眉山市见义勇为勇士荣誉称号的决定	2016. 1. 25

续上表

序号	字号	发文标题	日期
7	眉府发〔2016〕7 号	关于 2016 年安全生产工作的意见	2016. 2. 3
8	眉府发〔2016〕8 号	关于印发眉山市科学技术奖励办法的通知	2016. 2. 4
9	眉府发〔2016〕9 号	关于加快发展体育产业促进体育消费的实施意见	2016. 2. 26
10	眉府发〔2016〕10 号	关于印发眉山市工业企业应急临时周转资金使用管理办法 2016 年修订的通知	2016. 2. 29
11	眉府发〔2016〕11 号	关于 2016 年环境保护工作的意见	2016. 3. 10
12	眉府发〔2016〕12 号	关于 2016 年新型工业化发展的意见	2016. 3. 10
13	眉府发〔2016〕13 号	关于加快发展学前教育的实施意见	2016. 4. 6
14	眉府发〔2016〕14 号	关于印发眉山市进一步完善城乡义务教育经费保障机制实施方案的通知	2016. 4. 14
15	眉府发〔2016〕15 号	关于取消 32 项市本级中央指定地方实施行政审批事项的通知	2016. 4. 25
16	眉府发〔2016〕16 号	关于开展道路交通安全综合治理长效机制建设年行动的通知	2016. 4. 26
17	眉府发〔2016〕17 号	关于印发眉山市居住暂行办法的通知	2016. 5. 9
18	眉府发〔2016〕18 号	关于印发眉山市市级政府投资工程建设项目新增不可预见和突发工程管理试行办法的通知	2016. 5. 9
19	眉府发〔2016〕19 号	关于进一步加强新时期爱国卫生工作的实施意见	2016. 5. 16
20	眉府发〔2016〕20 号	印发眉山市哲学社会科学研究课题管理和优秀成果评奖办法的通知	2016. 6. 12
21	眉府发〔2016〕21 号	关于落实“先照后证”改革决定加强事中事后监管工作的实施意见	2016. 6. 13
22	眉府发〔2016〕22 号	关于印发眉山市城市规划管理技术规定（2016 版）的通知	2016. 8. 9
23	眉府发〔2016〕23 号	关于印发眉山市知名教师知名校长评选管理办法的通知	2016. 8. 10

续上表

序号	字号	发文标题	日期
24	眉府发〔2016〕24 号	关于印发眉山市被征地农民社会保障实施办法的通知	2016. 8. 12
25	眉府发〔2016〕25 号	关于加强“十三五”期间质量强市工作的意见	2016. 8. 26
28	眉府发〔2016〕28 号	关于印发眉山市民营企业建立现代企业制度鼓励办法的通知	2016. 10. 18
29	眉府发〔2016〕29 号	关于印发眉山市盘活工业企业闲置资产实施办法（试行）的通知	2016. 10. 24
30	眉府发〔2016〕30 号	关于进一步加强中小学教师和校长队伍建设的意见	2016. 10. 24
31	眉府发〔2016〕31 号	关于印发眉山市“十三五”脱贫攻坚规划的通知	2016. 10. 28
32	眉府发〔2016〕32 号	关于加快推进残疾人小康进程的实施意见	2016. 11. 22
33	眉府发〔2016〕33 号	关于印发眉山市行政机关负责人出庭应诉暂行规定的通知	2016. 11. 24
34	眉府发〔2016〕34 号	关于印发眉山市“十三五”防灾减灾规划的通知	2016. 11. 25
35	眉府发〔2016〕35 号	关于印发眉山市深化医药卫生体系综合改革试点方案的通知	2016. 11. 28
37	眉府发〔2016〕37 号	关于印发眉山市重大行政决策责任追究办法的通知	2016 年 12 月 21 日

统计数据

2016 年眉山市行政区划

地区	乡镇合计数	其中镇	其中乡	街道办事处	村民委员会	村民小组	居民委员会（社区）	居民小组	辖区面积
眉山市	126	80	46	5	1102	7982	253	1708	7140
东坡区	23	15	8	3	232	1808	70	474	1330
彭山区	11	8	3	2	88	655	20	213	467
仁寿县	60	34	26		503	3968	116	819	2608
洪雅县	15	11	4		138	1011	21	148	1898
丹棱县	7	5	2		70	469	8	36	450
青神县	10	7	3		71	71	18	18	387

2016年眉山市行政区划一览表

地　区	镇　名
东坡区	街道办事处（3个）：通惠街道办事处、大石桥街道办事处、苏祠街道办事处镇（15个）：象耳镇、太和镇、悦兴镇、尚义镇、多悦镇、秦家镇、思蒙镇、修文镇、松江镇、崇礼镇、永寿镇、万胜镇、崇仁镇、富牛镇、白马镇 乡（8个）：复盛乡、土地乡、柳圣乡、金花乡、广济乡、盘鳌乡、复兴乡、三苏乡
彭山区	街道办事处（2个）：凤鸣镇街道办事处、彭溪街道办事处镇（8个）：江口镇、黄丰镇、青龙镇、观音镇、公义镇、牧马镇、谢家镇、武阳镇 乡（3个）：保胜乡、义和乡、锦江乡
仁寿县	镇（34个）文林镇、宝马镇、珠嘉镇、大化镇、文宫镇、高家镇、观寺镇、龙马镇、方家镇、北斗镇、禾加镇、中农镇、禄加镇、宝飞镇、彰加镇、慈航镇、汪洋镇、四公镇、钟祥镇、始建镇、满井镇、富加镇、龙正镇、黑龙滩镇、清水镇、视高镇、兴盛镇、天峨镇、曹家镇、中岗镇、向家镇、识经镇、曲江镇、玉龙镇 乡（26个）：青岗乡、鳌陵乡、板燕乡、古佛乡、元通乡、龙桥乡、城堰乡、谢安乡、鸭池乡、双堡乡、板桥乡、河口乡、新店乡、凤陵乡、促进乡、涂家乡、松峰乡、合兴乡、景贤乡、兆嘉乡、农旺乡、藕塘乡、石咀乡、洪峰乡、虞丞乡、里仁乡
洪雅县	镇（11个）：洪川镇、余坪镇、三宝镇、止戈镇、东岳镇、中保镇、槽渔滩镇、花溪镇、柳江镇、高庙镇、瓦屋山镇 乡（4个）：将军乡、汉王乡、桃源乡、中山乡
丹棱县	镇（5个）：丹棱镇、仁美镇、张场镇、双桥镇、杨场镇 乡（2个）：石桥乡、顺龙乡
青神县	镇（7个）：瑞丰镇、汉阳镇、黑龙镇、西龙镇、河坝子镇、南城镇、青城镇 乡（3个）：白果乡、高台乡、罗波乡

2016年眉山市土地、人口统计表

	土地面积（平方公里）	年末总户数（万户）	年末总人口（万人）	人口密度（人/平方公里）	年末总人口（万人）					常住人口（万人）	出生率（‰）	死亡率（‰）	自然增长率（‰）
					小计	农业人口	非农业人口	男性人口	女性人口				
眉山市	7140	129.38	350.25	491	350.25	239.24	111.01	178.5	171.75	300.09	11.21	7.47	3.74
东坡区	1330	36.72	88.48	665	88.48	51.01	37.47	44.31	44.17	84.12	11.71	7.63	4.08
彭山区	467	12.57	33.20	711	33.2	21.55	11.65	16.65	16.54	31.9	11.75	8.01	3.74
仁寿县	2608	55.62	157.40	604	157.4	113.31	44.09	81.5	75.91	121.92	10.6	7.14	3.46
洪雅县	1898	11.70	35.08	185	35.08	25.75	9.33	17.8	17.28	30.83	11.75	7.78	3.97
丹棱县	450	5.65	16.34	363	16.34	12.67	3.67	8.26	8.08	14.53	11.81	7.43	4.38
青神县	387	7.13	19.75	510	19.75	14.95	4.8	9.98	9.77	16.79	11.5	8.08	3.51

眉山市规模以上工业企业工业总产值（按经济类型分）

分　类	绝对数（万元）	
	2015 年	2016 年
工业总产值（现价）	13715432. 6	15498524. 9
在总计中：		
#国有及国有控股企业	883756. 9	898387. 3
在总计中：		
国有企业	15289. 2	17645. 6
股份合作企业	14765. 7	15039. 4
联营企业		
股份有限公司	1162188. 2	1341689. 0
有限责任公司	4908257. 7	5586439. 3
私营企业	6769345. 2	7554904. 8
外商及港澳台商投资企业	761395. 0	958770. 4
其他经济	82563. 3	24036. 4
在总计中：		
轻工业	5706178. 8	6522693. 5
重工业	8009253. 8	8975831. 4

眉山市规模以上工业企业工业总产值（按地区分）

区　县	工业总产值（万元）				
	2012 年	2013 年	2014 年	2015 年	2016 年
全　市	8224608. 1	10237318. 3	12259995	13715432. 6	15498524. 9
东坡区	1483582. 2	1928852. 8	2424867	2732382. 5	3115342. 5
彭山区	1637278	2135918. 5	2612250	3180525. 2	3695479. 7
仁寿县	2478048. 1	2828177. 6	3442776	3844834. 0	4204551. 2
洪雅县	314396. 5	436912	519408	550897. 1	627535. 3
丹棱县	367738. 5	439114. 7	404388	486049. 1	540295. 5
青神县	485481. 8	617941. 5	787465	968351. 2	1065095. 8
铝硅园区	817203. 7	1055029. 7	1235040	946404. 6	1190851. 0
金象园区	481565. 3	592531. 4	620093	716319. 8	1059373. 9

2016 年眉山市各地区全部规模以上工业企业主要指标

单位：万元

年份 地区	企业单位数（个）		资产总计	流动资产合计	负债合计	主营业务收入
		亏损企业				
2012	578	40	6853421	2811668	3964880	8338715
2013	609	43	8184479	3115068	4480471	10102108
2014	607	34	8284926	3357749	4471145	11836096
2015	604	44	8696709	3518910	4726400	13183891
2016	603	41	9086116	3919218	4832863	14807177
东坡区	127	3	1426052	731164	739771	2999951
彭山区	109	9	1332361	731719	693255	3438911
仁寿县	169	5	2693159	1100793	1036394	4161264
洪雅县	43	8	919677	265781	603332	532020
丹棱县	39	1	328856	144919	192315	496365
青神县	51	1	660662	303047	383871	1067130
金象园区	33	6	1100499	444684	559594	929098
铝硅园区	32	8	624850	197113	624331	1182439

2016 年眉山市国内生产总值

眉山市国	内生产总值	国内生产总值（元）				人均国内生产总值（元）
		第一产业	第二产业		第三产业	
				工业		
合计	11172317	1694454	5869477	4983112	3608386	37227
东坡区	3822268	462734	2013673	1728631	1345861	45492
彭山区	1341020	136969	773920	673001	430131	42104
仁寿县	3678982	736875	1835067	1409397	1107040	30089
洪雅县	1085300	161563	605095	550189	318642	35260
丹棱县	542771	105814	279061	217124	157896	37614
青神县	701976	90499	362661	349451	248816	41859

2016 年各区县非公有制经济增加值

眉山市	小计	第一产业	第二产业	第三产业
合计	6980449	729574	4512682	1738193
东坡区	2494204	157354	1749466	587384
彭山区	840294	78213	545515	216566
仁寿县	2158736	274728	1399199	484809
洪雅县	696769	95497	464861	136411
丹棱县	333176	48354	203931	80891
青神县	457270	79775	255522	121973

2016年眉山市农业情况统计表

眉山市	造林面积（公顷）	森林覆盖率（%）	乡村户数（户）	乡村人口数（人）	乡村农业从业人员（人）	农业机械总动力（万千瓦）	拖拉机拥有量（辆）	农用运输车拥有量（辆）	年末实有耕地（公顷）				粮食总产量（吨）				油菜籽产量（吨）	蔬菜产量（吨）	水果产量（吨）	茶叶产量（吨）
														稻谷	小麦	玉米				
合计		48.6	871447	2929169	1641536	206.1173	6769							961666	240310	261365	105894	1630653	978499	22410
东坡区		40.2	185413	616208	376381	54.491	3176							329237	39700	30117	39725	847594	158315	540
彭山区		36.3	82012	255884	159544	23.6302	480							101344	27697	9014	9499	52485	59881	26
仁寿县		37.5	412369	1450379	758180	69.7874	1969							326132	151208	184860	32995	530260	537355	
洪雅县		70.5	94854	305684	170736	7.054	389							91016	4345	19455	10440	81605	4797	17984
丹棱县		55.1	39989	133079	77335	16.2829	278							56928	7484	8943	6985	32422	155481	3096
青神县		46.5	56810	167935	99360	10.1047	477							57009	9876	8976	6250	86287	62670	764

眉山市	畜牧产品产量													蜂蜜产量（吨）	蚕茧产量（吨）	水产品养殖面积（公顷）	水产品产量（吨）	农村用电量（万千瓦小时）	农用化肥使用量（吨、折纯）	农药使用量（吨）
	牛年末存栏（头）	羊年末存栏（只）	生猪年末存栏（头）	能繁母猪年末存栏（头）	生猪出栏（头）	山羊出栏（只）	牛出栏（头）	小家禽出栏（万只）	兔出栏（万只）	肉类总产量（吨）	猪、牛、羊肉产量（吨）	牛奶产量（吨）	禽蛋产量（吨）							
合计	121590	393612	1925035	182235	2817197	582825	61993	3093	2318	297534	215584	138072	55425	15191	4477	15808	119500	82361	144559	4768
东坡区	25084	51431	470015	49150	602565	62120	16170	973	391	66065	46138	19330	8389	11725	695	3216	37580	37012	45630	2094
彭山区	4719	26880	153627	15092	353132	47050	3586	343	505	38375	26046	8610	5774	977	12	1255	16720	4035	11187	303
仁寿县	20915	268395	834302	78017	1151297	410163	21370	1088	1078	125820	91258	11879	27657	503	920	8247	48460	24270	69248	1919
洪雅县	48576	24063	193348	9636	297516	38058	10451	271	139	28425	22361	85986	3284	241	418	1499	4730	7042	8608	91
丹棱县	13343	16654	130078	13535	201034	17815	5112	178	108	18761	13628	8966	6367	1745	2243	712	4490	4982	4884	209
青神县	8953	6189	143665	16805	211653	7619	5304	240	97	20088	15527	3301	3954		189	879	7520	5020	5002	152

2016年市县全社会固定资产投资基本情况

单位：万元

	眉山市	东坡区	彭山区	仁寿	洪雅	丹棱	青神	岷东新区	金象园区	甘眉园区
一、全社会投资	11635529	3033361	2272964	3168039	1158883	688294	682694	167208	241515	222571
其中：房地产投资	1942877	673495	258991	748583	98006	61695	102107			
（一）按构成分										
建筑工程	8636424	2541341	1761060	2450065	712989	352766	530750	151108	68858	67487
安装工程	512422	97397	132718	82217	12290	89061	55130		5174	38435
设备工器具购置	1465160	202877	223663	341080	191119	211410	63922		128722	102367
其他费用	1021523	191746	155523	294677	242485	35057	32892	16100	38761	14282
（二）按产业分										
（1）第一产业	512370	114483	83949	203305	44125	40582	31732		4194	
（2）第二产业	4135659	993198	843730	980119	204735	401182	309727	9960	207863	185145
其中：工业	4118259	988758	840850	973399	203355	400402	308527	9960	207863	185145
（3）第三产业	6987500	1925680	1355285	1984615	910023	246530	341235	157248	29458	37426
其中：交通运输	1283936	456814	203124	451889	64085	37141	40806		6788	23289
二、本年资金来源	11295781	3469925	2175648	2730563	1011766	640738	648129	167208	227867	223937
1. 国家预算内资金	730870	308538	167411	66276	37400	63203	87192			850
2. 国内贷款	969446	390586	45236	261947	225735	19192	24100			
3. 利用外资	26300	23800		2500						
4. 自筹资金	8083100	2172360	1586519	2091736	715824	485741	425458	162408	227867	215187
5. 其他资金来源	1486065	574641	376482	308104	32807	72602	111379	4800		5250
三、商品房开发与销售情况（万平方米）										
1. 商品房施工面积	1756.02	639.94	312.24	611.78	75.99	41.99	74.09			
其中：新开工面积	485.78	142.48	85.43	199.33	27.61	11.39	19.54			
其中：住宅	1123.55	414.42	252.62	331.13	54	26.11	45.27			
2. 商品房竣工面积	360.31	152.37	70.18	124.64	1.33	9.11	2.68			
其中：住宅	223.16	90.85	44.04	76.08	0.93	8.56	2.68			
3. 商品房销售面积	401.92	149.57	68.59	139.17	9.12	9.62	25.84			
其中：住宅	300.06	104.07	55.5	104.29	8.71	7.91	19.57			
（1）现房销售面积	81.21	23.54	14.96	39.37	0.43	2.92				
其中：住宅	47.87	10.91	9.47	24.82	0.43	2.25				
（2）期房销售面积	320.7	126.04	53.64	99.8	8.7	6.7	25.84			
其中：住宅	252.19	93.17	46.04	79.47	8.28	5.66	19.57			

全社会固定资产投资额

单位：万元

年份	眉山市	东坡区	彭山区	仁寿县	洪雅县	丹棱县	青神县	甘眉园区	金象园区	岷东新区
2015	10323742	2672301	1991618	2798943	1025268	609012	608178	208394	249028	161000
2016	11635529	3033361	2272964	3168039	1158883	688294	682694	222571	241515	167208

2016 眉山市运输量完成情况

	货运量（万吨）	货物周转量（万吨公里）	客运量（万人）	客运周转量（万人公里）
总计	6129	495809	4653	142477
一、公路	6129	495809	4653	142477
#汽车			4653	142477
二、水运			148	320
#机动船				

2016 年眉山市营业性运输工具实有数

	计量单位	2015	2016
		运输工具实有数	运输工具实有数
一、运营性汽车数	辆	22760	24377
#客车	辆	1709	1690
货车	辆	21051	22687
二、运营船舶	辆	245	246
#机动船	辆	235	236
#客船	辆	200	199
拖船	辆	2	2
驳船	辆	46	46

眉山市公路里程

单位：公里

	2015			2016		
	公路总里程	公路总里程	等级公路里程	等级公路里程	高速公路里程	高速公路里程
眉山市	7530	5939	299	7724	6216	387
东坡区	1355	1292	76	1374	1314	76
彭山区	573	469	35	598	507	35
仁寿县	3140	2039	122	3235	2163	209
洪雅县	1477	1225	55	1508	1256	55
丹棱县	503	432	10	503	470	10
青神县	483	483	2	506	506	2

眉山市邮电通讯情况

	2015				2016			
	邮政、电信主营业务收入（万元）	年末固定电话用户（万户）	年末移动电话用户数（万户）	年末宽带接入用户数（万户）	邮政、电信主营业务收入（万元）	年末固定电话用户（万户）	年末移动电话用户数（万户）	年末宽带接入用户数（万户）
眉山市	198054	39.20	258.4	50.7		45.30	286.9	76.5
东坡区	70961	15.50	72.7	17.8		17.00	94.8	26.6
彭山区	22699	5.5	29.5	6.9		5.7	31.9	10.0
仁寿县	60210	10.5	74.4	14.4		12.7	94.9	22.7
洪雅县	20971	4.0	26.9	5.5		4.5	30.3	8.2
丹棱县	11397	2.2	15.0	3.0		2.6	16.3	4.3
青神县	11816	2.5	16.1	3.1		2.8	18.7	4.6

眉山市社会消费品零售总额

单位：万元

年份	社会消费品零售总额	按经营地分组		按行业分组		
		城镇	乡村	批发和零售业	住宿和餐饮业	其他
2015	3887558	2455692	1431866	3369970	517587	
2016	4380662	2754698	1625964	3779961	600701	

2016年眉山市文化基本情况

单位：个、千册

	文化事业机构数	艺术表演团体	文化馆数	文化站	博物馆、展览馆	剧场、影剧院	年末实有公共图书馆	年末公共图书馆总藏量
眉山市	179	1	7	131	6	10	7	422
东坡区	32	1	1	26		1	1	53
彭山区	19		1	13	1	2	1	38
仁寿县	65		1	60		1	1	109
洪雅县	21		1	15	1	1	1	46
丹棱县	13		1	7	1	1	1	49
青神县	17		1	10	1	1	1	60

2015年眉山市卫生基本情况

	机构数（个）	床位数（张）	人员数（人）	卫生技术人员	其他技术人员	管理人员	工勤人员
总计	2057	16296	20077	14658	583	745	1973
一、医院	53	9805	9767	8056	289	376	1046
综合医院	28	5201	5996	4963	173	254	606
中医医院	7	2246	2195	1862	71	59	203
中西医结合医院	1	54	38	27	—	1	10
专科医院	17	2304	1538	1204	45	62	227
二、社区服务中心	12	348	511	401	38	25	47
三、卫生院	130	5530	4616	3589	184	228	615

续上表

	机构数（个）	床位数（张）	人员数（人）	卫生技术人员	其他技术人员	管理人员	工勤人员
四、诊所、卫生所、医务室	337	—	638	619	1	1	17
五、急救中心（站）	2	—	14	8	3	3	—
六、采供血机构	3	—	143	111	2	7	23
七、妇幼保健院（所、站）	7	558	980	777	26	53	124
八、专科疾病防治院（所、站）	2	55	118	88	3	7	20
九、疾病预防控制中心	7	—	404	286	26	26	66
十、卫生监督所（中心）	7	—	102	80	3	10	9
十一、医学在职培训机构	—	—	—	—	—	—	—

2016 年眉山市各区县卫生情况

	医院病床使用率（%）	产妇住院分娩比例（%）	新生婴儿死亡率（‰）	5 岁以下儿童死亡率（‰）	传染病发病率（十万分之）
眉山市	86.09	99.98	2.06	5.38	373.37
东坡区	84.68	100	1.00	3.67	518.09
彭山区	99.19	100	2.89	5.49	468.46
仁寿县	89.19	99.96	2.52	6.23	265.17
洪雅县	88.69	100	1.69	6.09	291.32
丹棱县	78.67	100	3.55	6.40	261.70
青神县	72.58	100	2.15	6.46	535.14

2016 年眉山市体育基本情况

地区	体育彩票销售额	体育协会个数	公共体育场地个数	公共体育馆个数
眉山市	13322	62	2	5
东坡区	5940	16		1
彭山区	1927	10	1	1
仁寿县	3172	15	1	1
洪雅县	1344	5		
丹棱县	477	8		1
青神县	462	8		1

眉山市城镇失业人员情况

	2015			2016		
	城镇登记失业人员数	城镇安置失业人员就业人数	城镇登记失业率（%）	城镇登记失业人员数	城镇安置失业人员就业人数	城镇登记失业率（%）
眉山市	15423	16664	4.11	16055	17011	4.17
东坡区	4817	9586	4.18	5191	9811	4.31
彭山区	2085	4672	4.20	2468	4556	4.20
仁寿县	6248	1406	4.10	5942	1437	4.10
洪雅县	866	579	4.10	655	723	4.20
丹棱县	1022	101	4.10	1320	211	4.00
青神县	385	320	3.57	496	273	3.96

眉山市社会保险参保人数情况

	2015			2016		
	参加基本养老保险的职工人数（人）	参加失业保险的职工人数（人）	基本医疗保险的参保人数（人）	参加基本养老保险的参保人数（人）	失业险参保人数（人）	基本医疗保险的参保人数（人）
眉山市	509808	109265	752033	309159	117814	3116819
市本级	53971	30711	59531	38910	33202	66927
东坡区	118837	25628	246480	73457	26909	742740
彭山区	90617	13085	70759	60634	14781	312956
仁寿县	143688	23939	257996	78560	24012	1334644
洪雅县	48173	8279	51168	26120	8758	313678
丹棱县	21367	4057	29955	13029	6376	155625
青神县	33155	3566	36144	18449	3776	190249

服务指南

一、眉山市党务政务服务中心

地址：眉山市东坡区苏源路400号（市政中心正门对面约300米）

联系电话（区号：028）

中心机关			
办公室	38166111	督察科	38166130
业务管理科	38166117	惠民帮扶科	38166128
网管中心	38166169	服务热线综合科	38166892
一楼咨询处（总值班）	38166679	传真	38166111
窗口电话			
市公安局出入境管理支队	38167531	自助服务区	38509901

续上表

市纪委、政法委	38190231	邮储银行	38166087
组工、统战、机构编制	38165505	市广电网络公司	38169313
宣传思想文化、文广新、眉山日报	38166161	电力公司	38189706
总工会、团委、妇联	38190031	市就业局	38168802
供排水公司	38169136	市医保局	38165095
天然气公司	38107229	市社保局	38168785
中国移动	10086	市残联	38169211
中国电信	38169930	企业征信	38111315
市教育体育局	38169063	市卫计委	38169878
中国人民银行（金融服务中心）	38269001	市地税局 市国税局车购税分局	38166229 38163396
市民政局	38166238	市食药监局	38166221
农业服务	38167787	市安监局	38168212
市城管执法局	38166120	市交通运输局	38166232
市住房公积金管理中心（人工咨询台）	38169819 12329	市质监局	38166160
市国税局岷东分局	38516563	市林业局	38166155
文印处	38166365	市人社局许可处	38166135
市发改委（市一费制服务中心）	38169155	市畜牧局	38101287
市气象局	38166165	市司法局	38169209
行权综合窗口一（金融办、银监）	38169132	市水务局	38169581
行权综合窗口二（市行政审批代办中心）（防震减灾、科技、外侨台办、旅游、档案、民宗、审计、扶贫、烟草、国资、粮食、统计、邮政、盐政）	38169290	市经信委	38165509
		市国土资源局	38166157
		国盾公司	38166133
市财政局	38166463	市商务局	38166225
市工商局（五证合一窗口）	38166159	市消防支队	38169119

续上表

市住建局	38166029	市城乡规划局	38166125
市环保局	38169369	市人防办	38166425
市公安局许可处	38169110	车管所分中心	38169933

区县中心

东坡区政务中心	38119434	彭山区政务中心	37634072
仁寿县政务中心	36288628	丹棱县政务中心	37209488
洪雅县政务中心	38877766	青神县政务中心	38862991

二、眉山市主要旅游景点

单位	地址	电话
眉山三苏祠博物馆（AAAA）	眉山市中心纱縠行南街 72 号	38221651
眉山“中国泡菜城”	眉山市东坡区崇礼镇	15983333807
洪雅瓦屋山国家森林公园（AAA）	洪雅县瓦屋山镇	37539888
洪雅槽渔滩风景区	洪雅县槽渔滩镇	37512059
青神中岩寺风景区（AA）	青神县瑞峰镇	38853058
仁寿黑龙滩风景区（AAAA）	仁寿县黑龙滩镇	36301126
彭山彭祖山风景区（AA）	眉山市彭山区江口镇	37680196
柳江古镇	洪雅县柳江镇	37527077
峨眉半山·七里坪国际度假区（省级旅游度假区）	洪雅县七里坪镇境内	37547527
丹棱·桃花源景区（AAA）	丹棱县双桥镇、丹棱镇、顺龙乡	13990337286
大雅堂旅游景区	丹棱县丹棱镇	13990348599
国际竹艺城（AAAA）	青神县县城南门外 2 千米处	38850168
老峨山（AAA）	丹棱县张场镇峨山村	37181111
东坡区蒙牛乳业（眉山）工业旅游区（AAA）	东坡区科工园三路中段	38775989
中国藤椒文化博物馆（AA）	洪雅县止戈镇	37403356
水天花月旅游度假区	东坡区崇礼镇	38588222
江湾神木园（AAAA）	青神县县城	38811413
恒大世纪旅游城	彭山县牧马镇莲花乡	36586868
瓦屋山雅女湖	洪雅县瓦屋山镇	37536368
玉屏山野鸡坪度假营地	洪雅县柳江镇境内	37553333
东坡城市湿地公园	眉山市区东坡岛	38186686
江口汉崖墓博物馆	眉山市彭山区江口镇政府旁	37680196

续上表

单位	地址	电话
响水六坊（AAA）	仁寿县珠嘉乡响水村	36285555
广济乡鸭池沟村	东坡区广济乡鸭池沟村	38221378
白马镇龚村	东坡区白马镇龚村	38221378
仁寿湿地公园（AAAA）	仁寿县	36203160
文宫枇杷生态园	仁寿县文宫镇	36771101
曹家梨乡	仁寿县曹家镇	36731041
黄丰橘园	彭山县黄丰镇团结村	37683019
观音葡萄园	彭山县观音镇	37670131
果色天乡生态农庄	东坡区多悦镇永生村	38552888
蝶彩花卉园（AAA）	仁寿县清水镇石鼓村	36318888
寿乡水岸·五湖四海	眉山市彭山区彭祖新城	38638738
寿星谷	眉山市彭山区锦江乡	13696083910
凤鸣花谷	眉山市彭山区锦江乡	15008452788
岷江现代农业公园	眉山市彭山区岷江现代农业园区彭山区域	38528929
丹棱幸福古村	丹棱县	37209877

三、眉山市主要旅行社

名称	地址	电话
眉山市假日国际旅行社有限责任公司	眉山市东坡区诗书中路 736 号	38107990
眉山市环球国际旅行社有限公司	眉山市东坡区科工园 2 路	38111612
眉山市青年国际旅行社有限公司	眉山市东坡区一环北路 97 号	38105816
眉山市华夏旅行社有限公司	眉山市东坡区明星北路 61 号	38117000
四川眉山康辉旅行社有限公司	眉山市东坡区明星南路 30 号	38802881
四川远大旅行社有限责任公司	眉山市东坡区沙縠行南段 170 号	38737999
眉山市大自然商务旅行社有限责任公司	眉山市东坡区时代广场	38119990
眉山市信天游旅行社有限责任公司	眉山市东坡大道南三段 275 号	38111581

四、眉山市主要旅游接待单位

名称	地址	电话

续上表

名称	地址	电话
岷江东湖饭店（五星）	眉山市环岛路1号	38666088
青神大酒店（四星）	青神县青衣大道	38855555
黑龙滩长岛天堂洲际酒店	仁寿县黑龙滩国际旅游度假区	36689999
成都彭山恒大酒店	眉山市彭山区牧马镇（恒大金碧天下）	37599999
丹棱锦江饭店	丹棱县大雅社区素翁路3号	37218888
嘉斯曼锦江国际酒店	仁寿县城北新区龙滩大道9号	36618888
眉山宾馆（三星）	眉山市下西街迎宾巷17号	38226666
福一大酒店	眉山市彭山区彭祖大道南段	37688888
仁寿华生宾馆（三星）	仁寿县江家坝群英街20号（三星级宾馆）	36622222
眉山润丰大酒店（二星）	眉山市东坡区凤翔路北段55号	38290168
洪雅七里坪华生温泉酒店	洪雅县七里坪	37546999
彭山兴铁宾馆（三星）	眉山市彭山区古城南路	37628628
洪雅万宏大酒店（二星）	洪雅县青衣路136号	37555666
仙女湖休闲度假中心（二星）	眉山市彭山区江口镇寿泉村	37687018
东坡国际大酒店	眉山市新区湖滨路口	38805000
宏鑫大酒店	青神县振兴路128号	38833333
江湾神木园迎江楼．商务酒店	青神县外南街79号	38829999
玉屏山野鸡坪度假营地	洪雅县玉屏山	37553333
家乡商务酒店	眉山市彭山区彭祖大道（巨梁半岛）	37654321
老峨山宾馆	丹棱县老峨山景区内	37287222
悦来春酒楼	青神县中岩路40号	38862356
滨江花园酒店	眉山市湖滨路西段（东坡湖广场南楼）	38192105
丽都大酒店	眉山市三苏大道158号	38114884
世代宾馆	眉山市明星路78号	38109455
金桥宾馆	眉山市湖滨路南2段76号	38805586
味道长花园酒楼	眉山市红星路延伸段（东坡外滩）	38200178
洪州大酒店	洪雅县城	38877777
洪雅新顺大酒店（三星）	洪雅县城	37559999
金马宾馆	仁寿县金马路52号	36204800
逸景商务酒楼	仁寿大道飞龙大厦	36286666
陵州宾馆	仁寿县金马路1号	36211111
黑龙滩宾馆	仁寿县黑龙滩风景区	36301118
华凌山庄	仁寿县黑龙滩风景区	36301188

五、眉山市部分乡村酒店

企业（个体）名称	地址	联系电话
国瑞皓峰山庄	眉山市东坡区崇仁镇	13909030773
果色天乡生态农业有限公司	眉山市东坡区多悦镇	18628922600
“东坡醉月”月季花博览园	眉山市东坡区悦兴镇	13980757220
盛景丽园酒店	仁寿县城新车站	18980374822
清水山庄	仁寿县清水镇百花村	13330933359
渔码头	仁寿县黑龙滩环湖路	13608167227
玉泉山庄	仁寿县黑龙滩环湖路	13890398843
犀牛山庄家庭农场	仁寿县龙正镇增产村3组	36387777
仁寿县天鹅湖假日酒店	仁寿县文林镇春燕社区	13198703999
山外青山乡村酒店	仁寿县景贤乡丫口	18080361281
朱三姐农家乐	仁寿县黑龙滩环湖路	13890306705
鑫泽苑度假酒店	洪雅县柳江古镇景区	38871888
洪雅县李家大院	洪雅县柳江古镇景区	37741888
瓦屋山万忠大酒店	洪雅县瓦屋山景区	13980376666
广莱大酒店	洪雅县瓦屋山景区	13708168965
雅鑫度假酒店	洪雅县七里坪景区	38870666
槽渔滩水尚大酒店	洪雅县槽渔滩八仙岛	13518407168
利君休闲山庄	洪雅县瓦屋山景区	37538488
雅滨酒店	洪雅县瓦屋山景区	37538999 13990340000
柳江古镇楼外楼酒店	洪雅县柳江古镇明月街	37526546 13990348028
雅苑别墅	洪雅县槽渔滩景区	37512449 13388253988
继华山庄	洪雅县槽渔滩景区	37512039 13518407898
桂圆休闲庄	洪雅县七里坪景区	13688253683
柳江古镇祥福居商务酒店	洪雅县柳江古镇景区	37527489 13890353303
柳江古镇明福酒店	洪雅县柳江古镇圣母街	37526123 13708166627
七里坪温泉酒店	洪雅县七里坪景区	37746666 37746588 13219082099
洪雅县静馨苑旅店	洪雅县柳江古镇景区	37526266 18080376422
瓦屋山叠翠楼酒店	洪雅县瓦屋山景区	13990313660
德元楼	洪雅县幺麻子博物馆	13980379911
瓦屋山大前门宾馆	洪雅县瓦屋山景区	13990315427
梅湾湖度假酒店	丹棱县丹棱·桃花源景区	37192999
庆林酒店	丹棱县张场镇锁江村	37287666

六、眉山市部分特色“农家乐”

企业（个体）名称	地址	联系电话
圣境月休闲山庄	眉山市东坡区象耳镇七里村	13909030592
太极桂花圣境	眉山市东坡区白马镇	18990301668
金字塔	东坡区桃园西街中段	18089509286
景园山庄	眉山市东坡区富牛镇牟堰村	13734915888
寿灵蟹岛	东坡区尚义镇寿灵村	15892720111
沙子湾休闲庄	仁寿县文林镇沙子湾巷 132 号	13808169206
天利半山酒店	仁寿县文林镇卫星村	13198703999
溢丰庄园	仁寿县文宫镇石家社区 3 组	13990331404
金太阳生态园	仁寿县文林镇火箭村 2 组	13778804714
高家荘生态园	仁寿县文林镇国道街二段 215 号	13990336988
二峨山庄	仁寿县视高镇二峨社区 2 组	13688333993
山水人家	仁寿县文宫镇石家社区 5 组	13778884728
逸雅苑	仁寿县文宫镇石家社区 3 组	13990378405
利人园	仁寿县文宫镇太清村 4 组	36773868
斑竹园生态园	仁寿县方家镇武通村	15244801633
天山厚味	仁寿县文林镇忠实社区 1 组	13550530083
哈儿生态园	仁寿县文林镇蜜桔社区 4 组	13350524717
咪哥农家乐	仁寿县文宫镇太清村 1 组	13340931150
黑龙滩银水山庄	仁寿县黑龙滩大坝 1 组	15983325171
圣闲居农家乐	仁寿县天仁公园	18090094561
土豆花庄	眉山市彭山区彭溪镇毛店村 12 组	15883326981
彭祖酒庄	眉山市彭山区观音镇果园村	15328763535
存银湾	眉山市彭山区江口镇双江村 3 组	18990341387
龙祥山庄	眉山市彭山区武阳镇五一村 2 组	13778820666
秦家园	眉山市彭山区江口镇双江村 3 组	13648148182
富利香	眉山市彭山区武阳镇泥湾村 3 组	13890306959
田园雅居	眉山市彭山区武阳镇泥湾村 4 组	15983308022
寿星谷三道菜	眉山市彭山区锦江乡联络村 2 组	15984338823
天府奇石苑	眉山市彭山区锦江乡天库村 4 组	15196494678
创一湖畔	眉山市彭山区双漩社区	18990330411
天香苑	眉山市彭山区彭祖大道三段 621 号	37611998
醉八仙	眉山市彭山区江口镇双江村 3 组	37665333
新村生态园	眉山市彭山区兴崇村 12 组	18783328919
田园丰情	眉山市彭山区谢家镇	13340951877
向阳农场	眉山市彭山区牧马镇	13980633530

续上表

企业（个体）名称	地址	联系电话
橘园山庄	眉山市彭山区黄丰镇丰华村 2 组	15883328159
孔雀山庄	眉山市彭山区永利村 5 组	15282338786
阳坪休闲山庄	洪雅县将军乡阳坪村	37496777
福宝人家	洪雅县余坪镇福宝村	13909035190
瓦屋山乐乐居	洪雅县瓦屋山景区	13778895371
瓦屋山雅趣园	洪雅县瓦屋山景区	13618198966
瓦屋山桂鹃园	洪雅县瓦屋山景区	13795506078
七里坪紫竹园	洪雅县七里坪景区	15984329009
七里坪沁园休闲山庄	洪雅县七里坪景区	13990303754
大雅刘记白宰鸡	丹棱县杨场镇狮子村	37218678
田园风情	丹棱县丹棱镇桂花村	13678213386
睡佛山庄	丹棱县张场镇峨山村	15196462007
阳光农庄	丹棱县人民路 489 号	37261610
廖烧鸡	丹棱县丹棱镇红石村	37198668
高林山庄	丹棱县丹棱镇桂花村	13698375363
盆景园	丹棱县丹棱镇桂花村	37198408
葡萄园	丹棱县丹棱镇群力村	13086476688
食为天	青神县汉阳镇新街 4 号	13795533398
桂溪园	青神县白果乡楼坊溪村 6 组	38961888
安逸亭	青神县白果乡甘家沟村 4 组	13548230356
竹苑农庄	青神县南城镇竹艺街 226 号	38863111
翠麟山庄	青神县西龙镇观音场	15883335807
徐家大院	青神县西龙镇万沟村	38941669
祥和苑休闲度假山庄	青神县瑞峰镇黄桷村 5 组	13518403055
岷江酒楼	青神县瑞峰镇中岩村	38853121
良田酒楼	青神县瑞峰镇中岩村	38853005
候氏山庄	青神县瑞峰镇中岩村	38853018
白老幺饭庄	青神县瑞峰镇中岩村	38853007
长安酒家	青神县瑞峰镇中岩村	38853166
黄老六休闲山庄	青神县瑞峰镇中岩村	38853060
沁源山庄	青神县瑞峰镇中岩村	13890362676
汉阳第一家	青神县汉阳镇新街	38983168
渔满堂	青神县白果乡岷江桥头转盘处	13778838358
竹城酒楼	青神县南城镇竹艺城内	38852828
竹乡酒家	青神县南城镇兰沟村 7 组	38850063

七、眉山市大学，国家、省示范普通中学，国家、省重点职业中学

名称	地址	负责人	电话
四川大学锦江学院	四川省彭山县锦江大道 1 号	阙海宝	37600019
四川工商学院	眉山市眉州大道岷东段 9 号	杨夫子	87953080
四川城市职业学院眉山校区	眉山市岷东新区岷东大道南段 1 号	王世伦	84685100
成都信息工程大学天府（仁寿）校区	眉山市仁寿县视高工业园区	李剑才	85966342
中国武警警官学院（仁寿）校区	眉山市仁寿县清水镇百花村	杨殿东	36050377
四川科技职业学院	眉山市仁寿县视高工业园区	周长江	66345335
成都艺术职业学院	眉山市青神县南城镇红桥村	熊殿华	82480787
眉山职业技术学院	眉山市眉州大道东延段 5 号	徐井万	38201430
眉山广播电视大学	眉山市东坡区乡江路 530 号	叶志华	38195525
四川省仁寿一中（北校区）	仁寿县文林镇仁寿大道中段 166 号	黄永建	36266180
四川省仁寿一中（南校区）	仁寿县文林镇南坛路 257 号	吕仲辉	36201576
四川省眉山中学校	眉山市东坡区三苏大道中段 372 号	罗金福	38299167
眉山第一中学	眉山市东坡区五圣路 57 号	李树明	38201685
眉山市彭山区第一中学	彭山鹏利路中段	王洪伟	37620724
四川省洪雅中学校	洪雅县洪川镇文昌路 67 号	陈大伟	37403792
四川省眉山车城中学	眉山市东坡区太和镇	宫佩军	38502180
四川省仁寿县铧强中学	仁寿县文林镇陵州路三段 181 号	叶小兵	36230960
青神中学校	青神县学道街 10 号	兰志祥	38811392
四川省丹棱中学校	丹棱县丹棱镇北环路 152 号	汪九君	37208985
仁寿县华兴中学	仁寿县文林镇平安大道 813 号	陈明远	36296930
眉山科学技术学校	眉山市东坡区齐通路西三段 18 号	王鲁	38161086
四川省仁寿县第二高级职业中学	仁寿县城北大道左侧	周尊登	36201149
成都水电工程学校	彭山县青龙镇	黄健	37668438
四川省东坡区中等职业技术学校	眉山市东坡区诗书路南段 160 号	李文明	38292191
仁寿新科中等职业技术学校	仁寿蜂蜜乡西胜街 256 号	李智慧	36319666
眉山电子职业技术学校	洪雅县洪川镇修文路五段 15 号	刘燕忠	37480339

八、眉山市主要文体场馆

名称	地址	负责人	电话
眉山市体育馆	眉山市眉州大道西二段（市财政局对面）	刘行愚	38166595
眉山市业余体校训练馆	眉山市新区旭光小区西门	温成乡	15883323054
三苏祠博物馆	眉山市纱縠行南段	杨常沙	38221868
眉山市图书馆、文化馆	眉山市新区旭光小区西门	赵学军郑蕊	38196651 38196660
东坡区图书馆、文化馆	东坡区金鑫街 149 号	李丽红刘正龙	38101760 38101853
眉山电影城	东坡区小香港步行街	邹卫	38221361
仁寿县体育馆	仁寿县文林镇书院街	张韬	36219128
仁寿县体育场	仁寿县文林镇仁寿大道中段	黄永建	36266180
彭山县体育馆	彭山县岷江中路	谢成建	13890334322
彭山县体育场	彭山县公园山	谢成建	13890334322
彭山县图书馆、文化馆	彭山县岷江中路	侯铭	37791222
江口汉崖墓博物馆	彭山县江口镇	吴天文	13550555750
彭山县电影院	彭山县岷江中路	杨社民	37621642
丹棱县文化馆	丹棱县新南路 47 号	刘建	13808163500
洪雅县图书馆、文化馆	洪雅县洪川镇人民路	李开明钟晓	37301110 37300309
洪雅台会博物馆	洪雅县止戈镇五龙村	鲜继新	159833319204
青神县体育馆	青神县一环路南段 31 号	赵红军	38887585
青神县文化馆	青神县南街 50 号	宋文濂	13550541410
青神县图书馆	青神县南街 88 号	唐立新	38899883
青神县电影院	青神县大西街 53 号	王庆华	13320935988

九、城市公交行车指南一览表

线路名称	起止时间	站点名称	间隔时间（分钟）
1路	06：45—19：00（冬季） 06：45—19：30（夏季）	眉山东站—东坡湖公园 眉山东站—紫竹西街—火车站—三苏大道西段—三苏大道加气站—眉山中学—眉州商城—区检测站—区工会—通惠小学—中铁医院—眉象路口—西外路口—通惠街—下西街—十字口—市医院—苏湖路—东坡湖公园	6~10
2路	06：40—19：00（冬季） 06：40—19：30（夏季）	崇礼镇—象耳镇万坡村 崇礼镇—榕园山庄—崇礼派出所—崇礼路口—三鑫山庄—水天花月—泡菜城—苏湖路—市医院—十字口—下西街—通惠街—西外路口—眉象路口—中铁医院—川眉公司—铁四处—洞子口—眉多路口—烈士陵园—金象化工—农林村—象耳中心校—象耳镇—象耳中学—中资颐年山庄—厂招待所—殡仪馆路口—象耳镇万坡村	6~10
3路	06：45—22：00	蓬莱广场—四川城市职业学院 蓬莱广场—劳教所—桃园路口（东）—苏祠中学—三苏祠（南）—府街口—丁字口—兴隆街口（单）—花草街口（单）—环湖路中段（单）—市妇幼保健院（单）—眉东大市场（单）—时代广场（单）——环路北段（单）—北门诗碑—裴城路口—诗书路北段—旭光小区西门—行政服务中心（东口）—投资促进大厦—市地税局—安和街口—市公安局—市车管所—启明星花园—职业技术学院—富牛大道路口—眉山冠城七中实验学校—四川工商学院—四川城市职业学院	6~10
4路	06：45—19：00（冬季） 06：45—19：30（夏季）	眉山东站—蓬莱广场 眉山东站—田家炳中学—景苏街西段—三圆广场—赤壁路—中铁医院——环西路—诗书路口—桃园路西段—凤翔路口—区交通局—蓬莱广场	6~10
5路	06：45—19：00（冬季） 06：45—19：30（夏季）	眉山东站—岷江二桥下（东坡竹园） 眉山东站—铁环东路（同升二期）—九巷十坊—岷江大道西二段—文忠街口—东坡中学—文安西路—旭光小区北门—市党校—文定街南二段（交警一大队）—普田路口—青衣街南段—湖滨一号—凯旋国际社区—岷江二桥下（东坡竹园）	6~10
7路	06：30—22：00	眉山东站—富牛大道路口 眉山东站—田家炳中学—电信家属区—眉州商城—区公安分局—华意苑—西象桥—赤壁路东段—花草街口—兴隆街口—环湖路中段—眉山一中—义乌商贸城—二环东路北段—激情广场—广州本田恒富店（单）—东坡湖广场—市人民医院—旭光小区西门—旭光小区北门—旭光小区东门—兴和街口—市三医院—青衣街口—青衣街—市车管所—启明星花园—职业技术学院—富牛大道路口	6~10

续上表

线路名称	起止时间	站点名称	间隔时间（分钟）
8路	06：40—19：18	眉山客运中心—进站路口 眉山客运中心—裴城路口（外国语学校）—九巷十坊—现代城—东坡中学—桐花巷—市人民医院路口—大石桥信用社—通威—眼耳鼻喉医院—北门诗碑—红星路口—环湖路口—商业街口—十字口—市医院—府街口—丁字口—万通客运站—中医院—瓜子巷—通惠街—皮革城—西门牌坊—二环路口—变电站—双拥站—五洲国际城—味聚特—石堰汽修厂—恒通包装厂—鲜滩小学—鲜滩—仲辉纸厂—眉青路口—李记调味厂—石康医院—前锋糖厂—桥头站—进站路口	6
9路	06：45—19：00（冬季） 06：45—19：30（夏季）	蓬莱广场—心脑血管医院 蓬莱广场—劳教所—桃园路口（东）—映天中学—市质检站—交警二大队—诗书路南段（区委）—皮革城—世纪新村—石堰街口（单）—环湖路口—市妇幼保健院—三苏大道东段—银鹏国际九龙豪府—眉州商城—眉山中学—三苏大道加气站—三苏大道西段（火车站）—紫竹街口—岷江大道西段—眉山东站—裴城路外国语学校（单）—九巷十坊—阜城路口—阜城路西段—文忠路口—栖云路口—心脑血管医院	5~10
10路	06：40—19：00（冬季） 06：45—19：30（夏季）	眉山东站—千禾大道 眉山东站—田家炳中学—紫竹中街（区运管所）—紫竹东街—三圆广场—城北综合市场—北门诗碑—一环路北段—眉东大市场（东）—巴黎春天—大治桥—东风街口—东坡湖公园—苏湖路—一环路南四段—市福利院—桃园路口（东）—实验中学—污水处理厂—恒泰家属区—恒泰企业—千禾（竹春）—千禾大道（郑店子）	5~10
11路	06：30—22：00	眉山东站—岷江二桥下（东坡竹园） 眉山东站—田家炳中学—区运管所—金罗马广场—花香庭院—杭州路北段—市房管局—杭州路中段—区社保局—杭州路南段—西象桥—环湖路口（单）—世纪新村—西外路口—三苏祠（西）—下西街—府街口—市医院（老城）—苏湖路—东坡湖公园—左岸半岛—环湖路东延段—二环东路北段—激情广场—广州本田恒富店（单）—东坡湖广场—市人民医院—旭光小区西门—市行政服务中心（东口）—投资促进大厦—市地税局（单）—市消防支队—旭光小区东门—江乡路西段—市三医院—青衣街口—湖滨一号—凯旋国际社区—岷江二桥下（东坡竹园）	6~10

续上表

线路名称	起止时间	站点名称	间隔时间（分钟）
13 路	06：45—22：00	眉山东站—会展中心 眉山东站—CNG 加气站—眉山中学—眉州商城—银鹏国际九龙豪府—三苏大道东段—红星路西段—眉东大市场（北）—玫瑰园八区—红星路东延段—激情广场—醉月路口—西子街口—子瞻路口—苏堤路口—市三医院—文定街南一段（单）—市公安局—安和街口—市地税局—投资促进大厦—市政府—会展中心	6~10
14 路	06：45—19：00（冬季） 06：45—19：30（夏季）	蓬莱广场—科工园 蓬莱广场—蓬莱中路—区地税局—苏祠路—东坡区委—皮革城—西外路口—市公交公司—商业街口—环湖路口—市妇幼保健院—红星路西段—眉东大市场（北）—玫瑰园八区—红星路东延段—激情广场—广州本田恒富店（单）—东坡湖广场—市人民医院—旭光小区西门—市行政服务中心—市政府—军分区—心脑血管病医院—旺达广场—市发改委—科工园三路—多能公司—蒙牛集团—消防中队—科工园终点站	6~10
15 路	06：45—19：00（冬季） 06：45—19：30（夏季）	蓬莱广场—富牛大道路口 蓬莱广场—区质检站—区疾控中心—市中医院—苏祠路—东坡区委—皮革城—世纪新村—石堰街口（单）—环湖路口—市妇幼保健院—时代广场—健康家园—蓝色港湾—香颂城—市劳动保障局—学士街—东坡中学—市体育馆—会展中心—市政府—市行政服务中心—旭光小区北门—市党校—市公安局—市车管所—启明星花园—职业技术学院—富牛大道路口	6~10
16 路	06：45—22：00	眉山东站—蓬莱广场 眉山东站—秋岚街—裴城路口（外国语学校）—玉屏街（传世风景）—阜城路口—齐通路西三段—眉科校—栖云路口—加洲国际（市运管处）—市体育馆—东坡中学—文忠街—香颂城—岷江大道中段—岷江大道东段—东坡湖广场（单）—裴城路东段（同升小区）—民和北路—区人事局—眉山一中—环湖路中段—兴隆街口—十字口（单）—丁字口—府街口—东坡金城—苏祠中学—映天中学—桃园东路劳教所—蓬莱广场	6~10
17 路	06：50—19：00	区交通运输局—太和 区交通运输局—区教育局（区疾控中心）—东坡金城—三苏祠西门—通惠街—西外路口—诗书路中段—小石堰—区公安分局—市妇幼保健院路口—时代广场—北门诗碑—大石桥—岷江大道—市客运中心站—旭光小区西门—苏轼公园—市政府—科工园—田店—白玉—高店—大卫—新街—太和高中—太和	8~10

续上表

线路名称	起止时间	站点名称	间隔时间（分钟）
18 路	06：50—18：30	眉山东站—泡菜城 眉山东站—田家炳中学—紫竹中街（区运管所）—紫竹东街—三圆广场—银鹏国际九龙豪府—三苏大道东段—红星路西段—眉东大市场（北）—眉东大市场（东）—眉山一中（大润发）—文学街—滨湖街口—东坡湖公园—泡菜博物馆—川南食品厂—顺江大道北一段—顺江大道北二段—顺江大道南一段—顺江大道南二段—泡菜城终点站	6~10
19 路	06：50—18：51	蓬莱广场—圣丰国际 蓬莱广场—市质检站—映天中学—苏祠中学—东坡金城—府街口—正西街—十字口—巴黎春天—环湖路口—红星路西段—三苏大道东段—银鹏国际九龙豪府—三圆广场—金罗马广场—金象国际—文忠街—东坡中学—市体育馆—眉州医院—铁环路口—建国汽贸—科创药业（单）—圣丰国际路口—圣丰国际	6~10
社区巴士 1 路	06：45—22：00	公交客运站—东湖饭店 沙縠行北段（公交客运站）—商业街口—花草街口—兴隆街口—环湖路中段—巴黎春天—大治桥—东风街口—东坡湖公园—王家渡桥—环湖路口（东）—朝阳街口—红星路口（东）—琼海路口—远景楼—醉月桥—旭光小区南门—兴和街口—市三医院—青衣街口—湖滨一号—东湖饭店	6~10

十、客运中心班车班次时刻

起点站	到达站	发车时间	备注
眉山	成都新南门（高速）	06：00—18：50	每间隔 10~15 分钟滚动发班
眉山	成都石羊车站（高速）	07：30—18：50	每间隔 30 分钟一班
眉山	成都城北中心	06：50—17：40	每间隔 20~30 分钟一班
眉山	重庆（高速）	08：30　14：50	
眉山	重庆（仁寿）	07：40　09：10	
眉山	都江堰	09：05　11：00 14：10　15：40	
眉山	新津	08：00—18：00	每间隔 45 分钟一班

续上表

起点站	到达站	发车时间	备注
眉山	雅安（高速）	08：50 10：10 11：20 12：30 14：40 16：50	
眉山	雅安（洪雅）	09：35	
眉山	康定	10：00	
眉山	德阳	09：20 14：30	
眉山	双流	08：10 09：00 09：40 10：30 11：10 12：00 13：10 14：00 15：20 16：40 17：20	
眉山	绵阳	09：00 14：10	
眉山	遂宁	09：10 14：00	
眉山	南充	08：50 14：00	
眉山	泸州	08：30 13：30	
眉山	安岳	08：50 13：30	
眉山	内江	08：50 13：40	
眉山	资阳	09：10 14：10	
眉山	乐山（高速）	07：20—18：40	每间隔 20~40 分钟一班
眉山	峨眉	07：10—18：10	每间隔 20~30 分钟一班
眉山	峨眉（商务）	08：00 09：00 13：50 14：20	
眉山	峨边	08：30	
眉山	金口河	12：00	

续上表

起点站	到达站	发车时间	备注
眉山	犍为	09：00　14：30	
眉山	宜宾	09：00　14：30	
眉山	自贡	09：00　14：00	
眉山	夹江	07：20—17：20	每间隔 20 分钟一班
眉山	青神	07：00—18：40	每间隔 10~15 分钟一班
眉山	洪雅	07：00—18：20	每间隔 12~24 分钟一班
眉山	丹棱	07：30—18：40	每间隔 15~30 分钟一班
眉山	彭山	07：00—18：50	每间隔 5~8 分钟一班
眉山	仁寿	06：30—18：40	每间隔 10~15 分钟一班
眉山	禄加	13：30	
眉山	汪洋	08：30　14：30	
眉山	深圳	18：30	每日一班
眉山	马边	14：00	
眉山	永川	09：50　14：30	
眉山	攀枝花	09：30	
眉山	昆明	13：00	
眉山	西昌	9：00　13：00	
眉山	广元	0. 354166667	
眉山	广安	08：30	
眉山	巴中	08：40　14：40	
眉山	九寨沟口	08：30	
眉山	石绵	08：30	

注：本表信息仅供参考，实际发班时刻以当日车站公示内容为准。

索 引

Indexes

A

艾滋病防治 250
安全、环境保护、信访稳定 161
安全保卫 85，201
安全工作 160
安全管理 176
安全环保 184
安全培训 142
安全社区建设 144
安全生产 157，166
安全生产大检查 143
安全生产监管 139
安全生产体制机制建设 142
安全维稳 62
安全稳定 138，182
安信工程 144
安置帮教 138
案件防控 198

B

百企联百村和扶贫攻坚 124
班子建设 104
保护工作 243
保密管理 63
保密技术 63
保密检查 64
保密宣传 63
保险 193
保障性安居工程 185
备案审查 69
被征地农民社会保障管理 74
本级调研视察 94
编制管理 59
便民服务 60
便民利民服务 130
标准化建设 177
标准强市建设 147
表彰见义勇为 73
滨江大道东坡至彭山段 204
殡葬管理 259
兵役服务 101
病媒生物防制 249
不动产登记 152
不可移动文物 242
部机关建设 59

C

财税、金融、保险 264
财税收入 166
财务管理 154
财政、金融和保险 47
财政管理 166
财政金融 274
财政金融保险 269
财政内部控制体系建设 187
财政票据检查 188
财政审计 144
财政投资管理 186
财政投资评审 186
财政资金安全检查 188
采供血 254
参与中心工作 67
参政议政 107，109-113，124
残疾人创业就业 120
残疾人康复 120
残疾人民生项目 120
残疾人文化体育事业 120
测绘 217
查办职务犯罪 134
产业发展 156，161
产业园区党建 57
常规工作会议 51
常委会议 90
常委会议协商 92
厂务公开民主管理 116
成都经济区环线高速公路简阳至仁寿古佛段 203
成乐高速公路青龙场至眉山试验段扩容 204
成品油 256

成人高校招生　227
城管执法　167
城市规划　216
城市规划管理　74
城市建设　150，279，284
城市建设和环境保护　275
城市总规修编　216
城乡对口支援　247
城乡规划　166
城乡环境整洁行动和农村改厕　249
城乡环境综合治理“进机关”　64
城乡建设　167，269
城乡居民最低生活保障　261
城乡医疗救助　262
城乡医疗救助资金专项检查　187
出入境管理　129
处非宣传　193
传染病发病率　250
创新创业　115，287
创新创业教育　232
创新工作　236，261
创新驱动　153
创业工作　84
春灌用水　176
春运气象服务　88
慈善表彰　72
慈善工作　83
村（居）民自治　220
村（社区）党组织换届　55
村民自治　84
村镇建设　218
存贷款业务　198
存款保险　195

D

打非治违　143
打拐专项行动　131
打击犯罪专项行动　131
打击文物犯罪　242
打击刑事犯罪　133
大病保险　260
大峨眉国际旅游西环线洪雅止戈至柳江段　205
大气污染防治　220
大型活动　233
大熊猫国家公园建设　174
大众创业万众创新　72
代表履职　70
代拟领导讲话稿　63
淡水鱼　258
党代表任期制　57
党风廉政　190
党风廉政建设　153，228，238
党管武装和参建参治　100
党建工作　161
党群服务　80
党群工作　163，165
党史宣传教育　67
党史征编、研究　67
党史资政　67
党团工作　232
党外干部管理　60
党外知识分子和新的社会阶层人士工作　60
党务政务服务热线　81
党务政务服务体系建设　80
党员教育　58
档案安全　244
档案查阅利用　244
档案队伍建设　244
档案法治建设　244
档案馆舍建设　244
档案接收征集　244
档案宣传和档案文化建设　244
道路交通安全宣传　132
德育工作　225
低保兜底扶贫　262
敌对势力防范　128
地层岩性　35
地方病和慢病防治及健康体检　250
地方立法　69
地理位置　35
地名管理　84
地情开发　245
地灾防治　152
地震监测预报　87
地震群测群防　87
地震应急演练　87
地质构造　38
第九届中国竹文化节　173
第三产业　268，284
第三次全国农业普查　145
电商物流　181
电网建设与发展　158
电影放映　236
调查研究　107，112
调查业务　145
东坡宋城建设管理　243
动物资源　42
督查督办　77
督查目标工作　53
督学工作　228
督政工作　228
队伍管理　227
队伍和图书馆建设　241
队伍建设　54，67，107，117，118，135，136，138，189，192，230，232
对口帮扶　225
对口协商　93
对口支教　227
对台工作　82
对外宣传　236，261
对外影响　280

F

发行业　237
发展体育产业促进体育消费　73
法律顾问　127
法律援助　137
法制工作与司法考试　137
法制建设　146
法治政府建设　126
反洗钱　195
防暴反恐　128
防病减灾宣传　124

防汛 175
防汛抗旱 176
防灾减灾 82
房地产业 217
放心粮油体系建设 183
非公党建 141
非税收入收缴情况专项检查 187
非物质文化遗产 243
非现场监管 196
非学历证书考试 228
非遗数据库建设 243
废弃地复垦利用 152
分级诊疗 246
风险处置 197
风险防控 184，201
风险管理 200
风险监测与应急管理 149
扶贫工作 230
扶贫专项资金检查 188
服务“三农” 202
服务保障 231
服务窗口设置 80
服务创新 201
服务发展改善民生 61
服务工作 199
服务管理 85
服务企业 153
服务群众与扶贫攻坚 196
服务社会 66
服务食品医药产业发展 149
服务事项办理 80
负债业务 194
妇幼保健 253
妇幼保健卫生 252
妇幼管理 254
复议应诉 126
富牛镇 168

G

改革创新 135，140，155，158
改革改制 162
概况 35，39，40，43，44，62，65，67，81，86，88，102，103，107－109，111，116，124，127，135，136，138，142，145，150，153，154，157，159，161，164，170，174，175，177，184，194，196－199，201，202，211，214，215，219，229，231，242，246，249，254，261，263，266，274，278，283，285
概述 213，216
干部监管 56
干部教育培训 56
港澳台及海外联络 61
高等教育自学考试 228
跟踪引进高校建设 225
耕地保护 151
工程建设 176
工伤保险 260
工商登记制度改革 141
工业 283
工业、农业和旅游业 279
工业大道建设 204
工业和建筑业 45，274
工业经济 263，267，286
工业投入 186
工业投资 156
工业运行情况 156
工资集体协商 115
公安工作 167
公安交管信息化建设 132
公安宣传 130
公共服务 237
公共资源交易管理 127
公立医院改革 253，254
公务卡改革 186
公务员、事业人员管理 57
公务员招录考用 85
公务员职务与职级并行制度 85
公益事业 184
公正提速 136
公证与司法鉴定 137
供给侧结构性改革 71
供销工作 181
构造剥蚀地貌 40
构造地貌 40
构造侵蚀溶蚀地貌 40
构造运动 39
骨干水利工程 174
固定资产投资 267，274
固定资产投资和房地产开发 47
固定资产投资和建筑业 279
固定资产投资审计 144
关爱农村留守儿童 118
关爱重点青少年 117
广播电视安全 237
广播电视户户通工程 236
广播电视宣传管理 237
规范化管理 183，244
规范化执法建设 131
规范经营 202
规范行政权力 149
规范性文件管理 126
规范执勤 102
规划编制 139
规划发展 162
规划核实 217
规划监督 217
规划评奖 124
规划统计 249
国防后备力量建设 99
国家历史文化名城创建 216，242
国家重大政策措施贯彻落实跟踪审计 144
国库集中支付 185
国内贸易、对外经济和旅游 47
国内贸易和对外经济 267
国企党建 150
国企改革 150
国企监管 149
国企效益 183
国税地税合作 190
国土管理 160
国土资源管理 166
国网丹棱县供电公司 159
国网洪雅县供电公司 159
国网眉山市彭山供电公司 158
国网青神县供电公司 159
国网仁寿县供电分公司 158

国有经济发展　149
国有林场改革　174

H

合法性审查　126
核与辐射安全监管　222
后勤保障　54，79，103
后勤服务　233
后勤建设　99
互联网金融风险排查　194
互助互济　115
户政管理　129
化肥　256
环保宣传　222
环保治理　160
环境监测　222
环境监察执法　222
环境气象服务　88
环境应急管理　222
环境整治　264
环境资源　140
环评审批　220
环卫工作　219
换届监督　56
恢复重建　82
会计管理　187
会计监督检查　188
惠民价格政策　146
婚姻登记　259
活动中心建设　66
火灾防控　103
货币信贷政策　194
霍乱、不明原因肺炎等传染病防控　250

J

机动车检测　132
机构　97，113，124
机构编制实名制统计及网上名称管理　59
机构变化　126
机构和队伍建设　228
机构组建　211
机关管理　67
机关基层党组织建设　64
机关事业单位养老保险　260
机关思想文化建设　64
机关作风和反腐倡廉建设　65
机制创新　177
机制建设　220
鸡蛋　258
基本公共卫生服务　247
基本药物和药械采购　246
基层便民专业化服务　80
基层法律服务　138
基层规范化建设　79
基层建设　103
基层科普行动计划　119
基层民主建设　84
基层平台建设　260
基层卫生　248
基层阵地建设　118
基层组织建设　57
基础建设　211
基础设施建设　264
绩效监督检查　188
集体林权制度改革　174
计划预算监督　69
计量与认证工作　148
计生文化建设　249
计生宣传教育　249
纪检监察　165
纪念红军长征胜利80周年　66
技能培训　85
技术创新　157
寄递物流清理整顿　213
寄生虫病防治　251
家宽电视有线网建设　214
家禽　177
家庭建设　118
家庭教育　118
价格调控　146
价格改革　146
价格举报　147
价格认定　147
价格与收费专项检查　146
驾驶人管理　132
监督检查　60
检验检测　148
建材　256
建档立卡贫困人口医疗保障　260
建设用地增减挂钩　152
建议、批评和意见办理　70
建置沿革　40
建筑和房产业　268
建筑施工和特种设备　143
建筑业　218
健康扶贫　253
健康服务业　246
健康教育和控烟　249
交管执法　133
交流学习　95
交通、通信和邮电　47
交通、邮电和旅游业　274
交通安全和学校安全　143
交通安全综合整治　132
交通水运　35
交通投入　186
交通脱贫攻坚　207
交通运输和信息业　269
交通秩序管理　132
教师培训　227
教师职称评审　227
教师资格认定　227
教学改革　232
教学管理　261
教学研究　228
教育和能力扶贫　224
教育交流与合作　233
教育培训　255
教育文化　165
教育信息化工作　228
教育研究　243
教育装备　228
接待管理　81
接待任务　81
接受外部监督　134
结核病防治　250

金桥工程 119
金融安全防控 194
金融扶贫 200
金融服务 196
金融改革 194
金融精准扶贫 194，197
金融审计 144
金融消费权益保护 195
金融综合管理 195
进一步加快竹编产业发展 50
进一步抓落实促改革 50
禁黄禁赌 130
经济建设 164
经济社会发展重大问题研究 63
经济统战工作 61
经济运行 160
经济责任审计 144
经理国库 195
经贸活动 154
经贸摩擦处置 154
经贸信息 154
经营管理 157，162，237
经营管理改革 198
经营情况 200
经营效益 184
经营指标 199
精神文明建设 59
精准扶贫 86，101，165
精准扶贫档案工作 244
警卫保卫 130
竞技体育 226
纠纷处理机制 247
旧志抢救整理 245
救援 104
救灾救济 82
救助管理 259
救助贫困母亲 117
就业创业 117
就业工作 84
就业考研 233
居民服务 257
捐资助学 82
决胜“两个率先”实现“五个先行”奋力建设天府新区增长极大都市区新高地的决定 49
决议决定 69
军事训练 102
军休安置 83
军转安置 85

K

开训动员 100
考古发掘 242
科技、教育、文化、体育、卫生 47
科技创新 162
科技投入 186
科教、卫生和体育事业 275
科普宣传 87
科普宣传活动 118
科研带教和对口支援 254
科研工作和社会服务 231
科研活动 67
科研教学 253
科研课题立项与成果推广 228
可移动文物 242
客户服务 202，215
课题研究 245
狂犬病防治 250
矿产资源 42
矿产资源管理 152
矿山管理 143
困难补贴 262
困难职工帮扶 116

L

滥发奖金津补贴和财务收支检查 188
劳动保障监察 260
劳动竞赛 115
劳动纠纷调解 115
劳动人事争议调解仲裁 260
劳模管理 115
劳务培训 87
老龄工作机制建设 260
老龄问题调研 261
老年优待 260
老年组织建设 261
理论工作 58
理事风采 113
立案工作 135
立法工作 127
利用外资 181
联系服务青年 117
联系服务群众 53，79
廉政建设 104，138
粮食 258
粮食调控 182
粮油生产 172
粮油收购信贷 200
两个文明建设 113
两项考试 228
林业生态旅游 173
林业有害生物防治 174
临床输血质控中心管理 255
领导班子和队伍建设 56
领导关心 66
流动人口管理 249
流动暂住人口管理 129
路灯管理 219
旅游市场专项检查 146
履职考核 142
履职能力建设 70
律师工作 137
绿海明珠 173
落实两项待遇 66

M

眉山国际商会 154
眉山岷东开发投资有限公司 168
眉山市岷东城市发展投资管理有限公司 168
眉山中车紧固件科技有限公司 164
眉山中车物流装备有限公司 164
眉山中车制动科技股份有限公司

163
媒体活动 236
美食餐饮 181
美术馆活动 241
免疫规划 251
民兵综合应急营骨干集训 100
民防应急 105
民间组织管理 84
民生 284
民生档案工作 244
民生工程 77，166，183，185
民生工作 94
民生资金（项目）审计 144
民事、行政诉讼监督 134
民事审判 135
民营经济 263
民营经济扶持 141
民营企业建立现代企业制度 74
民主党派、知联会自身建设 60
民主协商 60
民族项目 62
民族宗教工作 61
岷东大道遂资眉高速公路永寿连接线以北段 204
岷黑快速通道 206
岷江一桥改建工程 206
目标绩效管理 249
募捐救助 124
穆家沟水库管理处 168

N

纳税服务 189，192
奶产业 176
内部管理 151，199
内涵建设 230
内控案防 199
内控管理 188
能源要素 156
年鉴工作 245
农产品质量安全 172
农村道路交通管理 132
农村金融 178
农村经济 267
农村经营管理 172
农村生活垃圾治理 219
农村体制改革 268
农村污水治理 220
农村义务教育薄弱学校改造专项检查 188
农村专合组织 182
农民货币安置 178
农膜 257
农田水利基本建设 174
农药 257
农业 44，274，283
农业保险 178
农业产业扶贫 173
农业机械化 172
农业经济 263
农业气象服务 88
农业投入 186
农业信息化 172
农业行政执法 172

P

泡菜产业 171
培训教育 67
培训演练 104
培育业主经营 177
彭山机养中心建设 207
棚户区改造 218
贫困村脱贫攻坚 64
品牌建设 123
品牌强市建设 147
平台搭建 153
平原 40
普遍服务 211
普法工作 137
普惠金融 201
普及智慧量服 120
普通高校招生 227
普通高中教育 225

Q

其他病防治 251
其他会议 51
其它主副食品 258
气候特点 43
气象法制建设与依法行政 89
气象现代化建设 88
企业管理 214，215
企业培训 125
企业培育 156
企业融资 193
企业上市 193
企业审计 145
起草重要文件 63
千湖之城建设 174
侨务侨联 81
侵蚀堆积地貌 40
青少年科普 119
青神竹编产业发展 173
丘陵 40
区县党史 67
区域发展 140
区域合作 140
全市性会议 76
全市预算执行情况 185
全体会议 90
全体会议协商 92
全委（扩大）会议 51
群众来信来访办理 65
群众体育 226
群众文化活动 240

R

热线办理 81
人才队伍建设 57，253，254
人才培养模式改革 224
人防工程建设 105
人防工作 165
人工影响天气 88

人口和人民生活　275
人力资源　157
人力资源管理　162
人民币发行与管理　195
人民调解　137
人民生活　265，279
人民生活、社会保障　48
人事管理　154
人事管理与教育科研　248
人事考试　85
人事任免　69
人事制度改革　231
仁沐新高速公路仁寿段　204
日常管理　241
日常监督　93
融资性担保机构监管　193
肉类　258
肉牛　177
肉兔　177
肉羊　177

S

三公经费监管　186
桑蚕茧　257
扫黄打非　241
森林防火　174
森林防火气象服务　88
森林公安　174
山地　40
商标品牌管理　141
商贸服务业　274
商贸旅游和对外经济　264
商品房销售明码标价专项检查　146
商事调解　154
上级调研视察　93
社会办医　246
社会保障　165
社会保障投入　187
社会扶贫　86
社会服务　108-113
社会福利　83
社会事业　160，264，269
社会事业发展　139
社会消费　182
社会责任　201
社会治安防控体系建设　130
社会治理　133
社会治理创新　117
社科普及　124
社科研究　124
社区建设　84
社区矫正　138
涉企收费专项检查　146
深化改革　62，198
审查审批　217
审计　166
审计成果　144
生产情况　176
生态环保供水　176
生态建设　279
生态文明建设　221
生猪　177
生猪、仔猪　256
省级示范性高职校建设　230
十周年校庆　233
食品安全风险监测　251
食品生产经营监管　148
食品药品安全管理　129
食品药品监管能力建设　148
食品药品监管体系建设　148
食品药品专项整治　149
食品综合协调监督　148
食用植物油　258
示范基地建设　87
市场监管　212
市场经营　213，214
市场营销　162
市场准入管理　196
市公车管理中心、市会议中心和市体育馆管理　86
市级预算执行情况　185
市级政府投资工程建设项目管理　74
市领导接访　66
市委中心组（扩大）学习会议　52
市县领导班子换届　55
市政府常务会　76
市政府全体会议　76
市政管理　219
市政项目建设　218
事业单位登记管理　60
事业单位分类改革　59
事业单位考核招聘　85
事业发展　237
事中事后监管　74
收费改革　147
收费管理　147
收养登记　260
首长视察　100
蔬菜　258
数字档案馆（室）建设　244
数字眉山建设　214
双拥工作　82
水电气　256
水利民生工程　174
水利脱贫攻坚　175
水污染防治　72，221
水务综合执法　175
水源保护　176
水资源管理　175
水资源和水能资源　43
税收改革　188，190
税收收入　188，190
税收信息化建设　191
税收宣传　192
税收优惠　188，192
税收征管　189，191
税务稽查　192
司法改革　54
司法公开　136
司法惠民　136
司勤人员安置　85
思想建设　107，108，111，112
思想宣传　111
思想政治建设　70，99，102
四川岷东房地产开发有限公司　168
诉非衔接　136
诉讼辅导　136

素质培养　232

T

太和大道　205
淘汰落后产能　157
特困人员供养　262
特色农业　286
特殊教育　225
特种设备安全监管　147
特种行业管理　182
提案办理　93
提案督办　93
提质升级　104
体卫艺国防教育　225
体育产业　227
体育公共服务供给方式改革　224
体制改革　140
天府大道仁寿连接线　206
天府大道与岷东大道连接线　206
天府仁寿大道　205
天府新区服务　78
天然林保护工程　173
听取和审议专项工作报告　69
统计法制建设　145
统计服务　145
统计改革创新　145
统战工作　232
投融资　150
投资管理　165
突发公共卫生事件应急处置　251
图书馆活动　240
土地　42
土地出让　152
土地利用　151
土地利用总体规划　152
土地审批　152
土地综合整治　152
土壤污染防治　221
推进创新驱动转型发展奋力冲刺任期目标的决定　49
推进绿色发展建设美丽眉山的决定　49
推进新型工业化　73
推进学前教育　73
推进依法治市　62
退耕还林工程　174
脱贫攻坚　55，117，177，279
拓展教学　261
拓展经营新领域　150

W

外汇管理　195
外贸进出口　181
外事友协　81
外资运用审计　144
完善城乡义务教育　73
完善工作机制　66
完善规划管理法规　216
网点建设　183
网络建设　213
网络舆情导控　130
网络运营　214
网络运营维护　214
网上追逃　132
网站建设　78，237
危险化学品和烟花爆竹安全整治　143
维护金融稳定　196
维护稳定　54，128
维权　125
卫生单位创建　249
卫生改革　246
卫生监督与食品安全　247
卫生检验　252
卫生项目建设　246
卫生应急　248
未成年人保护　259
委员座谈协商　93
文化产业　243
文化产业和文艺工作　58
文化传媒业　242
文化馆活动　240
文化基础建设　241
文化旅游业　242
文化市场综合执法　242
文化投入　186
文化遗产日活动　243
文化娱乐业　242
文会办理　77
文联建设　123
文体宣教　115
文物保护　243
文艺创作　120，239
文艺惠民　122
文艺人才　123
稳岗补贴　260
无偿献血　249
无偿献血宣传招募　254
无线电管理　157
五险统征　260
物资储备保障　79

X

稀有血型献血管理　254
先进表彰　227
先进典型选树　117
县域经济　140
现场检查　196
现代林业产业基地　173
现代农业发展　171
乡镇景区规划　216
乡镇领导班子换届　55
项目档案工作　244
项目工作　284
项目稽察　140
项目建设　124，176，177，225
项目融资　150
项目投资　139
项目推进　159
项目争取　111
消防安全　143
消防宣传与教育　105
消费维权　141
销售　183
小额贷款　193
校园安全　233

校园建设　233
新安法宣传贯彻　142
新兵野营拉练　103
新媒体建设　236
新生儿管理　252
新闻宣传和网络宣传与监督　58
新闻作品奖　236
新型城镇化建设　217
信贷投放　193
信访积案化解　66
信访事项复查复核　66
信访维权　118
信访维稳　151，165
信访稳定　87
信托土地流转　178
信息报送与处置　80
信息报送与通报　194
信息调研　77
信息调研与文件起草工作　53
信息化服务　214
信息化建设　130，145，153，157，233，249
信息建设　138
信息网络、咨询平台建设　260
信息宣传　108，109，112，124
信息与对外联络　113
信息智能化工作　183
信用社改制　193
信用体系建设　139，196
信用约束　141
刑事审判　135
刑事诉讼监督　134
行业管理　130
行政调解　127
行政机关负责人出庭应诉　75
行政区划调整　84
行政区域界线管理　84
行政权力清单　127
行政权力清理　260
行政权力运行　80
行政审判　135
行政审批　105，139，182，247，260
行政审批制度改革　80，127
行政事业单位资产监管　150
行政许可　148，152
行政执法　148
行政执法监督　134
修志工作　244
畜产品安全　177
蓄水保水用水　176
宣传工作　95，237
宣传教育　80，105，213，220
宣传引导社会共治　149
宣传营销　243
学科建设　254
学前教育　225
学生工作　230
学生管理　232
学术活动　124
学术交流　119
学习交流　100
血防工程造林　174
血吸虫病防治　250
巡察工作　97

Y

严肃财经纪律和私设“小金库”专项检查　188
盐政市场管理　184
盐政执法　184
邀请招商　153
药品价格专项检查　146
药械生产流通监管　149
要素保障　159
要素价格政策　146
业务范围　199
业务培训　154
业务数据　253，254
业务运营　215
业务指导　67
医保智能审核　260
医疗保险　260
医疗服务　253
医疗质量管理　247，253
医政药政管理　247
依法行政　217，229，260
依法行政示范创建　126
依法治监　138
依法治税　189，190
依法治县　287
依法治校　229，231
依法治志　244
移民后扶　87
义务教育　225
异地就医即时结算　260
易地扶贫　140
疫病防控　177
疫情和传染病管理　251
银会合作　119
银行业改革创新　197
银政企对接项目　193
引智工作　85
隐患排查　79
隐患排查整治　143
印刷业　237
应急队伍建设　79
应急救援能力建设　144
应急预案管理　79
应急准备　87
婴幼儿管理　252
优待抚恤　83
优惠政策　157
优质服务　158
油菜籽　257
油气回收改造　183
玉米　257
预防非法集资　194
预防控制　250
预防职务犯罪　134
预警监测　79
预决算公开检查　188
园林管理　219
园区建设　139，156，178
园区扩区调位　164
园区升级及资金争取　161
园区新区规划　216
员工队伍　184
原产地签证　154
援藏干部管理　56

孕产妇管理　252
运销业务　184

Z

灾害性天气预警服务　88
灾后保护维修　243
责任覆盖　142
责任清单调整优化　59
债券　193
战备拉动演练　100
战备训练　99
招强引优　153
招商考核　153
招商引资　81，124，150，153，159，161，181，279
招生就业　230
招生考试制度改革　224
招投标管理　140
侦查破案　128
震害防御　87
征兵工作　101
征地拆迁安置　160，165
正规化管理　102
政策兜底完善保障　120
政策法规　249
政风行风建设　229
政府采购监管　185
政府向社会力量购买服务　185
政府值班　80
政府职能转变　59
政区变化　41
政务服务　140
政务公开　78
政治理论学习　113
支持地方经济　201
支持教育发展　186
支持农业农村基础设施项目建设　200
支持区域经济新增长　151
支持实体经济　197
支付结算　194，198
执法监督　126
执法监管　141，217
执法检查　69，219
执行工作　135
直接联系服务群众　64
职工工资支付保障　116
职业健康　144
职业教育基础　226
植被　42
植物资源　42
指挥通信建设　105
志愿服务　117，118
制定眉山市法治宣传教育第七个五年规划（2016—2020年）　50
制度建设　56，65，154，232
质量管理　163，255
质量强市　74
质量强市建设　147
治安案件查处　129
智慧城市建设　214
中国共产党眉山市第三届代表大会第七次会议　51
中国共产党眉山市第四次代表大会　51
中国竹文化节　286
中间业务　200
中心硬件设施建设　80
中医事业　248
中职招生就业　226
仲裁工作　127
重大活动气象保障服务　88
重大行政决策责任追究　75
重点产品质量监管　147
重点工程　87
重点工程建设　87
重点监督　93
重点建设基金　200
重点时段市场价格监管　146
重点项目　164
重点项目建设　182
重点项目开竣工仪式　52
重点协商　92
重要决定　50
主题教育　116
主题教育活动　261
主题宣传　236
主席会议　91
主要地质灾害　39
主要业务发展　198
主要业务指标　200
住房公积金管理　155
住房公积金缴存　155
住房公积金使用　155
住房公积金新政　155
驻外招商　153
专家管理　85
专卖管理　184
专题会议　76
专题询问　69
专项调查　146
转型升级　164
资产业务　194
资产质量　198
资金审计　145
资金争取　86，139，225
资源和安全生产　48
自身建设　58，61，94，110，114，116
宗教事务　62
总部经济区建设　164
综合交通建设　140
综合协调　53
综合治理　104
综治工作　54
组织代表视察　69
组织机构　112
组织建设　107，109－112，115，125，238
作风建设　70

4G 无线网建设　214
PPP 工作　139
“9+3”免费教育　226
“95518”服务专线电话　202
“安全生产月”活动　142
“打黑除恶”专项行动　131
“东坡味道”千亿产业　171
“东坡味道”千亿粮油产业　182
“法律进机关”活动　64

"放管服"改革 78
"耕地保护六个平台"建设 151
"两新"组织党建 57
"两学一做"学习教育 55
"灭枪"行动 131
"三个模范"建设 151
"三甲"医院创建 253
"十三五"防灾减灾规划 75
"十三五"脱贫攻坚规划 75
"四大工程"建设 145
"四好农村路"创建 207
"四支队伍" 64
"五乱""三线"治理 220
"新媒体"引领 116
"一标三实采集"与运用 130